第六次
全　訂

新学校管理読本

学校管理運営法令研究会 編著

第一法規

改訂に当たって

本書は、昭和四十年代に初版が発行されて以来、幾度かの改訂を経てきているが、ここ数年で、学校管理に係る重要な制度改正が行われている。

平成二十六年六月には、地方教育行政の組織及び運営に関する法律が改正され、教育行政の責任の明確化を図るため、教育委員長と教育長を一本化した新たな責任者（新教育長）を設置するとともに、地方公共団体の長が教育等に関する総合的な施策の大綱を策定することや総合教育会議を設けることとされた。

平成二十七年六月には、学校教育法が改正され、小・中学校に加え、小学校から中学校までの義務教育を一貫して行う新たな学校種として、「義務教育学校」が加えられた。

平成二十八年十一月には、教育公務員特例法等が改正され、教員の任命権者が実施する教員の資質向上方策の充実、大学における教員養成課程の改善及び独立行政法人教員研修センター（現・独立行政法人教職員支援機構）の機能強化等について必要な措置が講じられた。

平成二十九年には、公立義務教育諸学校の学級編制及び教職員定数の標準に関する法律等が改正され、義務教育諸学校等の体制の充実及び運営の改善を図るため、公立の義務教育諸学校の教職員定数の標準を改めるとともに、義務教育諸学校等の事務職員の職務内容を改めるほか、学校運営協議会の役割の見直し、地域学校協働活動推進員の制度の整備等の措置が講じられた。

これらの法改正だけではなく、平成二十九年三月に新しい幼稚園教育要領及び小・中学校学習指導要領が、平成三十年三月には新しい高等学校学習指導要領が公示された。また、教員の長時間勤務も大きな問題となり、国において「学校における働き方改革」の取組や検討が進められている状況である。

こうした状況を踏まえ、このたび本書の内容を見直し、充実を図ったところである。内容としてなお不十分な点もあろうかと思うが、それらについては読者の方々の率直なご叱正を仰ぎたいと思う。

今後とも本書が教育委員会や学校等においてさらに活用されることを期待する。

平成三十年六月

学校管理運営法令研究会

凡　例

一　法令を掲げるに当たっては、次の略称を用いた。

学　教　法……学校教育法
給与特別措置法……公立の義務教育諸学校等の教育職員の給与等に関する特別措置法
教　特　法……教育公務員特例法
教　基　法……教育基本法
勤務時間法……一般職の職員の勤務時間、休暇等に関する法律
国　公　法……国家公務員法
社　教　法……社会教育法
地　教　行　法……地方教育行政の組織及び運営に関する法律
地　公　法……地方公務員法
地　公　企　法……地方公営企業法
地　公　災　法……地方公務員災害補償法
地　公　労　法……地方公営企業等の労働関係に関する法律
地　自　法……地方自治法
労　基　法……労働基準法
労　組　法……労働組合法

二　法文の引用に当たっては、次のような例によることとした。

地方公務員法第二十八条第二項第一号……本文中では、地公法第二十八条第二項第一号、括弧内では（地公法二八②Ⅰ）

目次

第一章 解説

第二章　学校管理に関する一問一答……二二九

第三章　参考判決・通知等

第三章　参考判決・通知等……四五七
㈠　参考判決……四五七
一　学力調査最高裁判決（最高裁昭五一・五・二一判決）……四五七
二　全農林労組警職法事件最高裁判決（最高裁昭四八・四・二五判決）……四九四
三　都教組事件（行政）最高裁判決（理由要旨）（最高裁昭五二・一二・二三判決）……五三八
四　神戸税関事件最高裁判決（理由要旨）（最高裁昭五二・一二・二〇判決）……五四〇
五　都教組事件最高裁判決（理由要旨）（最高裁昭四四・四・二判決）……五四二
六　全逓中央郵便局事件最高裁判決（理由要旨）
（最高裁昭四一・一〇・二六判決）……五四三
七　猿払事件最高裁判決（理由要旨）（最高裁昭四九・一一・六判決）……五四五
八　電電公社プレート闘争事件最高裁判決（理由要旨）
（最高裁昭五二・一二・一三判決）……五四九
九　伝習館高校事件最高裁判決（最高裁平二・一・一八判決）……五五二
一〇　内申抜き処分訴訟最高裁判決（理由要旨）
（最高裁昭六一・三・一三判決）……五六四
一一　中野富士見中いじめ自殺事件判決（抄）
（東京高裁平六・五・二〇判決）……五六七
一二　東久留米市小学校指導要録公開請求事件判決（抄）
（東京高裁平六・一〇・一三判決）……五七二

一三　東京都日野市立小学校教員戒告処分取消請求事件最高裁判決（抄）
（最高裁平一九・二・二七判決）……五七四
一四　東京都再雇用拒否損害賠償請求事件最高裁判決（抄）
（最高裁平二三・六・六判決）……五七五
一五　東京都各停職処分取消等請求上告事件最高裁判決（抄）
（最高裁平二四・一・一六判決）……五七九
一六　国歌斉唱義務不存在確認等請求事件最高裁判決（抄）
（最高裁平二四・二・九判決）……五八一
一七　公務外認定処分取消請求上告事件（抄）
（最高裁平二七・二・二六上告不受理）……五八六

㈡　**参考通達・通知・行政実例等**……五八九

一　国立及び公立の義務教育諸学校等の教育職員の給与等に関する特別措置法の施行について（抄）（昭四六・七・九文部事務次官通達）……五八九
二　学校教育施設開放事業の推進について（昭五一・六・二六文部事務次官通知）……五九二
三　児童生徒の学校外学習活動の適正化について（昭五二・三・一八文部省初等中等教育局長通達）……五九四
四　主任制度及び手当支給の趣旨の徹底について（昭五八・一・一九文部省初等中等教育局長通知）……五九五
五　「児童の権利に関する条約」について（平六・五・二〇文部事務次官通知）……五九六

六　児童の権利に関する条約（正訳）……五九九
七　いじめの問題への取組の徹底について（平一八・一〇・一九文部省初等中等教育局長通知）……六一六
八　問題行動を起こす児童生徒に対する指導について（平一九・二・五初等中等教育局長通知）……六二二
九　教職員等の選挙運動の禁止等について（平二九・九・二九文部科学事務次官通知）……六二七
一〇　労働時間の適正な把握のために使用者が講ずべき措置に関するガイドラインについて（平二九・二・一〇文部科学省初等中等教育局初等中等教育企画課事務連絡）……六三二
一一　学校における働き方改革に関する緊急対策の策定並びに学校における業務改善及び勤務時間管理等に係る取組の徹底について（平三〇・二・九文部科学事務次官通知）……六四一
一二　法制局見解（昭二六・七・二〇法務府法制意見第一局長事務代理回答）……六五三
一三　教員の地位に関する勧告（正訳）……六五五
第四章　教育関係法令用語の解説……六七三

第一章　解　　説

㈠　総　　論

第一　法令のあらまし

一　法の体系

１　わが国における法の体系

法治国家を特色づける基本的要件は、国家作用のうち、国民の権利義務に関する規律を定めるものはすべて立法として議会（国会）が行うということ、すなわち国民に対し、罰則を設けたり、義務を課したり、権利を制限したりする法は、国会の議決による立法の形式——法律——のみがなし得るという原理である。そして国会で制定された法律に基づいて行政が執行される建前を法治主義——法律による行政の原理——と呼んでいる。

明治憲法（大日本帝国憲法：旧憲法）のもとにおいては法律のほかに「緊急勅令」（旧憲法八）、「独立命令」（旧憲法九）の規定があり、国民の権利義務に関する事項や国の行政組織に関する基本的事項についても行政機関が命令の形式で定めることが認められていた。現行憲法（日本国憲法：憲法）のもとにおいては、法治主義の原則に基づき、このような定めはすべて法律の形式で制定することになった。

この結果、わが国の法体系は憲法（「この憲法は、国の最高法規であって、この条規に反する法律、命令……の全部又は一部は、効力を有しない。」（憲法九八①））を頂点として法律、命令（政令、省令、規則）、地方公共団体の制定する自主法としての条例、規則等により全体として秩序だった統一的法体系を構成することになった。

これらの法体系を参考までに図示してみよう。

- 憲法
  - 国の定める法
    - 法律＝国会が定めるもの
    - 政令＝内閣が定めるもの
    - 省令＝各大臣が定めるもの
    - 規則
      - 外局規則＝外局の長が定めるもの（中央労働委員会、国家公安委員会等）
      - 独立機関の規則＝会計検査院、人事院等
  - 自主法（自治法規）
    - 条例＝地方公共団体の議会が定めるもの
    - 規則
      - 地方公共団体の長が定めるもの
      - 法律で定められた執行機関が定めるもの（教育委員会、人事委員会等）

2　法律と命令

今日のように行政の内容が多方面にわたり複雑多岐となり、高度に専門技術化してくると、法律で定められていることが社会の進展に応じて、しばしば改廃される必要が生じてくる。

このため、細部にわたっての具体的内容まで、すべて法律をもって定め、固定化してしまうことは法律の円滑な運用を阻害することともなる。

この結果、行政権による立法が重要な役割を占めることになってきた。すなわち、形式的、抽象的な根拠又は基準は法律で定め、その実質的、具体的内容はこれを命令に委任して定める方法である。

もちろん、行政権による立法が無制限に認められるわけではない。このことについて憲法は「国会は、国権の最高機関であって、国の唯一の立法機関である。」（憲法四一）と規定し、命令については憲法及び法律の規定を実施するために政令を制定することを規定しているが、同時に「法律の委任がある場合を除いては、罰則を設けることができない。」（憲法七三Ⅵ）と定め、行政権による立法の限界を明示している。

以上のような憲法の規定に基づいて制定されるのが政令その他行政機関によって定められる「命令」である。

行政法の体系を構成する命令のうち、政令、省令については、**二**の「法の形式」のところで述べるが、命令には、政令、省令のほか、外局の長が法律の定めによって発する命令（国家行政組織法一三）、すなわち、外局の規則としての、国家公安委員会規則（警察法一二）、中央労働委員会規則（労組法二六）等と、国家行政組織法の適用を受けない独立機関の規則として会計検査院規則（会計検査院法三八）、人事院規則（国公法一六①）がある。

3　自主法（自治法規）

地方公共団体が、自治権に基づいて制定することのできる法形式には「条例」と「規則」の二つがある。この二つの法形式は自治権の発動として制定されるものであるという点では国の法体系と体系を異にするが、自治権そのものが憲法に根拠を有しており、条例、規則が法令に違反しない範囲で制定されるものであるという点では憲法のもとに国の法体系の一部を構成しているものである。

4　法令の効力

法は全体として、憲法を頂点とする統一的な体系を形づくっている。

無数に存在する法が、相互に矛盾することなく現実に適用されていくために基本とする原理が、いくつかある。

(1)　形式的効力の原理

法令には、法秩序を保持するため、それぞれ制定する機関に対応して、上、下の関係があり、その効力に差がある。実定法の上では国の根本法規である憲法を別とすれば、国権の最高機関であり唯一の立法機関である国会によって制定される法律が最も強い効力をもっているわけである。

すなわち、法律の規定に違反する命令は制定することができないし、国の法令に違反するような条例、規則も制定することはできない。

(2)　後法優先の原理

後法が前法より優先するということ、すなわち、ある法令があって、それに矛盾した法令が後でできれば、後の法令が優先するというものである。後の法令で前の法令に定めてあることと矛盾する定めをするときは、前の法令で定めてあることを削除あるいは修正して、前の法令と矛盾しないように後の法令を作るのが通例であるが、仮にそういう手続きが講ぜられなかったとしても必ず後の法令のほうが優先するわけである。

(3)　特別法優先の原理

特別法とは、法律を適用する対象とか人又は地域が特別なものに限られている法律である。例えば、教特法は地公法に対する特別法である。すなわち、地公法は、地方公務員であれば、どの職種の者にも適用されるが、教特法は、地方公務員のうちでも公立学校の校長、教員や専門的教育職員という特定の職種の者についてだけ適用されるのである。例えば、採用の方法は、地公法では競争試験によるとされ、教特法では選考によるとされている。また、公立学校の教育公務員の政治的行為の制限については教特法第十八条に規定があり、特例が定められている。

このように、ある事柄について同等の効力をもつ二つの法令に矛盾した規定があるならば、その場合は、特別法が優先することとなるのを、特別法優先の原理という。そして特別法に規定されていない事項は、一般法によるのである。

5 「法令」等の用語について

「法令」という用語は、一般的な用例では、法律と国の行政機関の定める命令をあわせ呼ぶ場合に用いられているが、その他「(イ)条例、規則その他地方公共団体の自治法規をも含む場合（刑事訴訟法二三五①）、(ロ)裁判所の規則を含むものとされる場合（同法三九②）、(ハ)抽象的な通則を規定したものである以上、訓令をも含むと解される場合（刑法七①）等があり、その内容は、必ずしも一定しない」（角田禮次郎他『法令用語辞典』（第十次改訂版）学陽書房）とされている。

地公法第三十二条の「法令、条例、地方公共団体の規則及び地方公共団体の機関の定める規程に従い……」の規定に使われている「法令」は法律と国の行政機関の定める命令とをあわせさしているわけである。

二 法の形式

1 法律

憲法の定める手続きに従って、国会によって定められる法の形式を「法律」という。

現行憲法のもとにおいては法律で定め得る事項は広範囲であり、憲法の所管に属する事項を除いて、すべての分野に及ぶものである。特に、国民の権利、義務に関する事項は法律をもって定めなければならないことになっている（憲法第三章国民の権利及び義務について各条項、憲法四一）。

法律は次のような制定の手続きを経て定められ、現実に法律としての効力をもつことになる。

① 発案—各議院の議員による発議（議員立法）（国会法五六①）、内閣の発案（内閣法五）。

②　審議－原則として委員会（文部科学委員会等）に付託され、その審査を経て本会議に付議される（国会法五六②）。

③　議決－法律案は両議院で可決したときに法律となる（憲法五九）。

④　署名－主任の国務大臣が署名し内閣総理大臣が連署する（憲法七四）。これは内閣の執行責任を明らかにするためである。

⑤　公布－公布は内閣の助言と承認により天皇の国事に関する行為としてなされる（憲法七Ⅰ）。公布とは成立した成文の法を公表して国民が知り得る状態に置くことをいい、官報に登載して行う。公布は、法律が現実に拘束力を生ずるための要件である。

⑥　施行－法令の規定の効力を一般に発動させることを施行という。

法律にはそれぞれ施行期日が定められているが、この定めがない場合は公布の日から起算して二十日を経過した日から施行される（法の適用に関する通則法二）。施行された法令の規定を個々の対象にあてはめることを「適用」といっている。

２　政　　令

内閣によって制定される命令を「政令」という。内閣とは国の行政権を担当する最高の機関で首長たる内閣総理大臣及びその他の国務大臣で組織される合議体である（憲法六五、六六）。

政令は憲法及び法律の規定を実施するために制定されるものである（憲法七三Ⅵ）。

政令は講学上、その性質、規定する内容により二種類に分けて考えられている。すなわち、執行命令と委任命令（憲法七三Ⅵ）と呼ばれるものがそれである。

執行政令（命令）とは、法律の規定を執行するために必要な補充的事項を規定する命令であり、委任政令（命令）

とは法律の委任に基づいて制定され法律によって委任された事項を内容とする命令である（例、教特法施行令「内閣は教育公務員特例法（昭和二十四年法律第一号）の規定に基き、及びこれを実施するため、この政令を制定する。」）。実定法の上では法律の委任に基づいて制定された政令であっても個々の規定には執行命令的性質の規定もあり、執行命令としての性質をもつ政令の中にも委任命令としての規定があり得るわけである。いずれにしても、法律の委任がなければ政令で罰則を設けたり、義務を課したり、権利を制限する規定を設けることはできないことになっている（憲法七三Ⅵ、内閣法一一）。

政令は、閣議の決定によって成立し（内閣法四①）、天皇が公布する（憲法七Ⅰ）。また、政令には、主任の国務大臣が署名し、内閣総理大臣が連署することになっている。施行、適用については法律の場合と同じである。

3　省令（内閣府令）

内閣総理大臣（内閣府の長として）、文部科学大臣等各大臣が主任の行政事務について発する命令が省令である。すなわち、省令は各大臣が、所管する行政事務について法律若しくは政令を施行するため、又は法律若しくは政令の特別の委任に基づいて制定する命令である（国家行政組織法一二①）。

省令には、政令と同じように法律の委任がなければ罰則を設け又は義務を課し、国民の権利を制限する規定を設けることはできない（国家行政組織法一二③）。

省令は具体的な法条の上では、例えば産業教育振興法、同法施行令（政令）、同法施行規則（省令）のように「○○規則」の題名で表示されるものが多いようであるが、「○○規程」（例、高等学校通信教育規程）、「○○基準」（例、幼稚園設置基準）の題名で示されることもある。いずれも省令であり、そのかぎりにおいて優劣、効力の上下の差はない。

4　条　例

地方公共団体が、議会の議決によって定める法の形式を条例と呼んでいる。

憲法は「地方公共団体は、その財産を管理し、事務を処理し、及び行政を執行する機能を有し、法律の範囲内で条例を制定することができる。」（憲法九四）と規定し、地方公共団体の条例制定権を規定している。また、地自法は「普通地方公共団体は、法令に違反しない限りにおいて第二条第二項の事務（注・地方公共団体の事務）に関し、条例を制定することができる。」（地自法一四①）と規定している。つまり、条例は当該地方公共団体の事務について、国の法令に違反しない限度内において制定できる自主法である。

条例で制定すべき事務の範囲については、こまかい点については論も多く厳密には定めがたいが、概略述べると、

① 法令の規定により条例で定めるとされている事項（例、地公法二四⑤「職員の給与、勤務時間その他の勤務条件は、条例で定める。」―学校職員の勤務時間、休日、休暇等に関する条例）

② 長及び教育委員会等の執行機関の専属権限とされている事項を除いた事項について定めることができる。特に、住民に義務を課し、又は権利を制限するには条例によらなければならないとされている（地自法一四②）（例、公安条例、青少年保護条例）。

条例について注目すべきことは、条例の規定に違反した者に対し、二年以下の懲役、禁錮、罰金等の刑罰を科する旨の規定を設けることができることである（地自法一四③）。

条例制定の手続きについては地自法第十六条に定めがある。これによると条例は当該地方公共団体の議会の議決により定められ、長が送付を受けた日から原則として二十日以内に公布し、公布の日から起算して十日を経過した日から施行される。

5　規　則

ここでは地方公共団体の「規則」について述べる。

地方公共団体の長が、その権限に属する事務について制定する法形式を「規則」といい、法律に定められた委員会（教育委員会－地教行法、人事委員会－地公法、選挙管理委員会－地自法等）が定める規則を、特に「〇〇委員会規則」と呼んでいる。

同じ「規則」の名称をもつ定めは、前図で示したように国の行政機関の定める規則（人事院規則等）、最高裁判所規則、衆議院規則等がある。このため法律の条項のなかで地方公共団体の定める規則をさす場合は「地方公共団体の規則」又は「地方公共団体の機関の定める規則」（地公法三一、地教行法一四等）と明示して区別している。

地方公共団体の事務について規則を制定し得る範囲を概略述べてみると次のようなものである。

① 法令により規則で定めるとされている事項（例、学校管理規則－地教行法三三）

② 普通地方公共団体の事務で長又は執行機関の専属的権限とされている事項（例、教育委員会会議規則、県立高等学校学則等）

③ 条例の委任又は実施のための細目に関する事項（例、市町村立学校職員の給与に関する条例（地公法二四）－市町村立学校職員の特殊勤務手当の支給に関する規則（人事委員会規則））

④ 議会の議決事項にも属さず、長かぎりで処理することとされている事項にも属しない地方公共団体の事務

その他法律に規定されている「規則」についての制限事項は次のようなものである。

① 長の規則は法令に違反しない範囲内で制定することができ、規則に違反した者に対し過料を科することができる。

② 教育委員会規則等、委員会規則は、法令の規定に違反する定めをすることができないことは当然であるが、当

該地方公共団体の条例、長の定める規則に違反する定めができないこと（地自法一三八の四②）、過料を科する旨の規定を設けることができないことになっている。

なお、長の制定する規則と教育委員会規則とは以上に述べたようなちがいはあるが、それぞれ、法律の定めるところの権限事項について定めているのであるから、その性質、効力はまったく同じである。

条例と規則の関係はまえに述べたように制定範囲と手続きを異にするが、同じ地方公共団体の事務についての定めであるから、法律と政令のような上下の関係にはない。ただし、条例の定めを実施するために制定された規則については例外である。

順序が前後するきらいがあるが、ここで「規定」と「規程」の用語についてふれておこう。

「規定」とは「一個の法令における個々の条項の定めをいう」（角田禮次郎他『法令用語辞典（第十次改訂版）』学陽書房）とある。実定法の上では「前項の規定は……」「第六条の規定にかかわらず……」というように用いられている。

これに対して「規程」は、「一定の目的のために定められた一連の条項の総体を一団として呼ぶときに用いる」（前掲書）というように、普通名詞として使われる場合もあり、あるいは、特定の法令の具体的名称として、いわば固有名詞として使われる場合もある（例、地方自治法施行規程（政令））。

地自法には、教育委員会などが、規則その他の規程を定めることができる旨の規定（地自法一三八の四）があり、また地教行法には、「教育委員会規則その他教育委員会の定める規程」という表現が使われているが（地教行法一五②）、これらはいずれも、普通名詞として用いられているものである。なお、具体的な名称として一連の定めの題名に用いられる場合は、主として行政組織の内部に関する事項を定めたものに用いられる例が多い（組織規程、処務規程、文書処理規程など）。

6 告示・訓令・通達

これらの用語は、若干、ニュアンスの相違はあっても、国、地方公共団体の行政機関において、共通する用語として使われている。告示、訓令、通達は、いずれも、行政機関の内部の所掌事務に関する定めであるから、国にあっては法律、命令（規則を含む）に違反することはできないし、地方公共団体にあってはこれに加えて条例、規則に違反することができない。

㈠ 告示――国家行政組織法は「各省大臣、各委員会及び各庁の長官は、その機関の所掌事務について、公示を必要とする場合においては、告示を発することができる。」（国家行政組織法一四①）と規定している。告示は、各省大臣、委員会、庁の長官、地方公共団体の長、執行機関が、所掌事務に関する行政処分を公示する形式である。告示のなかには、単に行政処分等を通知するにすぎないものと、法規の内容を補充するものとがある。後者のような告示は、実質上法令と同じような効力をもつものと解されている。例えば、小学校の教育課程編成の基準を定めている「小学校学習指導要領」（中学校、高等学校、特別支援学校についても同じ）は、「文部科学省告示」をもって定められているが、学教法施行規則第五十二条（中学校については同規則第七四条、高等学校については同規則第八四条、特別支援学校については同規則第一二九条）の規定に基づいて定められたものであり、学教法施行規則（省令）と同じ効力をもつものである。

㈡ 訓令――上級の行政機関が、指揮権に基づいて下級機関に対して発する命令を訓令と呼んでいる（国家行政組織法一四②）。訓令は、要約すると、次のような特質をもっている。

① 上級の行政機関が、下級の行政機関に対して発する命令であること（公務員の職務に関し、公務員個人に対して発せられる命令を職務命令と呼んで区別している）。

② 下級機関の職務権限に属する事項であること。

③　訓令の定める事項に関しては、上級機関は下級機関を拘束し、これに違反することはできないこと。

㈢　通達――通達を発する権限を有する者が、所掌事務について、ある一定の事実、行政処分、意見を所管の機関及び職員に対して示達する行為を「通達」と呼んでいる（国家行政組織法一四②）。

訓令が、主として所管する機関に対する、職務運用上の基本的な事柄を命令事項としているのに対し、通達は、これについての細目的事項、法令の解釈、運用方針等に関する示達事項を内容としている。

７　条　　約

条約とは、国際法の主体間、原則として国家間において、国際関係に関する事項について書面の形式でなされた国際的合意である。条約は、具体的には協定、取極め、憲章、議定書などの名称で呼ばれることがあるが、実質的に国家間の合意であれば、その法的効力に変わりはない。条約は原則として、その合意に参加した国家のみを拘束し、国際法上、当事国は国内法の規定を理由として条約の履行を怠ることはできない。国民の権利義務に影響を及ぼす条約が公布された場合は、同時に条約の内容を取り入れた法律が国内法として制定されるのが通常である。条約と国内法との優先問題については、憲法第九十八条第二項は「日本国が締結した条約及び確立された国際法規は、これを誠実に遵守することを必要とする。」と規定するだけなので、その解釈が分かれている。多数説によれば、条約は法律には優先するが憲法の下位にあるものと解されている。

第二　教職員と適用法令

学校の教職員については、その職務の性格の特殊性に由来し、さまざまな法令が定められている。特に、義務教育諸学校等の大半を占める公立学校の教職員については、公務員関係法の適用を前提として、更に、県費負担教職員制度や教特法による特例があるなど、その法令の適用関係は複雑多岐に及んでいる。以下、公立学校の教職員の場合を中心に、その内容を説明することとする。

一　教職員の種類・資格

1　教職員の種類等

学校に置くべき教職員の種類及びその職務内容については、「学校教育法」（学教法）に規定されている。

学教法は、国・公・私立を問わずすべての学校について適用されるわが国の学校教育制度に関する基本法であるが、その第七条において、「学校には、校長及び相当数の教員を置かなければならない。」と規定するとともに、学校種類別に置くべき教職員の種類、職務内容について定めている。また、学校保健安全法によって学校医等を置くものとされている。その内容は次頁の表のとおりである。

次に、これらの教職員の置くべき数については、校長など必ず一人は置かねばならないもののほか、学教法上の規定はない。これについては、「小学校設置基準」や「中学校設置基準」、「高等学校設置基準」により定められているほか、公立学校については、「公立義務教育諸学校の学級編制及び教職員定数の標準に関する法律」（義務標準法）及び「公立高等学校の適正配置及び教職員定数の標準等に関する法律」（高校標準法）がある。これらの標準法は、各

	小・中学校・義務教育学校	高等学校	中等教育学校	特別支援学校
校　長	○	○	○	○
副校長				
教　頭	△	△	△	△
主幹教諭				
指導教諭				
教　諭	○	○	○	○
養護教諭	△		△	○
栄養教諭				
助教諭	◇	◇	◇	◇
養護助教諭	◇		◇	◇
講　師	◇	◇	◇	◇
実習助手	―			
寄宿舎指導員	―	―	―	○（寄宿舎を設けている場合）
事務職員	△	○	○	△
技術職員	―			
学校用務員				
スクールカウンセラー				
スクールソーシャルワーカー				
部活動指導員				
学校医	○	○	○	○
学校歯科医	○	○	○	○
学校薬剤師	○	○	○	○

○：必置職員
△：特別の事情がある場合は置かないことができる職員
◇：教諭、養護教諭に代えて置かれる職員
無印：任意設置の職員
※なお、幼稚園については、校長は園長、副校長は副園長となる。

都道府県・指定都市ごとの公立学校に置くべき教職員定数の標準を示すものであり、実際の教職員の配置は各都道府県・指定都市の判断で行われている。

2　教職員の資格

教職員の資格については、積極的要件（備えているべき要件）と消極的要件（欠格事由）とがある。

まず、積極的要件については、国・公・私立を問わず、学校教育の水準の維持向上を図るため、教員について特に一定の資格が要求され、「教育職員免許法」（免許法）により、各相当の免許状を有しなければならないこととされている（相当免許状主義）（同法三）。この相当免許状主義の例外として、都道府県への届出により、免許状を有しない者でも教科の領域の一部を担当する非常勤の講師となることができる特別非常勤講師制度（同法三の二）や、相当の学校種の免許状を有していなくても、所有する免許状の教科に相当する授業を担当する主幹教諭、指導教諭、教諭又は講師となることができる専科指導（同法一六の五）などがある。また、校長、副校長及び教頭の資格については、学校法施行規則（同法規則二〇～二三、平成元年文部省令第三号附則第四・五・六項）により、一定年数以上の教育関係職の在職等が要件として定められている。

次に、消極的資格要件については、学校法第九条に校長及び教員の欠格事由が定められているほか、公立学校の教職員については、地方公務員としての欠格事由が地公法（同法一六）に規定されている。なお、教員については、更に免許法上の欠格事由がある（免許法五）。

二　教職員の身分取扱い

1　沿　革

教職員の身分については、公立学校の職員は地方公務員、国立大学法人等が設置する学校、私立学校の職員は私人（私法上の雇用契約による被使用者）である。しかし、このうち、公立学校の教職員の身分については、今日までいくたびかの変遷を経てきたものである。

すなわち、戦前においては、教育はすべて国の事務と考えられ、公立学校の教員は国家の公務を担当する者として官吏又は待遇官吏の身分を有していた。ところが、戦後、地方自治の原則により、地方公共団体の行う教育事業は当該地方公共団体の事務と考えられるようになった。そこで、昭和二十二年の地自法では、公立学校の職員を教育吏員として地方公共団体の職員としたが、なお官吏の身分を有するものとし、昭和二十三年の教育委員会法では、このうち事務職員の身分について地方公務員に切り替え、続く昭和二十四年の教特法に至って、公立学校の教職員はすべて地方公務員の身分を有するものとされたのである。

また、昭和三十一年に、教育委員会法に代わって現行の地教行法が制定された際、県費負担教職員たる市町村立の義務教育諸学校等の教職員の任命権については都道府県教育委員会がこれを行使することとして、公務員の人事行政上の原則に大きな例外が設けられた。

2　地方公務員法

「地方公務員法」（地公法）は、地方公共団体の公務員の身分取扱いに関する最も基本的な法律である。前述のように公立学校の職員は地方公務員としての身分を有しているのであり、他の法律により特例規定が定められていないかぎり、公立学校の教職員の身分取扱いは、原則としてこの法律の定めるところによる。

地公法は、地方公務員の人事行政の根本基準を確立するものであり、人事機関として人事委員会、公平委員会を定めるとともに、職員の任用、給与、勤務時間その他の勤務条件、分限及び懲戒、服務、研修及び人事評価、厚生福利制度等の福祉、勤務条件に関する措置要求等職員の利益の保護、職員団体に関する所要規定等が設けられている。

なお、地公法は、一般職のすべての地方公務員に適用される（同法四）が、非常勤の学校医等は特別職とされ（同法三）、その適用はない。

3　県費負担教職員制度

公務員は、その身分の属する地方公共団体の事務を処理し執行するものであり、当該地方公共団体により任命され、給与が支弁されるのが原則であるが、市町村立学校の教員については、この点大きな例外をなしている。

⑴　市町村立学校職員給与負担法

「市町村立学校職員給与負担法」により、市町村立の小・中学校、義務教育学校、中等教育学校の前期課程、特別支援学校の校長、副校長、教頭、主幹教諭、指導教諭、教諭、養護教諭、栄養教諭、助教諭、養護助教諭、寄宿舎指導員、講師（常勤及び短時間勤務に限る）、学校栄養職員、事務職員と指定都市を除く市町村立の定時制高校の校長、副校長、教頭、主幹教諭、指導教諭、教諭、助教諭、講師（常勤及び短時間勤務に限る）の給与は、学校の設置者である市町村から受けることなく、都道府県が負担し支給することとされ、これらの職員を「県費負担教職員」という。

このような負担の制度は、市町村の財政力の差異による教員給与の不統一を避けるため、昭和十五年以来とられているものである。

なお、平成二十六年に市町村立学校職員給与負担法の一部が改正され、平成二十九年度以降は、指定都市立学校の学校職員の給与については県費負担の対象とはならず、当該指定都市の教育委員会が負担することとなった。

⑵　地方教育行政の組織及び運営に関する法律（地教行法）

県費負担教職員の任命権については、戦後、地方自治の原則により、市町村教育委員会に属するものとされたが、昭和三十一年の地教行法の制定により、その任命権は都道府県教育委員会に属することとされた。

これにより、教職員の広域的な人事交流が円滑に行われるとともに、教職員の人事管理について給与を負担する都道府県とその身分が属する市町村との調整が図られることとなったのである。

そして、県費負担教職員に関する次のような地教行法の規定は、地公法に対し特例規定をなすものである。

① 県費負担教職員の任命は、原則、市町村教育委員会の内申をまって、都道府県の教育委員会が行う。ただし、同一市町村の転任については、一定の場合を除き、市町村教育委員会の内申に基づき都道府県教育委員会が行う（地教行法三七、三八）。

② 県費負担教職員の定数、給与、勤務時間その他の勤務条件、任免、分限、懲戒に関しては都道府県の条例で定める（地教行法四一～四三）。

③ 県費負担教職員の市町村間の異動は身分上は免職採用となるが、地公法の免職等の規定によらず、同一地方公共団体内の異動と同様に取り扱う。また、指導が不適切な場合、地公法の免職等の規定によらず、免職し引き続いて都道府県の教員等以外の職に採用できる（地教行法四〇、四七の二）。

三　教育公務員特例法による特例

「教育公務員特例法」（教特法）は、教員の職務と責任の特殊性に基づき、その身分取扱い等について、地公法に対する特別法として、若干の特例を設けている。

1　教育公務員の範囲

教特法が適用されるのは、同法第二条に規定する「教育公務員」についてであり、公立の幼稚園、小・中・高等学校等では、校長、副校長（副園長を含む。）、教頭、主幹教諭（幼保連携型認定こども園の主幹養護教諭及び主幹栄養教諭を含む。）、指導教諭、教諭、助教諭、養護教諭、養護助教諭、栄養教諭、主幹保育教諭、主幹指導教諭、保育教諭、助保育教諭、常勤講師（再任用短時間勤務職員を含む）がこれに当たる（なお、同法施行令第一〇条により、実習助手、寄宿舎指導員もこれらの職員に準じて扱われる)。

なお、国家公務員、地方公務員に対する第三の概念として「教育公務員」という特殊な身分があるわけではない。公立学校の教員の身分はあくまでも地方公務員であり、教特法により、その身分取扱い等について地公法の原則の特例が定められているというにすぎない。

2 特例の内容

① 採用・昇任――校長及び教員の採用、昇任については、競争試験ではなく、任命権の属する教育委員会の教育長の行う選考による(教特法一一)。

② 条件付採用期間――教諭、助教諭、保育教諭、助保育教諭及び常勤講師の条件付採用期間は一年間とする(教特法一二)。

③ 研修――教育公務員の研修の必要性と研修機会の供与、初任者研修、中堅教諭等資質向上研修、指導改善研修について規定(教特法二一、二二、二三、二四、二五)。

④ 大学院修学休業――大学院の課程等に在学してその課程を履修するための休業について規定(教特法二六、二七、二八)。

⑤ 兼職・兼業――教育公務員の行う教育に関する兼職・兼業について、要件を緩和(教特法一七)。

⑥ 政治的行為の制限――教育の政治的中立性をより強く保障する観点から、公立学校の教育公務員については、国家公務員の例による(教特法一八)。

⑦ 給与――公立学校の教育公務員の給与については、その水準を保持するため、職務と責任の特殊性に基づき条例で定める(教特法一三)。

このほか、結核休職、職員団体等についての特例が設けられている。

四　教職員の給与

地方公務員たる公立学校の教職員の給与については、当該地方公共団体の条例で定めるものとされている（地自法二〇四、地公法二四、二五）。ただし、県費負担教職員については、この例外として、都道府県の条例で定められる（地教行法四二）。

1　給与制度

公立学校の教員の給与については、地方公務員として、その給与負担者である地方公共団体ごとに条例等で定められている。平成十五年度まで、公立学校教員の給与については、国立学校の教員の給料及び諸手当の種類や額を基準として地方公共団体ごとに定めることとされ（国立学校準拠制）、その結果、教員の給与に関しては、全国的にほぼ統一的なものとなっていた。しかしながら、平成十六年度から国立大学が法人化したことに伴い国立学校準拠制が廃止され、教特法第十三条の規定により、都道府県が教員の職務と責任の特殊性に基づき、地域ごとの実態を踏まえて給料や諸手当の額を主体的に定めることができるようになっている。

また、学校に特有な手当の根拠法としては、「農業、水産、工業又は商船に係る産業教育に従事する公立の高等学校の教員及び実習助手に対する産業教育手当の支給に関する法律」（産業教育手当）、「へき地教育振興法」（へき地手当等）、「高等学校の定時制教育及び通信教育振興法」（定時制通信教育手当）がある。

なお、給与を負担する地方公共団体の財政力に不均衡がある場合には、実質的に給与水準を維持することが困難になる。このため、前述のように「市町村立学校職員給与負担法」により、県費負担教職員の給与は都道府県の負担とされ、さらに、「義務教育費国庫負担法」により、このうち義務教育諸学校の教職員に係る給与費については、その三分の一が原則として国庫負担とされている。

2 教員の給与の特例

(1) 学校教育の水準の維持向上のための義務教育諸学校の教育職員の人材確保に関する特別措置法（人材確保法）

義務教育諸学校の教員の給与について、一般の公務員に比較して必要な優遇措置を財政上、計画的に実現することによって、教育職員がその情熱を安んじて教育に傾注することができるようにするとともに、優秀な教育職員の確保に資することを意図したものである。

この法律に基づき、昭和四十九年から昭和五十三年までに教員給与の計画的な改善が行われ、その水準は著しく向上した。現在においても教員の給与は一般の公務員よりも高い水準を維持しているところである。

(2) 公立の義務教育諸学校等の教育職員の給与等に関する特別措置法（給与特別措置法）

教育職員の職務と勤務態様の特殊性に基づき、教員については、超過勤務手当制度を適用せず、勤務時間の内外を問わず包括的に評価して本俸の四％相当の教職調整額を一律に支給するという制度を創設したものである。

五 教職員の労働関係

地公法第五十八条により、地方公務員については、労組法、労働関係調整法は適用されない。しかし、「労働基準法」（労基法）は、一部の規定を除き、地方公務員にも適用されることとなっており、地方公務員たる公立学校の教職員は、労基法の適用を受ける（なお、国立大学法人等が設置する学校、私立学校の教職員には、これらの法律は全面的に適用される）。

労基法は、労働条件の最低基準を定めたものであり、地方公務員について条例、規則等で具体的に勤務時間等の労働条件を定める場合に、その内容は、労基法の定める基準を下まわってはならないことを意味する。実際上、各県の条例においては、労基法の基準を上まわったものとなっている。

労基法が公立学校の教員に適用される場合の労働基準監督機関の職権は、人事委員会（人事委員会を置かない地方公共団体においては、地方公共団体の長）とされている（地公法五八⑤）。

労基法上、地方公務員に適用されないのは、労働条件の決定に関する労使対等の原則（労基法二）、災害補償及び就業規則に関する規定（労基法七五～九三）等である。

なお、地方公務員には、労組法が適用されないため、労働組合を結成し、団体協約の締結を含む団体交渉を行うことはできないが、地公法により、職員団体の制度が認められている（地公法五二～五六）。

地方公務員のうち、単純労務職員（用務員、給食調理員等）については、地公法第五十七条により、一般の職員と扱いを異にし、「地方公営企業等の労働関係に関する法律」（地公労法）、「地方公営企業法」（地公企法）が適用され、労組法及び労働関係調整法も適用される。

六　そ　の　他

学校における女性教職員の保護と学校の正常な運営を図るため、「女子教職員の出産に際しての補助教職員の確保に関する法律」（産休補助法）により、産休に入った教職員の代替職員の臨時的任用が定められている。また、「地方公務員の育児休業等に関する法律」により、三歳未満の子を養育する職員に対して育児休業が認められている。これらは、地公法の特例をなすものである。

さらに、地方公務員の公務災害補償については、「地方公務員災害補償法」（地公災法）があり、また、共済制度については、「地方公務員等共済組合法」（地共済法）により定められている。

㈡　各　　論

第一　教育委員会と学校の関係

一　学校の設置及び管理

「学校教育法」（学教法）において、「学校とは、幼稚園、小学校、中学校、義務教育学校、高等学校、中等教育学校、特別支援学校、大学及び高等専門学校」（学教法一）と規定されており、「学校は、国（……国立大学法人及び独立行政法人国立高等専門学校機構を含む。……）、地方公共団体（……公立大学法人を含む。……）及び私立学校法（……）第三条に規定する学校法人（……）のみが、これを設置することができる。」「……国立学校とは、国の設置する学校を、公立学校とは、地方公共団体の設置する学校を、私立学校とは、学校法人の設置する学校をいう。」（学教法二）と規定し、学校の設置主体たる設置者の存在を定めている。公立学校の設置者は、前記のように「地方公共団体」すなわち都道府県、市町村といった法人である。

次に、設置者とその設置する学校の関係について、学教法第五条は、「学校の設置者は、その設置する学校を管理し、法令に特別の定のある場合を除いては、その学校の経費を負担する。」と規定し、いわゆる学校の設置者管理主義を明らかにしている。

設置者がその設置する学校を管理するとは、設置者が、当該学校の存立を維持し、かつ、その本来の目的をできるだけ完全に達せしめるために必要な一切の行為をなすことである。すなわち、設置者は、①学校の物的要素である校舎等の施設設備、教材教具等の維持、修繕、保管等の物的管理、②学校の人的要素である教職員の任免その他の身分取扱い、服務監督等の人的管理、③学校の組織編制、教育課程、学習指導、教科書その他の教材の取扱い等の運営管理の一切を行うのである。

また、学校における教育の質を保証するための基準として、設置基準が設けられている。この設置基準は①多様な学校の設置を図る観点から、最低基準として位置付けられ、②地方分権を一層推進する観点から、地域の実情に応じた対応が可能となるよう、弾力的な規定となっている。

公立学校の場合、設置者たる「地方公共団体」という法人のいかなる「機関」がその管理に当たるかについては次に述べることとする。

二　教育委員会の職務権限

地方公共団体における公立学校の管理に当たる「機関」については、地自法（一八〇の五、一八〇の八）及び地教行法により、大学以外の公立学校については教育委員会が、公立大学については地方公共団体の長が、その職務に当たることとなっている（地教行法二一、二二、三二）。

このように、大学以外の公立学校については、地方公共団体の「機関」である教育委員会が、設置者が当然の権能として有する包括的な管理権に基づいて、学校に対し前述のような物的管理・人的管理・運営管理の一切を行うこととなっているのである。しかし、教育活動における学校の自主性や創意工夫を尊重する必要があり、また教育委員会は学校だけではなくその他の教育、学術、文化に関する事務をも管理、執行する機関であり、複雑、多岐にわたる学校の活動のすべてを教育委員会が直接管理、執行することは実際問題として困難であることから、後述のように学校という教育機関の長である校長に、教育委員会の職務の相当部分を処理させている。

三　校長の職務権限

校長の職務については、その職務の由来する根拠という観点から形式的に分類すると二つに分けることができる。第一は、法令によってそもそも校長の職務として定められているものであり、第二は、教育委員会が校長に委任し、又は命令した職務である。

第一の法令によって定められている職務については、学教法第三十七条第四項が、校長の一般的な職務として、「校長は、校務をつかさどり、所属職員を監督する。」と規定している（この規定は小学校に関するものであるが、中学校、義務教育学校、高等学校、中等教育学校及び特別支援学校についても学教法第四九条、第四九条の八、第六二条、第七〇条及び第八二条によってそれぞれ準用されている。また、幼稚園についても同様の園長の職務が学教法第二七条第四項に規定されている）。

このほか、学教法、同法施行令、同法施行規則や学校保健安全法等の法令によって各種の校長の職務が規定されている。

第二に、校長の職務については、以上のように法令で特に定められたもののほかに、教育委員会から委任され又は命令された職務がある。例えば、学校施設の目的外使用の許可、設備物品の管理、所属職員に対する出張命令、研修命令など多岐にわたっている。このような職務の付与の形式としては、教育委員会規則や訓令によるもの、通達や個別の職務命令によるものなどさまざまであり、後述の学校管理規則によっても多くの職務が付与されている。

なお、委任には職務権限の委任といわゆる内部委任がある。職務権限の委任とは、教育委員会の職務権限を校長に委譲することであり、地教行法第二十五条の規定に基づき、まず教育委員会規則で教育委員会の一部の権限を教育長に委任し、更に教育長から訓令等により校長に再委任するといった手続きがとられているものである。これに対し内部委任とは、職務権限の委譲ではなく、教育委員会が校長に命じて教育委員会の職務権限の一部を行わせるものであり、いわゆる専決又は代決といわれるものである。

四　学校管理規則と学校の自主性・自律性

地教行法第三十三条第一項は、「教育委員会は、法令又は条例に違反しない限度において、その所管に属する学校その他の教育機関の施設、設備、組織編制、教育課程、教材の取扱その他学校その他の教育機関の管理運営の基本的事項について、必要な教育委員会規則を定めるものとする。」と規定しているが、これらの教育委員会規則のうち、学校にかかるものを通常「学校管理規則」と称している。

このような定めは、法令の特別の規定をまつまでもなく、本来管理権を有する教育委員会が、その管理権に基づき、当然の権能として定めるべきものであるが、学校の管理を秩序あるものとし、その適正かつ効果的な運営を期するためには、前述のようにその管理のための仕事の相当部分を校長に職務として任せ、教育委員会と学校との事務分担を明確にしておく必要があるため、教育委員会規則というかたちで必ず学校の管理運営の基本事項を定めるよう法律で義務付けたのである。すなわち、学校が自主的に決定して処理すべき事項と教育委員会の判断を受けて処理すべき事項の区別や、その処理に当たって従うべき準則等を事前に明確にしておくことにより、学校に必要な一定限度の主体性を保持させようとする趣旨である。また、近時においては、地域に開かれた特色ある学校づくりを促進する観点から、学校管理規則を見直す動きが広まっている。具体には、学校管理規則の中で承認事項とされていたものを届出制に改めるなど、学校の自主的、自律的な判断で決定できる範囲を拡大し、学校の裁量権を拡大しようとするものである。

なお、学校管理規則は、行政機関の内部関係を律するものであり訓令的性格を有するものである。

五　校長に対する教育委員会の指揮監督

以上のように、校長は学校という教育機関の長として、その権限と責任により処理すべき多くの職務が付与されているが、学校管理規則等によって教育委員会と学校との事務分担が明確にされているところから、通常は教育委員会の指揮監督を特に論議することなく学校の管理運営が行われている。しかし、学校の管理運営に問題があり教育委員会が何らかの指揮監督を行わねばならない場合や、教育行政上の必要性から教育委員会として学校の通常の管理運営に変更を求めねばならない場合、教育委員会の校長に対する指揮監督ということが問題となることがある。

前述のように教育委員会は、公立学校の管理機関として学校の物的管理・人的管理・運営管理に関する包括的、最終的な権限と責任を有していることにかんがみ、一般的にいって、校長の職務として任されている事項であっても、教育委員会は校長に対し指揮監督を行い得るのであり、校長としても、法令、条例、規則、規程に従い、上司の職務上の命令に忠実に従わなければならず（地公法三二、地教行法四三②）、教育委員会の指揮監督に服さねばならない。

第二　教職員の人事

一　任命権者と任用手続

任命権者とは、職員の任命、休職、免職、給与の決定等を行う権限をもつ者である。公立学校の校長、教員、事務職員等については原則としてその身分の属する地方公共団体の教育委員会が任命する（地教行法三四）。ただし、県費負担教職員の任命権者は、その給与を負担する都道府県教育委員会とされ、都道府県教育委員会は、市町村教育委員会の内申をまって、県費負担教職員の任命権を行使する（地教行法三七、三八①）。この場合において、当該内申が同一市町村内の転任に係るものであるときは、都道府県教育委員会はその内申に基づいて転任を行うこととされている。ただし、都道府県内の教職員の適正な配置と円滑な交流の観点から、あらかじめ都道府県教育委員会が定める県費負担教職員の任用に関する基準に従って他の市町村に異動させる必要がある場合などには、当該内申に基づくことは要しないとされている（地教行法三八②）。

職員の任用の方法には、採用、昇任、降任又は転任がある。一般職の職員の採用は、人事委員会を置く地方公共団体においては原則として競争試験による（人事委員会規則で定める場合には選考によることができる）ものとされ、人事委員会を置かない地方公共団体においては競争試験又は選考によるものとされている。また、一般職の職員の昇任は、職員の受験成績、人事評価その他の能力の実証に基づき、適正を有すると認められる者の中から行われ、競争試験又は選考が行わなければならないとされている。一方、公立学校の校長の採用（校長でない者を校長にすること）と教員（副校長、教頭、主幹教諭、指導教諭、教諭、助教諭、養護教諭、養護助教諭、栄養教諭、主幹保育教諭、指導保育教諭、保育教諭、助保育教諭、講師）の採用と昇任は、その校長と教員の任命権者である教育委員会の教育長の選考により行われる（教特法一一）。

これを教員についてまとめると、①任命権者たる教育委員会の教育長による選考、②校長から任命権者に対する所属職員の任免その他の進退についての意見の具申（県費負担教職員にあっては、校長から市町村教育委員会への意見の具申を経て、市町村教育委員会から任命権者たる都道府県教育委員会に対する内申が行われる）、③教育委員会の任免となる。

任命等の身分上の行為は、通常、辞令の交付により行われるが、その効力の発生は、任命等の意思表示が職員に到達したときである。この到達は、職員が現実に了知することを必要とするものではなく、了知し得べき状態に置かれることで足りる。

二　任用資格

地公法第十六条は、職員となり又は競争試験又は選考を受けることができない事由を定めている。これを欠格条項という。校長及び教員については、地公法が定める一般の職員の場合より、欠格条項が厳しくなっている（学教法九）。欠格条項に該当する者を任用しても、その任用行為は当初より無効であり、また、職員となった後に欠格条項に該当した場合は、「条例に特別の定がある場合を除く外」その職を失う（地公法二八④）。なお、「公立の大学における外国人教員の任用等に関する特別措置法」により、公立の大学においては、外国人を教授、准教授、助教又は講師に任用することができるが、公立の小学校・中学校・高等学校等の校長及び教員については、国家戦略特区における公設民営学校を除き、外国人を任用することはできない（ただし、講師として任用することは可能）。

教員については、地公法第十六条、学教法第九条に欠格条項が規定されているほか、免許法第三条第一項により、原則として、学校種及び教科についてそれぞれ相当する免許状を有する者でなければならない。また、教員である者の免許状が失効した場合若しくは取上げとなった場合は、教員の職を失う。

なお、任用資格である免許状を有していない場合であっても、相当免許状主義の例外として、特別非常勤講師及び専科担任として任用することができる。特別非常勤講師は、免許状を有しない者が任命又は雇用しようとする者からの都道府県教育委員会への届出により、非常勤の講師として教科の領域の一部に係る事項等の教授をするというものである（免許法三の二）。専科担任とは、中学校及び高等学校の教員免許所有者が小学校段階の学校において、高等学校の専門教科の教員免許所有者が中学校段階の学校において、相当の学校種の免許状を有していなくても所有する免許状の教科に相当する教科等の教授等を担当する主幹教諭、指導教諭、教諭又は講師となることができるものである（免許法一六の五）。

三　採用及び条件付採用期間

採用とは、職員でない者を職員の職に任命することをいう。採用は、職員本人の同意を前提とする行政行為であり、これにより公務員関係が発生する。採用内定は、採用発令の手続きを支障なく行うための準備手続きとしてなされる事実上の行為であり、これによって期限が来ると当然に公務員たる地位を取得する行為とは解されていない。

職員の採用は、臨時的任用又は非常勤職員（二〇二〇年四月一日以降は臨時的任用のみ）の場合を除き、すべて条件付のものとされ、採用後六か月を良好な成績で勤務したときに初めて正式採用となる。これは、採用後において実務を通じて確実な能力の実証を得るという意味で、人事における成績主義の原則に基づくものである。条件付採用期間は、能力の実証が得られない客観的事情がある場合は、人事委員会が一年に至るまで延長できる（例えば、採用後六か月間に勤務した日が九〇日に満たない場合など）。条件付採用期間中の職員については、法律に定める事由によらず、その意に反して降任又は免職することが可能であるなど、身分保障に関する一部の規定が適用されない（地公法二九の二）。

公立の小学校等の教諭等については、その条件付採用期間は一年とされている（教特法一二）。条件付採用期間が経過し、職員が正式採用となる場合、任命権者の特段の行為は必要ない。

四　転　任

転任とは、職員を採用、昇任及び降任以外の方法で他の職員の職に任命することである。任命権者は人事行政上の措置として、本人の意思のいかんにかかわらず、転任を自由に命じ得る権限を有している。転任が不利益処分となるか否かについて法制意見は、職務の性質、学校の規模、当該学校に対する社会的評価の程度なども不利益処分に当たるかどうかを判断する一要素としている。しかし、学校の置かれた環境の良否は当然にあり、これを公平に経験することは人事行政上も必要であり、転任が公務員たる教員にとって当然に経なければならない地位であることを考えれば、転任処分が実質的に分限処分に該当する場合又は法律に反した不利益取扱いによる場合を除いては、不利益処分とはならないと考えられる。

五　臨時的任用、定年退職者等の再任用、非常勤講師、単純労務職員

公務員の任用は、恒久的な職に職員を任用する地公法第十七条第一項が原則であるが、災害の発生その他緊急に職員の任用を必要とする場合や業務の臨時的な繁忙などの理由により、六か月を超えない期間（一度だけ更新できる）で職員の臨時的任用ができる（地公法二二②⑤（二〇二〇年四月一日以降は地公法二二の三））。なお、産休代替又は育休代替として任用される教職員は、それぞれ産前産後休暇及び育児休業期間を期間として任用される特殊な臨時的

任用の一種である。

また、高齢者の知恵や知識を社会において広く活用するなどの観点から、六十歳代前半に公務部門で働く意欲と能力のある定年退職者を広く再任用することができる。更に、こうした定年退職者と同様の知識や経験を有すると認められる者も広く任用することが公務の能力的運営の確保等の観点から適当であることから、一定の要件を満たす定年前退職者についても再任用の対象とされている（地公法二八の四～二八の六）。

このほか、学校用務員、給食調理員、警備員、農場作業員等は、一般に単純労務職員と考えられており、その職務と責任の特殊性に基づいて、その身分取扱い、特に勤務条件について大幅な特例が設けられている（地公法五七、地公労法附則⑤、地公企法三八～三九）。

以上は、いずれも通常は一般職に属する地方公務員であるが、非常勤の講師、学校医、学校歯科医等は、いずれも地公法第三条第三項第三号に規定される特別職の非常勤職員として、地公法は適用されない（地公法四）とする運用が行われてきた。この点に関して、本来であれば一般職の地方公務員に課されるべき守秘義務等の服務規律等が課されない者が存在してきた実態を踏まえ、地方公務員法等の改正により、二〇二〇年四月一日以降は、特別職の任用を厳格化し、一般職の非常勤職員として会計年度任用職員に関する規定が設けられることとなった。改正法の施行後は、非常勤の学校医や学校歯科医は、これまで通り地公法第三条第三項第三号に規定される特別職の非常勤職員として扱われるが、非常勤の講師については、会計年度任用職員に移行し、一般職の地方公務員として地公法が適用されることとなる。

六　退　　職

教職員が退職する場合の方法としては、①辞職（依願退職、退職勧奨を受けて辞職する場合も含む）、②失職、③

分限免職、④懲戒処分としての免職、⑤定年による退職（昭和六十年より実施）がある。

辞職とは、正式には本人の承諾を条件とした任命権者による退職発令があって効果が生じる。職員が退職発令を受ける前に辞職の意思表示を撤回することは、それを行うことが信義に反するような事情がある場合は認められない。

失職とは、職員に一定の事由が生じたことにより、任命権者の何らの行為も要せず、当然に職を失うことをいう。失職事由としては、教員の免許状の失効、地公法第十六条の欠格条項に該当した場合（例えば、禁錮以上の刑が確定したとき）などがあげられる。

定年による退職は地公法第二十八条の二の規定によるもので、職員は定年に達したときは、定年に達した日以後における最初の三月三十一日までの間において、条例で定める日に退職するものとされる。教職員の定年は原則として六十歳であり、定年退職日は、学校が学年を単位に運営されていることから、三月三十一日とすることが適切である。

第三　学校運営と校務分掌

一　校務分掌

1　校務分掌規程等

学校は一つの組織体である。したがって、各学校においては、校務すなわち学校としてなすべき仕事を適正かつ効果的に処理するため、各教職員が仕事を分担し、その仕事を一定の秩序の下に処理する仕組みが整えられなければならない。

校務分掌とは、このような観点から、校務を処理するための組織を整え、個々の教職員に校務を分担させることをいう。したがって、各学校においては、教育委員会が定める学校管理規則等に基づいて校内規則の一種として、校務分掌規則あるいは校務分掌規程といったものが定められ、これに基づき校務分掌の組織が整えられるとともに、各教職員に対し個々具体に校務分掌の組織のどこに位置付けられどのような仕事をするのかが定められるのが通例である。

以上は、校務分掌を静的にとらえたものであるが、校務の適正かつ効果的な処理という校務分掌の目的に照らせば、校務分掌を動的な面からもとらえておく必要がある。すなわち、校務の処理に当たっての学校における最終的な責任と権限は校長が有するのであるが、多岐にわたる校務の一つ一つを校長が直接判断することは、実際上困難であるとともに、組織体としての効果的運営といった面からみても問題がある。したがって、校務の処理の内容に応じ、校長が直接判断するものと校長以外の者に判断を任せるものとを区分するとともに、後者については誰が判断をするのか、また、その際の拠るべき判断基準を事前に明らかにしておく必要があるのである。このように、校務分掌については、前述のような静的な面からだけではなく、動的な面からもとらえてはじめて適切なものといい得るのであり、いわゆる文書処理規則・規程といったものだけでは十分ではなく、校務処理規則・規程といったかたちで校務処理の責任体制を明らかにするよう努める必要がある。

2　校務の範囲

校務分掌を定めるに当たっては、まず校務とは何かを明らかにしておく必要がある。すなわち、校務の範囲と内容についての吟味が十分ではない場合には、過重な負担を教職員に強いたり、あるいはまったく逆のことが生ずるおそれがあるのである。

校務とは、学校の仕事全体、すなわち学校が学校教育の事業を遂行するに必要なすべての仕事をさすと一般的にはいえるであろう。したがって、校務を大別していえば、①教育課程に基づく学習指導など教育活動に関するもの、②学校の施設設備や教材教具に関するもの、③教職員の人事に関するもの、④文書の作成処理や人事管理事務、会計事務など学校の内部事務に関するもの、⑤教育委員会などの行政機関やＰＴＡ、社会教育団体などとの連絡調整に関するもの等があげられる。これら以外にも、学校が実際に処理している仕事は種々あるであろうが、要するに、学校の本来の事業を遂行するために必要な限度においておのずと校務の範囲及び内容は定まるのであり、校務として処理するものと校務ではないが例えば社会教育のように必要に応じ協力するものとの区別を行う必要があるのである。

3　校務の分掌

次に、このような校務を処理するため校務分掌が定められるのであるが、各教職員はその職種に応じ主たる職務が学教法等によって定まっているところから、その意味において分担関係はおのずと定まることとなる。しかし、学校には処理すべき種々の校務がある一方、それを処理する教職員数は限定されており、また、法令によって定められた職務の内容だけからではどの職に属すべきか明らかではない校務もある。したがって、学校においては、各教職員について法令で定められた職務を中心としつつ、実情に応じそれ以外の仕事も全員で校務を処理するという観点から分担するよう適切な校務分掌を定めなければならないのである。

二　校長及び教頭等の職務とその役割

１　校長の責任と権限

学校における一切の事柄についての責任と権限は、最終的には教育委員会が有するのであるが（地教行法二一）、学校段階においては校長が有する。

学教法は、「校長は、校務をつかさどり、所属職員を監督する。」と規定している（学教法三七④、四九、四九の八、六二、七〇、八二）。したがって、これにより、学校運営上必要な一切の事柄は、学校段階においては校長の責任と権限に基づいて処理されなければならず、また校長は、上司として所属職員に対し校務を分担させるとともに校務の処理の仕方について必要に応じ指示するなど職務命令を発することができるのである。

このような校長の責任と権限を、具体的な職務についてみると、その由来する根拠という観点から形式的に分類すると二つに分けることができる。すなわち、第一は、法令によってそもそも校長の職務として定められているものであり、第二は、教育委員会が校長に委任し、又は命令した職務である。

校長の個々具体の職務が法令によって規定されているものとしては次のようなものがある。

①　教育課程の実施や評価に関するもの……教育課程の編成（学習指導要領総則）、授業終始時刻の決定（学教法

施行規則六〇)、指導要録の作成(学教法施行規則二四)等

② 就学、入学、進学及び卒業に関すること……入転学の許可(学教法施行規則九〇、九二)、退学又は休学の許可(学教法施行規則九四)、出席状況の把握(学教法施行令一九、学教法施行規則二五)、就学猶予免除を受けた子の相当学年への編入決定(学教法施行規則三五)、高校進学に際しての調査書等の送付(学教法施行規則七八)、課程修了及び卒業の認定(学教法施行規則五七)、卒業証書の授与(学教法施行規則五八)

③ 児童生徒の懲戒(学教法一一、学教法施行規則二六)

④ 児童生徒の健康・安全に関すること……非常災害時などの臨時休業(学教法施行規則六三)、学校環境衛生の維持向上のための事後措置(学校保健安全法六③)感染症の予防のための出席停止(学校保健安全法一九)、学校環境の安全の確保(学校保健安全法二八)、危険等発生時に職員が適切に対処するために必要な措置の実施(学校保健安全法二九②)児童生徒の就業が修学にさしつかえないことの証明(労基法五七)

⑤ 教職員に関すること……勤務場所を離れての研修の許可(教特法二二②)、免許外教科担任の申請(免許法施行規則附則⑱)、教職員の任免その他進退に関する意見の具申(地教行法三六)

第二の類型は、前述のように教育委員会からあらかじめ明示して委任(権限の委任又は専決・代決という内部委任)され、又は命令されたものであり、例えば、学校施設の目的外使用の許可、設備や物品の管理、所属職員に対する出張命令、研修命令など多くのものがある。このような職務の付与の形式としては、教育委員会規則や訓令によるもの、通達や個別の命令によるものなどさまざまの方法があるが、基本的事項については学校管理規則によって体系的に明示されることが望ましい。

2　校長と校務運営

以上のように校長は、学校段階における最終的な責任者として、学校におけるすべての事柄について権限を有し、また責任を負うのである。

学校においては、個々の教員の自主性や創意工夫によって教育活動が生き生きと展開されることが大切であるとともに、全教職員が一体となって教育活動をはじめとする学校運営に取り組む体制が確立されなければならない。このためには、校長のリーダーシップが極めて重要であり、教職員のモラールの向上と組織体制の確立に努めることが校長の果たすべき重要な役割であるというべきである。

したがって、校長は、法令及び教育委員会の指示等が存在する場合にはそれに従い学校運営を行うことになるが、それ以外については、みずからの責任と判断に基づき、学校運営が本来の目的にのっとって適正に行われるよう、各教職員に対し校務を分担させるとともに、校務の処理について指導、助言、指揮、監督を行うのである。

3　教頭の職務等

学教法第三十七条第七項及び第八項は、「教頭は、校長（副校長を置く小学校にあつては、校長及び副校長）を助け、校務を整理し、及び必要に応じ児童の教育をつかさどる。」「教頭は、校長（副校長を置く小学校にあつては、校長及び副校長）に事故があるときは校長の職務を代理し、校長（副校長を置く小学校にあつては、校長及び副校長）が欠けたときは校長の職務を行う。」と規定している（この規定は小学校に関するものであるが、当該規定は中学校、義務教育学校、高等学校、中等教育学校、特別支援学校についても学教法第四十九条、第四十九条の八条、第六十二条、第七十条及び第八十二条によってそれぞれ準用されている。また、幼稚園についても、学教法第三十七条第七項と同様の職務が同法第二十七条第六項に規定されるとともに同法第三十七条第八項の規定が同法第二十八条によって準用されている）。

したがって、教頭は、①校長（副校長を置く学校にあっては、校長及び副校長。以下「校長等」という。）を助ける、②校務を整理する、③校長等に事故があるとき又は校長等が欠けたときは、校長の職務を代理し又はその職務を行う、④必要に応じ児童生徒の教育をつかさどることをその職務とするのである。

まず、「校長等を助ける」とは、校長等を補佐するという意味であり、単なる事務上の手足としての助力にとどまるものではなく、校長等の職務権限の行使について直接補佐することをいう。したがって、教頭は、校長等を補佐する立場から、校長等の命を受け、所属職員に対し命令を発し得る。

次に、「校務を整理する」とは、単に仕事を整理するという意味にとどまるものではなく、校長等が校務をつかさどるに必要な校務分掌の総合調整や校内人事の調整など行政上、管理上の調整作用を主たる内容とすることを行うことをいう。したがって、教頭は、校務を整理する立場から、校長及び副校長を除く所属職員に対し指揮監督を行うことができる。

「校長等に事故があるときその職務を代理する」とは、例えば校長等が海外に出張したり重病で意思決定ができない場合に、校長の代理として教頭が校長の有する職務権限を行使することをいい、「校長等が欠けたときその職務を行う」とは、校長等が死亡等により欠けた場合に、教頭が校長等に代わって校長の職務権限を行使することをいう。後者は、本人が欠けた場合は「代理」という文言はなじまないところから「職務を行う」と規定しているものであって、その法的効果は前者と同じであり、両者を併せて「代行」と呼称することもある。

なお、校長等に事故等があった場合、事実上の行為についてはこのような法令の規定がなくても教頭が校長の代理等を行うことは可能であるが、卒業証書の授与や入学許可など校長の職務権限として法令で明定されている事柄については このような規定があってはじめて教頭が校長の代理等を行うことができるのである。

以上のように教頭は、校長及び副校長の次に位置する者として学校におけるすべての事柄についての責任と権限を有するとともに、校長等に事故等があった場合には校長の代理等を行うのである。

したがって、校長等には、所属職員のモラールの向上と組織体制の確立に努めると同時に基本的な秩序の確立維持に努めることが重要な役割として求められているが、教頭にも、同様に重要な役割として求められているというべきである。特に、そうした役割を校長等が十分に果たすためには、教頭の積極的な協力が不可欠であり、教頭としてもそのことを十分に自覚するとともに、校長等としても教頭の役割を尊重し期待する必要があるのである。

4　副校長、主幹教諭、指導教諭の職務等

副校長、主幹教諭、指導教諭については、校長のリーダーシップの下、組織的・機動的な学校運営が行われるよう、学校の組織運営体制や指導体制の充実を図るため、平成十九年六月に行われた学校教育法の改正により、平成二十年度から、新たな職として置くことができることとされたものである。副校長等は、任意に設置することができる職であり、その設置については、学校や地域の状況を踏まえ、適切に判断される必要がある。

⑴　副　校　長

副校長の職務は、学教法第三十七条第五項及び第六項において、「副校長は、校長を助け、命を受けて校務をつかさどる。」「副校長は、校長に事故があるときはその職務を代理し、校長が欠けたときはその職務を行う。」と規定されている（この規定は小学校に関するものであるが、中学校、義務教育学校、高等学校、中等教育学校、特別支援学校についても、学教法第四九条、第四九条の八、第六二条、第七〇条及び第八二条によってそれぞれ準用されている。また、幼稚園についても、学教法第三七条第五項と同様の規定が同法第二七条第五項に規定されるとともに同法第三七条第六項の規定が第二八条により準用されている）。

副校長は、「命を受けて校務をつかさどる」こととされている。このことは、校長から命を受けた範囲で校務の一部について、校長の補佐にとどまらず、みずからの権限で処理することができることを意味する。これに対して、教頭の職務は、校長等を助けることの一環として校務を整理するにとどまるものである。

学教法第三十七条第三項は、副校長を置く場合には教頭を置かないことができることとされている。一方、副校長と教頭を併せて置く場合には、教頭は校長及び副校長を補佐する立場にあることとなる。副校長と教頭を併せて置くこととするのか、あるいは教頭を置かずに副校長を置くこととするのかについても、任命権者や設置者が学校の状況に応じて判断することとなる。

なお、副校長が授業や担任を受け持つなど児童生徒の教育をつかさどることについては、法令上の規定はないが、「校務」の範囲には学校における一切の活動が含まれていることから、校長の命を受けて副校長が授業等を担当することも妨げられてはいない。しかしながら副校長に求められることは、校長を補佐して、学校全体のマネジメント業務が行われることを期待していることを踏まえると、授業を担当する場合は、学校運営上、真にやむを得ない場合に限定されるべきである。

⑵　主幹教諭

主幹教諭の職務は、学教法第三十七条第九項では、「校長（副校長を置く小学校にあっては、校長及び副校長）及び教頭を助け、命を受けて校務の一部を整理し、並びに児童の教育をつかさどる。」ことと規定している（この規定は小学校に関するものであるが、中学校、義務教育学校、高等学校、中等教育学校、特別支援学校についても、学教法第四九条、第四九条の八、第六二条、第七〇条及び第八二条において準用されている。また、幼稚園についても、同様の規定が同法第二七条第七項に規定されている）。

主幹教諭は、校長、副校長や教頭と教諭の間に設けられた職である。具体的には、命を受けて担当する校務について一定の責任をもって取りまとめ、整理し、他の教諭等に対して指示することができる。

主幹教諭が校長等から命を受けて担当することができる具体的な校務には、①学校の管理運営に関する事項、②教育計画の立案・実施その他の教務に関する事項、③保健に関する事項、④学校の生徒指導計画の立案・実施その他の生徒指導に関する事項、⑤進路指導に関する学校の全体計画の立案その他進路の指導に関する事項などが含まれるが、主幹教諭は、こうした校務運営上基本的な校務のうち任されたものを整理することになる。

また、児童生徒の教育等をつかさどることも主幹教諭の職務であり、みずから児童生徒の教育についても担当する。ただし、主幹教諭が校務の運営において相応の役割を担うことを考慮し、具体的な持ち時数等については、各学校に応じて適切に判断されるべきものである。

主幹教諭の職務に関しては、教頭との関係、主任との関係に留意したい。

まず、主幹教諭と教頭の関係については、教頭が校務全体を整理するのに対して、主幹教諭は、命じられた校務について整理する職であり、教頭を補佐する立場にある。

次に、主幹教諭と主任の関係については、主任は教諭をもって充てるものであり、その職務は校長の監督を受け、担当する校務に関する事項について連絡調整及び指導、助言に当たるものであるのに対し、主幹教諭は教諭をもって充てる職ではなく、校長、副校長及び教頭と教諭との間に位置付けられる職であり、前述のように、担当する校務について一定の責任をもって取りまとめ、整理し、他の教諭等に対して指示することができるという違いがある。

主幹教諭が担当する校務の内容には、教務主任、学年主任等の主任が担当する部分と重なる場合もある。このような場合、これらの主任が担当する分野を担当する主幹教諭を置く場合には、当該主任を置くことを要しない（学教法施行規則四四②、四五②等）。

⑶　指導教諭

指導教諭の職務は、学教法第三十七条第十項において「児童の教育をつかさどり、並びに教諭その他の職員に対して、教育指導の改善及び充実のために必要な指導及び助言を行う。」こととされている（この規定は小学校に関するものであるが、中学校、義務教育学校、高等学校、中等教育学校、特別支援学校についても、学教法第四九条、第四九条の八、第六二条、第七〇条及び第八二条において準用されている。また、幼稚園についても、同様の規定が同法第二七条第八項に規定されている）。

指導教諭は、みずから授業を受け持ち、所属する学校の児童生徒等の実態等を踏まえ、他の教諭に対して教育指導に関する指導、助言等を行うものである。指導教諭が他の教諭等への指導及び助言を行うことにより、個々の教諭等の授業力が向上し、各学校において優れた教育実践が行われるようになることが期待される。

なお、指導教諭は教員であり、学校内に置かれる職であるが、それに対して指導主事は、地教行法第十八条に基づき、教育委員会事務局の職員として各学校の校長や指導教諭を含めた教員を対象として、教育課程、学習指導その他学校教育に関する専門的事項について、指導、助言を行うものである。

副校長等の職が適切に機能し、各教職員の適切な役割分担と協力の下で教育活動や校務運営が円滑かつ効果的に行われるようにするためには、例えば副校長等にのみ職務が集中することなどのないよう、適正な校務分掌を整えることが重要である。

三　教諭の職務の範囲と校長の指揮監督

1　教諭の職務

学教法第三十七条第十一項は、「教諭は、児童の教育をつかさどる。」と規定している（この規定は小学校に関するものであるが、当該規定は中学校、義務教育学校、高等学校、中等教育学校、特別支援学校についても同法四九、四九の八、六二、七〇及び八二によってそれぞれ準用されている。また、幼稚園についても同様の職務が同法二七⑨に規定されている）。

したがって、教諭は、教育活動に関する事項をその職務とするのであるが、だからといって教諭の職務が教育活動に限定されるものではない。すなわち、学校においては、実情に応じ、教諭にも学校の施設設備の管理の仕事や事務系の仕事を分担させることができるのであり、そもそも学校には処理すべき種々の校務がある一方、それを処理する教職員数は限定されているのであり、組織体として全員で校務を処理するという観点から、そのように分担する必要があるのである。前述の学教法の教職員の職務に関する規定は、それぞれの職に就いた教職員が果たすべき主たる職務について定めているものであって、それ以上に当該職務に限定する趣旨のものではないのである。このことについて判例でも、「学校教育法第五一条（注・現第六十二条）によって高等学校に準用される同法第二八条四項（注・現第三十七条第十一項）は、教諭の主たる職務を摘示した規定と解すべきであるから、同条四項の規定を根拠として児童に対する教育活動以外は一切教諭の職務に属しないものと断ずることは許されない。もとより教諭は、児童生徒の教育を掌ることをその職務の特質とするのであるが、その職務はこれのみに限定されるものではなく、教育活動以外の学校営造物の管理運営に必要な校務も学校の所属職員たる教諭の職務に属する」（昭四二・九・二九　東京高裁判決）と判示している。

2　教諭の教育活動と校長の指揮監督

一方、学教法第三十七条第四項は、「校長は、校務をつかさどり、所属職員を監督する。」と規定している（この規定は小学校に関するものであるが、当該規定は中学校、義務教育学校、高等学校、中等教育学校、特別支援学校についても同法第四九、四九の八、六二、七〇及び八二によってそれぞれ準用されている。幼稚園の園長についても同様の職務が同法二七④によって規定されている)。

したがって、校長は、学校段階における最終的な責任と権限を有する者として学校運営上必要な一切の仕事についてみずからの責任と判断によって処理するとともに、上司として所属職員に対し校務を分担させ、また校務の処理の仕方について必要に応じ指示するなど職務命令を発することができるのである。

このような校長の責任と権限に照らせば、教諭の行う教育活動についても校長は一般的指示を行い、また必要に応じ具体的指示を行うことができることは当然である。

ところで、一部においては、子どもの教育の内容及び方法については、その実施に当たる教員が、その教育専門家としての立場から保護者や住民に対し直接責任を負う形で決定し実施する自由あるいは権利を有しており、これに教育委員会や校長が介入することは許されないといった主張がなされることがある。

しかし、このような主張が何ら法的根拠のない誤ったものであることは、昭和五十一年五月二十一日の最高裁判決(永山中学校事件)において、明確に判示されているところである。

もっとも、実際の教育に携わる教員の自主性や創意工夫を大切にする必要があり、これに対する過度の干渉は慎むべきであるが、これはあくまでも事実上の配慮であり、法的な問題ではない。

四　主任制度

1　主任制度化の趣旨

学校において明るく伸び伸びとした教育が行われ、教育目標が達成されていくためには、教育活動を円滑かつ効果的に展開し、調和のとれた学校運営が行われるような教職員の組織が必要である。このため、従来から、学校には、校長・教頭の下に、校務を分担する組織が校務分掌として整えられ、それぞれの分野についてリーダーである教諭が主任等の名称で呼ばれている実態があった。

これらの主任等は、学校運営の複雑化に応じ、更に地域や学校の実態に応じて、設置されてきたものであるが、そのうち、教務主任、学年主任等については、校長の定める校務分掌規程や教育委員会が定める学校管理規則等によりほぼ全国的に置かれていた。

主任等の制度化の趣旨は、調和のとれた学校運営が行われるためにふさわしい校務分掌の仕組みを整えるためのものであり、これらの主任等のうち、全国的に共通した基本的なものについてその設置と職務内容を設置基準として明確にすることにより主任等の役割の充実を期待し、全国の各学校がそれぞれ一層の有機的一体性をもって教育活動を活発にし、教育水準の維持向上を図ることにあった。

2　主任制度化の経緯

このように学校現場においてすでに実態として存在していた主任等であるが、その制度化については、昭和四十六年の中教審答申（「今後における学校教育の総合的な拡充整備のための基本的施策について」）において、校長の指導と責任の下に校務を分担する主任等の組織の確立の必要性が初めて指摘され、また、人材確保法に基づく教員給与の改善に係る文部大臣の人事院に対する要望（昭和五十年三月）においても、主任等の職務と責任に応じた処遇の確保との関連で主任等に関する規定の整備の必要性が指摘された。

これらを受けて、昭和五十年十二月二十六日に文部省令（学教法施行規則）の改正が行われ、昭和五十一年三月一日から施行された。これがいわゆる「主任の制度化」である。

改正省令の内容は次のとおりである。

①　学校においては、調和のとれた学校運営が行われるためにふさわしい校務分掌の仕組みを整えるものとすること。

②　従来各学校に設置されていた各種の主任等のうち、特に全国的に共通した基本的なものである教務主任、学年主任、生徒指導主事等について、それらの設置を規定したこと（なお、進路指導主事と保健主事については従前から省令中に規定があり、規定の整備がなされた）。

③　主任等の職務内容は、それぞれの職務に係る事項について連絡調整及び指導、助言に当たることを明確にしたこと。

この改正省令の内容にそって、各教育委員会において学校管理規則（教育委員会規則）の改正が行われることにより、主任の制度化が実施され、昭和五十九年三月の沖縄県下の一部市町村での実施を最後に全国的な主任の制度化は完了した（都道府県段階での状況＝昭和五十一年〈四十二県〉、昭和五十二年〈東京、神奈川〉、昭和五十三年〈京都、大阪〉、昭和五十六年〈沖縄〉）。

3　主任等の種類

各学校に置かれる主任等の種類は次のとおりである。

小学校	教務主任、学年主任、保健主事、事務主任
中学校	教務主任、学年主任、保健主事、生徒指導主事、進路指導主事、事務主任
高等学校	教務主任、学年主任、保健主事、生徒指導主事、進路指導主事、学科主任、農場長、事務長
特別支援学校	教務主任、学年主任、保健主事、生徒指導主事、進路指導主事、学科主任、農場長、寮務主任、事務長

※義務教育学校は規定の準用により小学校，中学校と同じ
※中等教育学校は規定の準用により中学校，高等学校と同じ

このうち、進路指導主事と事務長（高校）を除く主任等については、学校が小規模であるなどの特別の事情があるときは、これを置かないことができるとされ、事務主任については任意設置である。

また、これらのほか、地域や学校の事情を考慮して、必要に応じた校務を分担する主任等を置くことができる（省令に規定された主任等〈省令主任〉に対し、これらの主任等を「その他主任」と呼んでいる）。学校管理規則で分校主任、研究（研修）主任、総務主任、寮務主任、図書主任、生徒指導主事（小学校）等が規定されている。

４　主任等の性格

主任等は、前述のように、それぞれ教育計画の立案その他教務に関する事項、学年の教育活動に関する事項、生徒指導に関する事項などについて他の教員に対し指導・助言を行い、また各教員間の連絡調整等を行うものである。このように主任等は、教諭等としての職務を担任すると同時に、主任等としての職務をも併せ担任するものである。

したがって、主任等は、校長、副校長、教頭、主幹教諭、指導教諭のように独立した職として設けられているもの

ではなく、学校運営上、特に指導体制上の必要性に基づく一つのまとまった職務を特別に付加される者として設けられているのである。

このような主任等の性格にかんがみ、主任等には、他の教員を指揮監督するという立場（いわゆる中間管理職）ではなく、指導・助言、連絡調整等を行う立場から、経験や識見を生かし学校運営上、特に指導体制上の中核的存在としてリーダーシップを発揮することが期待されているというべきであり、主任等はその役割を十分自覚するとともに、他の教員もこれに積極的に協力する姿勢が必要である。

なお、主任等は、指導・助言、連絡調整等を行うものであるが、校長・教頭等の指示を受けてこれを関係教職員に伝達する場合もあり、その意味において一種の指示に類することを行う場合もあり得ることに留意する必要がある。

５　主任等の選任、発令

主任等は、職ではないので、任命行為として行われるのではなく、教諭に対し、校務分掌を命ずる職務命令として命じられる。したがって、県費負担教職員の場合も、主任を命ずるのは、任命権者たる都道府県教育委員会ではなく、服務監督権者である市町村教育委員会ないし校長である。主任の発令に対し、辞令が交付されることがあるが、これは書面による職務命令である。

主任の発令方法については、教育委員会規則で定めることとされており、校長の意見を聴いて、教育委員会が命ずる方式（Ａ方式）、教育委員会の承認を得て校長が命ずる方式（Ｂ方式）、校長が命じて教育委員会に報告する形式（Ｃ方式）がある。都道府県についてみると、Ａ方式が十三県、Ｂ方式が十一県、Ｃ方式が二十三県である（平成七年度）。なお、事務主任、事務長については、給料表上の等級格付けとも関係することから、学歴、経験年数等を考慮して教育委員会が命ずることとされている。

主任等の選任については、それぞれの職務を担当するのにふさわしい専門的な能力をもった適格者が選ばれる必要がある。このため、主任等の選任は、最終的には、調和のとれた校務分掌の確立という観点から、校長の権限と責任において決すべきものであり、職員会議にその選任をまったく委ねたり、単なるまわりもちとするようなことは不適当である。また、主任等の命課は学校の組織編制に関するものとして管理運営事項であり、職員団体との交渉事項とはならない。

６　主任手当

主任等の職務は、教諭の職務に、連絡調整及び指導、助言の職務を付加したものであり、その負担にみあう適切な処遇が図られる必要がある。

そこで、主任等のうち、学校の教育活動の中核的な仕事をしており、その職務の困難性が高いものについては、特殊勤務手当として教育業務連絡指導手当（いわゆる主任手当）が支給されている。これは、人材確保法に基づく教員給与改善の一環として設けられ、昭和五十二年四月一日から適用されたもので、一日につき二百円（月額約五千円程度）が支給される。

主任等のうち手当支給の対象とされているのは、次のとおりである（国立学校について人事院より定められ、各県の条例等で規定されたもの）。

小学校……教務主任、学年主任

中学校……教務主任、学年主任、生徒指導主事

高等学校……教務主任、学年主任、生徒指導主事、進路指導主事、学科主任、農場長

特別支援学校……教務主任、学年主任、生徒指導主事、高等部に置かれる進路指導主事、学科主任、寮務主任（三

学級未満の学校に置かれる生徒指導主事、進路指導主事、学科主任、農場長及び寮務主任並びに三学級未満の学年に置かれる学年主任は除かれる）

さらに、その後、国立学校について手当支給対象主任が拡大（研究主任、教育実習主任）された（昭和五十三年七月一日適用）のに伴い、公立学校についても、学校管理規則上明らかにされている主任等で各都道府県においてその職務の困難性の程度がすでに手当支給の対象とされている主任等に準ずると認められるもののうち、二種類程度の主任等について手当支給の対象として追加できることとされた。ほとんどの都道府県において拡大がなされているが、その内容は、保健主事、進路指導主事（中学校）及び「その他主任」のうち、生徒指導主事（小学校）、分校主任、研修（研究）主任等が対象となっている。

なお、主任等の一部には、主任制度に反対することを目的とする主任手当の拠出運動に応じて手当を拠出する例がみられるが、このようなことは主任制度及び手当支給の趣旨に反するとともに、国民の教員に対する不信を招き、教員給与の優遇措置を定めた人材確保法の趣旨を損なうものである。

すなわち、前述のように主任は、従来から、組織体としての学校運営上の必要性により各学校に置かれてきたものであり、その制度化（昭和五十年十二月の学教法施行規則の改正）は、全国的に主任が置かれ重要な役割を果たしている実態にかんがみ、これを法令上明確に位置付けることによって、組織体としての学校運営が一層効果的に行われ、教育活動が円滑かつ活発に展開されることを期待したものである。

したがって、主任制に反対すること自体、学校の実態に即した長年の積み上げによって定着してきた学校運営のあり方と矛盾するといわざるを得ない。

主任手当（教育業務連絡指導手当）は、このような主任の果たす役割の重要性にかんがみ、その職務を給与上評価し、人材確保法に基づく教員に対する優遇措置としての給与改善の一環として設けられたものである。

したがって、主任手当の拠出に応じることは、学校運営の実態と矛盾するとともに、人材確保法の趣旨をも損なう重大な問題であるというべきである。

このことについて、昭和五十八年一月十九日付け文部省初等中等教育局長通知（「主任制度及び手当支給の趣旨の徹底について」）は、「主任等が手当を拠出することはこのような主任制度及び手当支給の趣旨に反するものであり、仮にこのような行為が今後とも継続して行われるならば、国民の教育に対する不信を招き、教員給与についての優遇措置を定めた学校教育の水準の維持向上のための義務教育諸学校の教育職員の人材確保に関する特別措置法制定の趣旨を損うことにもなりかねないものであります。」と指摘している。

このように主任手当の拠出が重大な問題であるにもかかわらず、依然として解消されていないのは、主任手当の拠出に対する法的規制がないところから、主任個人の私的な問題としてとらえられている面があるからではないかと思われる。

しかし、主任手当の拠出は、主任制度という法令で定められた学校運営の基本的な校務分掌組織に反対する目的で、組織的、継続的に行われているものであり、これを公益上の目的のために行われている一般の寄附活動と同列に論じることはできない。しかも、学校運営上主任として必要な職務を遂行しながら、その職務に対応した手当を、主任制に反対する運動の一環として拠出することは明らかに矛盾するものである。

したがって、主任手当の拠出問題は、単なる主任個人の私的な問題ではなく、法令に基づく主任制及び手当支給の趣旨に反する公的な問題としてとらえる必要があるのである。

このような観点から、主任手当拠出問題の解消を図るためには、まず関係者がこの問題の真の意味を十分に理解することが肝要である。その上で、教育委員会の全面的なバックアップの下に、校長・副校長・教頭が積極的なリーダーシップを発揮するとともに、日常におけるきめ細かな指導等を行い、一人一人の教職員の自覚を高める必要がある。

このことについて前述の文部省通知は、主任制及び手当支給の趣旨の徹底の重要性を指摘し、主任等の研修会等を通じ主任等の職責感を高め職務能力の一層の向上を図ること、また、全教職員に対し主任等の意義と役割について理解を深めさせ、手当の拠出が制度の趣旨に反することを周知させることなど指導の徹底を図ることを求めている。

五　職員会議の位置付けとその運営のあり方

1　職員会議の法的性格

職員会議とは、法的には、校長が職務を遂行するに当たって、それを補助する機関として位置付けられている。学校教育法施行規則は、学校に「設置者の定めるところにより、校長の職務の円滑な執行に資するため、職員会議を置くことができる。」と規定し、更に「職員会議は、校長が主宰する。」と規定している（学教法施行規則四八、七九、七九の八、一〇四、一一三、一三五）。

すなわち、校長は、校務をつかさどり所属職員を監督する責任と権限を有しており（学教法三七④、四九、六二、七〇、八二）、学校運営上必要な一切の仕事は、学校段階においては最終的には校長の責任と権限に基づいて処理されなければならず、また校長は、上司として所属職員に対し校務を分担させるとともに校務の処理の仕方について必要に応じ指示するなど職務命令を発することができるのである。

職員会議は、このような校長の責任と権限を前提として、その職務の円滑な執行を補助するものとして位置付けられているのである。したがって、職員会議を議決機関として位置付け、そこで学校としての最終的な意思決定を行ったり、あるいはそこでの意思決定が校長を拘束したりすることが許されないことは明らかであろう。

職員会議を校長の諮問機関として位置付けるといった考え方もあるが、これも適切ではない。すなわち、諮問機関とは、第三者としての立場で諮問を受け意見を述べるものであり、校長も構成員となっているのが通例である職員会議をそのような第三者機関たる諮問機関として位置付けることは不適切であるといわざるを得ないのである。

2　職員会議の運営

学校法施行規則では、校長が主宰することが定められているだけであり、これ以外に、職員会議の運営について法令上特段の定めはない。

このため、具体的な運営方法は、設置者の定めの範囲内で校長の判断により決められることになるが、職員会議が必要以上に長時間にわたるなど、校務に支障をきたすことなく、3で述べる職員会議の機能を十分に果たすことができるよう、学校の実態に応じて企画委員会や運営委員会等を活用するなど効率的、機動的な運営が求められる。

なお、平成十年の中教審答申では、「教員以外の職員も含め、学校の実情に応じて学校のすべての教職員が参加できるようその運営の在り方を見直すこと。」が提言されている。

3　職員会議の機能

校長の職務遂行上の補助機関たる職員会議について、その果たしている役割を大別すると、①教育委員会の指示や連絡事項を伝え、理解させたり、校長の決定、判断、方針等を職員に伝達し、理解させたりするなど縦の連絡調整機能、②各職員の担当している校務の報告、情報交換、諸行事の調整など横の連絡調整機能、③校長の意思決定をより適正なものとするため職員の意見を聞くなど校長の行う意思形成への参加機能に分けられよう。

学校においては、日頃から校長を中心として全員が一体となって学校運営に取り組む必要があるが、そのためには相互の意思疎通が大切であり、その意味において前述のような機能を果たす職員会議の役割も大きい。したがって、職員会議の位置付けと運営を適切に行わなければならないのである。

第四　教職員の服務

一　服務の根本基準

地方公務員である教職員は住民全体の奉仕者として公共の利益のために勤務し、かつ、全力をあげて職務に専念すべきことが服務の根本基準である（憲法一五②、地公法三〇）。

このことは、法律の規定をまつまでもなく、すべての公務員について当然にあてはまることであるが、地公法は、これが職員の服務の根本であることにかんがみ、特に明記したものである。

なお、県費負担教職員の任命権は指定都市を除いて都道府県の教育委員会に属しているが、これら教職員は市町村の公務員であり、市町村の教育の事業の遂行に奉仕する義務を負っているものである。したがって、県費負担教職員の服務の監督は市町村の教育委員会が行い（地教行法四三）、その宣誓は市町村の条例により、市町村の教育委員会の指示に基づき、市町村の住民に対して行われる（地公法三一）。

教職員の服務義務は、教職員が職務を遂行するに当たって守るべき義務と、職務の内外を問わず守るべき義務とに分けられる。地公法の服務に関する規定のうち、前者に属するものとしては、法令及び上司の職務命令に従う義務（地公法三二）、職務専念の義務（地公法三五）があり、後者に属するものとしては、信用失墜行為の禁止（地公法三三）、秘密を守る義務（地公法三四）、政治的行為の制限（地公法三六）、争議行為等の禁止（地公法三七）、営利企業等の従事制限（地公法三八）がある。

これらの服務義務に違反する行為に対しては、懲戒処分として戒告、減給、停職又は免職の処分をすることができる（地公法二九①）。

二　服務の宣誓

地公法第三十一条は、「職員は、条例の定めるところにより、服務の宣誓をしなければならない。」と定めている。服務の宣誓は、公務員関係に入ることを受諾したことによって生じた職員の服務義務に従うことを住民に対し宣言するものであり、職員の倫理的自覚を促すことを目的とする制度である。

服務の宣誓の内容、手続き等は条例により定められることとされており、いつどのような方法により宣誓を行うかは条例の定めによることになる。条例については、当時の自治省（現在の総務省）から準則が示されており、各地方公共団体において、新たに職員となった者は任命権者等の面前で宣誓書に署名して宣誓することが定められている。

服務の宣誓は、身分の属する地方公共団体の住民に対し行うものであるから、県費負担教職員については、それぞれ市町村の条例の定めるところにより、市町村教育委員会の指示により服務の宣誓を行うことになる。

服務の宣誓の内容は、憲法の尊重、擁護、及び公務の民主的かつ能率的運営に資するための全体の奉仕者として誠実かつ公正な職務の執行を誓うものである。

職員の服務上の義務は、服務の宣誓により生じるものではなく、職員として採用され公務員関係に入ることにより生じるものである。したがって、宣誓書への署名や提出の拒否は地公法第二十九条第一項の懲戒事由に該当し、懲戒処分の対象となる。

三　法令等及び上司の職務命令に従う義務

教職員は、その職務を遂行するに当たって、法令、条例、地方公共団体の規則及び地方公共団体の機関の定める規程に従わなければならない。

また、教職員は、その職務を遂行するに当たって、上司の職務上の命令すなわち職務命令に忠実に従わなければならない。教職員の上司とは、教育委員会（地教行法二三）、校長、副校長、教頭、主幹教諭がこれに当たる（学教法三七④～⑨）。

なお、教務主任などの主任は、それぞれの職務にかかる事項について教職員間の連絡調整及び関係教職員に対する指導・助言に当たる者である。

次に、職務命令の範囲については、学校運営上必要な一切の仕事いわゆる校務をさし、更に職務の遂行に必要と認められるかぎり、制服や名札の着用、宿泊研修の場合の宿泊など私生活に関連する行動をも含むものである。

職務命令の手続き及び形式については、何ら制限はなく、口頭により行うこともできるが、職務命令の実施について、特に正確を期すべき事情（職務命令に応じないことが予想され、後日の処分に備える場合を含む）がある場合には、文書によったり、立会人をつけるなどの方法をとるべきである。

(一) 職務命令と指導・助言

1 職務命令

組織体においては、一定の秩序を維持するための規律が必要であり、その規律が命令服従の関係により保持されることによって組織体のそれぞれの機能が統一的に働き、組織の目的にのっとった適正な業務の遂行が可能となる。もっとも、このような関係は、日々の活動において常に意識して行われるといったものではなく、通常は各職員の良識と相互の協力によって業務が遂行されるのであるが、組織体である以上、最終的には命令服従の関係によって律せられるという制度的な担保が必要であり、民間企業においても業務命令という形で当然のこととして認められているのである。このことを地方公務員について法律上明らかにしたのが地公法第三十二条の規定であり、同条は、「職員は、その職務を遂行するに当つて、法令、条例、地方公共団体の規則及び地方公共団体の機関の定める規程に従い、且つ、上司の職務上の命令に忠実に従わなければならない。」と規定している。この「職務上の命令」を一般的には職務命令といっている。

なお、いわゆる県費負担教職員については、その身分取扱いの特殊性にかんがみ、地教行法第四十三条第二項に、「県費負担教職員は、その職務を遂行するに当つて、……市町村委員会その他職務上の上司の職務上の命令に忠実に従わなければならない。」と規定し、市町村教育委員会が職務命令権を有することを明確にしている。

2　職務命令の効果

職務命令は、職務遂行上の必要性及び服務規律保持の必要性に応じて発せられるものであるが、職務命令の形態は、その対象として全教職員に対するもの、一部の者に対するもの又は個々の教職員に対するもの、またその形式として文書によるもの又は口頭によるものなど多様である。

しかし、職務命令として発せられた場合には、たとえ口頭によるものであってもその命令には、第一に、命ぜられた教職員はこれに忠実に従わなければならないという法的強制力があり、第二に、それに従わない場合には職務命令違反として地公法第二十九条に基づき懲戒処分の対象となり得るという法的効果があるのである。

3　指導・助言と職務命令

これに対し、指導・助言は、職務命令のような法的強制力及び法的効果を生ずるものではなく、この点で職務命令とは性格を異にするものである。しかし、指導・助言もその形態は職務命令と同様に多様であり、形の上では職務命令か指導・助言か区別のつかないことも少なくないところから、職務命令を発する場合には、その旨を明確にして発する必要がある。

職務命令は1で述べたように組織体としての規律を保持するものであり、そのような基本的な秩序が確立維持されている場合にはあえて職務命令を発するまでもない。したがって、通常の場合は、指導・助言を第一に考えるべきであり、特に教育活動における自主性や創意工夫を尊重する上から学校においてはこのことが大切である。しかし、このような対応も学校としての基本的な秩序があってはじめて可能となるのであり、その基本的な秩序を維持する必要がある場合は、毅然たる態度で職務命令を発することが大切であることを忘れてはならない。

(二)　職務命令に関する諸問題

弁護士　菅　野　祐　治

（教育委員会月報昭五八・二月号から筆者の承諾を得て転載）

1　職務命令の根拠

地方公務員法三二条および国家公務員法九八条一項は、公務員の職務命令服従義務を規定している。地方公務員法三二条では、「職員は、その職務を遂行するに当つて、法令、条例、地方公共団体の規則及び地方公共団体の機関の定める規程に従い、且つ、上司の職務上の命令に忠実に従わなければならない。」と規定しており、ここにいう「上司の職務上の命令」というのが、職務命令のことである。

職務命令の発出については、特定の形式があるわけではないから、訓令、通達、文書、口頭などの形で発することができる。職務命令は、発令者（上司）の受命公務員（部下職員）に対する意思表示であるから、その意思内容が明確に受命公務員に伝達されるのであれば、口頭でも差しつかえないのである。口頭による職務命令で、正式に職務命令である旨明示しなくてもよいとする次の判例（大阪地裁　昭和五一年五月二四日判決　天王寺税務署事件）がある。

「係長が、原告ら納貯係員に対してなした、出張して租税債権の滞納処理をするようにとの指示は、正式に「職務命令」であると明示されてなされたものではないとはいえ、その指示内容からして単なる事務処理上の示唆に止まらず、右滞納処理のための出張を命じた職務命令であると容易に解しうるのであって、原告が（原告は、後記のとおり全国税労組の役員として一般の人以上の判断能力と指導力を有している）これを職務命令と理解しなかったとは、到底解することはできない。」

2　職務命令の拘束力

職務命令については、適法の推定を受けるので、職務命令に重大かつ明白な瑕疵がない限り、受命公務員はこれに従わなければならない。受命公務員は、職務命令の形式的要件については審査権はあるが実質的要件については審査権がないので、正当な権限を有する者から発せられているか、法令に定められた形式的手続に従って発せられているかなどの形式的要件を審査し、同要件が充足されている限り、それ以上職務命令の内容の当不当、違法適法などを審査することはできず、右職務命令に従わなければならないのである。

職務命令の拘束力をどのように解するかは大きな問題であるが、行政の統一性、能率性、公務員関係の秩序維持などの要請にかんがみ、職務命令に重大かつ明白な瑕疵がある場合、すなわち、職務命令が無効な場合には、受命公務員はこれに従う義務がないが、そうでない限りは、仮に職務命令に違法の疑いがあってもこれに従うべきものと解される。職務命令の拘束力について、判例（東京高裁　昭和四九年五月八日判決　小学校校長事件）は次のように述べている。

「行政事務に従事する公務員は、上下の命令服従関係を構成して、一体として行政目的を追求すべき関係にあるから（小学校の校長といえども少なくとも教育行政の執行については、別異に解すべきでないことは、後記のとおり。）上司の職務上の命令に忠実に従わなければならない。そして行政の統一性能率性と公務員関係の秩序維持の見地から、職務命令は、一応適法の推定を受け、受命公務員を拘束する力を有するものと解すべきである。ただ、職務命令は、発令者が職務上の上司であること、受命者の職務に関するものであること、その内容が法規に抵触しないことの要件を具備することを要するところ、これらの要件の欠缺が重大かつ明白な場合には、即ち職務命令が無効な場合には、かかる職務命令は拘束力を有せず、受命公務員は、自ら職務命令の無効を判断することができ、これに服することを要しない。……公務員は、上司と見解を異にする場合、自己の所信（それがある程度客観性、合理性のあるものであっても）に基づいて職務命令を拒否することは許されず、ただ単に不服の点につき意見を申述べることができるだけである。」

3　職務命令の種類

職務命令は、職務それ自体についてのものばかりでなく、その職務を円滑に遂行するために必要な事項についても発することができる。すなわち、部下職員の担当する職務について、その遂行につき時期、内容、様式、優先順位、連絡、調査などの事項についての指示を内容とする本来の職務に関するものに限らず、無断欠勤、争議行為の禁止・政治的行為の制限違反、服務態度、士気など職務遂行の環境・条件についても発することができるのである。

(1)　職務遂行上の命令

部下職員の職務遂行それ自体に関する職務命令、すなわち、同職員が遂行すべき職務内容を具体的に指示するなどのものであるが、上司がこの種の職務命令を発することができるのは当然である。

(ア)　配置換命令、担務変更命令

公務員の配置換またはその担当している職務を変更することは、職務命令でなすことができる。

(イ)　研修命令、出張命令

研修、出張は、職務命令で、それぞれなされるものである。研修命令で、職員の勤務の態様、勤務場所に変更をきたし、またその将来の身分関係および地位に影響を及ぼすような内容の命令を発することもできる。判例（松江地裁昭和四四年三月五日判決　松江町事件）は、

「市町村教育委員会は地方教育行政の組織及び運営に関する法律四三条に基づき県費負担教職員に対しその職務に関して包括的な服務監督権を有し、右教職員はこれに服従すべき義務を負担しているから、前記研修の目的を達成するために必要な場合は同条に基づき職務命令の形式で当該教職員に対し前記のような内地留学を命ずることもできるものと考える。もっとも内地留学の場合には研修命令により必然的に研修員の勤務の態様、勤務場所に変更をきたし、又その将来の身分関係及び地位に影響を及ぼすこともありうるが、このことは右のような態様の研修命令に当然付随する効果であるから、市町村教育委員会が県費負担教職員に対し内地留学を命ずることができるとする以上、右研修に必要な限度で勤務条件の変更を招来する職務命令を発する権限を有するものと解するのが相当である。」

と述べている。

(ウ)　宿日直勤務命令、超過勤務命令

宿日直勤務、超過勤務は、職務命令で、それぞれなされるものである。超過勤務命令に関して判例（最高裁　昭和四七年四月六日判決　静岡県高等学校教職員時間外勤務手当請求事件）は、職員会議に出席することは教職員の職務の範囲に属するものであること、職員会議が校長を主宰者として当該学校に勤務する教職員の全部をもって構成され

ているこ と、その開催の日時場所も校長の指示によりあらかじめ伝達されて教職員はできるかぎりこれに出席すべきものとされており、とくに必要があって、会議が勤務時間外にわたる場合においても、勤務時間の内外によって審議内容、審議方法等会議の性質および運営にはなん等の差異はなかったこと等の原審確定の事実に基づいて、原告らの職員会議への参加は、

「それが正規の勤務時間以外の時間にわたる場合も含めて、右会議を主宰する各所属学校長の指示（職務命令）に基づくものであったことが明らかであるとしている原審認定の判断は正当として首肯できる。」

と述べている。

㈤　特定職務行為命令

上司の部下職員に対して発する特定の職務行為を命ずる職務命令は、日常の職務に付随して頻繁に生起するので、種々様々な内容のものがある。たとえば、教育委員会の校長に対する勤務評定書を提出せよとの命令又は全国いっせい学力調査を実施せよとの命令、校長の教員に対する右学力調査を実施せよとの命令などは、当然に職務命令として発することができるものである。勤務評定につき判例（前掲小学校校長事件）は、

「控訴人は、本件勤務評定規則の定めるところにより、教職員の勤務成績の評定者として、昭和三四年九月一日を実施時期とする定期勤務評定書を同月一五日までに被控訴人の教育長または区教育委員会教育長に提出すべき職務上の義務があり、被控訴人は、同月一六日に控訴人に対し、本件職務命令をもって、あらためて右定期評定書提出の指示を与えたところ、控訴人は、これら職務命令に従うことを拒否したことは、すでに認定したとおりである。よって控訴人は、職務を怠り、上司の職務上の命令に忠実に従わなかったのであり、これは地公法三二条の規定に違反する非違行為であり、同法第二九条第一、二号に規定する懲戒事由に該当するものというべきである。」

と判示している。また、全国いっせい学力調査につき判例（最高裁　昭和五一年五月二一日判決　永山中学校事件）

は、

「市町村教委は、市町村立の学校を所管する行政機関として、その管理権に基づき、学校の教育課程の編成について基準を設定し、一般的な指示を与え、指導・助言を行うとともに、特に必要な場合には具体的な命令を発することもできると解するのが相当であるから、旭川市教委が、各中学校長に対し、授業計画を変更し、学校長をテスト責任者としてテストの実施を命じたことも、手続的には適法な権限に基づくものというべく、要するに本件学力調査の実施には手続上の違法性はないというべきである。」

と述べている。

(オ)　職務関連行為命令

職員の職務そのものについて職務命令を発することができるのは当然のことであるが、職務遂行そのものと厳密にはいえないまでも、同職務遂行と関連性のある事項については、職務命令を発することができる。

しかし、職務および同職務（職務遂行）との関連性をどのように解するかによって、職務命令を発出できる範囲も自ずから異なってくる。たとえば、応援命令（部局間で暇な係の職員に多忙な係の事務を手伝わせ、応援させる命令など）、緊急時の応急措置命令（庁舎に火災発生の際、消防車が来るまで職員に消火を命ずる命令とか、重要書類を持ち出すよう命ずる命令など）、職場清掃命令（職場に不潔な状態が発生し、そのままでは一般職員の執務が不可能ないしは執務能率が低下すると判断され、しかも清掃を職務とする労務職員等の清掃を期待できないようなとき、右一般職員に清掃を命じるなど）などは、職務命令をもって命ずることができる。

(2)　服務や私生活に関連する命令

職務命令は職務の遂行そのものについてのみならず、職務上の目的が十分に達成されるようにするためにも発せられるものであるので、職務を円滑に遂行するための条件の整備に関する事項についても、職務命令を発することができる。したがって、必要があれば、欠勤についての指示、官舎の居住とか制服の着用など職員の服務や私生活に関連する行動についても、これを発することができる。

(ア)　出勤命令など。

正当な理由なく欠勤している職員に対し、職務命令で出勤を命ずることができる。

(イ)　職員寮入居命令、制服着用等命令など。

警官や刑務官等については、その職務の特殊性に基づき、職員寮（官舎）や待機寮に入居するよう職務命令を発することができ、また、勤務時間中の制服の着用ないし特定物の着用の禁止等を職務命令で命ずることができる。一般の職員については、普通はこのような必要性は認められないが、職員の職務内容によっては、客観的にみてその必要性が十分首肯されるものもあり、そのようなときは、右のような職務命令を発することができることとなる。

(ウ)　身上申告書提出命令、受診命令、療養命令など。

人事管理の必要上、職員に身上申告書等の提出が求められるが、同申告書等を意識的に提出しない職員に対しては、職務命令をもって同申告書の提出を命ずることができる。また、健康診断ないしは心身の故障のため職務の遂行に支障があると認められる職員に対する受診命令、療養命令などは、職務命令として発することができる。

(エ)　服務上の禁止規定遵守命令

公務員は、その職務の特殊性（公共性）の故に、信用失墜行為の禁止、秘密を守る義務、争議行為等の禁止、政治的行為の制限などの諸義務を負っており、右義務に違反した場合は、懲戒処分等に処せられることとなる。

ところで、上司が部下職員に対し、右の各義務に違反する諸行為をしないように、あらかじめ職務命令をもって命ずることができるかということであるが、右諸義務は職員の職務との関連性からみれば、職務そのものとして行うことを要する義務というよりも職務外で負っている義務と考えられる面があるので、一般的にはいわば上司としての忠告ないし助言ということが多いであろうが、職務に関する違法な具体的事実につき、同事実を特定して発せられる上司のそれらの禁止命令は、職務命令と解されるものである。

(3)　組合活動に関する命令

公務員は、その職務の公共性の故に、争議権を認められていない。また、組合（職員団体）と当局との交渉などについても、法令上種々の制限がある。組合員等が法令の規定を遵守してその活動を行ってくれれば、組合活動に関し職務命令を発する必要もその余地もないのであるが、往々にして違法な組合活動が行われるので、違法行為の是正と職場秩序維持等のため、種々の内容の職務命令が発せられている。

(ア)　就業命令、職場復帰命令

組合による職務時間中の職場集会等は、争議行為として違法であり、部下職員に職務を放棄して同集会等に参加しているものがいれば、上司としては同職員に対し、就労するよう、ないしは職場に復帰するよう命令を発しなければならない。右就業命令ないし職場復帰命令は、職務命令として発せられるものである。判例（東京地裁　昭和五一年一〇月二五日判決　全司法警職法反対職場大会事件）は、

「同日午前八時三〇分頃東京高裁長官および東京地裁所長連名の解散命令が発せられ、さらに午前八時五〇分頃右同様に連名の職場復帰命令が発せられたのにかかわらず、これらの上司の職務上の命令に従わなかった……ものであって、右は国家公務員法第九八条第一項に違反し、同法第八二条第一号ないし第三号に該当する。」

と述べている。

(イ)　リボン・プレート・鉢巻・腕章等着用禁止命令など。

組合がその団結誇示等のため、勤務時間中組合員である職員に、リボン・プレート・鉢巻・腕章等を着用させることがある（いわゆるリボン闘争等）。このリボン闘争等は、職務専念義務違反（勤務時間中の組合活動の禁止）とな

り、さらに、リボン等の形状、記載文章等によっては、信用失墜行為・政治的行為の禁止に該当する場合もある。したがって、上司は部下職員に対し、リボン等の着用禁止、取りはずし等を内容とする命令を職務命令として発することができる。判例（大阪高裁　昭和五一年一月三〇日判決　灘郵便局事件）は、

「一審原告らの本件リボン等の着用が規則二七条および二五条一項に違反することは前記説示のとおりであるから、これが取外しを命じた局長の職務命令はもとより適法であり、一審原告らはこれに忠実に従う義務がある。そうすると、一審原告らがその上司である局長の本件リボン等取外し命令に従わなかったことは、爾余の判断をなすまでもなく、規則五条二項に違反するものである。」

と述べている。

(ウ)　ビラ貼付禁止命令、組合旗掲揚禁止命令、退去命令、立入禁止命令、ピケッティング・示威行進中止命令、職場集会解散命令など。

これらは、いずれも一般的には庁舎管理上の命令である。庁舎内におけるビラ貼付行為などは、庁舎の管理にかかわる庁舎管理権の問題である。庁舎管理権は、行政目的を達成するために設置された庁舎等を、その目的達成に寄与しうるように管理する権限であり、物的施設の管理という見地から庁舎等の使用者・利用者に対し、使用上の条件、制限ないし禁止を命ずることができる。したがって、庁舎管理権者の許可を受けないビラ貼付、職場集会などの庁舎使用行為は、違法行為となる。それら違法行為を禁止排除するため、庁舎管理権者によりビラ貼付禁止命令、退去命令、ピケッティング中止命令、職場集会解散命令などが発せられる。

ところで、これらの命令を職務命令で発することができるかということであるが、部外者である職員に対して発した命令（庁舎管理権者ではあるが上司でないものが発した命令）、庁舎管理権を有しない上司が発した命令などは職務命令とはならないので、右庁舎管理上の命令は職務命令に該当しない場合が多いであろう。しかし、それら庁舎管

理上の命令が職務命令に該当しない場合でも、庁舎管理権者の許可を受けないそれらの行為は違法なのであるから、職務命令違反（地方公務員法三二条違反）にはならなくとも、信用失墜行為・懲戒事由（地方公務員法三三条・二九条一項）等に該当して、それら行為を行った職員は懲戒処分に付されることとなる。

四　信用失墜行為の禁止

全体の奉仕者として公共の利益のために勤務する公務員については、その地位の特殊性に基づき一般の国民以上に高度の行為規範が要求される。地公法第三十三条で職員は、その職の信用を傷つけ、又は職員の職全体の不名誉となるような行為をすることを禁じられており、地方公務員である教職員にも、当然に本条は適用される。職員が職の内外において非行を犯した場合には、その職員個人の信用を損なうのはもちろんであるが、ひいてはその職員が行っている職自体の信用を傷つけ、更には職員の職全体の信用を損なうおそれがある。このため、職員についてはそれぞれの行為についての行為規範以上に、職員の公務員としての身分による公務への悪影響についても法律上の規範として信用失墜行為が禁止されている。

職員が信用失墜行為の禁止に違反したときは、地公法第二十九条第一項第一号の「この法律に違反した場合」に該当すると同時に第三号の「全体の奉仕者たるにふさわしくない非行のあつた場合」にも該当し、懲戒処分の対象となる。

具体的にどのような行為が信用失墜行為に該当するかについての一般的な基準はなく、社会通念に基づき個々の事例に応じて判断することとなる。

職務上の行為に関連した行為の場合、その行為自体が他の法令違反にも該当する場合と、法令違反には該当しないが公務員としての信用失墜行為に該当する場合がある。前者の場合としては、例えば、校長が校長・副校長・教頭への昇任人事に関連して汚職を行い収賄罪に問われた場合等が考えられる。後者の場合としては、例えば、保護者への対応の際に不適切な言動を行った場合等が考えられる。

職務外の行為に関連した非行の場合としては、例えば殺人罪を犯した場合や、飲酒運転による交通事故を起こした場合等が考えられる。

このように、何が信用失墜行為に該当し懲戒処分の対象に該当するかについては、具体の事例・状況により判断することになるが、わが国においては、一般に公務員、特に教育関係職員に対する社会の目は厳しく、高い職業倫理が要求されているといえる。

判決においても、例えば国際反戦デーに年休を取って参加し、公務執行妨害、凶器準備集合、放火未遂で逮捕された高校教員について、職場外でなされた行為とはいえ、極めて反社会的な集団的過激行為に参加し、逮捕、拘留された行為は、地方公務員、特に教育公務員としての社会的評価を低下、毀損するものであるとして、信用失墜行為に当たるとした事例がある（昭五五・一〇・三〇　最高裁判決）。このほか、生徒に書かせた学力テストについての感想文のうち、批判的なものを文集にまとめ学力テスト反対の組合活動に利用した行為が、地域社会一般に公立学校教諭全体の職務の公正に対する疑惑を生ぜしめたとして、信用失墜行為に当たるとした事例（昭五一・四・一九　広島高裁判決）、県教組の委員長である教員が、県内一斉学力テスト調査において点数水増しの不正があると虚偽の事実を公表したことは、県民の教育に対する認識を誤らせ、県教育界に混乱を生ぜしめたとし、このような司法審査に耐えられない県教職員全体の不名誉となる事実を公表した行為は信用失墜行為に当たるとした事例（昭五〇・二・一〇　松山地裁判決）等がある。

五　秘密を守る義務

職員は、職務上知り得た秘密については、それが個人的な秘密、公的な秘密を問わず、また、在職中はもちろん退職後も、これを漏らしてはならない（地公法三四）。

地方公共団体の事務は住民の信託を受け、全体の利益のために行われるものであり、どのように行政が行われているかについて、常に住民が知り得る状態に置かれていることが必要である。しかしながら、一方で行政には個人情報をはじめ、他人に知られたくない、あるいは一般に公開することが適当でない多くの情報が集まってきており、そのような個人等の情報をいかに管理していくかが大きな問題となってきている。行政情報の公開を行う場合においても、どのような情報をどこまで公開するかが問題となる一方で、一定の情報についてはより厳格な管理が求められている。

このように、行政のもつ情報の中には、それを公開することが特定の利益を著しく損ね、あるいは行政の運営を妨げるなど、公益又は私益を不当に侵害するおそれのあるものが少なくない。

地公法第三十四条は、このような職員が行政に携わることにより知り得た情報のうち秘密に関する事項についての服務を定めている。

「秘密」とは、一般に了知されていない事実であって、それを一般に了知せしめることが一定の利益の侵害になると客観的に考えられるものである。具体的に職員が職務において知り得た事柄のうち、どれが秘密に当たるかは、それぞれ実態に即して判断することになるが、秘密といい得るためには、非公知の事項であって、実質的にもそれを秘密として保護するに価すると認められるものをいうと解されている（昭五二・一二・一九　最高裁決定）。教職員の場合の秘密事項の典型としては、入学試験問題、学期試験の問題等があげられる。

職員が職務上知り得た秘密を漏らした場合においては、懲戒処分の対象となるばかりでなく、一年以下の懲役又は五十万円以下の罰金という刑罰の対象となる（地公法六〇Ⅱ）。

また、県費負担教職員が法令による証人、鑑定人等となり、職務上の秘密に属する事項を発表する場合においては、服務の監督者である市町村教育委員会の許可を受けなければならない。そして、このような場合は、市町村教育委員会は、法律に特別の定めがある場合を除くほか、その公表を拒むことができないとされている。

また、職員が証人等となった場合に公表について許可を受けなければならないのは職員の職務に直接関係する「職務上の秘密」であり、「職務上知り得た秘密」であっても「職務上の秘密」に該当しないもの、すなわち家庭訪問の際に知った家庭の私的な事情などについては、通常の証人等の取扱いによることになる。

六　職務に専念する義務

教職員は法律又は条例に特別の定めがあって例外が認められる場合のほか、その勤務時間中は、職務上の注意力のすべてを自己の職務遂行のために用い、教職員が勤務する学校のなすべき責を有する職務にのみ従事しなければならない。

この特別の定めによって例外が認められる場合としては、休職、停職、育児休業、休日及び休暇など多種にわたるが、問題となるのは、教特法第二十二条第二項の職務専念義務の免除を受けて行う研修と勤務時間中の組合活動である。

まず、この研修については、夏季休業日等の長期休業期間中において利用されることが考えられる。

この場合、勤務場所を離れて行う研修といえども研修である以上、職務専念義務が免除された期間中は当然研修に専念すべきものであり、自己の用務、休養等にあてるなど逸脱した行為は許されない。このため、校長が研修を承認するに当たっては、事前に「研修計画書」を、事後に「研修報告書」を教員に提出させて、教員が実際に研修を行っているかどうかを把握する必要がある。

また、校長の承認は授業への支障の有無を確認するための裁量の余地のない羈束行為であると一部で主張されているが、校長承認の趣旨は、「研修の承認に伴う授業以外の諸影響を教員の服務監督権者の立場において比較考量せしめるための裁量判断権を付与しているものである。」（昭五二・二・一〇　札幌高裁判決）。

次に、勤務時間中の組合活動は、一般的には認められずその間の給与は支給されないのが原則である（地公法五五の二）。

勤務時間中の組合活動が認められるのは次の場合に限られる。

まず、いわゆるながら条例で定められている休日、年次有給休暇及び休職の期間と、服務監督権者の承認を得て適法な交渉を行う場合である。

次に、条例で無給の組合休暇が設けられ、服務監督権者から組合休暇の承認を得た場合である。

これ以外に組合活動を行うには、職員団体の役員として任命権者の許可を得て在籍専従職員となる必要がある。

七　政治的行為の制限

公務員については、全体の奉仕者として公共の利益のために勤務すべき職責に鑑み、一定の政治的活動が制限されるとともに、その地位を利用して選挙運動をすることが禁止されている。

特に、教育公務員については、教育の政治的中立の原則に基づき、学校において特定の政党の支持又は反対のために政治的活動をすることは禁止され（教基法一四②）、更に、教職員の選挙運動その他の政治的活動については、教特法及び「公職選挙法」（公選法）に特別の定めが設けられている。

まず、教特法第十八条により、公立学校の教育公務員の政治的行為の制限については、他の地方公務員と異なり、地公法第三十六条によらず、国公法第百二条及びこれに基づく人事院規則一四－七によることとされている。

この政治的行為の制限は、公務員としての身分を有するかぎり、勤務時間の内外を問わず適用されるものであり、また、休暇、在籍専従を含む休職、停職等により現実に職務に従事しない者にあっても異なる取扱いを受けるものではない。

この制限される政治的行為の具体例としては、職員室において特定政党の機関誌を配布すること、特定の候補者のポスター、ビラを回覧、掲示又は配布すること、国や公の機関において決定した政策の実施を妨害するために又は条例制定の直接請求のために署名運動を企画、指導又はこれに積極的に参与することなどがあげられる。

次に、選挙運動等の禁止制限規定に違反する行為は、公務員の服務義務違反として懲戒処分の対象となるばかりでなく、公務員の地位利用による選挙運動（公選法一三六の二）及び教育者の地位利用による選挙運動（同法一三七）の場合にあっては、刑事上の処罰の対象となるものである（同法二三九、二三九の二）。

㈠　教員の政治活動の制限の態様

教員も一私人としては、思想の自由、表現の自由に基づく政治活動の自由が保障されるべきである。しかし、教員の場合には、心身ともに未成熟な児童生徒等に対して強い影響力があり、こうした教育の性格に由来する特別の性格から、教員という立場に着目し、そのかぎりにおいて、一定の政治活動が制限される必要があるのである。また、公立学校の教員の場合、全体の奉仕者である公務員という立場から、一定の政治活動が制限される必要がある。

すなわち、教員の政治活動の制限の態様には、①国公私立の学校を通じ、このような教育の性格に基づく、教育における政治的中立性の確保の要請からくる制限、があるほか、②公立学校の教員について、公務員としての身分を有することからくる制限、がある。

（なお、教育の政治的中立というとき、広義には、学校等で行われる教育活動の中身に関する狭い意味での教育の政治的中立と、学校で児童生徒の教育を直接担当する教員の政治的中立に加えて教育行政の政治的中立が含まれる。教員の政治的行為の制限は、教員の政治的中立の要請からくるものであるが、この教員の政治的中立は、狭義の教育の政治的中立の要請と、公務員の政治的中立の要請の要素からなっているのである。）

教育における政治的中立の確保の要請からくる制限には、①教基法第十四条第二項の、学校が党派的政治教育を行うことの禁止及びこれに伴う教員の教育活動として行われる政治活動の制限、②義務教育諸学校における教育の政治的中立の確保に関する臨時措置法（中確法）による党派的な政治教育が義務教育諸学校で行われないことを保障するための外部からの教唆又は煽動の禁止、③公職選挙法第百三十七条による教育者の地位利用の選挙運動の禁止、がある。

公務員としての身分に基づく政治活動の制限には、①地方公務員たる公立学校教員について、教特法第十八条により、国公法第百二条及びこれに基づく人事院規則一四―七による一定の政治的行為の制限がある（後述のように、公立学校の教員については、その職務と責任の特殊性から、地方公務員の政治的行為の制限を定めた地公法第三十六条によらず、国家公務員の例によることとされている）。また、②公職選挙法第百三十六条の二による公務員としての地位を利用して行う投票の周旋勧誘等の一定の行為の禁止や、政治資金規正法第二十二条の九による政治活動に関する寄附又は政治資金パーティーの対価の支払への公務員の関与等の制限、がある。

このように、教員についての政治活動の規制の態様は複雑になっているが、一般私人よりも、また一般公務員よりも強い制限が課されているのである。

(二) 教育の政治的中立の確保の要請に基づく制限

1 教育基本法第十四条第二項

教基法第十四条は、第一項で「良識ある公民として必要な政治的教養は、教育上尊重されなければならない。」と規定した上で、第二項で「法律に定める学校は、特定の政党を支持し、又はこれに反対するための政治教育その他政治的活動をしてはならない。」と定め、学校が一党一派に偏した立場に利用されたり、あるいは、学校の教育活動自体が一党一派に偏したものであってはならないことを明らかにしている。

この意味での教育の政治的中立は、宗教教育が私立学校において許されているのとは異なり、国公私立を問わず、すべての種類の学校において要請される。

このことは、宗教教育は、宗派的なものであっても、国民の信教の自由と抵触しないかぎりにおいて、教育上有益なものがあるが、宗派教育が国公立学校において禁止されるのは、各宗派間の平等取扱いと国民の信教の自由の保障に基づくものであるのに対し、党派的政治教育は人格の完成に必要というよりもむしろ有害であり、普遍的な真理を教育することを目的とする学校教育とはまったく相容れない性質のものであるから、と説明されている。

教基法第十四条第二項は、「学校は」と規定しているが、学校の構成員としての教員は、学校の教育計画に従って教育を行うのであり、そのような学校教育活動の中で党派的政治教育を行うことは、当然禁止される。

教員が授業中に特定政党のイデオロギーに基づく政治教育を行うことはもとより、そのような教育を校外で、例えば家庭訪問の際などに行うことも禁止される。

また、教員個人が教員としての教育活動をはなれて一公民として政治的活動をした場合であっても、教員の身分を利用し、又は学校を拠点としてなされた結果、おのずから教育上影響を及ぼし教育上の支障となる場合には、その教員の行為を通じて学校教育の政治的中立性が害されたとみることができるであろう。

2 中確法

教基法第十四条第二項は、子どもに影響力の強い教員が、その地位を利用してまだ未熟な子どもに対して特定のイデオロギーに基づく教育を行うことは許されない、というものである。

ところで、教員自身が自制しても、教員に大きな影響力のある勢力が、外部から煽動するような場合には、教育の政治的中立性の立場を守ることは容易ではない。

そこで、教育の政治的中立性を確保するために、教員に最も強い影響力をもつ、教員組合等の団体を通じて外部から教唆し煽動しようとする者の力を排除する必要がある。

このような事態に対処するには、教基法第十四条第二項では困難であり、昭和二十九年に、後述の教特法の一部改正法とともに、いわゆる「教育二法律」の一つとして中確法が制定された。

この法律は、国公私立を通じ、義務教育に従事する教育職員に対し、特定の目的・手段をもって党派的教育を行うよう教唆煽動することを禁止し、違反者には刑罰（一年以下の懲役又は三万円以下の罰金）を科することを内容としている。対象となるのは、教員自体ではなく、「何人も」とされているが、教員が外部から教唆煽動した場合はもちろんこの対象となる。

教基法第十四条第二項との違いは、規制の対象が党派的教育それ自体ではなく、その教唆煽動であること、これに刑罰を科すること、及び、対象を義務教育に限定していることである。

また、中確法の目的に、義務教育の政治的中立性の確保と並んで、「教育職員の自主性を擁護すること」が掲げられていることにも留意すべきである。

この中確法による教唆煽動罪は、現在までのところ一件も適用されていないが、このことは、中確法が抑止的効果を現しているものと考えることができる。

3　公職選挙法第百三十七条

公選法第百三十七条は、教育者（学校教育法に規定する学校の長及び教員）がその地位を利用して選挙運動を行うことを禁止している。

これは、教育者が学校の児童生徒（及び学生）に対する教育上の地位を利用して選挙運動をすることは、選挙運動の公正を害するおそれがあるからである。

これは、教員の児童生徒等に対する影響力を利用する選挙運動を禁止するものであって、教育者がその教育上の地位を利用しないで、一般人と同様な選挙運動をすることをも禁止しているものではない。

いかなる場合に教育上の地位を利用したものと認めるかについては、個々具体の事実関係により判断されることとなるが、教育者である立場を利用して、児童生徒等に直接選挙運動を行わせることにかぎられず、直接又は間接に保護者に働きかける場合はもちろん、態様によっては、選挙演説を行ったり、推薦人として名を連ねることも地位利用に当たると考えられる。

本条に違反した場合、一年以下の禁錮又は三十万円以下の罰金に処せられ（公選法二三九）、また、選挙権及び被選挙権停止の制裁（公選法二五二）がある。

一方、地方公務員たる公立学校の教員の政治的行為の制限違反については、行政処分の対象となるのみで、刑罰の適用がないので、本条の意義は大きい。裁判例として、京都地裁昭和五十九年四月十六日判決（有罪）がある（なお、本件は、上告審の最高裁第二小法廷平成三年一月二十五日判決により有罪が確定している）。私立学校の教員の限度をこえた政治的行為については、内部的な制裁は別として、法的な制裁としては、もっぱら本条の適用があるのみである。

㈢　教育公務員としての政治活動の制限

1　教育公務員特例法第十八条

⑴　全体の奉仕者たる公務員については、一定の政治的行為が制限されている。国家公務員の政治的行為の制限は、国公法第百二条により、一般の地方公務員については、地公法第三十六条により制限されるが、その制限の内容は異なっており、国家公務員に対する制限のほうが強くかつ広範である。すなわち、①国家公務員の場合は制限を受ける地域が全国であるが、地方公務員の場合は、当該地方公共団体の地域に限られる。②国家公務員の場合は、制限される行為は、国公法第百二条及び人事院規則一四―七に詳細に規定されているが、地方公務員の場合は、条例に委ねられている部分が多く、制限される行為の範囲が比較的狭くなっている。③国家公務員の場合は、制限違反に対して三年以下の懲役又は百万円以下の罰金が科されるが、地方公務員の場合は、罰則規定を欠いている。

⑵　教特法第十八条は、昭和二十九年の教特法の改正によって、挿入された（当時は第二十一条の三）。これは、公立学校教員の政治的行為の制限を、当分の間、地公法第三十六条の規定によらず国家公務員の例によるとしつつ、この制限の違反に対しては罰則を適用しない（行政処分にとどめる）こととしたものである（すなわち、政治的行為の制限については国家公務員と同様に扱い、処罰については地方公務員なみである）。

この趣旨は、教育公務員の職務と責任の特殊性にかんがみ、公立学校の教育公務員の政治的行為の制限の範囲を国家公務員と同様とすることにより、教育公務員が妥当な限度をこえて政治に介入することを防止し、もってその公務たる教育の公正な執行を保障しようとすることである。

ここで教育公務員の職務と責任の特殊性とは、教育を通じて国民全体に奉仕する（教特法一）ことにあり、教育は、国民全体に直接責任をもって行われるものであって、一地方かぎりの利害に関することではないのである。教育の政治的中立性の観点からみた場合、教員が政治的行為を行うことによって教育の中立性を侵すおそれがあることは、公立であっても妥当するのである。

(3)「国家公務員の例による」ことから、公立学校の教育公務員は、国家公務員について制限される政治的行為と同様の範囲の政治的行為が制限される。すなわち、制限を受ける地域は全国であり、国公法第百二条及びこれに基づく人事院規則一四―七の適用を受ける。

国公法第百二条は、①政党又は政治的目的のために寄附金その他の利益を求め、受領し、あるいはこれらの行為に関与すること、②公選による公職の候補者となること、③政党その他の政治的団体の役員、政治的顧問等となることを禁止している。

このほかの禁止行為については、人事院規則一四―七に規定されているが、規定の仕方は、政治的目的と政治的行為を制限的に列挙し、一定の「政治的目的」をもって一定の「政治的行為」を行うことを禁止するかたちをとっている。

この規則の解釈運用については、「人事院規則一四―七（政治的行為）の運用方針について（昭二四・一〇・二一法審発二〇七八号　人事院事務総長）」を参照しなければならない。この通達では、この規則の目的として、次の三つをあげている。

① 国の行政が法規の下において民主的能率的に運営されることが要請されるから、この運営にたずさわる国家公務員は、国民全体の奉仕者として政治的に中立な立場を維持することが必要である。

② 国家公務員の地位は例えば政府の更迭のたびに異動が行われたりすることがないように政治勢力の影響又は干

渉から保護されて、政治の動向いかんにかかわらず安定したものでなければならない。

③　国家公務員である他の職員からの働きかけをも禁止することによって国家公務員の政治的行為の禁止違反を防止する。

この規制は、以上のように、公務員の政治的中立性、公務員の地位安定性、公務員自身の利益の保護を目的とするものであり、同通達は、この規制が、学問の自由や思想の自由を侵すものではなく、これを尊重するように解釈運用されなければならない、としている。

2　公職選挙法、政治資金規正法

以上の教特法第十八条による政治活動の制限は、公立学校教員の公務員たる地位に着目して行われるが、同様に公務員たる地位に着目して行われる政治活動の制限に、公選法第八十九条、第百三十六条の二及び政治資金規正法第二十二条の九がある。

公選法第八十九条は、公務員が在職中、公職の候補者になることができないことを定めている。

この規定は、教特法第十八条により、公立学校の教員に適用される国公法第百二条第二項と同様の規定である。これらの規定に違反してなされた立候補の届出の効力には影響はないが（昭二四・一〇・三　法審回発七〇一一号　人事院事務総長回答）、公選法第九十条は、同法第八十九条の規定により公職の候補者となることができない公務員が立候補の届出をしたときは、当該公務員の退職に関する法令の規定にかかわらず、その届出の日に当該公務員たることを辞したものとみなすこととしている。

次に、公選法第百三十六条の二は、公務員がその地位を利用して行う選挙運動又は選挙運動類似行為を禁止している。具体的な行為としては、①候補者の推薦に関与すること、②投票の周旋勧誘など選挙運動の企画に関与すること、③特定候補者の後援団体の結成に関与し、その構成員となることを勧誘すること、④特定候補者を推薦・支持、反対する目的で文書を配布すること、などである。

更に、政治資金規正法第二十二条の九は、公務員がその地位を利用して、政治活動に関する寄附や政治資金パーティーの対価の支払に関与することを禁止している。具体的な行為としては、①政治活動に関する寄附を求め、若しくは受け、又は自己以外の者がする政治活動に関する寄附に関与すること、②政治資金パーティーに対価を支払って参加することを求め、若しくは対価の支払を受け、又は自己以外の者がするこれらの行為に関与すること、である。

これらの制限は、教特法第十八条による政治的行為の制限と重複する。

しかし、これらは規制の目的を異にしている。すなわち、公務員の政治的行為の制限が、公務員の政治的中立性の維持を目的としているのに対し、公選法は広く一般国民を対象として公明かつ適正な選挙の確保を、また政治資金規正法は政党等の政治活動に伴う政治資金の規正により、政治活動の公明と公正を確保することを目的としている。

また、公選法では、選挙運動期間中の選挙運動に加えて、立候補届出前の立候補しようとする者に関する事前運動も禁止しているが、公務員の政治的行為の制限では、法令の規定に基づく正式の立候補届出により候補者としての地位を有するに至った者に対する運動のみを禁止している点も異なる。

八　争議行為等の禁止

地公法は、第三十七条第一項前段で「職員は、地方公共団体の機関が代表する使用者としての住民に対して同盟罷業、怠業その他の争議行為をし、又は地方公共団体の機関の活動能率を低下させる怠業的行為をしてはならない。」と規定して、地方公務員の争議行為を全面的かつ一律に禁止しており、同項後段では、「何人も」このような行為を企てたり、遂行を共謀したり、そそのかしたり、あおったりすることを禁止するとともに、この第一項後段の規定の違反者に対しては、第六十一条の規定によって刑罰を科するものとしている。

この地公法の規定について、最高裁判所の判例上、これらの規定を合憲とするためには、「禁止されるべき争議行為の種類や態様、また処罰の対象とされるべきあおり行為等の態様や範囲についても、おのずから合理的な限界」があるとするいわゆる限定解釈をすることが必要であると判断されていた時期があった。

しかし、このような判例は、昭和四十八年四月二十五日の全農林事件判決、昭和五十一年五月二十一日の岩教組事件判決において、公務員の地位の特殊性と職務の公共性、公務員の勤務条件決定方式、代償措置の三点を争議行為の禁止の理由としてあげて、それぞれ国家公務員、地方公務員について、公務員の争議権の禁止規定を限定解釈なしに全面的に合憲とする判断がなされたことによって変更された。

したがって、現時点においては、争議行為の禁止規定を合憲とする最高裁判所の判断は、明確に確立された強固なものとなっている。

次に、「争議行為とは、同盟罷業、怠業、作業所閉鎖その他労働関係の当事者が、その主張を貫徹することを目的として行ふ行為及びこれに対抗する行為であつて、業務の正常な運営を阻害するものをいふ。」（労働関係調整法七）と定義されている。

ここでいう「業務の正常な運営を阻害する」とは、授業に支障がある場合はもちろん、授業に支障がなくとも、「学校における指導は教室における授業のみでなく、勤務時間である限り、生徒の質問を受け、勉学その他の相談にのり、あるいはクラブ活動を指導すること等も生徒指導の一環として重要なのであるから、授業が終了したからといって争議行為の影響がなかったと即断することはできない。」（長崎県高教組マンモス訴訟判決）のである。

更に、何ら校務の運営に支障がない場合であっても、勤務時間内において、職務専念義務に違反し、労務の提供を拒否した行為であれば、それ自体必然的に業務の正常な運営を阻害する行為ということができるから、争議行為に該当するのである。

㈠　教職員の争議行為の禁止

１　争議行為の禁止

地方公務員である公立学校の教職員が、国家公務員の給与改善についての人事院勧告の完全実施やスト権奪還を要求して、授業時間にくい込む同盟罷業（ストライキ）を行うことができるであろうか。教職員組合は、このような行為は憲法に保障されている教職員の労働基本権に基づく正当な行為であると主張し、従来、このような行為を繰り返し行ってきた。これに対して、各都道府県の教育委員会では、これらの行為は地方公務員法で禁止されている争議行為に該当するものであり、許されないとして、その行為に加わった者を程度に応じて懲戒処分に付している。

勤労者が使用者に対して、勤務条件等に関し自己の主張を貫徹することを目的として、団結して同盟罷業その他の争議行為を行うことのできる権利が争議権であり、争議行為とは、業務の正常な運営を阻害する一切の行為であると一般に理解されている。

ところで、憲法第二十八条では、「勤労者の団結する権利及び団体交渉その他の団体行動をする権利は、これを保障する。」と規定している。これは、一般に、勤労者に対して団結権、団体交渉権（団体協約締結権を含む）及び争議権の三権を保障したものであると解されている。勤労者の団結は、団体交渉をすることによって勤労条件の維持改善を目的とするものであり、団体交渉は争議行為を裏付けとすることによってより強力なものとなる。このような意味において、勤労者の団結権、団体交渉権及び争議権は、三位一体となって、勤労者に保障されるべき性格のものである。

憲法が、勤労者に対して、争議権を保障するねらいは、憲法第二十五条第一項の「すべて国民は、健康で文化的な最低限度の生活を営む権利を有する。」という生存権保障の基本理念を実現せんがためである。すなわち、勤労者に対して人間に値する生存を保障すべきであるとする立場から、まず、憲法第二十九条の規定によって財産権を保障するほか、同法第二十七条の規定によって、勤労の権利と勤労条件を保障するとともに、他方、同法第二十八条の規定によって、団結権、団体交渉権のほか争議権をも保障することにより、使用者よりも経済上劣位に立つ勤労者に対して、使用者との関係において実質的に対等の立場に立たせようとするものである。このような観点から争議権が認められるわけであるから、特定の政治的主義や主張を実現するための手段として、争議行為に及ぶことは、憲法に保障する正当な権利の行使では、決してない。

ところで、この憲法で規定する勤労者には、民間企業の労働者のみならず、国家公務員や地方公務員を含むものであると解されている。

しかしながら、このように憲法によって保障されている勤労者の争議権は、民間企業の労働者について制限されることはないが、公共の利益のために勤務している公務員に関しては制限されたものとなっている。すなわち、地公法第三十七条第一項前段では、「職員は、地方公共団体の機関が代表する使用者としての住民に対して同盟罷業、怠業その他の争議行為をし、又は地方公共団体の機関の活動能率を低下させる怠業的行為をしてはならない。」と規定して、地方公務員の争議行為を禁止しており、同項後段では、「何人も」このような行為を企てたり、遂行を共謀したり、そそのかしたり、あおったりすることを禁止するとともに、この第一項後段の規定の違反者に対しては、同法第六十一条の規定によって刑罰を科するものとしているからである。

したがって、一般的にいって、地方公務員である公立学校の教職員が団体を結成して、人事院の給与に関する勧告の完全実施を要求したり、あるいは、もろもろの勤務条件の改善を要求したりして、教職員本来の職務である授業を放棄するようなことは許されないことである。また、このような行為を、そそのかしたり、あおったりしてはならないことも当然のことといえよう。

それでは、争議権が保障されていることと制限されていることとでは、具体的に争議行為が行われた場合に、いかなる差異が生ずるであろうか。これは、結局のところ、争議行為によって生じた刑事上の責任や民事上の責任などを勤労者に問うことができるか否かに帰する。

すなわち、民間企業の勤労者の労働組合に関して規定する労組法では、その第一条第二項で「刑法第三十五条の規定（注・法令又は正当な業務による行為は、罰しない）は、労働組合の団体交渉その他の行為であって前項に掲げる目的を達成するためにした正当なものについて適用があるものとする。」として刑事上の免責について規定している。これは、労働組合の活動として正当な行為であれば、そこから生ずる結果が、たとえ住居侵入罪や業務妨害罪などの実態をもつものであるにしても、その責任を問わないということである。

また、同法第八条では、「使用者は、同盟罷業その他の争議行為であつて正当なものによつて損害を受けたことの故をもつて、労働組合又はその組合員に対し賠償を請求することができない。」として、民事上の免責を規定している。これは、たとえ争議行為によって使用者に経済的損失を与えたとしても、その争議行為が正当なものであるかぎり、民法上の不法行為として損害賠償の責任を問われることはないことを明らかにしているわけである。

地方公務員については、これら労組法の規定の適用はないが、その趣旨は実定法上の明文の規定がなくても自明のことと考えられるところである。しかし、具体的な行為が地公法第三十七条で禁止されている争議行為に該当するものであるかぎり、正当な行為とはいいがたく、これら刑事上及び民事上の免責は認められないのみならず、一定の制裁が科せられることとなるので、特に注意が必要である。

なお、地公法第三十七条で禁止している争議行為は、地方公共団体の業務の正常な運営の確保という観点から規定しているものであるから、争議行為を保護し、あるいは、調整しようとする観点から規定している労組法など労働法上の争議行為とは、必ずしもその範囲を同じくするものではない。例えば、労働関係調整法第七条では、争議行為とは「同盟罷業、怠業、作業所閉鎖その他労働関係の当事者が、その主張を貫徹することを目的として行ふ行為及びこれに対抗する行為であつて、業務の正常な運営を阻害するものをいふ。」と定義しているが、地公法第三十七条で規定する争議行為は、このように限定的に解する必要はなく、要するにその行為の目的、態様のいかんを問わず、地方公共団体の業務の正常な運営を阻害するものであると解される。

2　争議行為禁止の理由

憲法第二十八条の規定によって勤労者に保障されている争議権が、公務員に制限されるのはいかなる理由によるのであろうか。公務員にも労働三権は全面的に保障されるべきであり、地公法等によって争議行為を禁止することは、憲法違反であるとする見解もないわけではない。しかし、公務員が公共の利益のために従事するその職務の性質に応じて、争議行為を禁止することは必ずしも憲法違反ではないとする見解が通説であり、最高裁の判例でもある。

昭和二十八年四月八日の最高裁判決（政令二〇一号事件判決）は、国民の権利はすべて公共の福祉に反しないかぎりにおいて立法その他の国政の上で最大の尊重をすることを必要とするものであるから、憲法第二十八条が保障する勤労者の団結する権利及び団体交渉その他の団体行動をする権利も公共の福祉のために制限を受けるのはやむを得ないところである、特に、国家公務員は、国民全体の奉仕者として（憲法一五②）公共の利益のために勤務し、かつ、職務の遂行に当たっては全力をあげてこれに専念しなければならない性質のものであるから（国公法九六）、団結権、団体交渉権等についても、一般勤労者と違って特別の取扱いを受けることがあることは当然である旨を判示している。

また、昭和四十一年十月二十六日の最高裁判決（中郵事件判決）は、現業公務員に対する判決ではあるが、公務員の争議行為禁止に関し、公務員も憲法第二十八条に規定される勤労者である以上、労働三権の保障を受けるべきものであるけれども、それは、国民生活全体の利益の保障という見地から、その担当する職務内容に応じて、私企業における労働者と異なる制約を内包しているものと解釈しなければならないとしている。

次に、昭和四十四年四月二日の最高裁判決（都教組事件）は、この中郵事件判決の理論を踏まえながら、争議行為を禁止する地公法第三十七条の規定、及びその禁止されている争議行為を企てたり、あるいは、あおったりなどする行為を行った者に対して刑罰を科するものとしている地公法第六十一条の規定は、一見憲法に違反するようであるけれども、これらの規定は憲法の精神に即して合理的に解釈することができるから、違憲無効であるとすることはできないと判示している。

ところで、都教組事件に関する最高裁判決の地公法第三十七条及び第六十一条についてのいわゆる合理的な限定解釈については、その「限定」が範囲が必ずしも明確でなく、かつ、法解釈の域をこえた一種の立法ではないかという批判が各方面から出された。

その後、昭和四十八年四月二十五日の最高裁判決（全農林警職法事件）は、公務員も自己の労務を提供して生活の資を得ているものである点において一般の勤労者と異なるところはないから憲法第二十八条の労働基本権の保障は公務員に対しても及ぶものと解すべきであるが、この労働基本権は勤労者の経済的地位の向上のための手段として認められるものであって、それ自体が目的とされる絶対的なものではないから、おのずから勤労者を含めた国民全体の共同利益の見地から制約を免れないものである。非現業の国家公務員は、私企業の労働者とは異なり、国民の信託に基づいて国政を担当する政府により任命されるものであるが、実質的にはその使用者は国民全体でありその労務提供義務は国民全体に対して負うものであるばかりか、公共の利益のために勤務するものであり、公務の円滑な運営のためには、その担当する職務内容の別なく、それぞれの職場においてその職責を果たすことが必要不可欠である。公務員のこのような地位の特殊性と職務の公共性にかんがみるときはこれを根拠として公務員の労働基本権に対し必要やむを得ない限度の制限を加えることは、十分合理的な理由がある。

また、公務員の勤務条件の決定の面においても、その給与の財源は主として税収によってまかなわれ、私企業の場合のような利潤の分配という性格をもたないこと、争議行為に対しても、市場の抑制力が作用する余地がないため、公務員の争議行為は場合によっては一方的に強力な圧力となり得ること等により、公務員の争議行為は、公務員の勤務条件決定の手続きをゆがめることとなる。

ただ、公務員についても憲法によってその労働基本権が保障される以上、この保障と国民全体の共同利益の擁護との間に均衡が保たれることを必要とすることは、憲法の趣意であると解されるから、労働基本権制限に代わる相応の代償措置が必要であるが、生存権保障の趣旨から身分、任免、服務、給与等勤務条件について周密な規定を設け、更に人事院を設ける等労働基本権の制約に見合う周到な代償措置の制度を設けており、また、勤務条件の維持改善を図ることを目的として職員団体を結成すること、団体協約締結権は認められないとはいえ当局と適法な交渉を行うこと、職員団体に加入したこと等のため当局から不利益な取扱いを受けることはなく、職員団体に属していないという理由で交渉事項に関して不満を表明しあるいは意見を申し出る自由を否定されないこととされ、労働基本権につき制約を受ける公務員に対しても、単に争議行為に参加した者については罰則はなく行政上の不利益を受けるにとどめ、争議行為の遂行を共謀し、そそのかし、もしくはあおり、又はこれらの行為を企てた者についてだけ罰則が設けられているにすぎないものであるから、現行法は、公務員の労働基本権を尊重し、これに対する制約、特に罰則を設けることを、最小限度にとどめようとする態度をとっているものと解される。このように、公務員は、労働基本権に対する制限の代償として、制度上整備された生存権擁護のための措置による保障を受けている。

要するに、この判決は、公務員の従事する職務には公共性がある一方、適切な代償措置が講じられているのであるから、公務員の争議行為及びそのあおり行為等を全面一律に禁止してもやむを得ない制約というべきであって、憲法第二十八条に違反するものではないとし、前述の都教組事件に関するいわゆる限定解釈を変更している。

更に、昭和五十一年五月二十一日の最高裁判決（岩教組事件）は、この昭和四十八年の四・二五判決を踏襲したものであるが、四・二五判決が国家公務員の争議行為に対する判断であったのに対し、岩教組事件最高裁判決は、地方公務員の争議行為に対する判断であった点に、意義がある。

この判決において、最高裁は、四・二五判決において示した非現業国家公務員の労働基本権、特に争議権の制限に関する憲法解釈についての基本的見解は今日においても変更の必要を認めないとしており、右見解における法理は、非現業国家公務員に対してのみならず、非現業地方公務員の場合にも妥当するとしている。

その理由として、最高裁は、地方公務員も憲法第二十八条の勤労者として同条による労働基本権の保障を受けるが、地方公共団体の住民全体の奉仕者として、実質的にはこれに対して労務提供義務を負うという特殊な地位を有し、かつ、その労働の内容は、公務の遂行すなわち直接公共の利益のための活動の一環をなすという公共的性質を有するものであって、地方公務員が争議行為に及ぶことは、右のようなその地位の特殊性と職務の公共性と相容れないとしている。また、争議行為のために公務の停廃を生じ、地方住民全体ないしは国民全体の共同利益に重大な影響を及ぼしたり、又はそのおそれがある点において地方公務員と国家公務員と差はないとしている。

更に、地方公務員の給与が、地方公共団体の税収等の財源によってまかなわれるところから、もっぱら当該地方公共団体における政治的・財政的・社会的その他諸般の合理的な配慮によって決定されるべきものである点においても、地方公務員は国家公務員と同様の立場に置かれており、したがってこの場合には、私企業における労働者の場合のように団体交渉による労働条件の決定という方式が当然には妥当せず、争議権も、団体交渉の裏付けとしての本来の機能を発揮する余地に乏しく、かえって議会における民主的な手続きによってなされるべき勤務条件の決定に対して不当な圧力を加え、これをゆがめるおそれがあるとしている。以上のことから、地方公務員の労働基本権は、地方住民全体ないしは国民全体の共同利益のために、これと調和するように制限されることも、やむを得ないところといわなければならないと結論付けている。

それでは、地方公務員の争議行為を制限する代償として現行法上いかなる措置が講じられているであろうか。

最高裁は、まず、国家公務員につき、その身分、任免、服務、給与その他に関する勤務条件についてその利益を保障するような定めがなされているところ、地公法上、地方公務員にも国家公務員の場合とほぼ同様な勤務条件に関する利益を保障する定めがなされている（殊に給与については、地公法第二十四条ないし第二十五条など）としている。

以上、国家公務員による公正かつ妥当な勤務条件の享受を保障する手段として人事院制度が設けられているところ、これに対応するものとして、これと類似の性格をもち、かつ、これと同様の、又はこれに近い職務権限を有する人事委員会又は公平委員会の制度が設けられているとした上で、両制度を比較検討し、人事委員会又は公平委員会、特に後者は、その構成及び職務権限上、公務員の勤務条件に関する利益の保護のための機構として、必ずしも常に人事院の場合ほど効果的な機能を実際に発揮し得るものと認められるかどうかにつき問題がないではないけれども、なお中立的な第三者的立場から公務員の勤務条件に関する利益を保障するための機構としての基本的構造をもち、かつ、必要な職務権限を与えられている（地公法二六、四七、五〇）点においては、人事院制度と本質的に異なるところはなく、その点において、制度上、地方公務員の労働基本権の制約に見合う代償措置としての一般的要件を満たしているものと認めることができるとしている。

以上を要するに、憲法第二十八条の労働基本権は地方住民全体ないしは国民全体の共同利益からの制約を免れず、地方公務員については、その地位の特殊性と職務の公共性がある一方、法律及び条例によりその主要な勤務条件が定められていること等から、その労働基本権に対し必要やむを得ない制限を加えることは十分合理的な理由があること、他方、地方公務員の労働基本権の制限に見合う代償措置は、法定の勤務条件の保障、人事委員会・公平委員会による保障等その必要を満たしていることから、地公法第三十七条の規定による争議行為の禁止は、地方住民全体ないしは国民全体の共同利益の見地からするやむを得ない制約というべきであって、憲法第二十八条に違反するものではない。

3 争議行為の禁止違反に対する制裁

さて、地方公務員たる教職員の争議行為が、地公法第三十七条に違反するものであるならば、それを行った者は、刑事上、行政上及び民事上の責任を免れ得ないことは当然のことである。しかし、刑事上の責任については、この争議行為に単純に参加した者は、他の刑罰条項に該当する行為をしないかぎり、単に参加したという理由だけで刑事責任を問われることはない。

これに対し、争議行為を企てたり、あおったりした場合には、その者は刑事上の責任を問われる（地公法六一Ⅳ）。これは、禁止されている争議行為をあえて企てたり、第三者へあおりなどして働きかける行為に、より強い反社会性が認められるために、この行為を行った者を処罰しようとする刑事政策上の配慮にほかならないと解される。このように、特に反社会性の強い行為を行った者だけを処罰しようとすることは、必要最小限の刑事制裁であるといえる。

これについて、全農林警職法事件判決及び岩教組事件判決は、争議行為をあおる等の行為は、争議行為の原動力をなすものであるから、あおり等の行為のもつこのような性格に着目して、違法な争議行為の防止のために、あおり等の行為をする者に対し処罰の必要性を認め罰則を設けることには十分に合理性があり、地公法第六十一条第四号の規定は、憲法第十八条（意に反する苦役からの自由）や第二十八条に違反しないとしている。これらの判決により、限定解釈をとる全司法仙台高裁事件判決及び都教組事件判決は、それぞれ全農林警職法事件判決、岩教組事件判決と矛盾抵触する限度で変更されたわけである。

次に、禁止される争議行為に参加した者の行政上の責任についてはどうであろうか。

刑事事件についての全農林警職法事件判決及び岩教組事件判決が公務員の争議行為等禁止規定は全面一律に合憲だとした以上、懲戒処分の事由としても争議行為及びあおり、そそのかす等の行為についても限定的解釈をとることなく認められるべきことは、まさに当然の理であるが、昭和五十二年十二月二十日の神戸税関事件最高裁判決は、国家公務員の争議行為及びそのあおり行為等を禁止する国公法の規定が憲法第二十八条に違反するものではなく、また、公務員の行う争議行為に同法によって違法とされるものとそうでないものとの区別を認めるべきでないことは、全農林警職法事件判決により最高裁の判例とするところであるから、懲戒処分の規定の適用に当たっても、禁止される争議行為とそうでないものとの区別を設け、更に、違法とされる争議行為に違法性の強いものと弱いものとの区別をたてて、懲戒処分をすることのできるのはそのうち違法性の強い争議行為に限るものと解すべきでないことは、当然である、とし、更に、昭和五十二年十二月二十三日の都教組事件（行政）最高裁判決は、地公法第三十七条第一項が憲法第二十八条に違反するものでないことは、岩教組事件判決により最高裁の判例とするところであるとして、争議行為等を理由とする懲戒処分を是認し、懲戒処分についても限定解釈をとらないことを明確にしている。

地公法第三十七条第二項では、「職員で前項の規定（注・争議行為等の禁止）に違反する行為をしたものは、その行為の開始とともに、地方公共団体に対し、法令又は条例、地方公共団体の規則若しくは地方公共団体の機関の定める規程に基いて保有する任命上又は雇用上の権利をもつて対抗することができなくなるものとする。」と規定し、一定の制裁を科するものとしている。この解釈については、説の分かれるところであるが、「任命上又は雇用上の権利」とは、地公法第二十七条以下に規定する分限上の保障、第二十九条以下に規定する懲戒上の保障その他公務員の身分関係における諸権利をいい、「対抗することができない」とは、争議行為の開始以降においては、これを理由として勤務関係において不利益な取扱いを受けても、職員の側から任命上又は雇用上の権利を主張することができないという意味に解すべきものである。

しかし、このことは当該職員に対する法令上の保護をすべて否定するものではなく、任命権者が当該職員に対して免職、停職等の措置を行う場合には、法令上必要とされる手続きによって行われなければならないし、また、給与請求権、年金期待権等の公務員関係に基づく財産権のはく奪処分を行う場合にも、給与に関する条例等関係法令の規定に基づいて行われなければならないものである。

更に、職員が法令上必要とされる手続きによって、処分された場合には、不利益処分の審査請求（地公法四九以下）はできない。もっとも、争議行為であったか否かに争いがある場合には、人事委員会に対し不服申立ての審査を請求することができるが、審査の結果地公法第三十七条で規定されている争議行為であることが明らかとなれば、人事委員会は不服申立てを棄却することになる。

最後に、民事上の責任はどうであろうか。例えば、教職員が禁止されている争議行為を行ったために、計画されていた修学旅行が延期され、そのため当該地方公共団体が違約金を支払ったとか、あるいは、購入した物品を受け取ることができないためその保管料を当該地方公共団体が支払ったというような場合に、地方公共団体が教職員の違法行為によって損害を受けたものとして、この争議行為を企画し、指導した職員団体なり、あるいは、これに参加した組合員等に対し損害賠償を請求していくことができるか否かである。これは、職員団体や教職員の行為が不法行為の要件を満たすものであるかぎり、損害賠償の責任を負わなければならないことは当然のことといってさしつかえないであろう。

㈡　日教組スト事件控訴審判決について

法務省刑事局参事官　渡　部　尚

（教育委員会月報昭六一・一月号から筆者の承諾を得て転載）

１　はじめに

昭和六〇年一一月二〇日、東京高裁第七刑事部（裁判官萩原太郎、小林充、奥田保）は、昭和四九年四月一一日のいわゆる日教組スト事件のうち、被告人Ｘ（当時日教組中央執行委員長）およびＹ（当時都教組中央執行委員長）にかかる日教組・都教組事件について、一審の東京地裁が言渡した有罪判決（被告人両名に各罰金一〇万円）を破棄し、被告人Ｘに懲役六月、執行猶予一年、同Ｙに懲役三月、執行猶予一年の判決を言渡した。周知のように、この日教組スト事件については、本件のほか、岩教組事件と埼教組事件が起訴され、現在それぞれ仙台高裁および東京高裁に係属中であるが、本判決はこれら一連の日教組スト事件に関するはじめての高裁判決である。

そこで本節では、これら各スト事件の一審判決、本件の控訴審判決の概要とともに、公務員等による争議行為等に対する刑事罰に関する最高裁判例の動向等を概説することとしたい。ただ、本件控訴審判決の判決書はまだ公表されておらず、公にされた判決骨子が利用できるだけであるので、主としてこの判決骨子によらざるを得ないところがあることをお断りしておきたい。

２　事実の概要

本件日教組・都教組ストライキの経緯は次のとおりである。日教組は、昭和四八年七月の第四三回定期大会において、翌四九年の「七四春闘」において「賃金の大幅引上げ・五段階賃金粉砕」「スト権奪還・処分阻止・撤回」「年金をはじめとする国民的諸課題」の三大要求実現をストライキ目標とし、国民春闘として官民一体となった一大統一ストライキを組織することなどを主内容とする運動方針を可決・決定し、右方針に基づく組織内討議を経て、昭和四九年二月上旬の中央執行委員会において日教組第四四回臨時大会に提出すべき最終議案を決定した上、同月二五、二六日、傘下県教組役員らの出席する右臨時大会において、春闘共闘、公務員共闘の統一闘争として、傘下小・中学校教員らをして、四月中旬に第一波早朝二時間、第二波全一日の同盟罷業を行わせること、同大会の決定により右闘争に関する全組合員への指令権は日教組中央闘争委員長（被告人X）に委譲されたものとし、中央闘争委員長が全組合員に対し右同盟罷業の行動指令を発すること、同大会で決定された戦術について各県教組ごとに批准投票を行い、各県教組の同盟罷業突入体制は右批准投票の過半数の賛成をもって確立したものとすること、その間組合員に対し同盟罷業実施体制確立のためのオルグ活動等を行うことなどを決定し、各県教組あて指令第一八号を発した。右日教組臨時大会の決定を受けた各県教組における批准投票の結果、東京、北海道、岩手、埼玉、広島等を含む二五都道府県教組において賛成投票が五〇パーセントを超えたが、都教組においても右批准投票に先立つ三月八日、第五七回臨時大会を開催し、四月中旬第一波半日、第二波全一日の同盟罷業を行うこと、そのための実施体制確立に向けたオルグ活動等を行うことを決定した上、指示第八二号で右都教組臨時大会における同盟罷業実施の決定を通知した。そして日教組は、三月一九日、第五回全国戦術会議を開催し、同盟罷業の日時を第一波四月一一日全一日、第二波四月一三日早朝二時間を予定するが、最終的には同月二七日の春闘共闘戦術委員会における決定をまつことと決定し、更に、その参加組合員は右批准投票の成立した二五都道府県教組の組合員とすることを確認した上、中央闘争委員長による指令権発動を宣言した。三月二七日予定の春闘共闘委員会の戦術決定は、実際には同月二九日に行われ、これを受けた日教組は、同日「春闘共闘戦術会議の決定を受け、公務員共闘は四月一一日第一波全一日ストライキを配置することを決定した。各組織は闘争体制確立に全力をあげよ」との本部名義の電報指令（三・二九指令という）を北教組等の都道府県教組に発出し、右指令は県教組本部から下部組織に電報で伝達連絡された。更に、四月九日、日教組本部は「予定どおりストに突入せよ」との電話指令（四・九指令という）を発し、これを受けた県教組は右指令を下部に伝達し、結局、四月一一日、全国二五都道府県の公立小・中学校教職員約一八万人が全一日のストライキを敢行した。

右のような経過をたどった本件スト事件について、要旨、

一　被告人Ｘは、日教組本部役員および各県教組役員らと共謀の上、

⑴第四四回臨時大会における右決定をし、次いで指令第一八号を発し、更に第五回全国戦術会議において右決定をし、もって、地方公務員に対し同盟罷業の遂行をあおることを企て、

⑵①北教組、都教組、岩教組、埼教組および広教組あてに、前記三・二九指令を発出し各都道府県教組組合員に右指令の趣旨を伝達し、

②三月末から四月初めにかけ、右四都道県教組組合員に対し、右指令および「歴史的な全一日ストを総力をあげて成功させよう」などと記載した日教組教育新聞号外を郵送頒布し、

③右四都道県教組あてに、前記四・九指令を発出し各都道府県教組組合員に右指令の趣旨を伝達し、もって、地方公務員に対し同盟罷業の遂行をあおった。

二　被告人Ｙは、被告人Ｘら日教組本部役員および都教組本部役員らと共謀の上、

⑴都教組第五七回臨時大会において前記決定をし、次いで、指示第八二号を発して右大会決定を伝達するとともに同盟罷業実施体制確立を指示し、地方公務員に対し同盟罷業の遂行をあおることを企て、

⑵①前記三・二九指令を受けて傘下組合員に対し右指令の趣旨を伝達し

②四月三日、右指令の趣旨を確認した文書「スト取組の基本」を発してこれを組合員に伝達し

③前記四・九指令を受けてこれを傘下組合員に伝達し、もって、地方公務員に対し同盟罷業の遂行をあおった、

として公訴提起がなされた。

3　本件における争点

(1)本件裁判における争点は法律上、事実上の争点を含む極めて多岐にわたるものであるが、大別すると、①地方公務員法（地公法三七条一項）の合憲・違憲をめぐる問題、②地公法六一条四号「あおりの企て」および「あおり」の処罰の合憲性をめぐる問題、③「あおり」「あおりの企て」の本件における具体的適用をめぐる問題、④本件ストの性格、態様をめぐる問題、⑤量刑をめぐる問題に区別することができる。以下①ないし③を中心として詳説すれば次のとおりである。

(2)地公法三七条一項の合憲・違憲をめぐる問題

弁護人らの主張は、大別すると、①公務員に憲法二八条の労働基本権が保障されている以上、その制限は国民の生命・健康・安全およびこれを維持する上で必要不可欠な財産に重大な障害をもたらすおそれのある場合に限られるべきであって、教職員の職務内容はその空白によって重大な障害をもたらすものではないから、争議行為制限の根拠たる公共性が薄い（職務の公共性の問題）、②争議行為制限の根拠とされる財政民主主義、勤務条件法定主義というのも議会審議の対象たるべき原案を行政当局が作成・決定する過程において公務員団体が当局と団体交渉を行って一定の合意を得て協約を締結することを排斥するものではない（財政民主主義、勤務条件法定主義の問題）、③いわゆる代償措置も十分機能しているものであることを要するところ、現行の人事委員会または公平委員会制度は完全に公平な第三者的機関の実質を有せず代償措置として不十分であって、ＩＬＯ関係機関

の各種意見等もこれらを指摘している（代償措置の問題）、④「あおり」「あおりの企て」を限定的に解釈しなければ、実際上公務員の争議行為を一律全面的に処罰する結果となって憲法一八条・二八条に違反するとともに、「あおり」「あおりの企て」等の犯罪構成要件自体が曖昧不明確であり憲法三一条に反する（「あおり」等の解釈問題）などである。

(3)「あおり」等の具体的適用

弁護人らの主要な主張は、①本件ストは、一般組合員の積極的な闘争意欲の高まりによるものであって、組合幹部の指導性があったにせよそれがストの原動力となっていないから被告人らの行為は「あおり」等に当たらない（「盛り上り論」の問題）、②日教組四四臨時大会における決定（四四臨大決定という）は、スト実施決定前のものであるからスト発生の具体的危険がなく、また、右大会で批准投票およびスト体制確立前に指令権を委譲したとしても、指令発動の計画準備をしたといえず、オルグ教宣活動等の内容も具体性に欠ける以上ストの説得慫慂をしたといえない（四四臨大決定の「あおりの企て」の問題）、③日教組第五回全国戦術会議における決定（五全戦決定という）は、指令権発動宣言が批准投票によるスト体制確立を確認した手続にすぎないこと、オルグ教宣活動が組合員へのスト参加を訴えることを目的とするものでないことなどに照らし、「あおりの企て」に当たらない（五全戦の「あおりの企て」の問題）、④三・二九指令および四・九指令は、春闘共闘委員会のスト日時正式決定がなされたことを確認する日教組本部から各県教組本部あての情勢連絡であって各県教組下部組織へ伝達することを予定したものではなく、また、右下部組織へ伝達された証拠がない（三・二九指令、四・九指令の「あおり」の問題）などである。

本件一審判決および控訴審判決を検討する前提として、公務員等の争議行為の禁止およびその違反に対する刑事罰についての従来の最高裁判例の動向を見ておくことが適当であるので、以下に概観してみる。

国公法、地公法、公労法等により非現業の国家公務員・地方公務員や公企体職員の争議行為を禁止していることそれ自体が、労働基本権を保障する憲法二八条等との関係で合憲であるとする点では、最高裁判例の流れは一貫している。また、このような公務員・公企体職員についての争議行為禁止に違反してなされた争議行為に対し一定の限度で刑事罰を科することが合憲であるとすることにおいても最高裁判例の見解は一貫している。しかし、これら最高裁判例は、まず、争議行為禁止を合憲とする上での制約原理を何に求めるか、制約の根拠・条件をどのように考えるかという基本的問題点についても、また、右の刑事罰が許される限界についても大きな変遷を重ねてきており、大別すると、弘前機関区事件（最大判昭二八・四・八）、三鷹事件判決（最大判昭三〇・六・二二）および檜山丸事件判決（最二小判昭三八・三・一五）までの流れ（第一期という）、全逓中郵事件判決（最大判昭四一・一〇・二六）、都教組事件判決（最大判昭四四・四・二）および仙台全司法事件判決（最大判昭四四・四・二）までの流れ（第二期という）、全農林事件判決（最大判昭四八・四・二五―四・二五判決という）、岩教組学テ事件判決（最大判昭五一・五・二一―五・二一判決という）および名古屋中郵事件判決（最大判昭五二・五・四―五・四判決という）までの流れ（第三期という）の三つに区分することができる。

第一期の判例は、公務員が国民全体の奉仕者として公共の利益のために勤務するものであること、団体交渉権・争議権等が公共の福祉のため制限を受けるのはやむを得ないことを根拠として禁止の合憲性を肯定するものの、全体の奉仕者および公共の福祉の内容についての考え方を詳細に判示しておらず、また、刑事罰も当然に許容されるという全面合憲論の見解をとっていた。

第二期の全逓中郵事件判決は、公務員の労働基本権に対する制約原理を「国民生活全体の利益の保障」という当然の内在的制約であるとした上、①労働基本権の制限は、労働基本権を尊重する必要と国民生活全体の利益を維持する必要とを比較衡量して、両者が適正な均衡を保つよう合理性の認められる必要最小限度のものとすること、②その制限は、職務・業務の内容が公共性が強いもので、その停廃が「国民生活全体の利益」を害し、国民生活に重大な障害をもたらすものについて、これを避けるために必要やむを得ない場合について考慮されるべきこと、③制限違反に対して課される不利益については、必要な限度を超えないよう十分な配慮がなされるべきであり、特に刑事制裁を科することは必要やむを得ない場合に限られるべきこと、④制限に見合う代償措置を講ずること、とのいわゆる「四条件」を挙げた。そして、続く都教組事件判決、仙台全司法判決は、このような制約原理に基づく「比較衡量論」、「刑罰必要最小限度論」をそのまま踏襲するとともに、許容される刑事罰の限界については全逓中郵事件判決の見解を更に発展させ、地公法等の規定が、公務員の一切の争議行為を禁止し、その遂行のあおり等の行為をすべて処罰する趣旨であれば、必要やむを得ない限度を超えて争議行為を禁止し、必要最小限度を超えて刑罰の対象としているものとして違憲の疑いを免れないとした。更に両判決は、国公法、地公法の定める「あおり」等の構成要件を、労働基本権尊重の憲法の趣旨と調和し得るように解釈するときは、①あおり等の対象となる争議行為自体が、政治目的のため行われた場合、暴力を伴う場合、または社会通念上不当に長期に及ぶなど国民生活に重大な障害をもたらす場合に当たるような強度の違法性があることが必要であり、②あおり等の行為それ自体も「争議行為に通常随伴する行為」のようなものを除いた違法性の強いものであることを要すると解すべきであるとし、いわゆる「二重のしぼり論」による限定解釈をした。

これに対し、第三期の四・二五判決以降の最高裁判例は、第二期の最高裁判例をことごとく変更したが、まず、四・二五判決および五・二一判決は、非現業国家公務員の労働基本権に対する制約原理を「勤労者を含む国民全体の共同利益の見地からの制約」という点に求めた上、制約の根拠・条件として、①憲法一五条の示す公務員の地位の特殊性と職務の公共性にかんがみるとき、公務員の労働基本権に対し必要やむを得ない限度の制限を加えることは十分合理的な理由があること、②労働条件決定の過程において、私企業と異なり、勤務条件法定主義がとられ、市場の抑制力に欠けるから、私企業労働者の争議行為と公務員のそれとを一律同様に考えることはできないこと、③労働基本権の制約に見合う代償措置としての現行法上の諸制度（特に人事院制度）は一応その要件を満たしていること、などの諸点を挙げて争議行為およびあおり等の行為を禁止することは合憲であるとした。そして五・四判決は、両判決が労働基本権の制約の根拠・条件として掲げた右の理は公共企業体職員についても基本的に妥当するとした上でこれら三つの判決の判示するところは、「(イ)公務員及び三公社その他の公共的職務に従事する職員は、財政民主主義にあらわれている議会制民主主義の原則により、その勤務条件の決定に関し国会又は地方議会の直接、間接の判断を待たざるを得ない特殊な地位に置かれていること、(ロ)そのため、これらの者は、労使による勤務条件の共同決定を内容とするような団体交渉権ひいては争議権を憲法上当然には主張できない立場にあること、(ハ)さらに、公務員及び三公社の職員は、その争議行為により適正な勤務条件を決定しうるような勤務上の関係にはなく、かつ、その職務は公共性を有するので、全勤労者を含めた国民全体の共同利益の保障という見地からその争議行為を禁止しても、憲法二八条に違反するとはいえないこと、に帰する」と総括した。また、このように合憲とされる争議行為禁止違反の刑事罰の合憲性について、四・二五判決、五・二一判決およびこれを締めくくる五・四判決は、争議行為の正当性の有無は単に「刑法の次元」における判断ではなく、まさに憲法二八条の保障を受けるかどうかの「憲法の次元」における問題であるから、その保障を受けるものである限り、民事上・刑事上一切の制裁の対象とはならないこと（いわゆる違法性一元論の立場）、争議行為が正当かどうかは違法性の有無の問題であり、違法性の強弱の問題は違法性のあることを前提としたものであること、刑事罰が合憲とされる基準としていうところの争議行為等の違法性の強弱という区別や争議行為に「通常随伴」する行為なる概念は極めて不明確であって、このような限定解釈は犯罪構成要件の保障的機能を失わせること、などの趣旨の判示をした上、都教組事件判決等の「二重のしぼり論」は誤りであるとして排斥し、判例変更を明示した。そして、これら三判決は、国公法・地公法が「あおり」等を処罰することの合理性と「あおり」・「あおりの企て」の意義について、①反公共性をもつ集団的組織的な行為としての争議行為を成り立たせるものはその行為のあおり・共謀等の行為そのものであり、これらは争議行為の原動力ないし中核的地位を占めるものである、②「あおり」とは、違法行為を実行させる目的をもって、他人に対し、その行為を実行する決意を生じさせるような、またはすでに生じている決意を助長させるような勢いのある刺激を与えることをいい、また「企て」とは、右の違法行為の共謀・あおり等の行為の遂行を計画準備することであって、違法行為発生の危険性が具体的に生じたと認め得る状態に達したものをいう、と判示し、「あおり」等にことさら限定解釈を付する必要はなく、このようなあおり等の行為を処罰することに十分な合理性があるとの考え方を明示した。

5　一審判決の概要と検討

(1)　地公法の合憲性

一審判決はまず、四・二五判決等第三期の最高裁判例が現時点では確立されており、これら最高裁判例が有する判例統一の機能および法的安定の要請にかんがみると、明らかな不合理な点があるとか、基礎事情に大きな変動があるとか、具体的事例に適用すると著しく不当な結果をもたらすなど特別な個別的事情が認められる場合でない限りは、右最高裁判例に従うべきであるとして、最高裁判例の事実上の拘束力を認めるという基本的立場を明確にした上、右の個別的事情の存否について判示している。そして、大要、①公務員も、労働基本権の保障を受けており、これに対する制限は合理性の認められる「必要最小限度」のものでなければならないとの一般的立論は首肯できる、②争議行為の制限の理由は職務の公共性のみではなく、その地位の特殊性からいくつかの理由が競合する複合的構造である、

③現行法上公務とされている職務は、本来備えている公共性の程度、強弱は様々であり、現に民営とされている職務より常に公共性が高いとはいえないものの、基本的にはなお公共性を失っていないとの判断を前提としている、④国民の子弟が正常で円滑な義務教育を受け得ることも国民全体にとっての生存的利益の内容をなす、と判示する。

このうち③の判示は、四・二五判決が、「公務員による公務の円滑な運営のためには、その担当する職務内容の別なく、それぞれの職場においてその職責を果たすことが必要不可欠である」と判示する部分とは若干の差があるようにも思われるが、これに続く部分で国民全体の共同生活上の利益に対する影響という点から職務の間断のない円滑な遂行を確保するとの要請が争議行為制限の理由にほかならないとし、教職員の場合、義務教育に僅か一日程度の短期的空白は回復が容易であるから公共性が薄いとか争議行為制限の不可欠性がないとはいえないとしていることに照らしても、職務の公共性の程度と争議行為による影響とを比較する単純な比較衡量論に立つものではない。なお、国民の生命、健康、安全に重大な障害があるか否かを公務の基準とする考え方は、ＩＬＯ条約適用勧告専門家委員会の意見にもあらわれているが、全逓中郵事件最高裁判決でさえこのような狭い基準をとっていないところである。

また、代償措置の点については、人事院制度、人事委員会制度等は一般的な要件を備えた制度に達しているとはいえ種々の制度上の欠点や改善すべき点があるが、労働基本権の制限に見合う代償措置であるかどうかは制度的、抽象的面だけで評価されるのではなく、むしろ実際上の運用実績と合せて総合的に見ることと、右の制度上の欠点がどの程度顕在化しているかとの観点から評価することが必要であるとした上、本件当時はすでに昭和四五年から人事院勧告が実施されているなどの事情にあることや、地方公務員についても国家公務員より手厚いか少なくとも劣っているとはいえない実情にあることにかんがみると、地方公務員についての代償措置の法制上の欠点が顕在化して実害をもたらす危険は生じていないということができ、地方公務員についての代償措置についてもなお問題はないわけではないが、制度上代償措置としての一般的要件を満たしているとする最高裁判決も納得できないものではないと判示する。ところで、代償措置は、四・二五判決以降、公務員の争議行為を禁止することが合憲性を保つ条件とされているが（地位の特殊性等は合憲性の根拠、理由であり、代償措置こそが条件である）、そもそも代償措置はおよそ制度として設けられていれば足りるのか、制度としてそれが十分に機能し得るものであれば足りるのか、それとも現実に機能を果たしていなければならないのか見解が分かれ得るところである。一審判決は、特に人事院勧告が昭和四五年に完全実施に至る過程に問題があると論じている部分や、「完全実施の見込みが当初から存しないというのであればそのかわりに労働基本権の制限をすることもできなくなる」と判示する部分等を見ると、三番目の考え方に立っており、しかもその機能の内容を相当厳格に解しているものと考えられる。

いずれにせよ、一審判決は、四・二五判決以降の最高裁判例が公務員の争議行為禁止を合憲とする根拠条件として掲げる点に格別の不合理はなく、これらの判例の解釈に従うべきものとしている。

(2)　あおり等処罰の合憲性

一審判決は、まず「二重のしぼり論」について、違法性の強弱の基準は現に争議行為の発生を必要としない「あおり」罪と相容れないなど法技術上の欠点があるとした上、また、争議行為に通常随伴する行為を不処罰とするとの基準には、実際の争議行為の実施に当たり、全体の計画の発議、立案など「具体的な争議行為の全体的レベルにおける中核的、指導的役割を担う者」と「組織の末端にあって組織の指示・指導に従って行動する者」、更に「これらの中間にあって連絡・調整に当たる者」という分担・分化が実際上存在し、それぞれに応じて責任の性質や重さが異なるという視点が欠落しているとしてその誤りを指摘し、結局「二重のしぼり論」のような限定解釈を排している。

しかし、一審判決は、その反面、争議行為における役割分担の実情から見ても、処罰される行為と不処罰となる行為の中間の限界的領域についての解釈基準は、なお未解決であるとしてその基準を検討している。そして、まず争議行為への単純参加行為を不処罰とする法の趣旨に照らして、争議行為への参加に通常随伴すると認められる程度の相互協議、教宣行為等（単純参加者が総けっ起大会においてスト提案を強く支持したりアジビラを配布するなどの行為）は、全体として争議の参加行為であって不処罰とされるべきものとし、それと可罰的行為との限界は抽象的に明示することは困難であるとしつつも、争議行為の経過・態様等を総合して、全体的な評価において、自らまたは他の者と共に、「当該争議行為の全体又は一部の実行を総括する立場において」あおり等の行為をした場合は可罰的であるとした。一審判決は、このような限定を付した解釈は四・二五判決等が当然の前提とするところであるとするが、一種の限定解釈と見るべきものと考えられる。

(3)　本件事案における「あおり」「あおりの企て」

一審判決は、①いわゆる下部組織からの「盛り上り」の主張について、組合員が大幅給与引上げ等を主目標とする本件闘争に積極的に取組む意欲を有し、そのため批准投票が高率に達し参加者も多数に上ったという状態であったことは認められるとしながらも、あおり等の行為はこれに該当するような勢いのある刺激を与える行為があればそれだけで成立するものであるから、すでに積極的な闘争意欲や決意を有している者やこれに共感する気持を有する者を取りまとめ拡大強化していくために勢いのある刺激を与える場合でもよく、結局は、幹部の指導行為が、それ自体組織の中でもつ現実的な影響、性質、機能等に着目してあおり等の行為の成否が決せられるべきもので、組織下部からの盛り上りの有無もこの評価に当たって考慮される一要素にすぎないとした。その上で一審判決は、本件全一日スト路線を用意して提示し、これに沿うように組合員の意識を触発したのは被告人ら組合幹部であったこと、四四臨時大会決定やその後の指示一八号等によって、各県教組幹部らが中心となって批准投票へ向けた強力な教宣、オルグ活動を実行するよう指示していること、これらの教宣、オルグ活動によって、多くの一般組合員の意識の覚醒などの指導に努め強い争議行為に向けた組織の保持を図ったことなどが認められるから、「盛り上り」を理由として本件があおり等に当たらないとはいえないとしている。

また②被告人Xの「あおりの企て」について、一審判決は、四四臨時大会の決定、指示第一八号、五全戦会議の決定は、前後につながり合った一体の行為として第一波全一日スト、第二波早朝二時間ストという所期の争議発生の危険を具体的に生じさせたもので「あおりの企て」に当たるものと認められ、被告人Yについても同様の理由で「あおりの企て」と認められるとしているが、特に本件スト指令権を委譲することの決定については、同被告人が統一ストライキとして必要な指令を発出伝達できるよう、あらかじめ指令権を委譲しておく手続を内部的に準備したもので、組織内部による準備行為の重要な一部をなすものであるとし、二月、三月に各県教組の各レベルでのオルグ教宣活動等を実施するとの決定をしたことは、右ストライキとこれへの説得慫慂活動を実施すべく時期・方法を定めたもので、あおりの計画・準備に当たるものとした。

更に、③被告人両名の「三・二九電報指令」によるあおりについて、一審判決は、右電報が組合規約等の観点から「指令」と呼ぶか否かにかかわりなく、日教組としてスト日程を最終的に確定し、下部機関と組合員にスト体制の確立を求めるという強い要請の趣旨であり、これを受けた末端組合員にとっては日教組本部、上層部が組織のもつ統制力を背景として行った慫慂行為と感じさせるものであるから「あおり」に当たるものであり、また、「四・九電話指令」によるあおりについて、日教組本部役員らの発した指令およびこれに基づく電話連絡は、一般組合員にストライキ参加への行動を直接、最終的に、そして強力に促す趣旨のもので、広く一般組合員に伝達されたものであるから「あおり」に該当すると判示した。

6　控訴審判決

本件控訴審判決は、一審判決と異なり、①被告人両名を罰金一〇万円に処した一審判決の量刑が軽すぎるとして執行猶予の付された懲役刑を言渡したこと、②公訴事実のうち、「四・九電話指令によるあおり」については、右電話内容が都教組の支部以下に伝達されたことの証明が十分でなく、この点についての被告人両名の「あおり」は成立しないとしており、また、地公法の合憲性（特に、公務員の地位の特殊性、代償措置）や「あおり」の解釈等についても、留意を要する判示をしているので、後者の点について概説することとしたい。

(1)　地公法三七条一項の合憲性

本件控訴審判決は、四・二五判決等が刑事罰の合憲性について判示する部分にはなお疑問とすべき点もあるとし、まず、争議行為禁止の根拠である財政民主主義、勤務条件法定主義については、公務員には労使による勤務条件の共同決定を内容とする団体交渉権の保障はなく、右の共同決定のための団体交渉過程の一環として予定されている争議権も、憲法上当然に保障されないとしている五・四判決とはやや異なり、公務員についても憲法二八条の労働基本権の保障は及ぶものであって、この保障と憲法八三条、七三条四号の財政民主主義、勤務条件法定主義とは、調和的に理解すべきものであるとともに、人事院勧告等の代償措置は憲法二八条に直接由来するものであるとの趣旨を判示する。この財政民主主義等との調和的理解という部分については、判決を聞いた限りでは、財政民主主義・勤務条件法定主義は五・四判決のいうような硬直的なものではなく、団体交渉権の内容も幅のあるものであるとの趣旨に理解されたが、その意味するところは現時点ではまだ明らかではない。もし「調和的理解」の意味するところが、五・四判決の判示部分のうち、国会が給与・勤務条件の大綱的基準を定めてその具体化を団体交渉によって決定するという制度をとる余地があるとしても、憲法上当然にそのような制度が保障されるのではなくその余地を国会から付与されてはじめて認められるものであると判示した部分、ならびに、憲法上の争議権保障の有無は勤務条件の共同決定を内容とする団体交渉権を前提とし、その行詰り打開手段としての争議権を保障するかどうかの問題であって、勤務条件に関する正当な利益を要求する単なる意思表示を行う手段としての争議権が、当然に保障されているとはいえないと判示する部分には同調せずに、四・二五判決の五裁判官意見および五・四判決の団藤裁判官反対意見の見解をとるという趣旨であるならば、五・四判決と異なる見解をとったものと考えられる。

⑵　代償措置の性格および内容

本件控訴審判決は、大要、人事院等の勧告を中心とする代償措置は、憲法二八条に直接由来すると解すべきものであるところ、これが現行法上一応整備されているとはいうものの、政府当局が履行・実施のため可能な手段を尽くした場合は別として、これが本来の機能を果たさない事態が生じたときは、相当の範囲を逸脱しない手段態様で争議行為に出ることも、例外的に憲法上許容されるとして、四・二五判決、五・二一判決の補足意見と同意見であると判示する。まず、代償措置が生存権擁護のための配慮・保障を受けているとする四・二五判決および五・四判決との関係であるが、本件控訴審判決は、代償措置が憲法二八条に直接由来するものである点で五・四判決と異なると明言しているものであって、代償措置の性格についての理解はまさに四・二五判決等の多数意見と異なっている。また、代償措置の現実の機能について、本件控訴審判決は、人事院勧告の不履行が、当局側による法律上、事実上可能な手段を尽くした上での止むを得ないものであることを要するとし、ただ、本件当時は右勧告が勧告どおり実施されているがゆえに十分に機能していたと認められると判示しており、一審判決と同様の考え方、すなわち、有効な代償措置たり得るためにはそれが現実にも十分な機能を果たしていることを要し、かつ、十分な機能の中味を極めて厳格に解する立場に立つものと考えられる。しかも、本件控訴審判決は、四・二五判決補足意見と同じく、代償措置が本来の機能を果たさないときは、相当な手段態様による争議行為も憲法上許されるとする。この点については、なお、検討を要するところであるが、およそ法律上の制度は、それが十分に機能することを前提とし、また機能するように設けられているものであって（したがって、実施・履行される見込みもないのに制度を設けるようなことは想定されない）、仮に何らかの事情でこれが十分な機能を果たさないならば、その是正は行政監督ひいては国会、地方議会を通じての国民の政治的批判に委ねられるべきものであろうし、代償措置たる人事院勧告についても同様であると考えられる。

四・二五判決補足意見および本件控訴審判決がいうような、当局側による法律上・事実上可能な限りを尽くした上での不履行ということがいかなることを指すのか甚だ曖昧である上に、現実に「十分な機能」が果たされない場合に、本来違法な争議行為がどうして適法となるのか、「十分な機能」について誤認や錯誤がある場合の違法争議行為に対する刑事責任はどうなるのかなど、種々の疑問があるところである。

(3)　「あおり」「あおりの企て」の解釈・具体的適用

本件控訴審判決は、「あおり」等の解釈について、基本的には一審判決と同じ見解に立つものと考えられる。すなわち、前述のとおり、一審判決は、可罰的なあおり等の行為と単純参加行為に類する行為との基準として、「統括する立場」の有無に求めているが、本件控訴審判決も、その内容を聞く限り、一般の組合員とは異なって、実質的に上位にある幹部が争議行為を指導してゆくような指導的立場に立つ場合が、統括する立場であると判示するようである。

また、本件における「あおり」および「あおりの企て」の具体的適用に関しては、ほぼ一審判決の判断を肯認できるとし、四四臨時大会における決定および指示一八号の発出の目標は、日教組における「スト体制の確立」にあって、五全戦会議における指令権発動宣言等は、その後における日教組闘争委員長の指導の下に、批准県教組がスト実施に直接的に結びつく行動を行っていく基本的な体制を確立したものであり、これら大会・会議等の行事はスト実施に向けての基本的で不可欠な事柄であるから、その計画準備が「あおりの企て」に当たること、三・二九指令、四・九指令が、スト日程に関する単なる事務的連絡ないし情報連絡とは認められないこと、一部にいわゆる「盛り上り」があったと認められるとしても、本件ストが被告人ら幹部の指導によるものであることは否定できないことなどを肯認している。ただ、争点となったオルグ教宣活動の内容の具体性の要否という点に関しては、各県教組の機関が、これらの活動を行ってストの慫慂説得をすることが問題なのではなく、日教組幹部によるスト突入指令やこれに準ずるような行動要請等の発出を計画準備したという点で「あおりの企て」性を帯びるとの判断を下しているように思われる。

⑷　量　刑

控訴審判決は、①本件ストは一種のスケジュール闘争・経済的・政治的ストの性格をもつ違法性の強いものである、②参加組合員数やストの長さなどストの規模も大きく、児童等に及ぼす悪影響などの点で強い違法評価を受けるべきものである、③最高裁判例に動揺があったとはいえ、スト禁止規定が合憲であることについては最高裁判例は一貫し、都教組事件判決ですら全一日休暇闘争ストを適法視していたものではない、④被告人らは本件ストの計画、推進等について責任を有する各組織の最高責任者である、などの諸点を指摘するとともに、他方、本件ストの背景には、当時の労働事情、人事院勧告・スト権問題に関する政府の対応振り、ＩＬＯの動き等複雑な客観的情勢にあったことなど酌量すべき事情もあったとして、一審の罰金刑の判決を破棄し前記のような執行猶予を付した懲役刑を言渡している。

7　四・一一日教組スト岩教組事件・埼教組事件判決

本件日教組ストに関して、岩教組および埼教組各本部役員らが概略本件都教組事件の公訴事実と同様の事実で起訴され、埼教組事件については、昭和六〇年六月二七日、浦和地裁は有罪判決（ただし量刑は罰金一〇万円）を言渡したが、盛岡地裁（昭和五七年六月一一日）は岩教組事件について無罪の言渡しをした。岩教組事件判決（現在仙台高裁に係属中）は、地公法六一条四号の合憲性、「あおり」および「あおりの企て」の解釈等について、四・二五判決以降の最高裁判例と異なる解釈を下しているほか、埼教組事件判決も「あおり」等について限定解釈をしており、また、本件日教組ストに関する事実の認定にも問題があると思われるので、問題点のみを指摘しておきたい。

(1) 地公法六一条四号の合憲性

岩教組事件判決は、公務員の争議行為禁止自体やその違反に刑罰を科す地公法の規定が、違憲であると判示するものではないが、「あおり」等を限定解釈する前提となる労働基本権の理解について大要、①財政民主主義・勤務条件法定主義の原則と労働基本権保障の原則は、調和を保つよう解釈すべきであって、前者の原則は公務員の労働基本権を修正する根拠となるにとどまり、憲法上公務員の団体交渉権・争議権の保障が当然に及ばないとはいえない、②右の団体交渉権等を認めたとしてもそれが議会への不当な圧力となるか否かは、その職務の公共性・独占性の有無等を考慮すべきである、③争議行為による法益侵害と地方公務員の生活利益とを比較衡量して、その制限がやむを得ない場合に制限することができるが、刑罰は必要最小限のものでなければならないとの憲法上の要請があると判示する。これは、まさに「利益比較衡量論」および「刑罰必要最小限度論」に立つ第二期の判例を変更した四・二五判決以降の最高裁判例と相反するものであり、また、前記6に記したように、財政民主主義、勤務条件法定主義の基本原則が、争議権保障の原理と相容れず、労働基本権保障に対する制約・制限根拠であるとする四・二五判決等に反しているといわざるを得ないであろう。

(2) 「あおり」「あおりの企て」の解釈

四・二五判決等は、「あおり」等について違法性の強弱、通常随伴行為などによって限定解釈を下した第二期の判例を排斥していること既述のとおりである。四・二五判決が「いずれの場合にせよ、単なる機械的労務を提供したにすぎない者、またはこれに類する者は含まれない」と判示するのは極めて当然のことを述べているものであり、同判決等の判示により「あおり」等の概念および範囲は明確になっているといえよう。ところが、岩教組事件判決は、「あおり」等の概念が、なお具体性、明確性に欠けていること、しかも争議行為発生の具体的危険性を要することに照らすと、「あおり」等は「それ自体において真に右争議の原動力となり、現実にその実行を誘発する危険があると認められる真剣さないし迫力を要し、また、組合幹部の地位にある者が関与したというだけでは足りず……現実に原動力となるような役割を果たすことを要する」と判示してこの問題に関する新たな争点を提起した。しかし四・二五判決が「違法な争議行為に対する原動力または支柱となるものとして処罰の対象とされ」と判示するのは、あおり・共謀等が当然に「原動力」たり得るものであるから処罰されるのであるという、いわば処罰理由を述べているものにすぎず、原動力性ないし支柱性を有するあおり等のみが処罰の対象となるとの限定解釈をしているものでないことは明白であって、明らかに最高裁判例の解釈に反するものである。

また、埼教組判決は、「あおり」および「あおりの企て」について、「単にストライキなどを実行する決意を生ぜさせたり、強めたりするに足りる行為であればそれで充分であると考えるべきではなく、更に、その行為があれば必然的にストライキなどが実行に着手されるであろうといえるような、あるいは、その行為なくしてはストライキ実行が困難となるような意味で、ストライキなどの実行を招来する危険性が高度な行為であることが必要である」との見解に立ち、起訴された「あおりの企て」によっては当然にストに突入する危険性があるとはいえないとして「あおりの企て」の訴因を無罪とした。右判示は、岩教組事件判決のように行為者の地位・役割の観点からではなく結果発生の具体的危険性という点から絞りをかけたものであり、本件ストの経緯および性質についての事実認定によって左右されたところが大きいとは思われるが、本件日教組・都教組一審判決が指摘するように、「あおりの企て」が成立するためにはそれによって現実に争議行為が行われることを要しないのであるから、事後の結果から判断して当該あおりの企てが直接の争議行為の引き金になったか否かを見るという思考方法が誤りであることは明らかである上、先に述べた最高裁判例の解釈に反する限定解釈をしていると評さざるを得ない。

なお、岩教組・埼教組事件判決の事実認定について詳細に論ずる余裕はないが、多くの疑問があり、例えば、埼教組第一三〇回中央委員会で本件ストを行う提案及び決定がなされたとは認められない理由として、その時点では批准投票によって一応スト突入体制が確立し、スト指令も発出されているのであるから、その後の中央委員会で批准投票を覆すことになるかも知れないようなスト突入の可否についての決定を行うはずがないと判示する点（埼教組事件判決）や、あるいは、岩教組本部に対する「四・九電話指令」は日教組と岩教組との合意に基づき単なる機関伝達の通常ルートによってなされたものであって、被告人ら幹部がこれに介入し、協議等を重ねた事実は認められないから日教組本部役員との共謀は認められないと判示する点（岩教組事件判決）は、余りにも皮相的な見方であって、控訴審において正当な判断がなされることを期待するものである。

（編注）

本文中で述べられている各事件のその後の状況は以下のとおりである。

一、日教組・都教組事件

平成元年十二月十八日の最高裁第一小法廷判決は被告人からの上告を棄却し、日教組中央執行委員長の懲役六月、執行猶予一年、都教組中央執行委員長の懲役三月、執行猶予一年の有罪判決が確定。

二、埼教組事件

昭和六十三年五月十日の東京高裁判決は被告人及び検察官からの各控訴を棄却。さらに、平成二年四月十七日の最高裁第三小法廷判決は被告人の上告を棄却し、罰金十万円の有罪判決が確定。

三、岩教組事件

昭和六十一年十月二十四日の仙台高裁判決は検察官からの控訴を棄却（被告人無罪）。検察官からの上告に対し、平成元年十二月十八日の最高裁第三小法廷判決は原判決を破棄し、仙台高裁に差し戻した。平成五年五月二十七日の仙台高裁判決は被告人を罰金十万円と判示。平成八年十一月十八日の最高裁第二小法廷判決は被告人の上告を棄却し、罰金十万円の有罪判決が確定。

九　営利企業等の従事制限

1　営利企業等の従事制限の趣旨

地方公務員については、勤務時間の内外を問わず、営利企業等に従事することは原則として禁止されている。職員は、全体の奉仕者として公共の利益のために勤務しなければならないものであり、一部の利益を追求する営利企業等に関与することはその企業等と利害関係が生ずるばかりでなく、その勤務の公正な執行を妨げるおそれがあるからである。また、職員は職務の遂行に当たっては全力をあげてこれに専念すべき義務を負い（地公法三〇）、勤務時間及び注意力のすべてを職務遂行のために用い、当該地方公共団体がなすべき責を有する職務にのみ従事する義務を負っている（同法三五）。このため、このような基本的義務に直後・間接に悪影響を及ぼすような営利行為等に職員が従事することについては、職務時間の内外を問わず制限する必要がある。

このような考え方に基づいて、地公法第三十八条は職員が営利企業等に従事することを原則として禁止するとともに、任命権者が職務の遂行に悪影響を及ぼさないと判断した場合には、営利企業等に従事することを許可することができるとしている。

2　制限される行為

地公法第三十八条第一項は、職員が従事することを制限される行為として、①商業、工業又は金融業その他営利を目的とする私企業を営むことを目的とする会社その他の団体の役員その他人事委員会規則（人事委員会を置かない地方公共団体においては、地方公共団体の規則）で定める地位を兼ねること、②自ら営利企業を営むこと、③報酬を得て事業若しくは事務に従事すること、を規定している。以下、それぞれにつき説明する。また、教育公務員については、その職務の内容に関し特例が認められているが、これについては後に述べることとする。

① 会社の役員等となること

「営利を目的とする私企業を営むことを目的とする会社その他の団体」とは、会社法により設立される株式会社、合名会社、合資会社、合同会社や、営利を目的とする社団等も含まれる。しかし、農業協同組合、水産業協同組合、森林組合、消費生活協同組合等は、事実上営利を目的とする商行為を行うことがあっても、それぞれ法律によって営利を目的とする団体とはされていないので、ここでいう団体に該当しないと解されている。ただし、これらの団体の役員となって報酬を得る場合には、③報酬を得て事業若しくは事務に従事する場合に該当することになる。

「役員その他人事委員会規則（人事委員会を置かない地方公共団体においては、地方公共団体の規則）で定める地位」について、まず「役員」とは、株式会社の取締役、監査役のように業務の執行又は業務の監督について責任を有する者及びこれらの者と同等の権限又は支配力を有する地位にある者であり、定款、規約等会社その他の団体の規程に基づいて決定されることになる。また、「人事委員会規則又は地方公共団体の規則で定める地位」とは、役員のほか、営利団体の顧問、評議員、清算人等が考えられるが、実際には規則により定められることになる。

② 営利企業の経営

「営利企業」とは、商業、工業等の業種のいかんを問わないものであり、農業も営利を目的とする限り私企業に含まれると解されている。

「自ら……を営み」とあるように、営利企業の経営が制限されているのは職員本人であり、家族が営利企業を営むことは別に禁じられてはいない。しかしながら、家族の名義を利用して、実質上は職員が営利企業を営むというような場合は、脱法行為として本条違反ということになろう。

③ 報酬を得て事業等に従事すること

本条の制限のうち、一番事例も多く、また問題となる場合が多いのは、この報酬を得て事業若しくは事務に従事する場合であると考えられる。

「報酬」とは、経常的なものであれ一時的なものであれ、労働の対価として支払われる一切のものであり、給料、手当、賞与その他名称のいかんを問わない。しかし、講演料、原稿料などの謝金や車代は、労働の対価とはいえず報酬には該当しないものと解されている。また職員が寺の住職として受け取る御布施は、一般的には報酬とは考えられないと解されている。

3　営利企業等の従事の許可

職員は、任命権者の許可を受けた場合には、営利企業等に従事することができる。任命権者の許可は、職員がその営利企業等に従事することが、1で述べた制限の目的を阻害することがない場合に限り与えられるものである。すなわち、職員が営利企業等に従事したとしても、その営利企業等と職員の属する地方公共団体の間で利害関係等がなく、また職員の職務遂行上、能率の低下をきたすおそれがない場合でなければならない。なお、県費負担教職員については、任命権者である都道府県教育委員会ではなく、服務監督権者たる市町村教育委員会が許可を与えることとされている（地教行法四七①）。

次に、人事委員会を置く地方公共団体においては、人事委員会は、規則により任命権者が許可を与える基準を定めることができる（地公法三八②）。人事委員会が一般的な基準を定めることにより、営利企業等の従事の許可につき、不均衡が生じないようにしようというものである。なお、営利企業等の従事についての許可の基準を定めたり変更したりする場合には、人事委員会は、あらかじめ地方公共団体の長に協議しなければならないこととされている（地自法一八〇の四②）。

4　教育公務員の特例

教育公務員については、教特法により「教育公務員は、教育に関する他の職を兼ね、又は教育に関する他の事業若しくは事務に従事することが本務の遂行に支障がないと任命権者（注・県費負担教職員については市町村教育委員会）において認める場合には、給与を受け、又は受けないで、その職を兼ね、又はその事業若しくは事務に従事することができる。」とされている（教特法一七①）。また、任命権者が許可を与える場合にも、人事委員会が定めた許可の基準によることを要しないとされている（教特法一七②）。このように、教特法第十七条は、地公法第三十八条第一項の「報酬を得ていかなる事業若しくは事務にも従事してはならない。」との規定、同条第二項の人事委員会規則による許可の基準についての規定、及び同法第二十四条第四項の重複給与支給の禁止の規定の特例を定めたものである。

この結果、教育公務員が教育に関する他の職を兼ね、又は教育に関する他の事業若しくは事務に従事する場合には、次のような特別な扱いがされることになる。なお、県費負担教職員については、任命権者とあるのは、市町村教育委員会である。

① 教育に関する他の職の兼職

職員が他の一般職の職員の職を兼ねる場合、これに対して給与を受けてはならないこととされているが（地公法二四④）、教育公務員が、教育に関する他の職を兼ねる場合で、任命権者が認める場合には、給与を重複して支給されることが可能とされている。なお、教育に関する職以外については、このような特例はなく、給与の重複支給はできない。

② 教育に関する事業若しくは事務の従事

地公法第三十八条により、報酬を得て他の事業若しくは事務に従事する場合には、人事委員会規則で定める許可の基準に基づく任命権者の許可を得ることが必要であるが、教育公務員が教育に関する他の事業若しくは事務に従事する場合には、任命権者が本務の遂行に支障がないと認定すれば許可を与えることができるとされ、許可の要件が緩和されている。

このように、教育公務員について特例を設けているのは、㋐教員の持っている知識、能力等に関し他に適格者が得がたい場合、広く兼職・兼業を必要とする場合があること、㋑教員の勤務の特殊性から、児童生徒の夏休み等の時間的余裕が認められる場合もあること、等によるものと考えられる。

教育公務員について、許可の要件の緩和される「教育に関する他の職」、「教育に関する他の事業若しくは事務」に関しては、文部省（当時）が人事院と協議して国立学校の教員に関して示した「教育に関する他の事業若しくは事務」の範囲についての基準（昭三四・二・二七　人事院職員局長回答）があり、公立学校の教育公務員についてもこれとほぼ同様と解せられている。この基準は次のとおりである。

1　公立または私立の学校または各種学校の長およびこれらの学校の職員のうち、教育を担当し、または教育事務（庶務または会計の事務に係るものを除く。以下同じ。）に従事する者の職

2　公立または私立の図書館、博物館、公民館、青年の家その他の社会教育施設の職員のうち、教育を担当し、または教育事務に従事する者の職

3　前二号のほか、教育委員会の委員、指導主事、社会教育主事その他の教育委員会の職員のうちもっぱら教育事務に従事する者ならびに地方公共団体におかれる審議会等で教育に関する事項を所掌するものの構成員の職

4　学校法人および社会教育関係団体（文化財保護またはユネスコ活動を主たる目的とする団体を含む。）のうち、教育の事業を主たる目的とするものの役員、顧問、参与または評議員の職ならびにこれらの法人または団体の職

員のうち、もっぱら教育を担当し、または教育事務に従事する者の職
5　国会、裁判所、防衛庁（注・現防衛省）または公共企業に付置された教育機関または教育施設の長およびこれらの機関または施設の職員のうち、もっぱら教育を担当し、または教育事務に従事する者の職

教育公務員がこれらの職に従事する場合で、任命権者が本務の遂行に支障がないと認める場合には、給与を受けて従事することもできることになる。

なお、公立学校の教員が国立学校（注・国立大学法人等が設置する学校）の職員と兼ねることについては、従来は地方公務員と国家公務員との兼任の問題であったが、現在は私立学校の職員と兼ねる場合と同様に考えられるものである。

5　営利企業等の従事許可と職務専念義務の免除

職員が営利企業等に従事しようとする場合には、従事するのが勤務時間内であるか否かを問わず地公法第三十八条に基づく任命権者の許可が必要である。この場合、勤務時間中に従事しようとする場合には、勤務時間を割くことについての職務専念義務（地公法三五）の免除を別途受ける必要がある。例えば、職員が国家公務員の職を兼ねることにより、国から給与を受け、かつ、勤務時間を割く場合には、営利企業等の従事の許可を受けるだけではなく、職務専念義務の免除も受ける必要がある。また、職員が刑事事件に関し起訴されたことにより休職処分を受けた場合（地公法二八②Ⅱ）や、懲戒処分として停職処分を受けた場合（同法二九①）などについては、職務専念義務は免除されているが、これらの期間中に営利企業等に従事しようとする場合には、任命権者の許可を得る必要がある。なお、職員が在籍専従の許可を受けた場合には、休職者としての身分取扱いを受けるため当然に職務専念義務が免除される

（地公法五五の二⑤）が、在籍専従者が職員団体の役員として報酬を受けることについても営利企業等の従事の許可を受ける必要はないと解されている。これは、在籍専従期間中は、職員に対しいかなる給与も支給されないこととされているため（地公法五五の二⑤）、職員が職員団体から報酬を受けることは当然に予想され、かつ、在籍専従の許可も営利企業等の従事の許可も同じ任命権者が与えるものであることから、在籍専従の許可と同時に営利企業等の許可を与えたものと考えられるからである。

第五　懲戒・分限

一　懲　戒

1　懲戒処分の性格と種類

懲戒処分とは、公務員という特殊な身分関係において、職員に一定の義務違反があった場合に、その道義的責任を追及し、公務員関係の規律と秩序を維持することを目的として、職員の任命者が科する処分である。分限処分は、公務の能率の維持向上のために行われ、必ずしも職員の道義的責任を追及するものでなく、懲戒処分とは目的を異にしている。懲戒処分は、民事責任や刑事責任とは異なり行政という組織内部において行政上の責任を追及するものであるため公務員としての身分が消滅した場合、例えば退職後などにおいては、懲戒処分を行うことはできない。

懲戒処分の種類は、戒告、減給、停職、免職の四つがある。なお、制裁的実質を伴わない訓告、厳重注意などは、服務監督権者（県費負担教職員については市町村教育委員会）が、職員の職務遂行に注意を喚起し、改善を求めて行うもので、懲戒処分ではない。

懲戒処分の事由としては、次の三つが定められている。

①　地公法若しくは同法第五十七条に規定する特例を定めた法律（県費負担教職員については、地教行法も含まれる）又はこれに基づく条例、地方公共団体の規則若しくは地方公共団体の機関の定める規程に違反をした場合（いわゆる法令違反）

②　職務上の義務に違反し、又は職務を怠った場合

③　全体の奉仕者たるにふさわしくない非行のあった場合

懲戒処分は、客観的な事実に基づいて公正に行われなければならず、推測や風評に基づいて行うことはできない。職員が①～③の懲戒事由に該当する場合、懲戒処分を行うかどうか、懲戒処分のうちどの処分を行うかどうかの決定については、処分がまったく事実上の根拠に基づかないと認められる場合があるか、若しくは社会観念上著しく妥当性を欠き裁量権の範囲を超えるものと認められる場合を除き、懲戒権者の裁量に任されている。

２　懲戒処分の手続きと効果

職員の懲戒の手続き及び効果は、法律に特別の定めがある場合を除くほか、条例で定めることとされている（地公法二九④）。県費負担教職員については、これらは都道府県の条例で定められている（地教行法四三③）。この条例中には、懲戒処分の手続きとして、その旨を記載した書面（辞令）を交付して行うこと、また、効果として、減給は、例えば一日以上六月以下の期間の範囲内で給料の月額の十分の一以下を減ずること、停職は、例えば一日以上六月以下の期間の範囲内とし、停職者は停職中その職は保有するが、職務に従事せず、またいかなる給与も支給されないことなどが定められている。このほか、懲戒処分は不利益処分であるので、処分の事由を記載した説明書を交付しなければならない（地公法四九）。したがって、職員に対し懲戒処分を行う場合、辞令とともにこの処分事由説明書の交付を必要とするのであるが、辞令の交付は処分の効力要件であるのに対し、処分事由説明書は行政不服審査法に基づく教示（行政不服審査法五七）としての効力を有するが、その有無は処分の効力には影響しない。

なお、分限免職の場合と同様、懲戒免職を行う場合は、解雇に関する労基法第十九条及び第二十条の規定が適用される。ただし、解雇予告又は予告手当の支給については、職員の責に帰すべき事由に基づいて解雇する場合で、行政官庁の認定を受けた場合は、解雇予告又は予告手当なしにただちに懲戒処分をすることができる（労基法二〇）。

3　懲戒処分と給与上の措置

職員が懲戒処分を受けると、昇給号俸が減ぜられるほか、勤務手当の成績率も下位区分とされることが一般的である。昇給させるかどうか等の給与の決定は、昇給期間における職員の勤務成績の証明に基づき任命権者が行うこととされているが、これは懲戒処分ではなく、純然たる給与取扱い上の問題である。また、退職手当については、懲戒免職処分を受けた者は全部又は一部が支給されず、また、懲戒免職又は停職の処分を受けた者に対しては当該職員の共済組合員の期間に係る長期給付の全部又は一部が行われない場合がある（地方公務員等共済組合法一一一）。

4　懲戒処分と免許状の取扱い

また、公立学校の教員が懲戒免職又は地公法第二十八条第一項第一号（勤務実績が良くない場合）又は第三号（その職に必要な適格性を欠く場合）に該当するとして分限免職の処分を受けると、その教員が有している免許状は失効する（免許法一〇）。また、国立学校や私立学校の教員が公立学校の教員の懲戒免職又は地公法第二十八条第一項第一号又は第三号に掲げる分限免職に相当する事由により解雇された場合は、当該教員の所有する免許状は、免許管理者である勤務する学校の所在する都道府県の教育委員会によって取り上げとなる（免許法一一）。

二　分　限

1　分限処分の性格と種類

分限処分とは、職員の身分保障を前提としつつ、一定の事由がある場合には、職員の意に反する身分上の変動をもたらす処分をいう。これは、職員の身分を保障し、行政の安定した運営を図る一方、一定の事由がある場合には、免職、休職等により公務運営の能率を確保する趣旨の制度である。したがって、職員の道義的責任を追及する懲戒処分とは、その目的を異にする。

分限処分の種類は、免職、降任、降給、休職の四つがあるが、降給についてはその基準の設定が難しいことから行われていない。

○分限免職、降任の事由（地公法二八①）
①　勤務実績が良くない場合
②　心身の故障のため、職務の遂行に支障があり、又はこれに堪えない場合
③　①、②のほか、その職に必要な適格性を欠く場合
④　職制若しくは定数の改廃又は予算の減少により廃職又は過員を生じた場合

①から③は、職員本人の事由によるものであり、④は、地方公共団体の都合によるものである。①の勤務実績の良否は、本人は職務遂行能力があっても、何らかの理由で遅刻や欠勤を繰り返したり、勤務状況が怠惰であるなどその勤務の結果から客観的に判断されるべきである。②の心身の故障が職務遂行に与える影響等は専門医の診断に基づき行われる。③のその職に必要な適格性の欠如については、具体的に個々の事例について判断せざるを得ない。分限処分について、任命権者にはある程度の裁量権が認められるが、純然たる自由裁量に委ねられているものではなく、分限制度の目的と関係のない目的や動機でこれを行った場合や、処分事由の有無の判断につき、恣意にわたることなどは許されない。

2　分限処分の手続きと効果

職員の意に反する降任、免職、休職等の手続き及び効果は、法律に特別の定めがある場合のほか、条例で定めることとされている（地公法二八③）。県費負担教職員については、これらは都道府県の条例で定められている。この条

例中には、心身の故障による降任、免職、休職を命ずる場合には、医師二名を指定してあらかじめ診断を行わせること、分限処分は、その旨を記載した書面を交付して行わなければならないこと、休職の期間は、休養の程度に応じて任命権者が定め、休職事由が消滅したときは当然復職することなどが定められている。このほか、分限処分は不利益処分であるので、処分の事由を記載した説明書を交付しなければならない（地公法四九）。

なお、分限免職を行う場合は、解雇に関する労基法の規定に従うことを要し、職員が公務上負傷し、又は疾病にかかり療養のために休養する期間及びその後三十日、並びに産前産後の女性職員が休業する期間及びその後三十日は、原則としてできない（労基法一九）。また、公務疾病の療養の開始後三年を経過した日に傷病補償年金を受けている場合又は同日後に当該年金を受けることになった場合には、それぞれの日以降は、分限免職することが可能である（地公災法二八の三）。更に、解雇予告に関する労基法第二十条の規定も適用されるが、分限免職の場合、退職手当が支給されるため、これが分限免職と同時に支給される場合には、解雇予告の問題は生じない。

3 教員の休職

休職の事由は、地公法が規定するものと、条例で定められるものがある。

(1) 地公法が定める休職事由（地公法二八②）

① 心身の故障のため、長期の休養を要する場合

② 刑事事件に関し起訴された場合

①の心身の故障による休職は、専門医の診断により命じられる。②のいわゆる刑事休職は、職員が起訴されたことによる職務遂行の支障、公務に対する住民の信頼の確保などを考慮して設けられた制度であるが、職員が起訴されたら、必ず休職としなければならないものではない。もちろん任命権者は自らの調査により、事実に基づき懲戒処分を

行うことも可能である。

休職の期間は、条例で、心身の故障の場合は三年を超えない範囲内において休養に要する期間、刑事休職の場合は当該刑事事件が裁判所に係属する間と規定されている。休職者は、職員としての身分は保有するが、職務には従事しない。休職者は、定員外となる。

教育公務員及び学校事務職員については、特に、結核性疾患のため長期の休養を要する場合の休職期間は満二年とされ、その間給与の全額が支給されることとされている。休職期間は、予算の範囲内で、満三年まで延長できる。

(2)　条例による休職

休職事由は条例で定めることもできる。学校や研究機関への入所についても、国の例（人事院規則一一－四）に準じ休職事由として条例で規定することもできる。

第六　教職員の勤務時間、休日及び休暇

一　勤務時間制度の概要

戦前においては、官吏は官吏服務規律により忠実無定量の勤務を行う義務を負っていたので、勤務時間という概念は存在せず、単に執務時間のみが定められていた。戦前の公立学校教職員の身分は官吏待遇とされていたので、その取扱いも官吏と異なることはなかった。例えば、明治二十五年の閣令第六号〝官庁執務時間〟をみると、何月何日から何月何日までは午前何時から午後何時までと原則が定められているが、「事務繁しの場合においては、上官の指揮により、昼夜にかかわらず執務しなければならない。」との規定があり、また、大正十一年の閣令第六号（前記閣令を全面改正したもの）においても同様に、「事務の状況により必要あるときは、執務時間外といえども、執務しなければならない。」と規定されていた。

これに対し、戦後の公務員制度においては、勤務時間の概念が取り入れられ、公務員は一定量の勤務を提供し、その反対給付として一定の給与を受けるという原則に立っているのである。この原則を表明したのが労働基準法であり、公立学校の教職員についても、一部の規定を除き、同法が適用されている（地公法五八）ので、教職員の勤務時間の管理に当たっては、労基法と教職員との関係を十分理解しておくことが必要である。そして、公立学校の教職員の勤務時間その他の勤務条件は、労基法の制約の範囲内において、国及び他の地方公共団体の職員との間に権衡を失しないように、当該地方公共団体の条例で定められる（地公法二四）が、県費負担教職員のそれは、都道府県の条例で定められる（地教行法四二）。

ここで、勤務時間の定義をしておく必要があろう。勤務時間とは、広義では、狭義の勤務時間に休日、休暇等の勤務条件を含めた意味にも用いられ、狭義では、というより正確には、職員が、上司の指揮監督を受けて、原則としてその職務にのみ従事しなければならない時間である。労働条件としての観点からみれば、労基法にいう労働時間と同義であるといってよい。

勤務時間は、正規の勤務時間とそれ以外の勤務時間とに分けることができ、前者は恒常的勤務時間とでもいうべく、後者は臨時的勤務時間とでもいうべく、前者における勤務の対価（反対給付）として一般に給料（本俸）が支給され、後者における勤務の対価として一般公務員の場合時間外勤務手当（超過勤務手当）などの給料以外の特別の手当が支給される。正規の勤務時間というのは、勤務時間条例・規則に基づき正規に割り振られた勤務時間のことであり、労基法第三十二条第一項に規定する原則労働時間がこれに相当するものである。

したがって、正規の勤務時間以外の勤務時間というのは、割振りによらずして、超過勤務命令などの特命により勤務時間とされたものであり、労基法第三十六条第一項に規定する延長労働時間、休日労働時間などがこれに相当するものといえよう。いずれにせよ、割振り又は特命により勤務を命ぜられると、職員は、勤務時間中、法律又は条例に特別の定めがある場合を除き、その職務にのみ専念し、その職責遂行に努めなければならない義務を負うことになるのである（地公法三五）。

公立学校教職員の正規の勤務時間は、一般公務員と同様の規制を受けているのであるが、昭和四十六年以前は教育公務員の職務の性格にかんがみて超過勤務を命じないこととされてきた。

しかし、学校教育の進展につれて、クラブ活動、学校行事等の教育課程領域の活動面が増大し、課外指導、例えば補習授業、校外補導の社会的要請が強くなり、学習指導法の高度化に伴う授業準備事務量も増し、現行勤務時間の枠内においてはとうてい処理できないという指摘がなされた。また、休憩時間についても、児童生徒の安全管理の面からみても、これを完全にとることはむずかしいし、特に昼休みにおいて学校給食を実施している学校では、休憩時間を確保することは困難であるとの指摘がなされた。

そもそも、教職員の勤務は、他の一般公務員のそれのように、一定時間働いて一定量の業務を処理するのとは異なり、児童生徒を対象として教育を行うことが中心となるものである。したがって、その勤務時間の実態を正確に把握することは、非常に困難といわざるを得ない。例えば、教案の準備、その前段階の研究、対外競技への引率、運動会の準備、校外補導、放課後のクラブ活動の指導、ＰＴＡ会合への出席など、いずれを勤務とみ、いずれを勤務とみないか、判断に苦しむところである。また、勤務時間の実態が明確に把握されても、問題は解決しない。現実に超過勤務のケースは考えられるからである。文部省の行った「昭和四十一年度教職員の勤務状況調査」の結果をみても、公立学校の場合、小学校教員については一週二時間三十分、中学校教員については一週三時間五十六分、全日制高校教員については一週三時間三十分という服務時間（休憩時間を含む）外の勤務の状況が示された。これが、労基法の適用除外を内容とする制度改正、時間外勤務手当の予算化あるいはこれに代わる措置（例えば、教職特別手当の創設）などの要請が強く出てきたゆえんでもあり、これに関連して、教職員の給与面における待遇改善、教職員定数の増加などの要望も勤務時間の裏の問題として出てきたのである。

教員の超過勤務の問題に関連して、政府は、昭和四十三年度予算に教職員給与改善費として十五億円を計上し、昭和四十三年三月には、第五十八回国会に、労基法の一部の適用排除及び教職特別手当の支給を内容とする教特法一部改正案を提案したが、審議未了に終わった。その後自民党において、労基法の全面適用排除及び教職特別俸給調整額の支給を内容とする法案が準備され、野党間との折衝に入っていたようであるが、結局、陽の目はみなかった。ところが、昭和四十六年二月に、人事院は教員の時間外勤務に関し、教員の職務と勤務態様の特殊性に基づき、正規の勤務時間内における勤務と時間外における勤務とを包括的に評価するものとして、本俸の四％に相当する教職調整額を支給し、その代わり、時間外勤務手当と休日勤務手当は支給しないものとする制度創設についての意見の申出を、国会と政府に対して行った。そこで、政府としては、この意見の申出に基づき、昭和四十六年二月に、この意見の申出を内容とする「国立及び公立の義務教育諸学校等の教育職員の給与等に関する特別措置法案」を国会に提出し、この法案は、同年五月に国会で可決成立した（平成十五年の法改正により「公立の義務教育諸学校等の教育職員の給与等に関する特別措置法」と改称。「給与特別措置法」と略称）。

この法律の対象は、公立の幼稚園、小学校、中学校、義務教育学校、高等学校、中等教育学校、特別支援学校の小学部、中学部、高等部の教育職員（校長（幼稚園の場合は園長）、副校長（幼稚園の場合は副園長）、教頭、主幹教諭、指導教諭、養護教諭、栄養教諭、助教諭、養護助教諭、講師（常勤及び短時間勤務に限る）、実習助手及び寄宿舎指導員をいう。）である。制定当初は、国立学校の教員に対して、時間外勤務を命ずることのできる場合は、文部大臣（現文部科学大臣）と人事院とが協議をして定めた場合にかぎるものとされ、また、公立学校の教員に対して、時間外勤務を命ずることのできる場合は、国立学校の教員について定められた例を基準として、各都道府県の条例で定める場合にかぎるものとされていたが、国立大学の法人化に伴う平成十五年の改正により、政令で定める基準に従い、条例で定める場合にかぎるものと改められた。また、時間外勤務手当を支給しないものとする関係上、労基法の時間外勤務に対する割増賃金の支払いに関する規定（同法三七）等の一部が、公立学校教員に関しては適用が除外されることとなった。

二　労働基準法と教職員の勤務時間

1　労 働 時 間

労基法第三十二条では、労働時間は、休憩時間を除いて、一日について八時間、一週間について四十時間を超えてはならない旨を規定している（なお、完全学校週五日制の実施前は、幼稚園、小学校、中学校、高等学校、中等教育学校、特殊教育諸学校（特別支援学校）の校長、教頭、教諭、助教諭、養護教諭、養護助教諭、常勤講師、実習助手、寮母（現在の寄宿舎指導員）を教育職員として、同法施行規則附則第四条第一項により、当分の間、週四十四時間まで労働させることができることとされていた）。これが労働時間の原則であり、すでに述べたように、公立学校教職員の正規の勤務時間はこの制約を受ける。勤務時間条例・規則（勤務時間条例の委任を受けた規則という意味）の定めによる公立学校教職員の一週間の勤務時間が四十時間、一日の勤務時間が八時間を超えることは原則として許されない（平成二十一年に国家公務員の勤務時間は週三十八時間四十五分、一日七時間四十五分となり、それとの権衡により地方公務員も同様の勤務時間となっている）。

しかし、次の場合には、原則労働時間数を超えることが許される。なお、教育職員以外の一般公務員は、公務のために臨時の必要がある場合においては、原則時間数を超えていわゆる時間外勤務をすることができるのである（労基法三三③）が、教育職員については、政令で定める基準に従い各都道府県の条例によって定められた「時間外勤務を命ずることのできる場合」に該当するときにかぎって、時間外勤務を命ずることができるので注意を要する。

⑴　変形労働時間制

労基法第三十二条の二は、就業規則その他で、一か月以内の一定期間を平均し一週間の労働時間が四十時間を超えないように定めた場合には、その定めにより、特定の日に八時間又は特定の週に四十時間を超えてもよい旨を規定している。このような労働形態を、変形労働時間制という。

ここにいう「就業規則その他」には地方公務員の勤務時間条例・規則も含まれると解されているので、教育職員についても、法の規定に合致した勤務時間規則の定めがあれば、一日の勤務時間を八時間以上にすることも可能となるわけである。ただ、労基法第三十二条の二の規定の運用に当たっては、勤務時間条例・規則によってあらかじめ八時間を超えることが定められている日又は四十時間を超えることが具体的に定められている週においてのみ、このような勤務が認められるのであって、仮に一週四十時間の範囲内であっても、校長が校務の都合において任意に勤務を変更するようなことは許されないことに留意しなければならない。

なお、変形労働時間制を採用した勤務時間条例・規則自体においていちいち当該勤務をさせる日又は週を特定しておく必要は必ずしもなく、条例・規則で変形労働時間制の一般的定めをし、あらかじめ当該勤務日を定めることを割振権者に委任しておけば足りるものと解される。

(2)　給特条例に基づく時間外勤務命令があった場合

給与特別措置法第六条の規定に基づき、政令で定める基準に従い、各都道府県の条例で定められた業務に該当する場合に、原則労働時間を超えて勤務を命ずることができる。

時間外勤務を命ずることのできる場合の基準として、政令で定められているのは、

①　校外実習その他生徒の実習に関する業務

②　修学旅行その他学校の行事に関する業務

③　職員会議に関する業務

④　非常災害の場合、児童又は生徒の指導に関し緊急の措置を必要とする場合その他やむを得ない場合に必要な業務

である（五2（一五〇頁）を参照）。

2　休　　憩

労基法第三十四条の規定によれば、労働時間が六時間を超えて八時間以下である場合には少なくとも四十五分、八

時間を超える場合には少なくとも一時間の休憩時間を労働時間の途中に与えなければならず、この休憩時間は、書面協定による場合（地方公務員については条例に定めがある場合）以外はいっせいに与えなければならず、また、自由に利用させなければならない。

なお、休憩時間は勤務時間には含まれない別枠の時間であり、したがって、教職員の一日の勤務時間を八時間、休憩時間を四十五分とすれば、登校して下校するまでの在校時間は八時間四十五分でなければならないことに注意を要する。休憩時間の与え方などの問題や休息時間については、**四**（一四五頁）で述べる。

3 休日

労基法第三十五条の規定によれば、毎週少なくとも一回の休日を与えなければならない。ただし、四週間を通じ四日以上の休日を与えれば、毎週与えなくてもよい。

ここで注意しておきたいのは、労基法で用いられている「休日」と公務員に関し用いられる「休日」とは概念が異なるということである。すなわち、労基法にいう「休日」は勤務時間条例・規則上の「週休日（日曜日等の勤務時間が割り振られていない日）」に当たり、条例・規則上の「休日」は国民の祝日に関する法律の規定する休日及び年末年始の休みをさす。条例・規則上の「休日」は、勤務時間が割り振られてはいるが、特段の命令がないかぎり出勤しなくてもよろしいという日である。両者の違いは、給与の支給対象となるかどうか、という点にある。つまり、労基法の「休日」は、勤務を要しない日であるから支給対象とならないのに対し、条例・規則上の「休日」は支給対象となる。

教職員の勤務時間条例・規則においては、日曜日等が週休日として定められているのが通例であるが、その振替えが問題とされる。週休日の振替え及び休日の勤務については、**三4**(2)（一四二頁）及び**六**（一五三頁）で述べる。

4　年次有給休暇

労基法第三十九条によれば、六か月以上継続勤務し全労働日の八割以上出勤した者に対し、継続勤務年数に応じ最低十日から最高二十日までの年次有給休暇を、請求された時季に与えなければならない。ただし、事業の正常な運営を妨げる場合には、他の時季に変更して与えることができる。

労基法により与えなければならない年次有給休暇の日数の計算方法などについては別の機会にゆずるが、勤務時間条例・規則上は職員すべてに二十日の年次有給休暇を保障しているので問題はない。年次有給休暇の承認、繰越しなどの問題については、**七**（一五五頁）で述べる。

5　法適用の特例

以上が労基法に定める労働時間等の一般原則であるが、一般原則とはかなり異なる取扱いを受ける教職員について、簡単に触れておこう。

(1)　女　性

女性には、産前六週間・産後八週間の休暇等（労基法六五、六六）、育児時間（労基法六七）、生理日の就業が著しく困難な場合の休暇（労基法六八）等を与えなければならない。女性教職員の取扱いについては**第七**（一八三頁）で述べる。

(2)　管理監督者

監督又は管理の地位にある者については、労働時間等の規定は適用されない（労基法四一Ⅱ）。これにより、校長、教頭など管理職と概念される者は、労働時間等に関し、労基法の保護を受けない。ただ、勤務時間条例・規則上、一般の教職員と同様の取扱いを受けているのが実態である。管理職員については、**一〇1**（一七三頁）で述べる。

(3) 監視又は断続的労働従事者

監視又は断続的労働に従事する者で使用者が行政官庁の許可を受けたものについては、労働時間等の規定は適用されない（労基法四一Ⅲ）。

宿日直に当たる教職員は、ここにいう断続的労働に従事する者に該当する。

(4) 寄宿舎指導員

寄宿舎指導員については、一〇2（一七四頁）で述べる。

三 勤務時間の割振り

1 割振りの意義

公立学校の教職員の勤務時間については、各都道府県における勤務時間条例・規則で土曜日及び日曜日を「週休日」とするとともに、週四十時間となるように割り振ることとされているのが一般的であるが、それ以上の具体的内容については、ほとんどが校長の割振りに任されているのが実情である。これは教員の勤務の特殊性、学校の存する地域の実情、学校種別の教育活動の特殊性、教職員の職務遂行上の必要などから、一般の職員と同様に一律の勤務時間の拘束をすれば教育能率の低下をきたすおそれもあり、画一的な割振りには適しないとの判断によるものである。ただし、労基法の制約を受けた範囲内における割振りとなるため、留意すべき点のあることはいうまでもない。

勤務時間の割振りとは、毎週恒常的に反覆・継続して行われる正規の勤務の時間的規制をあらかじめ定めることであり、一言にしていえば、勤務時間の具体的決定である。そこで、勤務時間の割振りの性格・内容について、若干の説明を加えておこう。

(1) 割振りの性格

まず、勤務時間の割振りは、恒常的な勤務の時間的規制である。すなわち、正規の勤務時間（原則として勤務を要する時間）を定めるものであり、この意味において、臨時的な勤務の時間的規制といえる時間外勤務命令とか宿日直命令とは異なるものである。

このことは、割振りは、給料（本俸）の支給の対象となる労働時間を定めるものであるといえよう。すでに述べたように、現在の公務員法では原則として提供すべき労務とそれに対する報酬とが明確にされていなければならず、割振りは、その労務の量を定める性格を有するものである。

次に、割振りは、割り振った時間について、職員に職務専念義務などの義務を発生させる。この点では、時間外勤務命令と異ならないが、時間外勤務命令は職務命令の一種であるのに対し、割振り自体は職務命令ではなく、職務に専念する義務、法令等及び上司の職務上の命令に従う義務などの義務履行を具体的に要求する勤務条件の決定であることに注意する。逆に、割振りの対象とされていない時間は、特命のないかぎり、これらの義務を負っていない自由に利用できる時間なのである。

更に、割振りは、地公法第四十六条に規定する措置要求の対象となる。これは、割振りが勤務条件の具体的決定という性格のものであることから、当然のことであろう。

(2)　割振りの内容

勤務時間の割振りの内容としては、①勤務を要する日（以下、勤務日という）の特定、②勤務日における勤務を要する時間数の決定、③勤務日における勤務終始時刻の決定、④勤務日における休憩時間の配置などがあげられる。

①の勤務日の特定については、都道府県の勤務時間条例・規則で土曜日及び日曜日を週休日（労基法上の休日）とされている。

②の勤務時間数の決定に当たっては、労基法の制約があり、同法第三十二条の二の規定に合致した条例・規則に基

づく特定の日以外には八時間を超えることは許されない。
③の勤務終始時刻は、学教法施行規則第六十条の規定に基づき校長が定める授業終始時刻とは、あくまでも別個のものである。
④の休憩時間の配置については、労基法第三十四条の基準に合致することが必要である。

(3) 割振りの実益

勤務時間の割振りとは、以上に述べたことを内容とするものであるが、現実には、これらを明確にした割振りは行われていないケースが多い。そこで、割振りの必要性あるいはその実益について触れておきたい。

割振りによって勤務時間が明確にされれば、第一に、給与減額（賃金カット）の対象となる時間も当然明らかとなる。一斉休暇闘争とか時間内職場大会などで教職員が勤務しなかった場合、当該勤務しなかった時間は賃金カットの対象となるのであるが、割振りがなされていないと、その時間数について疑義を生ずることになる。

第二に、校務の必要性に基づき命令により時間外勤務を行った場合には、それが事務職員であるときには、時間外勤務手当の算定基礎も明らかになる。

第三に、公務災害補償の認定に際し、当該災害が勤務の割り振られた時間内であったかどうかは、一つの判断基準となろう。もちろん、公務上の災害であるかどうかの認定には、災害時に従事していた仕事の性質、当該災害との因果関係などが重要なメルクマールではあるが、勤務時間中の災害であったかどうかも一つの有力なキメ手たるを失わない。

第四に、勤務場所を離れて行う研修の承認に関して、割振りの有無が問題とされる。通常であれば授業が終了してもなお勤務時間内であれば、校長から職務専念義務免除による研修の承認を受ける必要がある。

とにかく、現在の勤務の実態がウヤムヤであるから割振りを行えないという態度は、管理者としてとるべき態度ではなく、法令にのっとった適正な管理を行うことが必要である。

2　割振権の所在

(1)　本来的割振権者（教育委員会）

勤務時間の割振りは勤務条件の具体的決定であり、公立学校の教職員の勤務条件は条例（県費負担教職員については都道府県の条例）で定めることとされている。しかし、教職員の勤務の特殊性から、条例で個々の割振りまでも定めることは適当でなく、勤務条件の一般的基準を設定し、その基本的規律のみを定めて、具体的事項は割振権者に委ねる方法が採用されている。この場合における割振権者が問題とされるのである。

結論から先にいえば、割振権は服務監督権者（都道府県立学校教職員にあっては都道府県教育委員会、県費負担教職員にあっては市町村教育委員会）にあると解される。つまり、服務の監督という概念には、職務命令、職務遂行義務の監督などとならんで、勤務条件の具体的決定（給与の決定を除く）が入ると解するのである。

なお、勤務時間条例・規則において「勤務時間の割振りは、任命権者が行う」という規定を設けている場合、都道府県立学校教職員については、任命権者と服務監督権者とが同一であるから問題ないが、県費負担教職員については、その解釈に疑義を生ずる。県費負担教職員の勤務条件は都道府県の条例で定めるのであるから、条例で、勤務条件の具体的決定を都道府県教育委員会が行うものとすることは可能であるとか、条例により割振権が都道府県教育委員会に委任されたものであるとか解する説もないことはないが、次に述べるように、論拠がないものといわなければならない。

都道府県教育委員会は、都道府県が処理する教育に関する事務（自治事務及び法定受託事務）を管理・執行する（地教行法二一）のであって、県費負担教職員の任命その他の身分進退に関する権限以外の県費負担教職員に関する権限は、すべて市町村教育委員会にあると解される。都道府県の人事委員会は、法律又は条例に基づきその権限に属せしめられた事務を処理する（地公法八①XII）のであるから、条例の委任により、県費負担教職員の勤務条件に関し、その具体的決定を行ったり、規則を制定したりすることは可能であるが、都道府県教育委員会には、そのような権限は認められていない。もっとも、都道府県教育委員会は、県費負担教職員の勤務時間の割振りに関し、市町村教育委員会に対して技術的な基準を設けることができるが、それと割振りそのものとは異なるものである。

(2)　現実の割振権者（校長）

公立学校教職員の勤務時間の割振権は、本来的には教育委員会にあるが、学校の所在する地域的実情、学校の教育経営案（年間教育計画）、児童生徒の通学の便否、各教職員の担当職務などを考慮して割振りを行うには、校長がもっとも適しているといえよう。この意味で、現実には、校長が割振りを行うこととされている。

校長の割振権は、勤務時間条例でその旨規定されている場合、条例の委任規則から委ねられている場合、教育委員会の訓令などで委任されている場合、学校管理規則により専決させられている場合など、各県いろいろの規定のしかたをしている。校長が割振りを行う場合には、勤務時間条例・規則の定めに従い、承認又は届出を要するものについてはそれぞれ手続きをとり、教育委員会の指示に従って割振りを行わなければならない。

3　割振りの方法

(1)　割振りの形式

割振りの形式としては、①条例・規則、②文書、③口頭、④慣行などがある。

①の条例・規則自体で割振りを定めることは、画一的にすぎ、現場の実態にそぐわず、好ましい方法ではない。

②の文書としては、校長が定める日課表とか週間時間割とかの形式がかなり多い。ただ、日課表といっても、学校

の一日の行事予定表といった意味のものが多く、実際には、勤務時間の割振りといえるかどうか疑問の場合がある。③の口頭としては、校長が職員会議などを通じ指示する場合が考えられる。やや明確を欠くきらいがあり、一部特定の職員に特別な割振りを行う必要が生じたときのほかは、文書によるべきであろう。④の慣行も、校長が是認しているかぎりにおいて、黙示の意思表示による割振りであるといえなくはないが、学校管理上適当な方法であるとはいいがたい。

なお、勤務時間の割振りについては、労基法第百六条第一項（就業規則の周知義務）の適用はないが、勤務条件を明確にすべきであるという法の趣旨に鑑み、文書等により周知させる措置を講ずる必要があろう。

(2)　割振りの単位期間

教育職員については、五十二週間（つまり年間）を単位として、年度当初に定められるのがふつうである。

(3)　勤務時間数の配分

割振りの中核となるのは、一日当たり勤務時間数の配分である。ところが、一週の勤務時間が四十時間であるので、月曜日から金曜日までは必然的に八時間とならざるを得ない。すでに、繰り返し述べたように、労基法により一日の勤務時間が八時間を超えることは許されないので、労基法第三十二条の二の規定による変形労働時間制を採用しないかぎり、一日当たり勤務時間数の配分といっても、実質的には無意味なわけである。

変形労働時間制を採用した場合における勤務時間数の配分にあっても、割振りは長期的見通しに立って予測し得る事態に対処するものであって、学校の運営面で偶発的に生ずる必要による任意的な勤務時間数の配分は、労働者の労働条件の維持改善を目的とする労基法の趣旨にかんがみ、許されないというべきであろう。変形労働時間制における勤務時間数の配分にあっては、年間学校経営計画による学校行事、特別授業（例えば、補習授業）、職員会議、家庭訪問などが考慮の対象となろう。

(4)　勤務終始時刻の決定

勤務時間数の配分と密接不可分の関係にあるのが、勤務終始時刻の決定であるが、休憩時間の配置とならんで割振りの重要な部分を占める。

1(2)で勤務終始時刻と授業終始時刻とは区別されるべきことは既に述べたが、勤務終始時刻の定めは教職員のみに対する規制であり、授業終始時刻の定めは教職員及び児童生徒に対する規制である。しかし、教職員の勤務時間において授業時間の占める部分が多いのであるから、授業時間との関連を考慮して勤務終始時刻を決定すべきことは言をまたない。

勤務終始時刻の決定に当たっては、特に交通不便な学校にあっては、教職員の通勤の事情、気候的条件、地方的慣習などを十分考慮の対象とする必要もあろう。

なお、休憩時間は勤務時間に含まれないから、勤務開始時刻から勤務終了時刻までの間の時間数が、勤務時間数に休憩時間数を加えたものであることは、すでに述べたとおりである。

(5)　一律の割振り・個々の割振り

勤務時間の割振りは、事業場すなわち学校一律に行われるのが通常である。学校の存する地域的実情という観点のみからいえば、教育委員会が管内の学校について一律に割り振ることも可能であるが、学校ごとの特殊性（学校種別によるもの、学校経営計画の差異によるものなど）に着目すれば、校長がそれぞれの学校の教職員について一律に割り振る方針がとられよう。

しかし、教職員の職務が授業・研究・指導といった一般公務員とは著しく異なる性格のものであることからいえば、学校全体を一律に割り振ると教職員の職務の能率低下をきたし、教育の効果を妨げるおそれがあるようなときにはむしろ教職員個々について割り振ったほうが適当な場合もある。このことは、児童生徒の安全管理という面からもいえ、週番の教職員には特別の割振りを行うことも考えられる。

4　割振りの変更

割振りの本質は、勤務時間をあらかじめ規制することであって、突発的に生じた事務を処理させるため、当該事務を処理させる必要のある日に急に割振りを行うことまで許されるものではない。しかし、実質的に割振りの内容と概念される事項の一部又は全部が条例・規則自体に規定されている場合、つまり、条例・規則により画一的に割り振られている場合に、特別の事由があるときは校長などが裁量により割振りを変更できる旨定められていることがある。いわゆる週休日の振替えがここでの中心テーマである。休日（国民の祝日に関する法律に規定する休日及び年末年始）の勤務の振替えは、割振りとは別個の観点から処理されるものであり、これについては**六**（一五三頁）で述べる。

(1)　原則割振りの変更

勤務日における勤務時間数、勤務終始時刻、休憩時間の配置などが条例・規則により画一的に定められている場合の変更は、個別的な新しい割振りと概念することができよう。

条例・規則に定める割振りの原則を変更できる事由としては、学校の種別、授業等の特殊の必要、児童生徒の通学の便否などにより原則によることが困難と認められる場合があげられ、条例・規則に規定する事由以外には、恣意的な変更は認められない。

勤務日における原則割振りを変更する場合の技術的問題点は、すでに**3**で述べた原則割振りの場合と変わるところはない。

(2)　週休日の振替え

一般に、条例・規則においては、土曜日及び日曜日が週休日とされており、週休日が労基法にいう「休日」に相当することは、すでに述べたところである。同法第三十五条自体は必ずしも「休日」を特定すべきことを要求していないが、特定することが法の趣旨に沿うものである。

しかし、教職員の場合は、他の一般職の職員と異なり、教育という特殊な領域の職務に従事するものであり、その職務の特殊性から、日曜日等に勤務する必要のあることが少なくない。したがって、日曜日等が週休日であると特定してしまうと、実態に即しないことがあり得る。

このため、条例・規則においては、原則として日曜日等を週休日とし、特別の必要がある場合には、日曜日等以外の勤務日を週休日とすることができるように規定しているケースが多い。すなわち、例えば日曜日を勤務を要する日として勤務を命じ、翌日の月曜日を週休日として休ませる措置が、週休日の振替え（以下、単に振替えという）である。

まず、振替えの性格は、勤務の必要性があらかじめ予測し得る場合において、長期的観点に立ち条例・規則上の例外として勤務日の変更を行うものである。その意味において、臨時的・突発的な勤務を命ずる時間外勤務と混同してはならない。また、振替えが行われる場合は、ほとんどといってよいぐらい、いわゆる振替授業の場合であるが、両者はあくまでも別個の概念であることに注意する。

次に、振替えの事由としては、振替授業との関連において、教育の実施上その効果達成のための特別の必要があるとき、教育の実施上やむを得ない必要があるときなどがあげられる。前者は積極的事由といってよいが、運動会・遠足・学芸会・参観授業などのように、児童生徒の保護者の参加を得ることがより教育効果を高め得るものにあっては、日曜日の勤務に振り替えるほうが望ましいといえよう。修学旅行のように、日程の関係から日曜日にわたることが予想されるものにあっても、勤務日の振替えが必要である。日曜日だからといって児童生徒を放置してよいものではないことは、教育的見地からだけでもいうまでもないからである。後者は消極的事由とでもいえようが、いずれの場合にしても、振替えの必要性の判断に当たっては慎重を期し、教職員の勤務条件の低下を招来しないよう配慮するとともに、実質的に争議行為の性格を有する闘争を合法化ならしめる手段として振替えを利用することのないよう注意すべきである。

振替えの手続きとしては、条例・規則の定めるところによるのであるが、次のような点に留意しなければならない。

第一に、条例・規則上の根拠が必要である。事実上、日曜日に勤務を命じ、月曜日に代休を与えているケースもあるが、これはここにいう振替えに該当しないことはもちろんである。

第二に、振替えに当たって人事委員会なり教育委員会なりの承認が必要とされている場合には、承認を欠いた振替えの措置は効力を発生しない事実上のものと解さざるを得ない。この点において、届出・報告の場合とは異なるが、条例・規則上定められた手続きをとらなければならないことは同様である。

第三に、振替えは、職員全員について行うことは必ずしも必要ではなく、一部の職員（例えば、日曜日に体育大会に生徒を引率して参加した職員）についてだけ振替えを行うことも認められる。

第四に、振替えにより、例えば日曜日を勤務日とする場合には、当該日曜日の翌日の月曜日を週休日とすることが多いが、法律上は、原則として週に一回、例外として四週間に四回の週休日が確保されれば足りることとされている（労基法三五）。また、条例・規則で週休日の振替えが可能な期間が定められている場合には、その範囲内で代替の週休日を設けることとなる（ちなみに、従前の国立学校の教職員については、人事院規則で振替え可能な期間は、当該週休日の四週間前から八週間後までとされていた）。

第五に、これは条例・規則上の問題であるが、行政実例によれば、振替日を特定しないで単に振り替える場合がある旨を定めたものは労基法違反ではないが、振替えの具体的事由と振り替えるべき日（代替の週休日）とを規定することが望ましいとされている。もちろん、教職員については、学校ごとの実情も異なり、振替日を条例・規則上特定することは技術的にも困難であるが、少なくとも振替えの事由は、校長の判断を適切ならしめる意味もあり、教職員の勤務条件の維持という意味からも、条例・規則上具体的に規定しておく必要があろう。

最後に、振替えの実益について触れておこう。仮に、振替えによらずして、事実上日曜日に勤務を命じ、月曜日に代休を与えたとしよう。この場合、日曜日における勤務については、時間外勤務と概念せざるを得ない。一方、月曜日の代休についても、その性格が不明確であり、実態はともかくとして形式的には年次有給休暇として処理せざるを得ない。これらは振替えの手続きを踏めば解消することである。まず、振替えによる日曜日の勤務は、勤務を要する日における勤務、すなわち正規の勤務時間内における勤務であるから、そもそも時間外勤務の問題が生ずる余地はなく、月曜日の代休は週休日における休み、すなわち普段の日曜日と同様の取扱いとなる。

四　休憩・休息時間

1　休憩時間の法的性格

休憩時間とは、職員が勤務時間の途中において精神的肉体的にいっさいの労働から離れる時間をいう。この意味において、現実に職務は執行していないが上司からいつ職務命令が出るかもしれない状態で待機しているいわゆる手持ち時間とは異なり、休憩時間は正規の勤務時間には含まれない時間である。

休憩時間のこのような性格から、休憩時間に対しては給料は支給されない。

休憩時間は、職員の精神的肉体的疲労を回復させ、勤務能率の増進、不注意による災害の予防という重要な役割を果たすものである。

休憩時間には、食事時間を含めてもさしつかえないことはいうまでもない。

２　休憩時間数

労基法第三十四条によれば、勤務時間が六時間を超えて八時間以下である場合には少なくとも四十五分、八時間を超える場合には少なくとも一時間の休憩時間を与えなければならない。条例・規則においては、勤務時間が八時間である月曜日から金曜日まではそれぞれ四十五分の休憩時間が設けられているのが通例である。

なお、国の場合は、職員の勤務時間等の基準を定めた人事院規則一五―一四で、おおむね毎四時間の勤務後に少なくとも三十分の休憩時間を置かなければならないとし、従前の国立学校の教職員についても昼の休憩時間は三十分となっていた（勤務終了後の休憩時間は置かれていない）。

次に、休憩時間数の算定の基礎となる勤務時間には、正規の勤務時間（割り振られた時間）のみならず、時間外勤務の時間も含まれるものと解すべきであり、したがって、正規の勤務時間が八時間の場合における残業のときには、時間外勤務の時間の途中に十五分の休憩を追加して、休憩時間が合計一時間となるようにしなければならない。もっとも、残業時間が数時間にわたっても、それ以上の休憩時間は法規上は必要とされていない。

現行法上、休憩時間の最低限は定められているが、最高限の定めがないので、例えば、全日制の課程と定時制の課程とを兼務担任する高等学校の教員について、勤務時間八時間、休憩時間四時間といった割振りが行えるかどうかという問題があるが、当該休憩時間が条例・規則上の根拠を有し、かつ、当該教員の労働負担を実質的に過重ならしめるものでないかぎり、さしつかえないといえよう。

３　休憩時間の与え方

休憩時間の与え方については、労基法上三つの制約がある。すなわち、休憩時間は、①労働時間の途中に与えなければならず、②原則としていっせいに与えなければならず、③自由に利用させなければならない。また、休憩時間を分割して与えることができるかどうかなどの問題もある。

⑴　勤務時間の途中

勤務時間の途中に与えるとは、勤務時間と勤務時間との間にさしはさんでという意味であり、したがって、休憩時間を勤務開始時刻の前に置いたり、勤務終了時刻の後に置いたりすることは違法であり許されないものと解される。また、午後五時十五分を勤務終了時刻とし、午後四時三十分から午後五時十五分までを休憩時間として、実質的に午後四時三十分に退校する扱いをすることも、いかに職員の便宜に沿うものであっても、法の趣旨を没却するものといわざるを得ない。

一般には、昼休みが休憩時間に充てられている例が多いが、勤務時間開始時刻から勤務終了時刻までの間であればいつでもよいのであるから、学校給食を実施している学校においては、給食指導が終わった後に与えてもよいし、放課後に与えてもよいのである。

⑵　分　　割

休憩時間を十分、十五分、二十分といった形で分割して与えることができるかどうかについては、労基法には別段の定めがないが、少なくとも四十五分の休憩時間を与えなければならないというのは、休憩時間の全体が四十五分を下ることができないという意味であり、分割して与えることまで禁止したものではないと解されよう。このことは、小学校教員の授業の合間の休み時間は、それが自由に利用し得る時間であれば、同法第三十四条にいう休憩時間であるとした行政実例からもうかがわれるところである。

しかし、休憩の回数があまり多いと一回当たりの時間数が少なくなり、休憩の本来の目的を達成することができず、また、(4)の自由利用の原則からみても適当とはいいがたい。せいぜい、昼休みと放課後の二分割とか、やむを得ない場合には三分割といった程度が限界ではなかろうか。

(3)　いっせい

いっせいに与えるとは、一部の職員が休憩しているときに他の職員が勤務していては本当の意味での休憩とはならないという趣旨から、全職員を同時に休憩させることである。

しかし、業務の運営上必要な場合にあっては、地方公務員については条例に定めがある場合、交代制により、又は個々の職員別々に休憩時間を与えることも認められる（労基法三四②ただし書、地公法五八④）。

学校においては、昼休み時間中の児童生徒の運動・遊戯による事故の防止といった安全管理、非行の防止といった生徒指導などが重要な仕事であり、そのために週番の教職員が巡回する必要もあり、また、給食指導の教職員とそうでないものとを別々に休憩させる必要も考えられ、交代制を採用することが望ましい。

(4)　自由利用

自由に利用させるとは、職員自身の時間としていかようにでも使わせるという意味である。この場合においても、学校の規律保持上必要な制限を加えることは、休憩の目的を損なわないかぎりさしつかえないし、また、休憩時間中の外出について校長の許可を受けさせることも、学校内において自由に休憩し得るのであれば、必ずしも違法ではないとされている。この意味では、自由利用といっても相対的なものであるといえよう。

(5)　変　　更

一部の職員に対し、割り振られた所定の休憩時間に勤務を命じ、それに相当する休憩時間を別に与えるといったような休憩時間の変更が許されるかどうかについては、(3)に述べたいっせい休憩の例外措置の許可を得ている場合には法違反の状態は成立しないが、割振りの本旨にかんがみて適当とはいいがたい。

4　休息時間

休息時間は、休憩時間とは異なり、条例・規則により勤務時間中に認められた休息のための時間であるが、あくまでも勤務時間そのものに含まれ、したがって給料の支給の対象となる時間である。休息時間においては、必ずしも勤務しないことが権利として保障されていず、手持ち時間的な性格のものといえよう。

このような性格から、休息時間には、お茶を飲んだり、雑談したりすることはできるが、いつでも勤務し得る体制が要求されるのであり、教職員については、授業の合間の休み時間がこれに相当しよう。もちろん、校長が必要と認めるときには勤務を命じ得ることはいうまでもない。また、休息時間に勤務させたからといって、代替の休息時間を与えなければならないものでもない。

条例・規則上は、勤務時間四時間につき十五分の休息時間が与えられているのが一般的であったが、平成十八年三月に人事院規則一五―一四が改正され、国家公務員における休息時間が廃止されたことにともない、多くの地方公共団体においては休息時間を廃止している。

五　時間外勤務

1　時間外勤務の性格

勤務時間が割り振られると、職員は、原則として、割り振られた正規の勤務時間内においてのみ勤務すればよいのであるが、公務のため臨時の必要があるときに、正規の勤務時間を超えて、つまり正規の勤務時間外において勤務するよう命ぜられることがある。このような命令を受けて正規の勤務時間外において行う勤務を時間外勤務という。国家公務員について用いられている超過勤務という語もまったくこれと同様である。

労基法にいう時間外労働は、同法第三十二条に規定する原則労働時間（一日八時間、一週四十時間）を超えた労働をさしている。

　したがって、正規の勤務時間が平日八時間であれば、それを超える勤務は時間外勤務であり、かつ、労基法にいう時間外労働でもある。また、週休日（日曜日等）における勤務は、一般的に時間外勤務の概念でとらえられるが、労基法上は休日労働（いわゆる休日勤務とは異なる）に該当する点に注意したい。

　時間外勤務の性格を少しく分析してみると、まず第一に、時間外勤務は、正規の勤務時間外における勤務である。すなわち、時間外勤務を行った時間も勤務時間であることに変わりはないが、公務員としての雇用契約に基づき原則として提供すべき役務（恒常的勤務）ではなく、特命により臨時に提供する役務（臨時的勤務）なのである。

　このことから、第二に、時間外勤務に対しては、事務職員の場合、給料（本俸）とは異なる時間外勤務手当が支給されるが、教員に対しては、教職調整額が支給されるため、これらの手当は支給されない。

　第三に、時間外勤務は、職務命令（指示）に基づく勤務である。この点において、慣行による残業のような自発的勤務とは区別されなければならない。なお、時間外勤務命令は、直接具体的に当該時間外勤務の始期・終期を示したもの（明示の命令）であることを原則とするが、管理者の具体的に命令した勤務の内容が客観的にみて正規の勤務時間内でなされないと認められる場合にあっては、間接的に時間外勤務命令（黙示の命令）があったものとみなされることもあろう。第四に、時間外勤務は、本来的勤務の継続的延長を内容とするものである。この意味において、本来的勤務ではない特殊な勤務を内容とする宿日直勤務とは異なる。

2　時間外勤務の事由

　従来は、事務職員以外の県費負担教職員については、時間外勤務手当の予算が計上されていず、時間外勤務を命じない建前がとられていた。

しかし、現実には教員が時間外勤務をしているという実態があることにかんがみ、教員の職務と勤務態様の特殊性に基づいて、たとえ教員が時間外勤務を行ったとしても、時間外勤務手当を支給せずに、その代わり勤務時間中の勤務と勤務時間外の勤務とを合わせ評価するものとして、本俸の四％の教職調整額を支給するものとする制度の創設が行われ、昭和四十七年一月一日から適用されている。この制度を規定する法律が給与特別措置法（「公立の義務教育諸学校等の教育職員の給与等に関する特別措置法」）であるが、この第六条には、公立学校の教育職員を正規の勤務時間を超えて勤務させる場合は、政令で定める基準に従い条例で定める場合に限るものとする、と規定されている。この規定を受けて、「公立の義務教育諸学校等の教育職員を正規の勤務時間を超えて勤務させる場合等の基準を定める政令」が定められている。

それによれば、正規の勤務時間の割振りを適正に行って、原則として時間外勤務は命じないものとするとしており、時間外勤務を命ずることのできる場合は、①生徒の実習に関する業務、②学校の行事に関する業務、③職員会議に関する業務、④非常災害等やむを得ない場合に必要な業務に従事する場合で、臨時又は緊急でやむを得ないときに限られるものとされている。

公立学校の教員については、給与特別措置法第三条によって、本俸の四％に相当する額を基準として各都道府県の条例により、教職調整額を支給し、時間外勤務手当及び休日勤務手当は支給しないこととされ、かつ、公務のため臨時の必要があるときには、一般行政官庁における場合と同じように、職員に対して時間外勤務を命ずることができるものとする読替えがなされている。

昭和四十七年一月一日までに、ほとんどの都道府県において、①、②、③、④を内容とする条例が定められている。

給与特別措置法は、平成十五年に、国立大学の法人化に伴う改正が行われ、改正後の同法の規定に基づき、公立の義務教育諸学校等の教育職員を正規の勤務時間を超えて勤務させる場合等の基準を定める政令が定められたが、その施行についての通知（「国立大学法人法等の施行に伴う関係政令の整備等に関する政令及び公立の義務教育諸学校等の教育職員を正規の勤務時間を超えて勤務させる場合等の基準を定める政令の施行について」（平一五・一二・二五15文科初九四〇号　初等中等教育局長通知））において、「昭和四十六年七月九日付け通達文初財第三七七号「国立及び公立の義務教育諸学校等の教育職員の給与等に関する特別措置法の施行について」における関係部分は、引き続き効力を有するものであること」とされている。そこで、昭和四十六年七月九日付けの文部大臣の訓令に従って、教員に対し時間外勤務を命ずることのできる場合について若干説明したい。

まず、①生徒の実習に関する業務であるが、この生徒は高等学校の生徒であり、また、実習は校外の工場、施設（養殖場を含む）、船舶を利用した実習及び農林、畜産に関する臨時の実習をさしている。

②学校の行事に関する業務の学校の行事とは、学芸的行事、体育的行事及び修学旅行的行事をさしている。この場合、学校種別ごとの学校行事とは、それぞれの学習指導要領に定めるこれらの学校行事に相当するものである。

④非常災害等やむを得ない場合に必要な業務とは、非常災害の場合に必要な業務のほか、児童生徒の負傷疾病等人命にかかわる場合における必要な業務、更に、非行防止に関する児童生徒の指導に関し緊急の措置を必要とする業務をさしている。

公立学校における時間外勤務を命ずることのできる場合については、都道府県によって通達等により、更に若干運用上配慮を加えているところもある。

その一方で、給特法で定める「教育職員」以外の職員（例えば、学校事務職員や学校栄養職員）については給特法が適用されないことから、労働基準法及び条例で定めるところにより時間外勤務を命ずることができ、時間外勤務手当又は休日給が支給されることになる。この場合については、労働組合等との書面による協定（いわゆる三六協定）

が必要となる点は注意すべきである。

六　休日勤務

1　休日勤務の性格

ここにいう休日勤務とは、条例上「休日」とされている日（ほとんどが国民の祝日に関する法律に規定する休日及び年末年始の休日である）における勤務をいい、労基法にいう休日労働とは別個の概念である。

休日には、普通の日と同じく勤務時間が割り振られているが、特段の命令がないかぎり勤務しなくてもよいという特例が認められており、休日に勤務した場合には、一般の公務員の場合、休日勤務手当が支給されるのが通例である。なお、休日には勤務しなくてもよいという効果は、国民の祝日に関する法律により直接生ずるものではなく、条例の規定により生ずるものである。

以上のことから、休日勤務の性格としては次のことがいえよう。第一に、休日勤務は、正規の勤務時間における勤務である。この点において、時間外勤務とは本質的に異なる。

第二に、休日勤務に対しては、正規の給料が支給される。これは、第一の性格から当然のことであろう。

第三に、休日勤務に対しては、給与条例で定めるところにより、事務職員については、正規の給料以外に、一・二五倍の休日勤務手当が支給されることがある。これはどういうことかというと、国民の祝日に関する法律の規定する休日は、国民がこぞって祝い、感謝し、または記念するために休ませるべき日なのであるから、その日に勤務させた者に対しては、他の休んだ職員とのバランス上、あたかも時間外勤務であるかのような取扱いをするのである。教員については、教職調整額が支給されるため、休日勤務手当は支給されない。

2　休日勤務の事由

教職員の休日は、ほとんどの場合が学校の休業日に当たり、勤務しないのが建前であるが、学校行事等により、休日に勤務する必要の生ずる場合は、他の一般職員に比して割合い多いほうであろう。しかし、他の一般職員については、休日勤務を命ずることのできる事由は特に限定されないが、公立学校の教員の場合には、給与特別措置法第六条第三項の規定に基づく条例により、時間外勤務を命ずることのできる場合と同様に限定されていることに注意を要する。

3　休日代休制度

国家公務員については、勤務時間法において、新たに休日代休制度が導入されており（平成六年九月より）、地方公務員についても、同様の制度を設けている地方公共団体が大部分となっている。

休日代休制度は、職員が休日である勤務日等に割り振られた勤務時間の全部について特に勤務することを命じられ、割り振られた勤務時間について勤務した場合に、あらかじめ指定された代休日に当該職員の職務専念義務を免除する効果を発生させるものである（条例準則第一二）。

なお、休日代休制度について留意すべき点は、次のとおりである（平六・八・二三　文教地一二七号　教育助成局長通知）。

○代休の指定ができるのは、休日に割り振られた勤務時間の全部について特に勤務することを命じた場合であり、一部についてのみ勤務を命じた場合には、代休日を指定することはできない。

○代休日は「指定することができる」とされており、代休日の指定を行うか否かは、公務の円滑な運営に配慮しつつ判断すべきものとされている。

○代休日の指定は、勤務を命ずる休日前に行わなければならず、代休日として指定する日は、勤務を命じた休日から起算して八週間後までの間にある日とされ、かつ、当該休日と同一の勤務時間数が割り振られている日とされている。

○代休日については、命じられた休日の全部を勤務したこと、代休日に特に勤務を命じられていないことを条件に、正規の勤務時間において職務専念義務が免除される。したがって、一部を欠勤したような場合には、代休日が指定されていたとしても、当該代休日には職務専念義務が免除されない。

4　休日と週休日との関係

休日（例えば十一月二十三日）が週休日（例えば日曜日）に当たった場合について最後に考察しておこう。

昭和四十八年の国民の祝日に関する法律の改正により、休日のうち国民の祝日が日曜日と重なったときは、翌日が休日として取り扱われることになっている。したがって、十一月二十三日は休日ではなく、週休日である。この場合、学校運営上必要があるときは、この日に勤務を要する日として振替えを行えば、通常の勤務日として教員に勤務を命ずることができる。しかし、翌日の十一月二十四日は休日であるから、この場合の勤務は**2**（一五四頁）で述べたように、条例で定められた時間外勤務を命ずることができる場合に該当するものにかぎられる。

七　休　　暇

1　休暇の意義・種類

休暇とは、職員が、その所属機関の長の承認により、一定の期間においてその勤務を遂行しないで、自発的又はやむを得ず職務以外の事柄に勤務時間を利用することが条例・規則上認められた勤務時間管理上の制度である。一般的にいって、公務の運営上重大な支障をきたさない範囲で、職員が人間として価値ある生活を営む必要を満たすべきだということが休暇の基本理念であるといえよう。

労基法上は、労働条件の最低保障基準として、公民権行使（労基法七）、年次有給休暇（労基法三九）、産前産後の休暇（労基法六五）、育児時間（労基法六七）、生理日における就業が著しく困難な場合の休暇（労基法六八）などが規定されているが、教職員にあっては、これを上まわる範囲の休暇が条例・規則で定められている。

休暇の種類及び範囲は、各都道府県における条例・規則の定めるところによるので、一律にはいえないが、有給休暇と無給休暇とに分けられ、有給休暇として年次有給休暇、病気休暇及び特別休暇が、無給休暇として介護休暇及び組合休暇が定められているのが通例である（国の場合は、勤務時間法第十六条で、年次休暇、病気休暇、特別休暇及び介護休暇に区分している）。

休暇の効果としては、勤務時間中でありながら職務専念義務を免除されるとともに、有給休暇にあっては、勤務しないにもかかわらずその間の給料支給が保障される。この意味において、職務専念義務違反として懲戒処分の対象となり、また賃金カットの対象にもなる欠勤と区別される。

2　年次有給休暇

労基法第三十九条では、最低十日（六か月間継続勤務した者）から最高二十日（六年六か月以上継続勤務した者）までの年次有給休暇の付与義務を規定しているが、条例・規則上は、職員すべてに二十日（年次途中に採用された職員については、採用月による逓減方法に基づく日数）の年次有給休暇を保障している。そこで当該年の年次有給休暇の付与日数は別として、例えば、繰越しの対象となる有給休暇の日数は、条例・規則で特段の定めをしないかぎり、労基法で保障された日数であり、条例・規則で保障された日数ではないといったように、年次有給休暇をめぐる問題は労基法の解釈の問題でもあるので、ここでは、同法の規定を中心として、年次有給休暇の性質・承認要件・繰越しなどについて述べることとする。

(1)　年次有給休暇請求権の性格

年次有給休暇は、職員の労働力の維持培養を図るため、勤務を要しない日以外に年間の一定の日数の休みを、職員の希望する時期に与え、かつ、その実効を期するために、その休みを有給とするものである。

ところで、労基法第三十九条第五項は「使用者は、前各項の規定による有給休暇を労働者の請求する時季に与えなければならない。ただし、請求された時季に有給休暇を与えることが事業の正常な運営を妨げる場合においては、他の時季にこれを与えることができる。」と規定しており、この規定の解釈、つまり、年次有給休暇請求権の法的性格をめぐっては、かつて学説・判例が二つに分かれていた。形成権説及び請求権説と呼ばれるのがそれである。

まず、形成権説によれば、年次有給休暇請求権はその始期と終期の決定を労働者に委ねる形成権[1]であると解される。その理由とするところは、仮にこれを後説の請求権と解するときは、使用者が時季変更権を行使し得る場合を除き、労働者の休暇の請求を承認又は許可しない場合に、使用者側については労基法第百十九条の罰則の適用があるのみで、労働者は使用者に対し労働提供義務を制限させる不作為請求訴訟を提起せざるを得ない結果となり、最低の労働条件として労働力の維持培養を目的とした制度の実効を期し得ないこととなるというにある。形成権説によれば、職員が年次有給休暇を取るためには届出だけで足り、服務監督権者が時季変更権を発動しないかぎり、自由に休めるということになる。この説は、民間労働者のケースについて判断を下した大阪地裁の判決（昭三三・四・一〇）において採用された。

次に、請求権説によれば、年次有給休暇請求権は労働者の請求に基づき使用者が承認を与えることによりその法的効力が発生するという請求権[2]であると解される。その理由とするところは、労基法第三十九条が休暇を「与えなければならない」とか「与えることを要しない」という表現を用いていることに鑑みると、法は使用者側における休暇を与える行為とあいまって休暇の権利が発効する立場をとっているものと解されるし、また、仮に形成権説をとると、同法第百十九条の罰則の規定が適用される余地がほとんどなくなり、請求権説に従い、使用者が不当に休暇を承認しなかった場合にも罰則の規定の適用があると解するほうが、少なくとも現行同法の精神に忠実なものと考えられるというにある。請求権説によれば、職員は服務監督権者の承認又は許可があってはじめて休むことができるということになる。この説は、教職員のケースについて判断を下した福岡地裁の判決（昭三七・一二・二一）において採用された。

現在では、最高裁第二小法廷昭和四十八年三月二日判決（白石営林署事件）により、時季指定権説がとられている。同判決では次のように述べている。

「労働者がその有する休暇日数の範囲内で、具体的な休暇の始期と終期を特定して右時季指定をしたときは、客観的に同条三項（注・現在は労基法第三十九条第五項。以下、判決において同じ）但書所定の事由が存在し、かつ、これを理由として使用者が時季変更権の行使をしないかぎり、右の指定によって年次有給休暇が成立し、当該労働日における就労義務が消滅するものと解するのが相当である。すなわち、これを端的にいえば、休暇の時季指定の効果は、使用者の適法な時季変更権の行使を解除条件として発生するのであって、年次休暇の成立要件として、労働者による「休暇の請求」や、これに対する使用者の「承認」の観念を容れる余地はないものといわなければならない。」

労基法では年休の「請求」という用語を使用しており、時季指定という用語は使用していないが、同判決では「労基法は同条第三項において「請求」という語を用いているけれども、年次有給休暇の権利は、前述のように、同条一、二項の要件が充足されることによって法律上当然に労働者に生ずる権利であって、労働者の請求をまってはじめて生ずるものではなく、また、同条三項にいう「請求」とは、休暇の時季にのみかかる文言であって、その趣旨は、休暇の時季の「指定」にほかならないものと解すべきである。」と判示している。

なお、同判決は、いわゆる一斉休暇闘争については、「その実質は、年次休暇に名をかりた同盟罷業にほかならない。したがってその形式いかんにかかわらず本来の年次休暇権の行使ではないのであるから、これに対する使用者の時季変更権の行使もありえず、一斉休暇の名の下に同盟罷業に入った労働者の全部について、賃金請求権が発生しないことになるのである。」と判示している。

(2)　年次有給休暇承認の要件

現在、ほとんどの地方公共団体では、職員は年次有給休暇をとろうとする際には、いわゆる「休暇願」という一定様式の書類に所要の事項を記入の上、所属長にその書類を提出するという手続きをとっており、その書類は、職員から具体的に日時を特定して年次休暇を請求し、所属長がこれを承認し又は不承認するという形式がとられているが、これについて前記最高裁判決は、こうした手続きが官民を問わず広く採用されていることを認めた上で、使用者の「承認」「不承認」は、それぞれ使用者の時季変更権の不行使、行使の意思表示としての意味をもつと述べている。したがって、従来のような年次有給休暇手続きが、無意味になったというのではなく、人事管理上の必要からあえて改正するまでもなく、従来どおりの運用が可能と考えられる。

では、年次有給休暇の「承認」に当たって考慮すべき要件は何か。

第一に、校務の正常な運営を阻害する場合には時季変更権を行使できるということである。一口にこういっても、実際の判断に当たってはなかなかむずかしいことであるが、学校の規模、当該教職員が学校において占める職務上の地位、その担当する職務の内容、休暇時期における校務の繁閑、代替要員確保の難易など十分考慮して、年次有給休暇制度の趣旨に反しないよう合理的に判断すべきである。

第二に、争議行為などの手段として、学校における業務の正常な運営を阻害するために請求した場合には、時季変更権を行使するまでもなく、年休関係が成立しないということである。年次有給休暇は労使間の正常な関係を前提とする以上、教職員のいわゆる一斉休暇闘争・割休闘争については、使用者の時季変更権を全面的・部分的に無視することによって事業の正常な運営を阻止することが目的であり、そもそも年休関係が成立する前提を欠くからである。

第三に、休暇を与える日は週休日や休職期間中などのように職員の職務専念義務が存在しない状態と重複しないことである。この点において、年次有給休暇以外の場合と異なる（3、4、5、6（一六三～一六六頁参照）。

このほかに、労基法上は前年度八割以上出勤していることが要件とされているが、教職員の場合は出勤率に関係がない。ただ、繰越しの対象となるかならないかにおいて問題となるだけである。

(3)　年次有給休暇の利用目的

年次有給休暇をどのような目的で利用するかは労働者の自由であり、年次有給休暇を承認するかどうか（時季変更権を行使するかどうか）判断するに当たって、その利用目的を考慮することはできない。

このことに関しては、前記の最高裁判決（昭四八・三・二）において、「年次有給休暇の利用目的は労働基準法の関知しないところであり、休暇をどのように利用するかは、使用者の干渉を許さない労働者の自由である、とするのが法の趣旨である」と述べられている。

また、昭和六十二年七月十日の最高裁判決においても、「年次休暇の利用目的は労基法の関知しないところであるから、勤務割を変更して代替勤務者を配置することが可能な状況にあるにもかかわらず、休暇の利用目的のいかんによってそのための配慮をせずに時季変更権を行使することは、利用目的を考慮して年次休暇を与えないに等しく、許されないものであ」るとして、成田闘争に参加する目的で年次有給休暇の時季指定を行った職員に対する時季変更権の行使は無効であると判示されている。

したがって、請求の際にその利用目的を明示することは強制できないが、使用者が利用目的を聞くことまで禁止されているわけではない。例えば、年休の請求が重なり、その請求をすべて承認すれば、事業の運営に支障をきたすような場合や、違法行為参加等の事情がうかがわれる場合には、その利用目的を聞くことは当然許されよう。

(4) 年次有給休暇承認の手続き

教職員についての休暇の承認権者は服務監督権者すなわち教育委員会であるが、学校管理規則などで、一定日数内の休暇承認は校長の専決とされているのが通例である。この場合において、校長が承認すると認められている事項についても、教育委員会は校長の承認権の行使について一般的規制を加えることができるものと解される。なお、休暇承認権者と割振権者とは必ずしも同一でない場合があることに注意を要する。

休暇日数の計算は、会計年度ではなく、暦年度によることが多い。

時間単位の年次有給休暇については、かつての労働省の行政実例で否定されたことがあるが、条例・規則上は認めているケースが多い。職員がむしろ時間単位の休暇を請求し、承認権者もそれが適当であると考えれば、適宜そのような措置を講ずることも、法の精神に反するとはいえないであろう（人事院規則一五―一四第二十条参照）。

休暇の事後承認については、なんでも既成事実により決定されるという慣行を生じないかぎりにおいて必要であり、緊急やむを得なかった場合には認められることもあろう。

(5) 年次有給休暇の繰越し

職員は所定の年次有給休暇を取ることが保障されているのであるが、当該年度内に取りきれなかった場合、翌年度以降において残りの休暇を取ることができるであろうか。これが年次有給休暇の繰越しの問題である。この点についても、学説は二つに分かれているのである（それぞれの立論の根拠は省略する）が、厚生労働省の有権解釈としては繰越しが認められており、地方公務員である教職員についてこれを否定すべき理由は存しない。

実際問題としては、各都道府県ともに繰越しの制度を採用しているところであるが、すでに触れたように、繰越しの対象となる休暇の日数は、労働基準法上保障された日数（A）から当該年度に取った日数（B）を引いたものである。例えば、勤続十年の職員が十二日の休暇を取った場合には、八日が翌年度に繰り越される。

なお、勤続六か月未満の職員、又は勤続六か月以上の職員であっても前年度の出勤率(3)が八割未満のものについては、繰越しの対象となる日数が０になることに注意する必要がある。

ところで、前年度繰越し分がある場合に、当該年度分といずれを先に与えるべきかの問題がある。いずれを先に与えるかは、休暇承認権者が決定することができる（民法四八八、四八九参照）が、国家公務員については、前年度繰越し分から先に与えることとされている。

(6)　年次有給休暇請求権の消滅時効

次に、繰り越された年次有給休暇の請求権は、労基法第百十五条の規定により、二年間で消滅する。そして、消滅時効の起算日は、休暇請求権の発生した日であるから、暦年度による場合は一月一日であり、休暇請求権は翌年の十二月三十一日をもって消滅することになる。

休暇請求権の時効の中断については、民法の規定によるのであるが、時効中断事由として考えられるケースは、裁判上の請求（訴訟）と債務者（使用者）の承認(4)の二つである。ただ、出勤簿などに年次有給休暇の取得日数を記載しているだけでは、使用者の承認とはいえないと解されている。

注(1)　形成権とは、権利者の一方的な意思表示で一定の法律関係を発生させる権利をいう。

注(2)　請求権とは、他人の作為または不作為を要求する権利をいう。

注(3)　出勤率の計算に当たっては、公務上の疾病による休職及び休暇、産前産後の休暇並びに年次有給休暇は、出勤したものとみなされる。

注(4)　承認とは、時効によって利益を受ける当事者が、時効によって権利を失う者に対し、その権利の存在すること

を知っている旨表示することである。

3 病気休暇

病気休暇（傷病休暇）とは、負傷又は疾病により勤務することができない職員に与えられる有給（全額又は半額）の休みである。特に、結核性疾患の場合にはより厚い労働条件保護の取扱いがなされているのが通例である。

病気休暇の取扱いについては、各都道府県の条例により異なるが、一般的には、国に準じて、公務による傷病にあってはその治療に必要な期間、公務によらない結核性疾患にあっては引き続く一年以内、その他の私傷病にあっては引き続く九十日以内を限度として、給料の全額が支給され、後二者の場合にあっては当該日数を超える治療に必要な期間について給料が半減されることになっている。

病気休暇の日数の計算に当たっては、週休日及び休日が含まれる。この点において、年次有給休暇とは異なる。なお、引き続き九十日を超える私傷病による休暇の場合には給料が半減されるが、合算して九十日を超える場合であっても、間に出勤した日が含まれていれば半減されない点に留意すべきである。病気休暇の承認権者については、年次有給休暇の場合と同様である。

4 特別休暇

特別休暇とは、公民権の行使の保障、母体の保護、能率の向上、非常変災による勤務不能、社会慣習上の行事、職員に対する便益的措置など社会通念上妥当と思われる場合に与えられる有給の休みである。すでに触れたように、労基法上保障されているものもあるが、なかには条例・規則による特典的なものもある。

ちなみに、人事院規則一五―一四（職員の勤務時間、休日及び休暇）では、特別休暇の事由として、①選挙権その他の公民権の行使、②証人・鑑定人・参考人としての官公署への出頭、③骨髄液の提供に必要な行為、④ボランティア、⑤結婚、⑥産前、⑦産後、⑧育児時間、⑨配偶者出産、⑩男性の育児参加、⑪負傷又は疾病の子の看護、⑫短期介護、⑬忌引き、⑭父母の祭日、⑮夏季休暇、⑯天災地変による職員住居の滅失・損壊、⑰非常変災・交通機関の事故等による交通しゃ断、⑱非常災害時の身体の危険を避けるためがあり、各県の条例では、このほかにもいくつか事由を規定しているところである。

なお、特別休暇の取扱いに関し留意すべき点としては、②の場合において、訴権の行使（訴訟の当事者としての裁判所への出頭）は含まれないこと、①の場合において、国会等への請願は含まれるが公務に支障があるときは承認しないことができること、⑦⑨の場合において出産は妊娠四か月（＝八十五日）以上の分娩をさし、死産をも含むものであること、などである。

特別休暇の承認権者については、年次有給休暇の場合と同様である。

なお、平成八年人事院規則等が改正され国家公務員について特別休暇の一つとしていわゆるボランティア休暇制度が設けられた。その概要は次のとおりである。

⑴　対象となる活動

職員が自発的に、かつ、報酬を得ないで次に掲げる社会に貢献する活動（もっぱら親族に対する支援となる活動を除く）を行う場合で、その勤務しないことが相当であると認められるときを対象。

①　被災地での被災者の援助活動

地震、暴風雨、噴火等により、災害救助法（昭和二十二年法律第一一八号）による救助の行われる程度の規模の災害が発生した市町村（特別区を含む）又はその属する都道府県若しくはこれに隣接する都道府県における生活関連物資の配布、居宅の損壊、水道、電気、ガスの遮断等により日常生活を営むのに支障が生じている者に対して行う炊出し、避難場所での世話、がれきの撤去その他必要な援助活動。

② 障害者、高齢者等の援助活動

ア 施設における活動

障害者支援施設、特別養護老人ホームその他の主として身体上若しくは精神上の障害がある者又は負傷し、若しくは疾病にかかった者に対して必要な措置を講ずることを目的とする施設における活動。

イ 居宅における活動

以上の活動のほか、身体上若しくは精神上の障害、負傷又は疾病により常態として日常生活を営むのに支障がある者の介護、調理、衣類の洗濯及び補修、慰問その他直接的な援助活動。

(2) 期　間

一年において五日の範囲内であり、分割して取得することも可能。また、休暇の単位は、他の特別休暇と同じだが、一日の取得時間が八時間未満であっても取得日数としては一日。

(3) 給　与

有給（減額しない）

(4) 手　続　き

任命権者は、ボランティア休暇の承認に当たっては、当該休暇の請求時に活動期間、活動の種類、活動内容等を明らかにする活動計画書の提出を求める。

５ 介護休暇

介護休暇は、国家公務員について、勤務時間法において新たに導入されたものであり、地方公務員についても、同様の制度を設けている地方公共団体が大部分となっている。

介護休暇について留意すべき点は、次のとおりである（平六・八・二三　文教地一二七号　各都道府県・指定都市教育委員会教育長あて文部省教育助成局長通知）。

○介護休暇の対象となる要介護者の範囲は、配偶者（内縁関係を含む）、父母、子、配偶者の父母、その他人事委員会規則で定める者とされている。

○介護休暇の期間は、「介護を必要とする一の継続する状態ごとに、連続する三月の期間内において必要と認められる期間」とされている。

○介護休暇は、一日又は一時間を単位としており、連続する三月の期間内で、連続して取得することも、断続して取得することもできる。

○介護休暇は、無給の休暇であり、休暇中の給与については、勤務しない一時間について、一時間当たりの給与が減額される。

○介護休暇の取得には、任命権者（県費負担教職員については、服務監督権者となるよう、条例・規則上の措置が必要である）の承認が必要である。

６ 組合休暇

組合休暇とは、登録職員団体の運営のために必要不可欠の業務・活動に要する最小限の時間について与えられる無給の休みである（制度的には、昭和四十三年十二月十四日からの新在籍専従制度の発足に伴って認められることとなったものである）。
一般職に属する地方公務員は原則として職務に専念する義務を負っている（地公法三五）のであり、職員団体の業務又は活動のためにその職務を離れてはならないものである。しかし、職員団体は地公法で認められた団体であるところから、職員が職員団体のために活動するために職務専念義務を免除する措置（いわゆる組合休暇制度）をとることは、法によって必ずしも禁止されているものではない。地公法第五十五条の二第一項において禁止している事項は、相当期間にわたり職務を離れて職員団体の業務に専従することであって、ごく短期間、職員団体の業務を一時的に遂行するために当局が休暇を与えることには、触れていない。しかしながら、都道府県において組合休暇制度を認めるに当たっては次のことを十分留意しなければならない。

① 職員が従事する公務は、住民全体に奉仕する性格のものであり、公共の利益のためのものであるのに対し、職員団体は地公法で認められている団体ではあってもその性格は団体構成員に対して責任を負っているという意味では私的な団体であり、「公務優先」の建前を堅持しなければならないこと。

② 職員団体の活動のために職務専念義務を免除することは、職員団体の活動に対して一種の便宜を与えることになり、「労使不介入」という労働団体と使用者との間における原則に反するおそれがあること。

以上のことから組合休暇制度は、①公務の正常な運営に特段の支障がない場合に、②同一地方公共団体の職員のみで組織され、民主的な運営が担保されており、当局が利便を供与するにふさわしいと考えられる登録職員団体の、③運営のために必要不可欠の業務又は活動で、④勤務時間外で処理するのが不可能又は著しく困難な場合、⑤最小限の期間について、⑥無給で、⑦条例に根拠規定のある場合にかぎり、職務専念義務を免除するという形で認めるもので、公務運営上の見地及び職員団体としての最小限の機能確保という見地からして、やむを得ないと考えられる。

職員団体の業務又は活動のため組合休暇を与える場合には、学校教育の円滑な運営を図る見地から、一年間を通算して少なくとも三十日を超えない範囲でのみ与えるものとすることが必要である。しかし、組合休暇の制度も、例えば三十日連続して与えるというように、実質的に専従の状態を認めるかのごとき運用は厳につつしまなければならないこと、いうまでもない。

組合休暇の認められる事由としては、組合休暇の趣旨からして、おおむね次の事由に限定して適用すべきである。

① 登録職員団体の規約に定める執行機関、監査機関、議決機関（代議員制をとる場合にかぎる）、投票管理機関及び特定の事項について調査研究を行い、かつ、当該登録職員団体の諮問に応ずるための機関の構成員として当該機関の業務に従事する場合並びに当該登録職員団体の加入する上部団体の業務で当該登録職員団体の業務であると認められるものに従事する場合――具体的には、中央執行委員会、監査委員会、代議員大会、選挙管理委員会、規約所定の専門委員会（例えば給与問題対策委員会）などにそのメンバーとして参加する場合、あるいは加盟上部団体の同種の機関にそのメンバーとして参加する場合である。

② 遠隔の場所で行われる適法な交渉のための往復の時間――地公法上の適法な交渉（地公法五五⑧）のために必要な最小限の時間（例えば、一時間を超えない程度の往復時間）は事柄の性質上、交渉時間に含めて取り扱うべき性格のものであるが、交渉場所への往復に長時間を要する場合の取扱いがこれである。

なお、条例に根拠規定がある場合においても、服務監督権者は公務の正常な運営に特段の支障がない場合にかぎり、相当と認める範囲内において、その裁量により、組合休暇を与えることができるにとどまるものであって、当然にこのような扱いをしなければならないものではない。また、逆に、組合休暇をとることができる事由の存する場合においても、年次有給休暇の申請があれば、年次有給休暇として承認することが可能なことはいうまでもなく、むしろ、できるだけ年次有給休暇の枠内で処理することを奨励すべきものではある。

また、このような組合休暇が在籍専従制度に対する脱法行為に該当するものであってはならないことはいうまでもないので、その運用については、十分慎重に取り扱うべきものである。

7　職務専念義務免除との関係

ここで、休暇と職務専念義務免除との関係について触れておこう。一言にしていえば、休暇は勤務時間管理上・給与管理上の制度をさし、職務専念義務免除は服務監督上の制度をさす。

両者の制度上の違いについて述べると、休暇中の期間は、正規の勤務時間であるにもかかわらず職務専念義務が免除されるとともに、給与の一部又は全部の支給が保障され（介護休暇及び組合休暇は別）、給与上の取扱いで勤務しないことにつき特に承認のあった時間となる。

一方、単に職務専念義務が免除された期間は、職務専念義務違反として懲戒処分に付されることはないというにとどまり、給与減額までも当然に免れるものでは必ずしもない。形式的には、給与減額をしないことにつき別個の承認がなければならない（給与条例上、職務専念義務免除の時間を給与不減額承認の時間として規定している場合は、実質的に休暇の制度を採用しているといえなくはない）。

例えば、勤務条件に関する措置要求を行うための集会などのような特殊な性格のものについて、職務専念義務の免除に関する条例の規定により、職務専念義務を免除し、かつ、勤務時間管理上は勤務したものとみなして給与を減額しない取扱いを行っているケースもかなりあるが、これなどは、本来、特別休暇として取り扱うべき性格のものであろう。

立法論としては、勤務時間管理上、独立した「職務専念義務免除」なる制度はあまり適当ではないと考えられる。

八　育児休業

育児休業制度は、職員が、任命権者の承認を受けて、原則として子が一歳に達するまで保育所に入れない等の場合に例外的に子が一歳六か月に達するまで、更に一歳六か月に達した時点で、保育所に入れない等の場合に再度申出することにより、最長二歳まで休業することができるものである。任命権者は、請求をした職員の業務を処理するための措置を講ずることが著しく困難である場合を除き、これを承認しなければならない。

育児休業の効果としては、

① 育児休業をしている職員は、育児休業期間中、その職を保有するが、職務に従事しないこと

② 育児休業期間中は、ノーワーク・ノーペイの原則により、給与を支給しないこと（ただし、旧育児休業制度の対象者であった女性教育職員等については、引き続き、当分の間、共済組合掛金相当額の育児休業給が支給されることとなっている）

③ 任命権者は、配置換えその他の方法によって育児休業の請求をした職員の業務を処理することが困難であると認めるときは、育児休業の期間を任用の期間の限度として臨時的任用を行うこと

等である。

育児休業期間の取扱いについては、国の場合、

① 期末手当については、育児休業期間の二分の一に相当する期間が算定基礎とされ、勤勉手当については、育児休業の全期間が除算されること

② 復職時の調整については、育児休業期間の二分の一に相当する期間を引き続き勤務したものとみなして俸給月額を調整し、又は昇給期間を短縮することができること

③　退職手当の計算に当たっては、育児休業期間の二分の一を在職期間として計算することとされている。各県の場合も、これらを基準として措置を講ずることとなっている。なお、部分休業をした時間については給与が減額される。

また、平成十九年五月、地方公務員の育児休業等に関する法律が改正され、育児のための短時間勤務制度等が導入され、平成十九年八月一日から施行された。

育児短時間勤務制度とは、具体的には、小学校就学の始期に達するまでの子を養育する常勤の職員を対象として、例えば、一週四十時間勤務の場合、①一日当たり三時間五十五分勤務（週十九時間三十五分）、②一日当たり四時間五十五分勤務（週二十四時間三十五分）、③週三日（週二十二時間十五分）などの勤務時間を承認することができるものである。育児短時間勤務職員の給与等の取扱いについては国家公務員における取扱いに関する事項を基準として、措置を講じなければならないこととされている。

部分休業の場合と異なり、任命権者は、同一の常勤官職に週二十時間勤務である二人の育児短時間勤務職員を任用することができる。また、育児短時間勤務職員の処理できない業務に従事させるため、育児短時間勤務に係る期間を上限として任期付短時間勤務職員（非常勤職員）を任用することもできる。

九　介護休業

介護休業制度は、平成三年に策定された育児休業、介護休業等育児又は家族介護を行う労働者の福祉に関する法律において規定された。介護休業は、負傷、疾病又は身体上若しくは精神上の障害により、二週間以上の期間にわたり常時介護を必要とする状態にある家族を介護するために休業する制度で、職員が服務監督権者の承認を受けて、休業することができるものである。休業期間については、対象家族一人につき、三回まで、通算して九十三日を限度として、申し出た期間となる。対象となる職員は、一般職の地方公務員であり、短時間勤務の職を占める職員以外の非常勤職員（二〇二〇年四月一日以降は会計年度任用職員）については、申出の時点において、①同一の任命権者に引き続き一年以上任用されていること、②所得予定日から起算して九十三日を経過する日から六か月を経過する日までの間に、任用期間が満了することが明らかでないこと、いずれにも該当すれば介護休業をとることができる（育児・介護休業法第六一条六項）。また、対象となる家族の範囲は、配偶者（婚姻の届出をしていないが、事実上婚姻関係と同様の事情にある者を含む。）、父母及び子（これらの者を準ずる者として、祖父母、兄弟姉妹及び孫を含む。）、配偶者の父母である（育児・介護休業法第二条第四号、第六一条第六項）。任命権者は、職員からその承認の請求があったときは、当該請求に係る期間のうち業務の運営に支障があると認められる日又は時間を除き、これを承認しなければならない。

介護休業の効果としては、育児休業と同様に、

① 介護休業をしている職員は、介護休業期間中、その職を保有するが、職務に従事しないこと

② 介護休業期間中は、ノーワーク・ノーペイの原則により、給与を支給しないこと（ただし、地方職員共済組合より介護休業手当金が支給される）

③ 任命権者は、配置換えその他の方法によって介護休業の請求をした職員の業務を処理することが困難であると認めるときは、介護休業の期間を任用の期間の限度として臨時的任用を行うこと

等である。また、介護休業期間についての期末手当や退職手当等の取扱いについては、各自治体の条例等で定めている。

また、介護のための所定労働時間の短縮措置等を介護休業とは別に、利用開始から三年の間で二回以上の利用を可能としている。

一〇　特殊な職員の勤務時間

三から**九**までにおいては、一般の教職員の勤務時間の取扱いについて述べてきたのであるが、一般の教職員のそれとはいささか異なる取扱いを受ける特殊な職員、すなわち、①校長、副校長、教頭などの管理職員、②特別支援学校の寄宿舎に勤務する寄宿舎指導員、③学校用務員、警備員などの単純労務職員については、少し触れておく必要があろう。なお、女性教職員の勤務時間の特殊性については、**二5**⑴（一三四頁）及び**第七**（一八三頁）で述べるところで足りると思われるので省略する。

1　管理職員

労基法第四十一条第二号に規定する「監督若しくは管理の地位にある者」には、同法で定める労働時間、休憩及び休日に関する規定は適用されない。

ここにいう「監督若しくは管理の地位にある者」とは、労働省（当時）の解釈通達によれば、一般的には局長、部長など労働条件の決定その他労務管理について経営者と一体的な立場にある者の意であるが、名称にとらわれず出社退社等について厳格な制限を受けない者について実態的に判断すべきものであるとされている。学校職員についてみれば、管理職手当の支給される校長、副校長、教頭などの管理職員がほぼこれに相当するといってよいであろうが、管理職手当支給の有無にかかわらず、勤務条件の具体的決定（勤務時間の割振り、休暇の承認など）を行う立場にある職員、あるいはこれを直接補佐する職員は、勤務時間に関する労働基準法上の保護を受けないものと解される。

ところで、管理職員は、すでに**二5**⑵で述べたように、現行の条例・規則においては一般教職員と同様の勤務時間の規制を受けているので、ことさらにその勤務時間の問題を取り上げるまでもないように考えられる。

ところで従来から、管理職手当の支給される管理職員については、給与条例上、時間外勤務手当、休日勤務手当、夜間勤務手当を支給しない旨定められているのが通例であった。管理職手当は管理職としての職務の特殊性に基づき支給されるもので、その職務の複雑度・困難度・責任度、勤労の強度などを考慮したものであるが、その職責遂行上必要な限度における勤務時間の延長に対する対価という意味をも含めているものといえよう。このことは、労基法上、管理職員は出退庁について厳格な制限を受けないものであるということの裏返しでもある。なお、昭和四十七年一月一日からは、一般の教職員について、教職調整額を支給し、時間外勤務手当、休日勤務手当が支給されないこととされたので、時間外勤務に対する給与上の措置を時間単位で行わないという点では管理職員と一般職員との差異はなくなった。

2　寄宿舎指導員の勤務時間

特別支援学校の寄宿舎に勤務する寄宿舎指導員は、労基法別表第一第十三号の「保健衛生の事業」に従事する職員と解される[5]ので、同法上は、次のような点において一般教職員と異なる規制を受けることになる。

①　労基法上の行政官庁（例えば、断続的勤務の許可機関）は、労働基準監督署長であること（地公法五八⑤）

②　一日八時間、一週四十四時間までの勤務時間が認められること（労基法四〇①、同法施行規則二五の二①）

③　一か月以内の変形労働時間制が認められており、条例・規則の定めにより、一か月以内の一定期間を平均した週当たりの勤務時間が四十四時間を超えない範囲内で、特定の週に四十四時間を超え、又は特定の日に八時間を超えて勤務させることが可能であること（労基法四〇①、同法施行規則二五の二②）

④　休憩時間はいっせいに与える必要がないこと（労基法四〇①、同法施行規則三一）

現行の条例・規則においては、寄宿舎指導員の勤務時間も一般の教職員と同じく一週四十時間と定められているのがほとんどであるので、これを②の限度まで引き伸ばす措置は給与体系の是正策を講じないかぎり無理であるが、③及び④による交代勤務制の採用、①による宿直勤務制の採用の措置をとることによって、近代的労働形態に近づけるよう工夫することが望まれる。

寄宿舎指導員の勤務に関し、問題となり得る点は、一日の拘束時間が八時間を超える場合、連日泊り込みに近い状態にある場合の二つにしぼられる。

前者については、用務員と役割分担し、寄宿舎指導員の勤務負担の軽減を図るとともに、実労働時間を寮生の起床から登校までと寮生の帰寮から就床までの間に限定し、自由時間の増加に努めること、後者については、輪番による宿直勤務として取り扱い、宿直手当を支給するとともに、非番の寄宿舎指導員の外泊を制限しないことが必要であろう。

なお、寄宿舎指導員の夜間勤務を宿直勤務と概念することについては、通常の宿直勤務が定時巡視、緊急文書・電話の収受、非常事態発生の準備等を目的とするものであることにかんがみ、疑問を感ずるむきもあろうが、寄宿舎指導員の夜間勤務が、①通常の勤務時間の拘束から完全に解放された後のものであり、②夜間に従事する業務が、一般の宿直業務のほかは、少数の寮生に対して行う夜尿起こし、おむつ取替え、検温等の介助作業であって、軽度かつ短時間の作業にかぎり、夜間における寮生の生活指導、起床後の着衣指導等通常の労働と同態様の業務を含まず、③夜間に十分睡眠をとり得、④その他一般の宿直許可の際の条件を満たしている場合には、宿直勤務として取り扱うことができる。

注(5)　昭三六・九・四　基収第六七七〇号文部省初等中等教育局長あて　労働省労働基準局長回答。なお、寄宿舎指導員の業務を「保健衛生の事業」として取り扱うというのは、労基法の適用に当たっての労働態様の分類によるものであって、寄宿舎指導員の職務の教育的要素を否定するものでは決してないことに注意する必要がある。

3　単純労務職員の勤務時間

学校用務員、給食調理員などは、比較的軽易かつ単純な労務に雇用されているので、一般の公務員と異なる取扱いを受けている。単純労務職員の勤務時間に関する法令の規制は非常に複雑であるが、箇条書きにすると次のごとくである。

① 地公法第五十七条……単純労務職員の特例は別に法律で定める。→②

② 地公労法附則第五項……単純労務職員の特例を定める法律が制定施行されるまでの間は地公労法（第十七条を除く）及び地公企法第三十八条及び第三十九条を準用する。→③及び④

③ 地公労法第七条……労働時間、休憩、休日及び休暇に関する事項について団体交渉を行い、労働協約を締結することができる。

④ 地公企法第三十九条……地公法第二十四条（勤務時間は、条例で定める）、第五十八条（労働組合法は、適用しない、労基法中就業規則に関する部分は適用しない。労基法上の監督機関は人事委員会又は市町村長とする）などの規定は適用しない。

以上をまとめていえば、単純労務職員の勤務時間は、民間労働者におけるとほぼ同じように、労働協約又は就業規則により定められ、また、労基法上の行政官庁は労働基準監督署長である（**第一〇**（二三五頁）参照）。

一一　教員の週休二日制

1　公務員の週休二日制の実施の経緯

公務員の週休二日制については、昭和五十六年三月に四週五休制が導入されて以来段階的に実施されて、平成四年五月からは完全週休二日制が実施されている。その経緯の概要は、以下のとおりである。

(1)　四週五休制の実施

昭和五十四年及び五十五年の人事院勧告を受けて、昭和五十六年三月から国家公務員の四週五休制が実施された。これは、四週間に一回の土曜日の勤務時間を「勤務を要しない時間」として指定するという方式のものであったが、国立大学附属学校の教員については、学校における教育活動の円滑な実施への配慮から、夏休み等の長期休業期間中に休むいわゆる「まとめ取り方式」により実施することとされた。なお、公立学校の教員の週休二日制についても、国立の場合と同様に「まとめ取り方式」で実施するよう文部省から通知がなされた。

(2)　四週六休制の実施

国家公務員については、昭和六十一年十一月からの四週六休制の試行を経て、昭和六十三年四月から四週六休制が本格実施された。この場合も、国立大学附属学校の教員については「まとめ取り方式」によることとされ、また、公立学校の教員についても同様の扱いとするよう通知がなされた。

さらに、昭和六十四年一月からは、国の行政機関は原則として毎月の第二・第四土曜日には閉庁とすることとなり、これに伴って、国家公務員も閉庁土曜日には原則として全員が休むこととなり、四週六休制の実施方法は、従来の「勤務を要しない時間」の指定方式に代わり、閉庁土曜日等四週間につき二の土曜日を「勤務を要しない日」とする方式となった。

ただし、国立学校については、児童生徒の生活や教育課程への影響があることから、当面は閉庁の対象とはしないこととされ、また、国立大学附属学校の教員は学校休業日のうちから適切な日を「勤務を要しない日」とすること等により、従来どおり「まとめ取り方式」によることとされた。公立学校についても国立学校と同様、土曜閉庁の対象とはせず、教員についてもこれまでどおり「まとめ取り方式」とするよう通知がなされた。

(3)　完全週休二日制の実施

国家公務員の完全週休二日制（週四十時間勤務制）については、平成二年四月から土曜閉庁の対象外の官署に勤務する交替制勤務等の職員についての週四十時間勤務制の試行を経て、平成四年五月からは、国の行政機関をすべての土曜日に原則として閉庁とし、土曜日及び日曜日はすべて「勤務を要しない日（現在の週休日）」とする完全週休二日制が実施された。地方公共団体についても条例により原則としてすべての土曜日を「地方公共団体の休日」として定めることとされ、また、勤務時間条例等の改正を経て地方公務員の完全週休二日制が実施されることとなった。

2　教員の週休二日制

このように、公務員全体についての完全週休二日制が実施されているが、教員についても、平成十四年度から完全学校週五日制が実施されたことに伴い、他の一般の公務員と同様に取り扱うこととされている。

これまでの経緯を簡単に述べれば、平成四年九月から国立及び公立の学校について月一回の学校週五日制が、平成七年四月からは月二回の学校週五日制が実施され、毎月の第二・第四土曜日が休業日となっていた。このような状況においては、教員の場合に完全週休二日制（週四十時間）の実施方法について他の公務員と同様の方法で行うことはできない。なぜなら、週休二日制は勤務条件に関する事柄であるが、同時に、教員の場合、その実施方法によっては児童生徒に対する教育に大きな影響を与えるものであり、学校教育のあり方の基本にかかわる事柄でもある。したがって、教員の週休二日制の実施方法を考える場合、教員の立場からだけではなく、学校教育のあり方についても十分な配慮を行う必要があるからである。

以前は、学校の教育課程は、基本的には週六日を前提として編成されており、学校週五日制の休業土曜日を除き、土曜日も児童生徒が登校していた。児童生徒が登校する土曜日にすべての教員を休みとすることは当然できないし、また、土曜日に交替で休むこととした場合、①必然的に変則的な教育課程とならざるを得ず、また合併授業や担任外の教員による授業等を行わざるを得ないなど教育上の問題が生じる、②生徒指導の面でも教員間の連絡・連携が不十分になる、③保護者や地域住民の理解を得ることが困難である、などの問題がある。その一方で、教員は長期休業期間中には授業がなく比較的勤務量が少ないことから、教員の週休二日制の実施に当たっては、四週五休制の実施以来、長期休業期間にまとめて休むいわゆる「まとめ取り方式」によって実施されてきたのである。

したがって、教員の完全週休二日制を実施する方法としては「まとめ取り方式」を併用することとなっていた。すなわち、日曜日及び平成七年四月から実施されている学校週五日制の休業土曜日を教員の「週休日」とするとともに、長期休業期間中の「まとめ取り」をあわせて行うことによって、年間（五十二週間）を通じて週当たりの勤務時間を四十時間としていたのである。この場合、「まとめ取り」の方法としては、夏季、冬季等の休業日を「週休日」に指定することと、休業日のうち八時間勤務の日に四時間の勤務を割り振ることを併用することができた。

なお、「まとめ取り」の日数は、年間で五十二の土曜日のうちから学校週五日制の休業土曜日（毎月の第二及び第四土曜日）である二十四の土曜日を差し引いた二十八土曜日分すなわち十四日分ということになっていた。

一二　勤務時間の適正な把握

教職員の勤務時間制度改革の要望もあり、また、その必要もあるにせよ、現行法制度の下においては、勤務時間の管理が明確に行われていなければならない。

厚生労働省において定められた「労働時間の適正な把握のために使用者が講ずべきガイドライン」において、次のように示されている。

① 労働時間とは、使用者の指揮命令下に置かれている時間のことをいい、使用者の明示又は黙示の指示により労働者が業務に従事する時間は労働時間に当たること。

② 使用者は、労働基準法第百八条及び同法施行規則第五十四条により、労働者ごとに、労働日数、労働時間数、休日労働時間数、時間外労働時間数、深夜労働時間数といった事項を適正に記入した賃金台帳を調製しなければならないこと。

③ 使用者は、労働時間を適正に把握するため、労働者の労働日ごとの始業・終業時刻を確認し、これを記録すること。

④ 使用者が、始業・終業時刻を確認し、記録する方法としては、原則として次のいずれかの方法によること。

ア　使用者が自ら現認することにより確認し、適正に記録すること。

イ　タイムカード、ICカード、パソコンの使用時間の記録等の客観的な記録を基礎として確認し、適正に記録すること。

なお、上記の方法によることなく、自己申告制によりこれを行わざるを得ない場合、使用者は、ガイドラインに基づき適切な措置を講ずること。

⑤ 労働時間の記録に関する書類について、労働基準法第百九条に基づき、三年間保存しなければならないこと。

⑥ 事業所において労務管理を行う部署の責任者は、当該事業所内における労働時間の適正な把握等労働時間管理の適正化に関する事項を管理し、労働時間管理上の問題点の把握及びその解消に努めること。

勤務時間の把握に当たっては、「学校における働き方改革に関する緊急対策の策定並びに学校における業務改善及び勤務時間管理等に係る取組の徹底について」（平成三十年二月九日付け二十九文科第千四百三十七号事務次官通知）を踏まえ、極力、管理職や教師に事務負担がかからないよう、服務監督権者である教育委員会等は、自己申告方式ではなく、ICTの活用やタイムカードなどにより勤務時間を客観的に把握し、集計するシステムを構築するよう努めるよう求めているところである。

勤務時間の管理上中心となる表簿等は、いわゆる出勤簿であろうが、このほかに勤務時間割振表、休憩時間当番表、休暇承認簿、研修承認簿、あるいは（経理の面とも関連するが）夜間勤務命令簿、宿日直勤務命令簿などがあげられ、これらの表簿等については整備しておくことが必要である。併せて、労基法第百八条に規定される労働時間等を記録した賃金台帳の調製も行うことが求められている。これらの労働時間の記録に関する書類については労基法第百九条に基づき、三年間保存しなければならない。

勤務時間の管理上一番問題となるのは出勤簿上の取扱いであるが、出勤簿の記入方式の参考例を掲げておこう。

①出勤……現実に登校して勤務した場合（出張・研修によるものを除き、学校以外の場所において勤務した場合を含む）
②出張……旅行地において勤務した場合（旅費条例に定める旅費を支給される場合をさし、職務研修の場合を含み、自己研修の場合及びＰＴＡ等の経費負担による旅行の場合を除く）
③赴任……採用・転任などの事由により着任・離任に要する期間現実に勤務しなかった場合（地教行法第四十条に規定する免職・採用により市町村間を異動した場合を含む）
④研修……教特法第二十二条第二項の規定により校長の承認を受けて学校以外の場所において研修を行った場合（出張による場合を除く）
⑤年休……年次有給休暇の承認を受けて勤務しなかった場合
⑥病休……病気休暇の承認を受けて勤務しなかった場合（結核療養休暇の場合を含む）
⑦特休……特別休暇の承認を受け又は勤務しないことを命ぜられて勤務しなかった場合
⑧組休……組合休暇の許可を受けて勤務しなかった場合
⑨育休……育児休業の承認を受けて勤務しなかった場合

⑩兼職……教特法第十七条の規定により教育委員会の許可を受けた兼職兼業に従事するために勤務しなかった場合
⑪職免……職務専念義務の免除に関する条例の定めるところにより職務専念義務を免除されて勤務しなかった場合
（③から⑩までの場合を除く）
⑫休職……休職を命ぜられて勤務しなかった場合
⑬停職……懲戒処分としての停職処分を受けて勤務しなかった場合
⑭欠勤……勤務しないことについての承認を受けないで勤務しなかった場合（遅刻及び早退の場合を含む）
⑮勤不……週休日において勤務しなかった場合
⑯休日……休日において勤務しなかった場合

このうち、⑦の「特休」のうち産前産後の休暇は「産休」として、⑭の「欠勤」のうち遅刻及び早退は「遅刻」及び「早退」として、それぞれ独立させることも考えられよう。要は、教職員の勤務状況を的確に把握できるものであれば足りるのである。前述の記入方式で処理できないものがあるときは、あまり好ましいことではないが、備考欄を設けてその取扱いを記入しておくこともやむを得ない。

もちろん、勤務時間の管理といっても、教職員の勤労意欲を減退させたり、教育活動の効果を低下させたりするような運用、管理職や教師の事務負担の増加するようなことについてはつつしまなければならないことはいうまでもないことである。

第七　女性教員の保護

一　男女平等の原則と女性教員の保護

男女平等の原則から、合理的理由なく女性を差別的に取り扱うことが許されないことはいうまでもないところである。

憲法も「すべて国民は、法の下に平等であって、……性別……により、政治的、経済的又は社会的関係において、差別されない。」（一四条一項）と規定し、男女平等の原則を宣明している。このことは、労働基準法（労基法）においても「使用者は、労働者が女性であることを理由として、賃金について、男性と差別的取扱いをしてはならない。」（四条）と規定され、男女同一賃金の原則として知られているところである。

このように男女平等を基本として考えねばならないが、一方において女性と男性とでは身体的、生理的諸条件に相違があることも考慮せねばならない。すなわち、男女平等の原則を形式的に当てはめていくとかえって女性にとっては不平等な結果となる場合があり、実質的な平等を確保するため女性を保護する必要があるのである。

例えば、妊娠中の女性が男性と同じように働かねばならないとすれば、女性が職業をもつことは困難になり就業という点における男女平等は実質的には不平等となるであろう。したがって、女性であることの身体的、生理的条件に基づく保護は、合理的理由に基づくものとして男女平等の原則に反するものではなく、ある意味ではこの原則を実質的に保障するためのものであるといえよう。

こうしたことから、女性の人事管理に当たっては、その保護を常に念頭におく必要がある。学校においても適切に対処する必要があろう。その際、女性教員の保護によって生ずる校務の負担は教職員全体でカバーする必要がある場合もあり、女性教員の保護の意義や目的に対する理解の促進を図っておくことが望ましい。ただし、女性教員の保護は、女性教員がその職務を完全に遂行するための条件を整備するところに本来の目的があるのであって、女性教員の職責の軽減を図ることを直接の目的としているのではないことに留意する必要がある。

なお、女性労働者の労働条件等が向上し、社会経済の構造が変化している今日、従来のような保護のあり方を見直す必要が生じ、平成九年六月に、雇用の分野における男女の均等な機会及び待遇の確保等のための労働省関係法律の整備に関する法律が制定され、労基法の女性保護に係る規定についても、所要の改正がなされていることに留意する必要がある。

二　産前産後の保護措置

女性が、妊娠、出産という母性機能を有することに基づく保護措置がある。これには、妊娠中の母体を保護するためのもの、出産前後の母体を保護するためのもの、更に育児に関するものの三種類がある。

1　妊娠中の軽易労働及び通勤緩和

妊娠中の労働について労基法は「使用者は、妊娠中の女性が請求した場合においては、他の軽易な業務に転換させなければならない。」（六五条三項）と規定している。これは、妊娠中の勤務は平常と異なり疲労しやすく、勤務態様によっては母体を害したり胎児の発育に重大な支障を生ぜしめるおそれがあるところから設けられた規定である。

この場合、「他の軽易な業務」とは、一般的には本人が請求した業務をいうものと解してさしつかえないが、たとえ本人が希望した職務であっても、本人の妊娠の状態その他から客観的に判断して適当とは認められない場合には、他の適当な職務に従事させるべきである。

ただ教員の場合、特に学級担任制をとっている小学校教員の場合には、その職務に軽重難易の別はあまりないのではないかと思われる。しかし、可能な範囲内で、学級担任をはずすとか、担任授業時間数を軽減するとか、文書事務等の事務量を少なくするとかの配慮をする必要があろう。

妊娠中の通勤緩和措置は、妊娠中の女性の健康の確保を図るため、正規の勤務時間の始め又は終わりの一定時間について職務専念義務を免除することにより、妊娠中の女性が通勤混雑を避けて通勤することができるようにするためのものである。

国の場合は、人事院規則一〇―七（女子職員及び年少職員の健康、安全及び福祉）第七条で「各省各庁の長は、妊娠中の女子職員が請求した場合において、その者が通勤に利用する交通機関の混雑の程度が母体又は胎児の健康保持に影響があると認めるときは、正規の勤務時間等の始め又は終わりにおいて、人事院の定める時間、勤務しないことを承認しなければならない。」と定められており、各都道府県においても休暇条例、職専免条例等によって同様の措置が講じられている。

なお国の場合、勤務しないことについて承認できる時間は、勤務時間の始め又は終わりにおいて、一日につき一時間を超えない範囲とされており、その間の給与も支給できることとなっている。また全体で一時間を超えない範囲であれば、始業時と終業時にそれぞれ通勤緩和のための時間を承認することもできる。ただし、通勤緩和時間の設け方は正規の勤務時間の始め又は終わりに限定されており、勤務時間の途中から退庁する場合は承認できない。

2　産前産後の休暇

出産間近の女性についてその胎児と母体の安全を確保するため、労基法は「使用者は、六週間（多胎妊娠の場合にあっては、十四週間）以内に出産する予定の女性が休業を請求した場合においては、その者を就業させてはならない。」（六五条一項）と定めている。

このように産前休暇は、妊婦の請求があれば認めるものであり、仮に本人から請求がない場合において校長が黙認していたとしても労基法に違反するものではない。しかし、正常な出産の確保、胎児の発育及び母体への影響という点を考えれば、女性教員が勤務を続けているからといって単に黙認するのではなく、本人と十分相談をするなどの配慮が望まれる。

なお、産前休暇の場合の期間の計算の基準となる日は自然の分娩予定日とされており、出産当日は産前六週間に含まれると解されている。また、日数の計算は暦日に従ってなされ、週休日及び祝日等も含まれる（このことは後述の産後休暇の日数計算の場合も同じである）。

次に、出産後の母体の回復を図るため、労基法は「使用者は、産後八週間を経過しない女性を就業させてはならない。ただし、産後六週間を経過した女性が請求した場合において、その者について医師が支障がないと認めた業務に就かせることは、差し支えない。」（六五条二項）と規定している。

このように産後休暇は、前述の産前休暇とは異なり、本人の意思にかかわりなく与えねばならないものであって、産後六週間を経過して肥立ちが早く母体が回復したような特別の場合を除き、本人の請求があっても勤務させてはならないものである。

なお、産後休暇の期間計算の基準となる日は現実の出産日をいい、この場合の出産とは妊娠四か月以上（一か月は二十八日として計算することになっており、四か月以上とは八十五日以上のことである）の分娩を意味し、早産、流産、死産、人工妊娠中絶を含むものであると解されている。

以上のような労働基準法の規定を受けて、各県の条例・規則においては、産前・産後の期間を有給（全額）の特別休暇として取り扱っているのが通例である。

3　育児休業及び育児時間の保障

育児休業は、従来、「義務教育諸学校等の女子教育職員及び医療施設、社会福祉施設等の看護婦、保母等の育児休業に関する法律」により、女性教育職員等についてのみ認められるものであった。これは、教育職員等の職務の特殊性や人材確保の困難性にかんがみ、これらの者について育児休業に関する制度を設けてその継続的な勤務を促進し、学校における教育等の円滑な実施を確保するという趣旨のものであった。

平成三年十二月に「国家公務員の育児休業等に関する法律」及び「地方公務員の育児休業等に関する法律」が成立し、平成四年四月一日から施行された。これによって男女を問わず一般職の公務員全体についての育児休業制度が設けられることになり、女性の教育職員等もこれらの法律の適用を受けることとなった。したがって、現在の育児休業制度は、必ずしも女性（母性）の保護という趣旨のものではない。その概要は、**第六**「**八　育児休業**」（一七〇頁）で説明したとおりである。

次に、育児時間について労基法は「生後満一年に達しない生児を育てる女性は、第三十四条の休憩時間のほか、一日二回各々少なくとも三十分、その生児を育てるための時間を請求することができる。」「使用者は、前項の育児時間中は、その女性を使用してはならない。」（六七条）と規定している。

これは、乳児を育てる女性労働者に対して、授乳その他母親として行う種々の世話のために必要な時間を一般の休憩時間とは別に確保し、女性労働者の育児について援助しようとするものであり、この育児時間には、授乳その他乳児を育てるための一切の措置を含み、哺乳のための往復時間も含まれるとされている。

各県では、女性教員について三十分二回の育児時間を特別休暇の一つとして条例で定めているのが通例であるが、実際にはあまり利用されていないようである。

4　深夜業等の制限

これらのほか、労基法は、妊娠中の女性及び産後一年を経過しない女性が請求した場合、一週間について四十時間、一日について八時間を超える労働、時間外労働、休日の労働及び深夜業をさせてはならないとしている（同法六六条）。

三　その他の保護措置

妊娠中、出産前後の保護措置以外に、女性の身体的、生理的諸条件に着目した保護措置として次のようなものがある。

1　生理日の就業が著しく困難な女性に対する措置

労基法は「使用者は、生理日の就業が著しく困難な女性が休暇を請求したときは、その者を生理日に就業させてはならない。」（六八条）と規定している。これは、女性に特有な生理に着目しているものであるが、単に生理日であるだけではなく、就業が著しく困難な場合に請求に基づき、一種の病気休暇として与えられるものである。

この場合、生理日の就業が著しく困難であるかどうかの判断はむずかしく、従来の行政指導等においても、医師の診断書のような厳格な証明を求めることなく、一応事実を推断せしめるに足れば十分であるから、例えば同僚の証言程度の簡単な証明によらしめてよいとされている。

2　危険有害業務の従事制限

労基法第六十四条の三は、妊産婦を危険有害業務に就かせてはならないとし、妊産婦以外の女性についても、妊娠又は出産に係る機能に有害な業務を制限している。しかし、学校の仕事としては、一般的には危険有害な業務に該当するものはないといってよいと思われる。

第八　教職員の研修

一　教職の特殊性と研修

地方公共団体が住民の負担によって、住民の福祉のために運営される行政主体である以上、その能率的な運営が求められており、そのためには職員の能力開発が必要となる。本来、能力開発は職員自身の責務であるが、同時に地方公共団体としても、職員の能力開発が行われることは能率的な運営をもたらす利点があるため、研修を奨励、実施することが必要である。このような観点から、地方公務員の一般法である地公法では、職員の研修について次のように規定している。

（研修）
第三十九条　職員には、その勤務能率の発揮及び増進のために、研修を受ける機会が与えられなければならない。
2　前項の研修は、任命権者が行うものとする。
3・4　（略）

これに加えて、教育においては、指導しようとする各教科の内容、教材、指導法等について精通し、単に知識・技術を切り売りしていれば十分であるものではない。教職員は、ただ知識を授けるのみならず、児童生徒との人格的ふれあいを通じ、個性・能力に応じて適切な指導を行うものである。したがって、教職員は、①教育者としての使命感、②教育の理念や人間の成長・発達についての深い理解、③幼児・児童生徒に対する教育的愛情、④教科等に関する専門的知識、⑤広く豊かな教養、⑥これらを基盤とした実践的指導力を身につけるよう不断にその資質の向上を図ることが必要である。このため、教職員の研修については、その職責の特殊性にかんがみ、他の一般公務員と比較して特段の配慮が要請されるとの考えに基づき、教特法により次のような特例が定められている。

（研修）

第二十一条　教育公務員は、その職責を遂行するために、絶えず研究と修養に努めなければならない。

２　教育公務員の任命権者は、教育公務員（公立の小学校等の校長及び教員（臨時的に任用された者その他の政令で定める者を除く。以下この章において同じ。）を除く。）の研修について、それに要する施設、研修を奨励するための方途その他研修に関する計画を樹立し、その実施に努めなければならない。

（研修の機会）

第二十二条　教育公務員には、研修を受ける機会が与えられなければならない。

２　教員は、授業に支障のない限り、本属長の承認を受けて、勤務場所を離れて研修を行うことができる。

３　教育公務員は、任命権者の定めるところにより、現職のままで、長期にわたる研修を受けることができる。

また、次のように、校長及び教員としての資質の向上に関する指標や教員研修計画に関する規定が設けられている。

（校長及び教員としての資質の向上に関する指標）

第二十二条の三　公立の小学校等の校長及び教員の任命権者は、指針を参酌し、その地域の実情に応じ、当該校長及び教員の職責、経験及び適性に応じて向上を図るべき校長及び教員としての資質に関する指標（以下「指標」という。）を定めるものとする。

２～４　（略）

（教員研修計画）

第二十二条の四　公立の小学校等の校長及び教員の任命権者は、指標を踏まえ、当該校長及び教員の研修について、毎年度、体系的かつ効果的に実施するための計画（以下この条において「教員研修計画」という。）を定めるものとする。

２・３（略）

以上をまとめると、教育公務員の研修は、他の地方公務員の場合と比較して、次の点で特別な位置付けがなされている。

①　研修の目的が広範にわたっている。他の地方公務員の研修は「勤務能率の発揮及び増進」という限られた目的をもつに過ぎないのに対して、教育公務員の研修は「その職責を遂行するために」として、職務遂行上不可欠なものとして位置付けられており、より広範な目的を有する。

②　研修に対する任命権者の任務がより積極的に規定されている。すなわち、他の地方公務員の任命権者においては、研修の機会を提供すべき旨の規定があるのみだが、教育公務員の任命権者においては、校長及び教員としての資質の向上に関する指標を定めるとともに、指標を踏まえて教員研修計画を定めることが求められるなど、より具体的な規定によって、きめ細かな対応が求められている。

③　教育公務員の主体的な研修を期待し、その自覚を促している。すなわち、他の地方公務員の研修においては、「職員には（中略）研修を受ける機会が与えられなければならない」として、研修についての職員の立場の規定ぶりは受け身となっているが、教育公務員においては、「教育公務員は（中略）絶えず研究と修養に努めなければならない」とされており、教育公務員自身に継続的な努力義務が課されている。

また、新任教員が教職への自覚を高めるとともに、円滑に教育活動に入り、可能なかぎり自立して教育活動を展開していく素地をつくるため、昭和六十三年教特法等の改正が行われ、初任者研修制度が創設された。

（初任者研修）

第二十三条　公立の小学校等の教諭等の任命権者は、当該教諭等（臨時的に任用された者その他の政令で定める者を除く。）に対して、その採用（現に教諭等の職以外の職に任命されている者を教諭等の職に任命する場合を含む。附則第五条第一項において同じ。）の日から一年間の教諭又は保育教諭の職務の遂行に必要な事項に関する実践的な研修（以下「初任者研修」という。）を実施しなければならない。

2　任命権者は、初任者研修を受ける者（次項において「初任者」という。）の所属する学校の副校長、教頭、主幹教諭（養護又は栄養の指導及び管理をつかさどる主幹教諭を除く。）、指導教諭、教諭、主幹保育教諭、指導保育教諭、保育教諭又は講師のうちから、指導教員を命じるものとする。

3　指導教員は、初任者に対して教諭又は保育教諭の職務の遂行に必要な事項について指導及び助言を行うものとする。

更に、学校教育に関して相当の経験を有するに至った教員について、いわゆるミドルリーダーとしての資質の向上を図るため、平成二十八年に教特法等の改正が行われ、従前の十年経験者研修が改められて新たに中堅教諭等資質向上研修が設けられた。

（中堅教諭等資質向上研修）

第二十四条　公立の小学校等の教諭等（臨時的に任用された者その他の政令で定める者を除く。以下この項において同じ。）の任命権者は、当該教諭等に対して、個々の能力、適性等に応じて、公立の小学校等における教育に関し相当の経験を有し、その教育活動その他の学校運営の円滑かつ効果的な実施において中核的な役割を果たすことが期待される中堅教諭等としての職務を遂行する上で必要とされる資質の向上を図るために必要な事項に関する研修（以下「中堅教諭等資質向上研修」という。）を実施しなければならない。

2　任命権者は、中堅教諭等資質向上研修を実施するに当たり、中堅教諭等資質向上研修を受ける者の能力、適性等について評価を行い、その結果に基づき、当該者ごとに中堅教諭等資質向上研修に関する計画書を作成しなければならない。

また、教員の指導は、心身ともに発達段階にある児童等に対して、直接的かつ将来にわたって大きな影響を及ぼすものであることを踏まえ、指導が不適切な教員が児童等の指導に当たることがないように、すべての任命権者において指導が不適切な教員に対して必要な対応が公正かつ適正にとられるよう条件を整備することが必要であるため、平成十九年に教特法の改正が行われ、指導改善研修制度が創設された。

（指導改善研修）

第二十五条　公立の小学校等の教諭等の任命権者は、児童、生徒又は幼児（以下「児童等」という。）に対する指導が不適切であると認定した教諭等に対して、その能力、適性等に応じて、当該指導の改善を図るために必要な事項に関する研修（以下「指導改善研修」という。）を実施しなければならない。

2　指導改善研修の期間は、一年を超えてはならない。ただし、特に必要があると認めるときは、任命権者は、指導改善研修を開始した日から引き続き二年を超えない範囲内で、これを延長することができる。

3　任命権者は、指導改善研修を実施するに当たり、指導改善研修を受ける者の能力、適性等に応じて、その者ごとに指導改善研修に関する計画書を作成しなければならない。

4　任命権者は、指導改善研修の終了時において、指導改善研修を受けた者の児童等に対する指導の改善の程度に関する認定を行わなければならない。

5　任命権者は、第一項及び前項の認定に当たつては、教育委員会規則（幼保連携型認定こども園にあつては、地方公共団体の規則。次項において同じ。）で定めるところにより、教育学、医学、心理学その他の児童等に対する指導に関する専門的知識を有する者及び当該任命権者の属する都道府県又は市町村の区域内に居住する保護者（親権を行う者及び未成年後見人をいう。）である者の意見を聴かなければならない。

6　前項に定めるもののほか、事実の確認の方法その他第一項及び第四項の認定の手続に関し必要な事項は、教育委員会規則で定めるものとする。

7　前各項に規定するもののほか、指導改善研修の実施に関し必要な事項は、政令で定める。

（指導改善研修後の措置）

第二十五条の二　任命権者は、前条第四項の認定において指導の改善が不十分でなお児童等に対する指導を適切に行うことができないと認める教諭等に対して、免職その他の必要な措置を講ずるものとする。

二　研修の実施主体

教育公務員の研修の実施主体は、他の地方公務員の場合と同様に任命権者である（地公法三九）が、県費負担教職員については都道府県教育委員会のほか、服務監督権者である市町村教育委員会も実施主体となることができ、また、市町村教育委員会は都道府県教育委員会が行う県費負担教職員の研修に協力しなければならない（地教行法四五）。

なお、中核市教育委員会については、県費負担教職員に対する研修に関して特例が設けられ、教特法に基づく教員研修計画の策定、初任者研修及び中堅教諭等資質向上研修等の実施主体とされている（地教行法五九）。

更に、研修の実施主体はこれらに限られない。職員の研修は、任命権者が自ら主催して行う場合に限らず、他の機関に委託して行う場合、特定の教育機関へ入所を命じた場合等をも含むものと解されるため、大学などの教育機関や各種の教育団体などが主催する場合もある（昭三〇・一〇・六　自丁公発一八四号　自治庁公務員課長回答）。

三　校長及び教員としての資質の向上に関する指標等

教員は、高度専門職業人として、自律的に学ぶ姿勢を持ち、時代の変化や自らのキャリアステージに応じて求められる資質能力を生涯にわたって高めていくことが求められている。そういった教員の職能成長が図られるためには、教職生活全体、すなわち、教員の養成・採用・研修の各段階において学び続ける教員を支援するための環境が整えられる必要がある。また、教員にとっては、教職キャリア全体を俯瞰しつつ、現在自らが位置する段階において身に付けるべき資質や能力の具体的な目標となり、かつ、教員一人一人がそれぞれの段階に応じて更に高度な段階を目指し、効果的・継続的な学習に結びつけることが可能となる体系的な指標となるべきものが必要である。

こうした要請から、任命権者は、関係する大学等とともに組織する協議会における協議を経た上で、その地域の実情に応じ、校長及び教員の職責、経験及び適性に応じて向上を図るべき校長及び教員としての資質に関する指標を定めるものとされている（教特法二二の三）。

また、任命権者は、当該指標を踏まえ、校長及び教員の研修について、毎年度、体系的かつ効果的に実施するための計画（教員研修計画）を定めるものとされている（教特法二二の四）。

教員研修計画においては、概ね、①任命権者が実施する初任者研修、中堅教諭等資質向上研修その他の研修（任命権者実施研修）に関する基本的な方針、②任命権者実施研修の体系に関する事項、③任命権者実施研修の時期、方法及び施設に関する事項、④研修を奨励するための方途に関する事項、⑤任命権者と公立の小学校等の校長及び教員の研修に協力する大学その他の関係機関との連携に関する事項、⑥研修の効率的な実施に当たって配慮すべき事項、⑦研修の効果を検証するための方途に関する事項、⑧その他任命権者が必要と認める事項、を定めるものとされている。

四　研修の自由は認められるか

一部において、地公法第三十九条は命令研修を規定しているが、教職員については教特法の規定のみが適用され、同法第二十二条第一項により研修の権利が与えられているのであるから、教職員の研修は自主的、主体的に行うべきものであり、職務命令によって研修を強制すべきではないといった主張があるが、それは次のとおり誤った主張というべきである。

まず第一に、地公法第三十九条の規定は教職員にも適用されるものである。第二に、教特法第二十一条第二項は、任命権者に対して、研修に関する計画を樹立しその実施に努めるべきとの義務を課しているため、教育委員会としては、教職の各段階、各分野等に必要な研修の体系的整備を図り、教職員に対して一定の時期に職務として研修する機会を与えることとなる。第三に、市町村教育委員会や校長等の上司から研修への参加を職務として命ぜられた場合、研修に参加すること自体が職務遂行であり、通常の職務命令と同様、教職員はそれに従う義務がある。

（参考）

○昭四四・三・五　松江地裁判決

「市町村教育委員会は地教行法第四三条に基づき県費負担教職員に対しその職務に関して包括的な服務監督権を有し、右教職員は、これに服従すべき義務を負担しているから、研修の目的を達成するために必要な場合は同条に基づき職務命令の形式で当該教職員に対し内地留学を命ずることもできるものと考える」

五　研修の服務上の取扱い

教職員が研修を行う場合の服務上の取扱いは、勤務時間外に自主的に行う場合、職務専念義務を免除されて行う場合、職務そのものとして行う場合に分類できる。ある研修をこの中のいずれとして扱うかの判断は研修制度を左右する重要性をもっている。したがって、その判断を行うに当たっては、職務との関連性を考慮し、慎重に取り扱うことが要請される。

1　勤務時間外に自主的に行う場合（自主研修）

勤務時間外に教職員が自発的に研修に参加し、あるいはみずから研修することは、法律上の問題はない。教職員はその職責遂行のために、絶えず研究と修養に努めなければならないものであり（教特法二一①）、勤務時間外にあっても、このような自主的研修が期待されている。

なお、年次有給休暇をとって研修に参加する場合も考えられるが、その際には、服務監督権者が学校運営上特段の支障がないかどうかを判断することとなる。

2　職務専念義務を免除されて行う場合（職専免研修）

公務員は、地公法第三十五条により、その勤務時間及び職務上の注意力のすべてをその職務遂行のために用いなければならない義務が課せられており、この義務が免除されるには法律又は条例の特別の定めが必要である。各地方公共団体では「職務に専念する義務の特例に関する条例」を制定し、条例上「研修を受ける場合」には職務専念義務が免除されている。しかし、教員については、このような条例をまつまでもなく、教特法第二十二条第二項の規定が地公法第三十五条にいう「法律の特別の定め」に該当し、直接に職務専念義務が免除されている（昭三九・一二・一八委初五の二一号　文部省初等中等教育局長回答参照）。

ところで、一部において教特法の規定上、本属長（校長）は授業に支障がないかぎり研修を承認するとなっているため、夏季休業中のように授業への支障がない時期には、教員から研修を行う旨の申請があった場合、校長は必ず承認しなければならないとの主張がある。

しかし、教特法第二十二条第二項の規定は、教員に研修権を付与したものではなく、この規定はむしろ授業に支障があるかぎりは、校長は研修を承認できないものとして校長の承認権を拘束しているものであり、仮に授業に支障がない場合であっても、校務運営上の支障の有無等諸般の事情を勘案して自由裁量により承認を与えることができるものである。

（参考）

○昭五二・二・一〇　札幌高裁判決

教特法第二〇条（注・現二十二条）第二項は、「本属長の承認」とは別に、「授業に支障のない限り」との要件をとくに規定していることに鑑みると、同法は校務の中でも教員の中核的職務たる授業についてはこれをまず優先せしむべく、授業に支障がある限りは研修参加の承認を許さないものとして本属長の承認権を拘束しているものと解される。しかしまた同法は、研修を本属長の承認にかからしめているのであり、本属長は当該学校運営全般にわたりこれを総括する責務を有し、個々の教員の勤務場所での職務内容も授業のみではなく、他の学年、学級との関連を考慮した教育課程の編成、これに基づく諸計画の立案、学級運営、課外での児童の生活指導、学校運営上の校務分担等に伴う各種業務があることはいうまでもなく、授業以外のこれら校務運営上の支障を無視して職務専念義務免除をなし得ないことも自ら明らかである。のみならず、校長は教員に対する服務監督権者として研修であるが故に職務専念義務を免除するものである以上、社会的に多義的評価を受ける研修行為については客観的にこれを相当とする事由があると認め得て初めてその承認をすべきものであり、右校務の支障をこえて更に行為の態様、場所等を勘案し、あるいは教育公務員としての身分に伴う参加の相当性等についても諸般の事情を配慮してその当否の判断をすることが必要であるというべきである。教特法第二〇条（注・現二十二条）第二項の承認は、この意味において本属長に研修の承認に伴う授業以外の諸影響を教員の服務監督者の立場において比較考量せしめるための裁量判断を付与しているものといわなければならない。

また、教特法第二十二条第二項の規定は、研修が教育公務員の職責遂行上、不断に行われる必要があることに照らして特に設けられている規定であり、現行の運用では、単に職務専念義務が免除されるのみでなく、給与条例上その間は勤務したのと同様に有給の取扱いとされている。したがって、この研修は教員が自主的に企画するものではあるが、職務研修に準ずる内容をもつことが要求されていると考えるべきであり、研修内容が不適当なものまで安易に承認を与えるべきではない。

この職務専念義務の免除による研修は、特に夏休み等の長期休業期間中に、勤務場所を離れて行う研修として利用されることが考えられる。しかし、右の趣旨からみて、研修内容が適切なものなのかどうかを、あらかじめ研修計画書を提出させて吟味する必要があり、また、研修後には報告書の提出を求めるべきである。なお、自己の用務・休養等にあてるなど研修の実体を伴わない場合は、年次有給休暇等で処理すべきであり、研修に名を借りた違法行為は許されない。

3　職務として行われる場合（職務研修）

研修に従事することが職務の遂行である場合で、服務監督権者の職務命令により行われる。勤務場所を離れて行う場合は、公務上の出張として処理される。

研修を命ずることは自由裁量事項であり、服務監督権者は、研修内容が教職員の職務と密接な関連があり、職務遂行上も有益であって職務と同等の内容のものと評価できるかを判断し、更に学校運営への支障の有無を配慮した上で研修を命じることとなる。なお研修命令により職員の勤務条件に変更を招く場合があるが、研修に必要な範囲内であれば許されると解されている（昭四四・三・五　松江地裁判決）。

職務研修の場合は、自由研修や自主研修の場合と異なり公務そのものであるので、研修中に事故にあった場合には公務災害の適用がある。

ところで、教育委員会主催の研修への参加を職務として命じられた場合に、当該研修に参加せずに、他の職務を行っている教職員についてはどのように取り扱われるべきであろうか。この場合、研修への参加を内容とする職務命令に従わない点において職務命令違反となり、懲戒処分の対象となる。更に、当該職務命令によって、研修への参加自体が職務として位置付けられるのであり、研修参加の代わりに授業を行っているとしても、職務の本旨に従って履行したとは評価できないので、この間の賃金カットは可能である（昭五八・一二・六　福岡高裁判決）。

六　初任者研修

教員の研修については、教職生活の全体を通して必要な研修の機会を確保することが必要であるが、とりわけ、新任教員の時期は教員としての資質能力の基礎を培う上で極めて重要な時期である。そこで、昭和六十三年、新任の教諭等に対して、実践的指導力と使命感を養うとともに幅広い知見を得させることを目的として初任者研修制度が創設された（教特法二三）。初任者研修において、新任の教諭等は、学級、教科を担当しながら、校内において拠点校指導教員及び校内指導教員を中心とする指導・助言による研修（週十時間以上・年間三百時間以上が目安）及び校外の教育センター等における研修（月一～二日程度・年間二十五日以上が目安）を行うこととされている。このため、新任の教諭等の所属する学校の副校長、教頭、主幹教諭（養護又は栄養の指導及び管理をつかさどる主幹教諭を除く。）、指導教諭、教諭、主幹保育教諭、指導保育教諭、保育教諭又は講師の中から拠点校指導教員や校内指導教員が

拠点校方式による
初任者研修の実施体制例

	6	5	4	3	2	1	
校　外　研　修							月
							火
校内指導教員を中心にした指導							水
							木
拠点校指導教員による指導							金

○校内研修：
・拠点校指導教員による指導
週1日（7時間）以上
年間210時間以上
・校内指導教員を中心にした指導
週3時間以上
年間90時間以上
○校外研修：月1～2日以上
年間25日以上
（夏期休業期間中9日以上）
（※拠点校方式とは、初任者4人に対して1人の割合で初任者への指導に従事する指導教員（拠点校指導教員）を配置し、各初任者に対して週に7時間程度の指導を行うとともに、校内にもコーディネータ役の指導教員（校内指導教員）を置き、校内の教員と連携し、週に3時間程度の初任者への指導を学校全体で行う方式）

選任され（教特法二三②）、初任者に対して指導及び助言を行うこととしている（教特法二三③）。

また、指導教員による指導や校外研修を円滑に実施するため、拠点校指導教員等を配置するための教員定数が措置されている。

なお、幼稚園等の新任の教諭等については、当分の間、初任者研修は適用除外とし、都道府県・指定都市（幼保連携型認定こども園については都道府県知事）が管内の公立幼稚園等の新任の教諭等に対して、幼稚園等の教諭又は保育教諭の職務の遂行に必要な事項に関する研修（園内における研修十日、園外における研修十日、計年間二十日間が目安）を実施している（教特法附則五）。

七　中堅教諭等資質向上研修

教諭等は、一般に初任者段階から中堅教員段階に進んでいく期間において、さまざまな経験を通じることによって、教科指導や生徒指導等に関し、基礎的・基本的資質能力を確保し、向上させるとともに、各人の得意分野づくりや個性の伸長を図りはじめていくものであり、また、それが強く求められている。通常、教諭等は在職期間が十年に達する時期までに複数の学校における勤務経験を積んでおり、①教諭等としてどの程度の指導力や力量を有しているか、また、今後、どの程度の向上が見込まれるか、②どの教科や分野について適性を有するか等、各教諭等の能力や適性が明らかになってくるものと考えられる。このため、この時期に、個々の教諭等の能力、適性等に応じた研修を実施することは、すべての教諭等に、基礎的・基本的な指導力や力量を確保するとともに、得意分野づくりや個性の伸長を図る上で、極めて重要かつ時宜を得たものであることから、平成十五年、教諭等としての在職期間が十年に達した教諭等に対する十年経験者研修制度が創設された。その後、平成二十八年には、十年経験者研修について、それぞれの地域の実情に応じて各任免権者の判断により実施時期を柔軟に設定できるようにするとともに、ミドルリーダーとしての資質の向上を図るための研修としてその性格が改められ、新たに中堅教諭等資質向上研修が設けられた（教特法二四）。

中堅教諭等資質向上研修の実施に当たっては、任命権者は、受講する個々の教諭等の能力、適性等についての評価や、その結果に基づいた個々の教諭等ごとの研修計画書の作成を義務付けられている（教特法二四②）。具体的な評価方法等は各任命権者が定めるものであるが、①各任命権者が、中堅教諭等資質向上研修の内容を踏まえた客観的な評価基準を作成し、それに基づいて校長等が評価を行うこと、②校長だけではなく、例えば指導主事等も中堅教諭等資質向上研修を受講する教諭等の授業等を視察し評価を行うなど、複数の者が評価を行うこと、③校長の評価結果が直ちに最終的な評価結果となるのではなく、各任命権者において主観的要素の是正や他の校長との均衡等の調整が行われること、等を想定している（なお、県費負担教職員については市町村教育委員会が調整することとなるが、都道府県教育委員会も研修実施者として、指導・助言を行うことが期待される）。

また、中堅教諭等資質向上研修において、受講する教員は、長期休業期間中は校外の教育センター等における研修（二十日程度）、課業期間中は、学校内において、校長、副校長、教頭、指導教諭、教務主任等の指導・助言のもと研究授業等の研修（二十日程度）を行うことが想定されている。

なお、指定都市以外の市町村の設置する幼稚園等の教諭等については、当分の間、その市町村を包括する都道府県教育委員会（幼保連携型認定こども園については都道府県知事）が実施し（教特法附則六①）、指定都市以外の市町村の教育委員会はそれに協力しなければならないとされている（教特法附則六②）。

八　指導改善研修

教員の指導は、心身ともに発達段階にある児童等に対して大きな影響を及ぼすものであり、指導が不適切な教員が児童等の指導に当たることがないようにしなければならない。

そのためには、すべての任命権者において、指導が不適切な教員に対し継続的な指導や研修が行われるとともに、必要に応じて免職するなど必要な措置がなされるといった人事管理が公正かつ適正に実施されることが必要である。

一方、こうした指導が不適切な教員に対する人事管理については、これまで、任命権者である都道府県・指定都市教育委員会に委ねられていたため、各任命権者で制度及び運用にばらつきがあり、必要な措置が的確に講じられていない場合があるのではないかといった指摘があった。

そこで、平成十九年、指導が不適切であると認定した教員に対して、指導の改善を図るために必要な事項に関する研修を行う指導改善研修制度が創設された（教特法二五）。

また、あわせて、研修終了時の認定において任命権者が指導が不適切であると認める教員に対して免職その他必要な措置を講ずることが規定された（教特法二五の二）。

指導改善研修の実施に当たっては、任命権者が指導が不適切である教員を認定する（教特法二五①）こととなるが、ここでいう指導が不適切である教員とは、知識、技術、指導方法その他教員として求められる資質能力に課題があるため、日常的に児童等への指導を行わせることが適当ではない教員のうち、研修によって指導の改善が見込まれる者であって、分限処分や懲戒処分の対象とはならない者をさす。

指導が不適切な教員の認定に当たっては、任命権者は、校長や市町村教育委員会からの指導が不適切な教員についての報告・申請を受け、専門家や保護者からの意見聴取（教特法二五⑤）や対象となる教員本人からの意見聴取を実施し、専門的知識・技術等や指導方法、児童生徒理解等の観点や具体的な評価項目に沿って評価し、総合的に判断することとなる。

指導が不適切である教員を把握した場合には、児童等の教育に支障を生じないよう、校長や市町村教育委員会は速やかに報告・申請を行うことが重要である。また、報告・申請に係る校長の負担を軽減するとともに、当該教員に対する評価の客観性を高めるため、教育委員会は、校長と一体となって取り組むとともに、認定の方法、記録の仕方等を整理して明示しておくことが重要である。

指導改善研修の期間は、原則一年を超えてはならず、延長しても二年の範囲内で任命権者が定めることとなっている（教特法二五②）。

指導改善研修の実施に当たっては、原則、指導が不適切な教員が児童等の指導に当たることがないように措置する必要がある。必要に応じて、学校での実地研修を行う場合には、児童等への影響等について十分配慮する必要がある。また、指導改善研修の目的を達成するためには、教職員研修についての高度の専門性と、十分なノウハウが求められるため、教育センター等を活用することが適切である。

指導改善研修は、指導改善研修を受ける者の能力、適性等に応じて、その者ごとに指導改善研修に関する計画書を作成して実施される（教特法二五③）が、指導が不適切であることを気づかせる機会や必要に応じて人間関係を構築するための内容を盛り込むことが望まれる。あわせて、実際に児童等に対し一人で授業ができるよう、所属校等での実地研修を実施することも重要である。

指導改善研修の終了時には、専門家や保護者からの意見聴取（教特法二五⑤）や研修受講者本人からの意識聴取を踏まえて、指導改善研修を受けた者の児童等に対する指導の改善の程度に関する認定（教特法二五④）を行い、その認定に応じて、学校への復帰や免職その他の措置を講じることとなる（教特法二五の二）。

なお、指定都市以外の市町村教育委員会は、当分の間、指導改善研修等を実施しない代わりに、指導改善研修に準ずる研修その他必要な措置を講じなければならない（教特法附則六）。

九　教研集会への参加の取扱い

一部において、職員団体主催の教研集会は、研修活動の一環として行われるものであるから、その参加については当然に職務専念義務の免除が承認されるべきであるといった主張がある。

しかし、職員団体が主催する教研集会は組合活動の一環として行われており、その集会に参加することは職員団体の活動として当該教研集会の成立及び運営に関与しているものであると解される。したがって、給与条例上有給の取扱いとされている教特法第二十二条第二項の規定に基づく職務専念義務の免除を当該教研集会への参加について承認することは、職員が有給で職員団体のための活動を行うことを許容することとなり、教特法第二十二条第二項はこのような場合にまで研修として承認することを認めたものではない。また、このことは給与を受けながら職員団体のために活動することを禁じた地公法第五十五条の二第六項にも違反することになる。したがって、校長は、当該教研集会への参加についての研修性の判断を行うまでもなく、職務専念義務の免除を承認すべきではない。

以上により、教研集会への参加は年次有給休暇で処理すべきものである。

平成十五年十月二十日の横浜地裁判決では、教研集会への参加について教特法第二十条第二項（注・現第二十二条第二項）の規定による研修としての承認について、次のように判断している。

学校長においては、教育公務員特例法二〇条（注・現二十二条）二項の規定により「研修」を行いたい旨の教員の申出を承認をするかどうかについて、これを承認することにより授業に支障が生じないかどうか、あるいは、その申出にかかる「研修」が研修としての実質を有するものかどうか等の事項についての判断に関し、専門的な見地からする合理的な範囲内での裁量権を有しているものというべきである。

しかし、これまでみてきたところから明らかなとおり、各学校長において、教員であり、かつ、県教組の構成員である被告らの職員団体のための活動としての法的性質を有する本件教研集会への参加について、教育公務員特例法二〇条（注・現二十二条）二項の規定による研修として承認することは、被告らの職務専念義務を免除し、勤務時間中に、勤務場所を離れて、職員団体のために活動することを容認するということを意味するのである。

そうであるとすれば、仮に、本件において、被告らの教育公務員特例法二〇条（注・現二十二条）二項の規定による研修として本件教研集会へ参加することについての承認の申出につき、各学校長がした、これにより授業に支障が生じることはなく、かつ、それが研修としての実質を有しているとの判断が、それ自体としては、上記の事項に関して学校長に委ねられた裁量権の範囲内にあるものということができたとしても、上記(ウ)の検討によれば、そもそも、教育公務員特例法は、同法二〇条（注・現二十二条）二項の規定による「研修」としての承認が、教員において、職務専念義務の免除を受けて、勤務時間中に、勤務場所を離れて、職員団体のための活動としての法的性質をも有する研修活動を行うために付与されることを予定しているものではないと解されるところであるから、各学校長においては、その裁量権の行使としても、被告らの本件教研集会への参加につき、教育公務員特例法二〇条（注・現二十二条）二項の規定による「研修」として承認する余地はないというべきであって、結局、被告らの本件教研集会への参加について各学校長がした教育公務員特例法二〇条（注・現二十二条）二項による研修としての承認は、学校長に委ねられた裁量権の範囲を超え、あるいは、これを濫用したものとして違法であるといわざるを得ないのである。

一〇　校長の研修

教特法第二十二条第二項の職務専念義務の免除による研修は、教員（副校長等を含む）についての規定であり、校長については適用がない。しかし、校長についても研修の必要性は教員の場合と何ら異なるものではない。確かに、校長は管理職として常に校務全般について掌握していなければならず、その職責上、教員よりも勤務場所を離れることが若干制限されようが、法的には、各地方公共団体が制定する「職務に専念する義務の免除に関する条例」中の「研修を受ける場合」に該当すれば、校務運営に支障のないかぎり、勤務場所を離れて研修を行うことができる。

一一　教員の長期社会体験研修

教員の社会の構成員としての視野を広げることを目的として、教員を長期間にわたり、企業、社会教育施設、社会福祉施設等に派遣して行ういわゆる長期社会体験研修については、教特法第二十二条第三項に基づく長期研修として位置付けられるものであるが、そのためには、任命権者の定めるところによるものであること、また、派遣先における活動内容が研修としての実態を備えていることが必要である。

一二　大学院修学休業制度

現在、子供たちの「生きる力」を育む教育の充実、学校の自主性・自律性を尊重した学校づくりの推進等、教員に求められる資質・能力がますます多様化、高度化している。このようななか、意欲ある教員が、国内外の大学院等において、専門的な学修を積み、リーダーシップを発揮することが学校教育の充実に極めて有効であることから、専修免許状を取得することを目的として、教員としての身分を保有したまま、国内外の大学院等において長期にわたり修学することができるよう、平成十二年教特法の改正が行われ、大学院修学休業制度が創設された。

（大学院修学休業の許可及びその要件等）

第二十六条　公立の小学校等の主幹教諭、指導教諭、教諭、養護教諭、栄養教諭、主幹保育教諭、指導保育教諭、保育教諭又は講師（以下「主幹教諭等」という。）で次の各号のいずれにも該当するものは、任命権者の許可を受けて、三年を超えない範囲内で年を単位として定める期間、大学（短期大学を除く。）の大学院の課程若しくは専攻科の課程又はこれらの課程に相当する外国の大学の課程（次項及び第二十八条第二項において「大学院の課程等」という。）に在学してその課程を履修するための休業（以下「大学院修学休業」という。）をすることができる。

一　主幹教諭（養護又は栄養の指導及び管理をつかさどる主幹教諭を除く。）、指導教諭、教諭、主幹保育教諭、指導保育教諭、保育教諭又は講師にあつては教育職員免許法（昭和二十四年法律第百四十七号）に規定する教諭の専修免許状、養護をつかさどる主幹教諭又は養護教諭にあつては同法に規定する養護教諭の専修免許状、栄養の指導及び管理をつかさどる主幹教諭又は栄養教諭にあつては同法に規定する栄養教諭の専修免許状の取得を目的としていること。

二　取得しようとする専修免許状に係る基礎となる免許状（教育職員免許法に規定する教諭の一種免許状若しくは特別免許状、養護教諭の一種免許状又は栄養教諭の一種免許状であつて、同法別表第三、別表第五、別表第六、別表第六の二又は別表第七の規定により専修免許状の授与を受けようとする場合には有することを必要とされるものをいう。次号において同じ。）を有していること。

三　取得しようとする専修免許状に係る基礎となる免許状について、教育職員免許法別表第三、別表第五、別表第六、別表第六の二又は別表第七に定める最低在職年数を満たしていること。

四　条件付採用期間中の者、臨時的に任用された者、初任者研修を受けている者その他政令で定める者でないこと。

2　大学院修学休業の許可を受けようとする主幹教諭等は、取得しようとする専修免許状の種類、在学しようとする大学院の課程等及び大学院修学休業をしようとする期間を明らかにして、任命権者に対し、その許可を申請するものとする。

（大学院修学休業の効果）

第二十七条　大学院修学休業をしている主幹教諭等は、地方公務員としての身分を保有するが、職務に従事しない。

2　大学院修学休業をしている期間については、給与を支給しない。

（大学院修学休業の許可の失効等）

第二十八条　大学院修学休業の許可は、当該大学院修学休業をしている主幹教諭等が休職又は停職の処分を受けた場合には、その効力を失う。

２　任命権者は、大学院修学休業をしている主幹教諭等が当該大学院修学休業の許可に係る大学院の課程等を退学したことその他政令で定める事由に該当すると認めるときは、当該大学院修学休業の許可を取り消すものとする。

大学院修学休業制度において、休業期間として三年を超えない範囲で年を単位とする期間は、一年、二年、若しくは三年の間である。これは、例えば、①一年間フルタイムで在学し、二年目は職務に従事しながら在学する、②二年間完全にフルタイムで在学する、③外国の大学院へ二年間、又は三年間在学する、等の形態が想定されている。

また、主幹教諭等は専修免許状の取得を目的とし、その基礎となる免許状を有し、かつ、その基礎となる免許状について三年間の最低在職年数を満たしていること等が必要である（教特法二六①）。更に、大学院修学休業の対象となる教員から除かれる者として、指導改善研修を命ぜられている者や大学院修学休業後すぐに定年退職予定の者など引き続き勤務することが予定されていない者を定めている（教特法施行令六）。

一方、教職大学院をはじめとする各大学院等への現職教員の派遣研修は現在多くの教育委員会で実施されているが、これは任命権者の実施する職務研修であり、教員自らがその職務を通じて培った課題意識等に基づいて自発的に申請し任命権者が許可を与える大学院修学休業とは、性格がまったく異なるものである。

一三　自己啓発等休業制度

平成十八年八月の人事院からの意見の申出を受けた国家公務員に係る対応を踏まえ、意欲ある地方公務員に対し自己啓発及び国際協力の機会を提供することを目的として、地方公務員としての身分を保有したまま、地方公務員の自発的な大学等の課程の履修又は国際貢献活動を行うことが可能となるよう、平成十九年に地公法の改正が行われ、自己啓発等休業制度が創設された。

（自己啓発等休業）

第二十六条の五　任命権者は、職員（臨時的に任用される職員その他の法律により任期を定めて任用される職員及び非常勤職員を除く。以下この条及び次条（第八項及び第九項を除く。）において同じ。）が申請した場合において、公務の運営に支障がなく、かつ、当該職員の公務に関する能力の向上に資すると認めるときは、条例で定めるところにより、当該職員が、三年を超えない範囲内において条例で定める期間、大学等課程の履修（大学その他の条例で定める教育施設の課程の履修をいう。第五項において同じ。）又は国際貢献活動（国際協力の促進に資する外国における奉仕活動（当該奉仕活動を行うために必要な国内における訓練その他の準備行為を含む。）のうち職員として参加することが適当であると認められるものとして条例で定めるものに参加することをいう。第五項において同じ。）のための休業（以下この条において「自己啓発等休業」という。）をすることを承認することができる。

2　自己啓発等休業をしている職員は、自己啓発等休業を開始した時就いていた職又は自己啓発等休業の期間中に異動した職を保有するが、職務に従事しない。

3　自己啓発等休業をしている期間については、給与を支給しない。

4　自己啓発等休業の承認は、当該自己啓発等休業をしている職員が休職又は停職の処分を受けた場合には、その効力を失う。

5　任命権者は、自己啓発等休業をしている職員が当該自己啓発等休業の承認に係る大学等課程の履修又は国際貢献活動を取りやめたことその他条例で定める事由に該当すると認めるときは、当該自己啓発等休業の承認を取り消すものとする。

6　前各項に定めるもののほか、自己啓発等休業に関し必要な事項は、条例で定める。

自己啓発等休業の期間としては、三年を超えない範囲内で条例で定める期間（地公法二六の五①）とされており、休業期間中は、無給である（地公法二六の五③）。

一四　長期海外留学の取扱い

教職員の長期海外留学については、教特法第二十二条第三項の規定に基づく長期研修の取扱いとすることが考えられる。しかし、この点について教育委員会規則等で明確に規定している地方公共団体は少ない。一部の地方公共団体では、地公法第二十七条第二項を根拠とする「休職の事由を定める条例」によって「学校、研究所その他公共的施設において、その教職員の職務に関連があると認められる学術に関する事項の調査・研究又は指導に従事する場合」を休職事由の一つとしているので、これに基づき留学することも可能であるが、これはあくまで休職処分であり、研修とは異なるものである。

なお、新教育大学（兵庫教育大学他二大学）の大学院への現職教員の派遣については、教特法第二十二条第三項の長期研修として取り扱うよう各地方公共団体に対して指導が行われているところである（昭五四・六・二八　文初地二五二号　初等中等教育局長通知）。

一五　ま　と　め

いじめ、不登校、非行、特別支援教育の充実等現在の学校がかかえている問題は多岐にわたっていて、しかもそのいずれもが解決困難なものばかりである。学校教育における指導のあり方の質的変化や生徒指導上の諸問題に適切に対応し、国民の信頼に応え得る生き生きとした教育活動を実現していくために教員の資質向上に果たす研修の重要性は、ますます増大している。各教育委員会では、従来から各種の研修を実施し教員の資質向上に努めており、また校内研修等も活発に実施されている。今後とも教員の資質向上のため各種の研修が適切に行われていくことが期待される。

第九　職員団体の活動

一　学校内での職員団体の活動

1　学校内における校長の立場

学校内における校長の立場は、三つあると考えられる。第一は、校務をつかさどり、所属教職員を指揮し、監督するという職務執行上のいわゆる上司の立場（学教法三七④）、第二は、教職員の勤務条件の決定をめぐる交渉において、教職員に対していわゆる使用者の役割を果たす者としての立場、第三は、永年教育の業務に携わってきた先輩として、その豊富な知識と経験をもとに、教職員の相談にのり、指導・助言する立場である。

校長が学校を円滑にかつ適切に管理し、運営していくためには、第三の立場も肝要であるが、同時に、第一、第二の立場を十分に認識しなければならない。特に、職務上の上司・所属教職員の関係と、いわゆる労使の関係とを混同させてはならないと考える。労使の関係に立つのは、あくまでも教職員の勤務条件あるいはこれに附帯する社交的、厚生的な活動などに関してのみである。この勤務条件というのは、給与、勤務時間などのように、教職員が自己の労働を提供し、あるいは、その提供を継続するか否かの決心をするに当たって、一般的に当然考慮の対象となるべき利害関係事項であるとされている。校長が勤務条件に関し決定権限を有しているのは、通常、勤務時間の割振り、休暇の承認、執務環境の整備などである。したがって、これらに関してのみ校長は一般教職員と交渉し、それに基づいて決定することがあるといえるのである。これに対して、校長がみずからの権限として責任をもって処理すべき事務、例えば、校務分掌の決定、教育課程の編成、教育委員会に対する人事の具申、教材の取扱い、保健衛生、学校給食などに関することは、部下である一般教職員の協力を得て決めることはあっても、対等の立場に立って、交渉などによって決められる性格のものではないことに、特に注意をしなければならない。

2　校長と職員団体との交渉

(1)　交渉事項

地公法第五十五条第四項では、職員団体が交渉することのできる地方公共団体の当局は、勤務条件である交渉事項について適法に管理し、又は決定することのできる当局でなければならない旨を規定している。これは、要するに勤務条件に関し、これを管理することができるか、あるいは、何らかの決定権限を有している者が、その権限の範囲内で職員団体との交渉の当事者となるということを明らかにしているのである。したがって、校長が勤務時間の割振り、休暇の承認、執務環境の整備などに関して権限を与えられているとするならば、そのかぎりで校長は地公法上の地方公共団体の当局となるといってよいであろう。

また、地公法第五十五条第三項では、地方公共団体の事務の管理及び運営に関する事項は、職員団体と地方公共団体の当局との交渉の対象とすることはできないと規定している。これは、当局がその権限として責任をもって決定しなければならない事項は、職員団体との交渉によってその判断がゆがめられてはいけないからである。先に述べた、校務分掌の決定、教育課程の編成、教育委員会に対する人事の具申などについては、校長の権限に属するまさに管理運営事項そのものであり、職員団体との交渉になじむものではない。

したがって、校長が学校を管理し、運営していくに当たっては、教職員の勤務条件について、校長が決定権限を有している事項に関してのみ交渉して決定することはあり得ても、それ以外の事項については、校長みずからの責任と判断において処理していかなければならないのである。

もちろん、教職員の勤務条件に関することで、校長に決定権限が与えられていない事項、例えば、給与の決定、勤務時間の長短の決定などに関するものであっても、校長が事実上、教職員の側から意見を聞いて、教育委員会などに伝えることは、さしつかえないものである。学校の長として、円滑な学校運営を図る立場からするならば、日頃、一般教職員の勤務条件に関する不満を、校長の権限外の事項ではあっても、これを聴取しておくという心がけも大事であろう。

(2)　交渉手続き等

地公法第五十五条第五項及び第六項では、教職員の勤務条件、あるいは、これに附帯する社交的又は厚生的な活動を含む適法な活動に関する登録職員団体と地方公共団体の当局との交渉は、あらかじめ議題、時間、場所その他必要な事項を取り決めて行わなければならないものとし（いわゆる予備交渉を前提条件としている）、また、実際の交渉に当たっても、やはり、あらかじめ取り決められた員数の範囲内で、職員団体がその役員の中から指名する者、あるいは、特別の事情がある場合には、職員団体の執行機関から文書によって委任を受けた者（この場合の委任は、一般的、包括的な委任ではなく、交渉事項、時間、場所などを示した個別的、具体的な委任であることを要すると解されよう）と地方公共団体の当局の指名する者（当局の地位にある者がみずから出席してもさしつかえない）との間において行わなければならないと規定している。

このような地公法の規定に適合する交渉が、同法第五十五条第八項にいう適法な交渉である。もし、これらの手続きを経ずに職員団体と地方公共団体の当局との間で、交渉が行われたとしても、その交渉は、適法な交渉ではなく、事実上の話合いともいうべきものである。

ところが実際の学校現場においては、校長と職員団体とが交渉するに当たって、直接、職員団体の役員ないしは文書による委任を受けた者が出席することはまれである。したがって、通常は、学校の職場における交渉（いわゆる職場交渉）は、事実上の話合いにとどまることが多いといえる。

なお、ここで留意すべきことは、いわゆる適法な交渉には、登録職員団体との交渉と登録されていない職員団体との交渉があり、前者の場合は、地公法第五十五条第一項の規定により、校長は自己の権限の範囲内において、その交渉の申入れに応ずべき地位に立つものとされている。その場合、市町村立学校の校長が、交渉の申入れに応ずべき地位に立つ場合の登録された職員団体とは、当該市町村の人事委員会又は公平委員会に登録された職員団体である。他の市町村の職員団体と連合することによって、都道府県の人事委員会に登録されているからといって、市町村立学校の校長に対する関係では、登録された職員団体であるということはできない。交渉の申入れに応ずべき地位に立つとは、校長は他に正当な理由がないかぎり、交渉の申入れを拒否することなく、積極的にこれに応じていかなければならない法律上の義務を負うということである。もっとも、これが登録されていない職員団体からの交渉の申入れであっても、校長は合理的な理由がないかぎり、恣意的にその求めを拒否することのないよう努めるべきである。

なお、校長が交渉に応じたときでも、次の三つの場合には、その交渉を打ち切ることができる。すなわち、第一に、交渉が予備交渉で取り決められた条件に違反することとなった場合、第二に、交渉が難航して喧騒にわたったり、周囲で高唱が行われたりして、他の教職員の職務の遂行を妨げることとなった場合、第三に、校舎の管理に支障を与える場合や、校長本来の職務の遂行を不当に妨害することとなった場合である。

なお、適法な交渉であっても、その交渉では、法的拘束力のある団体協約は締結できない（地公法五五②）。しかしながら、法令・条例・規則などに抵触しないかぎりにおいて、勤務条件の決定に関し書面による協定を結ぶことは可能である（同法五五⑨）。この協定は職員団体と校長とを法的に拘束するものではないが、双方が誠意と責任をもって履行すべきものとされている（同法五五⑩）。

さて、適法な交渉は、このように各種の制約のもとに行われるものである。これに対し、事実上の話合いたる職場交渉には、このような制約はない。制約を附さなくとも校長自身が交渉に応ずるかいなか、あるいは、交渉に応じてもこれをいつ打ち切るかは任意に判断することが可能だからである。しかし、職場交渉においても、交渉事項であるとか、予備交渉であるとか、更には、交渉の打ち切りなどについては、当然に法律上の交渉に準じて取り扱われなければならないものである。もし、そうでなければ、たとえ交渉したとしてもいたずらに混乱をまねき時間を浪費するだけであって、無意味となることが多いからである。このような取扱いがなされないようでは、校長は職場交渉に応ずべきではないといってよいであろう。

3　勤務時間中の職員団体の活動

公務員である教職員は、法律又は条例に特例の定めがある場合を除くほか、全体の奉仕者として公共の利益のために勤務し、勤務時間中の職務の遂行に当たっては、全力をあげてこれに専念しなければならない義務を負っている（地公法三〇、三五）。したがって、職員団体のための活動は、教職員みずからの勤務条件の維持改善を図ることを主たる目的としている私的な活動であるから、勤務時間外であれば格別（もっとも、その場合でも、報酬を得るならば、地公法第三十八条第一項の規定により、任命権者又は服務監督権者の許可を得て行わなければならない）、実際に割り振られている勤務時間中においては、法律又は条例によって特に許される場合以外は、これをなし得ないということができる。

法律で許される場合としては、先に述べた適法な交渉の場合がある（地公法五五⑧）。また、条例で許されるのは、通常、組合休暇、年次有給休暇、国民の祝日などにおける職員団体の適法な活動がある。この条例で認められる組合休暇、年次有給休暇などは、勤務時間が実際に割り振られているわけであるが、特にその意義にかんがみ職務に専念する義務が免除されているものである。

このように勤務時間が割り振られている時間中において、職員団体の活動に従事することが許されるものとしても、これに対して、給与を支給するか否かは、また、別問題である。本来であれば、職員団体の活動に従事した時間に相当する分の給与は、カットされなければならない。なぜならば、このような場合に給与を支給することは、職員団体に対する経理上の援助に該当し、労使相互不介入の原則からみて禁止されるべきだからである。

したがって、地公法第五十五条の二第六項では、職員は、条例で定める場合を除き、給与を受けながら、職員団体のためにその業務を行い、又は活動してはならない旨を規定し、原則として、給与を受けながら職員団体の業務又は活動に従事することを禁止している。この「条例で定める場合」にかぎって許されるのは、法の趣旨からみて、職務に専念する義務が免除され、かつ、給与の支給を認めたとしても、条理上、経理上の援助に該当しないと考えられる場合である。通常、各都道府県の条例では、国民の祝日、年次有給休暇、休職の場合と、適法な交渉の場合には、給与を受けながら職員団体のために活動することを認めている。もし、この条例がなければ、職員団体のために活動した時間に相当する分の給与はカットされることになるので注意が必要であろう。

さて、教職員が組合休暇、あるいは、年次有給休暇を申請し、校長がこれを認めた場合には、職員団体のために活動を行うことはできるが、その場合であっても、違法な活動に及ぶことのないように、特に、注意を与えておかなければならない。また、あらかじめ組合休暇や年次有給休暇が、一斉休暇闘争などのように違法な目的のために使用されることが明らかな場合には、当然これを承認すべきものではないことはいうまでもない。

また、適法な交渉も地公法第五十五条第八項の規定によって、勤務時間中に行うことはできるが、原則として、職場交渉は、勤務時間中に行うことはできない。教職員が、実際に勤務しなければならない勤務時間中に職員団体のために行うことのできる活動は、条例で特に認めるならば格別、法律上はこの適法な交渉に限られている。したがって、校長としては、教職員の服務監督者として、適法な交渉とか条例で認められた活動以外に、職員団体のための活動が行われることのないように、十分監督しなければならない。

例えば、組合費の徴収のために給与を本人に手渡す前に天引する行為や給与の支給後において、個々の組合員からこれを徴収してまわる行為など、あるいは、職員団体の闘争についての批准投票であるとか、分会長や代議員の選挙であるとか、更に、分会の開催などは、通常、勤務時間中であれば当然に禁止されなければならないものである。もし、これらの行為が勤務時間中に行われているとするならば、当該教職員は、その時間に相当する分の給与はカットされることになり、服務義務違反として懲戒処分の対象ともなる。また、もし校長がこれらの行為を容認しているとするならば、校長としての適格性あるいは責任の面から問題が生じよう。

なお、地公法第五十五条の二第一項では、任命権者の許可を受けて、登録された職員団体の役員としてもっぱら従事する者を認めているが、この者については、許可の趣旨からして、勤務時間の内外を問うまでもなく、職員団体の適法な活動に自由に従事できるといえるであろう。

４　職員団体による学校施設の使用

職員団体に加入している教職員が、学校内で、支部会や分会を開いたり、批准投票や代議員の選挙などを行ったり、あるいは、職員団体のビラを掲示したり、更に、職場交渉などを行ったりする職員団体の活動は、その建前からすると、禁止されるべきものである。なぜならば、学校の施設は、本来、その設置目的からみて児童生徒を教育するという学校教育にのみ利用されるべき性格のものだからである。

ところで、学教法第百三十七条は「学校教育上支障のない限り、……学校の施設を社会教育その他公共のために、利用させることができる。」と規定し、地自法第二百三十八条の四第七項は、「行政財産は、その用途又は目的を妨げない限度においてその使用を許可することができる。」と規定している。この場合、学教法第百三十七条の規定は、学校の施設を学校教育の目的以外には、社会教育又は公共的な活動のみに利用させなければならないということを規定したものではなく、社会教育又は公共的な活動に積極的に利用させることが望ましい旨を規定したものと解するのが相当であり、学校教育以外の目的のために学校の施設を利用させることは、一般的には、教育上の見地を考慮した上、地自法第二百三十八条の四第七項の規定によるものということができよう。

したがって、学校施設の管理権者（通常は教育財産管理規則によって定められるが、おおむね校長である）は学校内において、学校教育の目的の妨げとならない限度において、私的な活動である売店や食堂の経営などを認めることができる。職員団体の活動もその例外ではない。本来であれば、教育財産管理規則によって定められている許可手続きに従って、管理権者（通常は校長）から許可を受けることが必要である。しかし、実際の取扱いにおいては、特定の場合を除いて、このような手続きはとられていない。これは、従来からの慣例によって、その活動が適法な活動であり、また、学校教育に妨げにならないということから、更には、その利用の許可が条理上職員団体に対する不当な便宜供与ではないとみなされることから、管理権者の黙示の許可が与えられているものと解されるためであろう。黙示の許可の例にＰＴＡや教頭会などの会合がある。

さて、このように職員団体の活動が、学校内において許されるのは、それが適法な活動であって、かつ、学校教育に妨げとならないからこそ許されるのであって、そうでない場合は、当然に禁止されなければならないものである。例えば、学校内において、違法な一斉休暇闘争の打合せのために分会を開くとか、その休暇闘争の一環として抗議集会を開くとか、あるいは、この闘争のためにオルグが他から派遣されてきて活動するという場合には、違法な行為を前提とし、あるいは、違法行為そのものとみなされるのであるから、校長は学校施設の第一次管理権者として、これを当然に禁止しなければならない。また、職員団体主催の教研大会も、教育課程の変更をよぎなくされるなど、正常な学校運営の妨げとなる場合には、許可すべきものではないであろう。

なお、学校内に、職員団体の学校分会の事務所の設置を許可することが可能かどうかがよく問題となる。労組法では、最小限の広さの事務所の供与は許されるものとしている（同法七Ⅲ）が、職員団体の場合も同様な考え方をとることは妨げないであろう。ただし、その場合も、他の教職員の職務執行あるいは学校教育遂行の妨げとならないように配慮するとともに、仮に職員室内に事務所を設けようとする場合には机の配置を職員室の目立たない隅などに限定する等の措置が必要とされよう。

5　職員団体の活動と教頭の役割

教頭は、校長（副校長を置く学校にあっては、校長及び副校長）を助け、校務を整理する立場にあるものとして、学校内においては、校長（副校長を置く学校にあっては、校長及び副校長）に次ぐ地位を占めており、したがって、各地方公共団体の人事委員会規則又は公平委員会規則では、校長、副校長とともに教頭を管理職員等に指定している（学教法三七⑦、地公法五二）。そこで、教頭の職員団体に対する役割は、校長の立場に準じて考えてよい。しかしながら、職員団体との交渉事項たる勤務条件などについては、校長等に事故などがある場合を除いては、通常、教頭が決定権限を有していることはまずないといえる。また、学校施設の目的外使用の許可も、通常、教育委員会あるいは校長がその権限を有しているため、教頭がその許可を与えることはないといえよう。したがって、教頭が職員団体との関係において、直接前面に出てくることは通常考えられない（ただし、副校長の場合は、校長から命を受けた範囲で校務の一部について、校長の補佐にとどまらず、みずからの権限で処理することができるため、校長から命を受け、権限を有している事項については、そのかぎりで副校長は地公法上の地方公共団体の当局となり得ることも考えられるが、その場合においても、校長が校務の一部を命じている立場から交渉の当局として対応することは当然に可能である）。

しかしながら、校長等を補佐する教頭の役割は、実際には、非常に大きいといわなければならない。まず、校長と職員団体との交渉に当たって、予備交渉を行うのは、教頭の役割であるといえる。

予備交渉で取り決める議題については、勤務時間の割振りなど校長が管理し、又は、決定することのできる事項に限定しなければならないし、人数についても、あまり多人数になれば話合いという目的が失われ、集団的な威圧になるおそれがあるので、学校内においては、四、五人が限度ではなかろうか。また、時間も通常は二時間ぐらいが限度であると考えられるし、その始期と終期も明確に定めておかなければならない。予備交渉ではこのような必要な事項が取り決められるわけであるが、実際の交渉となった場合には、教頭は校長を助け、いわば一体となって、当局としての役割を果たすことになるし、たえず、予備交渉での取り決めに違反することのないように、相手方の行動に注意を向けなければならない。このようなことは、職場交渉の場合についても同様である。

また、教頭は勤務時間中の職員団体の活動を十分に見守り、法令、条例等に違反する事実があるときは、当該教職員に注意を与え、それが重要であると判断されるときには校長へ報告するという役割も果たさなければならない。更に、学校内における職員団体の活動が、適法な活動にかぎり、かつ、学校教育に支障を及ぼさないという立場からのみ許されていることにかんがみ、教頭は、このような条件を満たしているか否かを、多忙な校長に代わって、また、校長が実質的判断を下せるよう、常に配慮していなければならないものである。

なお、これらの教頭の役割について、教頭を置かず副校長を置いている場合、副校長が同様の役割を担うこととなるといえよう。

二　職場交渉と確認書

弁護士　松崎　勝

（教育委員会月報昭五九・六月号から筆者の承諾を得て転載）

1　はじめに

地方公務員法五二条は、警察職員及び消防職員を除く地方公共団体に勤務する職員（地方公務員）について職員団体を結成することが出来る旨を規定し、地方公務員についても、労働基本権のうち、団結権の保障が存在する旨を明言するとともに、五五条一項において「地方公共団体の当局は、登録を受けた職員団体から、職員の給与、勤務時間その他の勤務条件に関し、及びこれらに附帯して、社交的又は厚生的活動を含む適法な活動に係る事項に関し、適法な交渉の申入れがあった場合においては、その申入れに応ずべき地位に立つものとする。」と規定し、一定の条件のもと、職員団体が地方公共団体の当局と交渉をなし得るものであることを明言している。

そこで本節では、職員団体（なお職員団体とは公務員労働関係にのみ認められる特殊な性質を有する団体であり、労働組合法上の労働組合とは明らかに異なった法的性質を有する団体である。ちなみに企業職員については、地方公営企業法三九条一項により労組法が適用され、労組法上の労働組合を結成する自由が認められ、また単純な労務に雇用される職員（単労）については、地方公営企業労働関係法附則五項により労働組合及び職員団体のいずれをも結成する自由が認められているのであるが、本節ではあくまで地公法上の職員団体に限定して論ずることとする。）をめぐる交渉のうち、支部交渉とか分会交渉といわれる、いわゆる職場交渉について法的側面からの解説を試みるとともに、確認書（書面協定）についても若干の解説を試みることとする。

なおあらためていうまでもないことであるが、地方公共団体と職員団体との交渉については、地公法五五条が詳細にその要件及びルールを規定しているのであり、職員団体と地方公共団体とのあらゆる交渉は、地公法五五条に定めた要件及びルールを遵守して行われなければならないのであり、いわゆる職場交渉といわれるものについても、それが適法な交渉として認められるためには地公法五五条に定めた要件及びルールが充足されなければならないという点は注意を要する点である。

結局、本節ではいわゆる職場交渉（職場分会の組合員と校長、教頭等の管理職との交渉）といわれるものを中心に話を進めるのであるが、職場交渉といっても決して特殊、特別な交渉形態ないし特殊な交渉ルールが存するわけではない、という点を本節の始めにあたって強調しておきたい。

2　職場交渉の意味、定義について

(1)　右に述べたとおり、こと職員団体に関する限り、いわゆる職場交渉といっても何ら特別な交渉形態が存するわけではないのであるが、職場交渉とはそもそも、「幹部闘争から大衆闘争へ」をスローガンとする総評の運動方針にもとづいて昭和三〇年以降、民間企業の労働組合において職場闘争の一環として採用された戦術であり（現に昭和三五年の三井三池闘争において激しく行われた。）まず民間企業の労働組合で問題が生じたものであるので、まず、労組法上の労働組合において、いかなる条件のもとで認められるのかを論ずることとする。

(2)　まず職場交渉の定義であるが、職場交渉とは、企業内の労働現場である「職場」を基盤として組織された労働者集団（職場組織）が、当該職場において対応している使用者側の業務管理責任者たる職制に対して行う交渉であり、現象面からとらえれば、①職場要求交渉（組合本部で正規の団体交渉の問題としてとりあげられない各職場ごとの要求をとりあげて行う交渉）、②苦情解決交渉（個々の労働者の賃金、人事、労働条件の変更などについておきる労働者の不平、不満、苦情をとりあげて行う交渉）、③授権交渉（支部、分会が組合の委任を受けて、団体交渉、労働協約のなかで「別途協議」を決めたことの具体化を行うために行う交渉）、④上申交渉（下級職制に対し態度表明を要求し、上級職制等に上申するよう要求して行う交渉）等、さまざまな態様が存在している。

(3) ところで、一口に職場交渉といっても右のとおりさまざまな態様が存在するのではあるが、では、労組法上右職場交渉は適法な交渉であるといい得るのであろうか（なお、労組法上適法な交渉であれば、職場組織からの交渉申入れに対し、職制側においてこれを拒否することは不当労働行為を構成することになり、労働委員会の救済命令の対象となる。）。

この点については福岡高裁昭和四六年六月二九日判決（労民二二巻六三六頁、三井鉱山三池鉱業所事件。なお事案は、三池労組職場分会長たる申請人が労組の承認、指示もうけず職場闘争を行い、会社より、申請人の右一連の職場闘争が正当な組合活動の限界をこえる業務阻害行為であるとして懲戒解雇された事件）は次のとおり述べている。

「三池労組の職場分会は、単一労働組合の単なる一下部組織であって、独立した労働組合としての実体を有するものではないところ、単一組織の職場組織が独立した労働組合としての実体をもつものでない以上、当該職場組織は原則として団体交渉の当事者たる資格を保有せず、したがって、固有の争議権をも主張することはできない。ただし、労働者は憲法上、団結権、団体交渉権および団体行動権を保障されているものではあるけれど、一旦、労働組合が結成された以上、労働者および使用者は、労働組合を介してのみ交渉すべく使用者が組合を介することなく直接労働者と交渉することは、団結権を侵害する不当労働行為となるものであり、また、労働組合の実体を有しない職場組織に勝手に団体交渉をなしうる権利を認めることは、右不当労働行為を誘発する危険性を内蔵するばかりか、その組織のエゴイズムに基き、各自がほしいままに不合理な要求を提示し、これに固執して、労働組合を基盤として展開された労使関係の秩序を乱す危険性を有し、その結果労働組合の存立を認めた趣旨にも反する結果を招来することにもなりかねないのである。

ただ労働組合が、労働協約ないし組合規約等で職場組織につき、特殊の事項について団体交渉をなしうる旨留保しているような場合には、職場組織はその限りにおいて、使用者ないしその職場の職制に対し団体交渉をなし得るものと解すべきである（なお、いわゆる苦情処理としての職場の交渉は別論である。）。」

右判決も明確に述べているとおり、団体交渉権は労働組合が結成されている以上、労働組合がこれを有しているものであることは明らかであり、支部、分会等の労働組合の一下部組織にすぎない職場組織が原則として、団体交渉の当事者たる資格を有しないことは明らかであり（なお、職場組織自体が独立の労働組合としての実体をもつものであれば、右職場組織自体が団体交渉権を有することは多言を要しない。）、ただ例外的に労働協約ないし組合規約で一定の事項に関し、職場組織が交渉することが認められている場合にのみ、職場交渉は適法な交渉として成立するものなのである。

ちなみに最高裁昭和五一年六月三日判決（判例時報八一七号三九頁、都城郵便局事件。事案は、全逓信労働組合の都城市北諸県郡支部からの服務表に関する団体交渉の申入れについて、これを拒否した都城郵便局長の行為が不当労働行為となるか否かが争われた事件）は、郵政省と全逓信労働組合との労働協約において支部交渉が認められている事例について、郵便局長が支部交渉を拒否したことが不当労働行為を構成することを判示している。

(4)　結局、以上述べたことから明らかなとおり、労組法上の労働組合に関する限り、原則として職場交渉は適法な団体交渉とは認められないのであるが、ただ、労働協約ないし組合規約によって職場交渉は適法な交渉として成立する余地はあるものなのである。

3　職員団体と職場交渉

(1)　以上述べたとおり、労組法上の労働組合に関する限り、例外的にではあるが職場交渉は適法な団体交渉として成立する余地が存するものであることは一般に承認されているのであるが、では職員団体においても同様の法理論が妥当するものなのであろうか。これに対しては、結論として否といわざるを得ないのであるが、その理由を示せば以下のとおりである。

(2) 職員団体と労働組合との法的性質の差異

まず理由の第一にあげなければならない点は、職員団体と労組法上の労働組合との法的性質の差異である。

たしかに、さきにも述べたとおり、職員団体の結成が認められるのは、憲法二八条が規定する労働基本権の保障が公務員に対しても認められるからであり（最高裁昭和四八年四月二五日判決、刑集二七巻四号五四七頁、全農林警職法事件。本判決は公務員の争議行為を全面一律に禁止した国家公務員法九八条二項が合憲である旨判示する一方、公務員についても憲法二八条の保障が原則として及ぶものであることを判示している。）、憲法のレベルで考える限り、職員団体と労働組合とはいずれも、労働基本権のうちの団結権にもとづく団体であるということはできる。

しかし同じく労働基本権のうちの団結権にもとづく労働者（職員）の団体であるといっても、右最高裁判決がいうとおり、公務員と民間私企業の労働者との間にはおのずからなる差異が存するのであり（右最高裁判決は、「公務員の勤務条件の決定については、私企業における勤労者と異なるものがあることを看過することはできない。すなわち利潤追求が原則として自由とされる私企業においては、労働者側の利潤の分配要求の自由も当然に是認せられ、団体を結成して使用者と対等の立場において団体交渉をなし、賃金その他の労働条件を集団的に決定して協約を結び、もし交渉が妥結しないときは同盟罷業等を行って解決を図るという憲法二八条の保障する労働基本権の行使が何らの制約なく許されるのを原則としている。これに反し、公務員の場合は、その給与の財源は国の財政とも関連して主として税収によって賄われ、私企業におけるものとは全く異なり、その勤務条件はすべて政治的、財政的、社会的その他諸般の合理的な配慮により適当に決定されなければならず、しかもその決定は民主国家のルールに従い、立法府において論議のうえなされるべきもので、同盟罷業等争議行為の圧力による強制を容認する余地は全く存しないのである。」と明確に判示している。）、職員団体と労働組合とを全く同一に取扱わなければならないとする必然性は全くないのである。

これを現行法についてみるに、地公法五八条一項は、「労働組合法、労働関係調整法及び最低賃金法並びにこれらに基く命令の規定は、職員に関して適用しない。」と規定し、職員団体について労組法の適用がない旨を明確に定めているのであり（なおより正確にいえば、労組法二条は、「この法律で「労働組合」とは、労働者が主体となつて自主的に労働条件の維持改善その他経済的地位の向上を図ることを主たる目的として組織する団体又はその連合体をいう。」として労組法上の労働組合を定義づけ、また、右二条にいう労働者について同法三条が、「この法律で「労働者」とは、職業の種類を問わず、賃金、給料その他これに準ずる収入によって生活する者をいう。」と定義しているところ、地公法五八条一項は、同法の職員（すなわち一般職の地方公務員のうち、企業職員及び単労を除く職員）について労組法の適用がない旨、すなわち地公法が規定する職員は労組法三条にいう労働者に該当しない旨を規定しているのである。結局、地公法が規定する職員が労組法上の労働者に該当しない以上、職員が主体となって自主的に労働条件の維持改善その他経済的地位の向上を図ることを主たる目的として団体を結成しても、右団体は労組法二条の要件を充足することは絶対にあり得ず、それ故、職員団体は労組法上の労働組合とは絶対になり得ない、との結論となる。）、職員団体が労組法上の労働組合とは異質の法的性格をもった団体であることは明らかである。

結局、現行法からみる限り、職員団体と労組法上の労働組合とは法的性格を異にするもの、すなわち職員団体とは、地公法上認められた特殊、特別な団体といわざるを得ないのであり、労組法上の労働組合に認められた法理が即、職員団体に妥当するという関係には決してなっていないのである。

余談ながら不当労働行為という用語について述べれば、右不当労働行為とは、労組法七条が使用者に対し禁止した一定の行為を使用者が行うことをさしているのであり（周知のとおり、労組法二七条は不当労働行為について、労働委員会は右不当労働行為を是正すべく救済命令を発することができる旨を規定している。）、不当労働行為という概念自体、労組法上の労働組合についてのみ妥当、適用される概念であり、厳密な意味からいえば職員団体について不当労働行為という概念は存在しないのである（職員団体について地労委が救済命令を発するということは絶対にあり得ない。）。

結局、職員団体は労組法上の労働組合と異なった法的性格をもった団体なのであり、それ故、こと職場交渉に関しても、労組法上の労働組合について妥当した法理（すなわち、労組法上の労働組合の場合、原則的には職場交渉は認められないものの、労働協約ないし組合規約等で定められる場合には、職場交渉も適法なものとして認められるとする法理）が職員団体についてもそのまま妥当するということは絶対にあり得ないのである。

(3)　職員団体と労働協約

では次に、職場交渉に関し労組法上の労働組合に妥当した法理、すなわち職場交渉は労働協約ないし組合規約で認められた場合には適法なものとして認められるとの法理のうち、労働協約により職員団体の場合にも、一定の場合に職場交渉が適法なものとして認められる余地があるか否かについて検討してみよう。

結論からいえば、職員団体はそもそも労働協約を締結する権能を有していないのであり、職員団体について労働協約により職場交渉が適法なものとして認められることは絶対にあり得ない。

けだし、労働協約とは、労働組合と使用者又はその団体との間の賃金、労働時間などの労働条件その他に関する文書による協定である（労組法一四条）ところ、地公法五五条二項は、「職員団体と地方公共団体の当局との交渉は、団体協約を締結する権利を含まないものとする。」と規定し、明文をもって職員団体と地方公共団体の当局との間の交渉について団体協約（労働協約）締結権がないことを前提に行われるものであることを明言しているからである。

ちなみに地公法五五条二項の趣旨は、前記昭和四八年四月二五日最高裁判決が言明するとおり、職員（公務員）の勤務条件は民主的統制の原則に基づいて法令で定めることとされている以上（勤務条件法定主義）、拘束的な団体協約の締結を認める必要性はなく、かえってこれを認めることが民主的統制と矛盾を生ずるおそれがあるからである。

なお地公法は五五条二項で職員団体の団体協約締結権を否定するとともに、同条九項において書面協定の締結を認めているが、右書面協定は労働協約と異なり、当局に対する拘束的効力を有するものではない。

結局、職員団体については、そもそも労働協約はいかなる意味においても存在し得ないものであり、仮に万一、書面協定において職場交渉が認められるものと記載されていても、それはあくまで労働協約ではなく単なる書面協定にすぎないのであり、それ故、労働協約を根拠とする職場交渉の成立する余地が全くないことは明らかである（昭和五三年三月二八日最高裁判決、判例時報八八四号一〇七頁、新潟療養所事件は、国家公務員の例ではあるが、書面協定について拘束的効力の存しない旨を判示している。）。

(4)　地公法五五条と職員団体の規約

職員団体について、労働協約を根拠とする職場交渉の成立する余地がないことは、以上述べたとおり全く明らかであるが、では次に、職場交渉に関し労組法上の労働組合に妥当する法理のうち、組合規約（職員団体の規約）を根拠とする法理は成立する余地があるのであろうか。

たしかに職員団体の規約は、職員団体が自からこれを作成するものであり、支部、分会等の職場組織に一定の交渉権限を付与した旨の規約を作成することは充分可能であり、また、あり得ることではある。しかし問題は、万一右の如き規約が存在した場合、地方公共団体の当局において、右規約に拘束されるものであるか否かの点にある。

この点については、さきにも述べたことではあるが、地公法五五条が重要な意味をもっているといわざるを得ない。けだし、地公法五五条は地方公共団体の当局と職員団体との交渉について、その要件及びルールを規定した重要な条文であり（なお管理者たる者は、職員団体とのあらゆる交渉を行うに際し、必ず事前によく読んでおくべきものである。）、結論からいえば、地公法五五条に違反する交渉は、いかなる意味においても適法な交渉として成立する余地がないからである（地公法五五条は強行規定であり、万一、右条項に定めるルールと異なる交渉—例えば予備交渉を経ない交渉—が慣行的に行われていたとしても、右慣行的取扱いが法的効力を生ずることは絶対にあり得ないのであり、また、地方公共団体の当局自身も右地公法五五条に従った交渉を行うことを義務づけられている。）。

そこで右五五条をみるに、五五条五項は職員団体との交渉について、職員団体側で交渉当事者となり得るものを職員団体の役員（役員とは執行権をもつ機関の構成員および監査権限をもつ機関の構成員であり、通常は、委員長、副執行委員長及び書記長のいわゆる三役と執行委員及び監事であり、支部長、分会長、職場委員は役員には該当しない）に限定しており、例外的に特別の事情があるときに限り、かつ、当該交渉の対象である特定の事項について交渉権限を委任されたことを文書で証明した時に限り、右役員以外の者が交渉当事者となり得る旨を規定している（地公法五五条六項）。

結局、万一職員団体の規約中に、支部、分会等の職場組織に一定の交渉権限が付与されていることが明記されていたとしても、それはあくまで職員団体内部の問題にすぎないのであり、対当局との関係においては、あくまで当局宛の文書により職員団体の執行機関から適法に一定の交渉権限の委任を受けたものであることを証明しなければならないのであり、規約のみを根拠とする職場交渉が適法なものとして成立する余地はないのである。

(5)　結　論

以上論じたことから明らかなとおり、職員団体に関する限り、支部、分会等の職場組織が右組織に対応する地方公共団体の当局に対し職場交渉と称する交渉を行うことは現行法上認められていないのであり、万一、校長、教頭等の地方公共団体の当局（なお地方公共団体の当局とは、交渉事項について適法に管理し、又は決定する権限を有する当局をいうのであり、教職員の勤務時間の割振り等について校長に権限が与えられている場合、校長も当局となる）に対し交渉を行うとすれば、役員自らがこれを行うか、あるいは支部、分会の組合員において権限が委任されている旨を文書で証明したうえでこれを行わなければならないのであり、かつ、周知のとおり予備交渉において、議題等必要な事項をとり決めて、平穏に行わなければならないのである（地公法五五条五項、七項。なお右の如き地公法五五条に定めた要件及びルールを遵守した交渉を職場交渉というか否かは言葉の問題である。）。

4 おわりに

公立学校の一部においては、いまだに上申交渉や着任交渉と称して、管理職である校長や教頭に対する違法な職場交渉が行われているという。

しかし違法な交渉、すなわち地公法五五条に定める要件及びルールを遵守しない交渉は絶対にあってはならないのであり、いわんや校長、教頭において組合のいうままに確認書に署名、押印するというようなことは絶対にあってはならないものである。

教育委員会としては、管理職である校長、教頭に対する指導、助言を徹底させるとともに、地公法の正しい理解を得べく、地公法の研修をあらゆる機会を通じて行うべきである。

第一〇　事務職員・単純労務職員の人事管理

一　事務職員の身分取扱い

1　学校事務職員の役割と取扱い

学校は、直接児童生徒の教育に携わる教員などの教職員（人）とその教育の用に供される校舎や運動場や実験設備・機器等の物的施設から成る組織体である。学校がその目的を達成するためには、学校が組織体として効果的に運営され、教育活動が円滑に実施される必要があることはいうまでもない。

学校事務職員は、教職員の人事管理や施設・設備の管理が適正に行われ、かつこれらの人的・物的施設が有機的かつ最大限に機能を発揮し、教育活動が円滑に行われるようにするための諸条件の整備を行う役割を担っている。

このような学校事務職員の学校における基幹的職員としての役割に鑑み、学教法において事務職員は幼稚園を除き必置が原則とされ（同法三七、四九、四九の八、六〇、六九、八二）、公立学校については所要の標準定数が定められ（義務教育標準法、高校標準法）、かつ義務教育水準の確保を図るため公立小・中学校・義務教育学校・中等教育学校の事務職員については県費負担制度が設けられている（市町村立学校職員給与負担法）。

学校事務職員には、教育という人間関係にかかわる活動に関する事務に従事し、また一般に少数の職員で広範囲の事務を処理するという職場の特殊性があるが、学校事務という事務に従事する点において一般官公庁など他の分野の行政事務に従事する行政職員と同じ行政職の職員であり、したがって、その身分取扱いは、公立学校の事務職員の場合原則として地公法の定めるところによる。

以下、公立学校の事務職員を中心に法令上の諸問題について述べることとする。

2　事務職員の任用

⑴　事務職員の採用及び昇任

学校の教職員のうち校長及び教員の採用及び昇任は選考によることとされ、その選考は任命権者である教育委員会の教育長が行うこととされているが（教特法一一）、これに対し学校事務職員の場合は、地公法の定めるところに従い、その採用及び昇任は、当該身分の属する地方公共団体の人事委員会等が実施する競争試験又は選考によって行われる（地公法一七、一八）。しかし、公立小・中学校・義務教育学校の事務職員のうち県費負担職員については、都道府県教育委員会に任命権があるので（地教行法三七）、その採用及び昇任に係る競争試験又は選考は、都道府県の人事委員会が行う。

県費負担事務職員を当該身分の属する市町村の教育委員会の事務局職員として任用するような場合、昇任となる場合以外は当該人事委員会等の行う競争試験又は選考によることなく、任命権者たる市町村教育委員会において、都道府県教育委員会の同意を得て転任として任用することができる。

これに対し、都道府県教育委員会の事務局職員として任用する場合は採用となるので、都道府県人事委員会の行う競争試験又は選考の手続きを経る必要がある。

⑵　事務主任及び事務長の発令

小・中学校・義務教育学校等には事務主任を置くことができるとされ、高校には事務長を置くものとされ、それぞれ事務職員をもって充てることとされている（学教法施行規則四六、七九、七九の八、八二、一一三、一三五）。

この事務主任等は、学校における校務分掌上、事務組織の明確化を図り、学校の事務運営が適切に行われることを期待して設けられたものである。省令上新たな職の設置を規定したものではないので、その発令は職務命令として行うことができるが、ただしこの場合給与の等級格付けと関係するため、当該学校の属する教育委員会において、学歴及び経験年数を考慮して発令することとし、その旨教育委員会規則で定めることとされている（昭五一・一・一三文初地一三六号　文部事務次官通達）。

3　事務職員の職務と職務規定の見直し

(1)　事務職員の職務

冒頭にも述べたごとく、事務職員は学校の管理運営の全般にわたる諸種の事務に従事するものである。その職務を一義的に規定することは困難であるが、具体的内容を例示すれば次のようなものが考えられる。

庶務関係――校務運営に関する連絡調整、文書の接受発送・整理保存、調査統計、渉外に関すること
人事関係――職員の任免、分限、服務、懲戒、給与・旅費、共済組合その他福利厚生に関すること
会計関係――予算の策定・執行、金銭出納、備品・消耗品の出納管理、施設・設備の保全に関すること
教務関係――児童生徒の学籍、転出入、就学援助、教科書給与、給食に関すること

会計関係の事務処理に当たっては、「出納員又はその他の会計職員」として、金銭又は物品の出納等を行い、若しくは「資金前渡職員」として給与又は旅費等の支払いを行うことがある（地自法一七一、二三二の五、同法施行令一六五の三）。

学校の事務職員を「出納員又はその他の会計職員」に命ずる場合には、地方公共団体の長が教育委員会の同意を得て事務職員を兼ねて事務吏員に任命し、出納員等を命ずることとなる。

なお、右のような事務に事務職員が従事するといっても、学校の規模によって実際に配置されている事務職員の数

は異なり、したがってこれらの事務を他の教職員が分掌することもあり得る。

また、逆に事務職員によっては教員免許を所持したり、スポーツ活動等特定の教科にかかわる技能に優れている者がいる場合も考えられる。このような場合むろん単に教員免許状を所持しているから等といって、事務職員を児童生徒の授業など教育課程の実施に当たらせることはできない。しかし、例えば部活動の指導に当たる教員の補助者として（コーチのような立場で）、当該業務に従事することはさしつかえないものであり、校長はこうした業務に従事することを事務職員に命ずることも可能である。

なお、校長及び教頭は事務職員の学校内における職務上の上司である。事務処理上に関係する主任等の教員は上司の立場に立つものではなく、相互に協力協働すべき地位にあるものである。

⑵　職務規定の見直し

事務職員の職務について、平成二十九年三月に学校教育法が改正され、「事務に従事する」から「事務をつかさどる」に見直しが行われた（同年四月に施行）（学教法三七⑭）。

これは、教育指導面や保護者対応等により学校組織マネジメントの中核となる校長、教頭等の負担が増加するなどの状況にあって、学校におけるマネジメント機能を十分に発揮できるようにするため、学校組織における唯一の総務・財務等に通じる専門職である事務職員が、管理職や他の教職員との適切な業務の連携・分担の下、その専門性を生かして学校の事務を一定の責任をもって自己の担当事項として処理することとし、より主体的・積極的に校務運営に参画することを目指したものである。

なお、この改正により、事務職員に過度に業務が集中することにならないよう、教育委員会は、共同学校事務室の仕組みの活用や庶務事務システムの導入等も含めて業務の効率化を進めるとともに、新たな職務を踏まえ、資質・能力と意欲のある事務職員の採用、研修等を通じた育成に一層努める必要がある。

注　共同学校事務室は、平成二十九年三月の学校教育法の改正による事務職員の職務規定の見直しと同時に行われた地教行法の改正により整備された制度である（地教行法四七の五）。従来、教育委員会で自主的に運用されてきた学校事務の共同実施を制度化し、共同学校事務室で共同実施を行う場合の服務監督に係る責任・権限関係や業務範囲の明確化を図ることとしたもの。共同学校事務室において、複数の職員が業務を遂行することで、ミスや不正の防止、学校間の事務処理の標準化、ＯＪＴの実施による事務職員の育成や資質の向上などを通じた事務処理のさらなる効率化が期待される。

4　その他の身分取扱い等

いわゆる結核休職については、一般の公務員が給与条例によって二年に達するまで給与の八割が支給されることになっているのに対し、事務職員については教員の場合と同様二年以上三年に達するまで給与の全額が支給されることとなっている（公立の学校の事務職員の休職の特例に関する法律）。

また、女性の事務職員が出産する場合、当該職員の事務を補助するいわゆる産休代替職員の臨時的任用を行うことが教員同様に制度化されている（女子教職員の出産に際しての補助教職員の確保に関する法律）。

二　単純労務職員の身分取扱い

1　学校の単純労務職員

公立学校の教職員のうち、学校用務員、給食調理員、警備員等は単純労務職員といわれるが、「単純な労務に雇用される者」について定める（地公法五七）とされている法律が未制定であるため、したがって現在単純労務職員の範囲を明確に規定している法令はない。そこで実際にその範囲を考える場合には従前の政令である「単純な労務に雇用される一般職に属する地方公務員の範囲を定める政令」（昭二六・二・一五　政令二五号、昭二七・九・三〇失効）を基準に解釈すべきものとされている。

この政令に掲げられているような職員は、一般職の地方公務員であって通常軽易な肉体的・機械的業務に従事する者であるが、具体的に個々の職員が単純労務職員に該当するかどうかは個々の業務実態に照らして判断するほかはなく、例えば給食調理員であってもその勤務実態が監督的地位にあると認められるような場合は、単純労務職員には該当しないこととなる。

学校用務員等の単純労務職員は、学教法上は「その他必要な職員」として当該学校の校務運営の必要性に応じ配置されるものである（同法二七②、三七②、四九、四九の八、六〇、六九、八二）。なお、同法施行規則（六五）に学校用務員の職務が規定され「学校の環境の整備その他の用務に従事する。」こととされているが、これは職の設置を定めたものではなく、学校用務員の職務実態に鑑み、その職務規定を整備することによって効果的な学校運営の確保に資することを期待したものである。

2　単純労務職員の身分取扱い

右のように公立学校の単純労務職員の身分取扱いを定めた法律は制定されていないので、暫定的な措置として公営企業（地方公共団体の経営する水道、電車、バス等の事業）の職員について規定している地公労法及び地公企法の規定を準用することとしている（地公労法附則⑤）。

すなわちこれらの特例措置は、単純労務職員についてはでき得るかぎり民間の労働者同様の身分取扱いをしようとするもので、特に給与等勤務条件の決定は労働協約によることとして、条例主義ではなく労使間の当事者主義の原則が導入されている。

単純労務職員も一般職の地方公務員であるから、地公企法において適用除外とする旨掲げられている規定以外の地公法の規定は、むろん原則どおり適用される。

以上のような結果、単純労務職員に適用される法律は複雑なものとなっているが、ここで主な事項について主要な適用法律を掲げれば次のとおりである。

① 任期――地公法（一五～二二）
② 給与――地公企法（三八）
③ 勤務時間――地公企法（三九①）、労基法（四章・六章）
④ 服務――地公企法（三九②）、地公法（三〇～三五、三八）、地公労法（一一～一二）
⑤ 労働関係――地公労法（一～一六）、労組法、労働関係調整法
⑥ 福利厚生――地方公務員等共済組合法、地公災法

3 単純労務職員に関する特例の概要

単純労務職員の身分取扱いについての特例の中心は、一つは服務取扱いにおいて政治的行為の制限が解除されていることであり、もう一つは、労働組合を結成し交渉によって勤務条件を決定し得ることである。

(1) 単純労務職員の政治的行為

単純労務職員については、一般職員同様地公法に定める服務取扱いに関する規定が適用されるが、政治的行為の制限規定は適用除外されている（地公企法三九②）。したがって、例えば特定の政党を支持するため署名運動やカンパ活動を企画・主宰する行為自体は、服務取扱い上禁止されるものではない。しかし、一方で職務専念義務を有しているから、これらの行為を勤務時間中に行うことはできない（地公法三五）。また学校の教育活動を利用して行ったり、

学校の施設・設備を任意に利用して行うこともとより許されるものではない。

また、公職選挙法による公務員の立候補制限は、単純労務職員には適用されないので、在職のまま立候補できるし（同法八九①Ⅱ、同法施行令九〇③）、選挙運動も禁止されない。ただし勤務時間中に選挙運動をなし得ないことは当然のことである。

(2)　単純労務職員の労働関係

単純労務職員については地公労法が適用されるところから、労働組合を結成しまたこれに加入することができる。地公労法第四条では労組法及び労働関係調整法のほとんどの規定を適用することとされているので、単純労務職員の労働組合は、労組法上の一般の労働組合とほとんど同じ扱いを受ける。ただし、オープンショップ制が採用されているので、ユニオンショップ協定を結ぶことはできない（地公労法四、五①）。

一方、地公労法（附則⑤）は、地公法の職員団体に関する規定を単純労務職員について適用除外としていないので、単純労務職員は職員団体を結成し、又はこれに加入することもできる。すなわち他の教職員の組織する教職員組合に加入することも可能である。

以上の結果、所定の要件を備えれば、単純労務職員は、職員団体と労働組合とを同時に組織することもできる。したがって単純労務職員で組織する団体と交渉する場合には、いずれの資格で交渉するかによってその取扱い上不当労働行為の問題や労働協約の問題等が生ずるので、事前によく確認する必要がある。

次に、右のような労働関係の特例に対応して、給与等の勤務条件については条例によって具体に決定されるのではなく、原則として労働協約によって決定されることとなる。

単純労務職員の給与については、給与の種類と基準のみを条例で定めればよく、給料表や手当の額は就業規則たる地方公共団体の長又は教育委員会規則によって定められることとなる（地公企法三八④）。

また、勤務時間、休暇等その他の勤務条件については、地公法第二十四条第五項が適用除外となっているため条例で定める必要はなく、労働協約の範囲内で教育委員会規則で定めることとなる。むろんこの場合労基法の定めに基づく必要があることはいうまでもない。

なお、右のように単純労務職員は、労働組合を結成し、当局との間において労働協約締結を目的とした団体交渉を行うことができるが、争議行為を行うことは、一般の職員同様厳に禁止されているものであることに留意しなければならない（地公労法一一）。

第一　公務災害補償

一　公務災害補償制度の概要

公務災害補償の対象、補償の実施者及び手続き、補償の内容等は次のとおりである。

1　公務災害補償の基本規定

地方公共団体の職員が、公務により死亡し、負傷し、若しくは疾病にかかり、若しくは公務による負傷・疾病により死亡し、障害の状態となった場合、地方公共団体は、被災職員、その者の遺族又は被扶養者に対して損害賠償責任を負い、必要な補償を行わねばならないこととなっている（地公法四五①）。

また、こうした補償の迅速かつ公正な実施を確保するため、法律で必要な補償に関する制度を定め、その制度には療養補償、休業補償、障害補償及び遺族補償に関する事項が定められなければならないこととなっている（地公法四五②③④）。これらの規定を受けて、公務災害補償の迅速かつ公正な実施を確保するため、地方公務員災害補償法（地公災法）が制定されている。

地公災法は、同法第二条に定められている「職員」（いわゆる「常勤の職員」。以下「常勤の職員」という）に適用される。この場合の常勤の職員とは、

①　常時勤務に服することを要する地方公務員

②　常時勤務に服することを要しない地方公務員のうち、その勤務形態が常時勤務に服することを要する地方公務

員に準じるもので政令で定める者（いわゆる「常勤的非常勤の者」）とされている。

なお、②に該当する者は、短時間勤務の職を占める者及び①に該当する者の勤務時間以上勤務した日が一月のうち十八日以上で、そのような月が引き続いて十二月を超え、かつ引き続きそのような勤務時間で勤務することとされている者である（地公災法施行令一、昭四二・九・二〇　自治省告示一五〇号）。

したがって、これら以外の職員については、それぞれ当該法律の定めるところにより災害補償が行われる。

まず、非常勤講師等（二〇二〇年以降は会計年度任用職員としての講師）についてみると、学校は、労基法別表第一第十二号に規定された「教育、研究又は調査の事業」を行う「事業又は事務所」に該当するため、当該非常勤講師等については、労働者災害補償保険法が適用されることになる。

その他、公立学校の学校医、学校歯科医及び学校薬剤師については、「公立学校の学校医、学校歯科医及び学校薬剤師の公務災害補償に関する法律」が制定されており、具体的な災害補償の内容は、公立学校の学校医、学校歯科医及び学校薬剤師の公務災害補償の基準を定める政令を基準として、各地方公共団体の条例で定めることとなっている。

2　公務災害と通勤途上災害

地公災法は、公務災害補償として、地公法第四十五条に規定する公務上の災害に対する補償を定めるとともに、通勤途上の災害に対する補償も定めている。この通勤途上の災害は、従来は補償の対象外とされていたが、ある程度不可避的に生ずる社会的危険として、昭和四十八年の法改正により地公災法においても公務災害補償の対象に加えられたのである。

この通勤途上の災害に対する補償内容など補償の取扱いは、公務災害補償に要する費用の負担関係（地公災法六六の二）を除き、公務上の災害に対する補償の取扱いと同じである。なお、外形的には出勤又は退勤途上の災害であっても、公務運営上の必要により特定の交通機関によって出勤・退勤することを強制されている場合など特別な事情の下におけるものは、通勤途上の災害ではなく公務上の災害として取り扱われる。

3　公務災害補償の実施者及び補償の手続き

公務災害補償は、本来、災害を被った職員の使用者である地方公共団体がその責任を負うものであるが、公務災害補償の迅速かつ公正な実施を確保するため、前述のように地公災法が制定されており、同法に基づき地方公務員災害補償基金（以下「基金」という）が設置され、基金が地方公共団体に代わって補償を行うとともに、職員等の福祉に必要な事業を行うこととなっている（地公災法三）。

基金は、主たる事務所（本部）を東京に置き、従たる事務所（支部）を各都道府県及び指定都市に置いており、補償の実施については支部が主として行うこととなっている。

このように基金は、本来の責任を負う地方公共団体に代わって補償を行うものであり、被災職員の使用者ではないため、被災職員等の請求があってから補償に関する事務を行うことを原則としている（地公災法二五②）。

したがって、公務災害補償を受けるためには、被災職員等は、まずその災害が公務上又は通勤途上の災害に当たることの認定を求める請求を任命権者を経由して基金（支部長）に対し行わねばならない。この認定請求を受けた支部長は、その災害が公務上又は通勤途上の災害に当たるか否かを認定し、その結果を請求者及び任命権者に通知することとなっている（地公災法四五）。

次に、その災害が公務上又は通勤途上の災害に当たると基金において認定された場合、被災職員等は、各種補償の

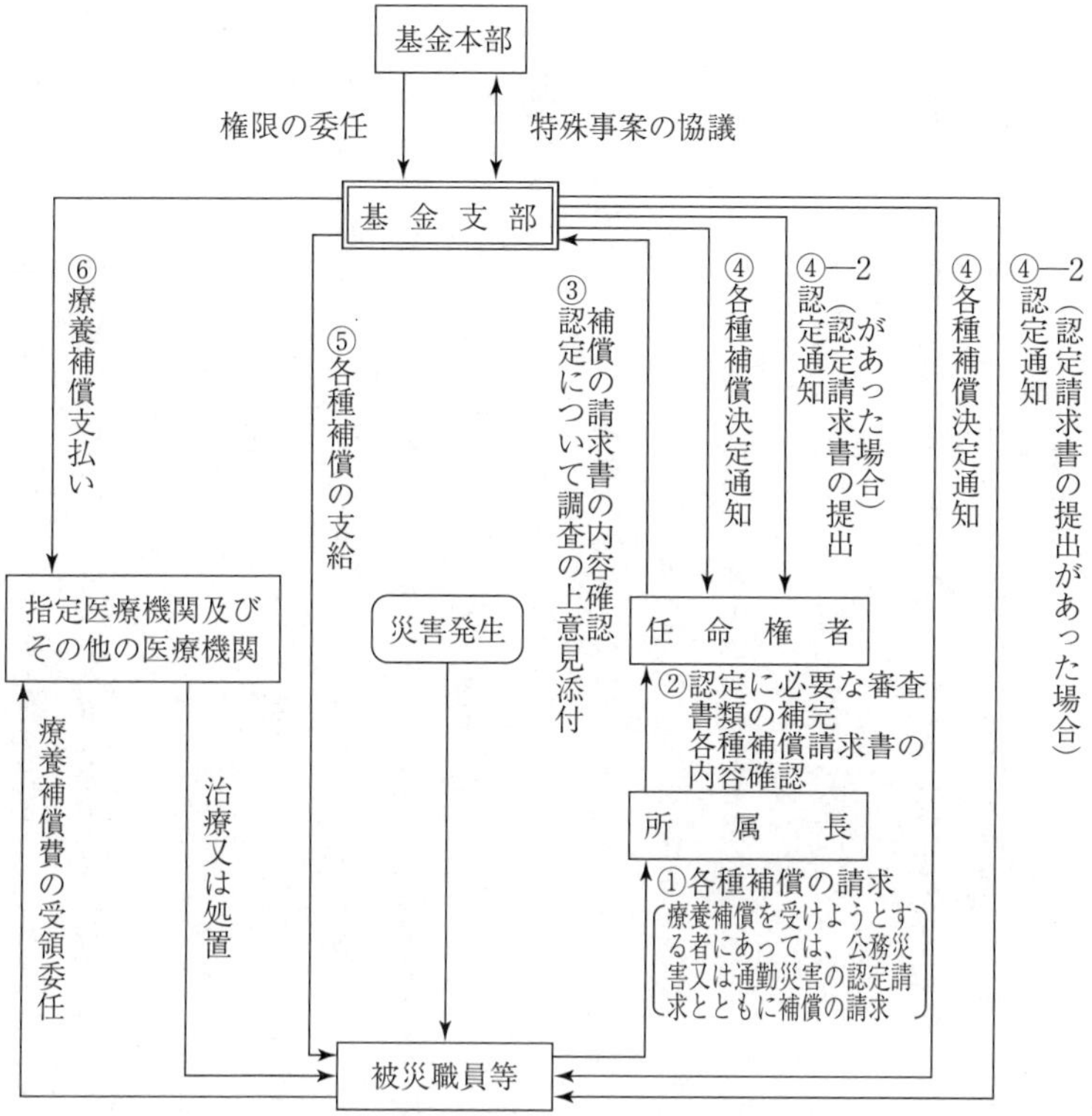

請求を任命権者を経由して基金（支部長）に対し行わねばならない。支部長は、請求された補償を支給するか否かを決定し、その結果を請求者及び任命権者に通知するとともに、支給すると決定したものについては速やかにその補償を行うこととなっている。

これらの手続きを図示すると上図のようになる。

4　補償の種類及び内容

基金が行う補償は次の七種類である。

(1)　療養補償

職員が公務上又は通勤途上の災害（以下「公務災害」という）を受けた場合、基金は、療養補償として必要な療養を行い、又は必要な療養の費用を支給することとなっている（地公災法二六）。補償の方法として、基金が直接必要な療養の給付を行う現物補償と、職員が行った療養の費用を基金が支給する現金補償がある。療養補償の対象となるのは、診察、薬剤・治療材料の支給、処置・手術その他の治療、居宅における療養上の管理及びその療養にともなう世話その他の看護、病院・診療所への入院及びその療養にともなう世話その他の看護、移送であり、かつ、療養上相当と認められるものとなっている。

(2)　休業補償

職員が公務災害を受け、療養のため勤務できない場合において、給与を受けないときは、休業補償として、その勤務できない期間につき、平均給与額の百分の六十に相当する金額が基金から支給されることとなっている（地公災法二八）。なお、実際には、大部分の地方公共団体では、公務災害による休業の場合について給与を支給することとなっているので、この休業補償が支給される場合は少ない。

(3)　傷病補償年金

職員が公務災害を受け、その傷病に係る療養の開始後一年六月を経過した日において、その傷病が治っておらず、かつ、その傷病による障害の程度が傷病等級（第一級から第三級までに区分されている）に該当する場合には、その状態が継続している期間、基金からその等級に応じ傷病補償年金が支給されることとなっている（地公災法二八の二）。

(4)　障害補償

職員が公務災害を受け、その傷病が治ったときに身体に障害が残った場合、その障害の存する期間、障害等級（第一級から第一四級に区分されている）に掲げる障害の程度に応じ、基金から障害補償年金又は障害補償一時金が支給されることとなっている（地公災法二九）。

(5)　介護補償

傷病補償年金又は障害補償年金を受ける権利を有する者が介護を受けている場合、介護補償を支給されることとなっている（地公災法三〇の二）。

(6) 遺族補償

職員が公務災害により死亡した場合、基金から遺族に対して遺族補償年金又は遺族補償一時金が支給されることとなっている（地公災法三一）。

(7) 葬祭補償

職員が公務災害により死亡した場合、葬祭を行う者に対し、基金から一定の葬祭料が支給されることとなっている（地公災法四二）。

二 公務災害の認定

公務災害補償の対象とされるためには、発生した災害が公務上又は通勤途上の災害であるか否かの認定を受けねばならないが、事例によっては判断が難しいものもあり、特に本人にも高血圧等の素因があるような疾病の場合はそれが難しいであろう。

1 公務上の災害の認定

公務上の災害であるか否かは、発生した災害が、公務遂行性と公務起因性の二つの要件を満たすものであるか否かによって判断される。公務遂行性とは、災害が使用者の支配管理下において発生したものであることをいい、公務に従事している場合は当然であるが、公務に直接従事していなくても、例えば勤務場所における休憩時間中のように使用者の支配管理下にある場合は公務遂行性があるとされる。

次に、公務起因性とは、災害の発生が公務と相当因果関係にあることをいい、具体的には、「あのような仕事に従事していなかったならば、こうした災害は発生しなかったであろうし、こうした傷病等は生じなかったであろう」と認められ、かつ、「あのような仕事に従事すれば、このような災害が一般的に発生するであろうし、このような傷病等が生ずるであろう」と認められる場合には公務起因性があるとされる。

このような基準の下に、基金の理事長通知（昭四八・一一・二六　地基補五三九号）が出されており、公務上の災害の認定基準の取扱いが定められている。

一般的にいって、負傷の場合には、その発生が外面的に明らかであるので、公務上の災害であるか否かの認定は、公務起因性の判断を特には要せず、公務遂行性があるか否かによって判断される（その判断基準は、前記通知に具体的に記載されている）。これに対して、疾病の場合は、一般的にはその発生原因が外面的には明らかではないため、公務上の災害であるか否かの認定は、医学的判断に基づく公務起因性の有無にもっぱらかかることになる。すなわち、公務遂行中に発病しても、その発病自体が公務に起因していることが医学的に明らかに認められないかぎり、公務上の災害とはならず、また逆に、自宅で発病しても、公務に起因して発病したことが医学的に明らかであれば公務上の災害とされるのである。

ところで、疾病といっても発生形態によっておおよそ次のように分類できる。すなわち、①職業性の疾病と②災害性の疾病に分けられ、さらに後者は(イ)負傷など外面的に明らかな形で発生した災害に起因して生じた疾病と(ロ)その発症の原因として負傷などの明らかな災害はないが、発症前に行った公務が強い身体的・精神的刺激をもたらすものであったり、あるいは長期間にわたり過重な勤務に従事することにより極度の疲労の蓄積があったりした場合で、これらが主たる原因として発生した疾病とに分けられる。

①はいわゆる職業病であり、一定の種類のものが前記通知に記載されている。また、(イ)は公務上の負傷と疾病との

間の医学的因果関係が比較的客観的に求められるものである。これらに対して(ロ)の場合は認定が難しく、特に高血圧や動脈硬化などの素因を有する者が発症した場合、公務が主たる原因といえるかどうか医学的にも難しい問題を生ずる。

一般的には、発症当日における公務において特に発症の原因となる突発的な出来事の有無、従来の業務と特に質的・量的に異なった出来事の有無、発症前日までにおける過労の有無、被災職員の素因の有無とその程度、既往症の有無などを総合的に勘案して公務が主たる原因で発症したと認められるかどうかが判断されることとなる。

2　通勤途上の災害の認定

通勤途上の災害とは、職員が勤務のため、住居と勤務場所との間を、合理的な経路及び方法により往復することに起因して発生した災害をいい、その往復の経路を逸脱又は中断した場合は、その逸脱又は中断の間及びその後の災害は通勤途上のものとはされない。

ただし、その逸脱又は中断が、日用品の購入その他これに準ずる日常生活上必要なやむを得ない事由による必要最小限度のものである場合は、その逸脱又は中断の間を除き、通勤途上の災害とされる（地公災法二②③）。

この通勤途上の災害の対象となる通勤の範囲については、総務省令で定められている。

三　不服申立て制度

基金が行う補償に関する決定に不服がある場合は、次のような不服申立て制度がある。

本部が行う補償に関する決定に不服がある場合は、本部に設置されている地方公務員災害補償基金審査会（六名の学識経験者によって組織される）に対して審査請求を行うことができ、また支部が行う補償に関する決定に不服がある場合は、同じく支部に設置されている地方公務員災害補償基金支部審査会（三名の学識経験者によって組織される）に対して審査請求を行うことができ、さらにこの支部審査会の行う審査請求に対する決定に不服がある場合は、本部の審査会に対して再審査請求を行うことができることとなっている（地公災法五一～五五）。

ただし、基金が行う補償に関する決定については、現在、すべて支部長に委任されており、実際は、本部の審査会に対しては第一審としての審査請求がなされることはなく、第二審としての再審査請求が行われることとなっている。

なお、これらの審査請求は、行政不服審査の一環として取り扱われており、時効の中断については裁判上の請求とみなされ（地公災法五一④）、また審査請求ができる期間（決定があったことを知った日の翌日から原則として六十日以内、再審査請求の場合は三十日以内）など、その手続き等について行政不服審査法の規定が適用される。

審査請求ができる者は、審査請求をすることにつき直接利益のある者（被災職員や遺族など）又は代理人である。

また、審査請求の内容としては、公務上又は通勤途上の災害であるか否かの認定に関するもの、補償内容に関するもの、重大な過失等による補償の制限に関するものなどがあげられる。

更に、これらの審査請求を行った上で、なお不服のある場合は、行政事件訴訟法により裁判で争うこともできる（地公災法五六）。

第一二　学校安全における危機管理

一　学校安全における危機管理の基本

1　学校安全の考え方

学校では、不審者が侵入して児童生徒等や教職員の安全を脅かす事件や、通学路で児童生徒等に危害が加えられる事件、児童生徒等の登下校中の交通事故、校舎等からの転落事故、遊具による事故、様々なアレルギーによる事故などが発生している。また、東日本大震災や熊本地震、豪雨による土砂災害など近年の自然災害の状況や交通事故・犯罪等の社会的な情勢は年々変化しており、新たな安全上の課題も次々と顕在化し、今後の深刻化も懸念されている。

こうした現状を踏まえ、学校における組織的な安全管理の一層の充実を図ることや、安全で安心な学校施設を整備すること、児童生徒等に、いかなる状況下でも自らの命を守り抜くとともに、安全で安心な生活や社会を実現するために主体的に行動する態度を育成する安全教育を推進することが不可欠である。

学校安全の活動は、児童生徒等が自らの行動や外部環境に存在する様々な危険を制御して、自ら安全に行動したり、他の人や社会の安全のために貢献したりできるようにすることを目指す安全教育と、児童生徒等を取り巻く環境を安全に整えることを目指す安全管理、そして両者の活動を円滑に進めるための組織活動という三つの主要な活動から成り、これらは一体不可分で、相互に関連付けて行われる。

(1)　学校安全の法的背景

学校における安全教育は、主に学習指導要領に基づき、学校の教育活動全体を通じて実施され、学校における安全管理は、主に学校保健安全法に基づいて実施される。また、学校安全の推進に関する施策の方向性と具体的な方策は、五年ごとに学校安全の推進に関する計画に定められており、これらを踏まえて学校安全の取組を進めていく必要がある。

学校保健安全法における安全管理の具体的な内容としては、まず第二十六条において、設置者は、危険を防止し、危険等発生時の適切な対処のため、施設整備、管理運営体制の整備充実等の必要な措置を講ずるよう努めることとしている。これは、設置者管理主義の延長線上にあるものであり、学校安全に関して、設置者が果たすべき役割の重要性に鑑み、従来から各設置者が実施してきた学校安全に関する取組の一層の充実を図るため、その責務を法律上明確にしたものである。

また、学校保健安全法第二十七条及び第二十九条において、学校は、学校安全計画や危険等発生時対処要領（以下「危機管理マニュアル」という）の策定が義務付けられるとともに、第三十条において、家庭や地域の関係機関（警察、消防、防災担当部局等地域の安全に関わる機関）との連携に努めることとされている。この時、校長は、危機管理マニュアルの職員に対する周知、訓練の実施その他の危険等発生時において職員が適切に対処するために必要な措置を講ずるものとされている。

また、学校は、学校保健安全法第二十七条及び学校保健安全法施行規則第二十八条・第二十九条に基づく安全点検等を実施し、校長は、当該学校の施設又は設備について、児童生徒等の安全の確保を図る上で支障となる事項があると認めた場合には、遅滞なく、その改善を図るために必要な措置を講じ、当該措置を講ずることができないときは、当該学校の設置者に対し、その旨を申し出るものとされている。

なお、学校保健安全法において「学校においては」とされている部分については、これらの措置の実施をすべて学校長その他の教職員のみの責任とするものではなく、当該学校の管理運営について責任を有する設置者についても併せて果たすべき責務を規定したものである。

このことから、設置者は、日頃から学校における安全確保について学校を支援するとともに、いざ事故等が発生した時には、十分に対応できる体制を確立し、学校を積極的に支援することにより、児童生徒等や教職員の安全を確保することが求められているといえる。

さらに、学校には、災害関係の法令等において避難訓練の実施や避難確保計画の策定等が義務付けられているとともに、地域の防災計画や国民保護計画などを踏まえ地域の一員として対応を検討すべき安全上の課題も存在する。こうした課題等への対応は、学校だけで取り組むことは困難なことから、教育委員会が積極的に関係部局や関係機関等と連携を図り、学校を支援することが大切である。

以上見てきたように、特に安全管理においては、教育委員会や校長の果たす役割が非常に重要なものとして位置付けられているのである。

(2) 学校安全における危機管理の推進

学校安全の取組を推進する中で、学校の安全を脅かす事件・事故が発生する際に備えて、児童生徒等や教職員等の生命や心身等の安全を確保するため、学校において適切かつ確実な危機管理体制を確立しておくことが重要である。

適切な危機管理を行うためには安全教育・安全管理・組織活動の三つの事項にまたがって計画的に対応を整備する必要があり、①安全な環境を整備し、事故等の発生を未然に防ぐための事前の危機管理、②事故等の発生時に適切かつ迅速に対処し、被害を最小限に抑えるための発生時の危機管理、③危機が一旦収まった後、心のケアや授業再開など通常の生活の再開を図るとともに、再発の防止を図る事後の危機管理の三段階に分け、その各段階において、とるべき対応をあらかじめ整理し、教職員が迅速かつ的確な判断で対応することにより事態の悪化を最小限にとどめ、児童生徒等の安全を確保することが重要である。

以下、事前、発生時、事後の危機管理において特に留意すべきポイントを詳述する。

2　事前の危機管理―事故等の未然防止―

(1)　学校における人的体制の整備

学校における危機管理に関する組織体制については、各学校の実情に応じて、想定される危険等を明確にし、事前、発生時及び事後の危機管理に応じた体制を、家庭・地域・関係機関等と連携し、必要に応じて教育委員会の支援を受けながら整備しておく必要がある。

このとき管理職のリーダーシップのもと、学校安全の中核となる教職員の役割の明確化や、その者に対する研修等を充実するとともに、教職員全体で学校安全に取り組む組織づくりを進めることが必要である。特に、危険等発生時の体制整備は、児童生徒等の生命や身体を守るために最も重要な部分であり、教職員等の役割分担・責任及びヒヤリハットも含めた情報収集・伝達方法などについて、全教職員の理解を図り、各自の適切な行動に結びつけられるよう、形式的なものではなく機能的で実践的なものが求められる。

また、学校、家庭、地域、関係機関等が、連携・協働体制を構築し、それぞれの責任と役割を分担しつつ、学校安全に取り組むことが必要である。特に、通学路の安全確保などは、地域の交通安全・防犯体制等との連携が必要不可欠となる。

例えば、地域学校安全委員会や学校警察連絡協議会等の設置・活用により、地域の関係者との情報共有や意見交換を日常的に行うことや、学校運営協議会制度や地域学校協働本部等の仕組みを活用し、学校安全の観点を組み入れた学校運営や地域ぐるみで防犯・交通安全・防災等の取組を行うことが考えられる。また、地域特性等に応じて、専門的知識を有し、活動を行っている関係機関・団体、民間事業者や自治体の関係部局等と連携して、安全教育も含めて、児童生徒等の安全確保に関して効果的な取組を進めていくことも重要である。

さらに、学校及び学校設置者等は、いつでもどこでも起こりうる事故に対し、最新の情報を踏まえた適切な対応がとられるようにするため、全ての教職員に対し、事故等への対応に係る研修・訓練を実施することが必要である。特に、事故等発生後の対応については、学校事故の対応指針を十分に理解し、これに基づき適切な対応を行うことができるよう、同指針の周知・研修を推進することが必要である。その際、事故等の未然防止を含めて、学校管理下で発生する事故等への訓練や研修等が形式化することなく、教職員が当事者意識を持って取り組めるような意識啓発を進めることが重要である。

⑵　学校安全計画の策定及び危機管理マニュアルの作成・検証の徹底

学校安全計画は、各学校の安全の取組を安全教育、安全管理、組織活動の観点から整理し相互に関連付けて実行するための総合的かつ具体的な活動計画である。いかに安全管理に万全を期していようとも、児童生徒等が適切に行動できなければ児童生徒等の安全確保につなげることが難しい。学校安全に係る各種の取組が真に効果を発揮するよう、相互に十分関連付けて計画を立てることが重要である。また、教職員の共通理解の下で策定され、各種の取組の実践等を踏まえて見直していくことが必要となる。

また、危機管理マニュアルは、学校管理下で発生する事故等に際して、教職員が的確に判断し円滑に対応できるよう、教職員の役割等を明確にし、児童生徒等の安全を確保する体制を確立するために必要な事項を全教職員が共通に理解するために作成するものである。このため、教職員の共通理解のもとで作成し、避難訓練等の結果を踏まえた検証・見直しをすることが必要である。また、従来想定されなかった新たな安全上の課題の出現などに応じて、柔軟に見直していかなければならない。あわせて、学校のみならず保護者や地域、関係機関に周知し、地域全体で安全確保のための体制整備を行うことが重要である。

文部科学省からは、随時こうした取組に資する情報が参考資料や通知、会議等を通じて発信されるとともに、各都道府県段階においても自然災害など地域課題を踏まえた手引書等が存在する。各学校においては、それらを踏まえつつ、関係する様々な法令も理解した上で、実情に応じた危機管理マニュアル等を作成し対応することが必要である。

(3)　安全点検

学校においては、学校保健安全法施行規則第二十八条及び第二十九条により、当該学校の施設及び設備について、毎学期一回以上の安全点検を行うとともに、設備等について日常的な点検を行い、環境の安全の確保を図らなければならないこととされている。特に児童生徒等が使用する機会が多い施設及び設備は点検の頻度を増やし、支障となる事項があると認めたときには、遅滞なく、その補修、修繕等の改善措置を講じることが必要である。その際、自己点検だけではなく、それぞれ外部の有識者や関係機関と連携し、専門的・科学的な視点を積極的に取り入れていくことや児童生徒等や保護者も参加して点検する機会を設けるなどの工夫が必要である。

また、通学・通園路に関しては、従前より、交通安全、生活安全（防犯含む）、災害安全の観点から、保護者、地域住民、関係機関等の協力を得ながら、通学・通園時の児童生徒等の安全が確保されるよう、定期的な点検が行われてきているが、関係機関との連携の下、継続的な点検を行い、その結果を踏まえた対策の改善・充実を一連のサイクル（ＰＤＣＡサイクル）として実施することが必要である。

3　事故等が発生した場合の対応―発生時及び事後の適切な対応―

(1)　事故等への迅速かつ的確な対応

児童生徒等の安全を確保するに当たっては、事故等の発生を未然に防ぐことが第一であるが、万が一、学校の管理下において事故等が発生した際、学校及び学校の設置者は、児童生徒等の生命と健康を最優先に、迅速かつ適切な対応を行うことが重要である。そのため、組織として機動的に対応できる体制を整えておくとともに、傷病者を発見した場合には、臆せず躊躇せず迅速かつ適切な応急手当て（ＡＥＤの使用を含む心肺蘇生等）ができるよう、日頃から全ての職員がその手順について理解し、身に付けておくことが大切である。具体的な組織体制や対応の手順については、『学校の危機管理マニュアル作成の手引』（文部科学省　平成三〇年二月）等も参照し、学校の実情に応じた十分な体制を整備することが肝要である。

(2)　報告・調査・再発防止

近年、事故発生後の対応の適否や原因究明について、被害に遭った児童生徒等（以下「被害児童生徒等」という）やその保護者との関係が悪化し、長期の訴訟に発展するケースも少なくない。こうした事態に陥ると、当事者である児童生徒等やその保護者、教職員にとって精神的にも大きな負担となる。他方で応急的な対応が終了した後、適切な原因究明・検証により事実を明らかにし、再発防止策を検討することで、被害児童生徒等の保護者等も含めた関係者に二次的・三次的な被害を与えず、良好な関係を構築することができた事例もある。校長など管理職は、事故の未然防止が大前提であるが、事故発生時後の対応について十分に理解したうえで適切に対応することが必要である。

この点、「学校事故対応に関する指針」（文部科学省 平成二八年三月）では、学校、学校の設置者、地方公共団体が、それぞれの実情に応じて事故の防止及び事故後の適切な対応に取り組むに当たり参考となる内容をまとめており、特に事故等の検証や児童生徒等・保護者への対応などの観点から、学校及び学校の設置者は、当該指針を十分に踏まえて、危機管理マニュアル等への反映、教職員への周知を行う必要がある。

具体的には、学校は、事故発生直後の対応が終了した後、被害児童生徒等の保護者への対応、教育委員会等学校の設置者への報告、保護者説明会や記者会見を含む情報の公表等、多くの対応が求められる。その中で、事故の原因と考えられることを広く集めて検証し、今後の事故防止に生かすために、事実関係を整理する「基本調査」と、得られた情報に基づき、事故に至る過程や原因の分析を行う「詳細調査」などを実施することとしている。

これらの対応の際に特に留意すべき点としては、被害児童生徒等の保護者への継続的な支援が挙げられる。事故等発生時の初動の段階から、被害児童生徒等の保護者に対しては、その心情に配慮した対応を行うことが大切である。

例えば、詳細調査の実施や調査委員の選任に当たっては、学校の設置者が事実究明に消極的である、または学校の設置者による恣意的な選任であるなどの疑念を抱かれぬよう、保護者の意向を丁寧に確認して判断したり、できる限り保護者と合意しておくことが重要である。この他、調査の目的・目標、調査のおおむねの期間や方法、入手した資料の取扱い、保護者に対する説明の在り方や調査結果の公表に関する方針等、詳細調査を行う上での基本的事項や調査を進める過程においても、必要に応じて保護者との意見交換の機会を設け、保護者の意見を十分に聴取しながら進めることが大切である。さらに、調査の結果、明らかにできなかったことがある場合は、その旨を包み隠さず伝えることが重要であろう。

また、学校設置者は、保護者や地域住民に対する説明、関係機関との連絡調整、報道機関への対応や職員の派遣、事故等の発生後の補償問題や、児童生徒等の安全管理、保健衛生、施設管理など専門的な知識に基づく対応が必要な事項等について、必要に応じて、学校を積極的に支援することが求められる。

二　学校事故と損害賠償

1　学校事故をめぐる損害賠償の請求

ここでは、学校事故と損害賠償の関係について詳述する。各学校においては、これらも踏まえながら、しかし、何より児童生徒等の安全確保を第一に考え、適切な安全管理、対応がなされることが重要である。

⑴　学校事故と損害賠償

授業中あるいは学校行事、特別教育活動中などに発生した事故により児童生徒等が死傷した場合、被害者又はその保護者から、それによって生じた損害の賠償を求められることがある。

この場合の損害賠償の請求内容は、負傷の場合にあってはその傷害の治療に要する経費、死亡事故の場合にあっては本人の得べかりし利益であり、そのほかに事故によって受けた精神的打撃をつぐなうべき慰藉料の支払いである。

これらの損害賠償の請求は民法又は国家賠償法の規定に基づき行うものであるが、教職員に故意若しくは過失があり又は学校施設の設置管理に瑕疵があり、それによって学校事故が生じた場合にのみそれによる損害の賠償を請求することができる。請求の対象は、教職員若しくはその使用者又は学校施設の設置者である。

なお、地方公共団体では、学校事故に備えて、十分対処できるようにするため、全国市長会学校管理者賠償責任保険、全国町村会学校管理者賠償責任保険等の保険制度を設けていたり、災害共済給付の加入に際して免責の特約を付けていたりする。

⑵　民法に基づく損害賠償の請求

①　不法行為の一般原則

まず、民法の規定について述べることとする。

民法第七百九条では、「故意又は過失によって他人の権利又は法律上保護される利益を侵害した者は、これによって生じた損害を賠償する責任を負う。」として、故意又は過失によって違法に他人に損害を加えた場合（不法行為）には、加害者にその損害を賠償する責任を課している。これは、加害者個人の責任を規定したものであり、不法行為による損害賠償の一般原則を述べたものである。

②　責任無能力者の監督者の責任

未成年者が不法行為を行った場合に、その行為の責任を弁識する能力をもっていないときは、賠償の責任はないとしている（民法七一二）。しかしこのような場合は、監督すべき法定の義務ある者（親権者、後見人）、又は法定の監督者に代わって責任無能力者を監督する者すなわち代理監督者（保育士、教員等）が、責任無能力者に代わって賠償の責任を負うこととされている（民法七一四）。学校事故にあてはめれば、責任無能力者である児童生徒等が加害者であるとき、教員は代理監督者としての責任を問われることがあり得る。

この場合注意すべきことは、責任無能力者の監督義務者又は代理監督者が監督義務を怠らなかったことを立証すれば、その責任を負わなくてもよいとされていることである（民法七一四①ただし書）。

教員の監督義務の範囲について、東京地裁判決（昭四〇・九・九　昭和三九年(ワ)七三九五号）では、「公立中学校の低学年担任の教員や学校長は、学校教育法によって生徒を親権者等の法定監督義務者に代って監督すべき義務を負うものであるが、中学校においては生徒は責任能力者に近い程度の事理の弁識能力を有し、かつ幼稚園や小学校と異なり、教員は生徒の学校ないしこれに準ずる場所における教育活動及びこれに随伴する活動についてのみ生徒と接触することを考えれば、……生徒の特定の生活関係すなわち、学校における教育活動及びこれと密接不離の関係にある生活関係についてのみ監督義務を負うと解するのが中学校教員の地位、権限及び義務に照して相当と解する。これを生徒の不法行為についての責任についていえば、学校における教育活動及びこれと密接不離の関係にある生活関係に随伴して生じた不法行為、いいかえれば、その行為の時間、場所、態様等諸般の事情を考慮したうえ、それが学校生活において通常発生することが予測できるような行為についてのみ、中学校教員は代理監督者として責任を負うものと解される。」として、放課後の生徒間の事故については監督義務はないとした。してみると、教員の代理監督義務は、学校の教育活動ないしはこれと密接不離の関係にある生活関係における義務ということができる。

③　使用者の責任

民法第七百十五条第一項は、「ある事業のために他人を使用する者は、被用者がその事業の執行について第三者に加えた損害を賠償する責任を負う。ただし、使用者が被用者の選任及びその事業の監督について相当の注意をしたとき、又は相当の注意をしても損害が生ずべきであったときは、この限りでない。」として、いわゆる使用者責任を定めている。学校事故についていえば、不法行為を行った教員に対し使用者としての地位にある者（学校設置者）が、教員について選任、監督上の相当の注意を行っていた場合など一定の場合を除いて、教員の不法行為について損害賠償の責任を負うことになる。

なお、この場合に、民法第七百十五条第三項は「前二項の規定は、使用者又は監督者から被用者に対する求償権の行使を妨げない。」として、最終的な責任を有する不法行為を行った被用者に対して、使用者はその支払った損害賠償金の支払いを求めることができる。

④　工作物の瑕疵による責任

更に民法第七百十七条第一項は、「土地の工作物の設置又は保存に瑕疵があることによって他人に損害を生じたときは、その工作物の占有者は、被害者に対してその損害を賠償する責任を負う。ただし、占有者が損害の発生を防止するのに必要な注意をしたときは、所有者がその損害を賠償しなければならない。」として、占有者又は所有者の工作物責任を認めている。この場合においても第七百十五条の使用者責任の場合と同様に、同条第三項は「前二項の場合において、損害の原因について他にその責任を負う者があるときは、占有者又は所有者は、その者に対して求償権を行使することができる。」として求償の規定を設けている。

(3)　国家賠償法に基づく損害賠償の請求

①　国家賠償法の適用上の問題点

一般的な不法行為については、右に述べたような民法によってその解決が図られる。しかし、公立学校の教職員のような公務員が行った不法行為や公立学校のような営造物の設置又は管理に瑕疵があったために損害を生じたときは、国家賠償法の規定の適用が考えられる（なお、国立大学法人には国家賠償法が適用されるとする複数の下級審の裁判例がある。）。

このような損害賠償の請求について問題となるのは主に次のようなことである。

(ア)　教職員の不法行為により損害が発生した場合、国家賠償法第一条の適用はあるのか。すなわち、教育作用（活動）が「公権力の行使」に該当するか否かの問題である。

(イ)　仮に国家賠償法の規定にのせても、そこでは教職員の故意・過失が問題となるが、いかなる場合に故意・過失があるとされているのか。

(ウ)　「公権力の行使」に基づく損害賠償と公の営造物の設置管理の瑕疵に基づく損害賠償とは、事例によっては微妙にからんでくるが、公の営造物の設置管理の瑕疵とはいかなることをいうのか。

(エ)　市町村立小・中学校等の教職員などいわゆる県費負担教職員にかかるものについては、その賠償を負担する者は市町村なのか又は都道府県なのか。

(オ)　加害教職員に対する都道府県又は市町村の求償権はどのような場合に行使できるのか。

(カ)　民法に基づく損害賠償請求との関係はどうなのか。

(キ)　被害者にも過失があった場合に損害賠償額はどのように影響されるのか。

そこでこれらの問題について検討する。

② 教育作用（活動）と公権力の行使の関係

国家賠償法第一条第一項によれば、「国又は公共団体の公権力の行使に当る公務員が、その職務を行うについて、故意又は過失によって違法に他人に損害を加えたときは、国又は公共団体が、これを賠償する責に任ずる。」ものとされている。したがって、教職員の授業中等の行為に起因する事故による損害賠償請求について国家賠償法第一条が適用されるためには、まず第一に教育作用が「公権力の行使」に該当することが前提となるのである。逆に、教育作用が公権力の行使に該当しないとすれば、教職員の行為に起因する損害賠償を公共団体に対して請求するためには民法第七百十五条（使用者の責任）に基づいてこれを行うこととなる。しかし、民法は、学校設置者（使用者）が教職員（被用者）の選任・監督上相当な注意をした場合には、学校設置者（使用者）は使用者責任を免れる旨を規定しており（民法七一五①ただし書）、この場合、民法第七百九条による加害者個人に対する請求しかできなくなる。これに対し、国家賠償法にはかかる免責条項はない。したがって民法によるよりも国家賠償法によるほうが被害者に有利であるというので、まず第一次的に国家賠償法第一条第一項に基づき公共団体に損害賠償を請求するのが、学校事故にかかる損害賠償請求訴訟においても通例である。

今日の圧倒的多数の裁判例は、国家賠償法第一条の「公権力の行使」を広義に解し、非権力作用も含まれるとする見解にたつ。すなわち、「公権力の行使とは、国又は地方公共団体がその権限に基づき、優越的な意思の発動として行う権力作用のみに限らず、純然たる私経済作用及び同二条にいう公の営造物の設置管理作用を除くすべての作用を包含するものと解するのが相当であるところ、……教師の行う教育活動は、同条にいう公権力の行使に当たるものというべきである」（横浜地裁判決　昭五七・七・一六）と判示されており、最高裁もこの上告審で「国家賠償法一条一項にいう『公権力の行使』には、公立学校における教師の教育活動も含まれると解するのが相当」とし、かかる見解を支持している（最高裁第二小法廷判決　昭六二・二・六）。

このように、公立学校の教育活動に伴って生じる事故に国家賠償法第一条の適用を肯定するのが今日一般判例の見解であり、その中でも私経済作用に属する公務員の行為を含めて一切の公務員の職務上の行為を含むとする見解（学説上では最広義説という）がもっとも主流をなすものといえる。

③　故意・過失

「公権力の行使」の意味するところについては以上のとおりであるが、教育作用が「公権力の行使」に該当しても、教職員の行為に関連する損害についてそれだけで公共団体が損害賠償責任を負うといったものではない。公共団体が賠償責任を負うのは、㋑教職員がその職務を行うについてなされたものであること、㋺加害行為が教職員の故意又は過失に基づいていること、及び㋩加害行為により損害が発生していることの三つの要件を充足する場合である。

この項においては、教職員の職務中のいかなる行為に故意・過失があるとされるかを中心としてみることにしよう。

「故意」とは、一定の結果の発生とそれが違法であることを知りながら行う場合であり、「過失」とは、普通に尽くさなければならない注意を怠る場合を指す。

学校事故をめぐる教職員の故意・過失についていえば、故意による場合はほとんどなく、それは主として過失の場合であろう。いかなる場合に過失があったか判断するにはそれは結局個々の事例ごとにみることになるが、まず、ここで判例上はいかなる場合に教職員等の過失が認定されているかをみることとしよう。

(ア)　技術科の工作の授業中、技術科教科書及び文部省作成の「技術科・家庭科運営の手びき」の記載と異なる方法を、その危険性を認識することなく、生徒に指示したこと等は、技術担当教員としての注意義務に違反し過失を構成するものである（昭四二・八・三〇　昭和三九年(ワ)一号　広島地裁三次支部判決）。

(イ)　水泳訓練に当たって水泳場設定場所の調査、安全性の確認、生徒に対する入水に当たっての注意警告、危険区域へ落ちこまないための厳重な監視をすべき注意義務を果たしていれば事故は防止しえたのであり、これを果たさなかったことは教職員に過失があり、また、監視船についての予算措置を講じなかったこと及び危険防止の方途を講じなかったことは教育委員会の職員等にも過失がある（昭四一・四・五　昭和三一年(ワ)二九号　津地裁判決）。

(ウ)　小学校の体育授業の水泳訓練中児童の状態を機敏にとらえて適宜の処置をとりえず、水面下に沈んで浮上しないことに気付かず、事故を防止しえなかったことは、不可抗力といえず、事前の注意に頼りすぎ、個々の児童の動静に対する注意が不足した結果であって、教員の過失である（昭四〇・四・二一　昭和三六年(ワ)八〇号　松山地裁西条支部判決）。

以上は過失が認定された事例であるが、教職員に過失がないとされたものとして、次の事例がある。

(エ)　中学校の製図の授業で教員が個別指導中生徒が定規の貸し借りに際しこれを二つに折ろうとしている動作に気付かなかったこと等には過失がなく、また中学校三年生は是非善悪の弁識力を具有していたと見るべきであって彼等の行動に対して教員には責を負うべき理由はない（昭三八・一・一二　昭和三五年(ワ)二六六号　宇都宮地裁判決）。

事例においても分かるように水泳指導等危険の伴うものについては高度の注意義務が必要とされ、その注意けたいは過失があるものとされる。また、児童生徒等の是非善悪の弁別力の差により注意義務の程度は異なるものである。例えば、同じ状況下においても高等学校の生徒に対しては単に事前に注意を与えるだけでよい場合であっても、小学校の児童には注意とともに事故が起こらないよう注意深く監視していることが要請される場合もあるであろう。

なお、国家賠償法に基づく損害賠償の責任は学校の設置者たる都道府県や市町村であり、教職員に対する請求は許されないとされている（国立大学法人には国家賠償法が適用されるとする複数の下級審の裁判例がある。）。

最高裁昭和四十七年三月二十一日判決では、「公権力の行使に当たる国の公務員が、その職務を行なうについて、故意または過失によって違法に他人に損害を与えた場合には、国がその被害者に対して賠償の責に任ずるのであって、公務員個人はその責任を負わないと解するのが相当である。」としており、その他、最高裁昭和三十年四月十九日判決等も同旨の判断をしている。

④　営造物の設置管理の瑕疵

公の営造物の設置又は管理に瑕疵があったために他人に損害を生じたときは、国又は公共団体は、損害賠償の責任を負うものとされる（国家賠償法二①）。公の営造物とは、学校校舎はもちろんプール、遊動円棒、鉄棒、臨海学校の飛込台など行政主体により公の目的に供用される有体物ないし物的設備であり（いわゆる公物に等しい）、設置又は管理の瑕疵とは、営造物の設定・建造に不完全な点があること又は営造物の維持、修繕、保管に不完全な点があることをいい、例えば設計の不備や材料の粗悪などは設置の瑕疵に当たり、鉄棒の挿入された穴が拡大し、鉄棒が動揺するのを放置したため児童生徒等が負傷したり、遊動円棒の腐朽のためこれに乗った児童生徒等が死傷したような場合は管理の瑕疵に当たるであろう。

ところで、この国家賠償法第二条にいう公の営造物の設置又は管理の瑕疵に基づく国又は公共団体の賠償責任については、公の営造物の設置又は管理に当たる公務員の故意・過失の有無は問題とならず、客観的に営造物に瑕疵があれば、それだけで国又は公共団体が損害賠償責任を負わなければならないものである。対象物の広範さとともに無過失責任であり、かなり厳しいものなのである。

事例としては、例えば、設置管理の瑕疵を肯定したものとして、水深約一メートルの浅瀬に置かれた飛込台はその管理に瑕疵があったとする前記東京高裁判決（昭二九・九・一五）、否定したものとして、単に定置使用する場合の安全装置のない電気かんなを備えつけたことあるいは小木片を削るための送材板を備えつけておかなかったことが、直ちに営造物を構成する物的設備の瑕疵とはならないとする前記広島地裁三次支部判決（昭四二・八・三〇）などがある。なお、前記東京高裁判決は、教育作用は公権力の行使に当たらないとしたが営造物の設置管理の瑕疵に基づくものとして救済しており、広島地裁三次支部判決は、物的設備の瑕疵とはしないが、教員の過失として国家賠償法第一条により村に損害賠償責任ありとしている。

この営造物管理責任は、もともと公権力の行使とは関係なく私法上の責任とされていたので、国家賠償法のできる以前は、民法第七百十七条が適用され、国又は地方公共団体の責任が認められていた。国家賠償法はそれを明確にするとともに、営造物の管理者と管理費用負担者のどちらにも賠償責任があるとしたのである。

⑤　市町村と都道府県との関係

公権力の行使に当たる公務員がその職務を行うについて故意・過失によって違法に他人に加えた損害又は公の営造物の設置管理の瑕疵に基づく損害等については、国又は公共団体は賠償責任を有するが、市町村立学校については、教職員の給料負担、服務監督等について都道府県と市町村とは密接な関係にあり、果たしてどちらが負担すべきかの問題がある。

国家賠償法は、賠償責任者について、次のとおり規定している。

第三条　前二条の規定によつて国又は公共団体が損害を賠償する責に任ずる場合において、公務員の選任若しくは監督又は公の営造物の設置若しくは管理に当る者と公務員の俸給、給与その他の費用又は公の営造物の設置若しくは管理の費用を負担する者とが異なるときは、費用を負担する者もまた、その損害を賠償する責に任ずる。

②　前項の場合において、損害を賠償した者は、内部関係でその損害を賠償する責任ある者に対して求償権を有する。

すなわち、公権力の行使に基づく損害の場合は、選任監督者と費用負担者が異なるときは、その費用負担者も、また公の営造物の設置管理の瑕疵に基づく損害の場合は、公の営造物の設置管理者とその費用負担者が異なるときはその費用負担者も賠償責任を負うものとし、被害者の選択により両者のいずれに対しても請求をなし得ることとして被害者の便宜を図るとともに、損害を賠償した者は、内部関係で賠償責任ある者に対して求償権を有するものとしているのである。

ところで、市町村立小・中学校等の教職員などいわゆる県費負担教職員については給料その他の給与の負担者は都道府県であり（市町村立学校職員給与負担法一、二）、またその任命権者は都道府県の教育委員会であるが（地教行法三七①）、県費負担教職員は市町村の職員であり、その服務を監督する者は市町村の教育委員会である。したがって県費負担教職員の不法行為について、「公権力の行使」に当たるものとすれば、被害者は市町村に対しても都道府県に対しても、損害賠償を請求することができることとなろう。しかし、市町村立学校の県費負担教職員は市町村の職員であり、市町村は設置する学校を管理し、法令に特別の定めのある場合を除いてその学校の経費を負担するものであり（学教法五）、市町村立学校職員給与負担法第一条ないし第二条は給料その他の給与を都道府県の負担とすることを規定するにとどまるから、県費負担教職員の不法行為にかかる損害の究極的な賠償責任者は市町村と解すべきではなかろうか。したがって、被害者は県と市町村のどちらに対しても請求可能であるが、県が賠償した場合は県は市町村に求償できるけれども、市町村が賠償した場合にあっては市町村は県に求償できないということになろう。

次に、公の営造物の設置管理の瑕疵に基づくものについては、市町村立学校の施設費は、都道府県の負担とされていないから都道府県の費用負担者としての損害賠償責任は問題とならず、学校の設置者たる市町村の負担である（学教法五）。もっとも、他に損害の原因について責に任ずる者があるときは、これに対して求償することができる

（国家賠償法二②）。

更に公権力の違法行使及び公の営造物の設置管理の瑕疵に基づく場合を除き、県費負担教職員が職務遂行に際して加えた損害を、市町村が、その使用者として賠償する場合も、もちろん、都道府県の賠償責任の余地はない。この点について松山地裁西条支部判決（昭四〇・四・二一　昭和三六年(ワ)八〇号）は、小・中学校教育は市町村の事業であり、その教員の使用者も市町村であって県ではないから、県は民法第七百十五条に基づく責任はないとしている。

⑥　過失相殺

公共団体が損害賠償責任を負う場合において、事故の原因又は被害の拡大が、教員等の過失や施設設備の瑕疵だけでなく、被害児童生徒等あるいはその保護者たる両親等の不注意（過失）にもあるときは、その過失の程度に応じて損害賠償額が減額される。

民法第七百二十二条第二項は、「被害者に過失があったときは、裁判所は、これを考慮して、損害賠償の額を定めることができる。」として過失相殺を明らかにし、国家賠償法第四条は、同法による損害賠償の場合にもこの民法の規定が適用されるとしている。

⑦　加害教職員に対する求償権

公共団体が、被害者に対して損害賠償金を支払ったときは、加害公務員に対して求償権を有する。ただし、加害公務員に故意又は重過失が認められた場合に限る（国家賠償法一②）。重過失とは軽過失に対する概念であって、著しく注意を欠いた状態をいい、その挙証責任は国又は公共団体にある。損害賠償の求償は、確定判決に基づく場合はもちろん、和解、調停による場合でもよく、また国又は公共団体が任意に履行した場合でも可能である。また、公務の遂行を通じて公権力の行使という行政目的に達していることなどに照らせば、生じた損害の全額を直ちに求償できることにはならず、その公務の性格、規模、施設の状況、当該公務員の業務内容等、損害の公平な分担という見地から信義則上相当と認められる限度においてのみ、当該公務員に対し求償の請求をすることができると解されている。なお、公立高校剣道部けいこ中の熱射病による生徒死亡事故について、重大な注意義務違反が認められる教師に対する求償権の不行使が違法とされた判例（平二九・一〇・二　福岡高裁判決）がある。

2　学校事故と教員の注意義務――判例における基準

(1)　基本的な考え方

学校事故により児童生徒等が死傷した場合に、学校側はいろいろな法的な責任を追及されることがある。その一つとして当該地方公共団体が被害者やその保護者から損害賠償を求められることがある（民事責任）。これは学校事故で最も問題となる法的責任であり、決着までに時間がかかることが多い。また、校長や教員が教育委員会から職務上の義務違反として懲戒処分を受けることがある（行政責任）。まれにではあるが、水泳指導中の児童生徒等の死亡の場合などに過失致死罪、体罰による負傷等の場合に暴行罪や傷害罪などに問われることもある（刑事責任）。

校長、教頭及び各教員等は、事故を起こさないよう、児童生徒等に対し適切な安全指導を行い、その行動を十分に監督し、施設設備の安全性確保に十分配慮する必要があるのはもちろんである。しかし、一方、事故の発生ひいてはこのような責任問題の発生をおそれるあまり、危険性が少しでもあることは児童生徒等に行わせないということになれば、教育活動は萎縮し、たくましい子供たちを育成していくことはおぼつかない。

したがって、どのような場合にどのような法的責任が問われることになるのかという法的責任追及の仕組みについての教員の正しい理解が活発な教育活動を進める上からも必要なこととなろう。特に、その中で、損害賠償責任の前提である教員の過失とは何か、裏を返せば教員にはどのような注意義務が課されているかの理解が重要であり、問題にもなるところである。学校事故に関する法的責任の基本的な仕組みについての概括的な解説は**1**で述べたので、次項ではこの注意義務の問題について焦点を当ててみたい。

⑵　教員の注意義務

公立学校の教員の職務に関し発生した学校事故による損害賠償については、民法ではなく国家賠償法が適用になり、地方公共団体がもっぱら責任を負うとするのがほぼ確立した判例（国立大学法人には国家賠償法が適用されるとする複数の下級審裁判例がある。）だが、この責任の発生も、教員に故意又は過失があることが前提となる（国家賠償法一）。問題となるのは大部分が過失である。

「過失」とは、通常尽くさなければならない注意を怠る場合をさす。この注意義務違反には、結果発生の予見が可能であり、それを予見しておくべきであったのにそれを怠ったという「予見義務違反」と、予見した結果の回避が可能であり、回避すべく何らかの措置をとるべきであったのにそれを怠ったという「結果回避義務違反」が含まれる。すなわち、結果の予見又は回避のいずれかに非難すべき落度があった場合に過失ありと認定されるのである。

それでは、教員が職務上要求される注意義務はどのようなものだろうか。これは法令上明らかではないが、判例を整理すると一定の基準を設定することができると思われる。通常「注意義務の範囲」として論じられているところを、注意を及ぼすべき範囲の問題と、口頭注意で足りるかどうかというような注意の内容・程度の問題と一応区別して考えてみたい。

①　注意義務の範囲

まず、注意義務の範囲については、

㈠　教員は親権者のように児童生徒の全生活関係について監督義務を負うものではなく、学校における教育活動及びこれと密接不離の生活関係についてのみ監督義務を負う。

㈡　ただし、その範囲は、対象となる児童生徒等の発達段階により若干広狭がある。

ということである。

(ア)に関しては、具体的に問題となるのは、授業開始前、休憩時間、放課後の事故、教員の勤務時間外のクラブ活動の場合の事故などである。

(イ)　放課後については、放課後の教室での小学校児童のけんかの場合に「教場での教育活動が終了した以上は、全員が退室下校するのを見届けなければ児童の安全を保持しえないと予測しうるような特別の事情がない限り、担任教師には最後まで教室に在室して児童を監督すべき注意義務は存しない」と判示されており（昭四九・一〇・三一　高松高裁判決）、一般には注意義務の対象となる生活関係からは除かれている。

(ロ)　始業前については、小学校で予鈴から授業開始の間に起きた事故の場合に「少なくとも校長は、第一予鈴の時刻から授業開始までの間、校内において、児童間のけんかないしその類似行為による傷害事故が発生することのないよう、児童を保護し監督する義務があった」とする判例がある（昭五一・二・二七　大阪地裁判決）。

(ハ)　休憩時間については、「教育活動がなされる時間ではなく、一応生徒が各自自由に過ごしうる時間ではあるが、授業時間の合間であり、教員、生徒は休憩、あるいは授業の整理、準備等をするのが通常であって、学校における教育活動が終了し、生徒が下校することが予定されている放課後や自宅にいるのとは違って、学校教育活動と質的、時間的に密接な関係を有し、休憩時間中の生徒の行為であるからといって教員の監督が及ばないと解するのは相当ではない」とされている（昭五一・一一・二五　京都地裁判決）。

(ニ)　クラブ活動については、これはまさしく学校教育活動そのものであるから、教員の勤務時間を超えて実施される場合においても、「これを実施する限り、指導担当教師は、勤務時間外においてもその職務上の義務として生徒の生命自体の安全について万全の注意を払うべき」（昭四五・七・二〇　熊本地裁判決）とされる。ただし、学校の教育計画外で児童生徒等が自主的に集まって練習等を行った場合は別である。

次に、(イ)については、後述する注意義務の内容・程度の場合とは異なり、必ずしも明確な差異を見いだせないが、抽象的には、「中学校においては生徒は責任能力者に近い程度の事理・弁識能力を有し、かつ幼稚園や小学校と異なり、教員は生徒の学校における教育活動及びこれに随伴する活動についてのみ生徒と接触することを考えれば……学校における教育活動及びこれと密接不離の関係にある生活関係についてのみ監督義務を負うものと解するのが中学校教員の地位、権限及び義務に照して相当と解する。（傍点筆者）」と述べている判決があり（昭四〇・九・九　東京地裁判決）、この文言からみると、発達段階、学校段階が進むほど若干狭く解しようとすることがうかがえる。

② 注意義務の内容・程度

更に、注意義務の内容・程度についても、

(ア) 児童生徒等の発達段階に応じて、そのみずからの危険を判断し、回避することのできる能力が低いほど教員の注意義務の内容・程度が厳しいものとなる。

(イ) 当該教育活動が危険性の高いものであるほど教員の注意義務の内容・程度が厳しいものとなる。

ということがいえるであろう。

(ア)について、例をあげてみよう。

㋑ 幼稚園児の場合、その判断能力、行動能力は極めて低いことを考慮して、単に口頭で園児に危険から遠ざかるよう注意を与えるだけではなく、物理的に危険から遮断されるような具体的措置をとるべきことを判決は要求している。例えば、園児が教諭が床に置いた熱湯入りのやかんにつまずいて熱湯を浴び、やけどをした事例について、教諭が口頭でやかんに注意するよう口頭注意を与えていただけでは到底注意義務を果たしたとはいえず、熱湯の入ったやかんを教室の床に置いたこと自体重大な過失であるとして責任を認めた判例がある（昭四五・五・七　東京地裁判決)。

㋺　小学校については、低学年と高学年ではかなり事理弁識能力が異なるので、注意義務も学年によって異なってくる。しかし、小学校の低学年の場合でも、小学校の一年生の児童が熱湯入りのやかんを運ぶ途中で転び、やけどを負った事例について、担任教諭は「ストーブ、やかんの取扱いの危険を十分意識し、教え子に対し学級会等を通じて常々十分の注意を与えてきた」ので過失はないとした判例があり(昭四五・一〇・一一　徳島地裁判決)、口頭注意も有効とみる場合があるという点で、幼稚園とはかなり異なった判断がなされていると考えられる。

㋩　中学生については、「中学一年生の場合、幼児や小学校低学年の児童と比較すれば、心身の発達も相当進み、判断能力、行動能力も備わりつつあるから、生徒自身が危険箇所の発見、危険回避の行動、自己規制等をある程度なしうることは期待できるけれども、心身の発達程度は成人に比して未熟であるから、教職員に課せられた右注意義務は相当高度のものというべきであり、一三歳前後の通常の判断力、行動力によってもなお危険発生の可能性がある箇所を早期に発見し、生徒に適切な注意を与え、その行動を監視して、生徒の生命、身体の安全を確保すべき注意義務がある」と判示するものがある(昭五二・一一・二一　長野地裁判決)。

㋥　高等学校生徒については、ほぼ成人に近い能力を有するため、教員の注意義務はかなり軽減されている。

例えば、担当教員指導の下での柔道部の夏期特別練習中に一年生部員が負傷した事例につき、「高等学校生徒は、……ほぼ成人に近い弁識能力を備え、自らの行動とその結果を理解し、自らの行動を自主的に決定する能力を概ね具有していると解されるから、校長及び教員としては、生徒の自主的判断と行動を尊重しつつ、なお不十分とみられる判断力、理解力、責任感、自主性を助長し、常識ある社会人に育成するという教育活動の目的に従い、生徒の判断、行動に助言、協力、指導を与え、その逸脱を防止すれば足り、生徒の判断過程及び行動と結果を逐一監視する義務まで負うものではない」と一般論を述べ、担当教員の過失を否定した（昭四九・四・二六　大阪地裁判決）。

このように、一般には高等学校の教員には逸脱のないよう「かじ取り」をすることが要求される程度である。ただし、この判決でも「当該生徒の判断力、体力、運動能力等が著しく劣る状態にあることが、教育活動を担当する教員において明らかな場合には、当該教員が当該生徒の特殊性に応じた教育活動をなし、これに応じた監護義務を負うことは言うまでもないところである」と判示するように、生徒の能力については高校生一般としての判断だけでなく具体的な判断も加味することが必要である。

(イ)の点については、例えば、体育時間中の前方空中回転の練習について、みずから、又は十分習熟した補助者が練習に立ち会って、補助、監督、指導をするか、それができないときは練習を差し止めさすべきであるとする判例がある（昭四七・八・三〇　大阪地裁判決）。危険性が高い、すなわち事故発生の予見可能性が高いということで、極めて高い注意義務が要求されているといえよう。水泳指導についても、その危険性の高さにかんがみ高い注意義務が課されている。

なお、私立高等学校のサッカー部活動の試合が雷鳴の中行われ、参加した部員が落雷を受けて重傷を負った事例について、「雷鳴が大きな音でなかったとしても、サッカー部の引率者兼監督であった教諭は落雷事故発生の危険が迫っていることを具体的に予見することが可能であったし、また予見すべき注意義務を怠ったというべきである」（平一八・三・一三　最高裁第二小法廷判決）とされているように、予見可能性という観点では、児童生徒等の状況や校内の過去の事故の状況にとどまらず、近年の科学的知識のフォローも含めて、状況に応じて考慮される範囲や程度は多岐にわたる。いずれにせよ、ヒヤリハットの共有や最新の知見・事故事例等を教職員内で周知徹底し、これらに基づき、児童生徒の安全確保に取り組むことが必要である。事故が発生した場合、迅速かつ適切な対応をとることが必要なのは言うまでもないが、通常予想される危険に対し、通常備えるべき安全性が十分に確保されているかどうかをチェックするという視点を常に持ち続けることが重要である。

また、参考とすべき最近の判例としては次のものがある。

〈その他の参考判例〉

○小学校四年生が、学校プールで水泳の授業中、飛び込みをしてプールの底で頭を打ち、頚椎損傷の障害を負った事例（平一三・三・二七　地裁判決）

⇒プールでの飛込みの危険性や類似の事故が少なからず起きていることが広く認識されている事情に照らして、担任教諭は被害児童の技能や注意事項の把握度合いを確認してそれに応じた助言や指導を行うべきであったのに、被害児童に漫然と飛び込みの許可を与えたことに関して過失があったと指摘。

○高等学校三年生が修学旅行中水難事故で死亡した事例（平二三・五・一三　横浜地裁判決）

⇒修学旅行の引率教員は、町役場、海上保安部等の関係官公署に問い合わせるなどして、危険個所の有無及び同所で海に入る場合の注意点等の情報を収集したうえ、これを基に十分な実地調査を行う義務があったと指摘。

○教室内での児童による突発的な事故により、児童が目にけがを負った事例（平二〇・四・一八　最高裁判決）

⇒教室内における突発的な事故の場合には、担任教諭において、当該事故の発生を予見しえたか否かが過去の有無の判断に当たり重要な考慮要素となる。本事例では、加害児童が日ごろから特にその動静に注意を向ける必要があったという事情がうかがわれないこと、直前までその行動は特に危険なものでもなかったこと等から担任教諭に過失はないとした。

○バレーボール部員がボールを取るために体育館の天井部分から転落し、後遺障害を負った事例（平二五・七・二九　大阪地裁判決）

⇓過去に天井部分に乗ったボールを取ろうとして梯子を使って天井部分に上ったために事故が発生しているにも関わらず、天井部分にボールが乗らないようにする措置や物理的に本件梯子を使用できないようにする措置をなんらとっていない過失があったと指摘。

第一三　学校と保護者・地域住民

一　学校評価とその公開について

1　学校の説明責任

子供の健やかな成長を図っていくため、保護者や地域住民の信頼に応え、家庭や地域と一体となって特色ある学校づくりを進めることが求められる学校にとっては、保護者や地域住民に積極的に情報を公開し、共通理解を得ていくなど、説明責任を果たしていくことが重要である。

2　学校評価とその結果に基づく学校運営の改善について

(1)　学校評価の必要性

学校の教育活動等の成果を検証し、必要な支援・改善を行うことにより、児童生徒がよりよい教育活動等を享受できるよう学校運営の改善と発展を目指し、教育の水準の向上と保証を図ることが重要である。また、学校運営の質に対する保護者等の関心が高まるなかで、学校が適切に説明責任を果たすとともに、学校の状況に関する共通理解をもつことにより相互の連携協力の促進が図られることが期待される。

こうしたことから、学校の教育活動その他の学校運営の状況について評価を行い、その結果に基づき学校及び設置者等が学校運営の改善を図ること、及び、評価結果等を広く保護者等に公表していくことが求められる。

(2)　学校評価制度の経緯

教育活動その他の学校運営の状況についてみずから評価を実施し、その結果を公表するとともに、当該結果に基づき改善を図ることが重要であることに鑑み、平成十四年四月に施行された小学校設置基準等において、自己評価の実施・公表に努めることや、積極的に情報を提供することについての規定が初めて設けられた。

これを受けて、各教育委員会において特色ある学校評価の指針や独自の手引書が作成され、現在では全国ほとんどの公立学校で自己評価が実施されるようになったが、その一方で、学校評価の実施内容が不十分であるなどの指摘がなされてきた。

こうしたなか、学校運営の改善に果たす学校評価の重要性を踏まえて、自己評価・学校関係者評価（外部評価）などの具体の学校評価の取組みの促進のために、その総合的な根拠となる規定を法律に位置付けるべき、といった中央教育審議会や有識者会議からの提言を受けて、平成十九年に学校教育法が改正され、新たに学校評価に関する規定が設けられた。

具体的には、学校評価を行い、その結果に基づき学校運営の改善を図るための措置を講ずることにより、教育水準の向上に努めることが定められた（学教法四二）。また、学校に関する保護者、地域住民等の関係者の理解を深め、これらの者との連携協力の推進に資するため、学校運営の状況に関する情報を積極的に提供することについて定められた（学教法四三）。

さらに、この改正を受けて、平成十九年十二月に学教法施行規則が改正され、①すべての学校が自己評価を行い、その結果を公表すること（学教法施行規則六六）、②すべての学校が、自己評価結果を踏まえて学校関係者評価を行い、その結果を公表するよう努めること（同六七）、③各学校が行った自己評価や学校関係者評価の結果を、当該学校の設置者に報告すること（同六八）が規定された（なお、従来、小学校設置基準等に置かれていた関係規定は削除された）。

(3)　学校評価の目的と効果

学校評価は、以下の三点を目的として実施するものであり、これにより児童生徒がよりよい教育を享受できるよう学校運営の改善と発展を目指すための取組みと整理することができる。

① 各学校が、みずからの教育活動その他の学校運営について、目指すべき目標を設定し、その達成状況や達成に向けた取組みの適切さ等について評価することにより、学校として組織的・継続的な改善を図ること。

② 各学校が、自己評価及び保護者など学校関係者等による評価の実施とその結果の公表・説明により、適切に説明責任を果たすとともに、保護者、地域住民等から理解と参画を得て、学校・家庭・地域の連携協力による学校づくりを進めること。

③ 各学校の設置者等が、学校評価の結果に応じて、学校に対する支援や条件整備等の改善措置を講じることにより、一定水準の教育の質を保証し、その向上を図ること。

このため、学校評価の結果を踏まえ、各学校がみずからその改善に取り組むとともに、評価の結果を学校の設置者等に報告することにより課題意識を共有することが重要である。また、これを踏まえ、設置者等は予算・人事上の措置や指導主事の派遣を行うなどの適切な支援を行うことが必要である。更に、学校関係者評価の取組みを通じて、教職員や保護者、地域住民等が学校運営について意見交換し、学校の現状や取組みを知り、課題意識を共有することにより、相互理解を深めることも重要である。

このように、学校評価を学校・家庭・地域間のコミュニケーション・ツールとして活用することにより、保護者・地域住民の学校運営への理解と参画を促進し、家庭や地域に支えられる開かれた学校づくりを進めていくことが期待されるほか、学校評価を軸とした情報の共有と連携協力の促進を通じて、学校・家庭・地域それぞれの教育力が高められていくことが期待できる。

また、学校評価は、限られた時間や人員を、必要度・緊急度の高い活動や教育効果の高い活動に集中するといった、学校の教育活動の精選・重点化を進める上でも重要な役割を果たすものである。学校評価の取組みを通じて、学校として組織的かつ重点的に取り組むべきことは何かを把握し、その伸長・改善に取り組むことが期待される。

(4) 学校評価の実施手法

学校評価の実施手法としては、

○自己評価――学校評価の最も基本となるものであり、校長のリーダーシップのもとで、当該学校の全教職員が参加し、設定した目標や具体的計画等に照らして、その達成状況や達成に向けた取組みの適切さ等について評価を行うもの

○学校関係者評価――保護者、学校評議員、地域住民、接続する学校（小学校に接続する中学校など）の教職員、社会教育施設の職員、青少年健全育成関係団体の関係者、警察や児童相談所の関係職員などにより構成された委員会等が、学校の教育活動の観察や教職員との意見交換等の主体的・能動的な活動を通じて、自己評価の結果について評価することを基本として行うもの。教職員による自己評価と保護者等による学校関係者評価は、学校運営の改善を図る上で不可欠のものとして、有機的・一体的に位置付けるべきもの

○第三者評価――学校とその設置者が実施者となり学校運営に関する外部の専門家を中心とした評価者により自己評価や学校関係者評価の実施状況も踏まえつつ教育活動その他の学校運営の状況について専門的な視点から行うもの

の三つの形態に整理されている（『学校評価ガイドライン〔平成二八年改訂〕』参照）。

なお、各学校は、自己評価・学校関係者評価の結果と、それらを踏まえた今後の改善方策について、日頃の取組みなど学校に関する情報と併せ、学校便りへの掲載、学校ホームページへの掲載等により広く保護者や地域住民に積極

的に公表することが望ましい。
また、各学校は、学校評価の結果と今後の改善方策を取りまとめた報告書を設置者に提出することが求められる。設置者は、学校評価の結果を通じて各学校の状況を把握し、予算・人事などの支援・改善を適切に行うとともに、教職員や学校関係者評価の評価対象者に対する研修の充実を図ることが望ましい。

注　自己評価の実施に先立って、児童生徒や保護者等を対象とするアンケートや保護者等との懇談を行い、授業の理解度や保護者・児童生徒の意見・要望を把握することが重要である。従前、こうしたアンケートや懇談会の実施を「外部評価」とする例もあったが、現在は単なるアンケート等にとどまらず、保護者等による能動的・主体的な評価である「学校関係者評価」の実施に努めることが求められていることに留意が必要である。

3　学校の情報提供

(1)　学校教育法における規定

学校が保護者や地域住民の協力を得ながら教育活動を展開していくためには、学校の現状を保護者や地域住民によく理解してもらうことが必要である。学校は、これまでも、学校便りや授業の公開等を通じ、学校に関するさまざまな情報を保護者や地域住民に提供してきた。また、運動会や文化祭などの学校行事などを通じて、地域住民に対し、情報提供がなされてきた。

学校の情報提供については、平成十四年に「小学校設置基準」「中学校設置基準」が制定された際、新たに「小学校は、当該小学校の教育活動その他の学校運営の状況について、保護者等に対して積極的に情報を提供するものとする」ことなどが規定された。

その後、中央教育審議会や「学校評価の推進に関する調査研究協力者会議」における提言を踏まえ、平成十九年に学教法が改正され、その第四十三条において「小学校は、当該小学校に関する保護者及び地域住民その他の関係者の理解を深めるとともに、これらの者との連携及び協力の推進に資するため、当該小学校の教育活動その他の学校運営の状況に関する情報を積極的に提供するものとする」と規定された（なお、これに伴い、小学校設置基準等に置かれていた学校の積極的な情報提供についての規定は削除された。）。

⑵　情報提供の具体的な方法や内容

情報提供の方法としては、学校便りの発行や保護者等を対象とした説明会などの間接的な方法と、授業や学校行事を保護者や地域住民に公開する直接的な方法があり、それぞれの学校や地域の状況に応じて工夫することが必要である。前者については、近年、ホームページを開設し、インターネットを通じて情報を提供する学校が多くなってきている。また、後者に関しては、都道府県や市区町村の教育委員会が、域内で共通の期間を設定し、学校開放を促進する取組みも多くみられるようになってきている。

情報提供の相手方としては、主には保護者や地域住民が考えられるが、これに加えて、広く一般が必要な情報を得られるようにすることも必要である。特に、ホームページは、誰もが比較的容易にアクセスでき、多くの人々に対して情報を提供することが可能であるほか、大量の情報を一度に提供できることから、人々の多様な関心に対応することが可能であるという利点もある。各学校や教育委員会においては、このような特質を生かし、積極的にホームページを活用することが期待されている。

提供される情報の内容としては、学校としての活動全体がその対象となるが、実際には、提供すべき情報の具体的な内容や範囲等について、それぞれの学校や地域の状況等に応じて各学校等において判断されることとなる。

なお、実際に情報提供を行うに当たっては、学校に直接のかかわりをもつ保護者や地域住民に提供する情報と、インターネットを通じて広く一般に提供する情報とでは、おのずとその範囲が異なってくると考えられる。特に、児童生徒の個人情報の保護に十分に留意することが求められるほか、帰宅時間や通学路等に関する詳細な情報の提供については、児童生徒等の安全の確保の観点から、その提供方法や提供範囲に細心の注意を払うことが必要である。

二　学校評議員制度

１　学校評議員制度の趣旨

学校が地域住民の信頼に応え、家庭や地域と連携協力して一体となって子供の健やかな成長を図っていくため、よりいっそう地域に開かれた学校づくりを推進していく必要がある。このため、保護者や地域住民等の意向を把握・反映し、その協力を得るとともに、学校運営の状況等を周知するなど学校としての説明責任を果たしていく観点から、平成十二年に学校教育法施行規則が改正され、学校や地域の実情に応じて、その設置者の判断により、学校に学校評議員を置くことができることが規定された。

具体的には、小学校、中学校、義務教育学校、高等学校、中等教育学校、特別支援学校及び幼稚園に、設置者の定めるところにより学校評議員を置くことができること、また、学校評議員は、校長の求めに応じ、学校運営に関し意見を述べることができることとし、当該学校の職員以外の者で教育に関する理解及び識見を有するもののうちから、校長の推薦により、当該学校の設置者が委嘱するものとすることが規定されているところである。

なお、平成二十七年三月末現在、学校評議員を設置している公立学校の数は二八、七三一校（七五・四％）である。

２　設置に当たっての留意事項

学校評議員制度は、地域住民の学校運営への参画の仕組みを制度的に位置付けたものであり、学校や地域の実情に応じて柔軟な対応ができるようにすることが望ましいことから、省令には学校評議員に関する必要な基本的事項のみが定められている。このため、これを必置とするものではなく、人数や委嘱期間など学校評議員の具体のあり方については当該学校の設置者が定めるものである。

学校評議員は学校ごとに置かれ、一人一人がそれぞれの責任において意見を述べることが原則であるが、設置者の定めや校長の判断等により、必要に応じて、学校評議員が一堂に会して意見交換を行うことができる機会を設けるなど、運用上の工夫を講じることも考えられる。

三　学校運営協議会

1　学校運営協議会制度

学校と地域住民や保護者等が共同して学校づくりを行うとともに、より透明で開かれた学校運営を進め、地域に信頼される学校づくりを実現する観点から、平成十六年の地教行法の改正により、各教育委員会の判断により、地域住民や保護者等が一定の権限をもって公立学校の運営に参画する合議制の機関として学校運営協議会を設置することを可能とする制度が創設された。

具体的には、教育委員会は、教育委員会規則で定めるところにより、その所管する学校ごとに当該学校の運営に関して協議する機関として学校運営協議会を置くことができ、その委員を任命するものとされている（地教行法四七の六）。また、学校運営協議会の主な機能として、校長が作成する学校運営に関する基本的な方針を承認すること、学校運営について教育委員会又は校長に意見を述べることができること、当該学校の教職員の任用に関して任命権者に意見を述べることができ、任命権者はその意見を尊重することが定められている。

学校運営協議会を設置した学校（コミュニティ・スクール）における成果について平成二十七年度に実施した校長の意識に関する調査によると、「学校と地域が情報を共有するようになった」（九一・四％）、「地域が学校に協力的になった」（八五・一％）、「特色ある学校づくりが進んだ」（八二・七％）、「学校関係者評価が効果的に行えるようになった」（七九・五％）、「地域と連携した取組みが組織的に行えるようになった」（七九・三％）、「子どもの安全・安心な環境が確保された」（七九・二％）、「管理職の異動があっても継続的な学校運営がなされている」（七九・一％）などの認識が明らかになっている。

なお、平成二十九年四月一日現在、学校運営協議会を設置している公立学校の数は三、六〇〇校、学校運営協議会を設置している教育委員会の数は一一道県三六七市区町村である。

2　学校運営協議会制度の見直し

平成二十七年十二月に取りまとめられた中央教育審議会答申「新しい時代の教育や地方創生の実現に向けた学校と地域の連携・協働の在り方と今後の推進方策について」において学校が抱える課題が複雑化・多様化する中、地域住民や保護者等の協力を得て社会総がかりでの教育の実現を図っていくため、地域住民や保護者等と目標やビジョンを共有し、地域と一体となって子供たちを育む「地域とともにある学校」を目指して取組みを推進していく必要があること等が提言された。これを踏まえ平成二十九年三月に地教行法が改正され、学校運営協議会の設置が努力義務化されるとともに、学校運営協議会の設置をさらに促進するための制度の見直しが行われた（同年四月に施行）。

具体的には、すべての公立学校で学校運営協議会の設置を目指し、①教育委員会は学校運営協議会を置くよう努めることとされたこと、②学校運営協議会の協議事項として学校運営に必要な支援を加えるとともに、委員に学校運営に資する活動を行う者を含むこととされたこと、③教職員の任用に関する意見の範囲について、教育委員会規則で定めることにより教育委員会の判断に委ねることとされたこと、④学校運営で相互に密接な連携を図る必要がある場合に複数校で一つの学校運営協議会を設置できることとされたこと、⑤学校運営協議会の協議結果に関する情報を地域住民等に積極的に提供するよう努めることとされたことなどがあげられる。

四　地域と学校の連携・協働

平成二十七年十二月に取りまとめられた中央教育審議会答申「新しい時代の教育や地方創生の実現に向けた学校と地域の連携・協働の在り方と今後の推進方策について」において、地域と学校が連携・協働して、地域全体で未来を担う子供たちの成長を支え、地域を創生する「地域学校協働活動」を推進すること、そのために従来の学校支援地域本部等の学校と地域の連携体制を基盤に、新たな体制として「地域学校協働本部」を全国に整備することや、コミュニティ・スクール（学校運営協議会制度）の一層の推進を図るための方策を総合的に講じること等が提言された。

地域学校協働活動の推進は、平成二十八年十二月の中央教育審議会答申「幼稚園、小学校、中学校、高等学校及び特別支援学校の学習指導要領の改善及び必要な方策等について」において、「社会に開かれた教育課程」という新学習指導要領の理念を実現するために必要な方策のひとつとして示されている。それぞれの地域には、例えば社会教育で学んだ成果をボランティアで生かしたいという人々や、これまでの人生で培った資格や経験を学校で役立てたい、または引き続き学校現場で協力したいなどの希望を持っている退職教職員の方々がいる。地域によっては、大学生や大学院生のボランティア協力も得られよう。学習支援はもちろんのこと、部活動支援や学校環境の整備等、様々な場面において、こうした地域の人々の力を活用することにより、地域の活性化が図られると同時に、社会に開かれた教育課程の実現や学校にとっても子供と向き合う時間が一層確保できることが期待される。

前述の平成二十七年の中央教育審議会答申等を踏まえ、平成二十九年三月には社会教育法が改正された。本改正においては、地域学校協働活動をさらに推進すべく、

①地域学校協働活動の実施に当たり、教育委員会が地域住民等と学校との連携協力体制の整備等の必要な措置を講

ずること

②地域学校協働活動に関し地域住民等と学校との情報共有等を行う「地域学校協働活動推進員」を教育委員会が委嘱することができること

を規定している。学校との適切な連携の下に円滑かつ効果的に地域学校協働活動が実施されることで、社会に開かれた教育課程の実現や教職員の負担軽減など学校運営の改善に確実に資することを目指しているものである。

なお、地域と学校の連携・協働体制が構築されていることは、災害等の非常時においても力を発揮することが示された事例もある。地域と学校の連携・協働が進み、地域と学校が顔の見える関係を築いていくことは、災害時における避難所運営にも非常に有効であると言えよう。

このように、地域学校協働活動の推進により、地域の未来を担う人材を育成し、地域の人々の学びと社会参画の好循環を生み出すことで、教員の負担軽減や社会に開かれた教育課程の実現につなげるとともに、地域全体の教育力や絆《きずな》を強化し、持続可能な地域社会の発展や活性化を推進することにもつながるのである。

これらを受けて、地域学校協働活動を推進する際の参考の手引として、「地域学校協働活動の推進に向けたガイドライン」も策定されている。社会教育法の改正やガイドライン等を活用し、それぞれの地域や学校の実情を踏まえて、未来を担う子供たちを地域全体で支えることが重要である。

五　学校における情報公開・個人情報保護問題

続いて、学校における情報公開・個人情報保護問題について、具体的に例をあげて考察する。

１　指導要録をめぐる問題

指導要録は、児童生徒の学籍、各教科の学習の状況や行動などについて記録し、その後の指導や外部に対する証明等に役立たせるための原簿となるものであり、校長が作成することとされている（学教法施行規則二四①）。そして、学教法施行規則の規定により、学校に備えなければならない表簿の一つとされている（同施行規則二八①）。

指導要録の様式については、学校の設置者が定めることとされている（地教行法二一）が、指導要録の性格を考慮するとある程度全国的に統一性が必要であるとの考え方により、文部科学省が参考案を示している。

実際の使用に当たっては、学籍、指導の過程や結果の要約を記録し、学級担任が替わった際や転校・進学等の際、その後の指導に役立てるための資料として用いられており、また、対外証明等の原簿として用いられる際にも、証明に当たっては、申請の趣旨等を確認した上で、証明の目的に応じて必要最小限の対応がとられているようである。

指導要録の開示の場合、最も問題となるのは、本人からの開示請求にどのように対応するかということである。

指導要録の本人への開示については、評価の公正さや客観性の確保、本人に対する教育上の影響を考慮し、特に慎重な取扱いが行われており、各自治体や学校においては、本人への開示を前提としない取扱いがなされてきたが、近年、個人情報保護条例の制定などもあり、これらの条例に基づいて、指導要録の開示が児童生徒本人やその保護者から求められることがある。

指導要録は、指導のための資料でもあることから、これを本人に開示するに当たっては、個々の記載内容、特に文章で記述する部分などについては、事案によっては、それを開示した場合、評価の公正や客観性の確保、本人に対する教育上の影響の面で問題が生じることなども考えられるところである。すでに制定されている地方公共団体の個人情報保護条例においても、個人の評価等に関する情報については、事務の適正な執行に支障を生ずるおそれがある場合、開示しないことができる旨の規定が置かれているのが一般的であり、具体的な開示の取扱いについては、その様式や記載事項等を決定する権限を有する教育委員会において、それぞれの事案等に応じ慎重に判断することが適当であると考えられる。

なお、指導要録の本人開示については、平成十五年十一月の最高裁判決により、主観に左右される「所見」などを除く、客観的評価の部分の開示を認めるよう判示されたので、以下、その判決内容を紹介する。

○指導要録のうち、「所見」欄、「特別活動の記録」欄、「行動及び性格の記録」欄については、評価者の主観的要素に左右され、児童の良い面、悪い面を問わず、ありのままを記載していたものであり、このような情報を開示した場合、担任教師等と児童等との信頼関係が損なわれ、その後の指導等に支障をきたすことを懸念して指導要録の記載をさしひかえるなど、指導要録の記載内容が形骸化、空洞化し、適切な指導、教育を行うための基礎資料とならなくなり、継続的かつ適切な指導、教育を困難にするおそれがある。

○一方、指導要録のうち、「観点別学習状況」欄や、「評定」欄、「標準検査の記録」欄については評価者の主観的要素が入る余地が少なく、これを開示しても指導要録の形骸化等が生ずるおそれは考えにくく、非開示情報に該当しない。

2　調査書をめぐる問題

調査書（いわゆる内申書）は、中学校長が、高等学校長あて送付しなければならないとされ（学教法施行規則七八）、高等学校の入学者選抜は、原則として調査書、学力検査の成績等を資料として行うこととされている（学教法施行規則九〇①）。

調査書の様式や記載内容については、各都道府県教育委員会において定められている。

調査書については、個人情報保護条例等に基づき、本人からの開示請求などがなされる例が増えている。調査書は高等学校入学者選抜のために用いられる資料であり、その作成に当たっては評価が公正かつ客観的に行われることが重要であることを踏まえ、具体的な開示の取扱いについては、それぞれの事案に応じ慎重に判断することが適当であると考えられる。

なお、調査書の本人開示についての下級審の判断は、開示した場合の弊害に重きを置いて判断するもの（平一〇・三・四 神戸地裁判決）と教師の主観的評価を含む所見欄をはじめ全面開示を求めるもの（平一一・一一・二五 大阪高裁判決）とに分かれているが、指導要録の本人開示においては、平成十五年十一月十一日の最高裁判決により、主観に左右される「所見」などを除く、客観的評価の部分の開示を認めるよう判示されている。

3 体罰等の報告書をめぐる問題

体罰や学校事故については、学校の設置者において情報を把握する必要があるため、設置者が各学校に対して報告義務を課しているのが通常である。

報告書の提出根拠については、教育委員会の定める学校管理規則において「職員の身分上の取扱いを要すると認められる事実」や「児童生徒にかかる事故」について報告をなすべき旨の規定を設け、これを根拠としているところが多い。

報告書の様式は、通常、市町村教育委員会が学校管理規則において定めているが、その記載事項は、おおむね発生日時、発生場所、関係者、事故の概要、学校の対応措置等である。

また、市町村教育委員会から都道府県教育委員会への報告については、職員の身分上の取扱いの観点や市町村教育委員会を指導・監督する立場などから、報告を行わせているのが実情であり、報告義務を課した法令の規定はない。

ただし、体罰等の報告書は、学校管理規則の規定に基づいて公文書として作成されており、教育委員会内に保管・管理されている。

情報公開に関する状況についてみると、一部の地方公共団体で体罰等の報告書について情報公開の請求が行われた例がある。

これらの報告書の開示の適否に係る取扱いの方針については、都道府県により差異がみられるところであるが、これまでのところ情報公開の請求があった都道府県では、それぞれの定める情報公開条例に基づき、個人情報に関する部分を除いて一部開示を行っているところが多いようである。

4　職員会議録をめぐる問題

小・中・高・特別支援学校等における職員会議は、学教法施行規則第四十八条に基づき、校長の職務の円滑な執行に資するよう補助機関として置かれるものである。設置者の定めるところにより置かれるものであり、具体的には、教育委員会規則である学校管理規則や更にそれに基づく学校の内部規定である校務運営規程等に基づいて学校に置かれているものである。

職員会議の主な機能としては、

○校長の方針の伝達や職員相互の連絡調整の場としての機能

○校長が方針を決定するに当たり、事前に教職員に相談する場としての機能

○職員の研修の場としての機能

があげられる。

こうした職員会議の性格上、会議録は内部資料として会議の結果を記録したものであるが、こうした職員会議録が不開示情報に当たるか否かは、各地方公共団体における職員会議や職員会議録の位置付け等を総合的に勘案した上でそれぞれの定める情報公開条例の解釈・適用の問題として判断すべきである。

平成五年三月、神奈川県大和市教育委員会は、小・中学校の卒業式での国旗掲揚、国歌斉唱をめぐる職員会議録を開示し、その後、神奈川県相模原市、千葉県船橋市、埼玉県、新潟県新潟市、長野県、北海道帯広市、神奈川県や京都府京都市においても職員会議録が開示されているが、職員会議録を公開することは、会議における自由な議論や円滑な連絡調整に支障を及ぼすおそれがあるという問題も指摘されている。

5　個人情報の漏えい等について

「漏えい等」とは通常、漏えい、滅失、き損をいうが、これらを防ぐためには、安全確保措置を講ずることが必要である。安全確保措置には、一般に、施錠や立入制限等の物理的保護措置、情報の暗号化等の技術的保護措置、教職員への研修の実施や管理体制の整備等の組織的保護措置がある。

個人情報の漏えいについては、例えば、教職員が、児童生徒、卒業生又は教職員の個人情報（氏名、住所、電話番号、成績、進学・就職先、カウンセリング内容、勤務評定、診療情報等）を電子媒体（ＵＳＢ等）や紙媒体で学校から持ち出し、紛失したり、盗難に遭うなどの事案が散見される。また、インターネット上への流出も発生している。

こうした個人情報の漏えい等を防止するためには、まず教職員の自覚、自己管理を徹底することが求められる。また、教育委員会や学校において、個人情報の取扱いについて、ルールを明確化するとともに、「教育情報セキュリティポリシーに関するガイドライン」も参考にしながら、学校の内外で利用するパソコンのセキュリティ対策を講ずるなど、適切な管理体制を整えることが重要である。個人情報の漏えい等の事案が発生した場合には、上司への報告、関係機関への連絡、原因・事実の確認や二次被害等の調査、再発防止措置等必要な対応を迅速に行うことが重要である。

第一四　学校施設の目的外使用

一　学校施設という用語

学校は地域別にみると都市・山村を問わずまんべんなく存在する。しかも、私人の住宅などより大規模であり堅固であるし、放課後とか土・日曜日は使われていないこともある。そこで学校の施設を学校教育の目的以外にも使用させてほしいという要望が出てくる。

しかし、公立学校の施設は、行政財産として公法上の制約を受けるし、教育の場であるという特殊性からも制約を受ける。したがって、第一次的に学校の施設の使用許可の権限を委ねられている校長は、許可すべきか否かについてむずかしい立場に立たされることとなる。

以下、公立学校を念頭に置いて、その施設の使用をめぐって生じる具体的な事例についてどのように処理すべきかを検討していくこととしよう。その前に、「施設」という用語の意味及び公立学校の施設の使用の法律関係について基礎的な知識を整理しておく必要があると思う。

法令用語として、「施設」という語は二通りの意味に使われている。地自法第二百四十四条第一項は「普通地方公共団体は、住民の福祉を増進する目的をもつてその利用に供するための施設（これを公の施設という。）を設けるものとする。」と規定している。この公の「施設」とは、例えば、公民館、図書館、博物館、学校等をさすものであるが、その建物とか個々の設備を財産的管理の見地からとらえるのではなく、それを構成する個々の物的なものと人的なもの（人的なものの要素を欠く場合もある）の総合体としてとらえ、その総合体としての施設を住民の利用に供すべきものとして管理するものである。

これに対して、学教法第百三十七条で「学校教育上支障のない限り、……学校の施設を社会教育その他公共のために、利用させることができる。」と規定し、あるいは学校施設の確保に関する政令第三条第一項で「学校施設は、学校が学校教育の目的に使用する場合を除く外、使用してはならない。」と規定する場合の「施設」は、その物的なものすなわち校舎、体育館、プール、運動場等そのものをさすものである。

ここで扱う問題は、後者の意味での学校の施設すなわち校舎、運動場、体育館等の使用をめぐる問題である。前者の意味での施設の利用とは、学校への入学、図書館への入館のことをさすのである。すなわち、地自法第二百四十四条第二項で「正当な理由がない限り、住民が公の施設を利用することを拒んではならない。」と規定しているのは、正当な理由もなく、学校への入学、図書館への入館を拒否できないということなのであって、正当な理由がない限り、学校の体育館等を使用させることを拒んではならないということを意味するものではない。

二　学校施設の使用の形態

学校の施設が使用される種々の形態を、その支配する法律関係に着目して分類してみると、次のとおりとなる。

学校施設の使用の形態
- (イ) 学校教育本来の目的に使用する場合
- (ロ) 行政財産の目的外使用の許可を受けて使用する場合
  - 積極的場合……社会教育・スポーツ・文化のための使用
  - 普通の場合
    - 公共のための使用
    - 食堂・売店等のための使用
- (ハ) 特別立法の規定に基づいて使用する場合
  - 公職選挙法による個人演説会場として使用する場合
  - 非常災害その他緊急の場合に使用する場合

そして、学校施設が学校教育の目的以外の目的に使用されることを防止し、学校教育に必要な施設を確保することを目的とする「学校施設の確保に関する政令[注]」がある。

この政令第三条では次のように規定している。

（学校施設の使用禁止）

第三条　学校施設は、学校が学校教育の目的に使用する場合を除く外、使用してはならない。但し、左の各号の一に該当する場合は、この限りでない。

一　法律又は法律に基く命令の規定に基いて使用する場合

二　管理者又は学校の長の同意を得て使用する場合

2　管理者又は学校の長は、前項第二号の同意を与えるには、他の法令の規定に従わなければならない。

この規定と前の分類とをつき合わせてみると、第一項第二号の場合が(ロ)に該当し、第一項第一号の場合が(ハ)に該当する。第一号の場合の法律としては、公職選挙法第百六十一条第一項、災害対策基本法、消防法第二十九条等をあげることができる。

更に、第二号の同意を与えるには他の法令の規定に従わなければならないのであるが、その法令としては、地自法第二百三十八条の四第七項、学教法第百三十七条、社教法第四十四条、スポーツ基本法第十三条等をあげることができよう。

なお、ここで留意する必要があるのは、昭和三十八年六月の地自法の一部改正により、明文の規定をもって、行政財産の目的外の使用はすべて行政上の許可処分として取り扱い、私法上の契約による私権の設定による使用は認めないこととしたことである。すなわち、従来ならば、行政財産たる学校の施設に私人の経営する食堂や売店を設けさせるためには、私法上の契約によることも行政上の許可処分によることも可能であったが、私法上の契約による私権の設定を認めるときは、契約の解除をめぐって、さまざまな支障が生じたこともあって、明確に禁止されたのである。

したがって、前の分類では(ロ)に含まれることになったのである。

（注）この政令は、昭和二十三年十一月二十九日付け連合国最高司令官から日本政府あてに発せられた覚書「官公立教育施設の不当使用に関する件」に基づいて制定されたもので、いわゆるポツダム政令である。平和条約発効後もなお法律と同一の効力を有するものとされた（ポツダム宣言の受諾に伴い発する命令に関する件に基く文部省関係諸命令の措置に関する法律（昭和二十七年法律第八六号第一条））。

三　目的外使用の場合の問題点

二の分類の(ロ)に当たる場合のうち、社会教育、スポーツ・文化のための利用に供する場合には、積極的に使用の許可処分をすべきことが、それぞれ社教法第四十四条第一項とスポーツ基本法第十三条第一項、文化芸術基本法第二十七条に規定されている。さらに、これらの社会教育・スポーツ・文化のための利用に供する場合も含めて、その他公共のための使用については、それぞれの地方公共団体ごとに教育委員会規則で定められる。ちなみに、新潟県の県立学校の場合を例にとると、一般的に県の財産については新潟県公有財産事務取扱規則（昭和四八年新潟県規則第二〇号）で定められ、特に教育財産については、新潟県教育財産事務取扱規則（昭和四八年新潟県教育委員会規則第一六号）（以下「取扱規則」という。）が定められている。この規則第二十五条は次のような規定である。

（教育財産の使用許可基準）

第二十五条　教育機関の長等（近代美術館万代島美術館長を含む。第二十八条において同じ。）は、教育財産の使用目的が、次の各号のいずれかに該当すると認めるときは、法第二百三十八条の四第七項の規定に基づき使用させることができる。

(一)　国、他の地方公共団体その他公共団体において、公用又は公共用に供するため特に必要と認められるとき。

㈡　県の事務又は事業を推進することに効果があると認められるとき。
㈢　公の学術調査、研究、公の施設等の普及宣伝、その他公共目的のため講演会、研究会等の用に短期間使用するとき。
㈣　水道事業、電気事業その他の公益事業のため使用することがやむを得ないと認められるとき。
㈤　職員、その他県の施設を利用する者のための食堂、売店、その他の福利厚生施設を設置するとき。
㈥　災害、その他緊急やむを得ない事態の発生により応急施設として短期間使用するとき。
㈦　前各号のほか、特に必要があると認めるとき。

そして、使用の許可は教育長が行うのを原則とするが、使用期間が十四日未満で、教育上支障がないと認められるときは、当該学校の長かぎりで使用の許可をすることとしている（取扱規則二八）。

このような規則は、すべての都道府県、市町村に制定されているはずであるから、実務上は、教育長や校長は、これらの規則どおりに事務処理を行えばよいわけである。その際、次のような点が問題となる。

1　憲法第八十九条との関係

憲法第八十九条は「公金その他の公の財産は、宗教上の組織若しくは団体の使用、便益若しくは維持のため、又は公の支配に属しない慈善、教育若しくは博愛の事業に対し、これを支出し、又はその利用に供してはならない。」と規定している。

まずこの規定の前段との関係で、校庭に忠魂碑や招魂社を建設することは、宗教施設とみなされやすいから、校地内に建設することは避けるべきだとされる（昭二九・八・五、昭二八・一〇・二二　文部省初等中等教育局長回答）。しかし、同窓会で、母校の一隅に勤労動員爆死学徒の記念碑を建てる場合は、宗教的色彩がないからさしつかえない

（昭二一・三・七　初等中等教育局長回答）。また、宗教団体が信者を集めて布教活動を行うのに対して、学校の講堂を使用させることは、本条の規定に違反して許されないことは明らかである。なお、宗教団体が信者を集めて運動会を行うのに学校の運動場を使用させる場合は憲法違反の問題は生じないとする見解がある。しかし、宗教団体に使用させるのであれば、布教活動を行うのであれ、運動会を行うのであれ、同じく憲法で禁止されていると解すべきではなかろうか。広く一般公共の用に供される市民グラウンド・公園等の使用の場合と、一般的には使用を禁止されており特定の場合にかぎって使用を許される学校施設の場合とは異なる扱いとならざるを得まい。

次に、憲法第八十九条の後段との関係では、公の支配に属しない慈善・教育・博愛の事業には学校の施設を使用させてはならないのである。

「公の支配に属しない事業」とは、事業の構成、人事、内容及び財産等について公の機関から具体的に発言、指導又は干渉されることなく事業者がみずからこれを行うもの（昭二四・二・一一　法務調査意見長官回答）とされている。例えば、社会福祉法人は、国から一定の監督を受けており、一応、公の支配に属するものと解されている。したがって、社会福祉法人の慈善バザーの会場として学校の体育館を使用させても憲法違反の問題は生じない。

また、この憲法の規定にいう「教育の事業」とは、①教育する者と教育される者がはっきり分かれていること、②教育される者の精神的又は肉体的な育成を図るべき目標があること、③教育する者が計画的にその目標の達成をはかること、などの要件を備えているものというふうに厳密に解されるので（昭三二・二・二二　法制局一発八　法制局第一部長回答）、公の支配に属しない社会教育関係団体の事業でも、ある事業のみに着目すると、ここにいう「教育の事業」に当たらないことが多いから、これらの団体のそのような事業に学校施設の使用を許可してもただちに憲法違反ということにはならない。例えば、体育・レクリエーションの催しの開催、社会教育関係団体の各種の大会、展示会、研究協議会などは、教育の事業に該当しないであろう。

2　政治的中立性との関係

教基法第十四条第二項で「法律に定める学校は、特定の政党を支持し、又はこれに反対するための政治教育その他政治的活動をしてはならない。」と規定しているが、これは学校の教職員が学校教育活動中に又は学校を代表してなす行為について規制するもの（生徒のサークル活動等を学校当局が黙認している場合も含む）であるから、学校施設の使用を許可して、たまたまそれが政治的活動の場として使われたとしても、直接この規定に抵触するものではないのである。例えば、議会報告演説会とか政党の発会式に学校施設を使用させてもいいかどうかは、教基法のこの規定に違反するか否かの関係からではなく、前に述べた許可基準（教育委員会規則）で、そのような場合も許可されるものとして規定しているか否かによる。

理論的には、国会における情況を国民に伝えることは、公共目的のための演説会といえる。しかし演説会の内容によっては政党の活動ということにもなる。このような場合、ある政党には許可し、他の政党には許可しないというようなことで、校長が政治的な紛争にまきこまれないように、はじめからいっさい許可しないというのも一つの方法ではある。他方、市街地とは異なって、農山村のように学校の施設以外に人の集まれる建物がないという地域では、特定の政党の選挙運動のような場合は別として公共のための使用として許可してもただちに違法という問題は生じないのであるから、地域の実情に応じた判断も必要となるであろう。

3　学校教育上支障がないとは

学校法第百三十七条では「学校教育上支障のない限り、……学校の施設を社会教育その他公共のために、利用させることができる。」と規定している。この規定は、従来の解釈では、積極的要件として「社会教育その他公共のため」の使用である場合に、消極的要件として「学校教育上支障がない」のであれば、学校施設を使用させることができるのであり、その他の場合には使用させることができないのだというふうに考えられた。したがって、まず、「社会教育その他公共のため」といえるか否かの判断を行っていた。しかし、二の「学校施設の使用の形態」の後半の部分で述べたとおり、昭和三十八年の地自法の改正以後は、職員その他当該施設を利用する者のための食堂、売店を私人に経営させるために学校施設を使用させるような場合も、統一的に目的外使用の一形態と解すべきであるから、学教法第百三十七条の従来の解釈は変更されるべきであると考える。さもないと、私人の経営する食堂・売店も「公共のためのもの」というふうに無理に解釈しなければならなくなるであろう。したがって、学教法第百三十七条は、学校の施設は、「社会教育その他公共のため」にのみ使用させるのであって、他の場合には使用させないというように限定したものではない。

また、「学校教育上支障のない限り」というのは、地自法第二百三十八条の四第七項の「その用途又は目的を妨げない限度において」を、学校についていいかえたものであるにすぎない。特に他の行政財産と異なり、特別の要件を附加したとは考えられないであろう。

それでは、「学校教育上支障がない」とはどういうことであろうか。まず、物理的に支障がないことである。教室等に余裕があるか否かということのほかに、例えば教具等を使用に供する場合においては、その物の現状と用途及び使用を申し出た者のもつ技能、熱意その他使用の程度等を参酌して総合的に判断した結果、特に著しい形質の変更、火災、盗難等のおそれがあるような場合には、学校教育上支障があるといえる（昭二七・一一・一八　文部省社会教育課長回答）。

更に、教育的配慮から精神的な支障の有無を判断しなければならない。例えば、場所に余裕があっても、ある種の興行のようなものは、およそ教育の場で行われるにはふさわしくないような場合があり得るわけである。従来の解釈によれば、このような場合には「社会教育その他公共のため」の利用ではないから使用させることができないと拒否してきたが、先に述べたとおり「社会教育その他公共のため」でなくても使用させることはあり得るのであるが、そのような風俗的に好ましくない興行のような場合は、「学校教育上支障がある」がゆえに使用させることはできないのだと考えるべきであろう。

4　教員の勤務との関係

社教法第四十四条、スポーツ基本法第十三条、文化芸術基本法第二十七条によれば、学校の施設を社会教育・スポーツ・文化その他公共のために使用させるべきことを奨励している。しかし、このことから直ちに、当該学校の教員は、そのような学校の施設の使用について管理する義務を当然に負うものとは解されないであろう。

現在、学校では、教員による宿日直を廃止し、防火・防犯施設で代替したり、あるいは警備員がこれに当たることとなる傾向にある。したがって、社会教育・スポーツ・文化のために学校施設を利用する場合も、管理するのは、社会教育関係の職員の担当ということになるし、もし教員にその管理・指導の仕事を委嘱するのであれば、教員に対して別途謝金が支払われるべきであろう。

そのための財源としては、社会教育の部局で所要の予算を組むべきであり、他の団体に使用させる場合は、所定の使用料を徴収してその財源に充てるべきであろう（地自法二二五）。

5　職員団体による学校施設の使用

職員団体は、職員がその勤務条件の維持改善を図ることを目的とするものであるから、登録され法人格を取得していても、学校の校務を分担しているものではない。したがって、純理論的には、私人が学校内に食堂や売店を開設する場合と同様に、学校施設の目的外使用の許可を受けなければ、職員団体の支部会とか分会の会合を学校内で開くことはできないのである。しかし、実際問題として、ある学校の教職員のみが集まって職員団体の当該学校の分会の会議（適法な組合活動）を職員会議終了後、勤務時間外にその場で行うというような場合にまで、いちいち許可を受けさせるのは現実的ではない。しかし、近日中に職員団体が違法な一斉休暇闘争を行うような情勢の場合に、当該学校の分会で違法な闘争のための打合会を行うために学校施設を利用することを認めないということは当然許されることである。

6　学校体育施設の開放事業の推進

学校体育施設開放事業は、学校の体育施設を学校教育に支障のない範囲で地域住民のスポーツ活動のために提供するものであり、学校施設の目的外使用に当たるものである。

したがって学校としては、学校の体育的行事や運動部活動に支障がある場合には地域住民に開放する必要はない。また、学校開放をすることによって施設・設備の破損、火災の発生、整理・清掃の不徹底など望ましくない事態の発生も予想されるため、学校が学校開放に消極的な態度になることも理解できる。

しかし、学校は地域社会のセンターとしての機能をもつものであり、学校の教育計画上支障がないかぎり、地域住民に対するサービスとして学校開放を行うことが望ましいことである。

なお、昭和五十一年六月二十六日付けで「学校体育施設開放事業の推進について」の文部事務次官通達が出されている。その内容は次のとおりである。

学校体育施設開放事業は、地域住民のスポーツ活動振興のために行うもので、それは教育委員会の職務と権限に属するものであり、学校の仕事ではないので、教育委員会が実施主体となって行うことが適当と考えられる。しかし、学校としては学校教育に支障のないかぎり教育委員会のこの事業に協力することが必要である。

学校体育施設開放事業の対象となる施設は、小学校、中学校及び高等学校の運動場、体育館、水泳プールなどの体育施設であるが、明らかに一般住民が使用するには不適当と考えられる施設については、対象から外してもらうことが必要である。

校長は、自校の教育計画から学校体育施設開放を実施しても支障のない施設及び時間帯を教育委員会に申し出て、学校体育施設開放事業について教育委員会と調整することが必要となる。

また、学校体育施設開放事業を実施するのは教育委員会であり、学校体育施設開放中は、校長は対象となった学校施設の管理責任を除外してもらってもいいと考えられるし、そのほうが学校体育施設の開放が円滑に進むものと思われる。

そして前述したような学校体育施設開放にともなう心配な点を解消するために、施設の管理及び利用者の安全確保と、指導に当たる管理指導員を配置してもらって施設の破損、火災の防止などを行ってもらうことが妥当である。

また、施設・設備を利用する際に利用者に遵守してもらいたい事項については、教育委員会に申し出て利用者心得などに明記してもらうことが望ましい。

学校の施設内に一般住民が入ってくるので、利用者が必要な部分以外の校舎などに入らないよう、学校の施設について学校体育施設開放に使用される部分とそれ以外の部分と分離できるよう、あらかじめ必要に応じ柵などを設けるとともに、便所、更衣室などを独立して使用できるようにクラブハウスなどを設置してもらうことについて、教育委員会に申し出ることが必要である。

また、学校体育施設開放事業の実施にともなって施設・設備の補修費、光熱水費、消耗品費などの経費が従来より多額に必要となるので、教育委員会に学校体育施設開放のための経費について予算を計上し、それを学校に配分してもらうことが必要となる。

四　特別立法の規定に基づく使用

1　公職選挙法により投票所・開票所・個人演説会会場等として使用させる場合

公職選挙法第三十九条及び第六十三条によって、学校の講堂や体育館等が投票所又は開票所として指定されることが多い。

また、公営の個人演説会場として使用される（公職選挙法一六一①）ことがあるので、それぞれの法令の手続きを調べておく必要がある。

2　非常災害時に使用される場合

本来、学校は教育活動の場であるが、地域社会から寄せられている学校、教職員への期待の大きさ、施設の堅牢性などに鑑み、地域の実状、災害の程度によっては、災害時の応急的な避難所としての機能を果たすことも必要となる。

災害対策基本法により、地方公共団体は、防災に関して処理すべき業務等を定める地域防災計画の作成が義務付けられており、学校は市町村の地域防災計画において避難所として指定されているものが多い。教育委員会等は、地方公共団体としての災害応急対策が的確かつ円滑に行われるよう、避難所の設置等に協力すべき立場となっている。

なお、仮に地域防災計画においてあらかじめ指定されていない学校についても、災害時において緊急の必要がある際に、市町村長が他人の土地や建物等を一時的に使用したり、収用することができるとされている応急公用負担の規定（災害対策基本法六四①）等にかんがみると、緊急的な学校の使用は、「学校施設の確保に関する政令」第三条に「法律又は法律に基く命令の規定に基いて使用する場合」と並んで学校施設の目的外使用の例外として規定されている「管理者又は学校の長の同意を得て使用する場合」に該当するよう運用すべきである。

第一五　学校と社会教育

一　学校における校務の精選

公立の小・中学校、義務教育学校は、児童生徒に対して初等普通教育・中等普通教育を施すことを目的とした公の施設であり、教員はその仕事を分担する公務員として勤務しているのであるから、学校の仕事と社会教育の仕事とを明確にしておかないと、人事管理上種々の問題を生じることとなる。従来、このような点については、意識的にか無意識的にか、いずれにしろ曖昧な状況でなんとかやってきたというのが実態であった。そのために、社会教育活動の正常な発展を阻害してきた側面があったといってもいいすぎではないと思う。

昨今、学校経営における近代的な労使関係の確立ということが主張されている。そして、その第一歩として勤務時間管理の必要性についての認識が高まってきた。

この勤務時間管理の必要性が強く意識されてきた背景には、職員団体からの超過勤務手当を請求する動きがあったからでもある。それは、各都道府県の人事委員会への勤務条件に関する措置要求あるいは裁判所への訴訟の提起となってあらわれていた。

これについては、昭和四十七年一月一日から、教員に対して超過勤務手当を支給せずに、その代わり、勤務時間内と外の勤務を包括的に評価するものとして本俸の四%の教職調整額が支給されることとなり、一応の解決をみているわけであるが、しかし、たとえこの教職調整額が支給されても、勤務時間の管理が必要ではなくなるというわけではないのである。教職調整額さえ支給すれば、いくら働かせてもさしつかえないというものではない。超過勤務という状態をできるかぎりなくすように配慮することが最も必要なことなのである。

したがって、職員団体の超過勤務手当請求闘争がなかったとしても、当然に勤務時間の管理は必要なのである。できるだけ一日八時間の勤務の中で仕事をやり終えてしまうという形態が必要とされる。昔の教員のように滅私奉公というような勤務形態を希望する態度は払拭されなければならない。すなわち、校長から命ぜられたことには、すべて黙々と勤務時間におかまいなしに従うということは期待できないのである。

この傾向は、勤務と勤務外とを明確に割り切って使いわけようという若い世代の教員の増加によって、いっそう拍車をかけられてきた。

このような事情に応ずる方法としては、三つの方法が考えられる。一つは、教員の数を増加させるというやり方であり、二つ目の方法は、教員の仕事の量を減少させていくやり方である。三つ目の方法は学校と社会教育のパイプ役として「嘱託社会教育主事」などを委託するやり方である。

二つ目については、平成二十九年十二月に文部科学省がとりまとめた「学校における働き方改革に関する緊急対策」（文部科学大臣決定）において、教員の業務の役割分担・適正化を着実に実行していくことが示されている。それに先立ち、同月の中央教育審議会「新しい時代の教育に向けた持続可能な学習指導・運営体制の構築のための学校における働き方改革に関する総合的な方策について（中間まとめ）」において、これまで学校・教師が担ってきた代表的な業務の在り方に関する考え方が示されている（その中では、①登下校に関する対応、②放課後から夜間などにおける見回り、児童生徒が補導されたときの対応、③学校徴収金の徴収・管理、④地域ボランティアとの連絡調整は「基本的には学校以外が担うべき業務」として、⑤調査・統計等への回答等、⑥児童生徒の休み時間における対応、⑦校内清掃、⑧部活動は「学校の業務だが、必ずしも教師が担う必要のない業務」として、⑨給食時の対応、⑩授業準備、⑪学校評価や成績処理、⑫学校行事等の準備・運営、⑬進路指導、⑭支援が必要な児童生徒・家庭への対応は

「教師の業務だが、負担軽減が可能な業務」と整理されている。）。

三つ目については、教職員であって、社会教育主事の資格を有する者に対し、学校に勤務したまま、教育委員会が「嘱託社会教育主事」として委嘱している自治体や、有資格者を全校に配置する計画を策定している自治体などの例がある。

「嘱託社会教育主事」や「生涯学習推進教員」などは、可能なかぎり、専任の教員が当たるのが理想である。しかし、それが不可能な場合は本務を遂行しながら校務分掌として、ＰＴＡ、学校開放、校外健全育成組織などに関する活動を担当することになる。実際問題としては、二番目、三番目の方法が可能性がある。そこで、校務の精選という主張がなされるにいたる。すなわち、学校の仕事すなわち校務として位置付け、校長の監督の下に行われるべき仕事と、そうでない仕事を区分し一線を画すという試みである。

従来、学校においては、種々の仕事が、いささかでも教育に関連するというだけで、無制限に持ち込まれ、教員の勤務負担の増加となってはいなかったであろうか。思いつくままに社会教育と関連するいくつかの例をあげておこう。

例えば、学校とＰＴＡとの関係は、ＰＴＡの成立当初の経緯のもたらす当然の結果であるにしろ、密着しすぎる状態を脱しきれずにいる。すなわち、ＰＴＡの総会の案内状の印刷、配布や経理事務や機関紙の発行事務などが、学校の教員の手で校務という意識の下に行われてきたところが多いのは事実である。

あるいは、夏季休業中の臨海学校や林間学校が、ＰＴＡの主催として行われているのか、学校行事として位置付けられているのかも曖昧であったのではないだろうか。

更に、交通事故の増加に伴い、交通安全教育が活発となってきたが、児童生徒の登下校時に教員が街頭で交通整理に当たるような場合、それは教員の職務として位置付けられているのか、あるいはＰＴＡの会員としてのボランタリーな活動なのか明確でない場合が多い。

また、地域の学校や警察などが協議して行っている青少年の校外補導に関する仕事も、教員に割り当てられて校長の命令で従事すべきものなのか、あるいは他の方法による委嘱なのかが明らかでない場合が多い。

次に、体育関係でいえば、学校の仕事なのか、社会体育の団体の会員としての仕事なのかが認識されてはいないものもあるのではなかろうか。

そのほか、社教法第四十八条の規定により、教育委員会が、社会教育の講座の実施を学校に対して求めるという場合、校務か否かの区分は明確に意識されていないといえる。

以上にあげた具体的な例について、どのような基準で校務と校務でないものを精選していくかを明確にしていく必要があろう。

二　教員の社会教育への積極的参加の必要性

校務の精選ということの結果、ある仕事が学校の仕事ではないと判断されたとしても、そのことから、直ちに、その仕事が社会にとって不必要なものであるという結論にはならない。前に例示したような仕事は、社会的に有意義なものであり、それゆえに誰かがやらなければならないものなのである。この点についての誤解があってはならない。

ここで、校務の精選すなわち学校としての仕事と社会教育としての仕事のけじめということを主張するのは、なにも社会教育活動の重要性を無視し、あるいは軽視するための議論ではない。学校における人事管理上の問題との調和の上に、いかにすれば十分な社会教育の活動が期待できるかという技術的な方法について考えてみる必要があるとの観点からである。

例えば、教員による宿日直勤務の廃止については、その後の学校施設の管理の方法としては、防火・防犯設備の充実という物的なものによる代替でもよいし、代行員という人的なものによる代替でもよいであろう。しかし、社会教育活動については、校務ではないとして学校から排除されたとしても、教育という仕事に経験も豊富で、専門的な知識・技術をもつ人材であり、得がたい指導者であることは否定できない。その意味において、教員が、自発的にそれぞれの専門的知識と技術を生かして、社会教育活動を展開していくことを望むのは正しいことだといえる。

他方、制度的にどのような配慮がなされるべきかについて、具体的に検討してみなければならない。

三　具体的に検討すべき問題点

教員が学級・講座の指導者となる場合であっても、例えば、A県立学校の国語の教員が、住居の存するB市の教育委員会の委嘱を受けて、B市教育委員会が主催して公民館で開かれる市民講座の一環としての読書会の講師として、毎月第一土曜日の夜に出席するというような形態の場合は、委嘱を受けた教員のほうにも明確に本務外の仕事という意識があるし、B市からは謝金が支払われるであろうから問題は生じない。その上、教員は、地域の一員という住民意識を味わうことができるのである。

しかし、PTAの事務に従事する場合、教員が勤務する学校が実施機関となって学級・講座を開設する場合、校外補導の場合、社会教育の仕事の場合には種々の検討すべき点がある。

1　PTAの事務

PTAも他の社会教育関係団体と同じように任意加入の一つの民間の団体である点が明確に意識されなければならない。

PTAが、その事務を処理するための専任の事務職員を雇用できないために、PTAの会員である教員が勤務時間外に自主的にその事務処理を行うのは、あくまでもボランタリーな活動としてであることに留意しなければならない。その際に、ＰＴＡから報酬を支給するか否かは、ＰＴＡの規約で明確にし、財政的裏付けを明らかにしておかなければならない。

これらの点に着目したＰＴＡの規約の整備やＰＴＡの運営のあり方、あるいは日常の事務処理のあり方、更には、本来公費でまかなわれるべき学校の経費をＰＴＡに依存するという悪弊の除去などについて抜本的な検討が必要となるであろう。

もちろん、学校とＰＴＡの連絡・提携ということは必要であるから、ＰＴＡと関係ある仕事はすべて学校の仕事ではないと排除すべきものではない。例えば、ＰＴＡの会合において学校としての生徒補導の立場を説明するというようなことは、学校の仕事であることを否定するつもりはない。

２　講座の開設機関としての学校

社教法第四十八条では、学校に対して、学校施設の利用による社会教育の講座の開設を求めることができるとしている。

この「開設を求めることができる」とか「開設機関」ということから、当然に当該学校の教員が社会教育の講座の仕事に従事すべきこととなると解することについては疑問が残る。むしろ、教育委員会が教員の同意を得て講師を命ずることによって、当該教員がこれら講座の仕事に従事することとなると解するのが相当であり、このことからすれば、教員が勤務時間外の貴重な時間を社会教育の指導者として活動してくれるのに報いるにふさわしい謝金を支払うべきものであろう。

3　校外補導の場合

校外補導についても、学校外に必要な組織が明確に設置され、そこからの委嘱というかたちがとられるべきである。

例えば、社会教育で成果をあげているある市の例を紹介しておこう。

この市では、学校と明確に切り離されたかたちで、「青少年に関係のある行政機関及び団体との有機的な連絡調整を図り、青少年の非行防止と健全な保護育成について事業の企画運営にあたり、これを実施する」ための機関として市長を本部長とする青少年保護育成本部を設置している。そして、本部長は、所定の数の補導委員を委嘱するものとし、しかもその補導委員会の運営及び事業遂行に要する費用は、市費その他の収入をもって支弁すると明記されている。

この場合、補導委員の候補者としては、町会役員、民生委員、児童委員、保護司、体育指導員、警察官、婦人団体、青少年団体の代表者と並んで学校教職員があげられるであろう。しかし、このようにして委嘱された場合には、学校の仕事としての意識はなく一人の地域の指導者という自覚の下に活動することができるのではなかろうか。

4　社会体育の仕事

対外競技のうちの多くのものは、学校における教育課程の一環として位置付けられるよりも、社会体育としての行事と位置付けられるべきものがあるのではないか。

そのためには、社会体育としての団体の規約を整備すること、すなわち誰を構成員としてどのような事業をどのような形態で行うのかを明確にする必要があるし、それにふさわしい財政的な裏付けを措置しておかなければならない。

次に、スポーツ基本法第十三条第一項で学校のスポーツ施設を一般のスポーツのための利用に供するように奨励しているが、これについても、2の「講座の開設機関としての学校」の項で述べたのと同様の問題がある。学校では、教員による宿日直を廃止する方向にあるが、一般の社会人のスポーツ活動において管理者あるいは指導者として当該学校の教員が仕事を分担する場合は、校務としての命令ではなく、委嘱という形式をとる必要があると思われる。

要するに、学校の仕事と社会教育の仕事とを明確に区分し、社会教育の活動を積極的に展開するための実施機関・組織・団体等を明確に設置し、それに対して財政的な裏付けを十分に講ずることが必要である。

第一六　生徒指導

一　生徒指導の意義

生徒指導とは、一人一人の児童生徒の人格を尊重し、個性の伸長を図りながら、社会的資質や行動力を高めることを目指して行われる教育活動をさす。生徒指導はともすると、児童生徒の非行対策、問題行動への対応など消極的な面のみが強調されがちであるが、より積極的な教育活動としてとらえられるべきものであり、生徒指導の目標を忠実に追求していけば、その結果として非行防止などの効果も期待できる。

生徒指導は学習指導と並ぶ重要な学校の機能である。学習指導は学習指導要領に基づく教育課程（各教科、科目、特別の教科道徳、特別活動、小学校の外国語活動及び総合的な学習の時間）の実施を通して行われる。これに対して、生徒指導は教育課程内の活動のみならず、教育課程に属さない教育活動（部活動など）を含む学校教育全体を通して行われる。同時に生徒指導と学習指導は密接に関連し、学習指導を通して生徒指導が推進され、また、生徒指導の推進により学習指導の充実が図られるという関係を有している。

このような生徒指導の重要性に鑑み、学習指導要領においては生徒指導に関する規定が置かれている。例えば、小学校学習指導要領では総則において、教育課程の編成及び実施に当たって配慮すべき事項として「児童が、自己の存在感を実感しながら、よりよい人間関係を形成し、有意義で充実した学校生活を送る中で現在及び将来における自己実現を図っていくことができるよう、児童理解を深め、学習指導と関連付けながら生徒指導の充実を図ること。」と定めており、中学校学習指導要領、高等学校学習指導要領でも同様である。

学習指導要領の総則に規定されているということは、生徒指導の重要性を踏まえ、特定の教科や領域にとどまることなく、教育活動の全体の中で実施、配慮されるべきことを意味している。

二　校　　則

1　校則の意義

学校には、児童生徒の学習上・生活上遵守すべき事項を定めた「校則」、「生徒心得」等と呼ばれるきまりがある。校則は、児童生徒が健全な学校生活を営み、よりよく成長していくための行動の指針として、各学校において定められているものである。

一般に、児童生徒が心身の発達の過程にあることや、学校が集団生活の場であることなどから考えて、学校には一定のきまりが必要である。また、学校教育において、社会規範の遵守について適切な指導を行うことは極めて重要なことであり、校則それ自体が教育的意義を有するものである。

校則を制定する権限は、学校運営の責任者である校長にある。校則について特に法令の規定はないが、学校が教育目的を達成するために必要かつ合理的な範囲内において校則を制定し、児童生徒の行動等に一定の制限を課することができると解されている。

なお、「児童の権利に関する条約」の第十三条から第十六条においては、児童に対して表現の自由、思想・良心の自由、集会・結社の自由等のいわゆる自由権を保障する規定が認められていることから、校則により児童生徒の行動等に制限を課することは、この条約に違反するのではないかとの主張が一部にある。しかしながら、これらの権利は、すでにわが国の憲法等においても基本的に保障されているものである。そして、憲法上の権利であっても、学校教育の目的を達成するために合理的な範囲内で校則等により制限を課することは可能であり、学校が校則を定めて児童生徒に対する指導を行うことが「児童の権利に関する条約」の趣旨に反するものではない。
また、校則その他の学校の規律については、同条約もその存在を当然の前提として認めている。

2 校則の見直し

校則が教育指導の一環であることからすれば、その内容及び運用（指導）は、形式的、固定的であってはならず、常にそれが教育的にみて適切なものとなるよう、適宜見直しを行っていくことが大切である。

校則の見直しに当たっての留意点としては、次のようなことが指摘できる。

○校則の内容については、校則の中には努力目標というべきものや生徒の自主性に任せてよいものも含まれているのではないかとの観点から、生徒の実態や時代の進展等を踏まえて絶えず見直すこと。

○校則に関する指導については、規則を一方的に守らせるのではなく、生徒に内面的な自覚を促し、自主的に守るよう指導を行うこと。また、校則に違反した児童生徒に対する懲戒等の措置が単なる制裁にとどまることなく真に教育的効果をもつものとなるよう配慮すること。

なお、校則の制定、見直しに当たって、生徒や保護者の意見を聞くべきとの主張については、以下のように考えられる。

前述のように、校則は教育指導の一環として定められるものであり、校則を制定する権能は校長が有していることから、その内容等についても最終的には学校の教育に責任を負う校長の判断によって定めるべきものである。したがって、校則の制定、見直しに当たって、児童生徒や保護者の意見を取り入れるという手続きを経るかどうかは、校長（学校）の裁量に委ねられているというべきであり、必ず児童生徒や保護者の意見を聞かなければならないというものではない。しかしながら、児童生徒が校則の意義を十分理解し、主体的に守るように指導するためには、校則の制定、見直しに当たって、例えば、アンケート等により児童生徒や保護者の意見をくみとったり、学級活動や生徒会活動等で児童生徒に討議させたりして、校則を自らの問題として考えさせることも、指導上の工夫として、一つの有効な方法であると考えられる。

三　懲戒と体罰

1　懲　　戒

(1)　懲戒権者

学校における懲戒とは、児童生徒が学校の利用関係の規律に違反した場合に、学校の行う制裁である。学教法第十一条は、「校長及び教員は、教育上必要があると認めるときは、文部科学大臣の定めるところにより、児童、生徒及び学生に懲戒を加えることができる。ただし、体罰を加えることはできない。」と規定している。

懲戒を行うことができるのは、校長及び教員であるが、学教法施行規則第二十六条第二項は、「懲戒のうち、退学、停学及び訓告の処分は、校長（……）が行う。」と規定している。ここに掲げられている退学、停学及び訓告は、学校全体の意思表示としてなされるものであり、学校の責任者である校長が行うこととされている。退学及び停学は、児童生徒が身分を失ったり、一定期間登校を停止されたりするなど、児童生徒が学校で教育を受けることができるという法律的な地位に変動を生ずるものであり、法的な効果を伴う懲戒である。

教員は、この三種類以外の懲戒、例えば、児童生徒を叱責したり、起立や居残りを命じることなどの事実行為としての懲戒を行うことができる。

(2)　退学及び停学

退学は、児童生徒がある特定の学校において教育を受けることができるという法律上の権利をはく奪するものであり、停学は、その権利の行使を一定期間制限するものである。退学には、除籍、放校など、停学には出校停止など名称はいかなるものであっても実質的にこれらに準ずる懲戒処分を含むものである。

小学校や中学校など義務教育諸学校については、退学及び停学について制限がなされている。すなわち、退学については、併設型中学校を除く公立の義務教育諸学校においては、学齢児童生徒を退学させることは許されておらず（学教法施行規則二六③）、停学については、すべての義務教育諸学校において、学齢児童生徒に対して停学処分を行うことは許されていない（同④）。

退学は、公立の義務教育諸学校以外の学校について認められるが、次の事由に該当する者に限られる（学教法施行規則二六③）。

① 性行不良で改善の見込がないと認められる者

② 学力劣等で成業の見込がないと認められる者

③ 正当の理由がなくて出席常でない者

④ 学校の秩序を乱し、その他学生又は生徒としての本分に反した者

なお、いわゆる自宅謹慎については、通常、学校との利用関係を一時停止せしめ、その間は自宅において謹慎すべきことを命ずる懲戒処分と考えられ、前述のとおり、このような処分は、実質的には停学処分と同じである。したがって、停学が義務教育諸学校では国公私の別なく禁じられていること、自宅謹慎が実質的に停学に準ずる処分であることを考え合わせれば、義務教育諸学校では懲戒処分として自宅謹慎を行うことはできない。

なお、義務教育段階の児童生徒に関しては、懲戒とは性質を異にするが、別に、出席停止の処分が認められている。

(3)　懲戒を行う際の配慮

校長及び教員が児童等に懲戒を加えるに当たっては、児童等の心身の発達に応ずる等教育上必要な配慮をしなければならない（学教法施行規則二六①）。懲戒を行う際に配慮すべきこととしては、次のようなことがあげられる。

①　教育上必要かどうかの観点から慎重に検討して行うこと

②　適正な手続きを経て、処分を決定すること

③　懲戒の限界についての理解をもつこと

④　日常の叱責や注意のあり方に留意すること

このうち、②の適正手続きに関しては、児童の権利に関する条約第十二条第二項の規定に留意する必要がある。同項は、「……児童は、特に、自己に影響を及ぼすあらゆる司法上及び行政上の手続において、国内法の手続規則に合致する方法により直接に又は代理人……を通じて聴取される機会を与えられる。」旨定めており、国公立学校における退学及び停学の懲戒処分は同項にいう「行政上の手続」に該当するものである。

このため、同条約の発効に当たって発出された文部事務次官通知（平六・五・二〇　文初高一四九号）の記の6は、この趣旨を踏まえて、国公私立学校を通じて「学校における退学、停学及び訓告の懲戒処分は真に教育的配慮をもって慎重かつ的確に行われなければならず、その際には、当該児童生徒等から事情や意見をよく聴く機会を持つなど児童生徒等の個々の状況に十分留意し、その措置が単なる制裁にとどまることなく真に教育的効果をもつものとなるよう配慮すること」、と示している。

また、③の懲戒の限界や④の叱責や注意のあり方に関しては、同条約第二十八条第二項の規定に留意する必要がある。同項は「締約国は、学校の規律が児童の人間の尊厳に適合する方法で及びこの条約に従って運用されることを確保するためのすべての適当な措置をとる。」と規定しており、ここで「学校の規律」とは、校則、校則に基づく指導

のほか、懲戒も含まれると解されている。各学校においては、この規定の趣旨を踏まえて、体罰禁止の徹底にいっそう努める必要がある。また、体罰に至らないまでも、児童生徒の人格を無視したような懲戒を行うことはあってはならない。

⑷　裁量行為

懲戒処分を行うかどうか、処分する場合にどのような処分とするかなどについては、懲戒権者の自由裁量に任されている。自由裁量とは、法の認める一定の範囲内で広く裁量が認められることで、裁量の範囲内では法の拘束を受けないため、当不当の問題は生じても違法の問題は生じないと解されている。これは、懲戒処分には教育的な観点から行われる専門的、技術的な判断を要することによる。しかし、教育機関としては不当な処分は課してはならないのであって、「教育上必要があると認めるとき」（学教法一一）の判断を慎重に行うとともに、懲戒に当たっては、「児童等の心身の発達に応ずる等教育上必要な配慮」（同法施行規則二六）も十分になされるべきである。通常、学校が懲戒処分を行う場合は、十分な指導を尽くした上での最終的な手段と考えられる。

しかし、懲戒権者の裁量に任されているといっても、処分に関する重大な誤認がある場合やその判断が社会通念上著しく妥当性を欠くという場合は違法な処分となり得る。このような場合には裁判所によって処分の取り消しが認められることがある。

例えば、最高裁判決（平八・三・八）では、市立高等専門学校の校長が、信仰上の理由により剣道実技の履修を拒否した学生に対し、必修である体育科目の修得認定を受けられないことを理由として二年連続して原級留置処分をし、さらに、それを前提として退学処分をした場合において、右学生は、信仰の核心部分と密接に関連する真摯な理由から履修を拒否したものであり、他の体育種目の履修は拒否しておらず、他の科目では成績優秀であった上、右各処分は、同人に重大な不利益を及ぼし、これを避けるためにはその信仰上の教義に反する行動を採ることを余儀なくさせるという性質を有するものであり、同人がレポート提出等の代替措置を認めて欲しい旨申し入れていたのに対し、学校側は、代替措置が不可能というわけでもないのに、これにつき何ら検討することもなく、右申入れを一切拒否したことについて、右各処分は、社会観念上著しく妥当を欠き、裁量権の範囲を超える違法なものというべきであるとされている。

2 体　罰

(1) 体罰の禁止

学校における体罰は法律により禁止されており（学教法一一）、校長及び教員（以下「教員等」という。）は、児童生徒への指導に当たり、いかなる場合も体罰を行ってはならない。体罰が禁止されている理由は、児童生徒の心身に深刻な悪影響を与え、教員等及び学校への信頼を失墜させる行為であるからと考えられる。

体罰により正常な倫理観を養うことはできず、むしろ児童生徒に力による解決への志向を助長させ、いじめや暴力行為などの連鎖を生む恐れがある。もとより教員等は指導に当たり、児童生徒一人一人をよく理解し、適切な信頼関係を築くことが重要であり、このために日頃から自らの指導の在り方を見直し、指導力の向上に取り組むことが必要である。懲戒が必要と認める状況においても、決して体罰によることなく、児童生徒の規範意識や社会性の育成を図るよう、適切に懲戒を行い、粘り強く指導することが必要である。

また、体罰のような違法な懲戒が行われた場合、教員等は次のような責任を問われることがある。第一に、刑事上の責任であり、刑法の規定により暴行罪、傷害罪などに問われることがある。第二は、民法上の責任である。例えば、体罰によって被った傷害の治療費、後遺障害や精神的な損害に対する損害賠償責任などである。第三の責任は、行政上の責任で、懲戒処分という形で行われる。

体罰については、法令等の遵守義務（地公法三二）、信頼失墜行為の禁止（地公法三三）の規定に違反することが多く、事案の内容に応じて任命権者が適当と考える懲戒処分（戒告、減給、停職、免職）が行われる。

(2) 懲戒と体罰の区別

教員等が児童生徒に対して行った懲戒行為が体罰に当たるかどうかは、当該児童生徒の年齢、健康、心身の発達状況、当該行為が行われた場所的及び時間的環境、懲戒の態様等の諸条件を総合的に考え、個々の事案ごとに判断する必要がある。この際、単に、懲戒行為をした教員等や、懲戒行為を受けた児童生徒・保護者の主観のみにより判断するのではなく、諸条件を客観的に考慮して判断すべきである。

上記の区別により、その懲戒の内容が身体的性質のもの、すなわち、身体に対する侵害を内容とするもの（殴る、蹴る等）、児童生徒に肉体的苦痛を与えるようなもの（正座・直立等特定の姿勢を長時間にわたって保持させる等）に当たると判断された場合は、体罰に該当する。

(3) 正当防衛及び正当行為について

児童生徒の暴力行為等に対しては、毅然とした姿勢で教職員一体となって対応し、児童生徒が安心して学べる環境を確保することが必要である。

児童生徒から教員等に対する暴力行為に対して、教員等が防衛のためにやむを得ずした有形力の行使は、もとより教育上の措置たる懲戒行為として行われたものではなく、これにより身体への侵害又は肉体的苦痛を与えた場合は体罰には該当しない。また、他の児童生徒に被害を及ぼすような暴力行為に対して、これを制止したり、目前の危険を回避したりするためにやむを得ずした有形力の行使についても、同様に体罰に当たらない。これらの行為については、正当防衛又は正当行為等として刑事上又は民事上の責めを免れうる。

四　出席停止

出席停止の制度は、本人に対する懲戒という観点からではなく、学校の秩序を維持し、他の児童生徒の義務教育を受ける権利を保障するという観点から設けられた制度であり、平成十三年には、出席停止制度のいっそう適切な運用を図るため、要件の明確化、手続きに関する規定の整備、出席停止期間中の学習支援等の措置を講ずることを内容とする学校教育法の改正が行われた。

出席停止の適用の判断については、制度の趣旨にかんがみ、多くの児童生徒の安全や教育を受ける権利を保障する観点を重視しつつ、個々の事例に即して具体的かつ客観的に行われなければならない。適用の基本的要件として、「性行不良」であること、「他の児童生徒の教育に妨げがある」と認められることの二つがあり、平成十三年の法改正により、法律上の要件を明確化する観点から、「性行不良」の例示として、四つの行為類型が各号に掲げられ、それらの「一又は二以上を繰り返し行う」ことが示されている（学教法三五①）。

第一号は、他の児童生徒に傷害、心身の苦痛又は財産上の損失を与える行為であり、その例としては、他の児童生徒に対する威嚇、金品の強奪、暴行等があげられる。なお、いじめについては、その態様はさまざまであるが、傷害には至らなくとも一定の限度を超えて心身の苦痛を与える行為に関しては、出席停止の対象とすることがあり得るところであり、いじめられている児童生徒を守るため、適切な対応をとる必要がある。第二号は、職員に傷害又は心身の苦痛を与える行為であり、その例としては、職員に対する威嚇、暴言、暴行等があげられる。第三号は、施設又は設備を損壊する行為であり、その例としては、窓ガラスや机、教育機器などを破壊する行為があげられる。第四号では、授業その他の教育活動の実施を妨げる行為であり、その例としては、授業妨害のほか、騒音の発生、教室への勝手な出入り等があげられる。

学校は児童生徒が安心して学ぶことができる場でなければならず、その生命及び身体の安全を確保することが学校及び教育委員会に課せられた基本的な責務である。こうした責務を果たしていくため、教育委員会においては、法律の規定の趣旨を踏まえ、定められた要件に基づき、適正な手続きを踏みつつ、出席停止制度をいっそう適切に運用することが必要である。出席停止制度の運用等については、「出席停止制度の運用の在り方について」（平成十三年十一月六日付け文部科学省初等中等教育局長通知）において示されている。

また、出席停止制度の運用に当たっては、他の児童生徒の安全や教育を受ける権利を保障すると同時に、出席停止措置期間中の当該児童生徒への指導の充実を図ることも重要であり、平成十三年の法改正では、出席停止の期間において当該児童生徒に対する学習の支援など教育上必要な措置を講ずることが定められた（学教法三五④）。これを踏まえ、教育委員会及び学校は、当該児童生徒に対して、教職員等による訪問指導を行ったり、家庭の監護に問題がある場合は地域や関係機関の協力を得て活動の機会を提供するなど、立ち直りのための支援を行う必要がある。

第二章　学校管理に関する一問一答

第一　学校の運営管理

一　教育委員会と学校との関係

【問１】　教育関係の法律書をみると、教育委員会と学校との関係については、教育委員会の管理権とか、包括的な支配権とかの用語がその説明に用いられています。それはそれでなるほどと思うのですが、反面そのように理解しますと学校活動の一つ一つがすべて教育委員会の指図の下でがんじがらめになってしまうのではないかとの懸念をもつのですが……。

【答】　教育委員会と学校との関係を法律的に理解すると、質問のように、教育委員会がその管理権に基づいて学校を管理するということになります。

しかし、修学旅行の日程や個々の生徒の出席日数など学校内の個々の事項まで教育委員会が管理することは、質量ともにふさわしくありません。なぜなら、学校をある程度主体的な存在として独立させて、その自主的な運営に期待するのがその活動をより活発にすることになると考えられ、その自主性を無視する管理権のみだりな発動は学校設置の趣旨を没却する結果にもなるからです（もちろん、学校運営が適正を欠いているときでも教育委員会は座視しているのがよいというのではありません）。

そこで、教育委員会の管理権と学校の自主性、この両者をどう調整するかが現実には問題となります。

学校管理規則はこの調整を果たすためにあるといえるものです。学校管理規則は、教育委員会と学校との分担関係（教育委員会がどこまで学校運営にタッチし、また学校にどこまで任せるかなど）をあらかじめ明らかにしておいて、通常の場合にはそれに従って学校の運営を自主的にやりなさいというところにそのねらいがあります。

つまり、法律論としては、最終的には学校は教育委員会の管理権に服すべきですが、実際の運用に当たっては、学校の自主性を尊重するという方向で学校管理を行うのが、学校の教育活動をより効果的にする道ではないかと思われます。とりわけ、地域に根ざした特色ある学校づくりを進める観点から、学校の自主性・自律性の確立が求められるところであり、よりいっそうの学校の裁量拡大などが大切であるといえます。その際、同時に、裁量拡大にみあった体制の充実や教員一人一人の業務が拡大しないよう業務の適正化に努めていくとともに学校自らの責任を明らかにするよう、学校の評価と公開を進めていくことも必要となります。

【問２】　指導主事の学校訪問について、これを受け入れるべきか否かということが学校で議論になっています。どのように考えたらよいでしょう。

【答】 指導主事は、「学校における教育課程、学習指導その他学校教育に関する専門的事項の指導に関する事務に従事する。」ものであり、「教育に関し識見を有し、かつ、学校における教育課程、学習指導その他学校教育に関する専門的事項について教養と経験がある者でなければならない。」ものとされているため、通常は各都道府県や市町村において教科等の教育に関して指導的役割を果たすことのできるベテランの教員が起用されています（地教行法一八）。

指導主事は、このように学校教育に関する専門的事項の指導に関する事務に従事する専門的職員として教育委員会の事務局に置かれるものです。指導主事がこのような職務を行うことができるのは、市町村や都道府県の教育委員会が所管の学校の管理機関として、あるいは都道府県教育委員会については市町村教育委員会に対して指導、助言、援助を行う機関として学校の教育課程、学習指導、生徒指導、職業指導、教科書その他の教材の取扱い等に関して管理し、あるいは指導・助言を与える権限を有していることに基づくものです（地教行法二一、四八）。

指導主事は教育委員会がその権限に属する事務を執行するために、学校教育の専門的事項について教育長を補助すべき職員として置かれているものであり、この点については、他の一般事務職員や係長、課長などの職員と異なるものではありません。

したがって、指導主事が計画的にあるいは必要に応じて学校を訪問し、教育課程や学習指導等について指導・助言を与え、あるいは行政上必要な資料などの提供を求めるのは、個々の学校の要請に応じてその学校の教育の向上のために必要な指導・助言を与えるという目的だけではなく、都道府県や市町村の教育全体に責任をもつ教育委員会がその責務を果たすために行う行政作用の一環としての意義・目的をもっているものであることを認識する必要があります。

指導主事の職務についてこのように考えてみるならば、当該教育委員会が所管する学校について指導主事が学校訪問を行うことは教育委員会が法律に基づく権限に基づいて当然に行うことであって、学校としてそれを受け入れるべきかどうかというような議論は法律的にはまったく生じる余地がない問題であることがおわかりいただけることと思います。

また、都道府県教育委員会の指導主事が市町村立の小・中学校を訪問することについても、法律に基づく都道府県教育委員会の権限を行使するために行われるものですから、市町村教育委員会や学校はこれを尊重し、積極的に協力すべきことは当然のことです。

【問3】 私の町のある教育委員は大変教育熱心で、単にそれだけならよいのですが、時々学校まで来てああだこうだと指示して帰ります。その方は教育出身でなく、教育にはいわば素人なので、時にはおかしいと思われる発言もあります。その場合にも上司の命令としてこれに従わなければならないのでしょうか。

【答】　教育委員会は合議制の執行機関ですから、教育委員自体は行政機関ではありません。したがって、教育委員会は校長の上司ですが、個々の教育委員一人一人は上司たる地位になく、職務命令を発する権限はないです。

なお、教育委員自身が教育現場まで来て教育について勉強することや互いに情報を交換し合うことなどは、校長としては歓迎すべきことではないでしょうか。また、教育委員会の活性化や、より適正な教育行政の執行という観点からも意義が大きいものと考えられます。

【問４】　学教法第三十四条第二項にいう〝教科用図書以外の図書その他の教材〟とはどんなものをいうのでしょうか。その教材を使うときは教育委員会に届け出たり、承認を受けることになっているようですが、教材はみなこの必要があるのでしょうか。

【答】　その他の教材とは学教法第二十九条、第四十五条、第四十九条の二、第五十条及び第六十三条に規定されている小学校、中学校、義務教育学校、高等学校及び中等教育学校の教育目標を達成するために有益と判断される教材をさしているものと考えられます。例えば、副読本、学習帳、学習参考書、ワーク・ブック、スライド、映画、紙芝居、テレビ放送、ラジオ放送、録音テープ、絵画等その範囲は極めて広範囲にわたるものです。法律は、地域の実情、児童生徒の興味と関心、発達段階等を考慮して教育に当たる者が指導上有効かつ適切に利用することを期待しているものと思われます。

ところで、地教行法第三十三条は、学校の管理機関である教育委員会は、その所管に属する学校について教材の取扱いその他学校の管理運営の基本的事項について必要な教育委員会規則を定めるものとし、その場合において「教育委員会は、学校における教科書以外の教材の使用について、あらかじめ、教育委員会に届け出させ、又は教育委員会の承認を受けさせることとする定を設けるものとする。」と定めています。

文部省（当時）より出された通達においては、この趣旨について次のように述べています。「教育委員会は、その所管する学校その他の教育機関の管理運営に関し、管理規則を定めなければならないことになったのであるが、学校の管理規則にあっては、教科書以外の教材の教育的価値または父兄に与える負担等の観点から軽々に取り扱うべきではないものの少なくないことにかんがみ、教材の使用に関し、事前に届出または承認にかかわらしめる旨の規定を加えるべきこととされている。しかし、このことは、教材の使用をすべて事前に届出、または承認にかかわらしめようとする趣旨ではなく、前記の趣旨にかんがみ、教育委員会において関与すべきものと判断したものについて、適切な措置をとるべきものであるから、教材の効果的使用を抑制することにならないよう教材の指定、手続、方法の決定その他法の運用に関して慎重な考慮を払うべきこと」。

この法律の規定に基づき、例えば、東京都立学校の管理運営に関する規則第十九条（承認又は届出を要する教材）においては「校長は、教材を使用する場合、次項各号に規定するものを除き、使用開始期日三十日前までに、委員会の承認を求めなければならない。」とし、また、「校長は、学年又は学級全員若しくは特定の集団全員の教材として、次のものを継続使用する場合、使用開始期日十四日前までに委員会に届け出なければならない。

一　教科書と併せて使用する副読本、解説書その他の参考書

二　学習の過程又は休業日中に使用する各種の学習帳、練習帳、日記帳の類」と定めています。

すべての教材が届出又は承認を必要とするわけではなく、その範囲は教育委員会の判断に委ねられていますが、個々には学校を管理する教育委員会の定める管理規則の定めるところによることになります。

二　学校の職員組織

【問１】　学教法第三十七条第八項では、「教頭は、校長（副校長を置く小学校にあつては、校長及び副校長）に事故があるときは校長の職務を代理し、校長（副校長を置く小学校にあつては、校長及び副校長）が欠けたときは校長の職務を行う。この場合において、教頭が二人以上あるときは、あらかじめ校長が定めた順序で、校長の職務を代理し、又は行う。」とされ、教頭について校長の職務代理権が法定されていますが、この規定中、「事故があるとき」とはどのような場合をいうのでしょうか。また、校長の「あらかじめの定め」とは、どのような形式で行えばよいのでしょうか。

【答】　⑴　従来、公立学校の教頭を命ずる行為は、教諭に「校長を助け、校務を整理する」という職務を包括的に付加する職務命令であると解されてきました。したがって、校長に事故があった場合等に、教頭が校長の職務を専決、代決し、あるいは、職員会議の主宰、朝礼のあいさつ等事実上の事務処理は行うことは可能ですが、入学の許可、卒業証書の授与等法令上校長の権限に属する事務について教頭が自己の名において処理することはできないと解されてきました。昭和四十九年の法律の改正によって、いわゆる教頭の法定代理権が明定されたわけです。

なお、代理とは、代理者すなわち教頭が、被代理者すなわち校長の職務代理者であることを明示して自己の名をもって、校長の職務権限に属する一切の事項を処理し、その行為の効果は校長が行ったことと同じ効果を生ずることです。

⑵　校長に事故がある場合とは、例えば校長が海外に出張した場合、重病で妥当な意思決定ができない場合等が該当しますが、実際に「事故があるとき」に該当するか否かは、個々具体的に判断されることとなります。したがって、「事故があるとき」とは、一般的には社会通念上、客観的に定まっているものということができますが、具体的な事例についての判断となると必ずしも明確であるといえないので、教育委員会の指示を得て判断されるべきものです。なお、法定の職務代理は法定事由に該当するかぎり、任命権者の何らの行為をまつまでもなく、代理権を行使することが可能ですが、前述のように「事故があるとき」が具体的には必ずしも明らかでないということをも勘案して、任命権者が教頭に職務代理を行う事由が発生した場合、その旨を確認的に何らかの形で通知することが運用上好ましいことでしょう。

⑶　校長の「あらかじめの定め」は、要式行為でないので、文書、口頭いずれでもさしつかえないわけですが、校長の職務代理という重要な行為を行う者を定めるものですから文書で定め、その旨を代理者になる教頭に明確に通知しておくことが妥当です。なお、校長がこの定めをする場合、事前あるいは事後に教育委員会に届け出る旨を学校管理規則に明らかにしておくことが望ましいし、更に、市町村教育委員会からその旨を任命権者である都道府県教育委員会に届け出させるようにしておくことが運用上妥当でしょう。

【問２】　私はこのたび定時制担当の教頭に発令された者です。私の高校のように全日制と定時制が併置されているところでは、全日制の課程に関する校務については全日制の教頭に、定時制の課程に関する校務については定時制の教頭に校長の代理権が与えられていると解することができないでしょうか。従来からそのように運用してきたところなのですが、いかがでしょうか。

【答】　従来、高等学校に全日制の課程のほか定時制の課程又は通信制の課程を置く場合は、定時制主事又は通信制主事を置くこととされていましたが、昭和四十九年の学校教育法の改正により高等学校に二以上の課程を置く場合は、それぞれの課程に関する校務を分担して整理する教頭を置くことになりました。それぞれの課程の校務も教頭の整理の対象となるために、主事が調整したものを教頭が調整し、さらに校長が調整するようにするよりは、それぞれの課程に関する校務を分担して整理する教頭を置き、これらの者が直接校長を補佐するようにするほうが学校運営上適切であると考えられ、このように改正されたものです。

ところで、教頭に校長の職務代理権が法律によって付与されましたが、教頭が二人以上あるときは、あらかじめ校長が定めた順序で、校長の職務代理権を行使することになっています（学教法三七⑧）。高等学校に二以上の課程を置く場合は、一人の教頭が二以上の課程の教頭を兼務しているという例外的な場合を除き、教頭が二人以上あるときに該当するので、あらかじめ校長が定めた順序で校長の職務代理権を行使することになり、課程ごとにそれぞれの教頭が代理権を行使することはできません。

もっとも、代理権の行使が問題となるのは、入学の許可を行う場合、生徒の退学・停学・訓告の処分を行う場合、卒業証書を授与する場合等に限定されており、日常の校務処理に当たっては、校長に事故等があるなしにかかわらず、従来定時制主事が行っていた場合と同様、定時制の課程に関する校務の処理は、事実上、校長に代わって定時制課程の校務を整理する教頭が行うのが通常であって、校長の代理権の行使を云々する必要性は少ないと思われます。

【問３】　私は小学校の教諭ですが、このたび教務主任を命じられました。主任等はどのような役割を果たすのでしょうか。また、主任等は、校長、教頭等及び一般の教員とどのような関係にあるのでしょうか。

【答】　学校における主任等の制度化は、この制度化に当たっての文部大臣見解において、「調和のとれた学校運営」の実現を目標とし、これからの学校を教育の場にふさわしく教育指導面について充実発展を図ることを特に強調しているように、校務分掌の仕組みを整え、主任等の役割を充実させることによって、教育水準の維持向上を期待しようとするものです。

この主任等の果たす役割を端的にいえば、それぞれの分担する職務に関する事項についての連絡調整及び指導、助言に尽きます。すなわち、関係する教職員間の連絡調整を行い、関係教職員に対して指導、助言に当たるものです。

主任等は、いわゆる中間管理職ではなく、その職務の遂行に当たって、校長、副校長、教頭又は主幹教諭の指示を受けてこれを関係教職員に伝え、あるいは、その内容を円滑に実施するため必要な調整を行うものです。

ところで、この主任等の職務内容を具体的に記述すると次のようになります。

例えば、教務主任は、年度当初において、国語、社会、算数、理科等の各教科や特別活動等の担当教員間の連絡調整をして教育活動の全分野にわたる年間教育計画の企画、立案を行ったり、年間の授業日数、授業時数等の教育活動の枠ともいうべきものの企画、立案を行います。また、同じく教員間の連絡調整をして、学期や月、週の全体教育計画の企画、立案を行います。更に、個々の教員の教育計画の作成や教育の実施について指導、助言をしたり、学年の運営等について指導、助言を行います。

要するに、主任等は、教育指導のかなめともいうべき重要な役割を果たすのですが、学教法施行規則及び教育委員会規則によってその職務内容をいっそう明確にすることにより、その役割の充実が期待されます。また、主任等はこのような責任のある立場に立ち、その専門的能力や指導力を十分に発揮することによって、学校の教育活動をいっそう活発にし、生き生きとしたものにすることが期待されるのです。

【問４】　私は、中学校の養護教諭ですが、このたび、保健主事に命じられました。この学校で養護教諭が保健主事に命じられるのは初めてのケースとのことですが、養護教諭を保健主事に登用することになった経緯、保健主事と養護教諭の職務内容の違い等について教えてください。

【答】　従来、小学校、中学校、高等学校及び特別支援学校に、保健主事を置く場合は、教諭をもって充てることとされてきましたが、平成七年の学教法施行規則の改正により、同年四月一日より、保健主事には、教諭だけでなく養護教諭も充てることができることとされました（学教法施行規則四五③）。

これは、近年、児童生徒の心身の健康問題が複雑、多様化してきており、特に、いじめや登校拒否等の生徒指導上の問題に適切に対応するとともに、児童生徒の新たな健康問題に取り組んでいくためには、学校における児童生徒の心身の健康についての指導体制のいっそうの充実を図る必要性があり、保健主事、養護教諭の役割が極めて重要となっており、保健主事に幅広く人材を求める観点から、保健主事には、教諭に限らず、養護教諭も充てることができることとされたものです。また、これにより、養護教諭が学校全体のいじめ対策等において、より積極的な役割を果たせるようになるものであると解されています。

保健主事の職務内容は、「校長の監督を受け、小学校における保健に関する事項の管理に当たる。」（学教法施行規則四五④）こととされており、具体的には、文部科学省『保健主事のための実務ハンドブック』（http://www.mext.go.jp/a_menu/kenko/hoken/1353634.htm）に詳述されています。

具体的には、学校保健計画の立案に当たるとともにその実施の管理に当たります。学校保健計画の策定においては、学校保健委員会を組織しますが、保健主事はその運営に当たります。また委員会の運営においては、学校医、学校歯科医及び学校薬剤師、ＰＴＡ、保健所等関係機関等と連絡調整を図り、計画の実施においては、保健管理と保健教育との関係調整を図る等の業務を行います。

養護教諭の職務内容は、児童（生徒）の養護をつかさどることとされ（学教法三七⑫等）、児童生徒の心身の健康の増進を図るため、専門的立場から保健管理及び保健指導に当たることとされています。

具体的には、救急処置、健康診断、疾病予防などの保健管理、保健教育、健康相談、保健室経営、保健組織活動など、児童生徒の健康の保持増進を図るための職務を担当します。また、学校保健計画の策定や教諭の行う保健教育に専門的立場から分担、協力する立場に立つものと考えます。

このように、保健主事が保健管理について学校内外の関係者との連絡調整等を図り、保健教育との関係も調整する任に当たるのに対し、養護教諭は、これらについて専門的な立場から分担・協力を行うべき立場にあります。すなわち、養護教諭は、実際上、学校保健計画の立案に参加し、当該計画の柱の一つである健康診断の実施において実質的に中心的役割を果たすなど、保健主事の職務に深く関連した職務に従事していますが、保健主事の職務は、個々の職員の職務活動を超え、校長の行う校務運営に直接的に参画するものである点で、養護教諭より広範な内容をもつものと考えられます。

したがって、養護教諭が保健主事に充てられる場合には、養護教諭の職務に加え、一定の職務が付加されることになります。これにより、例えば、養護教諭が学校全体のいじめ対策等においてより積極的な役割を果たせるようになります。

また、現在、児童生徒の臨床心理に関し、高度な専門性を備えた者による①児童生徒へのカウンセリング、②教職員に対する助言・援助、③保護者に対する助言・援助等を目的としたスクールカウンセラー活用事業が行われており、養護教諭、保健主事がスクールカウンセラーなどと連携をとり、教育相談や児童生徒の指導に当たることにより、学校におけるカウンセリング等の機能の充実を図ることも重要です。

【問５】　私は最近校長になったばかりの新米校長で、教員時代には考えてもみなかったことに悩んでいます。その一つに職員会議があります。教員のときには言いたい放題のことを言って校長を困らせたりしたものですが、自分が校長になってみると、職員会議の性格と関連して職員会議の結論をどう処理したものかと苦慮しています。組合のほうでは学校の最高議決機関であると主張しているようですが……。

【答】　校長が学校を運営するに当たり職員会議での話合いの結論を尊重することは、通常の場合、スムーズな学校運営という点からみて望ましいことですし、適切であるといえましょう。

職員会議については、設置者の定めるところにより、校長の職務の円滑な執行に資するため置くことができるとされ、校長が主宰するものとされています（学教法施行規則四八）。したがって、職員会議を置くかどうかは設置者の定めによることとなり、その定めの範囲内でどのように運用するかは、校長の判断次第ということになります。

職員会議は、校長の意思によって、ある場合には校長が自分の意思を教職員に伝達する場となり、ある場合には校長が校務処理について自分の判断を下すに当たって、その参考にするため教職員の意見を聞く場となります。あくまで、校長の職務の円滑な執行に資することを目的としており、校長が職員会議の結論に拘束されることはなく、職員会議で決まったことだからという態度をとるのは学教法施行規則の規定の趣旨に反するものであり、校長の責任を果たしていないともいえます。むしろ、校長としては、職員会議を自己のリーダーシップを確立する絶好の場として活用しようという心構えをもつべきでしょう。また、意見を求めたときであってもその結論について拘束されることなく、学校運営の責任者としての立場から判断材料の一つとすればよいのです。

同時に、職員会議が最高議決機関であるとの主張も、以上のことから意味のないこととなります。学校の最高責任者としての校長の権限を、自らの権限に基づいて設置した職員会議が制限し、排除することができる道理のないことは法令の規定からも明らかです。

三　教職員の職務

【問１】　夏休みになると、きまってＰＴＡが本校の児童生徒を対象に海水浴を企画します。そのこと自体は大変結構なことだと思いますが、教員の派遣方を校長である私のところに要請してくるので、それへの対処の仕方が悩みのタネとなっています。教員の直接の職務とは思えませんし、教員自身ゆっくり勉強したいという気持ちと、事故のときの責任や補償を考えると、消極的なようですが、保護者から直接言われると断りきれないでいるようです。校長として行けとか行くなとかいうことができるものでしょうか。またその場合休暇扱いにすべきものでしょうか。

【答】　海水浴にかぎらずそれが学校が計画し実施するものでないかぎり、それは学校の仕事ではないといえます。

保護者としては、いろいろな意味で先生がついていれば安心だという気持ちから、派遣方を依頼するのでしょうが、その行事が学校の仕事でないこと等から種々の制約があります。

まず、教員に職務命令を出して引率を命ずることはできません。なぜならそれは学校の仕事ではなく、教員の職務ではないからです。したがって、教員がどうしてもいやだというならばこれを強制することはできません。

ですから、教員がこれに参加して、児童生徒の面倒をみることは、教員が私人たる立場で、しかも自主的な意思に基づいて行うことになり、校長は単にあっせん役であるにすぎないということになります。また、このような活動は教員の行うボランティア活動として評価すべきという考えもあります。しかし、何か児童生徒の事故が発生したとき、当該児童生徒を保護する立場にあった者の道義的な社会責任が問われ、その責任が重いとき、「安全配慮義務違反」「保護監督義務違反」として法的責任が問われることになります。その際には、引率者がボランティアであるとの一事をもって直ちにすべての注意義務を免れるものではないことはいうまでもありません。しかも、教員本人がケガをしても公務上の災害とは認定されないことにも注意が必要です。

また、教員は当然この海水浴に参加するに当たっては、夏休みといえども勤務を要する日であることには変わりはなく、平日については年休をとって参加すべきであるということにもなります。

教員が進んで参加して児童生徒の指導に当たりたいという場合であれば、校長としても、校務に支障が生じたりその他、都合が悪くなる理由がないかぎり、認めるのがよいでしょうし、また、本心は行きたくないのだが保護者に面と向かって断わりきれないという事情にあるときは、校長が悪者役を買ってでて校務の都合を理由に認めないという態度を示すことも、ときには必要でしょう。

なお、これらの判断をするに当たっては、行事などの教育上の価値や効果等について、十分考慮することが前提となるものであることはいうまでもありません。

【問2】　学校週五日制が実施され、休業土曜日には各地域でさまざまな活動が行われているようですが、私の地区は農村部にあり、他に適当な指導者もいないところから、社会教育の面でも教員に面倒をみてもらわざるを得ないケースが相当あります。社会教育も同じ教育委員会の仕事なのですから、教員の負担にならない程度で、教員に職務としてこれに従事させることはできないものでしょうか。

先日も、他の地区で、教員が教育委員会に頼まれて社会体育の指導中、ケガをして、それが公務災害になるかどうかで大変もめていたようですが……。

【答】　学校は地域の拠点であり、地域によっては教員も単に教壇で授業しているだけでなく、あらゆる文化面の指導者、相談役としての役割を果たしていることでしょう。また、そのこと自体は、学校が地域に密着し、真に住民のためにあるという点で、大いに結構なことであるといえます。この観点からみれば、教員が地域住民の一人として勤務時間外において社会教育その他公共のために奉仕することはむしろ奨励すべきことといえるかもしれません。

しかし、これを教員の職務とすることは、本人が望んでも、また教育委員会あるいは校長の命令によっても、できません。

A学校の教員は、A学校の仕事――それはA学校の授業活動であることもあり、宿日直というA学校の施設保全業務であることもありますが――に従事するのが職務であって、それ以外のものは職務とはいえないからです。すなわち、そのことは社会教育のみならず同じ学校教育であるB学校の仕事でも同じことです。兼務発令すればB学校の仕事も職務として処理することになりますが、それはB学校の職員として処理しているのです。

また、いかにその必要性があるからといって、職務外のことに職務命令は発せられないし、本人が望んで処理する仕事であっても職務にはなり得ないわけです。もちろん、本人の同意の下に、一定の手続きを踏んで教育委員会職員として兼務発令したり、指導員として委嘱したりすれば社会教育事務に従事させることも法律上は可能になりますが、その場合も教員の負担等を考え、慎重な取扱いが必要です。

また、公務災害についてですが、教育委員会の依頼がどういうものか、職務専念義務の取扱いはどうしたのか等気になる点もありますが、その点は別として、以上の点から社会教育は少なくとも教員の職務でないことは明らかですから、一般的には教員としての公務災害補償の対象にはなり得ないと考えられます。

ただ、教育委員会の依頼の形態によっては、教育委員会のいわば非常勤の職員として条例に基づき災害補償を受けることもあります。

【問3】　県立高等学校の入学試験事務を県立学校の教職員に命ずることができますか。

【答】　県立高等学校への入学の許可は、校長が行うことになっています（学教法施行規則九〇①）が、その入学の許可に当たっての判断資料となる学力検査は、県教育委員会が行うこととされています（同九〇⑤）。

学力検査は、県教育委員会が行うとされていることから、学力検査事務は、校務と位置付けることができず、したがって、教職員に命ずることができないのではないかという意見もあります。

ところで、教育委員会とその所管に属する学校との関係は、教育委員会と知事との関係のように、対等の関係ではありません。教育委員会は、学校を管理する機関であり（地教行法二一Ⅰ）、教育委員会の権限となっているからといって、一概に校務に位置付けられないものということはできません。

校務に位置付けられるか否かは、別の観点から考える必要があります。

学校は、児童生徒等を教育する営造物であることからして、児童生徒が学校に入り、教育を受け、学校を卒業していく一連の仕事は校務と位置付けることができると考えられます。

県教育委員会が行う県立高等学校の学力検査は、校長が高等学校に入学することを許可する際の判断資料にするものであり、校務に位置付けることは可能です。

学力検査を教育委員会が行うという意味は、その最終的な責任が教育委員会にあり、外部的には、教育委員会名で行う（学力検査の実施要項などは、教育委員会名で表示することになります）ことを意味し、内部において誰が事務を行うかということまでも規定しているわけではありません。

学力検査事務を教育委員会事務局の職員に行わせることはもとより、この事務を校務に位置付けることが可能である以上、学校の職員に行わせることもできると考えられます。実際にこの事務を行わせる場合は、校長の職務命令によることになります。

行政実例も、そのように解しています（昭三五・一・六　地委一　神戸市人事委員会事務局長あて文部省初等中等教育局長回答「教育委員会の行なう学力検査事務について」）。

【問４】　今度当校へ来られた校長先生は、私共が授業中のクラスへ予告なしにふらりと現れて五分から十分程度授業ぶりをご覧になることがあります。今までそういう例がなかったので、教師としても勝手が違い、生徒もその間気が散って授業に身がはいらない気配があります。校長として果たしてそういうことをやってよいものでしょうか。特に法律的にはどうでしょうか。

【答】　校長は、部下教職員の職務執行全般について指導監督する地位にあり、学習指導、学級経営は校長の責任で行われる人事評価の要素ともなっています。また、校長といえどもなるべく生徒一人一人の人柄を把握することに努めることが保護者の期待に応えるところでしょう。したがって、校長が授業中のクラスを視察することはむしろ大いにやるべきことです。

教師としても正しい授業を信念をもって行っているかぎり、誰が見に来ようと何ら恥ずるところはないはずです。生徒のほうにも、校長先生が見にくることの意義の正しい指導をして、そのことに慣れてくれれば、よい意味の刺激になるのではないかと思われます。

一部には、学教法第三十七条の「教諭は、児童の教育をつかさどる。」という規定から、校長が授業を見にくることすら教育への不当な介入であって許されないのだと強弁するまったくまちがった法律論があるようですが、右の規定は、教諭の職務を一般的に表現しただけであって、非常識な教職の独立性を規定しているわけではないのです。

【問５】　地区の校長会の会合に出席する場合、私の地方では、従来、出張ということで処理してきたのですが、先日、財務局の会計監査の際、この種のものを出張扱いするのはおかしい、これだから旅費がいくらあっても足りないのだ、旅費節減の意味でも職専免か何かにすべきだとの指摘を受けたそうです。今まで問題意識もなかったのですが、そういわれてみるとそうかなとも思い、それでは困るとも思ったりしています。どのように理解すべきでしょうか。

【答】　出張とは、「職員が公務のため一時その在勤官署を離れて旅行」することであるとされています（国家公務員等の旅費に関する法律二①Ⅵ。条例においても同様の規定あり。）。したがって、校長会への出席が出張たりうるかどうかは、校長会の会合が公務であるかどうかという問題に帰着します。

校長会といっても地域により実態は区々であり、またその時その時で会合内容も異なるでしょうから、これを一律に論ずることは困難ですが、一般的にはそれぞれの学校がかかえている問題――つまり、学校管理、学校経営、あるいは人事等の諸問題を持ち寄り、議論し合い、最善の解決策を見いだしてそれぞれの学校の仕事をより適正に処理しようというのが校長会の趣旨であると考えられます。とすれば、それはまさに校長の校務処理の一環であって、公務としてとらえるべきものです。

これを単に財政的な理由で、出張扱いしない、すなわち公務であることを拒否するということはおかしなことといわなければなりません。もちろん、出張といえども旅費予算の範囲内で命令をしなければならないものですから、そのかぎりでの制約はやむを得ません。

ただ、理事会のような場合には、それを公務自体と考えるのは困難なことがあるでしょう。これらの場合は職専免で処理することが望ましいといえます。またこの場合実費弁償的なものは校長会で負担するのが通常でしょうから、出張でなくても実質的に困ることはないと考えられます。

四　児童生徒

【問１】　最近、当市に何らかの事情により住民票のないまま居住している者がいます。この者から子供を学校に入学させたいという申出があった場合、どのように取り扱えばいいのでしょうか。

【答】　学教法第十七条は、学齢児童生徒の保護者に対し、その児童生徒を義務教育諸学校に就学させる義務を課していますが、この就学義務がもれなく履行されるよう、市町村の教育委員会は、学齢簿を編製しなければならず、この学齢簿の編製は、住民基本台帳に基づいて行うものとされています（学教法施行令一②）。

一方、市町村に転入した者は、転入をした日から十四日以内に所定の事項を市町村長に届け出なければならないこととされており（住民基本台帳法二二）、学齢児童生徒について転入届があったときは、市町村から教育委員会に通知され（学教法施行令四）、教育委員会は、学齢簿に必要な加除訂正を行います（同施行令三）。この新たに記載された学齢簿により、市町村の教育委員会は、転入してきた学齢児童生徒の保護者に対して速やかに入学期日を通知し、学校が二校以上ある場合にはその通知において就学すべき学校を指定することとされています（同施行令五、六）。

先述のとおり、学齢簿の編製は、原則として住民基本台帳に基づいて行われますが、住民基本台帳や戸籍に記載されていない者であっても、当該市町村に住所を有する者であれば、市町村の教育委員会はこの者について学齢簿を編製することとされています。これは、住民基本台帳法や学教法施行令にいう「住所」は、地自法第十条第一項や、民法第二十二条のいう「住所」と同じく、各人の生活の根拠を意味すると解されており、この住所の認定に当たっては、客観的な居住の事実を基礎とするためです。

したがって、このケースのように、保護者からの申出があり、市町村教育委員会は、児童生徒の住所が当該市町村内にあることを確認した場合は、学齢簿に記載の上、入学期日の通知、学校の指定を行うことになります。あわせて、新たに学齢簿に記載した場合、教育委員会は、その旨を速やかに前住所地の教育委員会に通知する必要があります。さらに、住民基本台帳への脱漏が認められる場合は、その旨を市町村に通報することが必要です（住民基本台帳法一三）。

なお、近年、配偶者からの暴力（ドメスティック・バイオレンス）を理由とした移住や無戸籍などの事情から、転入届が市町村に提出されない場合もみられます。そのような場合であっても、教育委員会は学齢児童生徒が域内に居住している事実を把握したときは、直ちに当該児童生徒の学齢簿を編製し、就学手続きを行うことが求められます（平成二五年三月一日付の文部科学省初等中等教育局初等中等教育企画課長通知「義務教育諸学校における居所不明の児童生徒の把握等のための対応について」、平成二七年七月八日付の文部科学省初等中等教育局初等中等教育企画課長通知「無戸籍の学齢児童・生徒の就学の徹底及びきめ細かな支援の充実について」）。

ただし、配偶者からの暴力の被害者等の子の転学先や居住地等の情報に関しては、慎重な取り扱いが必要であり、新たに学齢簿に記載した教育委員会が前住所地の教育委員会に通知する場合、被害者の意向等を踏まえつつ、転学先や居住地等を知り得る者を必要最小限の範囲にとどめるなどの配慮が求められます。

【問２】 本高校の内規で、単位不認定科目が三科目以上ある場合は原級留置とすることと定められていますが、卒業日までの時間数不足で三科目の単位が不認定とされた三年生の生徒を原級留置としてよいでしょうか。

【答】 学校法施行規則第五十七条（第百四条で高等学校に準用）の「各学年の課程の修了……を認めるに当たっては、児童の平素の成績を評価して、これを定めなければならない。」という規定から修了が認められない場合には原級留置することが当然予想されているといえます。この場合、同規則第五十八条で、校長は「全課程を修了したと認めた者には、卒業証書を授与しなければならない。」とあることから、原級留置を決定するのは校長であると考えられます。原級留置の細目については、学則・内規で定められているのが普通ですが年間欠席時数が履修すべき時間数の三分の一以上である場合や不認定科目が三科目以上ある場合等においてこの措置がとられる場合もみられます。質問の事例では時間数不足で三科目の単位不認定ということですから、内規どおりに原級留置とすることは可能です。

また、原級留置とした場合には、不認定となった科目以外の科目については原則としてふたたび履修することは必要ではありませんが、教育上の配慮から再履修を義務付けることも可能です。

成績の評価については観念的には単位の修得の認定と評価は別の行為であると考えられますから、再履修の際の評価をもって最終的な評価とすることは可能であり、こうすることによって生徒の不利益をなるべく防止し、再履修の際の学習意欲を湧かせることができると思われます。指導要録については原級留置以後の指導要録を作成し、以前のものと合わせ綴っておくのがよいとされています。

ただ原級留置は学業指導の最終段階でやむを得ずとられる措置であり、ささいな科目の単位の不合格によって形式的に行うのは好ましくないと考えられます。特に三年の場合には全体の授業時間数が少ない点などを考慮すると、わずかな時間数不足のためのみで原級留置とするのでなく、指導的、教育的立場に立って具体的に判断して決定すべきであるといえます。

【問3】　児童生徒が児童自立支援施設へ入った場合は、学齢簿と指導要録はどのように扱うのでしょうか。

【答】　児童自立支援施設に入所した児童生徒に対しても学校教育が実施されることとなっており、その方法については教育委員会において判断されます。地域の小・中学校へ通学する場合には、学齢簿は、当該学校の存する市町村の教育委員会において記入がなされ、指導要録は、当該学校へ送付されます。また、児童自立支援施設内に分校又は分教室が設置されている場合には、学齢簿は、当該分校又は分教室の存する市町村の教育委員会において記入がなされ、指導要録は、当該分校又は分教室へ送付されます。上記のような措置がなされず、経過的措置として児童自立支援施設において学校教育に準ずる教科指導が実施されている場合、指導要録は、別に整理して保存するか、又は児童自立支援施設へ送付し、在所中の教育に資するとともに所要事項の記入を依頼することが考えられます。

【問4】　中学校の入学期日、卒業期日の記入は、それぞれ何日とするのがよいのでしょうか。

【答】　入学期日及び卒業期日については昭和三十二年二月二十五日付け文初財第八十三号文部省初等中等教育局長名の「学齢簿および指導要録の取扱について」の通達によって「入学年月日は、公立学校にあっては教育委員会が通知した入学期日、その他の学校にあっては当該学校において通知した入学期日とすること。」とされ、また、「卒業の場合は、校長が卒業を認定した日（原則として三月末であることが適当である。）を卒業年月日とすること。」と指導されているので、この通達に基づき記入するのがよいでしょう。

さらに、この入学年月日については、かつて、三重県教育長からの質問があり、初等中等教育局長から昭和二十九年八月十一日付けで回答していますので、原則として四月一日とするのが適当です。特に、義務教育諸学校の入学期日、卒業期日は就学義務（学教法一七）との関係及び同法施行規則第五十九条及び第七十九条の関係からいって、それぞれ、四月一日、三月三十一日とすることが必要です。

【問5】　転学先の学校が遠距離のところにあって、移動する生徒が旅行等のため何日間かを費やすような場合、転学先の学校に入るまでの期間の生徒の籍は、去った学校にあるのでしょうか。

【答】　学校を去った生徒の籍は、どこにも学籍の存在しない空白の期間が生ずることを避けるため転学先の学校が受け入れた年月日の前日までもとの学校に籍があるものとします。なお、学校を去った日（最後の授業を終えて校門を去った日）から転学先の学校が受け入れた日までの移動等に要する日数は、出席でも欠席でもなく、生徒が授業を受けない日として、授業日数の計算には入れません。

【問6】 インフルエンザで、⑴同一学年の全学級が同時に閉鎖した場合、あるいは⑵各学級それぞれ同日数ではないが共通に重なった日がある場合、または⑶各学級がそれぞれ同日数ではなく、また共通に重なった日もない場合において、それらの各場合の授業日数の計算はどのようにすればよいのでしょうか。

【答】 ⑴の場合は、授業は行わないのですから当然授業日とはいえませんから授業日数の計算にははじめから含めないようにします。⑵の場合は、共通に重なった日数だけを控除して授業日数とします。なお、この場合は「出席停止・忌引き等の日数」の欄には、各学級の実際の閉鎖日数からさきの授業日数から控除した日数（共通日数）を差し引いた日数を、それぞれの学級について記入することになります。⑶の場合は、各学級ごとに学級閉鎖の時期も日数も異なっており学年全体としてみれば、どこかの学級が毎日授業をしていることになりますから、学年の授業日数から控除するものではなく、当該学年の生徒の授業日数は閉鎖の時期も含んだ授業日数とするのがよいでしょう。なお、この場合はもちろん各学級ごとに閉鎖した日数を「出席停止・忌引き等の日数」の欄に計上することになります。以上のような計算をする際のもとになる考え方は、同一学年でいずれか一学級以上で授業が行われているかぎりその日はその学年における授業日であるということです。

【問7】 インフルエンザで、特定の学級が閉鎖して授業を行わなかった場合、同一学年で授業の日数が違うから、指導要録の授業日数の欄にそれぞれ違う日数を記入するのでしょうか。

【答】 それは誤りです。この欄は、生徒の属する学年について授業を実施した年間の総日数を記入します。原則として同一学年の授業日数は同一日数であり、例外は、転学、退学等、転入学、編入学等をした生徒の場合です。特定の学級が閉鎖した場合は、「出席停止・忌引き等の日数」の欄に、閉鎖した日数を記入します。そして、この日数を含めた「授業日数」から、「出席停止・忌引き等の日数」を差し引いたのが、「出席しなければならない日数」となります。したがって、さきの学級閉鎖の場合には、「出席停止・忌引き等の日数」と「出席しなければならない日数」の両欄の日数が、閉鎖した学級としなかった学級とで異なってきます。

【問8】 指導要録の保護者の欄について、「親権を行う者」とあるのは、両親について記入するのでしょうか。

【答】 親権者という場合、一般には父母の二人ですが、この欄へ記入する場合は父母両方を書く必要はなく、そのうちの実質的に親権を行うほうのどちらかを書けばよいです。しかしこの場合にも学齢簿の記録との一致に留意しなければなりません。

【問9】　学校の実情によって例えば、数学について必修、選択を合わせて一貫した五単位時間の計画と必修だけの三単位時間の計画をたてて、いずれかを生徒に履修させる方法をとった場合、選択教科を履修した生徒のグループと必修だけ履修した生徒のグループと別々の評定集団で評定してよいでしょうか。

【答】　それはよくありません。必修の分は、選択の数学の履修と切り離して必修の生徒の全部について評定し、選択の数学は選択の数学の範囲内で、それを履修した生徒について評定するものです。このような方法は評定上不便なこともないではありませんが、同名であっても必修のものと選択のものとは別の教科であることや、履修した選択教科の数や時間数を確実に記録する必要からして当然であり、やむを得ない措置といえましょう。なお、同名の選択教科を履修した生徒のほうが必修教科だけを履修した生徒よりも必修教科の評定についても上位の評定を受けるということになって不合理であるという批判もあるかもしれませんが、必修の数学だけを履修した生徒が他の選択教科（農業、工業、商業など）を履修した場合後者について有利な結果を得るということも起こり得ますから、全体としてみれば必ずしも不利だとはいえないでしょう。

【問10】　体罰の限界について説明してください。

【答】　学教法第十一条は「校長及び教員は、教育上必要があると認めるときは、文部科学大臣の定めるところにより、児童、生徒及び学生に懲戒を加えることができる。ただし、体罰を加えることはできない。」としています。

懲戒はその性質上二つに分かれます。一つは〝叱る〟などの事実行為として行われる制裁であり――体罰が問題になるのはこの場合です。第二は停学、退学など法的な効果をともなう制裁です。この法的行為としての懲戒は学教法施行規則第二十六条により「懲戒のうち、退学、停学及び訓告の処分は、校長が行う。」こととされています。

事実行為としての懲戒権は校長及び教員にあります。この場合、当該学校の児童生徒であるかぎり自己の担任の有無にかかわりません。このことについては学教法第十一条とほぼ同様の規定を設けていた旧小学校令第四十七条について「小学校令第四十七条ニ依ル校長ノ懲戒権ハ全校生徒ニ及ブベキハ勿論教員ノ懲戒権モ児童ガ自己ノ担任セル学級ニ属スルト否トニ依リテ消長ヲ来スベキモノニ非ズ」とした大審院の判例（大五・六・一五）があります。ただ、実際に当たっては生徒を担任している教員の教育的立場が考慮されなければならないことはいうまでもありません。

さて、「体罰」についてですが、教員等が児童生徒に対して行った懲戒行為が体罰に当たるかどうかは、当該児童生徒の年齢、健康、心身の発達状況、当該行為が行われた場所的及び時間的環境、懲戒の態様等の諸条件を総合的に考え、個々の事案ごとに判断する必要があります。この際、単に、懲戒行為をした教員等や、懲戒行為を受けた児童生徒・保護者の主観のみにより判断するのではなく、諸条件を客観的に考慮して判断すべきです。

上記の区別により、その懲戒の内容が身体的性質のもの、すなわち、身体に対する侵害を内容とするもの（殴る、蹴る等）、児童生徒に肉体的苦痛を与えるようなもの（正座・直立等特定の姿勢を長時間にわたって保持させる等）に当たると判断された場合は、体罰に該当します。

ただし、児童生徒から教員等に対する暴力行為に対して、教員等が防衛のためにやむを得ずした有形力の行使は、もとより教育上の措置たる懲戒行為として行われたものではなく、これにより身体への侵害又は肉体的苦痛を与えた場合は体罰には該当しません。また、他の児童生徒に被害を及ぼすような暴力行為に対して、これを制止したり、目前の危険を回避したりするためにやむを得ずした有形力の行使についても、同様に体罰に当たりません。

【問11】　いじめられている児童生徒には緊急避難としての欠席が弾力的に認められてよい、との通知が出ていますが、この緊急避難としての欠席には何らかの法的効果がともなうのでしょうか。

【答】　結論からいうと、いじめられている児童生徒の緊急避難としての欠席には、法的効果はともないません。

現在の学校教育制度のもとでは、義務教育段階にある児童生徒の保護者には、児童生徒を学校に通わせる義務があります。

しかし、平成二十八年九月十四日付け二八文科初第七七〇号「不登校児童生徒への支援の在り方について（通知）」では、いじめが原因で不登校となっている場合には、いじめを絶対に許さないき然とした対応をとることが重要であること、また、いじめられている児童生徒の緊急避難としての欠席が認められてもよく、そのような場合には、その後の学習に支障がないよう配慮が必要である旨の記載があります。これは、これまで十分すぎるほどに慎重に取り扱われてきた学校を休むことに関して、いじめられている子どもの立場に立った、より柔軟で弾力的な運用が認められてよいということです。このことに出席扱いといった法的効果は伴いませんが、これまでともすると学校を絶対のもの、学校中心に考えがちであった教師や保護者の意識を改革することに大きな意味があるものです。

なお、法令上の運用の問題として、児童生徒が休業日を除いて七日間以上学校を欠席し、出席させないことについて保護者に正当な事由がないと認められるとき、市町村の教育委員会は、保護者に対して出席を督促しなければならないことになっています（学教法一七、学教法施行令二〇、二一）。しかし、一般的にはいじめられている児童生徒が緊急避難として欠席している場合、保護者としては学校に通わせたくとも通わせられない正当な事由があると考えられます。

【問12】　本校の教師が生徒に懲戒を行いましたが、その結果生徒に体罰を加えたとしてその保護者が当該教師を訴えるといっています。このような場合、教師にはどのような責任が生じ得るのでしょうか。

【答】　児童生徒に対する懲戒については、退学、停学の法的効果をともなう懲戒及び訓告は校長が行うこととされており、その他の事実行為としての懲戒は教員も教育上必要があるときは行うことができることとされていますが、体罰は加えることはできません（学教法一一、同法施行規則二六）。

具体的にどのような懲戒が法律で禁止されている体罰に当たるかは、個々の事案に応じ、児童生徒の年齢、健康、場所的及び時間的環境等、種々の条件を考えあわせてその児童生徒の肉体的苦痛の有無を判定して決められることとなりますが、仮に教師の行為が体罰に当たることとなると、①刑事上の責任、②民事上の責任、③行政上の責任を問われることがあります。

第一の刑事上の責任については、学教法で認められた懲戒であるかぎり、一般的には刑法の条項に該当するような行為であっても、それは刑法第三十五条にいうところの「法令又は正当な業務による行為」として違法性を阻却され犯罪は成立しませんが、体罰に当たるような場合は、刑法上の責任が生じることがあります。

どのような行為が刑事罰の対象となるかどうかは、個々の事例に即して判断をせざるを得ず、判例でも暴行罪の成立を認めた事例と認めなかった事例があります。前者の例としては、「殴打のような暴行行為は、たとえ教育上必要があるとする懲戒行為としてでも、その理由によって犯罪の成立上違法性を阻却せしめるというような法意であるとはとうてい解されない」として、教員の懲戒行為について暴行罪の成立を認めた事例があり（昭三〇・五・一六　大阪高裁判決）、後者の例としては、「いやしくも有形力の行使と見られる外形をもった行為は学校教育上の懲戒行為としてはいっさい許容されないとすることは、本来学校教育法の予想するところではない」として、生徒の軽率な態度を是正するため、生徒指導の一環として説諭しながら平手及び軽く握った手拳で頭部を軽くたたいたにすぎなく、その行為は教師として正当な行為と認められるべきであるとして、暴行罪の成立を認めなかった事例があります（昭五六・四・一　東京高裁判決）。

第二に、民事上の責任として、生徒に体罰を加えてその身体に傷害を与えたような場合には、治療に要する費用やその精神的損害を償うための損害賠償の責任を追及される場合もあります。

第三の行政上の責任としては、違法な懲戒を行った教師は、職務上の義務に違反したものとして、懲戒処分の対象となることがあります。この場合、校長も、たとえみずからは違法な懲戒を行っていなくとも、その所属職員の監督責任者としてその監督責任を問われて、懲戒処分の対象となる場合があります。

【問13】 市町村立小・中学校に在学する児童生徒が独立行政法人日本スポーツ振興センターの医療費支給の対象となる事故で治療しましたが、医師の治ゆの診断後、痛みの再発により加療が必要となり、結果として障害が残った場合、その児童生徒の保護者から損害賠償の請求があったとき、設置者である市町村は当該請求に応ずべきですか。また、その場合、センターの支給対象となりませんか。

【答】 独立行政法人日本スポーツ振興センターは、その原因である事由が学校の管理下において生じた児童生徒等の災害（負傷、疾病、障害又は死亡）に対し、医療費、障害見舞金又は死亡見舞金を支給しています。質問の事例のように、医師の治ゆの診断後、継続加療が必要となった場合、その医療費及び療養の結果残った障害に対する見舞金については、その原因である事由及び負傷との関連性が客観的にみて、きわめて明らかな場合にのみ給付が認められています。客観的に関連性を証明するためには医師の診断のほか、最初の治ゆ診断後における身体状況や生活状況等について調査することが必要です。

次に、学校の設置者である市町村に対し損害賠償の請求をすることができるかということですが、国家賠償法に定める法律上の要件を充当すれば学校の設置者である市町村が損害賠償を行うこともありますが、実際問題として不可抗力的・偶発的な不慮の災害が多く、学校の設置者が、損害賠償の責任を負う程度には至らないものがほとんどです。国家賠償法に定める要件を充足しない場合にあっても、センターでは学校教育を円滑に実施するという教育的配慮から、その災害共済給付基準に該当すれば、医療費、障害見舞金又は死亡見舞金を支給しています。ただし、国家賠償法により、学校の設置者である市町村の負担において、災害にかかわる損害賠償を受けたときは、その程度においてセンターの災害共済給付は行われません。

【問14】 市町村立中学校の教員が理科実験を指導している際、その指導上のミスにより、生徒が負傷してしまいました。県は生徒の保護者から県にその損害賠償を請求してきました。県はこれに応じなければならないでしょうか。

【答】 結論をいえば、県にも損害賠償責任があるということになります。しかし、県が損害賠償した場合には、市町村に求償することができます。

国家賠償法第一条第一項は「国又は公共団体の公権力の行使に当る公務員が、その職務を行うについて、故意又は過失によって違法に他人に損害を加えたときは、国又は公共団体が、これを賠償する責に任ずる。」と規定し、第二条第一項は公の営造物の設置管理の瑕疵に基づく損害の賠償責任を規定しています。

設問の場合は、教員の指導上のミスということですから、第二条第一項とは関係なく、第一条第一項の適用があるかが問題となります。教員の生徒に対する指導が、同項にいう「公権力の行使」に当たるかどうかには議論があるところですが、判決例では、積極的に解するものが多いことからみて、教員が生徒の指導に当たり、ミスをおかしその指導のために生徒が負傷した場合には、第一条第一項の適用があると解されます。ところで、市町村立中学校の教員の身分は、市町村に属しますから、市町村に損害賠償責任があることになります。したがって、この規定だけでは県の責任は生じません。

さて、第三条第一項は「前二条の規定によって国又は公共団体が損害を賠償する責に任ずる場合において、公務員の選任若しくは監督……に当る者と公務員の俸給、給与その他の費用……を負担する者とが異なるときは、費用を負担する者もまた、その損害を賠償する責に任ずる。」と規定しています。市町村立小中学校の教員の給与は県が負担しているわけですから、この規定によると、県も損害賠償責任があるということになるわけです。

【問15】　成績証明、在学証明、卒業証明、履歴証明の各証明書の交付手続き、交付権者、手数料などについてご教示ください。

【答】　成績証明は、在学中の生徒が民間の奨学資金受給を希望していて当該奨学資金申請書類にこの成績証明の添付が要求されている場合などに、実際上、交付願いがなされるものです。法律的に理屈をいえば、このような場合の形式的手続きはもちろん、そもそも証明義務すらも法令上の根拠はありませんが、一般に行政慣習として、官公署が職務権限上証明できるものは、申請に応じて証明するのが例であり、住民へのサービスの徹底からもこのほうが望ましいと思われます。したがって、成績証明も本人又は保護者からの求めに応じて校長の名で指導要録を摘記した適当な形式で下付すべきものでしょう。ただし、学業成績はある意味で個人のプライバシーにもかかわるので、第三者（例えば興信所など）からの申請に対しては断るのが適当と思われます。

在学証明は、転校の際には法令上必要とされる（学教法施行規則九二）ほか、通学定期、学割乗車券の購入等の際に呈示又は提出を要求される半公的なものとなっており、交付申請の頻度も最も高いと思われます。これについては、一定の書式が学校ごとにすでに定まっているようです。もちろんこれは、校長の名によって証明され交付されます。

卒業証明は、新卒者について就職、進学のために必要とされる場合のほか、過年度卒業者から申請がくる場合もあり、本人からの申請により校長が証明するものです。

以上の三つの証明書は、生徒に係るものですが、履歴証明は、現在あるいは過去の学校職員について当該学校在職の証明を求めるものであり、法令上は、労基法第二十二条、教育職員免許法第七条等がこれを要求しています。この場合は、実際の証明事務は学校事務としてやるにしても、証明の責任は、雇用者としての任命権者（公立学校であれば教育委員会）にあるので、その名で交付すべきものです。

なお、以上の証明事務は、いずれも特定個人の利益のためのものですから、条例で定めれば手数料をとり得る（地自法二二七）かどうかが問題ですが、学校教育の特殊性にかんがみ、在学生徒についての各種証明は手数料をとるべきでないという行政指導が行われています（昭三五・一〇・四　自治丁行発三二号）。また、職員に対する給与証明、履歴証明についても手数料をとることはできないとされています（昭三七・一〇・三自治丁行発七〇号）。

【問16】　わが国も「児童の権利条約」の締約国になりましたが、この条約の趣旨はどのようなものでしょうか。また、学校現場ではどのような点に留意する必要があるでしょうか。

【答】　⑴　「児童の権利に関する条約」は、世界の多くの児童が、今日なお貧困、飢餓などの困難な状況に置かれていることにかんがみ、世界的な視野から児童の人権の尊重、保護の促進を目指して、平成元年十一月の国連総会において採択され、平成二年九月に発効したものです。平成二十八年二月現在、一九六か国・地域が締結しています。

わが国としても、平成二年九月にこの条約に署名してその趣旨に賛意を表し、国会の承認を経て、平成六年四月二十二日に批准したものであり、わが国に効力が生じたのは五月二十二日です。

⑵　この条約は、基本的人権の尊重を基本理念に掲げるわが国の憲法、教育基本法やわが国がすでに締約国となっている国際人権規約等と軌を一にするものです。したがって、条約の発効により、教育関係について特に法令等の改正の必要はないところですが、学校教育、社会教育を通じ、広く国民の基本的人権尊重の精神が高められるとともに、特に児童が人格をもった一人の人間として尊重されなければならないことはいうまでもありません。

学校においては、児童の人権に十分配慮し、一人一人を大切にした教育が行われることが極めて重要であり、この条約を契機として、更にいっそう、教育の充実が図られていくことが肝要です。

この観点から、平成六年五月二十日付け文部事務次官通知「『児童の権利に関する条約』について」は、条約の趣旨を広く周知するとともに、特に学校において、条約の趣旨を生かしていっそう指導を充実すべき主要な点について、各都道府県教育委員会、各都道府県知事、各国立学校長等に対して、次のように関係者の努力を促しています。

①　本条約の趣旨を踏まえ、日本国憲法、教育基本法の精神にのっとり、教育活動全体を通じて基本的人権尊重の精神の徹底を図ることが大切であること。また、権利及び義務をともに正しく理解させることも重要であること。

②　いじめや校内暴力は児童生徒等の心身に重大な影響を及ぼす深刻な問題であり、本条約の趣旨を踏まえ、真剣な取組の推進に努めること。登校拒否や高校中退の問題についても一層の取組を行うこと。

③　体罰は、学校教育法第十一条により厳に禁止されているものであり、体罰禁止の徹底に一層努める必要があること。

④　学校においては、教育目的を達成するために必要な合理的範囲内で児童生徒等に対して指導や指示を行い、校則を定めることができる。また、校則は、学校の責任と判断において決定されるべきものであるが、児童生徒等の実態、保護者の考え方、地域の実情等を踏まえ、より適切なものとなるよう引続き配慮すること。

⑤　意見を表明する権利については、表明された児童の意見が必ず反映されるということまでをも求めているものではないが、学校においては、児童生徒等の実態を十分把握し、一層適切な教育指導に留意すること。

⑥　退学、停学等の懲戒処分を行う際には、当該児童生徒等から事情や意見をよく聴く機会をもつなど配慮すること。出席停止の措置を適用する際も同様であること。

⑦　学校における国旗・国歌の指導は児童生徒等の思想・良心を制約しようというものではなく、今後とも指導の充実を図ること。

⑧　本条約についての教育指導に当たっては、「児童」のみならず「子ども」という語を適宜使用することも考えられること。

五　施設管理

【問１】　町の自治会などから、学校の教室、校庭の借用を申し込まれることがよくあります。授業に支障があるときはともかく、そうでないときでも、これを断ってもよいものでしょうか。というのは、使用中にいろいろ事故が起こってイザコザの生ずる可能性があり、校長としてはできれば学校施設は他団体に貸さないということにして安心したいという気持ちがあるものですから……。また、この判断は校長だけでしてもよいものでしょうか。

【答】　学校施設は、本来学校教育のためにあるのですから、それ以外の用途に供されないということが、学校教育の側面からだけみれば望ましいことはいうまでもありません。

しかし、他面、財産の効率的活用ということから、本来の目的に支障のないかぎり、その施設を一般住民に開放してサービスを提供するということも要請の一つとして考慮する必要があります。特に、各種の文化施設が必ずしも十分に完備しているとはいえない場合、学校が実質的に地域の文化センターとなっている実情を考えるといっそうその必要性は強いといえます。

そこで、学教法第百三十七条は「学校教育上支障のない限り、学校には、社会教育に関する施設を附置し、又は学校の施設を社会教育その他公共のために、利用させることができる。」と規定し、両者の調整を図っています。

また、社教法第四十四条は「学校の管理機関は、学校教育上支障がないと認める限り、その管理する学校の施設を社会教育のために利用に供するように努めなければならない。」と定め、スポーツ基本法第十三条は一般のスポーツ利用について、文化芸術振興基本法第二十七条は地域における文化芸術活動のための利用について、同様の趣旨を定めています。

学校施設の目的外使用の許可は許可権者の自由裁量に属しているので、学校教育上支障がなくても個々の場合に許可しなくても違法になるという性質のものではありませんが、以上に述べたことから一般的にこれを認めないという方針をとることは、制度の趣旨に反することになります。特に社会教育事業、スポーツ、文化芸術活動などのためにはできるだけ利用に供するべきでしょう。

校長が、学校管理上の余計な責任を負いたくないという気持ちは理解できますが、このことをもって正面からの理由にすることはできないと思われます。

なお、学校施設の目的外使用の許可は、通常のケースについては管理規則等で校長の専決事項とされているでしょうから、その場合は校長の判断で許可の可否を判断してさしつかえありません。もちろん、教育委員会から特段の指示があった場合には、このかぎりではないし、許可基準など一般的方針を定めておこうという場合には教育委員会の判断を仰ぐのが適当といえます。

【問２】　私の市の学校管理規則は、「校長は、学校施設及び設備の利用に関する法令及び規定の定めるところにより学校の施設および設備を社会教育その他公共のために利用させることができる。ただし、長期にわたる利用の場合は、あらかじめ教育委員会の承認を得なければならない。」と規定しています。例年、国会の解散が近いと予想されるとき、又は地方公共団体の統一選挙が間近くなると国会報告演説会又は議会報告演説会のための学校施設の使用許可の申請が出てきます。このような場合は、従来から市教育委員会とも相談し、許可を認めていませんが、別段さしつかえありませんか。

【答】　いうまでもなく、学校施設は、学校教育の用に供することを本来の目的とする公用財産ですから、この本来の目的以外の使用を許可する場合は、その本来の目的達成に支障をきたさないことが前提となります。

このことは、「地方公共団体の財産は、常に良好の状態においてこれを管理し、その所有の目的に応じて最も効率的に、これを運用しなければならない。」（地方財政法八）、あるいは「学校施設は、学校が学校教育の目的に使用する場合を除く外、使用してはならない。」（学校施設の確保に関する政令三）という規定をみるまでもなく当然のことといえます。ところで、学教法第百三十七条は、「学校の施設を社会教育その他公共のために、利用させることができる。」としています。そこで設問のように国会又は議会報告演説会が、ここにいう「社会教育その他公共のため」に該当するかどうかが問題になろうかと思われます。

公選議員が、国会又は議会を通過した法律、条例、予算等の内容あるいはその審議経過等を客観的に選挙民に説明することは、ここでいう「公共のため」に当たるともいえるでしょう。したがって、議会報告演説会のための使用許可に当たって、右のような客観的事実の報告に限定する旨の条件を付して、公選議員本人のみに限り許可することは、この条件が守られるということを前提にすればさしつかえないとも考えられます。しかしながら、実際の議会報告演説会は、報告演説と名をかりてはいますが、自己の属する政党あるいは自己の政治宣伝を行っているのが通常のようです。

議会報告演説会が実際にどのような機能を果たしているか、また仮に「客観的事実の報告」に限ると限定してもその範囲が必ずしも明確でないということなどを勘案すれば、議会報告演説会に学校施設を使用させることは許可しないほうが妥当である場合が多いといえましょう。

【問３】　最近、各方面から暴力団に対する批判が高まっておりますが、時々彼等の催す事業に学校の講堂などを貸してほしいと申し込んできます。これまで暴力団に公共施設の便宜供与はおかしいと常識的に判断して断ってきていますが、法律的にはどうなのでしょうか。

【答】　刑法、暴力行為等処罰ニ関スル法律、暴力団員による不当な行為の防止等に関する法律、いわゆるぐれん隊条例等で個々の暴力行為等を処罰する法令はありますが、いわゆる公共施設から暴力団を追放するといった一般法はありませんから、それぞれの場合に応じて法の許す限界を確かめてことに当たらなければなりません。

　ところで学校施設の場合はどうかということになりますが、これは学校施設の目的外利用の一ケースですから、その原則をあてはめてみればよいわけです。

　まず、目的外に利用させるのは「社会教育その他公共のため」（学教法一三七）のみに限られるわけではなく、地自法第二百三十八条の四第七項の規定によって学校教育に支障のないものであるならば、これを利用させることができると解されます。

　そこで、学校教育に支障があるか否かが判断されなければなりませんが、単に講堂やグラウンドが空いていないとか、貸せば授業に支障が生じるとか、施設管理について責任がもてないとかの場合にかぎらず、学校という教育の場にそぐわないもの、雰囲気を乱して児童生徒に悪影響を及ぼすものなども広く含まれると解されます。したがって、質問の場合も、単に事業内容が適当でないというケースだけでなく、○○組といった暴力団が堂々と学校の施設を使っているということが、児童生徒の暴力、暴力団に対する考え方に教育上マイナスに作用すると判断される場合には許可すべきではないでしょう。

【問4】　職員団体の分会長から、校内に職員団体専用の掲示板を設置したい旨の申し入れがありますが、どのように取り扱うべきでしょうか。

【答】　近代的な労使関係では、労使相互不介入の原則が貫かれるべきだとされており、例えば、労組法では、民間の会社の労働組合について、その運営のための経費の支払いにつき経理上の援助を与えるようなことをしてはならないと規定されています（労組法七Ⅲ）。ただし、例外的に最小限の広さの事務所の供与などはさしつかえない旨の定めもあり（同号ただし書）、質問の場合掲示板の設置を認めても、このような労使相互不介入という原則に抵触するというおそれはないといえるでしょう。

　次に教育財産の管理は教育委員会の権限ですが（地教行法二一Ⅱ、二八①）、第一次的には校長の判断によるものが多いようです。この「管理」というのは、単に財産の財産的価値の管理のほかに財産を行政目的に適合させるために秩序を維持する権限を含むものです。したがって、掲示板の設置を承認するとしても、職員団体の掲示板ですから、児童生徒に対する連絡事項を掲示するものとは異なり、職員室内の適当な場所に設けなければならない等の規制を加える権限を有しています。

さらに、いうまでもなく、公立学校の教育公務員については、政治的行為が制限され、国家公務員の例によるものとされています（教特法一八①）。したがって、政治的目的を有する文書又は図画を掲示することは禁止されています（人事院規則一四―七第六項第一二号）。そこで、たとえ掲示板の設置について承認を与えたとしても、校長は、そこに掲示する文書等の内容が、政治的目的を有するようなものとならないように配慮する必要があるといえます。また、そのような違反行為があれば、服務監督上必要な是正措置をとる必要があるわけです。

【問5】　組合掲示板に違法な掲示物や職務の適正な維持を妨げる掲示物が掲示された場合、校長は庁舎管理権に基づき、こういった掲示物の撤去を命ずることができ、更に、この撤去の指示・命令に従わないときはみずから掲示物を撤去することができると聞いていますが、庁舎管理権とはどのようなものでしょうか。

【答】　(1)　公立学校の校舎等の施設は、学校の設置管理という地方公共団体の行う事業の用に供されているもので、県庁や市役所の庁舎と同じ性質のものです。

このような庁舎は、庁舎本来の業務のために使うべきものですが、庁舎を庁舎本来の目的に沿うよう管理するとともに、このために必要な庁舎内の秩序を維持する権限のことを庁舎管理権といいます。すなわち、庁舎の維持や修繕等の管理を行うだけでなく、庁舎本来の使用目的に対する障害の防止及び除去、あるいは庁舎の使用関係の規則といった内容を含むものです。このように庁舎管理権は、国や地方公共団体の事務・事業を円滑に遂行するために必要な措置をとることができる点で単なる所有権よりも広い内容をもった包括的な権限としてとらえるものです。

なお、庁舎管理権を有する者（庁舎管理権者）は法令・規則により決められます。公立学校の場合は地教行法第二十一条によって教育委員会となりますが、学校管理規則等によって校長が直接の庁舎管理者とされているのが通常です。

(2)　庁舎管理権のような包括的権限は、企業の場合にも認められ、その施設管理権は、物的管理権のみならず、企業秩序維持のための権能であるとされています。

組合活動として職員ロッカーに無断でビラ貼りを行うのは違法であるとした、最高裁昭和五十四年十月三十日判決「国労札幌地本ビラ貼り事件」は、この権能の具体的内容について次のように判示しています。

企業は、その存立を維持し目的たる事業の円滑な運営を図るため……企業秩序を定立し……企業は、その構成員に対してこれに服することを求むべく、その一環として……規律のある業務の運営態勢を確保するため、その物的施設を許諾された目的以外に利用してはならない旨を、一般的に規則をもって定め、又は具体的に指示、命令することができ、これに違反する行為をする者がある場合には、企業秩序を乱すものとして、当該行為者に対し、その行為の中止、原状回復等必要な指示、命令を発し、又は規則に定めるところに従い制裁として懲戒処分を行うことができるもの、と解するのが相当である。

この判示事項は、庁舎管理権の具体的内容としても該当するものと考えられます。

(3)　ところで、職員団体は、国や地方公共団体の事務・事業を遂行するものではなく、その活動のために庁舎を利用する権利を有するものではありません。したがって、職員が、当局の許諾を得ないで庁舎を利用して職員団体のための活動を行うことは、職場環境を適正良好に保持し規律のある態勢を確保するために行使される庁舎管理権を侵すものですから、正当な活動として許容されるものではありません。

組合掲示板について、その利用の許可の性質を最高裁昭和五十七年十月七日判決（昭和郵便局事件）は次のように判示しています。

庁舎管理者による庁舎等における広告物等の掲示の許可は……広告物等の掲示等の方法によってする情報、意見等の伝達、表明等の一般的禁止を特定の場合について解除するものであって、右許可の結果、許可を受けた者は右のような伝達、表明等の行為のために指定された場所を使用することができることとなるが、それは、禁止を解除され、当該行為をする自由を回復した結果にすぎず、右許可を受けた者が右行為のために当該場所を使用するなんらかの公法上又は私法上の権利を設定され又はこれを付与されるものではない。（昭五九・一・二七　最高裁判決〈足立税務所事件〉も同旨）

公立学校において組合掲示板の使用を認めることも、校長が庁舎管理権に基づき庁舎の一部である組合掲示板を組合活動のために事実上その使用を許したものですから、組合の掲示板の利用については、掲示板の維持・保全の目的や公務秩序に違反しないことを当然の制約とするものです。したがって、掲示板の使用がこれに反するときは、校長は、庁舎管理権に基づき、掲示物の撤去の指示、あるいはみずから撤去するといった適宜の措置をとることができるわけです。

【問６】　私の町では、昨年から各学校に警備員を配置して学校警備に当たらせていますが、警備員にすべてをまかせるということはとうていできませんので、教職員の宿日直も従来どおりやっています。また、警備員の給与は、町費だけではとても足りませんので、半分くらいはＰＴＡにお願いしています。そこで次の点についてご教示ください。第一に、校長は警備員に対して命令を下せるのか、第二に宿日直員と警備員の関係はどうなのか、ということです。

【答】　まず、校長が警備員を指揮監督できるかということですが、警備員が学校の職員として配置されているかぎり、校長の所属職員に対する監督権（学教法三七④）を引き合いに出すまでもなく、当然できます。

ただ質問の裏にはＰＴＡが給与を半額負担しているのだから、ＰＴＡの職員なのではないかとの考えがあるのかもしれませんが、この点については次のように考えられます。市町村職員の人件費を住民が負担することは地方財政法によって禁じられており、警備員の給与は少額でも全部市町村が負担しているはずであり、ＰＴＡが負担しているのは労働に対する対価でなく、学校警備に対する保護者の感謝の意を示した謝金です。また、仮にＰＴＡが全額を負担している場合には、それは公務員たる学校職員であるはずはありませんから、本来、校長とは上下の関係にありませんが、ＰＴＡの学校施設管理に対する自主的な協力として、みずから学校警備員を採用しその管理を校長に委ねたものである、と考えられます。質問の場合は前者と解していいようです。

次に、宿日直員との関係ですが、これは教育委員会、校長等の定め方いかんによります。つまり、校務分掌規程等にそれぞれの職務を明記すればそれによって宿日直員と警備員の分担関係、上下関係が定まります。この場合、こうでなければならないという法令上の規制はありませんから、実情に応じて定めてさしつかえありません。

しかし、通常の場合は、警備員の現実の能力を考えると、宿日直員の教職員を責任者とし、その指揮の下に警備員にその職務に従事させるというのが適当でしょう。

また、学校事故が発生した場合の責任は、その分担させられた職務に応じて追及されます。例えば、事故原因が警備員の過失による場合には、直接には警備員の責任が追及されます。しかし、宿日直員も、警備員に対して指揮監督する立場にある場合には、その指揮監督上にミスがあればそのかぎりでの責任追及はまぬがれないこととなります。

【問７】　私の学校では、土曜・日曜は、教員による宿日直を廃止して、アルバイトの宿日直代行員によって宿日直を実施することになりましたが、その際学校で火災又は盗難が起こったときの校長の責任は、教員による宿日直を実施している場合とくらべて違いがあるでしょうか。なお、宿日直代行員は、市の教育委員会に委嘱され、そのつど学校に配属されてくる関係上、勤務状況について十分指導することができない実情にあります。

【答】　公立学校の管理責任は、最終的には、その設置者である市町村の教育行政機関としての教育委員会にあり、どのような形で学校施設・設備の保全を行うかは、教育委員会の定めるところによります。一方、学校長も、当該学校における具体的職務執行の最高責任者として、教育委員会の指示の下に、学校の施設・設備の保全に努めるべき職務と責任を有することは、いうまでもありません。したがって、一般的には、学校において火災事故あるいは盗難事故があれば、校長の管理面に欠けるところがあったものとして、その責任が追及され、懲戒処分の対象となる場合が少なくありません。特に、教員による宿日直中の場合で、宿日直教員に勤務懈怠の事実があれば、校長の所属職員に対する監督責任が追及されることになるでしょう。

ところで、宿日直代行員の場合には、教員による宿日直の場合にくらべて、法律上は、校長の責任の程度にはそれほどの違いが生ずるわけではありませんが、当該宿日直代行員に対する指揮監督の態様により、実際上は若干の差異をもたらすことにはなるでしょう。すなわち、校長が普段から学校の施設・設備の保全にどの程度の注意を払い、防火防犯対策にどの程度の意を払っていたかということは、教員による宿日直の場合であろうと、宿日直代行員の場合であろうと、校長の管理責任を追及する場合の大きな判断基準として共通の性格をもちますが、宿日直要員に対し、事前にどの程度の注意を加え、また普段からどのような指導を行っていたかということになると、設問の実情から判断すれば、校長の監督責任は、宿日直代行員の場合にはかなり軽減されるものと考えられます。

要は、校長の通常の勤務状況がどのようなものであったかが、責任追及の際の大きなメルクマールになるといえます。それにしても、設問には、火災・盗難等の事故があればただちに校長の責任が追及されることになるとの考えが基礎になっているようですが、校長としてその勤務に最善を尽くしていたとするならば、なにも心配することではありません。

【問８】　私の勤務する県立のＡ高等学校の建物は、建築されてから三十五年も経過した老朽建物で、いわゆる危険建物です。数年前からＰＴＡなどが中心になってその改築を県当局に陳情してきましたが、さいわいに本年度から三年計画で全面改築を行うことになりました。そこで、ＰＴＡが中心になってＡ高等学校改築推進期成会を設け、寄附金を募り、新校舎等の整備費の一部にあてるために県に寄附することを期成会の総会で決定しました。

ところが一部の保護者から、そのようなことは地方財政法違反ではないかという疑問が出されましたが、いかがなものでしょうか。

【答】　地方財政法は「都道府県は、当該都道府県立の高等学校の施設の建設事業費について、住民に対し、直接であると間接であるとを問わず、その負担を転嫁してはならない。」（同法二七の三）と規定しています。この規定の趣旨は、地方公共団体の財政秩序をただすとともに、住民の税外負担を軽減しようとするものです。ところで学校の設置者たる県は、原則としてその設置する高等学校の経費を負担する建前になっており（学教法五）、したがって、Ａ高等学校の改築に要する経費の負担者たる県が、その経費について、住民に強制的に寄附を割り当てるとか、また強制的に割り当てられた後に集められた寄附金を受領することは、地方財政法のこの規定の趣旨に反するといえるでしょう。

しかしながら、児童生徒の教育環境の向上を願うことは保護者として否定し得ない人情でもあり、特にわが国のように学校が地域社会ときわめて密着しつつ、年を経てきた沿革から、県立高等学校といっても、その学校の近くの地域の人々にとっては、文字どおり自分たちの学校という気持ちがあります。

このような事情から、地域社会の住民がまったく自発的に質問のような改築推進期成会を設け、生徒の教育環境のいっそうの向上のため寄附金を募り、それを期成会の名前で県に寄附することを、一概に違法視し否定することはできないでしょう。

ただ、この場合注意すべきことは、期成会などで寄附金の最低額などを住民に割り当てることは、地方財政法の規定の趣旨に反することになるということです。例えば、一口〇〇円とし、保護者の一世帯当たり最低一口以上という形で割り当てることは、許されません。すなわち保護者からの寄附は、あくまで期成会の趣旨に賛同した者のまったく自発的な寄附であるべきです。

いうまでもなく、地方財政法のこの規定は、住民のまったくの自発的意思に基づく寄附までも禁止する趣旨ではなく、したがって、質問のような期成会の寄附活動は、すべてただちに地方財政法に反するというのでなく、以上注意した点に留意して行われるかぎり、地方財政法上の問題は生じないと思われます。

第二　教職員の人事管理

一　任用

【問１】 私は市立中学校の教諭ですが、私の給料は県より支給されており、採用の辞令も県教育委員会よりもらいましたが、身分は市の職員扱いだと聞きました。なぜでしょうか。

【答】 学教法によれば市町村はその地域内の学齢児童生徒を教育する小学校、中学校を設置する義務を負っており、区域内の児童生徒に対する義務教育を行う義務を負っています（同法三八、四九）。そして、学校の設置者は、その設置する学校を管理し、法令に特別の定めのある場合を除いては、その学校の経費を負担する義務があります（同法五）。

したがって、法令に何ら特別の定めのない市町村立の幼稚園、高等学校については、教員の任免は当該市町村の教育委員会がこれを行い、その給与は当該市町村の財政から支払われています。

しかしながら、義務教育諸学校についてはその設置が市町村に義務付けられており、給与のすべてを当該市町村に負担させることは市町村の財政事情から過重の負担をかけることとなりますので「市町村立学校職員給与負担法」により市（指定都市を除く。）町村立の義務教育諸学校の校長、副校長、教頭、主幹教諭、指導教諭、教諭等の給与についてはこれを当該市町村を包括する都道府県の負担としているわけです。

また、義務教育が国民の教育としての一定の水準を保持して適正に行われることを期待するため、地教行法により教職員の人事交流を円滑にし、給与負担との調整を図るため、都道府県が給与を負担する教職員の任命権は都道府県の教育委員会が市（指定都市を除く。）町村の教育委員会の内申をまって行うこととしています。したがって、この人事制度は地方公務員の人事管理制度の大きな特例であり、給与、勤務時間その他の勤務条件についても都道府県の条例で定められています。

しかしながら、教職員はその者が勤務する学校において、当該学校を設置する市町村の事務である教育行政に従事しているものであって、当該学校における教育の事業は、国の事務でもなければ、都道府県の行っている事務でもありません。設置者である市町村が行っている行政事務であることに違いないのです。任免権の行使、給与の負担についての特例は義務教育の水準の維持という別個の観点に基づく要請からとられた人事制度の特例であるにすぎないのです。職員の身分の所属が、その者が従事する行政事務がいずれの団体の事務に属しているかにより決められる以上、市町村立義務教育諸学校に勤務する教職員の身分が当該学校を設置する市町村に所属することは何ら疑いがないものです。したがって、これらの教職員の服務監督は、市町村の教育委員会が行うものです。

もちろん、特別の立法措置により、都道府県の公務員とする等の明文の規定を設ければ、その身分を変動させることは不可能なことではありません。戦後における市町村立義務教育諸学校の教職員の身分取扱いの変遷を概観すれば次のようになります。

昭和二十二年日本国憲法の施行と日を同じくして施行された地自法により、それまで国の事務と観念されてきた地方における教育の事務が地方自治の一環として地方公共団体の処理すべき自治事務と観念されることとなりました。したがってこれらの教育の事務に従事する公立学校の教職員もこれらをすべて地自法上教育吏員として地方公共団体の事務に奉仕する地方公共団体の職員と観念することとなりました。それから昭和二十三年に至り、教育委員会法の制定施行により大学以外の公立学校の事務職員が官吏から吏員となり、昭和二十四年の教特法の制定施行に伴い、すべての公立学校の校長及び教員をその者の勤務する学校を設置する地方公共団体の公務員としました。しかしながら、その身分取扱法規は、従前の官吏に関する規定を準用した暫定的な身分制度でした。

昭和二十七年に至り、日本国憲法が予定する地方自治の本旨の実現のために必要とされる地方公共団体の行政の民主的かつ能率的処理のための地方公共団体の職員の身分取扱いに関する根本基準を規定する地公法が制定施行されることとなりました。しかし、当時においては全市町村にまで教育委員会は設置されておらず、教育委員会未設置の市町村の教職員の人事は都道府県の教育委員会がこれを処理していたため、教特法において地公法の特例措置を規定して教職員の人事管理の調整をとりました。

昭和二十七年の市町村の教育委員会の全面設置に伴い、都道府県の教育委員会が処理してきた市町村立学校の教職員の人事の事務は市町村の教育委員会に移ることとなりました。しかし、その給与は依然として都道府県の負担であることから、任命権の行使と給与負担の調整を図るため、市町村立学校の教職員のうち、その給料その他の給与、勤務時間その他の勤務条件に関する条例は都道府県が制定することとする教特法の特例規定及び教職員の定数を都道府県の条例で定める範囲内で市町村の教育委員会が都道府県の教育委員会と協議して定めることとした市町村立学校職員給与負担法旧第二条の規定が置かれていました。しかし、これらの規定のみでは任命権の行使と給与負担の調整を図るには十分でなく、また義務教育の事業が個々の市町村の処理すべき自治事務であると観念しながらも、市町村ごとに人事を処理することにともなう教職員の組織又は配置上の問題、膨大な給与費を都道府県の負担としていることにともなう人事管理上の特別措置が要望されるに至りました。

昭和三十一年の地教行法の制定においては、教育が国民の教育としての一定の水準を保持して適正に行われることを期待するため教職員の人事交流を円滑にし、任命権の行使と給与負担団体との調整を図るため、都道府県が給与を負担する教職員の任命権は都道府県の教育委員会が市町村の教育委員会の内申をまって行うという方式とし、なお、市町村の教育委員会は市町村の教育事務の執行機関として、当該市町村が設置し管理する学校に勤務し、市町村の処理する教育事務に従事する教職員の服務を監督するという立場に立つものであるという人事管理制度がとられることとなりました。

【問２】　外国人の教員任用に関して「公務員に関する当然の法理」という言葉をよく聞きますが、その内容を教えてください。

【答】　公務員といっても、一般行政職のほかにも国会議員や地方議会議員などの特別職や、単純労務者をも含む幅広い範囲を含むものであり、このうち内閣総理大臣、地方公共団体の長、国会議員、外交官などの一部の公務員については、法令上明確に日本国籍を有しない者の就任能力が否定されているところですが、その他の公務員については法令上何らの規定はされていません。しかし、法令上明文の規定がなくても、従来から「公務員に関する当然の法理」として、公権力の行使又は公の意思形成への参画にたずさわる公務員となるためには、日本国籍を必要とし、それ以外の公務員となるためには日本国籍を必ずしも必要としないものと解されています。この点は、昭和二十八年三月二十五日法制局一発第二十九号、昭和四十八年五月二十八日自治ニ公一第八号などの行政実例において明らかにされているところです。

「法理」という用語については、行政実例上も講学上も明確な定義付けがなされていませんが、一般に法理論上承認されるべき不文法原理であり、法規範としての性格を有するものと解されています。

「法理」に似た用語として「条理」があります。この語は通常、法の欠缺を補うものとして考えられ、裁判事務心得（明八太告一〇三）によれば、成文法も慣習もないとき裁判の基準として取り上げられるものとされていますが、広義では事物の本質的法則を意味し、社会通念、公序良俗あるいは信義誠実の原則などと表現されることもあります。「法理」とはこのような広義の「条理」に属するものであると考えられます。

わが国では成文法主義がとられていますが、行政法の分野においても、慣習法や条理ないし法理という不文法の存在する場合が少なくなく、これらが法規範としての性格を有することは広く承認されているところです。

「公務員に関する当然の法理」は、主権国家が併存する世界の現状においては、公権力の行使や公の意思の形成への参画にたずさわる公務員については、その公権力の公使が国民のために行使され、公の意思が国民の利益に適うように形成されるよう国が十分に信頼し得る者を任用することが必要であり、国がこのような信頼をおき得るのは当該国の国民をおいてほかにないという考え方を基礎としているものです。そして、この「法理」は公務員法その他の公務員に関する法制度を支える原理としてこれらに内在しているものであって、必ずしも国公法や地公法などにおいて明文の規定を要するものではなく、明文の規定がなくても法規範としての効力を有するものと解されており、「法理」に違反して日本国籍を有しない者を公権力の行使や公の意思の形成への参画にたずさわる公務員に任用した場合、当該任用行為は違法となります。

なお、当該職務がこの公権力の行使又は公の意思形成への参画にたずさわることに該当するか否かについては、その職務内容について具体的に判断されるものですが、公立学校の教諭については、その職務内容が学校教育法上明確に規定され、その職務を通じて校長の行う校務運営に参画することにより公の意思の形成への参画にたずさわるものと認められることから、この「法理」により日本国籍を有しない者を任用することのできない職であると解されています（昭和五八・四・一　内閣総理大臣から衆議院議長あて回答）。

【問３】　日本国籍を有しない者に対しても公立学校教員への採用の途が開かれたそうですが、採用に当たっては常勤講師として任用されると聞いています。このことについて教えてください。

【答】　平成三年一月、いわゆる日韓三世協議の結果を踏まえ、日韓両国間で「覚書」が交わされました。この中では、日本国政府は公立学校の教職員の採用については、在日韓国人に対し、その途を開き日本人と同じ一般の教員採用試験の受験を認めるよう各都道府県を指導するとともに、「公務員任用に関する国籍による合理的な差異を踏まえた日本国政府の法的見解」（いわゆる公務員に関する当然の法理）を前提としつつ、身分の安定や待遇についても配慮することとされています。

これを踏まえ、文部省（当時）では、平成三年三月に通知（平三・三・二二　文教地八〇号）を発出し、日本国籍を有しない者について、公立の小学校、中学校、高等学校、盲学校、聾学校、養護学校（現・特別支援学校）及び幼稚園の教員採用選考試験の受験を認めるよう各教育委員会を指導しました。この結果、平成四年度教員採用選考試験から、すべての都道府県・指定都市で、受験に当たっての国籍制限がなくなり、在日外国人に対する公立学校教員への採用の途が開かれました。

合格者を任用する職については、公立学校の教諭は「公務員に関する当然の法理」（以下「法理」という）を適用し、公権力の行使又は公の意思形成への参画にたずさわる公務員であると解せられることから、教諭への採用は従来からできないものとされています。しかしながら、常勤講師については、授業の実施など児童生徒に対する教育指導面においては教諭とほぼ同様の役割を担うものと考えられますが、校長の行う校務の運営については、補助的に関与するにとどまるものであって、公権力の行使又は公の意思形成への参画にたずさわる公務員であるとは解されません。したがって、教員採用選考試験に合格した在日外国人については、覚書の趣旨を踏まえ、任用期限を付さない常勤講師として任用することが可能であり、文部省ではそのための所要の措置をとるよう各教育委員会を指導しました。

また、採用に当たっての給与その他の待遇については、覚書の趣旨を踏まえ、採用の時点で教諭と同様に教育職給料表の二級に格付けしてさしつかえないこととされています。

なお、この常勤講師を校長等の管理職とすることや、教務主任、学年主任等のいわゆる主任等（学教法施行規則四四等）とすることは、この法理に照らし許されないものであることは当然です。

【問４】　学教法第九条第二号では「禁錮以上の刑に処せられた者」は、校長又は教員になることができないと規定していますが、禁錮以上の刑に処せられ、執行猶予の期間を無事に経過した場合も、なお校長又は教員にはなれないのですか。

【答】　学教法第九条第二号にいう「禁錮以上の刑に処せられた者」というのは、一度禁錮以上の刑を受けると死ぬまで永久にだめだということではありません。しかし、刑の執行を終わり、又は執行を受けることがなくなったというだけでは校長又は教員となることはできません。この点、一般の公務員の場合よりも加重された要件を必要とするわけです（地公法一六Ⅱと学教法九Ⅱとの差異を比較すれば明らかです）。

すなわち、刑の言渡し又は刑の免除の言渡しの効力がなくなったとき、すなわち、はじめから言渡しを受けたことがないのと同様に取り扱われることとなった状態（いわゆる前科が消えた時点）にいたれば、「刑に処せられた者」に該当しないこととなると解するのが妥当と考えられます。刑の言渡し又は刑の免除の言渡しが効力を失うこととなるのはどのような場合かを刑法の規定についてみれば、

①　刑の全部の執行猶予の言渡しを取り消されることなくその猶予の期間を経過したときは、刑の言渡しは、効力を失う（刑法二七）。

②　禁錮以上の刑の執行を終わり又はその執行の免除を得た者が罰金以上の刑に処せられないで十年を経過したときは、刑の言渡しは、効力を失う。罰金以下の刑の執行を終わり又はその執行の免除を得た者が罰金以上の刑に処せられないで五年を経過したときも、同様とする（刑法三四の二①）。

③　刑の免除の言渡しを受けた者が、その言渡しが確定した後、罰金以上の刑に処せられないで二年を経過したときは、刑の免除の言渡しは、効力を失う（刑法三四の二②）。

です。

したがって、質問の場合は、刑法第二十七条の規定によって

刑の言渡しの効力は、失われているので、校長又は教員になることができます。もちろん、できるということであって、採用するに当たっては、その人物についての具体的な判断その他所要の要件を満たしているかどうかという慎重な選考を経る必要があることはいうまでもないことです。

【問５】　私はこのたび、Ａ市立小学校の教員に採用された者ですが、採用後一年間は条件付採用期間であり、この間は、正式採用の職員と異なる身分取扱いがなされるそうですが、どんな点が異なるのでしょうか。

【答】　⑴　条件付採用制度の意義

地公法第二十二条第一項は、職員の採用は、臨時的任用又は非常勤職員の任用（二〇二〇年四月一日以降は臨時的任用のみ）を除き、すべて条件付のものとし、採用後六か月間、その職務を良好な成績で遂行したときに正式採用になるものとしています。これが条件付採用制度です。ただし、小学校、中学校、義務教育学校、高等学校、中等教育学校、特別支援学校、幼稚園及び幼保連携型認定こども園の教諭等の条件付採用期間については、教特法第十二条により、一年間とされています。

条件付採用制度の趣旨は、職員の採用が競争試験又は選考により行われ、一応能力の実証が得られているものの、これだけで職員としての適格性をすべて実証したとはいいがたいことから、採用された職員が採用された職に真に適格であるかどうかを、実務に従事した成績に基づき、更に実証する機会を任命権者に与えることにあります。

特に、教員の場合には、専門的知識や指導力だけでなく、豊かな人間性や深い教育的愛情等を備えていることが求められるという職務の特殊性があるため、学年の周期である一年間を通じて職務遂行能力の実証を得ることが適当であること、また、初任者研修の実施により、採用後一年間にわたり教職に従事しながら、指導教員による指導や、教育センターにおける講義等を受けるという特殊な勤務形態をもつこととなり、この特殊な勤務形態が存続する一年間にわたり、教員の職務遂行能力の判定を行うことが適当であること、などにより条件付採用期間が一年間とされています。

条件付採用期間が六か月間である職員については、六か月間では実務の能力の実証が得られないような客観的事情が存する場合、例えば、勤務日数が少ないような場合には、人事委員会（人事委員会を置かない地方公共団体にあっては任命権者）は、条件付採用期間を一年に至るまで延長することができます。

職員が条件付採用期間を良好な勤務成績で経過したときは、別段の手続き（発令、通知等）を要することなく、当然に正式採用となります（昭三七・一一・二七　高松高裁判決）。なお、県費負担教職員については、特例が認められており、都道府県教育委員会は、地公法第二十七条第二項及び第二十八条第一項の規定にかかわらず一の市町村の県費負担教職員を免職し、引き続き他の市町村の県費負担教職員として採用することができますが、この場合の採用については、条件付採用に関する同法第二十二条第一項の規定は適用になりません（地教行法四〇）。

すなわち、県費負担教職員が免職された市町村で正式採用になっていたときは、新しく採用された市町村でも正式採用として取り扱うわけです。このような者は、すでに能力の実証が得られていると考えるからです。

(2)　条件付採用職員の身分取扱い

条件付採用制度は、能力の実証を実地に行うために設けられたものですから、条件付採用職員は分限についての地方公務員の身分保障に関する規定の適用を受けません。職名、給与の取扱いは正式採用職員と変わらず、職務遂行についても同じ服務規律の下にあり、義務違反には懲戒処分が科され、また、勤務条件の措置要求、職員団体の結成及び加入ができ、共済組合の組合員となる資格があることは、正式採用職員と同様です。

また、条件付採用期間中の転任もありますが、所定の期間に至るまでは条件付採用期間が継続することはいうまでもありません。

(3)　条件付採用職員の分限

条件付採用職員には、地公法第二十七条第二項及び第二十八条第一項から第三項までの規定は適用されず（同法二九の二①）、その分限については、単に同法第二十九条の二第二項において「条例で必要な事項を定めることができる。」と規定し、条例の制定及び分限の事由、手続き等一切を各地方公共団体の自律的判断に委ねています。したがって、このような条例が制定されている地方公共団体については、任命権者は、当該分限条例に従わなければならないことは当然です。

このような分限条例がない場合、任命権者は、条件付採用職員についてはまったく自由に、法律の定める事由によらず、その意に反して降任又は免職したり、法律又は条例で定める事由によらずその意に反して休職させたり、条例で定める事由によらずその意に反して降給することができるでしょうか。これは、地公法第二十九条の二第一項の規定によれば、条件付採用職員の分限についても、公正の原則（同法二七①）の適用があるのですから、その分限にはおのずから合理的範囲の制約が存すると解すべきです。

例えば、東京高裁、昭和五十一年一月二十九日判決も、「条件附採用職員といえども、既に試験又は選考という過程を経て勤務し、現に給与の支給も受け、他の職場への就職の機会も放棄して正式採用になることの期待を当然有するものであるから、右職員を解職にするための分限事由にはそれ自体おのずから制限があり、客観的に合理的な理由が存し、社会通念上相当とされるものであることを要すると解される」と判示しているところです。

何が合理的範囲であるかは必ずしも明らかではありませんが、地公法には正式採用職員の分限に関し国公法と同様の分限事由を定めていますから、人事院規則一一―四（職員の身分保障）で、国家公務員の条件付採用職員の分限事由について定めている同規則第十条の規定に準じて分限事由を考えることが、公務員法の目的、精神、条件付採用制度の意義に照らして相当でしょう。

いずれにせよ、教員の適格性の確保の観点から、条件付採用制度の適切な運用が重要です。

【問6】　教員免許状を持たない者でも公立学校長に任命することができるのでしょうか。

【答】　学教法第八条では、「校長及び教員の資格に関する事項は、別に法律で定めるもののほか、文部科学大臣がこれを定める。」と規定されています。

これを受けて、同法施行規則第二十条第一号において、校長の資格は、教諭の専修免許状又は一種免許状（高等学校及び中等教育学校の校長にあっては、専修免許状）を有し、かつ、五年以上教育に関する職にあったこととする旨が定められています。ただし、これについては、平成元年の改正の際の附則により、高等学校、中等教育学校、幼稚園の校長については、当分の間、「専修免許状、一種免許状又は二種免許状（高等学校及び中等教育学校の校長にあっては、専修免許状又は一種免許状）」と読み替える規定が設けられています。

これに加えて、学教法施行規則第二十条第二号の規定により、特に免許状を有していなくても、教育に関する職に十年以上あれば、校長に任命できることとされています。

更に、同規則第二十二条において、任命権者は、「学校の運営上特に必要がある場合には、前二条に規定するもののほか、第二十条各号に掲げる資格を有する者と同等の資質を有すると認める者を校長として任命し又は採用することができる。」と規定され、免許状や教育に関する職の経験を有していない者の校長登用の途が開かれており、これにより、いわゆる民間人校長の登用が行われているところです。

これらは、平成十二年の改正において、校長に幅広く人材を確保できるよう、校長の資格が緩和されたものであり、これらの規定を積極的に活用することにより、教育に関する理念や識見のみならず、組織運営に関する能力や経験等にも着目して、校長にふさわしい人材を幅広く確保することが求められます。

【問7】　県立高校の教諭が市立高校の講師を兼ねるときは、当然県教育委員会の許可を必要とするものと考えられますが、この場合、市立高校の講師としての立場からみれば県立高校の教諭を兼ねていることにもなるので、市教育委員会からもあわせて許可（形式的な許可になることとは思いますが）を得ておく必要はないでしょうか、ご教示ください。

【答】　教特法第十七条第一項は、「教育公務員は、教育に関する他の職を兼ね、又は教育に関する他の事業若しくは事務に従事することが本務の遂行に支障がないと任命権者（略）において認める場合には、給与を受け、又は受けないで、その職を兼ね、又はその事業若しくは事務に従事することができる。」と規定しています。この規定は教育公務員の兼職兼業に関する特例規定であって、この規定を根拠として、教育公務員については、広く教育関係の兼職兼業が認められているところです。

　質問の県立高校教諭が市立高校講師を兼ねる場合は、この規定の適用上は、教育に関する他の職を兼ねることではなく（他の職とは同一地方公共団体内における職をさします）、教育に関する他の事務に従事することに該当する性格のものですが、いずれにしても、県教育委員会の承認を要することは、いうまでもありません。

　ところで、市立高校講師である立場からみれば県立高校教諭を兼ねていることになるのではないかということですが、市教育委員会が県立学校教諭を市立高校講師に発令するということは、当該職員が県立高校の職務に従事しながら市立高校の職務にも従事することを当然に予想して発令したものというべきであり、市立高校の講師としての発令の際に県立学校の教諭としての職務に従事することを相当と認めているはずですから、改めて許可を行うまでもなく、教特法第十七条第一項に規定する要件を充足していると解するのが相当と考えられます。

　以上のことから、質問の県立学校教諭が市教育委員会からもあわせて兼職兼業の承認を改めて得る必要はないということに通常なるものと思われます。

【問８】　高等専門学校の教員志望の者ですが、同校の教員となるには免許状が必要でしょうか。

【答】　高等専門学校の教員の資格については、教育職員免許法による免許状の制度はありませんが、大学、短期大学の教員と同様に任用資格が定められています。その資格は、高等専門学校設置基準（昭和三六年文部省令第二三号）に定められており、次のとおりです。

　教授の資格は、次のいずれかに該当する者で、かつ、高等専門学校における教育を担当するにふさわしい教育上の能力を有すると認められる者とされています。

①　博士の学位（外国において授与されたこれに相当する学位を含む。）を有する者

②　学位規則（昭和二八年文部省令第九号）第五条の二に規定する専門職学位（外国において授与されたこれに相当する学位を含む。）を有し、当該専門職学位の専攻分野に関する業務についての実績を有する者

③　大学（短期大学を含む。以下同じ。）又は高等専門学校において、教授、准教授又は専任の講師の経歴（外国におけるこれらに相当する教員としての経歴を含む。）のある者

④　学校、研究所、試験所、調査所等に在職し、教育若しく

は研究に関する実績を有する者又は工場その他の事業所に在職し、技術に関する業務についての実績を有する者
⑤　特定の分野について、特に優れた知識及び経験を有すると認められる者
⑥　前各号に掲げる者と同等以上の能力を有すると文部科学大臣が認めた者

准教授の資格は、次のいずれかに該当する者で、かつ、高等専門学校における教育を担当するにふさわしい教育上の能力を有すると認められる者とされています。

①　教授の資格を有する者
②　大学又は高等専門学校において助教又はこれに準ずる職員としての経歴（外国におけるこれらに相当する職員としての経歴を含む。）のある者
③　修士の学位又は学位規則第五条の二に規定する専門職学位（外国において授与されたこれらに相当する学位を含む。）を有する者
④　特定の分野について、優れた知識及び経験を有すると認められる者
⑤　前各号に掲げる者と同等以上の能力を有すると文部科学大臣が認めた者

講師の資格は、次のいずれかに該当する者とされています。

①　教授又は准教授となることのできる者
②　高等学校（中等教育学校の後期課程を含む。）において教諭の経歴のある者で、かつ、高等専門学校における教育を担当するにふさわしい教育上の能力を有すると認められる者
③　前各号に掲げる者と同等以上の能力を有すると文部科学大臣が認めた者

助教の資格は、次のいずれかに該当する者で、かつ、高等専門学校における教育を担当するにふさわしい教育上の能力を有すると認められる者とされています。

①　教授又は准教授となることのできる者
②　修士の学位（医学を履修する課程、歯学を履修する課程、薬学を履修する課程のうち臨床に係る実践的な能力を培うことを主たる目的とするもの又は獣医学を履修する課程を修了した者については、学士の学位）又は学位規則第五条の二に規定する専門職学位（外国において授与されたこれらに相当する学位を含む。）を有する者
③　特定の分野について、知識及び経験を有すると認められる者

助手の資格は、次のいずれかに該当する者とされています。

①　学士若しくは短期大学士の学位（外国において授与されたこれらに相当する学位を含む。）又は準学士の称号（外国におけるこれに相当する称号を含む。）を有する者
②　前号に掲げる者と同等以上の能力を有すると文部科学大臣が認めた者

なお、その採用は、各高等専門学校の設置者（例えば、国立にあっては独立行政法人国立高等専門学校機構の理事長、公立にあっては教育委員会の教育長等）の選考を経て行われます（教特法一一）。

【問９】　私のところでは、教員の人事異動に当たっては、本人の同意というのが今まで重要なポイントでしたが、最近県教育委員会は広域人事ということもあってか、本人の同意の有無にかかわらず転任処分をするようになりました。教員の一部にはこのような処分は違法であるとの反論があります。法律的にはどのように理解すべきでしょうか。

【答】　およそ、一定の組織体の管理者がその組織体の活動を効果的にするために適材を適所に自由に配置することができず、いちいち同意が必要であるとしたら、その組織体の目的はとうてい達成できません。例えば、ある中学校で国語担当の教員がいない場合そこに転任することにどの教員も同意を与えないとしたら、住民に教育サービスを提供する責任をもつ教育行政は停滞してしまいます。

仮にその転任が不利益な処分と思われる場合であっても「転任処分が控訴人の意に反して行なわれたこと自体については別段問題とさるべきではない。そして……公務員に対するある処分が不利益であるかどうかは当該公務員としての立場自体を中心としてこれを判断すべきである。……地方公務員たる公立学校教員としての……地位を標準として考察すべきであって、公務員たる立場と関係のない個人的な事情をみだりに導入すべきでない」（昭三六・一一・二三　東京高裁判決）、「全体の奉仕者としてこの程度の不利益はやむを得ないものとして受忍すべきものというべく、任命権者は人事行政運営上の裁量行為としてこの程度は許されるものといわなければならない」（昭三六・三・二七　福島地裁判決）とされています。

更に、異なる市町村間の異動の場合はいわゆる免職・採用になり、意に反する免職・採用ができるのかという点については、地教行法第四十条で本人の同意が不必要であるという手当がなされています。

もちろん、任命権者としても、また市区町村教育委員会、校長としても、本人の意思、個人的事情を十分配慮してキメの細かい人事をすることはいうまでもなく必要なことです。しかし、教員個々の利害と人事管理上の必要性とは、観点が違いますから、しばしば一致しないことがあるのも――広域人事、へき地交流の必要性が叫ばれている最近ではとくに――これまた当然のことでしょう。したがって、人事について本人の同意や納得がなければならないという考え方は、誤りであるといわざるを得ません。

二　給　与

【問１】　いわゆる賃金カットについて、一斉休暇闘争の日には、二十五分の欠勤であっても、その月のうちに、他に五分以上の無断欠勤（遅刻）があれば、合計三十分以上となるので切り捨てにはならないのではありませんか。

【答】　国家公務員の給与の減額の時間数の計算について、一般職の職員の給与等に関する法律の運用方針の第十五条関係の３は「職員が特に承認なくして勤務しなかった時間数は、その給与期間の全時間数によって計算するものとし、その時間数に一時間未満の端数を生じた場合の取扱いは、超過勤務の場合の例による。」と規定しています。そして、同運用方針の第十六条関係の２の⑶は、超過勤務手当の支給の基礎となる勤務時間数（その給与期間の全時間数の合計）について、一時間未満の端数を生じた場合は、その端数が三十分以上のときは一時間とし、三十分未満のときは切り捨てるものとしています。

地方公務員の場合も、この国の例によって運用されているところが多いと思われます。

したがって、質問のように、その一か月間（給与期間）に無断欠勤した時間数が五分以上あると、その端数は三十分以上となり、切り捨てにはなりません。

【問２】　勤勉手当の成績率に差が設けられていると聞きますが、どういうことでしょうか。

【答】　勤勉手当は、基準日（六月一日及び十二月一日、以下同じ）にそれぞれ在職する職員及び基準日前一月以内に退職又は死亡した者に対し、それぞれの日以前六月以内の期間におけるその者の勤務成績に応じて、支給することとされています。

勤務成績は、人事院規則九―四〇によると、期間率と成績率という二つに分けて考えることになっています。

期間率は、前述の期間内における勤務した期間に応じて定まり、無断欠勤の期間などがあると、期間率が下がることになります（例えば、六月まるまる勤務すれば百分の百ということになりますが、五月一五日以上六月未満の勤務の場合には百分の九五ということになります）。

次に、成績率については、勤務実績を適切に反映し得るように、成績区分（「特に優秀」、「優秀」、「良好全体評語が中位／人事評価の結果がない」、「全体評語が下位」の四区分）別の成績率が定められるとともに、「特に優秀」及び「優秀」の成績区分が適用されるべき人員分布率が定められています。

また、「全体評語が下位」の成績区分の判定については次の①から③のとおりの全府省共通の判定基準が定められています。

①　懲戒処分の対象となる事実があった場合

②　訓告その他の矯正措置の対象となる事実があった場合

③　懲戒処分を受けた場合

現在のような成績率の定めに至った理由は、人事院のこれまでの成績主義推進のための措置（平成九年の成績区分別の成績率の設定、平成十五年の成績主義推進のための勤勉手当制度の運用指針の発出など）にかかわらず、多くの職員に「良好（標準）」の成績区分が適用され、他は「優秀」とされて四段階の勤務成績が適切に評価されていない運用状況があったことによるものです。このため、平成十八年度から平成二十二年度までの予定で実施されている「給与構造の改革」の一環として、勤務実績をより給与に反映させる見地から、平成十八年度から勤勉手当について、上位の成績区分の人員分布の拡大のための措置や勤務成績の判定に関する改善措置が講じられました。

なお、この勤勉手当は、六月一日や十二月一日に支給される期末手当とは性格が異なります。つまり、期末手当は生活補給金的性格を有しますが、勤勉手当は業績報償金的性格を有するものです。

こうした勤務成績の給与への反映については、平成十八年の人事院勧告により国家公務員において導入されたことを受け、地方公務員についても各自治体の人事委員会勧告を受け、導入が進められているところです。

【問3】　管理職手当と宿日直手当の併給は原則としてはできないが、小規模学校に限りできると承知しているのですが、これらの法的根拠を教えてください。

【答】　管理職手当と宿日直手当の併給はできないというのは、昔の制度であり、現在では改正されて併給可能となっています。国の場合は、国家公務員の俸給の特別調整額（管理職手当）の支給の根拠規定は、一般職の職員の給与に関する法律第十条の二です。そして同法第十九条の八第二項では、「第十六条から第十八条までの規定（超過勤務手当、休日給、夜勤手当）は、管理監督職員等には適用しない」と規定しています。

すなわち、超過勤務手当等とは併給されないわけですが、これは、俸給の特別調整額（管理職手当）を支給する理由である管理職の職務の特殊性を判断する場合には、正規の勤務時間を超過して勤務することもあるだろうという事実をも含めて考慮されているからであるといえます。

しかし、ここで適用除外とされる条文には宿日直手当の支給について規定する第十九条の二が列挙されていないので、宿日直手当と俸給の特別調整額（管理職手当）との併給は可能なわけです。質問のように、昭和三十八年までは、同じ法律の第十九条の三で、超過勤務手当と同様に考えて宿日直手当も併給できないこととされていたのですが、法律が改正され、昭和三十九年九月一日からは併給可能となったわけです。

ほとんどの県の条例においても同様の趣旨の規定がなされています。

なお、さきに述べたように国家公務員について一般職の職員の給与に関する法律の改正がなされる以前から、地方においては、学校の校長、教頭には管理職手当と宿日直手当を併給できる制度になっているところがかなりあったのですが、それは、一般の行政職の場合と異なり男性教員の少ない小規模学校などでは、校長又は教頭も宿日直するという実態をも踏まえてのものであるといえます。

【問４】　主任手当（教育業務連絡指導手当）について、次のようなことに関してどのような問題があるものでしょうか。⑴請求権の放棄、⑵受領拒否、⑶受領後、組合に拠出して、組合が一定の目的のために使用。

【答】　⑴　公務員の給与を受ける権利は公法上の権利であって、これを放棄することは一般に許されないものと解されます。

公務員は、国又は地方公共団体との間の公務員関係に基づき、公僕としてその職務を全力をあげて遂行すべき義務を有し、その給与は、そのような公務員の地位に基づく職務に対する反対給付であると同時に、その地位相当の生活を保障することによって、公正な行政を確保するという目的をもつものですから、給与請求権の全部又は一部を将来に向かって放棄する旨の意思表示をしても、それは、給与請求権の基本権の放棄であり、無効なものであると考えられます。

しかし、職員が公務員としての地位に基づいて有する給与請求権の支分権であるすでに発生した具体的給与の請求権を放棄することができないとはいえないとの行政実例（昭二八・七・二七　文部省初等中等教育局地方課長回答）が示すように、きわめて例外的な場合には具体的給与の請求権の放棄ができると解されます。

では、具体的にどのような場合に公権である給与請求権の放棄が認められるのか、判例（昭三一・七・一五　仙台高裁判決）では、公務員関係を破壊し、公益を害するおそれがまったくない場合（例えば、公務員が退職した後に、その退職前に生じた個々の俸給請求権を放棄する場合）に限られるとしています。主任等の職務内容の著しく困難である点に着目して、特殊勤務手当の一つとして支給される教育業務連絡指導手当の請求権を放棄することは、主任等の職務が十分に果たされているかどうかについての公の信頼を損なうおそれがあり、しかも、主任制度に反対する教職員組合の組合活動の一環として組織的に行われるということになれば、公益を害するおそれがあることは明らかですから、この判例の考え方からしても、主任手当の請求権放棄はできないと考えられます。

⑵　給与請求権の放棄という形でなく、給与の受領を拒否するということも考えられます。しかし、給与を受ける権利の一部行使（分割受領）は、法令に特別の定めがある場合を除いて現在認められておらず、そのための支給手続きも定められていません。そこで、主任手当だけの受領を拒否することはでき

ず、また、国又は地方公共団体は、その職員に対して現実に給与を支払わなければならない義務を負っているものですから、給与の受領拒否があった場合、十分に職員を納得させて受け取らせることが第一です。

しかし、それでもなお受領を拒否するのであれば、支給される給与全部についての受領拒否があったとして取り扱うほかないと考えられます。この場合、供託によって債務を免れるという方法が考えられます。

(3)　一度受け取った給与について職員がどのように使うかは、まさに個人の自由に属する問題です。したがって、主任手当を含む給与を直接受け取り、その後、自己の財産から任意に拠出を行うことや、拠出されたものを組合が一定目的のために使用すること自体について法的には規制はありません。

しかしながら、法律、条例等に基づいて公務員の行う職務の対価として支給される給与の一部を主任制度反対等の意思表示のため、組織的、継続的に拠出するということは、単なる一個人の問題ではなく、組織的な反対運動の一環であるといわざるを得ず、教員給与の第三次改善の趣旨を理解しない行動であり、公教育に対する国民の信頼を著しく損ねるおそれがあると考えられます。のみならず、主任手当にとどまらず、教員給与改善全体に悪影響を及ぼしかねません。

そこで、学校現場において、校長は、教育委員会の指導の下に、主任制度の趣旨、主任手当の目的・性格について十分に職員が理解するようにし、拠出運動が行われないよう指導等を行い、万一にも保護者・住民から教員に対する不信感を招くことのないよう努めるべきであると考えられます。

【問５】　組合費を毎月の給与から差し引いて手渡すようなことは許されるのでしょうか。

【答】　(1)　給与全額払いの原則

教育公務員を含む非現業の地方公務員については、地公法第二十五条第二項で、職員の給与は、法律又は条例で特に認められた場合を除き、通貨で、直接職員に、その全額を支払わなければならないこととされています。この通貨払い、直接払い及び全額払いを、給与支払いの三原則と呼んでいます。

この全額払いの原則に対しては、法律又は条例に定められた場合にかぎり、一部を控除して支払うという特例が認められます。

法律で特例が認められているものとしては、給与所得に対する所得税の源泉徴収（所得税法六、一八八）、地方公務員共済組合の組合員の掛金（地方公務員等共済組合法一一五）などがあります。条例で全額払いの特例が認められると一応考えられるものとしては、有料の公舎の使用料、互助会の掛金、団体生命保険の保険料などがあります。

これらについて控除を認めるかどうかは、有料の公舎の使用料は、公租公課に準ずるものですから、条例で特例を認めることは問題ありませんが、その他については、特例を認めることが職員にとって利益になるかどうか、公の会計機関が特定の団体に利便を与えることが公益上必要かどうかを慎重に検討して決めるべきであると考えられます。

⑵　組合費の天引き

職員団体の組合費の給与からの控除が認められるのは、条例で特に認められている場合にかぎられます。条例で組合費の控除（天引き）を認めるかどうかについては、労使の相互不介入、自主性の確保ということを十分に考慮して判断すべきであるとされています。

現に組合費の天引きを認める条例を定めている都道府県・指定都市はありません。条例で定められていない場合に組合費の天引きが行われていれば、地公法第二十五条第二項の規定に反するものと考えられます。すなわち、条例の定めなく、単に組合との合意によりあるいは事務上の便宜から組合費の天引きをすることは、給与全額払い及び直接払いの原則に反し、認められません。

⑶　組合費の袋引き

天引きは、給与支払者が一括して組合費を控除するものですが、各学校等において、事務職員等が、職員の給料袋から組合費を差し引いて手渡すということがあります。これは、通例、袋引きと呼ばれるものですが、この袋引きも、条例で定める場合以外は、全額払い及び直接払いの原則に反するものと考えられます。また、勤務時間中に袋引きが行われれば、職務専念義務（地公法三五）違反となり、袋引きを行う職員は組合活動を行うこととなり、地公法第五十五条の二第六項にも違反することとなると考えられます。

なお、都道府県・指定都市の条例では組合費の控除について定められていない場合、県教育委員会など関係の機関は、違法な状態を是正するよう適切な措置をとるべきであると考えられます。

三　勤務時間

【問１】　最近、県教育委員会から教員の勤務時間の管理を適正に行うよう強く指示されました。その中で、特に、校長は学校における長期的な教育計画を見通して個々の教員の勤務時間の割振りを明確に行うことと指示されました。ところで私の学校の教員数は約七十名であり、県教育委員会の指示どおり、個個の教員の勤務時間の割振りをそれぞれ行うとするならば、その割振りのための事務と割振りどおり教員が勤務したかどうかをチェックする仕事で、校長である私と教頭は忙殺され、ほかの仕事ができないこととなります。どうしたらよいでしょうか。

【答】　校長が行う勤務時間の割振りの内容は、条例、規則などで許容されている範囲内であることはいうまでもありませんが、通常、割振りの内容とされているものは、①勤務日と週休日、②勤務日における勤務時間数、③勤務時間の終始時刻、④休憩の与え方などを、個々の教員について具体的に決定することであると考えられます。その性格は、勤務条件の具体的な決定であるといえましょう。ところで、設問は割振りの方法について誤解しているようです。たしかに割振りは個々の教員ごとにまったく別々にすることも可能ですが、可能ということは、「そうしなければならない」ということではないのであって、むしろ通常の場合は、全教員が同じように割り振られるのが通常でしょう。ただ休憩時間の考え方については、実情に応じて交代制をとる必要があるでしょうが、この場合も七十人の教員がまったく別々にとるということは考えられないことであり、したがって、校長の割振りは、通常の場合は原則的なものを各教員共通に行い、修学旅行、運動会などのときに、特定の者に特定の割振りを行うこととなるのが普通であるといえましょう。このように解すれば設問のように、勤務時間の割振り方の仕事で校長、教頭が一年中忙殺されるということはないのではないかと思われます。

【問２】　私の学校では、毎週木曜日の放課後を定例職員会議にあてています。職員会議にはからねばならない事柄が多く、教員諸君はみな活発に意見を開陳してくれます。まじめで協力的な部下をもってさいわいだと思っています。私は職員会議にはいつも白紙でのぞんで、いろいろな議論が出尽くしたところで決定を下すようにしています。ただ、私の一つの悩みは、この職員会議と勤務時間との間の調整をどうしたらよいかということです。みんなの熱心さから職員会議が八時、九時にまで及ぶことは珍しくありません。なるべく時間外勤務を命じないようにするため県教委からの指導によって、勤務時間の割振りの変更ということも工夫して実施してみていますが、どうもそれだけでは正規の勤務時間内におさめることができません。何かよい方策があればご教示願います。

【答】　この問題は、法律の知識をもとに律義に取り組む前に別な方向から考え直さなければならない点もあるのではないでしょうか。

「職員会議にはからねばならない事柄が多く」という実態を、ただ実態であるという理由でそのまま観念し切って、「職員会議にはいつも白紙でのぞんで、いろいろな議論が出尽くす」のを待つ態度を続けるならば、端的にいって、時間はいくらあっても足りないのが当然ではないでしょうか。

職員会議は、学校の長たる校長が学校の運営上、みずから判断して必要と認める限度で管理職としての責任において執り行われるものです。あらかじめそのために充当し得る時間を勘案して、付議事項を取捨選択し、途中で議論が枝葉に流れるならばこれをチェックし、みずから予定した時間内に予定の成果をもって終わるのが校長の管理職としての能力であると考えられ、白紙でのぞむなどはむしろ避けるべきであり、あらかじめ一応の自己の判断をもった上で部下職員に対するのが管理職のあり方だと思われます。また、企画委員会等を活用してあらかじめ議題を整理しておくことも必要でしょう。ところで、不幸にして時間内に終わらない場合もあるのでしょうが、その際における校長の判断として、①必要最小限の時間外勤務を命じてしばらく続けるか、②翌日再開することにして打ち切るか、③事余は管理職の責任において校長独りの決断により事に当たる決心を固めて打ち切るか、いずれかを選ぶべきでしょう。

【問３】　私の高等学校では、定時制課程の教員の中に全日制の課程の授業を担当している者もおります。こういう者の勤務時間はどのように定めたらよいでしょうか。

【答】　⑴　一日の勤務時間は、定時制の課程、全日制の課程の勤務時間を通算して、変形労働時間制を採用する場合を除き、八時間を超えてはなりません。これを超えて勤務させれば、超過勤務ということになります。ある学校の定時制の課程の教員が他の学校の全日制の課程の授業を担当する場合も同様です（労基法三八①参照）。

そこで、校長は、一日の勤務時間が、定時制の課程、全日制の課程の勤務時間を通算して、八時間以内となるように勤務時間を割り振る必要があります。

⑵　例えば、定時制の課程の授業時間が次のとおりとします。

第一時限	五時三十分～六時十五分
給　　食	六時十五分～六時四十分
第二時限	六時四十分～七時二十五分
第三時限	七時三十分～八時十五分
第四時限	八時二十分～九時五分

このような場合、定時制の課程の教員の勤務時間を午後一時十五分から午後十時まで（その間に四五分の休憩を置く）とす

ると、全日制の課程の授業も担当することはむずかしいと考えられますが、勤務時間の割振りをずらし、午前十一時から午後七時四十五分まで（その間に四五分の休憩を置く）とすれば、全日制の課程の授業を第四時限から担当させ、定時制の課程も第一時限と第二時限を担当させることができるようになります。

図で示すと左図のようになります。

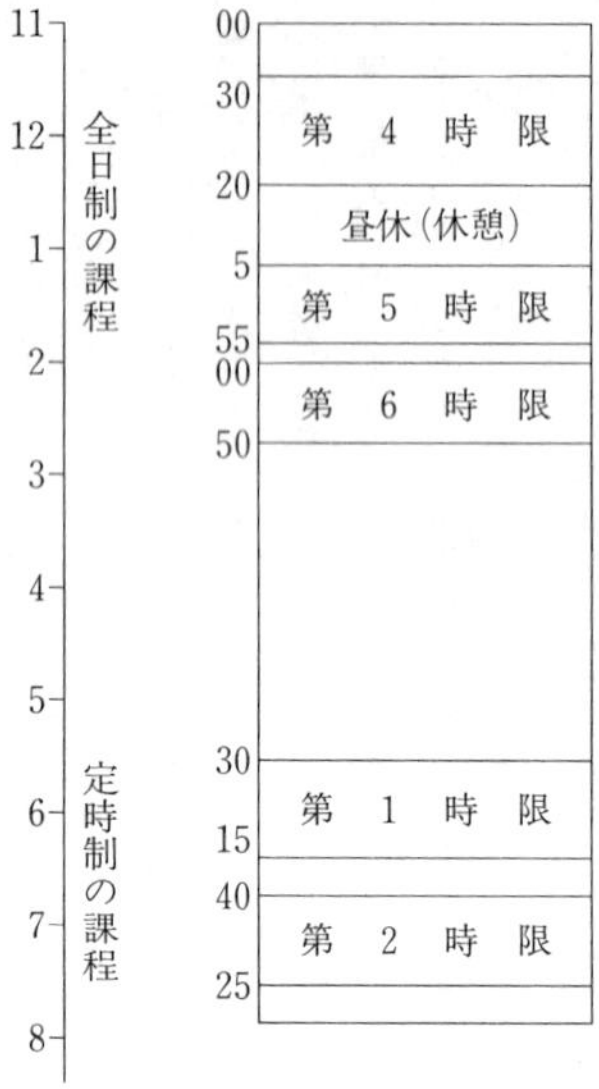

【問４】　私の学校は、学校給食を実施しているので、いわゆる昼休みに教員が休憩をとることは不可能です。そこで、放課後それも、勤務時間の一番終わりに休憩時間を置き、休憩時間に入る時間すなわち午後四時十五分からは自由に帰宅させています。このような休憩時間の置き方は許されるでしょうか。

【答】　結論からいえば、それは休憩時間を与えていないことと同じですから、許されません。休憩時間とは、勤務を要しない時間すなわち給与の支給対象となっていない時間であり、したがって、休憩時間は勤務時間ではありません。

労基法上、休憩時間についての要件は、①少なくとも四十五分与えること（労働時間が六時間を超え八時間以下の場合）、②勤務時間の途中に与えること、③いっせいに与えること、④労働者が自由に利用できることとされています。したがって、学校においては、通常、四十五分の休憩時間を与えなければなりません。勤務時間の途中とは、少なくともその前後が勤務時間にはさまれていなければならないということですが、その前後が勤務時間にはさまれているといっても、休憩時間の後に五分間しか勤務時間を置いていないような考え方は、休憩の本来の目的が勤務時間の途中で適度な休養を労働者に与え、労働力の培養を図るとともに労働者の健康を保護しようとするものであることからいって脱法行為とも考えられ、きわめて望ましくありません。また、同様に、勤務時間の最後に休息時間を置き、その前に休憩時間を置いて早く帰ることを認めるのも適切ではありません。いずれにせよ昼に休憩をとれないからといって、一番終わりにもってきてもよいということにはなりません。

【問５】　日曜日に運動会を実施することになり運動会を実施する日曜日を勤務を要する日とし、次の月曜日を週休日とするよう勤務時間の割振りの変更をしました。しかし、運動会の当日が雨天の場合には、平常どおり、その日を休みとし、月曜日に授業を行うようにしたいと思いますが、このようなことは許されませんか。

【答】　この場合、月曜日には、勤務時間が割り振られていないわけですから、月曜日に授業を行えば、超過勤務ということになります。しかし、一方では、運動会当日の日曜日は雨天ですから、特に処理する仕事がないのに、八時間勤務しなければならないということにもなります。

このような勤務時間の割振りのやり方は、教員の勤務の実態に合いませんから、勤務時間を教員の勤務の実態に合わせる必要があるわけですが、その方法として、次のように二種類の勤務時間を定めることが考えられます。

(イ)　○月○日（日）に運動会を実施する場合には、○月○日（日）から○月○日（土）までの職員の勤務時間は次のとおりとします。

○月○日（日）　午前八時―午後四時四十五分

○月○日（月）　休日（週休日）

(ロ)　○月○日（日）に、雨天のため、運動会を実施できない場合には、職員の勤務時間は平常どおりとします。

このような勤務時間の割振りの方法をとれば、日曜日が雨天ならば、その日は休日になり、月曜日は平常どおり授業を行うことになります。そして、次の日曜日に運動会を延期した場合には、その日になるまでに、勤務時間の割振りの変更を行えばよいことになります。

このような勤務時間の割振りの方法は、「屋外労働者についても休日はなるべく一定日に与え、雨天の場合には休日をその日に変更する旨を規定するよう指導されたい」（昭二三・四・二六　基発第六五一号）などの解釈例規からみても、当然許されるものと考えられます。

【問６】　産休後の二人の女性教員が出勤してきたので、学校では早速哺乳室、哺乳時間を用意したところ、「家へ帰って授乳したいので、昼食の前後に一時間ほどの外出を四か月くらい認めてほしい」といってきました。

本校では、女性教員が多いので、一人だけならともかくも、みんなが、このように要求してきたら、学校運営上重大な支障をきたしますので、どうすべきか困っています。

【答】　労基法第六十七条は「生後満一年に達しない生児を育てる女性は、……休憩時間のほか、一日二回各々少なくとも三十分、その生児を育てるための時間を請求することができる。」「使用者は、前項の育児時間中は、その女性を使用してはならない。」と規定しており、その適用を教員について否定することはできません。したがって、当該女性教員から育児時間を請求されれば、校長としてはそれを認めざるを得ません。

ただし、それを請求した時刻に与えなければならないかどうかということについては育児時間の実を失わしめるようなことにならない範囲でならば、校務の繁閑を見計らって二人の育児時間が重ならないように、その時刻を変更できると解されます。

なお、育児時間を勤務時間中に設定した場合、それを有給とするか無給とするかは労働基準法の関知するところではなく、条例の定めるところに従って給与カットすることも可能です。また、条例や規則の定め方の問題としては、休憩時間と同様の性質のものとして勤務時間外に育児時間を設けることもでき、その場合には、その育児時間の分だけ、他の教職員より早くから、あるいは遅くまで働いてもらうことになります。

また、「地方公務員の育児休業等に関する法律」ではその小学校就学の始期に達するまでの子を養育するため一日の勤務期間中二時間を超えない範囲の部分休業が認められていますが、各県の条例において、部分休業の承認は正規の勤務時間の始め又は終わりにおいて行うこととされていますので、昼食前後に部分休業を承認することはできません。

【問7】　管理又は監督の地位にある職員は、労基法第四十一条第二号及び条例により労働時間に関する規定は適用されないことになっていますが、校長等の勤務時間は一般教職員と異なりますか。

【答】　労基法第四十一条は、「事業の種類にかかわらず監督若しくは管理の地位にある者又は機密の事務を取り扱う者」については労働時間、休暇及び休日に関する規定は適用しないと規定しています。

また、ある県の条例では、管理監督職員等に対する特例として、「管理または監督の地位にある職員」の勤務時間、休憩時間等については、教育委員会が人事委員会の承認を得て、別段の定めをすることができると規定していますが、その特例は定められていません。そのような場合には、校長等の勤務時間は一般職員と同じ取扱いとなります。

そうすると、労基法第四十一条の規定との関係でこのような扱いは許されないのではないかが問題になるわけです。

いうまでもなく、労基法は労働条件の最低基準を定めるものであり、労働関係の当事者は、この基準以上に労働条件の向上を図るように努めなければならないものとされています。したがって、公立学校の教員に労基法が適用されるということの意味は、条例、規則等で具体的に勤務時間等の労働条件を定める場合に、その内容は、労基法の定める基準よりも下まわってはならないということなのです。すなわち、労基法の定める基準以上の水準を条例、規則等で定めることは何らさしつかえないわけです。例えば、年次有給休暇の日数も、ほとんどの都道府県の条例等では、就職二年目からは年間二十日と規定されていて、労働基準法の定めるところよりも有利になっています。

質問の場合も、労基法第四十一条では、校長等については労働時間等に関する規制を適用除外にしてもよいとしているのに対して、実際には、校長等の勤務時間等も一般の教員のそれと区別しないで取り扱うこととしています。しかし、労基法第四十一条は、条例で具体的な定めをすることを禁止するものではありません。したがって、このような取扱いは、労基法第四十一条に違反するものではなく、さしつかえありません。

四　休日・休暇

【問1】　職員が年次有給休暇を請求する際、理由を述べる義務はない、校長は理由を聞く権利はない、と主張する教員がいますが、この点はいかがなものでしょうか。

【答】　年次有給休暇は、労働者の労働力の維持培養を図るため、年間に一定日数の休みを職員の希望する時期に与えるものであり、年次有給休暇をどのような目的で利用するかは労働者の自由です。年次有給休暇を承認するかどうか（時季変更権を行使するかどうか）を判断するに当たっては、客観的にそれが事業の正常な運営を妨げることになるか否かを基準とすべきであり、その利用目的を考慮することはできません。年休の利用目的に関し、昭和六十二年七月十日の最高裁判決は、「年次有給休暇の利用目的は労基法の関知しないところであるから、勤務割を変更して代替勤務者を配置することが可能な状況にあるにもかかわらず、休暇の利用目的のいかんによってそのための配置をせずに時季変更権を行使することは、利用目的を考慮して年次休暇を与えないに等しく、許されない」と判示しています。

したがって、休暇の請求の際にその理由を明示することは強制できませんが、使用者が理由を聞くことまでが禁止されているわけではありません。例えば、争議行為の手段として年次有給休暇を請求することはできず、このような場合は年休関係が成立しないことになるので、争議行為の実施等の事情がうかがわれる場合には、職員の服務を監督する立場にある校長として、理由を聞くことは当然許されます。また、年次有給休暇の請求が重なり、そのすべてを承認すれば事業の運営に支障をきたすような場合には、請求理由を聞いて一部の者についてのみ年休を認めることもあるでしょう。

ところで、実際問題としては、そもそも日常の職場生活を公私にわたって共にしている間柄であれば、「明日、休ませていただきます」という申し出があれば、上司として、「ほう、何があるの」という程度の関心を示すのは当然のことであり、その関係を権利だとか、義務だとかいうのもむしろおかしいことであるように思われます。特別の場合でなければ、「ちょっと、家事の都合で……」「ああ、そう」ということで終わりになり、それ以上の詳しい説明も詮索も行われないでしょう。あえてそれ以上の説明が求められる場合には求められるだけの理由があるのであり、また、その場合になお隠さなければならない事情というのは通常であればあまりないのではないでしょうか。

【問２】 改訂小学校教育課程伝達講習会を県教育委員会が主催し、市町村教育委員会及び小学校長が管下小学校教員に対し当該講習会への出席命令を出した場合において、少数の教員から同日に開催される教員組合主催の研究会出席を理由として、年次有給休暇の承認申請があったとき、講習会の出席命令が出ていることを理由に承認しないことができますか。

【答】 校長は、教員から年次休暇の申請があった場合には、「事業の正常な運営」を妨げるものであるか否かを判断して、時季変更権を行使するか否かを決定することとなります。

質問は、「事業の正常な運営」を狭く「授業の正常な運営」と解して、このような疑問を提示しているものと思われます。

すなわち、伝達講習会への出席命令が出ているのだから、当該教員が当該学校を離れてもさしつかえないという判断がさきに行われ、目的は違っても、同じく組合主催の研究会に出席するために、学校を離れることは認められるべきだという主張のようです。

しかし、その考え方は誤りです。すなわち、伝達講習会に出席することによっても、授業には支障を生じることはいうまでもないことですが、そのような支障と伝達講習会への出席によって得られるであろうものを比較衡量して、伝達講習会に出席させるということを優先させるべきだと判断し、伝達講習会への出席命令を出したわけです。

そのような出席命令が出されれば、当該教員は出席義務が生ずるし、その講習会に出席することが重要な公務となるわけです。したがってその伝達講習会に参加しないことそれ自体が「事業の正常な運営」を妨げることになります。

すなわち、当該教員が組合主催の研究会出席のためであろうと、他の事由のためであろうと、出席命令に従うことができなくなることを認めるような年次休暇は付与すべきでないということになります。この場合校長は、伝達講習会への出席命令が出ていることを理由として、時季変更権を行使しなければなりません。

【問３】　私の学校では、三日前より無断欠勤をしている教員がいましたが、本日になって、弁護士を通じて年次有給休暇の請求がされました。弁護士の話によれば、本人は凶器準備集合及び公務執行妨害の容疑により現行犯逮捕され、現在勾留中であるようです。このような場合、どのような処理をすればよいでしょうか。

【答】　年次有給休暇の法的性格については、労働者の「請求」を待つまでもなく、労基法第三十九条第一項及び第二項の要件を満たすことによって法律上当然に生ずる権利であり、また、同条第四項の年休の「請求」とは時季指定のことであり、その効果は使用者の適法な時季変更権の行使を解除条件として発生するものとされ（昭四八・三・二　最高裁判決）、いわゆる時季指定権説がとられています。

ところで、質問の事例のように、教員がみずから年休を請求せずに、第三者を介して行うことが許されるかという問題があります。この点については、時季指定もその性質からして、行使について一身専属的な性格を有することから、代理に親しむものではないものといえますが、他の者が時季指定の意思表示の補助をなすことまで許されていないと解すべきではないと考えられます（昭五七・七・一八　仙台高裁判決）。したがって、この事例のように本人の意思が十分確認できる場合はさしつかえないと考えられます。

次に、年休を事前に請求せずに、事後請求することが許されるかという問題があります。年休の事後請求については、使用者の時季変更権の行使を全面的に否定することになりかねないので、本来許されないものであるからです。しかし、一般に各県においては、休暇に関する規則等により「病気、災害その他やむを得ない事由により勤務しなかった場合」には、事後において年休の請求を行うことができることとされています。このように事後請求を認めているのは、自己の責に帰すべからざる事情で事前請求できなかった場合に、事後請求を一切認めないとすると、職員にとって酷になるからです。ただし、このような措置はあくまでも恩恵的な措置であり、自己の責に帰すべき事由により事前請求ができなかった場合にまで、事後請求を認めている趣旨ではありません。

そこで、質問の事例を検討すると、年休の事前請求ができなかったのは逮捕勾留されたことによるものであり、まったく嫌疑もないような違法・不当な逮捕の場合は別として、このように自己の責に帰すべき事由に該当する場合には、年休の事後請求を認めるべきではありません。したがって、このような場合は、年休として処理する必要はなく、欠勤として取り扱えば足りるものです（昭五七・五・三一　大阪地裁判決）。

【問４】　Ａ市立小学校の事務職員であった者が、夜間の大学を卒業し、教員採用試験に合格し、同一県内のＢ市立小学校の教諭になりました。この場合、形式的には、三月三十一日付で事務職員を退職し、四月一日付で教諭に新採用ということになっています。この者の年次有給休暇の日数の算定については、四月一日以降と以前は通算すべきでしょうか。

【答】　年次有給休暇の日数は、労基法第三十九条に規定されていますが、公立学校の教職員の場合には、これを上まわる日数が条例等で定められているのが通常です。すなわち、暦年で計算し一年について二十日ということになっており、四月一日に新採用の者は、二十日の四分の三すなわち十五日の年休が与えられることとなります。

設問の場合は、事務職員としての在職期間を通算すると解するなら二十日ということになります。もちろん、その場合は一月から三月の間に使った年次休暇があれば、その分は差し引かれますから、一月から三月までに五日以上使っているならば通算すると不利となります。

このように、個別的に検討して、当該職員にとって有利となるか不利となるかで通算したりしなかったりの措置をとるのは正しくないでしょう。

この質問とは同じではありませんが、公共事業に従事している一般職の日日雇い入れられる非常勤職員の場合について、雇用形式の変更があっても、実質的に労働関係が継続しているかぎり、労基法第三十九条の適用については、両期間の勤務は継続しているものと解する行政実例（昭三六・一一・二七　基収五一一五号）があります。したがって、年次休暇の日数計算については、実質に着目するほうが合理的と考えられるので、設問の場合も、実質的に労働関係は継続しているものと認め、通算するものと解すべきでしょう。

なお、設問の場合、Ａ市からＢ市に身分は移っているが、いずれもいわゆる県費負担教職員ですので、実質的に労働関係は継続しているとみることはさしつかえないでしょう。すなわち、地教行法第四十条の規定による人事異動の場合は、やはり、継続するものとして通算されることになるでしょうから、それと同様に考えられます。

【問５】　私の学校では、組合員が、組合の指令に基づいて、年休の時効中断の承認を求めてきます。つまり、前年度分の年休が何日繰越しになっているから、その繰越分を承認せよといってくるのです。これは、承認しなければならないものなのでしょうか。

【答】　労基法第三十九条の規定により与えることとされている年休は、二年間請求しなければ時効によって消滅します。そこで、ある年に発生した年休の請求権は、暦年単位で計算して、翌年の十二月三十一日に消滅することになります。しかし、この間に時効の中断をすると、時効の進行が中断し、その時点から二年間請求権が消滅しないことになります。設問の債務者の承認はこの時効中断事由に入っているから、債務者つまり校長が承認すれば、請求権はその時点から二年間は消滅しないことになります。

そこで、これを承認しなければならないか否かですが、年休は、職員が具体的に何月何日に年休をとりたいといってきたときに、校務の繁閑等を考慮して与えるか否かを判断すればよいものですから、職員が、何日分の年休が残っていることを承認してくれといってきても、それに応ずる必要はありません。その承認を拒否しても、年休を与えることを拒否したことにはなりません。

また、職員は、何月何日に前年度分の年休をとりたいという請求もできません。なぜなら、何年度分の年休を与えるかは、債務者（校長）が指定し得るのであり（民法四八八）、債権者（職員）が一方的に指定し得ないからです。したがって、職員が、何月何日に前年度分の年休をとりたいといってきても、当日は仕事が忙しいので年休は与えられないということで拒否すれば、それが直ちに前年度分の年休が残っていることの承認になるわけのものではありません。

以上のようなわけで、質問の場合残った年休の承認をする必要はないわけですが、校長は業務の繁閑を考慮してある程度計画的に年休を消化させるよう努力し、次年度に年休が繰り越されることのないようにすることが必要です。

【問６】　長期休業中はどのように年次有給休暇を与えるべきでしょうか。

【答】　通常、公立学校教員の年次有給休暇は、条例で二十日と定められています。年次有給休暇は、その制度の趣旨からしても、できるだけ利用するのが望ましいのですが実態はまだ不十分のようです。

その理由はいろいろあるでしょうが、授業日に年休をとることは授業に支障をきたす場合が多いので、校務の正常な運営という観点から、困難な面もあり、また請求者たる教員自体も手びかえる傾向がないわけではないでしょう。そこで、学校の授業に支障をきたさないように確保するため、年次有給休暇の計画的使用という措置を講ずる必要が生じてきます。

もとより、年次有給休暇は、教職員の請求をまって与えるものですが、学校においては授業を行わない日、すなわち夏休み等の長期休業日を利用してはいかがでしょうか。この夏休み等の期間も、土曜日、日曜日以外は勤務を要する日とされており、原則として職員は「その勤務時間及び職務上の注意力のすべてをその職責遂行のために用い」（地公法三五）なければならないのであり、別段の措置を講じないかぎり、平常どおり出勤し、職務に従事しなければならないというのが建前です。しかしながら、学校は児童生徒が登校して来ない休業日については、一般的には年休をとることによって学校運営に支障を与える度合いは、授業日に比べて少ないと考えられます。特に長期休業中は年休をある程度まとめてとるのにもっともふさわしい時期の一つでしょう。

ところが、「夏休みに年休をとるなんてもったいない」というような意識が教員にも、また学校管理者にも残っていないでしょうか。休業日すなわち職員の休日ではないことを再認識する必要があります。

なお、従前は、長期休業中にいわゆる「自宅研修」などとして職専免研修を認め、研修であるか休暇であるか不明瞭な実態がみられたところもありましたが、そのような場合には、休暇であればむしろ年休の手続きをとって休むことが必要です。

【問７】　女性教員が妊娠したために身体の具合がすぐれないので、病気休職にしていたところ、妊娠五か月で流産してしまいました。この場合、復職させ、産後八週間の産後休暇を認めてもさしつかえないでしょうか。

【答】　労基法第六十五条第二項は「使用者は、産後八週間を経過しない女性を就業させてはならない。」と規定しています。この規定でいう「出産」とは、妊娠四か月以上（一か月は二八日として計算します。したがって、四か月以上というのは、八五日以上のことです）の分娩のことをいい、死産の場合も含まれます（昭二三・一二・二八　労働省労働基準局長回答）。

ところで、貴県の学校職員の休暇条例では、次のように規定しています。

（産前産後の休暇）

第十条　六週間以内に出産する予定の女性職員が休暇を請求した場合及び産後八週間を経過しない間は、有給休暇を与える。

したがって、産後の八週間については、職員の請求の有無にかかわらず、出産という事実があれば特別休暇として取り扱われるわけです。この「出産」の範囲は、先に述べた労基法についての解釈と同様に解されます。

この設問の場合は、現に職員は休職しているので、休職のままにしておいても、労基法の就業禁止という規定に抵触するおそれはないといえます。しかも、休職中の職員に休暇を認めるということは予想しないところだというべきでしょう。

しかし、この場合、病気休暇で休んでいたのならば、出産の時点からは産後休暇として取り扱われるので、給与半減期間たる九十日の算定の場合に、出産休暇が間に入ると、期間中断となって有利になります。

したがって、この病気休暇の場合との均衡上、質問の場合も、出産の日の翌日から復職させ、産後休暇として取り扱うのが、職員にも有利であり、妥当な措置であるといえるでしょう。

産後八週間を経過してもなお、病気が回復しない場合は、ふたたび休職にするということになります。

【問８】　㈠　次の場合に特別休暇が与えられますか。

⑴　民事事件について、原告又は被告として裁判所に出頭する場合

⑵　教職員が交通事故を起こし、警察、検察庁、裁判所に出頭する場合

㈡　特別休暇を与える場合の事由として「選挙権その他公民としての権利を行使する場合」があげられていますが、この「その他公民としての権利」とはどういう意味ですか。

【答】　㈠について

公立小・中学校等の教員の特別休暇は、都道府県の条例に特別の定めがないかぎり、与えられることはありません。条例又はこれに基づく規則に定める特別休暇の事由は、都道府県により異なりますが、職員が法令により認められた権利を行使する場合（不利益処分に対する審査請求など）、職務に専念することができないことについて職員の責に帰することのできない事由がある場合（非常災害による交通しゃ断など）、公民としての権利を行使する場合などにかぎられるのが通例であり、したがって、⑴、⑵のような場合には、特別休暇を与えられないと思われます。特別休暇の事由として「証人、鑑定人、参考人として国会、裁判所、地方公共団体の議会その他の官公署へ出頭する場合」を規定しているところも多いようですが、証人、鑑定人、参考人等としてでなく、⑴、⑵のように当事者として裁判所等に出頭する場合は、これに該当するとはいえません。⑴、⑵のような場合には、勤務時間外に行うか、年次有給休暇をとって行うのが普通でしょう。

なお、特別休暇という制度を設けることなく、職務に専念する義務の免除ということで処理しているところもあります。この場合には、市町村の職務に専念する義務の特例に関する条例の定めるところによることになりますが、その条例で定めている職務に専念する義務を免除する事由についても、特別休暇の事由と同様と考えられます。

㈡について

公民とは、「国家又は公共団体の公務に参加する資格ある国民」（昭二二・一二・一五　基発五〇二号）と解され、「公民としての権利」とは「公民に認められる国家又は公共団体の公務に参加する権利」（前記通達）と解されています。具体的には、衆議院議員などの法令に根拠のある公職についての被選挙権、最高裁判所裁判官の国民審査、地自法で認められている直接請求（条例の制定及び監査の請求、議会の解散の請求など）などが考えられます。

質問者は、おそらく、裁判所に訴える権利（通常、訴権といわれている）も「公民としての権利」に含まれるのではないか

と考えているのではないかと思われますが、訴権とは、具体的事件について訴訟を提起して裁判所の判断を求める権利ですから、公民として有する公務に参与する権利とは解されません。

【問９】　台風で、私の学校は臨時休業せざるを得ませんでした。児童が登校してくるのに危険ですし、交通機関がマヒして、先生方の出勤がまばらになることが予想されたからです。その際二つの問題が生じました。一つは、学校の休業を校長かぎりで決めてよいのかということ、一つは、バスがとまって出勤できない教職員は自宅研修の取扱いでもするのかということです。今後の参考にいたしたくおうかがいする次第です。

【答】　公立小学校の休業日は、学校法施行規則第六十一条により、①国民の祝日に関する法律に規定する日、②日曜日及び土曜日、③教育委員会が定める日とされており、①、②の場合であっても特別の必要がある場合には（例えば、日曜日に運動会を実施して翌日を休業日とするような場合）これを変更することができます。③の場合はもちろん、①、②を変更するのも教育委員会の権限であるのはいうまでもありません。

ところで、台風などによる休業の場合、よく問題となるのは同規則第六十三条に「非常変災その他急迫の事情があるときは、校長は、臨時に授業を行わないことができる。」とあるからだと思われます。ここで「非常変災その他の急迫の事情」が何かというのがポイントになりますが、これは授業を通常どおり実施することが風水害等でとうてい無理な事情がある状態をいうと考えられます。

なお、この場合、公立学校についてはその旨を教育委員会に報告しなければならないとされています。

次に、これらの場合、教職員の取扱いはどうかということになりますが、一般的には通常の場合と何ら変わる点はありません。休業日であっても教職員にとっては夏季等の休業日の場合と同様勤務を要する日であるからです。では、交通機関が途絶した場合、欠勤扱いになるかというと、そうではありません。

国家公務員については、「地震、水害、火災その他の災害又は交通機関の事故等により出勤することが著しく困難であると認められる場合」には特別休暇としての取扱いがなされており（人事院規則一五―一四（職員の勤務時間、休日及び休暇）第二十二条第十六号）、地方公務員についてこのような場合、条例で特別休暇あるいは義務免の事由にしていると思われますので、これに該当するかぎりそれに従って処理することとなります。これを年休や研修で処理するのは適切でないことになると思われます。

【問10】　出勤簿の記入上の取扱いについてご教示ください。例えば、出勤後に出張する場合、校長に命ぜられて研修会に参加する場合と夏休みにいわゆる自宅研修している場合の区別、長期休業中の取扱いなどです。また夏休みに登校して校務を処理した場合など出勤扱いにする学校もあると聞きますがかまわないものでしょうか。

【答】　出勤簿は、学校に備えておかなければならない表簿の一つです（学教法施行規則二八①Ⅲ）が、そのフォームや記入方法などは法令で定められているわけではなくそれらについては校長などの管理者が便利なように工夫して定めればよいわけです。もちろん、教育委員会の特別の定めや指示があればそれによらなければなりませんが、都道府県教育委員会などの指導や従来からの慣行でどの学校でもそう大差はないと思われます。

出勤簿はこのような性格のものですから、要は教職員の勤務の記録としてその勤務状況を的確に反映できるように記入すれば足りるわけです。

出張とは職務命令によって学校という通常の勤務場所を離れて職務に従事することです。研修会出席の場合は研修を受けていることが職務を遂行していることになります。出勤後の出張なら出張の時間を記録して「出張」と記入すればよいし、出張が研修参加の場合でそれを明らかにしたければ「研修」と記入すればよいわけです。

いわゆる自宅研修は、教特法第二十二条第二項によって承認を得て勤務場所を離れての研修で、職務命令による研修と異なり、職務遂行自体ではなく職務専念義務が免除されている状態であり、これを区別するために「宅修」などという処理が考えられます。

また、夏季、冬季の休業日は授業を行わない日というにすぎず、教職員にとっては土曜日、日曜日（週休日）以外は勤務を要する日ですから、出勤簿の取扱いも通常の場合と差異はありません。夏休み中に登校して校務を処理した場合、いつもどおり勤務していたということについては、夏休みであっても休暇を取得しないかぎり教員は休みではなく、勤務時間上はむしろ通常なのであって、勤務扱いになるのは、当然です。

ただ、夏休み中は、実態として職務専念義務免除による研修を行っていることもあると思われますが、この場合にはあらかじめ研修計画を提出して校長の承認を受けなくてはなりません。

五　分　限

【問１】　公立学校長に病気休職を命ずる場合には、教諭に降任させるべきか、校長職につけたまま休職させるべきか、おうかがいします。

【答】　地公法第二十八条第一項第二号によれば、職員が心身の故障のため職務の遂行に支障があるか又はこれに耐えない場合には、当該職員をその意に反して降任することができることとされています。

しかし、この規定が同じ事由により免職することもできる旨を定めているところからすれば、心身の故障のために校長の職務には耐えないが、教諭の職務に従事するには別段の支障がないといった場合において、校長を教諭に降任することが認められる趣旨であると解されます。同法同条第二項において、職員が心身の故障のため長期の休養を要する場合には休職することができる旨をあわせて規定していることからも、心身の故障すなわち降任という考え方にただちに結びつくものではないことがうかがわれます。

したがって、一般的には、校長に病気休職を命ずるに当たっては、校長職につけたまま休職させることが適当ということができるでしょう。もちろん、校長本人の申出により、教諭に降任させることについては、地公法第二十八条の関知するところではありませんから、このような措置をとることは可能ではあります。また、校長本人の願いがなくても、病気の内容により、仮に復職したとしても校長の職務を遂行するには支障があると認められる場合、あるいは、病気回復の見込みがなく休職期間満了後も現職復帰の可能性がないと認められる場合には、同条第一項第二号を根拠に降任措置をとることも考えられるでしょう。

ところで、校長を現職につけたまま休職させた場合においては、当該学校の校務運営上代理者が必要となります。国の場合にあっては、休職中の職員が保有する官職を他の職員をもって補充することを妨げない旨の規定（人事院規則一一―四第四条第二項）があります。地方公共団体の場合にあっても、同様の取扱いをすることは、理論的には可能ですが、休職者の復職時期が年度末人事異動時期に合致しないときは、復職した際二人校長の状態が生ずることが考えられ、国の場合と異なり過員休職の定めの存しないところにおいては、その取扱いに苦慮することともなりかねないことになります。

校長の休職期間が短期間であると予想される場合は、学教法第三十七条第六項又は第八項に基づき、その期間校長発令を行わず、副校長又は教頭に校長の職務を代理させる運用が妥当でしょう。

【問２】　校長等の希望降任の制度が取り入れられていると聞き

ましたが、どのようなものですか。

【答】　校長等については、教育に関する理念や識見を有し、地域や学校の状況・課題を的確に把握しながら、リーダーシップを発揮するとともに、職員の意欲を引き出し、関係機関等との連携・折衝を適切に行い、組織的・機動的な学校運営を行うことができる資質能力を有する優れた人材を確保することが重要です。とりわけ、子どもや地域の実情に応じた特色ある学校づくりを主体的に展開することができるよう、学校の裁量の拡大や学校運営に関する校長の意向のいっそうの反映を進めるなど、学校の自主性・自律性の確立が図られるなかで、学校運営について権限と責任を有する校長やこれを補佐する副校長等に適材を確保することは、よりいっそう重要な課題となっています。

校長や副校長、教頭の資格要件については、いわゆる民間人校長の登用など、幅広く人材を得ることができるようになっています。

これらを踏まえ、管理職の希望降任制度は、管理職にふさわしい資質能力を備えた適材の確保の観点から、人事上の柔軟な試みの一つとして行われているものです。すなわち、校長等について、その職責を十分に果たすことができないと認められる場合、本人の希望も踏まえ、校長から教頭や教諭等、あるいは教頭等から教諭等に降任させるものです。その理由としては、職務上の理由のみならず、健康上の理由や家庭の事情等さまざまなものが考えられ、その取扱いについては各教育委員会の判断によるものとなります。

【問３】　Ａ県職員定数条例の改正によって、県立高等学校の職員には過員を生じたが、同県内の市町村立小・中学校の職員には過員を生じていないので、新規採用がある程度可能です。この場合、県立高等学校の職員を市町村立小・中学校の職員に転任させることなしに、地公法第二十八条第一項第四号に規定する過員を生じた場合に該当するとして分限免職をすることは可能ですか。

【答】　県立高等学校の職員の定数は、県条例で定められます（地自法一七二③）。いわゆる県費負担教職員（市町村立小・中学校等の教職員）の定数も、やはり県条例で定められます（地教行法四一①）。

例えば、Ａ県を例にとると、県立高等学校については、Ａ県職員定数条例の第二条で、

（職員の定数）

第二条　職員の定数は、次に掲げるとおりとする。

一　知事部局の職員　七、三六一人

……………………

……………………

……………………

七　教育委員会の所属に属する県立学校の職員

高等学校　　　　　　　　　五、八七五人

特別支援学校　　　　　　　四三二人

と規定しています。

また、いわゆる県費負担教職員については、A県市町村立学校職員定数条例の第二条で、

第二条　職員の定数は、次に掲げるとおりとする。

一　小学校　校長及び教員　　一〇、〇八八人

養護教員　　　　　　　二四九人

事務職員　　　　　　　一〇二人

計　　　　　　　　　一〇、四三九人

二　中学校（略）

三　高等学校（略）

と規定しています。

そして、地公法第二十八条第一項第四号にいう「定数」とは、法令に基づいて決定された職員の員数をさすものと解されていますから、質問の場合、法律的には、A県職員定数条例第二条第七号が改正され、過員を生じた場合に、地公法第二十八条第一項第四号の規定に基づき分限免職をできることは当然のことです。

質問のような疑義が生ずるのは、県立高等学校の職員についても、いわゆる県費負担教職員についてもその任命権は、同じく都道府県教育委員会にあるので、任命権者としては、一方に過員が生じ、他に余裕のあるときは、当然に転任させるべきではないかということによるものでしょう。しかし、両者はもともと身分が異なり、定数はそれぞれ別個に定まっているので、法律的にはそのようなことは必要ではありません。もちろん、事実上、転任を勧めるようなことが行われることは何らさしつかえありません。しかし、免許状の関係等で調整を要する点があると思われます。

【問4】　病気のため、一年の有給休職期間を経過し、二年の無給休職期間も満了することとなる教員を、地方公務員法の規定により分限免職する場合、労基法第二十条第一項に規定する解雇予告を行わなかったときは、解雇予告手当を支払わなければならないものでしょうか。

【答】　労基法第二十条第一項は、「使用者は、労働者を解雇しようとする場合においては、少くとも三十日前にその予告をしなければならない。三十日前に予告をしない使用者は、三十日分以上の平均賃金を支払わなければならない。但し、天災事変その他やむを得ない事由のために事業の継続が不可能となった場合又は労働者の責に帰すべき事由に基いて解雇する場合においては、この限りでない。」と規定しています。

この規定は、本来、突然に職を奪われた労働者の生活保障という見地から、三十日前の解雇予告又は三十日分の手当支給の義務を使用者に課したものですが、現に給与を受けていない職員についても、その身分を奪いさる場合には適用があるものと

解されます。したがって、例えば、専従休職中の職員とか質問のように無給の病気休職中の職員とかについても、免職するには、解雇予告をするか解雇予告手当を支給するかしなければならないということになります。

しかし、一般に、地方公共団体における退職手当条例では、「職員の退職が労基法（昭和二十二年法律第四十九号）第二十条……の規定に該当する場合におけるこれらの規定による給付は、一般の退職手当に含まれるものとする。但し、一般の退職手当の額がこれらの規定による給付の額に満たないときは、一般の退職手当の外、その差額に相当する金額を退職手当として支給する。」との規定を設けているのが通例であり、分限免職のように退職手当の支給をともなう免職の場合にあっては、いわゆる解雇予告をしなくても、解雇予告手当に相当する額以上の退職手当が支給されるものであるかぎり、問題が残ることはありません。

もっとも、退職後の生活設計を早くたてさせることが職員の利益でもあるということからすれば、質問のようなケースには、できるかぎり早く予告しておくということが、人事行政上のとるべき道でしょう。

なお、懲戒免職のように退職手当の支給をともなわない免職の場合にあっては、労基法第二十条第一項ただし書に規定する「労働者の責に帰すべき事由」に該当するものとして、同条第三項において準用する同法第十九条第二項の規定による「解雇予告除外認定」を行政官庁（一般には人事委員会）から受けておくことが必要であることに留意すべきです。

【問５】　審議会の委員である教職員が、刑事事件に関し起訴されて休職となった場合、その審議会に出席することはさしつかえないでしょうか。

【答】　公立学校教職員が刑事事件に関し起訴された場合にはその意に反して休職とすることができます（地公法二八②Ⅱ）が、その休職の効果として、条例において「休職者は、職務に従事しない。」旨の定めがされています。したがって、休職中の職員は、その職務に従事する義務を負わないとともに、その職務を執行する権利も有しないということになります。

しかし、これらの関係諸規定は、一般職に属する地方公務員には適用されますが、特別職に属する地方公務員には適用されません（地公法四）。ところで、公立学校教職員（非常勤講師を除く）は一般職に属する地方公務員ですが、地方公共団体の審議会、委員会等の構成員の職で臨時又は非常勤のものは特別職に属する地方公務員です（地公法三③Ⅱ）。このことから、公立学校職員が休職を命ぜられた場合には、一般職の職員としての職務に従事することができなくなり、当該教職員としての職務（本務）のみならず、当該教職員が兼職している他の一般職の職員（例えば教育委員会事務局事務職員）の職務に従事することもできなくなることになりますが、当該教職員の特別職の職員として兼務している審議会の委員の職務に従事することは法律上は禁じられてはいないといわざるを得ません。

もっとも、法律上、休職の効果が一般職の職員としての職務にしか及ばないとはいっても、当該休職の事由となった刑事事件の内容いかんによっては、審議会の委員としての職務に従事させることが社会的影響あるいは審議会の性格等を考慮すれば適切でない場合が多いことと考えられ、休職期間中は審議会の委員を辞退していただくか免ずる措置をとることが考えられてしかるべきでしょう。

以上の考え方は刑事事件に関し起訴されて休職を命ぜられた場合のみならず、懲戒処分としての停職処分を受けた場合についても、同様です。

【問６】 条件付採用期間中の教員で心身の故障のため勤務成績が極めて不十分な者がいます。このような者を、条件付採用期間満了を待たずに免職することは可能でしょうか。

【答】 (1)　条件付採用制度について

条件付採用とは、職員が採用される場合、これを直ちに正式採用とすることなく、一定期間実地に能力の実証を経た上で正式に採用する制度をいいます。

これは、職員の採用に当たり、正式採用に至る能力実証のための前提手続きをなすものです。

すなわち、競争試験又は選考によって採用された職員は、これにより、学力、知識、人物等について一応の能力の実証を得ているが、実際にその者が職務遂行能力を有するかどうかについては、実務を行わせてみて初めて明らかになることも少なくないものです。

そこで、公務員の任用についての成績主義の原則を貫徹する趣旨から、一定期間実地に職務を行わせて、能力の実証を得てから正式採用を決定しようというものです。

条件付採用期間は、正式採用のための能力の実証のための期間ですから、当該期間において能力が十分に実証されないときは、当該職員は正式に採用されないこととなり、職員たる身分を失います。

地公法は、第二十二条において、「職員の採用は、全て条件付のものとし、その職員がその職において六月を勤務し、その間その職務を良好な成績で遂行したときに正式採用になるものとする。」と規定し、六月の条件付採用制度をとっています。ただし、小学校、中学校、義務教育学校、高等学校、中等教育学校及び特別支援学校の教諭等の条件付採用期間については、教特法第十二条により、一年間とされています（幼稚園の教諭等については、当分の間、六か月）。これは、教員の場合には、専門的知識や指導力だけでなく、豊かな人間性や深い教育的愛情等を備えていることが求められるという職務の特殊性があるため、学年の周期である一年間を通じて職務遂行能力の実証を得ることが適当であること、また、初任者研修の実施により、採用後一年間にわたり教職に従事しながら、指導教員による指導や、教育センターにおける講義等を受けるという特殊な勤務形態をもつこととなり、この特殊な勤務形態が存続する一年間にわたり、教員の職務遂行能力の判定を行うことが適当であること、などによるものです。

そして、条件付採用期間を免職されることなく経過したときは、職員は正式採用となり、これについては別段の通知や発令行為を要しないと解されています。

ここでいう「正式採用」とは、具体的には、条件付採用期間中の職員については身分保障に一定の制限があるのに対して、正式採用後は、地公法上の身分保障を受けるようになることをいいます（地公法二七①、二九の二）。

⑵　条件付採用期間中の職員の身分保障について

条件付採用期間中の職員については、⑴で述べたような条件付採用期間制度の趣旨から、その身分保障について制限があり、正式採用職員の分限に関する規定の適用がないこととされています。

すなわち、条件付採用期間中の職員については、地公法「第二十七条第二項、第二十八条第一項から第三項まで……の規定を適用しない。」（地公法二九の二①）こととされ、分限処分について、法律で定める事由によることなく降任・免職を行い、法律又は条例で定める事由によらずに休職を行うことができ、条例に定める事由によることなく降給することができることとなります。

したがって、条件付採用期間中の職員について、お尋ねのような心身の故障その他の事由により勤務実績が不良であり引き続きその職に任用しておくことが適当でないと認められる事由がある場合には、条件付採用期間満了以前であっても、正式採用職員の場合のような厳格な身分保障手続きによることなく（この意味において、任命権者は、正式採用職員の場合より容易に）分限免職とすることが可能です。

⑶　処分手続き等について

条件付採用期間中の職員に対する分限処分については、地公法第二十九条の二第二項の定めにより「条例で必要な事項を定めることができる。」こととされており、このような条例が定められている場合には、そのかぎりにおいて、身分保障がなされます。

しかし、このような条例がない場合にも、任命権者のまったくの自由裁量であるというわけでなく、相応の裁量権が認められることは当然としても、「公正の原則」（地公法二七①）にのっとり、制度の趣旨にそった合理的な判断を行わなければならないものです。

そして、このような場合には、条件付採用期間中の国家公務員の分限について定められた人事院規則一一―四第九条の規定に準じた対応を行うことが適当であると考えられています。すなわち、勤務実績が不良なこと、心身に故障があること等の事実に基づき、その職に引き続き任用しておくことが適当でないと認められる場合にかぎって、処分を行うことが許されるものと考えられます。

教職としての適格性の有無の把握については、職員採用試験において性格検査、作文、面接の実施等、多角的な対応が行われているとはいえ、実際には、採用後における実地の勤務実績にまつべき点も多いところです。にもかかわらず、問題行動のある教員が絶無でない現状にかんがみると、分限免職処分の実施に当たっては、その対応が慎重にすぎる点も指摘されるところです。

成績主義の原則の貫徹という制度趣旨を踏まえた適切な対応が期待されます。

【問７】 依願休職は可能でしょうか。

【答】 精神疾患等の場合、条例の定めるところにより、医師の診断を経て休職を命ずることとなるが、本人の願いに基づいて処分を行うことができるかどうかが問題となります。本人の願いが休職処分の単に端緒であり、診断の結果によれば地公法第二十八条第二項第一号に該当し、休職を相当とすると認められる場合には、依願休職は許されます。これは地公法第二十八条の「その意に反して」の文言が「その意思のいかんに関係なく」と解されるからです。

次に、法定事由に該当しない場合ですが、地公法上の休職の制度は同法第二十七条第二項又は第二十八条第二項の場合にかぎっていますので、職を保有しながら職務に従事しないことができる場合を広く認めることはできません（昭三八・一〇・二九　自治省公務員課長回答）。

判例は、小学校長の逮捕、拘禁中の依願休職につき、「当該公務員が休職を希望し、任命権者が休職処分の必要を認めて依願休職処分をした場合に、あえてこれを無効としなければならないものではなく、かく解釈したからといって、もともと休職が本人の意思に基づくものである以上、当該公務員の権利を害することはない」としていますが（昭三五・七・二六　最高裁判決）、むしろ法定事由に該当しない場合には教員としての職務を担当させるべきであると考えます。

【問８】 教員が精神疾患のため正常な職務の遂行が不可能と判断される状態にあり、校長が当該教員に医師の診断を受けるよう勧めても従わない場合、どのように対応すればよいでしょうか。

【答】 教員の精神疾患による病気休職者数は、平成十九年度以降、五〇〇〇人前後で推移しており、平成二十八年度の精神疾患による休職者数は四、八九一人となっています。

教員の健康管理については、学校における保健管理の一環として、学校保健法に基づき、学校の設置者が定期的に教員の健康診断を実施しており、この健康診断の結果に基づき、学校の設置者は治療を指示し、及び勤務を軽減する等適切な措置をとらなければならないとされています。

ところで、地方公務員たる職員がその職責を果たし得ない場合には、公務能率の維持向上のために、任命権者がその職員の意に反して分限処分を行うことができますが、職員が病気等による心身の故障のため、長期の休養を要する場合には休職処分を、職務の遂行に支障があり又はこれに堪えない場合には降任又は免職処分を行うことができます（地公法二八①Ⅱ、②Ⅰ）。この場合、各地方公共団体の「職員の分限に関する手続及び効果に関する条例」により、医師二名を指定してあらかじめ診断を行わせなければならないこととされています。

なお、休職の期間は、三年を超えない範囲内において、休職を要する程度に応じ、個々の場合について、任命権者が定めることとなっており、その期間中であっても、休職の事由が消滅したと認められるときは、速やかに復職を命じなければならないこととされています。

そこで、設問の事例について考えてみると、まず校長が教員に対して医師の受診命令を行うことができるかどうかが問題となります。このことについては、上司は、部下の職員の保健及び安全保持に十分留意して、職員の健康を保ち、公務の能率的運営を図るべき責任と権限を有しており、定期的な健康診断のみならず、特に必要と認められる場合には臨時に医師の診断を受けるよう、職務命令をもって命ずることができるものと解されます。

なお、国家公務員の受診命令について、「上司が、心身の故障のため職務の遂行に支障があり、またはこれに堪えないと認められる職員に対して、人事院規則により定められた二名の医師の診断をうけることを命じることは、公務の能率的運営の必要から当然のことであり、それは職務上の命令に属する」とした行政実例があります（昭二四・五・二八　法審回発七九二号事務総長）。したがって、教員が校長の受診命令に従わないことは、職務命令違反となり、懲戒処分の事由に該当することになります。

しかし、精神疾患をもつ教員については、学校教育に支障の生じないような措置を講ずることが重要であり、単に職務命令違反の責任を問うて戒告等の懲戒処分を科しても、あまり意味のあることとは考えられません。そこで次に、このような場合に、医師の診断書なしに休職、免職等の分限処分を行うことができるかどうかが問題となります。

このことについては、本人が正当な理由なく拒否していることが明らかであるかぎり、医師の診断なしでこれらの分限処分を行っても手続き上の瑕疵にはならないものと解する説もあり（『逐条　地方公務員法』鹿児島重治著）、実際に、人事院規則に定める医師の診断の手続きを経ずに行った休職処分を、人事院規則の手続規定を「任命権者の恣意な認定を妨げるために設けられた訓示規定である」として有効とした例（昭三一・七・

一六　岐阜地裁判決）や、分限条例の手続規定を「当該任命権者が、医師の診断以外の、医師の医学的見地からの所見に基づく客観的判断に基づいて分限事由を認定することまでも、手続違背として排除する趣旨ではない」とした例（昭六三・一〇・五　東京都人事委員会裁決）もあります。

しかし、他方、分限という職員の身分保障に関する重要な事項について、職員の不利益になる方向で法令等の規定を拡大解釈することは適当ではないとの立場から「公務員が任命権者の恣意によって不利益な処分を受けることがないようにする目的に出た公務員の立場を保護するための規定であって（中略）単なる訓示規定であるとは解することはでき（ない）」とした例（昭三八・九・二六　神戸地裁判決）もあります。

したがって、結局のところ、分限条例により規定された医師の診断を経ることなく病気休職処分にすることについては、当該職員に受診させるためにどのような努力を行ったか、また、地公法第二十八条第二項第一号により休職処分にする際に、どの程度の医学的見地に基づく病状確認を行ったかによることになります。

また、長期間にわたって、客観的に正常な勤務ができない状態が続くときには、勤務実績がよくない場合又はその職に必要な適格性を欠く場合に当たるとして、免職処分を行うことも可能であると考えられます（地公法二八①Ⅰ、③）。

なお、判例の中にも、無計画に授業を進めるなど通常を欠く言動を繰り返した小学校教諭に対し、学級担任をはずして校内の清掃等環境整備を命じた上、精神科受診を勧め、これに応じないまま一年間を経過した時点で、県教育委員会が、地公法第二十八条第一項第一号、第三号により分限免職処分を行ったことを是認したものがあります（昭五五・一二・一二　岐阜地裁判決）。

同判決の傍論では、「被告は、原告に心身の故障があるのではないかとの疑念をいだき、原告に精神科医の診察を受けるよう勧め、結局は学校及び市教育委員会において原告を休職させることがその保護を図る上で一番適切なことであると判断し、休職させるためには医師二名による診断書が必要なところから、原告に対し粘り強く精神科医の診断を受けるよう勧め、かつ、学級担任からはずすなど、その職務を軽減し、児童及び児童の父母との摩擦から解放することにより、原告の健康に配慮したにもかかわらず、原告がこうした当局の配慮を無視し、精神科医による診察をかたくなに拒否し続け、また、職務軽減の意図を理解しようとはせず、かえって当局のとった措置に反発し続けたのであって、かかる状態が継続すれば、学校運営に重大な支障をきたすであろうことは容易に推察し得るところである」と述べています。ただし、免職の場合には公務員としての地位を失うという重大な結果になる点に鑑み、特に厳重、慎重であることが要求される（昭四八・九・一四　最高裁判決）ことから、実際には、こうした場合、まず職員に辞職を勧め、退職願を提出してもらうことによって、問題を解決することも多いと思われます。

　設問の事例の場合、校長としては、最終的にはこのような免職又は辞職の可能性も考慮に入れながら、教育委員会と十分に相談して、学校運営に支障のないような対応策を講ずる必要があります。

六　懲　戒

【問１】　体罰を行った教職員のうち、文書訓告や口頭訓告を受けたものがいますが、懲戒処分としての戒告を受けた場合と具体的にどのような違いがあるのでしょうか。

【答】　懲戒処分は、公務員関係における秩序維持のために、職員の義務違反に対して任命権者が職員に科する制裁であって、職員が職務執行に関して義務違反を行った場合あるいは公務員の服務義務に違反した場合等において職員として負う特別な義務に関する制裁です。懲戒処分については、四つの種類があり、軽いものから順にいえば、戒告、減給、停職、免職ということになります。この四種類のいずれを選ぶかは、任命権者の裁量によりますが、犯罪に対する刑罰の量刑と同様に、客観的にはおのずから裁量の限界というのが存在すると考えられます。

　これに対し、文書訓告あるいは口頭訓告というのは、服務監督権者が職員の職務遂行に注意を喚起し、その改善向上に資するために行われる措置です。したがって、どのような行為を行ったからどの程度の注意をすべきであるというような客観的基準は存在しません。

　そこで、懲戒処分たる戒告と訓告との差異ですが、戒告については不利益処分の審査請求あるいは行政事件訴訟のような法律上の争訟の提起が認められているのに対し、訓告については このような争訟手段が認められていないこと、戒告を行う者は任命権者（県費負担教職員にあっては都道府県教育委員会）であるのに対し、訓告を行う者は原則として服務監督権者（県費負担教職員にあっては市町村教育委員会）であること、実務上の取扱いとして、戒告は履歴事項として履歴書あるいは人事記録カードの必要記載事項であるのに対し、訓告は必ずしもそうでないこと、給与上の取扱いについては、懲戒処分、訓戒措置ともに、昇給号俸が減じられるほか、勤勉手当の成績率も下位区分とされることが一般的ですが、処分や措置の内容によって差を設けている場合が多いと考えられます。

実際問題としては、懲戒処分を科するには至らない程度の職員の行為について、戒告の罪を一等減じた措置として訓告に処する取扱いが多いようですが、その法律上の性質はまったく異質のものであることに留意する必要があります。

なお、文書訓告と口頭訓告との性質の差はありませんが、厳重な注意の意味で文書により、軽い注意の意味で口頭によっているのが通例のようです。

【問2】 本県においても、教職員が自動車事故を起こす事例が後を絶ちません。

そこで、県教育委員会では、自動車事故の典型的な類型をいくつか考え、それぞれについて懲戒処分を行う際の処分基準を定めることを現在検討中です。ところが、一部に、県の一般職員と別に教職員のみについてこのような基準を設けるのはおかしいという意見もあります。どのように考えるべきでしょうか。

【答】 一般に、任命権者が職員の職員としての義務違反に対してどのような懲戒処分を行うかは、その裁量に任されています。しかし、裁量に任されているからといって、任命権者がまったくの恣意で勝手気ままに懲戒処分を行ってよいというものではありません。

地公法第二十七条第一項は、「すべて職員の分限及び懲戒については、公正でなければならない。」と規定しています。「公正」というのを更にふえんしていえば、「懲戒事件の処理に当っては、事実の存否について客観的に妥当な判断をし、その判断の上に立って所定の懲戒処分のうちこれに相当する処分を選択すべきもの――その処分の選択における相当性は事案の性質、程度、被処分者の職務内容、それにもとづく分限の程度、職務経歴、勤務成績、改悛の程度等を考量して、社会通念に従って決せられる――である」（昭和二七・五・九　大阪地裁判決）といえるでしょう。

教職員の自動車事故にかかわる処分について、基準を定めるということは、任命権者がみずから、自己の裁量権に一定の客観的な枠をはめることであり、処分の公正を期す上から望ましいことです。

もとより、あらかじめ処分自体に幅をもたせることはあり得ますし、その基準の運用に当たっては、個々具体的な事例によって、右の判決に示された点を特に考慮に入れ、基準を踏まえた上で情状等を判断する必要がある場合もあるでしょう。しかし逆に、あらかじめ処分基準を示すことで抑止効果となる場合もあります。

右のような観点から、現在、ほぼすべての任命権者において、自動車事故にかかわる処分の基準が定められているようです。

また、児童生徒に交通道徳を説き、交通法規を教える立場にある教職員が、違法な自動車事故を起こすことは、社会的に強く非難されてしかるべきことであり一般職員とは異なった基準を設けてもそれが不当とはいえません。

【問３】　教育委員会において懲戒処分の基準を作成していると聞きましたが、それはどのような趣旨によるのですか。

【答】　学校教育の成否は、その直接の担い手である教員に負うところが大きいことはいうまでもないことであり、教員としてふさわしい人材を確保することは大切なことです。しかし、残念ながら、教員の非違行為が後を絶たない状況にあり、公務員たる教員が、全体の奉仕者として、また児童生徒の模範となるべき立場にあることに鑑みれば、大きな問題であるといえます。

このため、教員一人一人の責任と自覚を促すなどの服務規律の徹底を図るだけでなく、より人物重視の方向で採用のあり方を改善したり、研修等を通じて、教員のいっそうの適材確保を図ることが必要です。また、特に適格性に問題のある場合には、状況に応じ適切な措置をとることが必要であり、教員にふさわしくない行為がみられた場合には、懲戒処分等の厳正な運用が必要です。

更に、懲戒処分が職員に一定の義務違反があった場合に、その道義的責任を追及し、公務員関係の規律と秩序を維持することを目的としているものであることから、以後の非違行為を抑止する観点からも、処分事案について、その内容を公表することは重要と考えられます。学校や教育委員会が閉鎖的で、外部からの非難等を過度におそれるなどの理由から、教員の不祥事等を必ずしもきちんと明らかにしていない実態があるという指摘もあり、かえって保護者や地域住民の不信を招く場合もあることを考慮すれば、情報公開の観点からも、処分事案の公表は意義のあることといえます。このため、多くの教育委員会では、懲戒処分について、原則として公表することとしております。

その際、事案の内容によっては個人のプライバシーにかかわるものもあり、特に、わいせつ行為や体罰等の場合、被害者である児童生徒のプライバシーにかかわることも多く、個人情報保護の観点や被害者保護の観点から公表することが適切でない情報も多くあります。このため、事案の内容を公表するに当たっては、こうした点について細心の注意を払い、どの情報をどのように公表するかなどについて適切な判断が求められます。

また、個々の事案を公表することのみならず、懲戒処分の基準をあらかじめ示すことは、懲戒処分の厳正な運用や不祥事の抑止の効果が期待され、保護者、地域住民に対する説明責任を果たすことにも資することから、教育委員会のホームページ等で基準を公表することが必要であります。もちろん、事案の内容によって処分の幅があることは十分あり得るものであり、こうした点を考慮するとしても、処分基準を示すことはやはり重要であるといえます。特に、わいせつ行為等により懲戒処分等を受けた教員が平成二十八年度は二二六人となっており、児童生徒に対するわいせつ行為等は教員として許されないものであることから、これを原則として懲戒免職とすることも望まれます。これまでにも、首長部局等も含めた当該地方公共団体全体の処分基準を設けているところや、飲酒運転や交通事故等交通関係では処分基準のあるところもありますが、児童生徒に対する体罰やわいせつ行為といった教員等において特有の性質を有する問題もあることから、今後、教職員を対象とした独自の処分基準を設けることも必要となると考えられます。

こうした取組みにより、非違行為等への厳正な対応と教員のいっそうの適材確保に努め、教員ひいては学校教育全体に対する信頼を確保していくことが求められます。

【問４】　教員住宅に居住していた教員が、過失により、石油ストーブを倒したため、その住宅を全焼してしまう事故を起こしてしまいました。この場合、当該教員は、地公法第二十九条の規定により懲戒処分を受けるでしょうか。

【答】　公務員が、公務員宿舎に居住する場合は、宿舎使用上の義務として⑴「善良な管理者の注意をもってその貸与を受けた宿舎を使用しなければならない」、⑵「その責に帰すべき事由によりその貸与を受けた宿舎を滅失し、損傷し、又は汚損したときは、遅滞なく、これを原状に回復し、又はその損害を賠償しなければならない。ただし、その滅失、損傷又は汚損が故意又は重大な過失によらない火災に基づくものである場合には、この限りでない」というような規定が条例なり規則なりで明定されているのが通例です。

宿直中に飲酒し、宿直室のストーブを倒し、校舎を全焼させたという場合は、注意義務を怠ったといえるでしょうが、このような宿舎の使用上⑴に規定する義務は、職務上の義務ではありません。したがって、地公法第二十九条第一項第二号の「職務上の義務に違反し、又は職務を怠った場合」には該当しません。

また、地公法第三十二条では、「職務を遂行するに当つて」法令等に従うべきことを定めていますが、このような事故の場合は、職務遂行上に生じたものではなく、この規定に違反したことにはなりません。

次に、地公法第二十九条第一項第三号の「全体の奉仕者たるにふさわしくない非行のあつた場合」に該当するかが問題となりますが、この「非行」は、割合に広く解釈されているようです。交通事故の場合は、この条項に該当するものとして懲戒処分になる可能性がありますが、その場合も、飲酒運転のように悪質なものの場合が多いようです。質問のような事故の場合、単なる過失であれば、この条項による懲戒処分というのはむずかしいでしょう。しかし、失火罪として刑事事件になるような特殊の事情のある場合には、懲戒処分の対象となり得る場合も考えられます。

【問5】　ストライキの処分基準を次のように改めたいと思いますが、法律上、問題はないでしょうか。

(1)　単純参加者については原則として従来どおりとするが、過去に処分を受けた者についてはより重い処分をする。

(2)　執行委員長等教職員組合の役員については、原則として一般組合員より重い処分をする。

【答】　(1)　懲戒処分の前歴加算について

懲戒処分は、職員の一定の義務違反に対する道義的責任を問うことにより、地方公共団体における規律と公務遂行の秩序を維持することを目的として、任命権者が科する処分です。

これは、本人の責任を問い、その反省と改善をもたらせるという直接的な効果のほかに、本人以外の職場の者に対して服務規律の遵守意欲をもりあげ、非違行為には制裁が科せられるという間接的な効果も考慮して行われるものではありますが、主たる目的は非違行為者本人の責任を問うということです。

したがって、懲戒処分を行うに当たって、非違行為の態様という客観的要素のほかに、非違行為者の情状という主観的要素を考慮することは当然できるものと解せられます。

いったん懲戒処分に付せられたにもかかわらず、再びその警告を無視して非違行為を重ねたような場合は、前の懲戒処分が十分にその効果を発揮しなかったことになりますから、懲戒処分としての意義をあるものとするためには、前回の懲戒処分よりも重い量定を行い、非違行為者本人に十分な反省を促すことも必要になると考えられます。そこで、過去の処分歴を懲戒処分に当たって考慮することが許されるか否かが問題になります。

まず、刑法の場合の累犯加重については、罪刑法定主義の見地から法律上、各本条の二倍の刑を科する旨の規定が設けられていますが、裁判官が各本条の法定刑の幅の中で過去の前科を斟酌し、量刑を決定することは、明文の規定がなくても行われているところです。したがって、懲戒処分についても、累犯加重を認める明文の規定がなくとも、免職から戒告までの範囲内で、処分権者が非違行為者の過去の処分歴を斟酌することは違法でないと考えられます。

また、このことは、以前の非違行為をもう一度取り上げて再度処分しようというものではなく、以前に警告されているのにそれに反して再び非違行為を犯したという事実に基づいて、後の非違行為を加重しようというものですから、懲戒処分の対象となるのは後の非違行為だけであり、二重の処罰ではありません。

更に、昭和五十二年十二月二十日の神戸税関事件最高裁判決は、懲戒処分の基準について、「懲戒権者は、懲戒事由に該当すると認められる行為の原因、動機、性質、態様、結果、影響等のほか、当該公務員の右行為の前後における態度、懲戒処分等の処分歴、選択する処分が他の公務員等及び社会に与える影響等諸般の事情を考慮して、懲戒処分をするべきか、どうか、また、懲戒処分をする場合にいかなる処分を選択すべきか、を決定することができるものと考えられる」として、「懲戒処分の処分歴」を裁量基準の一つにあげているところです。したがって、過去の処分歴を斟酌した懲戒処分を行うことは可能です。

(2)　幹部責任について

違法な組合活動を行った場合に、組合役員は一般組合員より重い責任を負わせられるということを幹部責任といいます。この幹部責任については、責任の問い方が問題になります。

組合が違法行為を行った場合に、組合役員という地位だけを理由として重い責任を負わせられるとする考え方があります。これはいわば地位に伴う責任を重視するところから地位責任といえますが、職員の非違行為に対する制裁という懲戒処分の性質上、組合役員の行為を何ら問うことなく単に役員という地位のみに基づいて責任を重くするのは問題があると考えられます。判例においても組合幹部の純然たる地位責任を認めたものはないといってよいでしょう。

また、組合役員として違法な組合活動を積極的に推進し指導した点をとらえて、単純参加者よりは重い責任を負わせられるとする考え方があります。これは、組合幹部としての行動に伴う責任を重視するものですから、いわば行為責任ともいえますが、前述した懲戒処分の性質上、この考え方は当然であると考えられます。公務員法上でも、争議行為等において教唆、煽動等の指導的役割を果たした者については罰則を科して、単純参加者よりも重い責任を負わせています。

問題は、組合幹部が積極的な指導行為を行ったとする証拠はないが、違法行為に際して反対や回避措置をとったりした証拠もない場合で、違法行為の前後を通じて組合役員として活動していたことが推認されるときに幹部責任はどうなるかということです。これについては違法行為を阻止して適法な争議行為をするよう指揮・監督し、上部機関にも常にその意を表明し得る立場にありますから、いったん違法な争議行為がなされた場合は、特段の反証のないかぎり、これらの違法争議行為を企画し、指導し、又は実行したものとしての責任を問うことができると考えられます。

これに関しては、統一ストライキに対して労働組合での役職に応じた懲戒処分をした事案について、「以上の事実関係（全電通の組織の構成、役員の役職に応じた任務と権限、ストライキに対する役員、組合員の協力の態様、全国の拠点や事業所でほとんど同様の態様で実施されていること……筆者注）からすれば、特段の反証（例えば、特定の役員は、ストライキの実施に反対して、これを中止させるべく努力していたとか、特定の役員は、ストライキの準備及び実施の期間中病休等の状態にあって、ストライキの指導ないし実行には関与していないなどの事実関係の立証）のない限り、全電通の各段階の組織の各役員は、四月二五日のストライキの準備及び実施について、各自の役職に応じた指導的役割を果たし、応分の寄与をしたものと推認するのが相当である。そして、本件訴訟においては、原告らについても、右推認を左右するに足りる証拠は全く提出されていない（中略）。そうすると、（中略）職員の懲戒処分を行うに当たり、そのストライキ実施の当時における被処分者の全電通における役職を一つの重要な基準として、処分内容を決定したとしても、それはやむをえないことであって、これをもって格別不当ということはできないものと解すべきである」とする判決があります（昭五四・九・一四　東京地裁判決）。

【問６】　町立Ａ小学校の入学式の当日、Ｂ教諭は担任している全児童に対し、「君が代の『君』は天皇のことであり、これは天皇の歌であってあなたたちの歌ではない。このことをよく考えて、今日の式典でもし歌いたかったら歌ってもよいが、私は歌ってほしくない」といったため、児童の間にとまどいがみられ、全然歌わない児童もいました。その結果、式典に参加していた人々の不信を買いました。この場合、Ｂ教諭を処分できるでしょうか。

【答】　長年の慣行により、「君が代」がわが国の国歌として広く国民の間に定着していることを踏まえ、成文法で明確に規定する観点から、「国旗及び国歌に関する法律」が定められています。

学習指導要領では、例えば小学校の音楽で「国歌『君が代』は、いずれの学年においても歌えるように指導すること」と示され、また、特別活動では「入学式や卒業式などにおいては、その意義を踏まえ、国旗を掲揚するとともに、国歌を斉唱するよう指導するものとする」と示されています。このように、学校教育において国歌を指導するのは、子どもたちが将来、国際社会においても尊敬され信頼される日本人として成長するために、自国を愛することの表れとして国歌を大切にし、同様に諸外国の人々がそれぞれの国歌を大切にする気持ちを理解し、これを尊重するように指導する必要があるからです。

さて、学習指導要領は、学校教育法の委任に基づいて文部科学大臣が定める教育課程の基準であり、法規たる性格をもち拘束力があります。ただし、この拘束力は組織としての学校に対するものであり、入学式など全校的な学校行事については、学校全体として学習指導要領に従った入学式等を実施しなければならないという義務が生じています。したがって、個々の教職員については、国歌斉唱の指導が行われなかったからといって、直ちに懲戒処分になじむものではありません。

しかし一方、各学校で国歌を斉唱することが決定されたならば、教職員がこれに従わなければならないのはいうまでもありません。この場合の決定を行う者は、各学校の教職員の上司である校長です。したがって、教職員は、校長から、このことについて指示・命令があった場合には、職務命令として従わなければなりません。質問におけるＢ教諭の行為は、職務命令違反として、懲戒処分の対象となると考えられます。ただ職務命令には黙示のものも含まれますが、職務命令違反を問うに当たっては、校長はあらかじめ国歌を斉唱することについての明示の指示を出しておくことが適切でしょう。

また、本問においては、Ｂ教諭の行為により人々の不信を買ったというのですから、公務員たる教師の信用を失墜させたということができ、地公法第三十三条違反の可能性もあると考えられます。なお、教育委員会の処分を仰ぐに際しては、校長は事実の確認をした上で教育委員会に報告すべきであることはいうまでもありません。

七　服　務

【問１】　当県では、国旗・国歌に係る懲戒処分に対する反対闘争として、「不当処分反対」という文字を記入したリボンを胸につけるよう県教職員組合が指令し、私の学校の教員も胸につけて授業などを行っています。私は校長として生徒に対し教育上好ましくない影響があると思っていますが、注意することはできませんか。

【答】　質問のような例は、労使間に紛争を生じたときなどに、組合の主張を支持するための示威運動として時々みられるようです。

このような行為が勤務時間外の合法的な示威運動や集会の際に行われている場合は特に問題を生ずることは少ないでしょう。しかし勤務時間中に行われる場合は問題が生じます。組合側は、「いかなる服装をするかは、職員の個人的な自由であり、また職務の遂行に直接関係がないことであるから、これを禁止する命令は、権限外の命令であり、しかも基本的人権を侵害する命令だ」と主張するでしょう。

ところで、校長が部下の教職員に発する命令は、職務に直接関係のあることについてこれを行うことはできるということについては異論のないところであり、これが狭義の職務命令と呼ばれているものです。しかし、一般に上司の部下に対する職務命令は、職務の遂行に直接関係のない事項についても、職務に関し合理的な範囲内においてなら有効に発することができると解されます。例えば、公務に支障がないよう過度の飲酒を慎むよう命令するような場合などです。

ところで、公務員特に児童生徒に接する教員は、勤務時間中は特にその品位を保持するために服装について十分注意することが要請されているといえます。したがって教員が質問のようなリボンをつけて授業などを行うことが、児童生徒の教育上好ましくないと校長が判断した場合は、それを禁止するよう注意を促すこともできるし、場合によっては明確な命令で禁止することもできます。よく、各地方公共団体の服務規程の中で、職員の服装の厳正な維持についての規定がみられますが、これも、右の命令を包括的に規定したものといえましょう。

ともかくも、教員が校長の命令に反してリボンの着用をやめなかった場合は、地公法第三十二条の職務命令違反ということになると考えられます。

なお、リボンの着用が、組合の内部規律上強制力のある指令に基づき、組合員がいっせいに行うような場合は、組合の団結を誇示し、要求の貫徹を図ろうとする一種の組合活動を行っていることになりますから、地公法第三十五条の職務専念義務に違反します。また、保護者その他の住民に対しても職員の勤務の仕方についての不信、不安を招くことになり、地公法第三十三条の信用失墜行為の禁止に違反します。場合によっては地公法第五十五条の二に基づく、「給与を受けながら組合活動のできる場合の特例を定めた条例」との関係、更に別の問題も生じてくるのみならず地公法第三十七条第一項違反と解される場合もあるでしょう。

【問2】　私の学校は小さな町にあるのですが、都会の風潮からか、ある若い女性教員に若い男性からしばしば電話がかかってきて、同僚の眉をひそませているのです。また、服装なども教員としては派手で、保護者からときどきお小言を頂戴することがあります。直接職務上のことでなく、いわば私事に属することなのですが、校長としては放置しておけないと思い、先日注意を与えたのですが、さしつかえないものでしょうか。

【答】　法律的には、勤務時間中と勤務時間外との問題に分けて考えられます。その前に法律以前の問題として、人生の先達として、種々相談に乗ってやり、また忠告を与える、これは個人と個人との関係であって、この段階で解決できればこれにこしたことはありません。しかし、それは上司の立場からの監督という性格のものとはいえません。

まず、勤務時間中ですが、教員も公務員として勤務時間のすべてを公務に専念すべきであって、みだりに私事に費やすことは許されません。また、直接児童生徒を相手として教壇に立つ教育者の職掌を考えると、その服装、化粧というものも校長の監督の対象となることはいうまでもありません。電話の件なども職場の雰囲気、規律を乱すようなものであれば注意を与えるのも管理者として当然の責任といえます。

次に、勤務時間外についてですが、一般的には服装も異性との交際も自由であるといえます。しかし、それも教師の質の信用を失墜しない範囲でなければなりません。しかも、それは教師は他の一般公務員より厳しいのは当然です。すなわち、監督の程度は弱くなるでしょうが、勤務時間外といえども校長は人事管理に当たる者として教職員の服務監督をする立場にあるといえます。質問の場合も、どの程度のものかによって取扱いが異なってきますが、基本的な考え方は以上のとおりです。

【問３】　最近私どもの学校の教員の中に、沖縄の米軍基地使用に反対して抗議集会やデモ行進に参加したり、また、生徒に署名用紙を配付して署名を集めさせたりしているものがおります。このような行為は、教員として許されるものでしょうか。

【答】　公務員たる身分を有する公立学校の教員は、全体の奉仕者として公共の利益のために勤務し、職務の遂行に当たっては、全力をあげてこれに専念しなければならない義務を負っており（地公法三〇）、また、休暇・研修等のように法律又は条例に特別の定めがある場合を除いては、勤務時間中は当該地方公共団体の職員として担当すべき職務以外の事務に従事してはならないこととされています（地公法三五）。したがって、教員が勤務時間中に、職場を離れて抗議集会やデモ行進に参加するならば、それは職務専念義務の違反となり、懲戒処分の対象となり得ることは明白です。また、その時間中は、勤務しないわけですから、ノーワーク・ノーペイの原則により、賃金カットされることになることも、これまた当然のことでしょう。

それでは、勤務時間外においてならば、このような行為は許されるでしょうか。

公務員たる身分を有する教員といえども、公務を離れては一市民であることにかわりがなく、原則として一般人と同様な権利を主張し、行使できることはいうまでもありません。したがって、みずからの政治的立場を表明し、みずからの信ずる政治的行為を行う自由はあります。

しかし、公務員は、最初にも述べたように、全体の奉仕者として公共の利益のために勤務する責務を有しており、かかる公務員関係の特殊性から、勤務時間内はもとより、勤務時間外においても、また、勤務場所はもとよりそれ以外の場所においても、一定の服務上の義務が要求されています。公務執行の政治的中立性を確保するために、制限されている政治的行為の規制もこの一つであるといえます（教特法一八）。したがって、法規で定める政治的目的をもって、デモ行進や抗議集会に参加することは、ケースによっては、たとえそれが勤務時間外であっても、教員について制限された政治的行為に該当する可能性があり、管理職たる校長としては、かかる職員の服務規律の確保については、厳正な態度で臨むべきでしょう。

また、質問によれば一部の教員は、沖縄の米軍基地使用反対のための署名運動に生徒を参加させているとのことですが、このことは教育上好ましいとはいえません。この問題については、その目的・性格について各人のイデオロギーなり、世界観によって種々の見解が分かれており、このような政治的見解の分かれている問題について、指導が全体として特定の政治上の主義若しくは施策又は特定の政党や政治団体等を支持し又は反対することとなっているのであれば不適切であり、教基法第十四条第二項の「法律に定める学校は、特定の政党を支持し、又はこれに反対するための政治教育その他政治的活動をしてはならない。」の趣旨にも反するものと思われます。

【問４】 公立学校の教員の選挙運動は、どのように規制されておりますか。

【答】 公立学校の教員の選挙運動は、二つの面から規制されています。

その一つは、公職選挙法（公選法）による規制であり、それは、「選挙が選挙人の自由に表明せる意思によつて公明且つ適正に行われることを確保」（同法一）するという観点からなされているものです。

その二は、公務員法上の政治的行為の制限であり、それは、公務員が、その職務の遂行に当たって、政治的に中立な立場を維持するようにするという観点からなされているものです。特に、公立学校の教員の政治的行為の制限については、国家公務員と同様の取扱いを受けることとなっています（教特法一八）。

したがって、公選法上の規制に触れると同時に、公務員の政治的行為の制限にも触れるものもあり、公選法上の規制には触れませんが、公務員の政治的行為の制限には触れるものなどさまざまです。

以下、公立学校の教員に関係あるいくつかの場合について、説明することにします。

⑴　事前運動の禁止

選挙運動とは、特定の選挙（将来行われることが社会通念上予想されるものを含む）において、特定の候補者（将来立候補することが予想されるものを含む）を当選させるために選挙人に働きかけることをいいます。

この選挙運動は、立候補の届出前にすることはできません（公選法一二九）。

⑵　公務員の地位利用による選挙運動等

公立学校の教員も含めて公務員については、その地位を利用し選挙運動をすることを禁止されています（公選法一三六の二）。

地位利用とは、その地位にあることによって特に選挙運動を効果的に行いうるような影響力又は便宜を利用することであり、その態様としては、指揮命令関係、担当事務に関して有する対内的、対外的影響力を利用することなどが考えられます。

具体的には、ＰＴＡ等の会合の席上で特定の候補者へ投票するよう依頼することなどがこれに当たります。

また、一定の選挙運動準備行為も選挙運動とみなされて、禁止されています。

具体的にいえば、次のようなものがあります。

(ア)　教員の地位を利用して、ＰＴＡの会合で特定の候補者の推せんを決定させること。

(イ)　教員の地位を利用して、投票の割当てなどを行うこと。

(ウ)　教員の地位を利用して、特定の候補者又は候補者となろうとする者の後援団体への加入を勧誘すること。

一方、国家公務員の政治的行為の制限について定める人事院規則一四―七（公立学校の教員にも適用あることは前述のとおりです）においては、衆（参）議院の議員などの選挙において、特定の候補者（立候補の届出により、候補者の地位を得た者のみをいいます）を支持し、又はこれに反対するため、公私の影響力を利用したり、投票するように又はしないように勧誘運動することは禁止されています。公務員の地位利用による選挙運動は、この禁止にも触れる場合が多いものと考えられ、また、地位利用に当たらない場合でも、私的団体中の地位など「私の影響」を利用して（職員組合の幹部が組合員に対して）選挙運動を行う場合などは、この政治的行為の禁止規定に触れることになります。

(3)　教育者の地位利用による選挙運動

小・中・高等学校等の学校法第一条に規定する学校の校長、教員が、学校の児童生徒などに対する教育上の地位を利用して選挙運動をすることは禁止されています（公選法一三七）。公立学校の教員については、これに当たる行為は、同時に前述の公務員の地位利用による選挙運動にも該当することになります。

(4)　文書図画の頒布・掲示

公選法上、選挙運動のための文書図画の頒布・掲示は、特定の場合のほかは、許されません（同法一四二～一四五）。特定の候補者を推せんする保護者あての文書を、児童生徒に持ち帰らせたり、「○○候補の当選を期す」というようなポスターを職員室に貼るようなことは、この文書図画の頒布・掲示の制限に触れることになります。

一方、前述の人事院規則は、公務員が特定の候補者を支持し又は反対するためにかかれた文書図画などを発行し、回覧に供し、掲示することなどを禁止しています。公選法上許された選挙運動用ポスターであっても、それを貼ってまわることは、この政治的行為の制限に触れることになります。

また、公選法は、脱法文書の頒布・掲示も禁止しています（同法一四六）。選挙運動期間中、文書図画の頒布・掲示の制限の脱法行為として、著述・演芸などいかなる名義であっても、政党や候補者の名を記載した文書を配ったり、掲示することは禁止され、また、候補者などの名を記載した年賀状、暑中見舞状などを配ったり掲示することも禁止されています。

(5)　演説等

公選法は、街頭演説の制限、連呼行為の禁止などについて規定していますが、特に制限のないものについては、許されるものとされています。

ところが、前述の人事院規則は、特定の候補者を支持し又は反対するため、投票の勧誘運動をしたり、集会その他多数の人に接し得る場所などで、意見を述べることは禁止していますから、選挙運動のための立会演説会、個人演説会又は街頭演説会で演説することは、たとえ、公選法上は許されていても、この政治的行為の制限に触れることになります。

(6)　年齢満一八歳未満の者を使用する選挙運動

公選法上、年齢満一八歳未満の者を使用して選挙運動をすることは禁止されています（同法一三七の二②）。受持ちの児童生徒を使用して選挙運動することは、教育者の地位利用に該当するばかりでなく、この禁止規定にも触れることになります。

そのほか、選挙に関し、戸別訪問（公選法一三八）、署名運動（同法一三八の二）をすることなどが禁止されています。

【問５】　私が勤務している小学校の学校用務員が最近ある政党の機関紙の配達をやりつつ、その政党の構成員になるよう勧誘して歩いているというわさがあります。教員の場合はこのようなことは禁止されているのですが、学校用務員の場合にはどのように取り扱うべきですか。

【答】　市町村立小学校の学校用務員の労働関係や服務については他の地方公務員と異なる取扱いを受けることになっています。すなわち、地公法第五十七条は、用務員とか給食調理員のような単純な機械的な労務に従事する職員（単純労務職員という）については、別の法律を定めて地公法と異なる取扱いができるものとしています。しかし、現在までこの「別の法律」は制定されていないので、地公労法附則第五項で、これらの単純労務職員の労働関係その他身分取扱いについては、この地公労法及び地公企法第三十八条及び第三十九条の規定を準用するという当分の間の措置を定めているわけです。

この、地公企法第三十九条第二項によれば、地公法第三十六条（政治的行為の制限）は適用されないことになっています。このように単純労務職員について政治的行為が制限されていないのは、これらの職員の仕事がいわゆる公権力の行使に当たるというよりも、単純な肉体的・機械的労務であるから、それによって行政の公正な遂行が影響を受けるということがないとの考え方によるものといえるでしょう。

したがって、質問のような場合も、校長としてはそのこと自体についてはとやかくいうべき筋合のものではありません。

ただ、単純労務職員であっても、勤務時間中にそのようなことをすることは許されないことはいうまでもありません。

なお一般には、公務員は立候補することが制限されており、立候補すると公務員は退職したものとみなされるわけですが、単純労務職員については、公選法第八十九条第一項第二号及び同法施行令第九十条第一項の規定によりそのような制限が適用されないこととなっています。したがって、単純労務職員は在職のままで立候補することができます。しかも前で述べたとおり、政治的行為の制限に関する規定の適用も受けないので選挙運動もすることができます。もっとも勤務時間中に選挙運動ができないのはいうまでもないことですし、学校の施設にポスター等を掲示することは公選法で禁止されていることに留意しておく必要があります。

【問６】　対外競技に参加する児童生徒を引率する教員については、どのような取扱いをしたらよいでしょうか。

【答】　対外競技に参加する児童生徒を引率する教員の服務上の扱いをどのようにすべきかについては、対外競技の性格、参加することの内容、あるいは引率することの内容等によって若干ニュアンスを異にすることですので一概には論ぜられませんが、基本的に考慮しなければならないのは、次の点です。

すなわち、教員の服務上の扱いの類型としては、出張、職務専念義務の免除、あるいは年次有給休暇の三つが考えられますが、対外競技への引率の個々具体的なケースに応じた使いわけをしてほしいということです。複数の学校が、合同運動会を開催し、各学校の全生徒が参加し相互に運動競技を競うというような学校教育の一環として位置付けられるだけの資格（学校行事）を備えている場合には、出張扱いにしてよいでしょう。ところが、多くの場合にみられるように、一部の選手養成に重点を置いた活動の成果を試すということのために対外試合が位置付けられるとすれば、それはもはや学習指導要領の予定する活動とはいえず、極端な場合には、教員のまったくの自発的意思に基づき、かつ、職務そのものにもあまり関係のないものとして年休で処理することも考えられます。

右のような対外試合の引率は主催団体などから、教員が個人として委嘱され、教員の自発的意思に基づくもので、必要ならば旅費その他の手当は主催団体から支給すべきものです。

【問７】　教員が、アルバイトとして、学習塾を経営したり、学習塾の講師をしたりすることは許されるのでしょうか。

【答】　公務員には、職務専念義務を確保し、公務に対する国民の信頼と公務の公正な執行を確保するため、原則として次のような行為が禁止されています（地公法三八①）。

①　営利を目的とする私企業を営むことを目的とする会社その他の団体の役員その他人事委員会規則で定める地位を兼ねること
②　自ら営利を目的とする私企業を営むこと
③　報酬を得て何らかの事業又は事務に従事すること

これら三つの行為であっても、任命権者（県費負担教職員にあっては、市町村教育委員会）の許可があれば、行うことは可能になります。

以上の制限は、勤務時間内はもちろん、勤務時間外においても適用されるものであり、休職・停職により現に職務に従事していない場合であっても適用されます。なお、営利企業等に従事するために勤務時間を割いた場合には、給与条例の定めるところにより、それに対応する給与は減額されることとなります。

ところが、教員については、教特法で特例が認められています。教員は、教育に関する他の職を兼ね、又は教育に関する他の事業、事務に従事することが本来の公務の遂行に支障がないと任命権者（県費負担教職員にあっては、市町村教育委員会）が認める場合は、給与を受け、又は受けないでその職を兼ね、又はその事業、事務に従事することができます（同法一七①）。つまり、教員が教育に関する他の職や他の事業、事務に従事する場合にかぎって、一般の公務員の兼職、兼業とは異なる取扱いがなされるわけです。

教員についてこのような特例が認められるのは、

①　教員には、授業時間以外は本務外の業務に従事しても本務の遂行にさほど支障をきたさない時間的余裕が認められること

②　教員が教育に関する他の職や他の事業、事務に従事することは、職務に熟達するという意味で研修の一種とみられることもあり、有益な場合があること

③　教員が教育に関する他の職や他の事業、専務に従事することは、教職の専門性を通して広く公益に資することができること

にあります。

そこで、教員が本務以外の他の事業、事務に従事する場合には、それが教育に関する事業、事務であるかどうかによって取扱いが異なることになります。公立学校の教員の場合、教育に関する他の事業、事務とは、国立学校の教員についての行政実例（昭三四・二・二一　文部省大臣官房人事参事官あて人事院職員局長回答）に照らし、次のようなものをいうと考えられます。

(1)　国立、公立（他の地方公共団体の設置にかかるものに限る。(2)において同じ）、私立の学校、専修学校、各種学校の長及びこれらの施設の職員のうち教育を担当し、又は教育事務（庶務、会計の事務にかかるものを除く。(2)(3)(4)において同じ）に従事する者の職

(2)　国立、公立、私立の図書館、博物館、公民館、青年の家その他社会教育施設の職員のうち教育を担当し、又は教育事務に従事する者の職

(3)　学校法人及び社会教育関係団体（文化財保護又はユネスコ活動を主たる目的とする団体を含む）のうち教育の事業を主たる目的とするものの役員、顧問、参与又は評議員の

職並びにこれらの法人又は団体の職員のうち専ら教育を担当し、又は教育事務に従事する者の職

⑷　国、他の地方公共団体、公共企業体等に付置された教育機関又は教育施設の長及びこれらの機関、施設の職員のうち専ら教育を担当し、又は教育事務に従事する者の職

教員が本務以外の他の事業、事務に従事する場合、それが教育に関する他の事業、事務であれば教特法第十七条第一項の規定に従って処理されることとなりますが、それ以外の事業、事務であれば地公法第三十八条第一項の規定に基づき許可を受けなければなりません。

学習塾の経営や学習塾の講師が教育に関する他の事業、事務にならないことは、前記の基準に照らして明らかでしょう。数人の児童生徒を自宅で個人教授するような場合（自分が学校で担任している児童生徒を対象に個人教授することは避けるべきでしょう）はともかくとして、学習塾の経営は、みずから営利企業を営むということで、地公法第三十八条第一項の規定に基づき許可を受けなければなりません。

また、学習塾の講師となることは、報酬を得て事業、事務に従事することになるので、同じく許可が必要となります。なお、「報酬」とは、賃金、給料、手当その他名称のいかんにかかわらず、労働の対価として支払われる一切のものをいいます。

いずれにせよ教員が、相当数の児童生徒を対象とする学習塾を経営したり、その講師をしたりすることは、職員に対する社会一般の信頼を失い、また保護者から批判を招くことが少なくないと思われます。教員は、このようなことのないよう良識をもって対処しなければなりません。

八　研　修

【問１】　私は市立小学校教員ですが、このたび県の教育研修センターで研修することになりました。市町村教育委員会から校長を通じて研修命令がありましたが、県からは、教育長からも研修所長からも命令はありませんでした。これでよいのでしょうか。また、市の条例に従って職務専念義務免除を受けて行くべきでしょうか。

【答】　地公法第三十九条によれば、職員に対する研修は任命権者が行うとしています。

　ところが、研修は事の性質上本来身分の変動を伴う任免その他の進退の領域に属するものではなく、現場における具体的な服務監督の領域に属するものであり、一般職員と違って、任命権者（都道府県教育委員会）と服務監督権者（市町村教育委員会）を異にする県費負担教職員の場合、研修は任命権者が行うといっても、都道府県教育委員会は研修という一つの事業を行うのであって、職員個々に対する研修参加の職務命令は服務監督権者たる市町村教育委員会が行うべきものです。

　これに類似する例として、国家公務員の場合、人事院は各省職員を集めての研修をその事業として行っていますが、個々の職員に対する参加命令は人事院が出すわけではなく、各省の長（この場合は任命権者でもあり服務監督権者でもあるわけですが）が出すものとなっています。

　なお、地教行法第四十五条は、その第一項で、「県費負担教職員の研修は、地方公務員法第三十九条第二項の規定にかかわらず、市町村委員会も行うことができる。」として、研修が服務監督上の行為であり服務監督権者が市町村教育委員会であることに考慮を払っており、また第二項では、「市町村委員会は、都道府県委員会が行う県費負担教職員の研修に協力しなければならない。」として、任命権者の行う研修に服務監督権者の参加命令が伴わないという事態が起こらないようにしています。

　なお、質問の場合は命によって公務として研修に従事するわけですから、研修に専念することがすなわち職務に専念することであり、職務専念義務免除の問題は生じません。

　一般に職務に専念する義務の特例に関する条例の中で、職務専念義務免除を受け得る場合として、「研修に参加する場合」をあげているために誤解が生じやすいのですが、命による公務としての研修が職務であることは疑いのないところですから、この規定は自発的研修又は当局側がたまたま任意参加を建前として行う研修の場合にのみ意味があります。

　しかもこのような自発的研修についても、教育公務員の場合は、教特法第二十二条第二項の「教員は、授業に支障のない限り、本属長の承認を受けて、勤務場所を離れて研修を行うことができる。」という規定がそのまま地公法第三十五条にいう「法律の特別の定め」に当たりますから、条例の手続きをとる必要はありません。

【問２】　私こと、このたびある米国財団のあっせんによって、一年間の留学の便宜を与えられました。またとない機会ですのでぜひ利用したいと思うのですが、なにぶん一年間という長期間ですので留守の間の私の公務員としての身分がどうなるかという点が心配ですので、その点ご教示ください。なお、もちろん私としては、留学を終えた後もその成果を現在の職務に復帰して生かしていきたいと考えております。

【答】　この場合、年二十日の有給休暇だけではどうにもならないことは明らかであり、また、一年間の留学ということを公務上の出張として取り扱うことは、旅費の問題は先方負担として処理するとしても、やはり実態から考えて若干無理のようです。

従前の国立学校の教員の場合は、国公法第七十五条に基づく人事院規則一一―四（職員の身分保障）第三条で職員が「学校、研究所、病院その他人事院の指定する公共的施設において、その職員の職務に関連があると認められる学術に関する事項の調査、研究若しくは指導に従事し、又は人事院の定める国際事情の調査等の業務若しくは国際約束等に基づく国際的な貢献に資する業務に従事する場合」にはこれを休職にすることができるようになっており、質問のような場合はこれによる例になっています。

地方公務員の場合、右の人事院規則に当たるものは条例ということになりますが、現在の地方公共団体における実態は、地公法第二十八条の事由による休職以外の休職を条例で予想していないところが多いようです。条例がなくとも、意に反しない休職として運用上取り扱う余地はあるのではないかとも思われますが、先に述べた人事院規則と同様の趣旨の規定を条例で各地方公共団体が整備することが国家公務員との権衡上望ましいと思います。

右の休職の措置がとられない場合には、教特法第二十二条第二項による研修として、職務専念義務免除ということで処理することも考えられます。これについては、この留学を公務員としての研修という面から評価して、職務専念義務免除という恩恵を与えるに足ると地方公共団体が判断した場合に限られます。なお、この場合に給与条例の規定の仕方によっては、通常の研修職員の場合と違って本来の原則に従って勤務しないことにつき給与がストップされることはあり得るでしょう。すべては各地方公共団体の責任で処理されるわけであり、教職員の側の権利として特定の取扱いを要求することはできないわけですが、各地方公共団体当局の本人の立場をも考慮した適切な判断があってしかるべきと思われます。

また、平成十九年には、人事院からの意見の申出（平成一八年八月）を受けた国家公務員に係る対応を踏まえ、地方公務員に自己啓発及び国際協力の機会を提供することを目的とした、自己啓発等休業制度が創設されました（地公法二六の五）。公務の運営に支障がなく、かつ、職員の公務に関する能力の向上に資すると任命権者が認める場合には、本休業が認められます。

【問3】 教特法第二十二条第二項にいう勤務場所を離れての研修は校長に認められていないようですが、その理由と、長期休業日における校長の研修方法とについておうかがいします。

【答】 教特法第二十一条第一項は、「教育公務員は、その職責を遂行するために、絶えず研究と修養に努めなければならない。」と規定し、校長及び教員が常に研究を怠ってはならず、絶えず人格の修養を心がけなければならない旨の義務を課しています。

ところで、同法第二十二条第二項は、「教員は、授業に支障のない限り、本属長の承認を受けて、勤務場所を離れて研修を行うことができる。」と規定し、職務としての研修以外に教員の自発的な研修を奨励して勤務時間中にもできるだけの便宜を図ろうとしていますが、校長についてはこの規定の適用がありません。

教特法第二十一条第一項の規定は、勤務時間の内外を問わず、教育公務員の研修義務を定めたものですが、同法第二十二条第二項は、勤務時間中における教員の自己研修に関する規定であると解されています。

校長について教員と同様の規定を設けなかった理由としては、第一に、校長が管理職であって学校の最高責任者としてみだりに職場を離れることを奨励すべきものではないと考えられたこと、第二に、教員については授業への影響の有無が大きな要因であるのに対し、校長の場合は立場が若干異なること、第三に、教員の研修はその職務遂行上必要不可決のものであって直接的に研修の成果が教育上に反映されるのに対し、校長の場合は必ずしもそうとはいいきれないものがあること、などが考えられます。このことは、同じ教育公務員でありながら、教育長、指導主事等の職員についても、教員とは異なる取扱いをしていることからも説明されるでしょう。

もっとも、第二十二条第二項の規定は、校長と教員との間に特段の差異を設けようとする趣旨ではなく、実際問題としては、校長にあっても、①職務として学校を離れて研修を行うこと、②職務専念義務免除条例の規定により学校を離れて研修を行うこと、などの方法により、必ずしも不都合を生ずるわけではありません。

公立学校長の服務監督権者は市町村教育委員会（都道府県立学校長の場合は都道府県教育委員会）ですが、宿泊を伴う出張・旅行等の場合を除いては、その勤務の管理は校長みずからが行うものとされているものが多く、その意味においても、校長の勤務は比較的弾力的に運用されているものと思われます。しかし、長期休業期間中であっても、相当日数は出勤して常に学校の状況を把握しておくことが校長の立場として要求されるでしょう。

【問４】　長期休業中の勤務場所を離れての研修は、どのように取り扱ったらよいでしょうか。

【答】　ＩＬＯ・ユネスコによる教員の地位に関する勧告のⅢ－４は「教育の進歩が教育職員一般の資格及び能力並びに個々の教員の人間的、教育的及び技術的資質に負うところが大きいことを認識するものとする。」と規定し、Ⅲ－６は「教職は、専門職と認められるものとする。教職は、きびしい不断の研究により得られ、かつ、維持される専門的な知識及び技能を教員に要求する公共の役務の一形態であり……」と規定しているところからも分かるように教員の研修は教育の向上のために重要なものです。

教員が勤務時間内に行う研修は、職務としての研修のほかに、職務専念義務の免除を受けて行う研修があります。教特法第二十二条第二項は「教員は、授業に支障のない限り、本属長の承認を受けて、勤務場所を離れて研修を行うことができる。」と規定しています。すなわち教員については授業に支障がないかぎり、承認を得て、各種の研究会、講習会に出席したり、図書館で研究したりする機会が与えられています。

長期休業中は授業もないのでこの機会をとらえて研修を行うことは望ましいことです。しかし、勤務場所を離れての研修という形ではありますが、休暇と実態の変わらない内容にならないよう、研修を認めるに当たって承認権者（通常は校長です）は十分配慮する必要があります。

まず研修を承認するに当たっては、教員の研修計画の内容を知らなければなりません。そのためには具体的な研修内容を含む研修承認申請書を提出させる必要があります。

研修承認申請書を検討の上、助言、指導する必要があるときは、文書により、あるいは直接に助言、指導する必要があります。このことは、研修を有効適切に行わせるのに役立つとともに、研修の意欲を高めることにも資するでしょう。

また、各教員から出された研修計画の一覧表を作成し、各教員に配付することも、教員が研修を実施する上の参考になるのではないでしょうか。

研修が終わった後は、研究結果を文書で報告させることが必要です。校長は研修計画と研修結果を検討し必要な助言をすべきです。このことは次回の研修を有効に行うために必要なことです。

また研修結果の発表の機会を設けることも必要でしょう。

校長は、研修が実態のともなわない、年次有給休暇と同様のものとならないよう教員に研修の意義を周知徹底させておくことが必要です。長期休業中は研修にも適していると同様に年次有給休暇もとりやすい時期であるから勤務場所を離れての研修の期間と年次有給休暇として使用する期間とを明確に区別して過ごすべきことについて校長は注意する必要があります。

九　公務災害補償

【問1】　公立学校教職員の公務災害補償制度の内容について教えてください。

【答】　従来、公立学校教職員の公務災害補償は、労基法（これを上まわる補償が条例で定められていた地方公共団体については、その条例）の定めるところにより、行われてきましたが、昭和四十二年十二月より地方公務員災害補償法が施行され、公立学校教職員を含めて地方公務員の公務上の災害に対する補償内容の改善を図るとともに公務上の災害の補償の迅速かつ公正な実施を確保するため、地方公共団体に代わって補償を行う地方公務員災害補償基金が設けられました。

同法に基づく補償の種類は、次のとおりです。

(1)　療養補償　従来と同じ

(2)　休業補償　従来と同じ

(3)　傷病補償年金

昭和五十一年の法改正で追加された補償で、療養開始後一定期間を経過しても、負傷又は疾病が治らず、かつ、障害が存する場合に支給されます。

(4)　障害補償

障害補償年金　重度及び中等度の障害について支給されます。

障害補償一時金　軽度の障害について支給されます。

(5)　介護補償

平成七年の法改正で追加された補償で、常時又は随時介護を要する状態にあり、かつ常時又は随時介護を受ける場合に支給されます。

(6)　遺族補償

遺族補償年金　一定の要件を具備する遺族に支給されます。

遺族補償一時金　その他の遺族に支給されます。

(7)　葬祭補償　従来と同じ

公務災害補償は、地方公共団体に代わって地方公務員災害補償基金が行います。

基金は、任命権者の意見を聞いた上で、公務上、公務外の認定をすることになります。

【問2】　地公災法によりますと、非現業事業の非常勤職員については、条例による災害補償制度が適用されることになっていますが、公立学校の非常勤講師等の取扱いはどうなっているのでしょうか。

【答】　公務員に係る災害補償法令としては、労働者災害補償保険法（労災法）、地方公務員災害補償法（地公災法）、条例等があげられます。それぞれの適用対象は以下のとおりです。

まず、労災法は、原則として、事業に使用される労働者に適用されます。労働保険においては労災保険にかかる保険関係及び雇用保険にかかる保険関係の成立単位としての事業、すなわち、一定の場所において一定の組織のもと有機的に相関連して行われる一体的な経営活動がこれに当たると考えられています。（労災法三①）。

ただし、労災法の規定により、次のものは除かれます（労災法三②）

①　国の直営事業に使用される労働者

②　官公署の事業（労基法別表第一に掲げる事業を除く）に使用される労働者

③　船員保険法第十七条の規定による船員保険法の被保険者

したがって、労災法の規定によれば、地方公共団体のなす事業のうち、「教育、研究又は調査の事業」（Ⅻ）を含めて、労基法別表第一に掲げられる事業に使用される労働者には労災法の適用があることになります。

地公災法は、同法第二条に定められている「職員」（いわゆる「常勤の職員」、以下「常勤の職員」という）に適用されます。この場合の常勤の職員とは、

①　常時勤務に服することを要する地方公務員

②　常時勤務に服することを要しない地方公務員のうち、その勤務形態が常時勤務に服することを要する地方公務員に準じるもので政令で定める者（いわゆる「常勤的非常勤の者」）

などとされています。

なお、②に該当する者は、短時間勤務の職を占める者及び①に該当する者の勤務時間以上勤務した日が一月のうち十八日以上で、そのような月が引き続いて十二月を超え、かつ、引き続きそのような勤務時間で勤務することとされている者です（地公災法施行令一①、昭四二・九・二〇　自治省告示一五〇号）。

以上のことから、地方公共団体のなす労基法別表第一に掲げられる事業に使用される常勤の職員については、労災法と地公災法の双方が適用されることとなりますが、地公災法第六十七条第二項で常勤の職員に対する労災法の適用を除外しているため、地公災法のみが適用となります。

また、非常勤の職員についてみると、地方公共団体が行う労基法別表第一に掲げられていない事業に使用される非常勤の職員については、労災法と地公災法が双方ともに適用されないこととなりますが、地公災法第六十九条の規定により、条例による補償制度を定めなければならないこととなっており、その対象者になります。しかし、学校は、労基法別表第一に掲げられた「教育、研究又は調査の事業」に該当するため、非常勤講師等については、労災法が適用されることになります。

その他、公立学校の学校医、学校歯科医及び学校薬剤師については、「公立学校の学校医、学校歯科医及び学校薬剤師の公務災害補償に関する法律」が制定されており、具体的な災害補償の内容は、「公立学校の学校医、学校歯科医及び学校薬剤師の公務災害補償の基準を定める政令」を基準として、各地方公共団体の条例で定めることとなっています。

【問３】　地公災法によると、補償の手続きについて定めた同法第四十五条では、補償の請求は、災害を受けた職員から直接に地方公務員災害補償基金に請求することとなっていますが、これでは、いわゆる県費負担教職員については、服務監督権者である市町村の教育委員会が関知しないこととなるように読めるので、種々の事務手続き上の困難を生じることとなると思われますが、この点をどのように解釈し運用すればよいでしょうか。

【答】　同法の第四十五条は、補償の手続きについて次のように定めています。

第四十五条　基金は、この章の規定による補償（傷病補償年金を除く。以下この項において同じ。）を受けようとする者から補償の請求を受けたときは、その補償の請求の原因である災害が公務又は通勤により生じたものであるかどうかを速やかに認定し、その結果を当該請求をした者及び当該災害を受けた職員の任命権者に通知しなければならない。

２　基金は、前項の規定による認定をするに当たつては、災害を受けた職員の任命権者の意見をきかなければならない。

３　基金は、傷病補償年金を支給する旨の決定をしたときは、その旨を傷病補償年金を受けるべき者及び当該傷病補償年金に係る職員の任命権者に通知しなければならない。

そして、第一項で認定結果の任命権者への通知について定め、第二項で認定に当たって任命権者の意見をきかなければならないと規定したのは、災害が公務上のものかどうかの認定については任命権者が職務上の知識を有しており、またその認定の結果が任命権者の行う休職、その他人事管理上の取扱いと密接な関連を有していることを考慮したものといえます。

さらに、地公災法施行規則第三十条で、補償の請求書は任命権者を経由して基金に提出しなければならないとしています。

ところで、通常の場合は、任命権者と服務監督権者とが一致しているので問題はありませんが、いわゆる県費負担教職員については、基金から任命権者である県教育委員会の意見を求められても、市町村の個々の小・中学校の教職員の受けた災害をあらかじめ知悉していることは無理です。したがって、災害を受けた県費負担教職員から基金に対して補償の請求をする場合に、認定請求書を市町村教育委員会を経由して任命権者に提出し、更に任命権者を経由して基金に提出させることとし、その場合に市町村の教育委員会は、任命権者が基金に対して意見を述べる場合の参考となるような資料を添付しておくようにするという一般的手続きを県の教育委員会で定めて指導してもさしつかえないのかということが問題となります。

この場合、地公災法第十三条で地方公共団体の便宜供与の規定があり、地方公共団体の機関——県教育委員会等——の職員が基金の支部の職員を兼ねることになりますので、任命権者に提出することと基金の支部に提出することとは実質的には同じことになります。したがってこのような一般的手続きを定めて指導することは市町村の教育委員会でチェックして補償の請求の権利を侵害するというようなことがないかぎり、地公災法第四十五条に違反するということにはならないと解されます。

一〇 その他

【問1】 最近組合側は、ことあるごとに「教員の地位に関する勧告」を引用してきますが、この勧告は、どのように理解したらよいのですか。

【答】 (1) 「教員の地位に関する勧告」は、昭和四十一年十月五日、ユネスコ主催の教員の地位に関する特別政府間会議で採択されたものです。

(2) この勧告は、教員の地位を高めるために、教育の指導的原則、教育目標及び教育政策、教員養成、教員の継続教育、教員の雇用及び分限、教員の権利及び義務などについて、各国に対して共通の目標を示したものであって、条約と異なり各国を法的に拘束するものではありません。

このことはいわゆる都教組事件の最高裁判決(昭四四・四・二)が「教員の地位に関する勧告は、未だ国内法規としての効力を有するものではなく……」と述べていることからも明らかです。

また、この勧告は、教育制度が整備されず、発展途上にある多くの国々をも含めてその教育水準の向上を図ることを目的として採択されたという事情を考慮すれば、勧告の個々の条項をとらえて、その性急な実施を要求することは適切な態度とはいえないでしょう。わが国は、教育が国民資質の向上、国家の発展の基本であることをつとに重視してきており、わが国の教育が他の先進諸国に比し遜色のない水準にあることからみれば、教育制度改善の一環として勧告の趣旨を理解しながら、わが国独自の立場から、従来からのわが国の施策を踏まえて教員の地位の改善を図っていくようにする必要があるといえます。

第三　職員団体関係

一　職員団体の組織

【問１】　職員団体と労働組合との相違点は何でしょうか。

【答】　(1)　憲法第二十八条は、「勤労者の団結する権利及び団体交渉その他の団体行動をする権利は、これを保障する。」と規定しています。これは、勤労者の団結権、団体交渉権及び争議権を保障したものであると解されています。これが、いわゆる労働三権＝労働基本権＝であり、この三権はそれぞれ独立して存在し得るものではなく、三位一体の関係にあるものです。

近代市民社会の法秩序の原則に従うならば、雇用契約は、労働者と使用者とが誰に強制されることなく、自由に対等の立場で締結すべきものです。ところが、自分の労働の対価たる賃金以外に生計の途のない労働者は、実際上、雇用契約を結ばない自由はありません。そのため使用者に対して非常に弱い立場に立ち、不利な労働条件を甘受せざるを得ないことになります。そこで資本主義社会においては、労働者が使用者に対して実質的に対等の立場で雇用契約を結び、正当な労働条件を獲得できるようにするために、個々の労働者が互いに競争者たることをやめ、団結して団体として使用者と交渉して労働条件に関する団体協約を取り決め、もし、交渉しても話合いがつかない場合には、いっせいに労働力の提供を拒否する等の争議行為を行えるような体制をつくることが必要なのです。このことこそ、労働者に対して労働基本権が保障されるゆえんなのです。

憲法によって勤労者に労働基本権が保障されるということの積極的な意味は、単に国家権力による侵害を受けないという意味だけではなく、国民相互間、特に使用者との関係において法律的に保障されるということです。具体的には、

(ア)　労働三権を不当に侵害する使用者の行為は、違法行為として裁判上取消しや損害賠償を請求することが可能です。また、不当労働行為制度による救済手段が講ぜられます。

(イ)　正当な団体交渉や争議行為によって、使用者に損害を与えたとしても損害賠償を請求されることはありません。すなわち、民事上の免責を受けます。また、業務妨害などの刑事上の犯罪を構成したとしてもその行為が目的を逸脱しないかぎり処罰されません。すなわち、刑事上の免責を受けるわけです。

(2)　さて、このように憲法に保障されている労働基本権の趣旨の具体化が、労働組合法による労働組合の結成であり、活動です。しかしながら、このことがそのまま適合するのは、民間の使用者と労働者の関係においてであり、公務員の場合についてはその趣きを異にしているといわなければなりません。

地方公務員たる公立学校の教職員についていえば、労組法は

適用されませんが（地公法五八①）、地公法第五十二条の規定によって職員団体を結成し、又はこれに加入することが認められており、同法第五十五条第一項では、登録を受けた職員団体から勤務条件などについて適法な交渉の申入れがあった場合には、地方公共団体の当局はその申入れに応ずべき地位に立つものとされています。しかし、同法第三十七条の規定によって、同盟罷業、怠業その他の争議行為及び怠業的行為を禁止されており、また、これらの行為を企てたり、遂行を共謀することや、そそのかしたり、あおったりすることも禁じられています。更に、同法第五十五条第二項では、職員団体と地方公共団体の交渉には、団体協約を締結する権利は含まない旨を明らかにしています。

このように、公務員の労働基本権が制限されているのですが、憲法で保障されている勤労者の労働基本権を法律によって制限することは憲法違反ではないのか、という見解もあります。しかし、通説、判例は、公務員の労働基本権を制限している現行法の規定は違反ではないとしています。すなわち、憲法第二十八条に規定する労働基本権は、私企業の労働者だけについて保障されるものではなく、公務員についても原則的に保障されるものであり、ただ、公務員の職務には、多かれ少なかれ、直接又は間接に、公共性が認められるから、その見地から、公務員の労働基本権についても、その職務の公共性に対応する何らかの制約を当然の内在的制約として内包しているものと解され、合理的な範囲内における公務員の労働基本権の制限は許されるものとされています（昭四一・一〇・二六　最高裁判決）。特に、公立学校教職員の組織する団体の行う一斉休暇闘争などは、地公法第三十七条第一項に規定する争議行為に当たり、その職務の停廃が次代の国民の教育上に障害をもたらすものとしてその違法性は否定できないとされています（昭四四・四・二　最高裁判決）。

(3)　それでは、労働基本権のすべてを保障されている労組法上の労働組合と、労働基本権を制限されている公務員法上の職員団体との本質的な差異はどこにあるかを整理してみると、次のようになります。

職員団体も労働組合も、憲法第二十八条の規定に基づいて、みずからの勤労条件の維持改善、その他経済的地位の向上を図ることを主たる目的として組織されているということで類似点をもつものです。しかし、

第一に、労働組合は勤務条件についての団体交渉において、争議権を裏付けとして使用者と実質的に対等の地位に立っています。これに対し、職員団体の場合には当局との交渉において、争議権は否定されており、また、勤務条件は公務員の使用者としての住民の意思の発現たる議会による法令、条例で定められるために、職員団体と当局とは対等の地位にはありません。職員団体の交渉は、実質的にみれば勤務条件に関する意見、不満、希望等の申し出という性格のものです。

第二に、労働組合は、使用者と団体協約を結び、それによって組合員たる労働者の勤務条件を規制することができます。しかし、職員団体には団体協約締結権がなく、職員の勤務条件に関する意見、不満等を民主的な手続きによって、正当に当局に伝える機関たる性格を有するにとどまります。

第三に、労働組合の場合は、ユニオン・ショップ協定あるいはクローズド・ショップ協定を使用者と締結することによって、その使用者に雇用される労働者を強制的に組合に加入させることが可能です。これに対し、職員団体の場合は、地公法第五十二条第三項の規定によって、職員団体を結成するか否か、また、これに加入するかしないかは職員の自由だとされており、いわゆるオープン・ショップ制を採用しています。その理由は、公務員になる途はすべての国民に平等に公開されなければならないとされているし（地公法一三、一八の二）、また、職員の勤務条件は、職員団体の構成員であるなしにかかわらず、条例等によって一律に定められているのでクローズド・ショップ制やユニオン・ショップ制を採用する意味もないからです。

【問２】　管理職員等と一般職員とが同一の職員団体を組織することができないとされている理由は何でしょうか。

【答】　管理職員等と一般職員とは、労使関係における立場が異質ですので、管理職員等と一般職員が混在する団体は、職員の利益を適正に代表すべき職員団体としての健全な基礎を欠くものであるからです。

【問３】　管理職員等は、一般職員団体の役員になることができますか。

【答】　役員は、当然には職員団体の構成員ではないので、管理職員等が構成員にならないで、一般職員の職員団体の役員になることは、法律上は不可能ではありません。しかし、管理職員等が一般職員団体の役員となることは、労使相互不介入の原則から考えても、また管理職員等の責任遂行の見地から考えても望ましいことではありません。

【問４】　校長教頭組合と一般教職員組合とが連合体をつくることについてどう考えられますか。

【答】　校長教頭組合と一般教職員組合とが一つの団体をつくること自体は、自由ですが、その団体は、地公法上の職員団体ではありません。その団体結成の目的が地公法の趣旨に沿わないようなものであるならば一種の脱法行為というべきです。

【問５】　公立学校の職員に係る管理職員等とは、人事院規則に照らし、具体的にどのような職員をいうのですか。

【答】　国家公務員について管理職員等の範囲を定めた人事院規則一七―〇に照らし高等学校以下の公立学校職員のうち、管理職員等は、次表のように考えられます。

人事院規則の定めによる従前の国立学校の職員の管理職員等	公立学校の職員のうち管理職員等と考えられるもの
校長（園長） 教頭	校長（園長） 副校長 教頭 上記の職員の職務に準ずる分校主任
盲、聾、養護学校の部主事	特別支援学校の部主事
高等学校の事務長	上記職員の職務に準ずる事務長

【問６】 管理職員等の範囲と管理職手当の支給対象となる職員の範囲は一致しますか。

【答】 管理職手当は、その職務上の地位に応ずる勤務時間の特殊性を考慮して給与政策上の観点から定められるものであるのに対し、管理職員等の範囲は労使関係における立場が異質であることに基づき決定されるものであって、その目的、性格を異にするものです。したがって、必ずしも一致しない場合もあります。

例えば、特別支援学校の各部の主事、事務長等は、管理職手当が支給されていないケースもありますが、その従事する職務に鑑み管理職員等の範囲に入ると考えられます。

【問７】 分校主任は、どの程度の職務権限がある場合に、管理職員等と考えられますか。

【答】 分校主任が、実質的に、分校の職員の服務監督を行っている職員である場合には管理職員等と考えられます。例えば、分校の職員の勤務時間の割振り、休暇の承認、宿日直の命令などを実質的に行っている場合がこれに該当するものと考えられます。

【問８】 学校用務員等の単純労務者は、教職員の組織する職員団体に加入できますか。

【答】 地公法第五十七条に規定する単純な労務に雇用される者については、地公法の職員団体に関する規定もあわせて適用することとされています（地公労法附則⑤）。

したがって、単純労務職員は、地公労法に基づく労働組合又は地公法に基づく職員団体のいずれをも結成し、又はこれに加入することができるものであり、単純労務職員が結成又は加入した職員団体は、地公法に基づき登録を受けることができるものとなります。学校用務員等の単純労務者も教職員の組織する職員団体に加入できるわけです。

【問９】 地公法上、登録を受けた職員団体のみに法人格の取得を認める理由は何でしょうか。ＩＬＯ八十七号条約第七条との関係はどうなりますか。

【答】　登録を受けた職員団体が民主的な団体であることが公認されている団体であることにより、法がこれを当局の交渉相手として最適であると認め、当局とこの種の団体とが交渉に入ることを原則と考えて、これに付加的利便として法人格を取得し得るようにしたものです。

このような措置によって得られる利益は、職員団体に財産の所有、経済的取引の主体としての権利能力が与えられる点にあり、職員団体の目的である職員の勤務条件の維持改善を図るための諸活動については関係がありません。したがって、法人格の付与に当たって団体の自由設立、団体の自主運営、行政権限による干渉の禁止などを制限するような条件を付してはならないとするＩＬＯ八十七号条約第七条に抵触するものではありません。

なお、地公法上は法人格の取得が認められるのは登録を受けた職員団体にかぎられますが、昭和五十三年に「職員団体等に関する法人格の付与に関する法律」が制定され、これにより、国家公務員の職員団体の連合体又は地方公務員の職員団体の連合体については、一定の要件を満たした場合、人事院等の認証を受けることによって法人格を取得することが可能です。

二　職員団体の交渉

【問１】　登録職員団体と非登録職員団体は、当局との交渉においてどんな差異があるのですか。

【答】　登録を受けた職員団体の適法な交渉の申入れに対しては、地方公共団体の当局はそれに応ずべき地位に立ち、正当な理由がないかぎりこれを拒否することは許されないということです。もしこれを拒否すれば一般の労使関係における不当労働行為に相当するものとなりますが、その場合に労組法のような救済制度は存在せず、厳密な意味での「義務」ではないので、「地位に立つ」とされています。

もっとも、これが非登録職員団体からの交渉の申入れであっても、当局は合理的な理由がないかぎり、恣意的にその求めを拒否することのないよう努めるべきです。

【問２】　「地方公共団体の事務の管理及び運営に関する事項」とは具体的にはどのようなものですか。

【答】　「管理及び運営に関する事項」とは、地方公共団体の機関が、その職務・権限として行う地方公共団体の事務の処理に関する事項ということができます。例えば、地方公共団体の組織に関する事項、行政の企画・立案及び執行に関する事項、職員定数及びその配置に関する事項、人事権の行使に関する事項、予算の編成に関する事項等がこれに該当します。すなわち、事務量の増減によって課や係を増やすか減らすかなどの問題、生徒急増にともなっていかなる急増対策を講じるかなどの問題、職員定数を何人とし、それを各学校にどのように配置するかなどの問題、任命、昇任、降任、懲戒、転任などについての個別の問題、どういう点に重点を置いて予算を編成するかなどの問題等は、地方公共団体の執行機関の判断と責任において管理執行すべき事項です。

【問３】　交渉の相手方である当局は、「交渉事項について適法に管理し、又は決定することのできる地方公共団体の当局」とされていますが、教育委員会の委員長等のほか、校長、副校長、教頭も当局となるでしょうか。

【答】　「適法に管理し、又は決定する」というのは、一般的にはその交渉事項について調査研究し、企画し、立案することが、その当局の任務の範囲内にあるということ、又はその交渉事項について、その当局がなんらかの決定をすることが認められているということです。

例えば、勤務時間の短縮について、勤務時間条例の改正を実質的に企画し、立案する権限を有する県教育委員会は交渉の相手方となります。

また、教職員の勤務時間の割振り、執務環境の整備等に関しては、校長にその権限が与えられている場合は、それについては校長が交渉の当局となります。副校長、教頭も校長に事故等があってその職務を代理している等の場合には、校長と実質的に同じ立場で当局となります。

【問４】　教職員組合は、市町村教委に対し交渉することができますか。逆に同一市町村内の教職員のみで組織した職員団体は、知事、教育委員会に対し交渉することができますか。

【答】　一市町村単位で結成された教職員の職員団体であっても都道府県の当局と交渉することができ、また県単位で結成されたいわゆる教職員組合であっても市町村の当局と交渉することができます。

しかし、いわゆる教職員組合（登録を受けた）については、都道府県の当局を交渉の申入れに応ずべき地位に立たせることに意味があり、そのために教特法の特例が設けられたのであって、対市町村の当局との関係については地公法の規定するところによります。同時に市町村単位の登録職員団体については、地公法の一般原則に基づいて、都道府県の当局を交渉の申入れに応ずべき地位に立たせることはありません。必要があれば都道府県単位で職員団体を結成してその職員団体を通じて勤務条件の改善を行うことができるからです。

このように、いわゆる教職員組合は市町村の当局に対し交渉し、逆に市町村単位の職員団体は都道府県の当局に対し交渉することができますが、それはあくまでも非登録職員団体の立場においてです。したがって、当局としてはこれらの申入れに対しては応ずるのが望ましいと判断したときにその交渉に応ずることとなります。

【問５】　具体的な交渉に当たって、当局側や職員団体側は部外者に交渉を担当させることができますか。例えば、県内教育委員会連合会が県教職員組合との交渉に当たることができるでしょうか。

【答】　地公法は「交渉は、……職員団体がその役員の中から指名する者と地方公共団体の当局の指名する者との間において行なわなければならない。」（五五⑤前段）こととしています。

通常の交渉の場合であればこれで十分ですが、地公法は「特別の事情があるときは、職員団体は、役員以外の者を指名することができるものとする。」との規定を特に設けて（五五⑥）、役員以外の者にも交渉に当たらせられる道をひらいています。この場合、指名された役員以外の者は、「当該交渉の対象である特定の事項について交渉する適法な委任を当該職員団体の執行機関から受けたことを文書によつて証明できる者でなければならない。」こととされています（五五⑥ただし書）。

したがって、職員団体側の交渉担当者は、職員団体の指名によって決まるのですが、極端にいえば役員はもちろん、誰でも適法な委任さえ受ければ交渉担当者となり得るのであり、職員団体の構成員にかぎらず、上部団体の役員、民間労組員、弁護士等、別段の資格、制限はありません。

地方公共団体の当局側については、交渉担当者は当局の指名する者です。市町村教育委員会が当局である場合ならば、市町村教育委員会の指名する、例えば教育長、総務課長、担当係長などが交渉担当者となります。交渉事務を委任することによって部外者に交渉に当たらせることも法律的には可能です。

「当局の指名する者」の意義から、教育委員会連合会そのものへの委任はできませんが、教育委員会連合会の関係者に委任し、県教育委員会との交渉に当たらせることはできます。

【問６】　地公法第五十五条第八項に規定する交渉には、いわゆる予備交渉も含まれますか。

【答】　地公法第五十五条第八項は、適法な「交渉」は、勤務時間中においても行うことができることを定めていますが、この「交渉」とは、職員団体が当局と、勤務条件等について話し合うことです。

これに対して、交渉に先立って、交渉の議題、時間等について取り決めるために行われる、いわゆる予備折衝は、通俗的に予備「交渉」といわれているにすぎないもので、本来の「交渉」とは異質のものです。

【問７】　いわゆる予備交渉においては、何を取り決めるのですか。

【答】 (1)　職員団体と地方公共団体の当局との交渉が、効果的、能率的に行われるためには、交渉事項及び交渉に当たる当事者が法令に定められたルールからはずれないようにしなければなりません。交渉事項は、職員団体の目的からみて、給与、勤務時間などの勤務条件に関することのほか、これに附帯して、社交的又は厚生的活動その他の職員団体の適法な活動に関することがらです。勤務条件とは関係なく、地方公共団体の当局がその権限として責任をもって決定し、処理しなければならない管理運営事項は、交渉の対象事項にはなりません。

また、交渉に当たる者は、当局側では、交渉事項に関し適法に管理し、又は決定することのできる当局が指名する者であり、職員団体側では、職員団体がその役員の中から指名する者です。しかし、職員団体のほうでは、特別の事情がある場合には、役員以外の者を指名することができます。ただし、その指名する者は当該交渉の対象である特定の事項について交渉する適法な委任を当該職員団体の執行機関から受けたことを文書によって証明することができる者でなければならないとされています（地公法五五⑥）。

(2)　このように、交渉事項と交渉に当たる者は地公法で定められています。しかし、これらのほか交渉を効果的に、かつ、能率的に行うようにするためには、交渉の場所、時間、交渉に当たる双方の人数その他具体的な交渉の手続きについても、交渉が正常な話合いとして行われるように労使双方が協力しなければなりません。

そこで、交渉に先立って、予備交渉を行い、正常な交渉が行われるような交渉の条件について約束を取り交わしておく必要があります。もし取り交わしておかなければ、交渉の際に本来の交渉事項以外の問題で思わぬ問題が生じて、交渉が徒労に終わることがあるからです。このようなことが生じないように地公法では、職員団体と地方公共団体の当局が予備交渉を行うことを、交渉のための不可欠の前提条件としているわけです（地公法五五⑤）。

(3)　予備交渉で決めるべき事項は、人数、議題、時間その他交渉のために必要な事項です。これらについて、どのように定めるべきかについては、特に規定していませんが、話合いが正常に行われるためには、当然一定の常識的な限界があるでしょう。

例えば、人数については、あまり多人数になれば話し合うという目的が失われ、集団的な威圧になるおそれがあります。議題については、管理運営事項や政治的問題などが議題となり得ないことはもちろん、内容も適当な時間に処理し得る程度に整理すべきは当然です。時間も通常は二時間ぐらいが限度であろうし、その始期と終期についても合理的に定めるべきであり、「徹夜交渉」などでは正常な話合いは望めません。場所は通常庁舎内でしょうが、両者の合意で便利な場所を指定することもあるでしょう。

(4)　これらの予備交渉は、職員団体と地方公共団体の当局とが正規の交渉を行うに当たり必要とされるものです。したがって、交渉に当たる者が役員の中から指名されていない者であったり、あるいは、委任を受けていない者であれば正規の交渉ができないわけですから、地方公共団体の当局は、交渉の申入れに応ずる必要はありません。予備交渉も経ず、役員以外の者も出席して行われる交渉は、地公法に規定する交渉とはいえず、いわば、事実上の話合いともいうべきものです。しかし、これらの事実上の話合いは、職場でよく行われるものであり、したがって、職場交渉ともいわれています。例えば、校長と職員とが校内で勤務時間の割振りについて交渉したとしても、その教職員が、職員団体の執行機関から文書で証明できる委任状を持っていなければそれは職場交渉であるといわなければなりません。このような例は非常に多いといえます。そこで、職場交渉であっても、効果的に、かつ、能率的に行い、また、無用な徒労を避ける意味からも、予備交渉に準ずる手続きをとって、あらかじめその交渉に当たる人数、議題、時間などを取り決めておくことが望ましいといえます。

【問８】　予備交渉の手続きを経ない交渉をすることはできるのでしょうか。

【答】　地公法第五十五条第五項に「……交渉に当たつては……をあらかじめ取り決めて行なうものとする。」と規定してあるので、予備交渉の成立が、本交渉にはいる前提条件であると解されます。

職員団体が、予備交渉に応ぜず、又は予備交渉を平穏静粛に行わず、あるいは組合側が客観的にみて不当な条件等にこだわり、予備交渉の内容について合意が行われないため、本交渉にはいることができなくても、交渉を拒否したということにはなりません。

【問９】　当局が交渉に応じないこと、あるいは交渉を打ち切ることができるのはどんな場合かご教示ください。

【答】　(1)　当局が交渉に応ずべき地位に立たされるのは登録職員団体の交渉申入れに対してであって、非登録職員団体に対しては、当局が交渉するのが望ましいと判断したときに交渉に応ずればよいのです。ただ、非登録職員団体に対してはいかなる場合もいっさい交渉に応じないとの方針を打ち出し、非登録職員団体のいわゆる交渉能力をも実質的に拒否してしまうことは許されません。

(2)　交渉に当たっては、職員団体と当局の間で、あらかじめ、交渉に参加する員数、議題、時間、場所その他必要な事項を取り決めておかなければなりません（地公法五五⑤）。職員団体がこの予備交渉に応ぜず、又は予備交渉を平穏静粛に行わず、あるいは職員団体側が客観的にみて不当な条件等にこだわってこれについて双方の折り合いがつかない場合には本交渉にはいることができなくても、交渉を拒否したことにはなりません。

(3)　交渉は職員の給与、勤務時間その他の勤務条件に関し、及びこれに附帯して社交的又は厚生的活動を含む適法な活動に係る事項に関して行われます。また、「地方公共団体の事務の管理及び運営に関する事項」は交渉の対象とすることができません（地公法五五③）。したがって勤務条件等以外の事項について、仮に登録職員団体から交渉の申入れがあっても当局はこれに応ずべき地位に立たされません。学力調査の実施等の教育方針に関することは、まさに「管理及び運営に関する事項」であって、交渉の対象となる事項ではありません。

(4)　職員団体の交渉は、「交渉事項について適法に管理し、又は決定することのできる地方公共団体の当局」に対してなされなければなりません（地公法五五④）。例えばベースアップについて校長に交渉を申し入れてきた場合等、交渉の相手方を誤った交渉申入れに対してはこれに応ずる必要はありません。その場合、自分に権限がないから、その点に関して交渉に応じないことを予備交渉の段階で相手方に明らかにしておくことが必要です。

(5)　交渉は、職員団体がその役員の中から指名する者あるいは特別な事情により役員以外の者で特定の交渉事項について適法な委任を受けて指名された者と地方公共団体の当局の指名する者との間で行われなければならないものとされています（地公法五五⑤⑥）。したがって、これら以外の者（委任を受けた者については交渉事項について職員団体の執行機関から適法な委任を受けたことを文書によって証明できない者も含む）が、交渉担当者として臨んできた場合には、この交渉に応じなくても正当な理由があると解されます。

(6)　「交渉は、前二項の規定に適合しないこととなつたとき、又は他の職員の職務の遂行を妨げ、若しくは地方公共団体の事務の正常な運営を阻害することとなつたときは、これを打ち切ることができる。」こととしています（地公法五五⑦）。すなわち予備交渉での取り決めに違反した場合、例えば、約束以上の人数が交渉の場に押しかけたり、あらかじめ取り決めた議題外の事項を持ち出したり、約束時間を超えて交渉を継続しようとした場合などは交渉を打ち切ることができます。また、交渉中、例えば市町村教育長と交渉していて同室の職員の職務遂行を妨害することとなった場合、あるいは例えば学校長と交渉していて学校の正常な授業活動を阻害するに至った場合なども同様です。

【問10】　職場交渉とは、どのような性格のものでしょうか。

【答】　(1)　職員団体と地方公共団体との交渉は、この両者があらかじめ取り決めた員数の範囲内で、職員団体がその役員の中から指名する者と地方公共団体の当局の指名する者との間において行われるものです（地公法五五⑤）。もっとも、特別の事情がある場合、例えば、交渉事項が特殊な法律問題であるとか、特定の職員の特殊な勤務条件に関する場合には、交渉を効果的に行うことができるように、職員団体は役員以外の者を指名することができるものとされています。この場合、指名された者は、当該交渉の対象である特定の事項について交渉するものであるという適法な委任を当該職員団体の執行機関から受けたことを文書によって証明できる者でなければならないとされています（地公法五五⑥）。

また、地方公共団体の当局の指名する者には、交渉事項を分掌する部下職員が一般的に考えられますが、別に部下職員に限定されるわけでもないし、地方公共団体の当局である者みずからが交渉に臨むことも、もとよりさしつかえないところです。

⑵　このように職員団体と地方公共団体の当局とが勤務条件に関して交渉を行う場合には、その交渉に直接たずさわる者が地公法によって明確に規定されているわけです。特に職員団体側を代表して交渉に直接タッチする者が、職員団体の執行機関から交渉事項について文書により適法に委任を受けた者でなければならないということに注意を要します。もし、これら以外の者が当局側と交渉に当たろうとするならば、その職員団体が人事委員会あるいは公平委員会の登録を受けた職員団体であったにしても、当局のほうではその交渉に応じなければならない立場には立ちません。たとえ、その交渉に応じたとしても、その交渉は地公法で規定する職員団体と地方公共団体の当局との交渉ではないといえます。それは、事実上の話合いであるというべきものです。

⑶　通常、教職員の勤務条件に関して権限を有しているのは、教育委員会であるので、教育委員会が、職員団体と交渉するところの地方公共団体の当局となります。しかし、校長が、年次有給休暇や勤務時間の割振権などを有している場合には、そのかぎりで校長が権限ある地方公共団体の当局として、職員団体の交渉の申入れに応じなければならない立場に立たされます。すなわち、もし、職員団体がこれら勤務時間の割振りなど校長が決定する権限を有している事項に関して校長に交渉を申し入れてきた場合、そして、これらの事項についてあらかじめ経なければならないものとされている予備交渉を行い、かつ、実際の交渉にタッチするものが、職員団体から指名された役員もしくは適法な委任を受けた者であれば、校長はその交渉の申入れに応じなければならないのです。

しかしながら、通常、学校で行われている職場交渉（分会交渉ともいわれています）は、校長と分会長の間の交渉ではありますが、その交渉にたずさわっている分会長は職員団体の役員とはいえないし、また、まず、職員団体の執行機関から適法な委任を受けていることもないので、地公法で規定する職員団体と地方公共団体の当局との交渉とはいえないでしょう。いわばこのような場合、厳密に解するならば、交渉というのは、分会からの話合いの申入れに対して、校長が教職員の意見を聞くために、任意にそれに応じている事実上の話合いともいうべき性格を有するものです。校長として、地公法上の交渉ではないので、その申入れに対して応ずべき地位には立たないといえます。しかし、教職員とのコミュニケーションを図る立場から、校務をつかさどる上で、妨げにならない限度で、これら事実上の話合いに応ずることは望ましいことです。

【問11】 県教育委員会と県教職員組合の間で「主任の決定に当たっては、教職員の意見を聴き、民主的に行うものとする」といった確認書が交換されていますが、⑴この確認書の拘束力、⑵主任の選任のあり方について教えてください。

【答】 ⑴　地公法第五十五条では、職員団体と地方公共団体の当局の交渉は、団体協約を締結する権利を含まない（二項）が、書面による協定を結ぶことができる（九項）と定められています。しかしながら、質問にかかる確認書は、この書面による協定に該当するものとは考えられません。それは、次のような理由によります。

地公法第五十五条でいう交渉の対象となるのは、職員の給与、勤務時間その他の勤務条件に関し、及びこれに附帯して、社交的又は厚生的活動を含む適法な活動に係る事項にかぎられています（一項）。また、地方公共団体の管理運営事項は、交渉の対象とすることができない（三項）と定められています。

この管理運営事項とは、地方公共団体の組織に関する事項、行政の企画、立案及び執行に関する事項、人事権の行使に関する事項など、法令、条例、規則等に基づき、地方公共団体の機関がみずからの判断と責任において、管理又は執行すべき事項であると考えられます。

ところで、主任の決定を含む校務分掌の決定は、学校の本来の目的である教育作用を機能的に行うためのものであり、勤務条件ではなく、右の管理運営事項に該当します。

したがって、県教育委員会が県教職員組合と交換した文書は交渉に基づくものではなく、事実上の話合いの結果を示すものにすぎません。しかも、管理運営事項は、本来、地方公共団体の機関が責任をもって処理すべきものであり、したがって、私的な組織と権限を分担するようなことは認められないものですから、このような管理運営事項についての確認書を結ぶこと自体、極めて不適切なことと考えられます。

なお、地公法第五十五条の書面による協定であっても、法律上の拘束力はなく、道義的な拘束力を有するものにしかすぎません。

⑵　主任の発令は、教諭に対して一定の校務分掌の分野において連絡調整及び指導・助言等に当たるように職務上の命令を発するという方法により行われます。この職務上の命令は、職務上の上司が発することができますが、主任の発令は、校長又は当該学校を管理する教育委員会が行うこととされています。

主任の選任について専門的能力を有する者を選ぶべきである

とか、できるだけ多くの人が経験することが望ましいとか、回り持ちはよくないとか、留意すべき点はいろいろありますが、要するに、校長又は教育委員会は、学校の運営に責任をもつ者として、みずからの判断で適切な人を選ぶべきであると考えられます。

その際、教職員の意見についてもできるだけ聴取すべきことが望ましいと考えられますが、例えば、職員会議で実質的に決定したり、事前に教職員の了解をとらなければならなかったりという状況では、主任を含む校務分掌の決定が円滑に行われ、主任の機能が十分に発揮されるなど、学校運営が適切に執行されるというようなことを期待することはできないでしょう。

そこで、校長としては、組合からの要求に応ずることなく、必要に応じてみずからが最も適切と考える方法により教職員の意見を聴き、みずからの判断と責任により主任を発令すべきです。

なお、主任に関するもの以外でも、校長の学校運営に関する権限を不当に制約する確認書が結ばれている場合がみられますが、このような確認書があった場合には、それが無効であることを明確に意思表示して、間違ってもそれに基づく取扱いをしないようにしなければなりません。

【問12】　職員団体が法人格を取得することにより、当局への交渉権が強まるのでしょうか。

【答】　国家公務員の職員団体又は地方公務員の職員団体が混合又は連合して組織されている職員団体については、従前は法人格を取得する根拠法がありませんでしたが、昭和四十八年の第三次公務員制度審議会の答申を受け、混合体の職員団体がその財産を管理する等のために法人格を取得する根拠法として、昭和五十三年に「職員団体等に対する法人格の付与に関する法律」（法人格付与法）が制定されました。これにより、混合体の職員団体も法人格取得の途が設けられています。

なお、平成十八年六月、法人格付与法が一部改正され、それまでは国家公務員法、地方公務員法などによる職員団体は、それぞれの法律で法人格の取得の途が設けられていましたが、平成二十年十二月一日からは、同法により法人格を取得することになりました。

なお、改正法人格付与法の施行の際現に存する法人（改正前の地公法第五四条の規定に基づく法人）である職員団体は、平成二十年十二月一日以後は、改正法人格付与法第二条第五項に規定される法人である登録職員団体として存在しています。

職員団体が法人格を取得するということは、財産を所有しこれを維持運用する等、その目的を達成するための財産に関する行為をその組織名で行えるようになるということです。

したがって、職員団体は法人格の有無にかかわらず、すべて等しい権利能力を有するものであり、本質的な差異はなく、職員団体としての本来的な活動について何ら影響を及ぼすものではないので、法人格の取得によって交渉能力が変わるものではありません。

三　職員団体のための職員の行為の制限の特例

【問１】　組合活動が許される場合と許されない場合とを区別してご教示ください。

【答】　職員は、勤務時間中職務に専念すべきもので、公務以外の活動は、本来勤務時間外にすべきものです。勤務時間中の職員団体のための活動は、勤務時間中に交渉を行うことが法令により認められた場合のほかは、一般的には認められず、その間の給与は支給されないのが原則です。

職員団体のための活動が許される場合と許されない場合を表にすると、左表のとおりです。

	許される場合	許されない場合
勤務時間外	１　報酬を受けないで、職員団体のための活動をする場合 ２　服務監督権者から兼業の許可を得て、職員団体のための活動をする場合 （地公法三八①）	服務監督権者から兼業の許可を得ずに、報酬を得て職員団体のための活動をする場合 （地公法三八①）

勤務時間内	（有給） １　服務監督権者の承認を得て、適法な交渉を行う場合 ２　休日（特に勤務を命ぜられた場合を除く）及び年次有給休暇、休職の期間に職員団体のための活動をする場合 〔地公法五五の二⑥、職員団体のための職員の行為の制限の特例に関する条例（準則）二条〕 （無給） ３　専従職員として任命権者から許可された期間中に職員団体のために活動する場合 ４　服務監督権者から組合休暇の承認を得て、職員団体のための活動をする場合	上記以外の場合

【問２】　給与を受けながら職員団体のための活動ができますか。

【答】　地公法第五十五条の二第六項は、「職員は、条例で定める場合を除き、給与を受けながら、職員団体のためその業務を行ない、又は活動してはならない。」と規定し、給与を受けながら、職員団体のために活動等することを制限しています。これを制限している理由としては、「労使相互不介入の原則」及び「職務専念の義務」との二つの面から考えられます。

⑴　労使相互不介入の原則

労組法は「団体の運営のための経費の支出につき使用者の経理上の援助を受けるもの」は労働組合とは認められないと規定し（労組法二Ⅱ）、「使用者の利益を代表する者の参加を許すもの」も労働組合とは認められないとしています（労組法二Ⅰ）。すなわち労働団体がその目的を達成するためには、使用者が介入することは許されず、自主的に運営されなければなりません。この労使相互不介入の原則は、国際的な労使関係の原則であり、ＩＬＯ第九十八号条約「団結権及び団体交渉権についての規則の適用に関する条約」にも規定されているところです（同条約二）。

給与を受けながら、職員団体のための活動等を行うことは「経理上の援助」を受けることであり、「労使相互不介入の原則」に反するものであり原則として許されません。

⑵　職務専念の義務

地方公務員としての教職員は公務に専念することを義務付けられています（地公法三五）が、組合活動は、公務とは関係のないものであり、そのために公務員としての本来の職務を怠ることは許されず、原則として勤務時間外、すなわち給与支給の対象となっていない時間に行われるべきものです。

地公法第五十五条の二第六項の規定に基づき、給与を受けて職員団体のためその業務を行い、又は活動することのできる場合を条例（職員団体のための職員の行為の制限の特例に関する条例）で定めるに当たっては以上述べたように、労使相互不介入の原則及び職務専念の義務に反しないよう、きわめて限定的に規定すべきものです。自治省（当時）が示したモデル条例はこのことを考慮して、給与を受けながら、職員団体のためその業務を行い、又は活動できる場合として次の二つを定めています。

㈠　法第五十五条第八項の規定に基づき、適法な交渉を行う場合

適法な交渉を行う場合に給与を支給することが経理上の援助に該当しないということは、労組法第二条第二号ただし書でも「労働者が労働時間中に時間又は賃金を失うことなく使用者と協議し、又は交渉すること」を使用者が許すことはさしつかえないと規定しており、職員団体についても同様のことがいえます。

㈡　休日（特に勤務を命ぜられた場合を除く）及び年次有給休暇並びに休職の期間

休日は給与支給の対象となっている日であるが、その日に職員団体の活動を禁止しなければならない理由がないので認めてさしつかえないものと考えられます。このことは年次有給休暇、休職の期間についても同様ですが、年次有給休暇は、事業の正常な運営を妨げる場合には他の時季に与えることができるものであり、これが付与された場合に組合活動ができるにとどまり、組合活動をやるという理由で年次有給休暇の請求があった場合、必ずこれを付与しなければならないというものではありません。職員団体のための職員の行為の制限の特例として条例で定められている場合以外で給与支給の対象となっている時間に、職員団体のためその業務を行い、又は活動した場合にはその時間の給与を支給することは違法であり、減額の措置をとらなければなりません。このような措置を的確に行うためにも校長はふだんから教職員の勤務管理をきちんと行っておく必要があります。

【問3】　条例上、給与を受けながら職員団体のためその業務を行い又は活動することができる場合に、土・日曜日、停職の期間、休憩時間を入れていない理由は何でしょうか。

【答】　土・日曜日と休憩時間は週休日又は勤務を要しない時間であり給与の対象となっていないことから、また停職の期間は給与が支給されないので、いずれも条例の関知するところで

はないことからです。

【問４】　条例によれば、年次有給休暇をとり、組合活動ができるとされていますが、年次有給休暇の本来の趣旨と異なるのではないでしょうか。また、組合活動を目的とする年次有給休暇に関しては、休暇承認権者はすべて承認しなければならないものですか。

【答】　年次有給休暇は、本来、労働力の維持培養を図ることを目的とするものですが、違法な目的に利用する場合はともかく、休暇の利用目的が休養のためでないという理由で使用者が時季変更権を行使することは許されません。したがって、年次有給休暇中に組合活動を行うことは許されます。

しかし、使用者は、業務の正常な運営に支障がないかどうかを基準にして、時季変更権を行使すべきかどうかを判断すべきですので、職員団体のための活動に利用するからといって、特例的な取扱いをすべきではありません。

【問５】　地公法第五十五条に規定する適法な交渉であれば、あらかじめ取り決められた員数の範囲内で組合によって指名された職員は、あらためて任命権者から職務専念義務免除の承諾を得なくともよいのでしょうか。

【答】　地公法第五十五条第八項の規定の趣旨は、勤務時間中に適法な交渉を行う場合、服務監督者は、職員団体と当局があらかじめ取り決めた員数の範囲内で職員団体が指名する者について、職務専念義務を免除することができるということにあります。

したがって、職員団体の指名を受けたことによって、直ちに、職務専念義務免除が認められたということにはならず、職務専念義務の免除について権限を有する者の承認を得なければなりません。

四　在籍専従

【問１】　在籍専従制度の経緯についてご教示ください。

【答】　昭和四十年の地公法改正以前は、職員団体の役員は職員に限られており、休暇による在籍専従制度がありました。ところが、ＩＬＯ第八十七号条約の批准に伴い、同条約第三条には「代表者選出の自由の原則」が規定されていることから、職員団体の役員資格を職員に限らないこととし、併せて現在の休職による在籍専従制度が定められました。

在籍専従期間の上限は、昭和四十年の地公法改正時には、職員としての在職期間を通じて「三年」とされていましたが、昭和四十六年の地公法改正により、「五年」に延長されました。その後、平成三年には、地方公営企業労働関係法の適用を受ける職員（現業職員等）について、国営企業の職員に係る改正措置（昭和六十三年）に準じ、当分の間、「七年以下の範囲内で労働協約で定める期間」と改正されていました。

一方、非現業職員の在籍専従期間の上限については、「五年」のままであり、公務員の組合活動の継続性を維持し、成熟した労働関係を形成する上で短すぎること、また、現業職員との均衡を図る必要があること等の理由から改善が求められていました。

このため、平成九年に地公法が改正され、当分の間、七年以下の範囲内で人事委員会規則又は公平委員会規則で定める期間とされました。

また、県費負担教職員については、都道府県又は指定都市の人事委員会規則で定めるよう読み替えて適用するため、地教行法施行令改正が行われています。

なお、在籍専従については、①在籍専従期間中は休職の扱いであり、県費負担教職員の専従許可は任命権者たる都道府県教育委員会及び指定都市教育委員会が行う、②専従許可を与えるかどうか、任命権者が自由な立場で決めることができる、③退職手当の算定の基礎となる勤続期間に参入されない、こととなっています。

【問２】　地公法第五十五条の二第一項ただし書にいう「登録を受けた職員団体の役員」の範囲はどのようなものでしょうか。

【答】　地公法にいう職員団体の役員とは、職員団体の業務の執行又は監査の権限と責任を有する地位にある者、すなわち、執行権限をもつ機関の構成員又は監査権限をもつ機関の構成員をいい、当該職員団体の活動の中心になる者を意味します。一般的にはこのような認識のもとに、各職員団体の規約でそれぞれ定めているところです。そこで、設問にいう「登録を受けた職員団体の役員」の範囲はどのようなものかといえば、個々具体的には規約を検討のうえ判断せざるを得ません。しかし、従来から各職員団体が設けている役員は、執行委員長、執行副委員長、書記長、書記次長、執行委員、及び会計監査委員等であり、これらは各職員団体ともほぼ共通しています。

したがって、在籍専従の許可に際しても、従来の役員の範囲と何ら差異はなく、前示のように職員団体の執行機関、監査機関の構成員として当該職員団体の業務を行う者であることが必要です。また、職員団体によっては組織上、支部あるいは分会を置いているものがありますが、これらの単位の支部長、分会長は、本部役員のうちから派遣又は出向し、もっぱらその地域において職員団体の業務に従事する場合には認められても、一般的には、それ以外の者については認められません。つまり、いわゆる支部役員等については、それが職員団体の規約上及び実際上、本部役員と同等の役割を果たす者といえるかどうかによって判断されることになりましょうが、通常の場合、そういうケースはあり得ないということです。

なお、在籍専従の対象となり得る役員の範囲は、職員以外の者の就任を認める役員あるいは交渉能力を有することとされる役員の範囲と同じものであることに注意が必要です。

【問３】　地公法第五十五条の二第二項の「相当と認める場合」とはどういう場合でしょうか。

【答】　在籍専従許可の性質について、地公法第五十五条の二第二項は、「……許可は、任命権者が相当と認める場合に与えることができる……」と規定しています。ここにいう「相当と認める場合」とは、在籍専従の許可が任命権者の裁量に委ねられていることを意味しています。在籍専従が地公法に規定される以前の専従休暇の場合においても、その休暇を認めるかどうかは任命権者の自由裁量によるとの行政解釈がとられていたのですが、職員団体の構成員及び役員はすべて職員たる身分を現に有するものでなければならないとされていたところから、正常な職員団体活動が支障なく行われることを保障することなどのため、判例（和教組専従不承認事件　昭三六・七・一〇　大阪高裁など）には、その承認は、ある程度羈束裁量である旨判示したものもあります。地公法では、役員を職員以外の者から選任して、職員団体の活動を支障なく行うことができるようにしたことに伴い、右のような在籍専従許可は、自由裁量に属することが明らかにされたものです。

したがって、職員から在籍専従の申請があった場合、職員の申請が法定要件を充足していれば任命権者が許可を与えなければならないというようなものではなく、地方公共団体の事務の遂行上、その職員を職務に従事させないことに伴う支障などを考慮して任命権者が自主的に裁量すればよいのです。ただし、このように法が任命権者に自由裁量を認めているのは、よりよく公益の目的に合し、行政の目的を実現するためですから、自由裁量を認めた目的を無視するような恣意的な裁量や、不公平な裁量、あるいは、職員団体の運営に干渉する意図をもってする裁量などのように、著しく行政目的に反する結果となる裁量までをも認める趣旨ではないことは当然です。

「相当と認める場合」の判断基準としては、基本的には、公務の正常な運営に特段の支障を生じないかどうかということですが、このほかに、①教職員の利益を代表する職員団体が二以上存する場合における各職員団体の専従職員の数の均衡を失しないようにすること、②教職員数あるいは組合員数に対する専従職員の一定限度の比率を超えないこと、③教職員がその所属する職員団体以外の職員団体の業務に専従するものではないこと、④在籍専従制度の趣旨に反する場合（例えば、学校消費生活協同組合あるいは労働金庫の専任職員としてもっぱらその業務のみに従事しようとする場合）に該当しないこと、などが当然考慮の対象となるでしょう。

【問４】　職員が構成員である職員団体の役員となるのではなく、他の職員団体（例えば校長組合）の役員として専従する場合も許可されますか。

【答】　地公法は、任命権者が、職員の専従を許可できる場合として、①登録を受けた職員団体の役員として当該団体の業務にもっぱら従事する場合であること、②任命権者が相当と認める場合であること、の二つを要件としています（地公法五五の二①②）。地公法にいう「登録を受けた職員団体」とは、当該職員の身分の属する同一地方公共団体内の登録職員団体であることはいうまでもありません。公立学校教職員についていえば、その任命権者は都道府県教育委員会であり、教特法は、一の都道府県内の公立学校の職員のみをもって組織する職員団体は、当該都道府県の職員をもって組織する職員団体とみなす（二九①）としていることから、同一都道府県内の登録職員団体も含まれます。なお、指定都市の公立学校教職員の任命権者は指定都市の教育委員会ですが、職員団体については、教特法の右の規定により、指定都市の属する道府県の登録職員団体も該当します。

ところで、同一地方公共団体内における任命権者を異にする職員の構成する職員団体（教職員の側からいえば、長部局の職員が組織するいわゆる県職組等）の業務に従事する場合についていえば、当該職員団体の構成員として相当数の教職員が加入している場合は格別、一般的には、当該団体について専従の許可を行うことには問題が残るでしょう。

それでは、一般の教職員が校長組合等任命権者を同じくする他の職員団体の役員として専従する場合は許可できるでしょうか。地公法は、一般職員と管理職員等が同一の職員団体を組織することを禁止しています（五二③）が、役員は当然には職員団体の構成員ではないので、一般職員が管理職員等の他の職員団体の役員になる場合、又はこの逆の場合においても法律上は不可能ではありません。しかし、このように、管理職員等と一般職員が混在する団体は、職員の利益を適正に代表すべき団体として健全な基礎を欠くものとされ、前述のように同一の職員団体を組織することは法律上認められていないことなどから、一般の教職員が校長組合等の他の職員団体の役員として専従することについては、許すべきでないことは、いうまでもありません。

【問５】　日本教職員組合又は職員団体の登録を受けた等の上部団体の本部役員となるために在籍専従の許可を受けることができますか。また、連合等の地方組織の場合はどうですか。

【答】　職員が職員団体の業務にもっぱら従事することを許可されるのは、登録を受けた職員団体の役員として従事する場合です（地公法五五の二①）。職員団体が登録を受けるには、地公法第五十三条に規定する要件を具備していなければなりません。公立学校教職員の職員団体の場合は、同一地方公共団体の職員のみをもって構成されている場合のみならず、一の都道府県内の公立学校の教職員のみをもって組織する場合（当該都道府県内の一の地方公共団体の公立学校の職員のみをもって組織するものを除く）も構成員の面からは登録を受けることができる（教特法二九①）とされています。そこで登録職員団体の構成する上部団体の役員として専従する場合が問題となります。

したがって、登録資格を有しない上部組織の役員として直接専従することを許可することはできません。

しかしながら、登録職員団体の役員として専従を許可された職員が、当該団体の規約の定めるところに従い、当該団体の全国的連合体として事実上組織されている日教組等の上部団体の役員を兼務し、構成単位団体（各都道府県の教職員団体）の連絡調整のために上部団体の本部に駐在して活動することは、実質的にみて、職員が当該登録職員団体の業務に従事していると認めることができるでしょう。

次に、地方における職員団体の連合組織に当該登録職員団体が加盟している場合、その連合組織の役員を兼務することはさしつかえないかどうかの問題があります。例えば、連合についてみると、連合の地方組織は産業別労働組合の連合体であって、職員団体の連合体ということはできませんが、その役員を兼務した場合においてもその主たる活動が当該登録職員団体の業務に従事するものであって、付随的に兼務役員の業務に従事しているにすぎない場合はさしつかえありません。しかし、職員の活動実態のほとんどが連合の役員としての業務である場合には、連合の性格からみて、その業務が即当該登録職員団体の業務と認めることは一般的には困難というべきで、許されないものと解されます。

【問６】　在籍専従期間中は「休職者として取り扱われる」とは具体的にはどういうことですか。

【答】　在籍専従の許可を受けた職員は、休職者として取り扱われることとなります（地公法五五の二⑤）ので、専従休職者については、地公法第二十八条第三項に基づく分限の効果に関する条例の定めるところにより分限休職者について生ずる効果と同様な効果を生ずることとなります。すなわち、職員としての身分を保有するが職務に従事しないものということになります。

したがって、依然として職員としての身分に基づく服務規律に服すべき義務があるので、例えば、信用失墜行為の禁止、秘密を守る義務、政治的行為の制限、争議行為等の禁止、営利企業等の従事制限に関する規定はなお適用されるものです。その場合、県費負担教職員については、市町村教育委員会が服務の監督を行うものであることはいうまでもありません。

また、休職中に、任命権者が別に辞令を発して他の職に異動することもさしつかえないし、非違があれば懲戒処分を行うことも可能です。

なお、専従中の職員は、職務に従事できないのを原則としますが、地自法第二百二条の三に規定する執行機関の附属機関の委員等（非常勤）としての職務に従事することはできると解されます（人事院規則一一―四（職員の身分保障）第一一条参照）。その場合には、非常勤職員に対する手当は当該専従中の職員に支給してさしつかえないものと解されましょう。

【問７】　在籍専従職員の専従期間中における服務監督についてはどのように考えたらよいのでしょうか。

【答】　職員の服務義務は、職員が職務を現実に遂行するに当たって守るべき職務上の義務と職務の遂行の有無にかかわらず、職員たる身分を有するかぎり当然に守るべき義務とに分けることができます。在籍専従職員は、登録を受けた職員団体の役員としてその業務にもっぱら従事することを法律上許されているものであり、地方公務員としての職務を現実に遂行する義務を免除されている者であるから職務上の義務は有していません。一方、在籍専従職員は地方公務員たる身分を有する者であり、このことにともない守らなければならない義務を有することは他の職員と同様です。

地公法上、職員の身分を有することにともない在籍専従職員が服すべき義務としては次のものがあげられます。

①信用を保つ義務（三三）、②秘密を守る義務（三四）、③政治的行為の制限（三六、教特法一八）、④争議行為等の禁止（三七）、⑤営利企業等の従事制限（三八、教特法一七）

服務監督権者は、職員が服務義務に違反することのないよう、監視し、必要に応じて指示命令等をなす権限と責任を有するものであり、在籍専従職員の有する服務義務についても監督しなければなりません。服務監督権者は、一般には任命権者ですが、県費負担教職員のそれは市町村教育委員会です（地教行法四三）。とはいっても、実際問題としては、専従中の者についての行動を服務監督権者において逐一把握できるわけではありませんから、服務監督行為自体おのずから限定されざるを得ませんが、そのことゆえに責任を免れることにはならない点に留意する必要があるでしょう。

在籍専従職員が右に述べた服務義務に違反した場合には、任命権者において懲戒処分を発動し得ることは、いうまでもありません。

なお、専従休職者の服務監督の面に関しては、休暇中の者、一般の分限休職中の者あるいは懲戒処分による停職中の者と本質的には何ら変わるところはありません。

【問８】　在籍専従の許可の取消しはどのような場合に行われるのでしょうか。

【答】　地公法第五十五条の二第四項は、「……許可は、当該許可を受けた職員が登録を受けた職員団体の役員として当該職員団体の業務にもつぱら従事する者でなくなつたときは、取り消されるものとする。」と規定しており、このような事由が生じたときは、任命権者において当然に専従許可を取り消すべきことが必要とされます。

考えられるケースとしては、①職員団体が登録職員団体でなくなったとき――例えば、登録職員団体が解散した場合、登録職員団体の登録が人事委員会又は公平委員会により取り消された場合（単に登録職員団体の登録の効力が人事委員会又は公平委員会により停止されたにすぎない段階は含まれない）など、②職員が職員団体の役員でなくなったとき――例えば、役員としての任期が規約所定の事由により終了した場合、職員が役員を辞任した場合、職員が職員団体から除名された場合など、③職員が職員団体の業務にもっぱら従事するものでなくなったとき――例えば、常勤の役員から非常勤の役員に活動内容が変更された場合、役員権の行使が停止された場合、職員団体の業務以外の業務（学校消費生活協同組合、労働金庫等の業務）にのみもっぱら従事することとなった場合などがあげられるでしょう。これらの場合には、法律上、早急に専従許可を取り消すべきものです。

これ以外にも、①職員が在籍専従の許可に際して付された条件（どのような条件を付することができるかについては、条理上おのずから限界の存するところですが、在籍専従制度の本旨に反する行為があった場合には取り消すことがある旨の条件等が考えられましょう）に反したとき、②職員が許可の有効期間の満了前に職務に復帰することを申し出たとき（多くの場合は地公法第五十五条の二第四項所定の事由を充足するものと考えられます）、などにおいても、任命権者は、その許可を取り消すことができるものと解されます。これらの場合には、任命権者は、許可を取り消す必要があるかどうか、職員が現職復帰するための定数上の枠は大丈夫かどうか等の諸点を考慮して、裁量により決すべきです。

いずれの場合にしても、任命権者が在籍専従の許可を取り消すまでの間は、当該許可はなお効力を有するものであり、職員は職務に復帰することができません。また、許可を取り消すときは、職員の残務整理のために必要な期間あるいは上部団体等に出向している職員にあってはその現職復帰のために要する日時をある程度考慮に入れておくことが望まれましょう。

なお、県費負担教職員の在籍専従の許可の取消しに当たっては、当該取消し行為が専従休職中の職員の復帰という効果を生じさせることに鑑み、任命権者が法律上当然に取消し義務を負う場合（職員が登録職員団体の役員として当該団体の業務に専従する者でなくなった場合）を除き、都道府県教育委員会は市町村教育委員会の内申をまってこれを行うということになります（地教行法三八①）。

以上に述べた在籍専従の許可の取消しは、将来に向かって取消しの効果を発生させるものであって、講学上のいわゆる「行政行為の取消し」ではなく、「行政行為の撤回」に相当する性格のものです。例えば、虚偽の申請に基づく許可、法的手続きを欠く許可等のように、重大な瑕疵を有する許可の場合にあっては、許可時点にさかのぼって許可を取り消すことができることはいうまでもありません。

五　組合休暇

【問１】　組合休暇はどのような場合に認められるのですか。

【答】　本来、教職員は職務に専念すべき義務を負うものであり、勤務時間中は、職員団体の業務又は活動のためにその職務を離れてはならないものです。職員団体のための活動は、勤務時間以外に行うべきであり、原則として組合休暇を認めるべきではありません。

しかし、登録職員団体の運営のために必要不可欠の業務又は活動に要する最小限の期間について、条例の定めるところにより、特にやむを得ないと認められる場合に、例外的に職務に専念する義務を免除することは法によって必ずしも禁止されているものではありません。この場合においては、その措置が勤務条件に該当するものと考えられるところから、教職員の休暇に関する条例等（県費負担教職員にあっては都道府県の条例）に特別休暇又はこれに相当する休暇として規定されるべきものであり、また、この場合の給与は職員団体に対する経理上の援助となるおそれがあるので支給すべきでなく、給与条例等にも無給である旨を定めておくべきです。

職員団体の業務又は活動のため特別休暇等を与える場合には、学校教育の円滑な運営を図る見地から、一年間を通算して少なくとも三十日を超えない範囲内でのみ与えるものとすることが必要です。

組合休暇の認められる事由としては、組合休暇の趣旨からして、おおむね次のような事由に限定して適用すべきです。

①　登録職員団体の規約に定める執行機関、監査機関、議決機関（代議員制をとる場合に限る）、投票管理機関及び特定の事項について調査研究を行い、かつ、当該登録職員団体の諮問に応ずるための機関の構成員として当該機関の業務に従事する場合並びに当該登録職員団体の加入する上部団体の業務で当該登録職員団体の業務であると認められるものに従事する場合――具体的には、中央執行委員会、監査委員会、代議員大会、選挙管理委員会、規約所定の専門委員会（例えば給与問題対策委員会）などにそのメンバーとして参加する場合、あるいは加盟上部団体の同種の機関にそのメンバーとして参加する場合です。

②　遠隔の場所で行われる適法な交渉のための往復の時間――地公法上の適法な交渉（五五⑧）のために必要な最小限の時間（例えば、一時間を超えない程度の往復時間）は、事柄の性質上、交渉時間に含めて取り扱うべき性格のものですが、交渉場所への往復に長時間を要する場合の取扱いがこれです。

なお、条例に根拠規定がある場合においても、服務監督権者は公務の正常な運営に特段の支障がない場合にかぎり、相当と認める範囲内において、その裁量により、組合休暇を与えることができるにとどまるものですので、当然にこのような扱いをしなければならないものではありません。また、逆に、組合休暇をとることができる事由の存する場合においても、年次有給休暇の申請があれば、年次有給休暇として承認することが可能なことはいうまでもなく、むしろ、できるだけ年次有給休暇の枠内で処理することを奨励すべきものではあります。

また、このような組合休暇が在籍専従制度に対する脱法的行為に該当するものであってはならないことはいうまでもないので、その運用については、十分慎重に取り扱うべきものです。

【問２】　組合主催の教研集会に出席する場合に、組合休暇が認められますか。組合休暇として認められない場合、年次有給休暇が付与されますか。

【答】　職員は、その勤務時間中は、全体の奉仕者として公共の福祉のために自己に割り当てられた職務にのみ従事しなければならない立場にあるわけですから（地公法三〇、三五）、職員団体の業務又は活動のために、その職務を離れてはならないものです。しかしながら、登録を受けている職員団体の運営のために、必要不可欠の業務又は活動に要する最小限の期間について、条例の定めるところにより、正常な労使関係の確立を前提に便宜供与の一つとして、無給の組合休暇を与えることは、法律上特に禁止されていません。

この組合休暇は、職員団体の必要不可欠の業務又は活動に要する最小限の期間であって、特にやむを得ない場合に与えられるものですから、組合休暇が与えられるべき事由は限定的なものでなければなりません。

例えば、登録を受けている職員団体の規約に定める執行機関、監査機関などの構成員として、その機関の業務に従事する場合とか、遠隔の場所で行われる適法な交渉のために要する往復の時間など、職員団体の存立の基礎となる必要不可欠な活動に限定されるべきものです。

組合主催のいわゆる教研集会への出席は、一般的にいって、このような限定的な事由に該当するものとは考えられないので、その出席のために、特に組合休暇を承認することはできないものと解されます。

なお、服務監督権者が公務の運営上支障がないものとして年次有給休暇が付与された場合、教研集会へ出席することはもちろん許されます。

【問３】 適法な交渉のための往復の時間は、どのように扱ったらよいでしょうか。

【答】 職員は、勤務時間中においては職務に専念すべき義務を負っているのですが、地公法第五十五条第八項の規定により、適法な交渉は勤務時間中においても行うことができることとされています。

ところで、職員が適法な交渉に参加するため、その勤務場所と交渉場所との間を往復することは、交渉そのものに当然付随するものと考えられ、一般的にいって、この往復に要する時間についても交渉時間に含まれるものと解しなければ、法の保障する交渉を実効あるものとすることにはならなくなるでしょう。しかし、勤務時間中における交渉を保障する範囲・限度については、その往復の間職務に従事しないことによる公務上の損失の度合いと、往復時間が交渉時間に含まれないものとして取り扱われることによって法の保障する交渉そのものが実質的に制限されることになる度合いとの比較衡量の上に立って、具体的に判断されなければなりません。すなわち、交渉に参加する職員の勤務場所と交渉場所との距離、当該職員の職員団体において占める役職、交渉事項の具体的内容、交渉時間等の往復のために勤務を欠く時間及びその勤務内容とを勘案して、どの程度の往復時間ならば交渉時間に含めて取り扱うことが法の趣旨に即することとなるかが、判断基準となるでしょう。

このことからすれば、一般的にいって、少なくとも、交渉の往復に要する時間が一時間を超えない程度のものについては、これを交渉時間に含めて取り扱うことが至当でしょう。具体的には、個々のケースで判断せざるを得ないにしても、交渉時間に含めて取り扱うことが適当でない往復時間については、年次有給休暇の承認あるいは組合休暇制度を設けている都道府県にあっては組合休暇の承認を得て参加することとなるでしょう。

なお、交渉が適法なものでない場合、あるいは参加する職員が交渉権限を有していない場合（オブザーバーにすぎない場合）には、年次有給休暇の承認を受けて参加する以外に方法がなく、組合休暇としての取扱いも認められないものであることに留意しなければなりません。

第三章　参考判決・通知等

㈠　参考判決

一　学力調査最高裁判決

(1)　永山中学校事件最高裁判決

事件の概要

旭川市の永山中学校において、北教組の組合員、労働組合員ら七名が、学力調査の実施を阻止しようとして、校舎内に立入り、学力調査を実施しようとした校長に暴行を加えたことが、公務執行妨害罪等に問われた事件である。

（昭和四三年(あ)第一六一四号
昭和五一・五・二一　最高裁大法廷判決）

判　決

本籍・住居　北海道旭川市
会社員
佐藤　彰
大正一五年三月二七日生

本籍　北海道旭川市
住居　同　札幌市
会社員
松橋　武男
大正一一年一月一五日生

本籍・住居　北海道旭川市
国鉄職員（休職中）
浜　埜　登
大正一〇年七月一一日生

本籍　北海道旭川市

住居　同　小樽市

土木作業員

外　崎　清　三

昭和九年四月三〇日生

右佐藤彰に対する建造物侵入、松橋武男、浜埜登に対する各建造物侵入、暴力行為等処罰に関する法律違反、外崎清三に対する暴力行為等処罰に関する法律違反各被告事件について、昭和四三年六月二六日札幌高等裁判所が言い渡した判決に対し、被告人四名から、及び被告人松橋武男、同浜埜登、同外崎清三に対する関係で検察官から、それぞれ上告の申立があったので、当裁判所は、次のとおり判決する。

主　文

原判決及び第一審判決中被告人松橋武男、同浜埜登及び同外崎清三に関する部分を破棄する。

被告人松橋武男を懲役三月に、被告人浜埜登を懲役一月に、被告人外崎清三を懲役二月に、処する。

被告人松橋武男、同浜埜登及び同外崎清三に対し、この裁判確定の日から一年間、その刑の執行を猶予する。

第一審及び原審における訴訟費用の負担を別紙のとおり定める。

被告人佐藤彰の本件上告を棄却する。

理　由

（本件の経過）

本件公訴事実の要旨は、

被告人らは、いずれも、昭和三六年一〇月二六日旭川市立永山中学校において実施予定の全国中学校一せい学力調査を阻止する目的をもって、当日、他の数十名の説得隊員とともに、同校に赴いた者であるところ、

第一　被告人佐藤彰、同松橋武男、同浜埜登は、前記説得隊員と共謀のうえ、同校校長斎藤吉春の制止にもかかわらず、強いて同校校舎内に侵入し、その後、同校長より更に強く退去の要求を受けたにもかかわらず、同校舎内から退去せず、

第二　同校長が同校第二学年教室において右学力調査を開始するや、

㈠　被告人佐藤は、約一〇名の説得隊員と共謀のうえ、右学力調査立会人として旭川市教育委員会から派遣された同委員会事務局職員藤川重人が右学力調査の立会に赴くため同校長室を出ようとしたのに対し、共同して同人に暴行、脅迫を加えて、その公務の執行を妨害し、

㈡　被告人浜埜は、右学力調査補助者横倉勝雄に対し暴行を加え、

㈢　被告人松橋、同浜埜、同外崎清三は、外三、四〇名の説得隊員と共謀のうえ、右学力調査を実施中の各教室を見回りつつあった同校長に対し、共同して暴行、脅迫を加えて、その公務の執行を妨害したものである。

というのであって、第一の事実につき建造物侵入罪、第二の㈠及び㈢の事実につき公務執行妨害罪、第二の㈡の事実につき暴行罪に該当するとして、起訴されたものである。

第一審判決は、右公訴事実第一の建造物侵入の事実については、ほぼ公訴事実に沿う事実を認定して被告人佐藤、同松橋、同浜埜につき建造物侵入罪の成立を認め、第二の㈠、㈡の各事実については、いずれも被告人佐藤、同浜埜が藤川重人及び横倉勝雄に暴行、脅迫を加えた事実を認めるべき証拠がないとして、公務執行妨害罪及び暴行罪の成立を否定し、第二の㈢の事実については、ほぼ公訴事実に沿う外形的事実の存在を認めたが、斎藤校長の実施しようとした前記学力調査（以下「本件学力調査」という。）は違法であり、しかもその違法がはなはだ重大であるとして、公務執行妨害罪の成立を否定し、共同暴行罪（昭和三九年法律第一一四号による改正前の暴力行為等処罰に関する法律一条一項）の成立のみを認め、被告人佐藤を建造物侵入罪で有罪とし、被告人松橋、同浜埜を建造物侵入罪と共同暴行罪とで有罪とし、両者を牽連犯として共同暴行罪の刑で処断し、被告人外崎を共同暴行罪で有罪とした。

第一審判決に対し、検察官、被告人らの双方から控訴があったが、原判決は、第一審判決の判断を是認して、検察官及び被告人らの各控訴を棄却した。

これに対し、検察官は、被告人松橋、同浜埜、同外崎に対する関係で上告を申し立て、また被告人らも上告を申し立てた。

（弁護人の上告趣意について）

弁護人森川金寿、同南山富吉、同尾山宏、同彦坂敏尚、同上条貞夫、同手塚八郎、同新井章、同高橋清一、同吉川基道（旧姓川島）の上告趣意について

第一点は、判例違反をいうが、所論引用の判例はいずれも事案を異にして本件に適切でなく、第二点及び第三点は、単なる法令違反の主張であり、第四点は、事実誤認の主張であり、第五点は、判例違反をいうが、所論引用の判例はいずれも事案を異にして本件に適切でなく、いずれも適法な上告理由にあたらない。

（検察官の上告趣意第二点について）

一　論旨

論旨は、要するに、第一審判決及び原判決において、本件学力調査が違法であるとし、したがって、これを実施しようとした斎藤校長に対する暴行は公務執行妨害罪とならないとしているのは、本件学力調査の適法性に関する法令の解釈適用を誤ったものであるというのである。よって、所論にかんがみ、職権により、本件学力調査の適法性について判断する。

二　本件学力調査の適法性に関する問題点

1　本件学力調査の概要

文部省は、昭和三五年秋ころ、全国中学校第二、三学年の全生徒を対象とする一せい学力調査を企画し、これを雑誌等を通じて明らかにした後、昭和三六年三月八日付文部省初等中等教育局長、同調査局長連名による「中学校生徒全国一せい学力調査の実施期日について（通知）」と題する書面を、次いで、同年四月二七日付同連名による「昭和三六年度全国中学校一せい学力調査実施について」と題する書面に調査実施要綱を添付したものを、各都道府県教育委員会教育長等にあて送付し、各都道府県教育委員会に対し、地方教育行政の組織及び運営に関する法律（以下「地教行法」という。）五四条二項に基づき、右調査実施要綱による調査及びその結果に関する資料、報告の提出を求めた。右調査実施要綱は、(1)　本件学力調査の目的は、(イ)文部省及び教育委員会においては、教育課程に関する諸施策の樹立及び学習指導の改善に役立たせる資料とすること、(ロ)中学校においては、自校の学習の到達度を全国的な水準との比較においてみることにより、その長短を知り、生徒の学習の指導とその向上に役立たせる資料とすること、(ハ)文部省及び教育委員会においては、学習の改善に役立つ教育条件を整備する資料とすること、(ニ)文部省及び教育委員会においては、育英、特殊教育施設などの拡充強化に役立てる等今後の教育施策を行うための資料とすること等であり、(2)　調査の対象は、全国中学校第二、三学年の全生徒とし、(3)　調査する教科は、国語、社会、数学、理科、英語の五教科とし、(4)　調査の実施期日は、昭和三六年一〇月二六日午前九時から午後三時までの間に、一教科五〇分として行い、(5)　調査問題は、文部省において問題作成委員会を設けて教科別に作成し、(6)　調査の系統は、都道府県教育委員会（以下「都道府県教委」という。）は当該都道府県内の学力調査の全般的な管理運営にあたり、また、市町村教育委員会（以下「市町村教委」という。）は当該市町村の公立中学校の学力調査を実施するが、右実施のため、原則として、管内の各中学校長を当該学校のテスト責任者に、同教員を同補助員に命じ、更に教育委員会事務局職員などをテスト立会人として各中学校に派遣し、(7)　調査結果の整理集計は、原則として、市町村立学校については市町村教委が行い、都道府県教委において都道府県単位の集計を文部省に提出するものとし、(8)　なお、調査結果の利用については、生徒指導要録の標準検査の記録欄に調査結果の換算点を記録する、等の内容を含むものである。

そこで、北海道教育委員会（以下「北海道教委」という。）は、同年六月二〇日付教育長名の通達により、道内各市町村教委に対して同旨の調査及びその結果に関する資料、報告の提出を求め、これを受けた旭川市教育委員会（以下「旭川市教委」という。）においては、同年一〇月二三日、同市立の各中学校長に対し、学校長をテスト責任者として各中学校における本件学力調査の実施を命じるに至った。

なお、北海道教委及び旭川市教委の権限行使の根拠規定としては、それぞれ地教行法五四条二項、二三条一七号が挙げられていた。

以上の事実は、原判決が適法に確定するところである。

2　第一審判決及び原判決の見解

第一審判決及び原判決は、前記の過程を経て行われた本件学力調査は、文部省が独自に発案し、その具体的内容及び方法の一切を立案、決定し、各都道府県教委を経て各市町村教委にそのとおり実施させたものであって、文部省を実質上の主体とする調査と認めるべきものであり、その適法性もまた、この前提に立って判断すべきものであるとしたうえ、右調査は、⑴　その性質、内容及び影響からみて教育基本法（以下「教基法」という。）一〇条一項にいう教育に対する不当な支配にあたり、同法を初めとする現行教育法秩序に違反する実質的違法性をもち、また、⑵　手続上の根拠となりえない地教行法五四条二項に基づいてこれを実施した点において、手続上も違法である、と判断している。そこで、以下において右の二点につき検討を加える。

三　本件学力調査と地教行法五四条二項（手続上の適法性）

㈠　原判決は、本件学力調査は、教育的価値判断にかかわり、教育活動としての実質を有し、行政機関による調査（行政調査）のわくを超えるものであるから、地教行法五四条二項を根拠としてこれを実施することはできない、と判示している。

行政調査は、通常、行政機関がその権限を行使する前提として、必要な基礎資料ないしは情報を収集、獲得する作用であって、文部省設置法五条一項一二号、一三号、一八号、二九号は、特定事項に関する調査を文部省の権限事項として掲げ、地教行法二三条一七号は、地方公共団体の教育にかかる調査を当該地方公共団体の教育委員会（以下「地教委」という。）の職務権限としているほか、同法五三条は、特に文部大臣による他の教育行政機関の所掌事項についての調査権限を規定し、同法五四条にも調査に関する規定がある。本件学力調査がこのような行政調査として行われたものであることは、前記実施要綱に徴して明らかであるところ、原判決は、右調査が試験問題によって生徒を試験するという方法をとっている点をとらえて、それは調査活動のわくを超えた固有の教育活動であるとしている。しかしながら、本件学力調査においてとられた右の方法が、教師の行う教育活動の一部としての試験とその形態を同じくするものであることは確かであるとしても、学力調査としての試験は、あくまでも全国中学校の生徒の学力の程度が一般的にどのようなものであるかを調査するためにされるものであって、教育活動としての試験の場合のように、個々の生徒に対する教育の一環としての成績評価のためにされるものではなく、両者の間には、その趣旨と性格において明らかに区別があるのである。それ故、本件学力調査が生徒に対する試験という方法で行われたことの故をもって、これを行政調査というよりはむしろ固有の教育活動としての性格をもつものと解し、したがって地教行法五四条二項にいう調査には含まれないとすることは、相当でない。もっとも、行政調査といえども、無制限に許されるものではなく、許された目的のために必要とされる範囲において、その方法につき法的な制約が存する場合にはその制約の下で、行われなければならず、これに違反するときは、違法となることを免れない。原判決の指摘する上記の点は、むしろ本件学力調査の右の意味における適法性の問題に帰し、このような問題として論ずれば足りるのであって、これについては、後に四で詳論する。

㈡　次に、原判決は、地教行法五四条二項は、文部大臣において地教委が自主的に実施した調査につきその結果の提出を要求することができることを規定したにとどまり、その前提としての調査そのものの実施を要求する権限を認めたものではないから、文部省が同条項の規定を根拠として本件学力調査の実施を要求することはできず、この点においても右調査の実施は手続上違法である、と判示している。

地教行法五四条二項が、同法五三条との対比上、文部大臣において本件学力調査のような調査の実施を要求する権限までをも認めたものと解し難いことは、原判決の説くとおりである。しかしながら、このことは、地教行法五四条二項によって求めることができない文部大臣の調査要求に対しては、地教委においてこれに従う法的義務がないということを意味するだけであって、右要求に応じて地教委が行った調査行為がそのために当然に手続上違法となるわけのものではない。地教委は、前述のように、地教行法二三条一七号により当該地方公共団体の教育にかかる調査をする権限を有しており、各市町村教委による本件学力調査の実施も、当該市町村教委が文部大臣の要求に応じその所掌する中学校の教育にかかる調査として、右法条に基づいて行ったものであって、文部大臣の要求によってはじめて法律上根拠づけられる調査権限を行使したというのではないのである。その意味において、文部大臣の要求は、法手続上は、市町村教委による調査実施の動機をなすものであるにすぎず、その法的要件をなすものではない。それ故、本件において旭川市教委が旭川市立の各中学校につき実施した調査行為は、たとえそれが地教行法五四条二項の規定上文部大臣又は北海道教委の要求に従う義務がないにもかかわらずその義務があるものと信じてされたものであっても、少なくとも手続法上は権限なくしてされた行為として違法であるということはできない。そして、市町村教委は、市町村立の学校を所管する行政機関として、その管理権に基づき、学校の教育課程の編成について基準を設定し、一般的な指示を与え、指導、助言を行うとともに、特に必要な場合には具体的な命令を発することもできると解するのが相当であるから、旭川市教委が、各中学校長に対し、授業計画を変更し、学校長をテスト責任者としてテストの実施を命じたことも、手続的には適法な権限に基づくものというべく、要するに、本件学力調査の実施には手続上の違法性はないというべきである。

もっとも、右のように、旭川市教委による調査実施行為に手続上の違法性はないとしても、それが地教行法五四条二項による文部大臣の要求に応じてされたという事実がその実質上の適法性の問題との関連においてどのように評価、判断されるべきかは、おのずから別個の観点から論定されるべき問題であり、この点については、四で検討する。

四　本件学力調査と教育法制（実質上の適法性）

原判決は、本件学力調査は、その目的及び経緯に照らし、全体として文部大臣を実質上の主体とする調査であり、市町村教委の実施行為はその一環をなすものにすぎず、したがってその実質上の適否は、右の全体としての調査との関連において判断されなければならないとし、文部大臣の右調査は、教基法一〇条を初めとする現行教育法秩序に違反する実質的違法性をもち、ひいては旭川市教委による調査実施行為も違法であることを免れない、と断じている。本件学力調査は文部大臣において企画、立案し、その要求に応じて実施されたものであり、したがって、当裁判所も、右調査実施行為の実質上の適法性、特に教基法一〇条との関係におけるそれは、右の全体としての調査との関連において検討、判断されるべきものとする原判決の見解は、これを支持すべきものと考える。そこで、以下において は、このような立場から、本件学力調査が原判決のいうように教基法一〇条を含む現行の教育法制及びそれから導かれる法理に違反するかどうかを検討することとする。

1　子どもの教育と教育権能の帰属の問題

(一)　子どもの教育は、子どもが将来一人前の大人となり、共同社会の一員としてその中で生活し、自己の人格を完成、実現していく基礎となる能力を身につけるために必要不可欠な営みであり、それはまた、共同社会の存続と発展のためにも欠くことのできないものである。この子どもの教育は、その最も始源的かつ基本的な形態としては、親が子との自然的関係に基づいて子に対して行う養育、監護の作用の一環としてあらわれるのであるが、しかしこのような私事としての親の教育及びその延長としての私的施設による教育をもってしては、近代社会における経済的、技術的、文化的発展と社会の複雑化に伴う教育要求の質的拡大及び量的増大に対応しきれなくなるに及んで、子どもの教育が社会における重要な共通の関心事となり、子どもの教育をいわば社会の公共的課題として公共の施設を通じて組織的かつ計画的に行ういわゆる公教育制度の発展をみるに至り、現代国家においては、子どもの教育は、主としてこのような公共施設としての国公立の学校を中心として営まれるという状態になっている。

ところで、右のような公教育制度の発展に伴って、教育全般に対する国家の関心が高まり、教育に対する国家の支配ないし介入が増大するに至った一方、教育の本質ないしはそのあり方に対する反省も深化し、その結果、子どもの教育は誰が支配し、決定すべきかという問題との関連において、上記のような子どもの教育に対する国家の支配ないし介入の当否及びその限界が極めて重要な問題として浮かびあがるようになった。このことは、世界的な現象であり、これに対する解決も、国によってそれぞれ異なるが、わが国においても戦後の教育改革における基本的問題の一つとしてとりあげられたところである。本件における教基法一〇条の解釈に関する前記の問題の背景には右のような事情があり、したがって、この問題を考察するにあたっては、広く、わが国において憲法以下の教育関係法制が右の基本的問題に対していかなる態度をとっているかという全体的な観察の下で、これを行わなければならない。

㈡　ところで、わが国の法制上子どもの教育の内容を決定する権能が誰に帰属するとされているかについては、二つの極端に対立する見解があり、そのそれぞれが検察官及び弁護人の主張の基底をなしているようにみうけられる。すなわち、一の見解は、子どもの教育は、親を含む国民全体の共通関心事であり、公教育制度は、このような国民の期待と要求に応じて形成、実施されるものであって、そこにおいて支配し、実現されるべきものは国民全体の教育意思であるが、この国民全体の教育意思は、憲法の採用する議会制民主主義の下においては、国民全体の意思の決定の唯一のルートである国会の法律制度を通じて具体化されるべきものであるから、法律は、当然に、公教育における教育の内容及び方法についても包括的にこれを定めることができ、また、教育行政機関も、法律の授権に基づく限り、広くこれらの事項について決定権限を有する、と主張する。これに対し、他の見解は、子どもの教育は、憲法二六条の保障する子どもの教育を受ける権利に対する責務として行われるべきもので、このような責務をになう者は、親を中心とする国民全体であり、公教育としての子どもの教育は、いわば親の教育義務の共同化ともいうべき性格をもつのであって、それ故にまた、教基法一〇条一項も、教育は、国民全体の信託の下に、これに対して直接に責任を負うように行われなければならないとしている、したがって、権力主体としての国の子どもの教育に対するかかわり合いは、右のような国民の教育義務の遂行を側面から助成するための諸条件の整備に限られ、子どもの教育の内容及び方法については、国は原則として介入権能をもたず、教育は、その実施にあたる教師が、その教育専門家としての立場から、国民全体に対して教育的、文化的責任を負うような形で、その内容及び方法を決定、遂行すべきものであり、このことはまた、憲法二三条における学問の自由の保障が、学問研究の自由ばかりでなく、教授の自由をも含み、教授の自由は、教育の本質上、高等教育のみならず、普通教育におけるそれにも及ぶと解すべきことによっても裏付けられる、と主張するのである。

当裁判所は、右の二つの見解はいずれも極端かつ一方的であり、そのいずれをも全面的に採用することはできないと考える。以下に、その理由と当裁判所の見解を述べる。

2　憲法と子どもに対する教育権能

㈠　憲法中教育そのものについて直接の定めをしている規定は憲法二六条であるが、同条は、一項において、「すべて国民は、法律の定めるところにより、その能力に応じて、ひとしく教育を受ける権利を有する。」と定め、二項において、「すべて国民は、法律の定めるところにより、その保護する子女に普通教育を受けさせる義務を負ふ。義務教育は、これを無償とする。」と定めている。この規定は、福祉国家の理念に基づき、国が積極的に教育に関する諸施設を設けて国民の利用に供する責務を負うことを明らかにするとともに、子どもに対する基礎的教育である普通教育の絶対的必要性にかんがみ、親に対し、その子女に普通教育を受けさせる義務を課し、かつ、その費用を国において負担すべきことを宣言したものであるが、この規定の背後には、国民各自が、一個の人間として、また、一市民として、成長、発達し、自己の人格を完成、実現するために必要な学習をする固有の権利を有すること、特に、みずから学習することのできない子どもは、その学習要求を充足するための教育を自己に施すことを大人一般に対して要求する権利を有するとの観念が存在していると考えられる。換言すれば、子どもの教育は、教育を施す者の支配的権能ではなく、何よりもまず、子どもの学習をする権利に対応し、その充足をはかりうる立場にある者の責務に属するものとしてとらえられているのである。

しかしながら、このように、子どもの教育が、専ら子どもの利益のために、教育を与える者の責務として行われるべきものであるということからは、このような教育の内容及び方法を、誰がいかにして決定すべく、また、決定することができるかという問題に対する一定の結論は、当然には導き出されない。すなわち、同条が、子どもに与えるべき教育の内容は、国の一般的な政治的意思決定手続によって決定されるべきか、それともこのような政治的意思の支配、介入から全く自由な社会的、文化的領域内の問題として決定、処理されるべきかを、直接一義的に決定していると解すべき根拠は、どこにもみあたらないのである。

㈡　次に、学問の自由を保障した憲法二三条により、学校において現実に子どもの教育の任にあたる教師は、教授の自由を有し、公権力による支配、介入を受けないで自由に子どもの教育内容を決定することができるとする見解も、採用することができない。確かに、憲法の保障する学問の自由は、単に学問研究の自由ばかりでなく、その結果を教授する自由をも含むと解されるし、更にまた、専ら自由な学問的探求と勉学を旨とする大学教育に比してむしろ知識の伝達と能力の開発を主とする普通教育の場においても、例えば教師が公権力によって特定の意見のみを教授することを強制されないという意味において、また、子どもの教育が教師と子どもとの間の直接の人格的接触を通じ、その個性に応じて行われなければならないという本質的要請に照らし、教授の具体的内容及び方法につきある程度自由な裁量が認められなければならないという意味においては、一定の範囲における教授の自由が保障されるべきことを肯定できないではない。しかし、大学教育の場合には、学生が一応教授内容を批判する能力を備えていると考えられるのに対し、普通教育においては、児童生徒にこのような能力がなく、教師が児童生徒に対して強い影響力、支配力を有することを考え、また、普通教育においては、子どもの側に学校や教師を選択する余地が乏しく、教育の機会均等をはかる上からも全国的に一定の水準を確保すべき強い要請があること等に思いをいたすときは、普通教育における教師に完全な教授の自由を認めることは、とうてい許されないところといわなければならない。もとより、教師間における討議や親を含む第三者からの批判によって、教授の自由にもおのずから抑制が加わることは確かであり、これに期待すべきところも少なくないけれども、それによって右の自由の濫用等による弊害が効果的に防止されるという保障はなく、憲法が専ら右のような社会的自律作用による抑制のみに期待していると解すべき合理的根拠は、全く存しないのである。

㈢　思うに、子どもはその成長の過程において他からの影響によって大きく左右されるいわば可塑性をもつ存在であるから、子どもにどのような教育を施すかは、その子どもが将来どのような大人に育つかに対して決定的な役割をはたすものである。それ故、子どもの教育の結果に利害と関心をもつ関係者が、それぞれその教育の内容及び方法につき深甚な関心を抱き、それぞれの立場からその決定、実施に対する支配権ないしは発言権を主張するのは、極めて自然な成行きということができる。子どもの教育は、前述のように、専ら子どもの利益のために行われるべきものであり、本来的には右の関係者らがその目的の下に一致協力して行うべきものであるけれども、何が子どもの利益であり、また、そのために何が必要であるかについては、意見の対立が当然に生じうるのであって、そのために教育内容の決定につき矛盾、対立する主張の衝突が起こるのを免れることができない。憲法がこのような矛盾対立を一義的に解決すべき一定の基準を明示的に示していないことは、上に述べたとおりである。そうであるとすれば、憲法の次元におけるこの問題の解釈としては、右の関係者らのそれぞれの主張のよって立つ憲法上の根拠に照らして各主張の妥当すべき範囲を画するのが、最も合理的な解釈態度というべきである。

そして、この観点に立って考えるときは、まず親は、子どもに対する自然的関係により、子どもの将来に対して最も深い関心をもち、かつ、配慮をすべき立場にある者として、子どもの教育に対する一定の支配権、すなわち子女の教育の自由を有すると認められるが、このような親の教育の自由は、主として家庭教育等学校外における教育や学校選択の自由にあらわれるものと考えられるし、また、私学教育における自由や前述した教師の教授の自由も、それぞれ限られた一定の範囲においてこれを肯定するのが相当であるけれども、それ以外の領域においては、一般に社会公共的な問題について国民全体の意思を組織的に決定、実現すべき立場にある国は、国政の一部として広く適切な教育政策を樹立、実施すべく、また、しうる者として、憲法上は、あるいは子ども自身の利益の擁護のため、あるいは子どもの成長に対する社会公共の利益と関心にこたえるため、必要かつ相当と認められる範囲において、教育内容についてもこれを決定する権能を有するものと解さざるをえず、これを否定すべき理由ないし根拠は、どこにもみいだせないのである。もとより、政党政治の下で多数決原理によってされる国政上の意思決定は、さまざまな政治的要因によって左右されるものであるから、本来人間の内面的価値に関する文化的な営みとして、党派的な政治的観念や利害によって支配されるべきでない教育にそのような政治的影響が深く入り込む危険があることを考えるときは、教育内容に対する右のごとき国家的介入についてはできるだけ抑制的であることが要請されるし、殊に個人の基本的自由を認め、その人格の独立を国政上尊重すべきものとしている憲法の下においては、子どもが自由かつ独立の人格として成長することを妨げるような国家的介入、例えば、誤った知識や一方的な観念を子どもに植えつけるような内容の教育を施すことを強制するようなことは、憲法二六条、一三条の規定上からも許されないと解することができるけれども、これらのことは、前述のような子どもの教育内容に対する国の正当な理由に基づく合理的な決定権能を否定する理由となるものではないといわなければならない。

3　教基法一〇条の解釈

次に、憲法における教育に対する国の権能及び親、教師等の教育の自由についての上記のような理解を背景として、教基法一〇条の規定をいかに解釈すべきかを検討する。

㈠　教基法は、憲法において教育のあり方の基本を定めることに代えて、わが国の教育及び教育制度全体を通じる基本理念と基本原理を宣明することを目的として制定されたものであって、戦後のわが国の政治、社会、文化の各方面における諸改革中最も重要な問題の一つとされていた教育の根本的改革を目途として制定された諸立法の中で中心的地位を占める法律であり、このことは、同法の前文の文言及び各規定の内容に徴しても、明らかである。それ故、同法における定めは、形式的には通常の法律規定として、これと矛盾する他の法律規定を無効にする効力をもつものではないけれども、一般に教育関係法令の解釈及び運用については、法律自体に別段の規定がない限り、できるだけ教基法の規定及び同法の趣旨、目的に沿うように考慮が払われなければならないというべきである。

ところで、教基法は、その前文の示すように、憲法の精神にのっとり、民主的で文化的な国家を建設して世界の平和と人類の福祉に貢献するためには、教育が根本的重要性を有するとの認識の下に、個人の尊厳を重んじ、真理と平和を希求する人間の育成を期するとともに、普遍的で、しかも個性豊かな文化の創造をめざす教育が今後におけるわが国の教育の基本理念であるとしている。これは、戦前のわが国の教育が、国家による強い支配の下で形式的、画一的に流れ、時に軍国主義的又は極端な国家主義的傾向を帯びる面があったことに対する反省によるものであり、右の理念は、これを更に具体化した同法の各規定を解釈するにあたっても、強く念頭に置かれるべきものであることは、いうまでもない。

㈡　本件で問題とされている教基法一〇条は、教育と教育行政との関係についての基本原理を明らかにした極めて重要な規定であり、一項において、「教育は、不当な支配に服することなく、国民全体に対し直接に責任を負って行われるべきものである。」と定め、二項において、「教育行政は、この自覚のもとに、教育の目的を遂行するに必要な諸条件の整備確立を目標として行わなければならない。」と定めている。この規定の解釈については、検察官の主張と原判決が大筋において採用したと考えられる弁護人の主張との間に顕著な対立があるが、その要点は、⑴　第一に、教育行政機関が法令に基づいて行政を行う場合は右教基法一〇条一項にいう「不当な支配」に含まれないと解すべきかどうかであり、⑵　第二に、同条二項にいう教育の目的を遂行するに必要な諸条件の整備確立とは、主として教育施設の設置管理、教員配置等のいわゆる教育の外的事項に関するものを指し、教育課程、教育方法等のいわゆる内的事項については、教育行政機関の権限は原則としてごく大綱的な基準の設定に限られ、その余は指導、助言的作用にとどめられるべきものかどうかである、と考えられる。

㈢　まず、⑴の問題について考えるのに、前記教基法一〇条一項は、その文言からも明らかなように、教育が国民から信託されたものであり、したがって教育は、右の信託にこたえて国民全体に対して直接責任を負うように行われるべく、その間において不当な支配によってゆがめられることがあってはならないとして、教育が専ら教育本来の目的に従って行われるべきことを示したものと考えられる。これによってみれば、同条項が排斥しているのは、教育が国民の信託にこたえて右の意味において自主的に行われることをゆがめるような「不当な支配」であって、そのような支配と認められる限り、その主体のいかんは問うところでないと解しなければならない。それ故、論理的には、教育行政機関が行う行政でも、右にいう「不当な支配」にあたる場合がありうることを否定できず、問題は、教育行政機関が法令に基づいてする行為が「不当な支配」にあたる場合がありうるかということに帰着する。思うに、憲法に適合する有効な他の法律の命ずるところをそのまま執行する教育行政機関の行為がここにいう「不当な支配」となりえないことは明らかであるが、上に述べたように、他の教育関係法律は教基法の規定及び同法の趣旨、目的に反しないように解釈されなければならないのであるから、教育行政機関がこれらの法律を運用する場合においても、当該法律規定が特定的に命じていることを執行する場合を除き、教基法一〇条一項にいう「不当な支配」とならないように配慮しなければならない拘束を受けているものと解されるのであり、その意味において、教基法一〇条一項は、いわゆる法令に基づく教育行政機関の行為にも適用があるものといわなければならない。

㈣　そこで、次に、上記⑵の問題について考えるのに、原判決は、教基法一〇条の趣旨は、教育が「国民全体のものとして自主的に行われるべきものとするとともに」、「教育そのものは人間的な信頼関係の上に立ってはじめてその成果をあげうることにかんがみ、教育の場にあって被教育者に接する教員の自由な創意と工夫とに委ねて教育行政機関の支配介入を排し、教育行政機関としては、右の教育の目的達成に必要な教育条件の整備確立を目標とするところにその任務と任務の限界があることを宣明」したところにあるとし、このことから、「教育内容及び教育方法等への（教育行政機関の）関与の程度は、教育機関の種類等に応じた大綱的基準の定立のほかは、法的拘束力を伴わない指導、助言、援助を与えることにとどまると解すべきである。」と判示している。

思うに、子どもの教育が、教師と子どもとの間の直接の人格的接触を通じ、子どもの個性に応じて弾力的に行われなければならず、そこに教師の自由な創意と工夫の余地が要請されることは原判決の説くとおりであるし、また、教基法が前述のように戦前における教育に対する過度の国家的介入、統制に対する反省から生まれたものであることに照らせば、同法一〇条が教育に対する権力的介入、特に行政権力によるそれを警戒し、これに対して抑制的態度を表明したものと解することは、それなりの合理性を有するけれども、このことから、教育内容に対する行政の権力的介入が一切排除されているものであるとの結論を導き出すことは、早計である。さきにも述べたように、憲法上、国は、適切な教育政策を樹立、実施する権能を有し、国会は、国の立法機関として、教育の内容及び方法についても、法律により、直接に又は行政機関に授権して必要かつ合理的な規制を施す権限を有するのみならず、子どもの利益のため又は子どもの成長に対する社会公共の利益のためにそのような規制を施すことが要請される場合もありうるのであり、国会が教基法においてこのような権限の行使を自己限定したものと解すべき根拠はない。むしろ教基法一〇条は、国の教育統制権能を前提としつつ、教育行政の目標を教育の目的の遂行に必要な諸条件の整備確立に置き、その整備確立のための措置を講ずるにあたっては、教育の自主性尊重の見地から、これに対する「不当な支配」となることのないようにすべき旨の限定を付したところにその意味があり、したがって、教育に対する行政権力の不当、不要の介入は排除されるべきであるとしても、許容される目的のために必要かつ合理的と認められるそれは、たとえ教育の内容及び方法に関するものであっても、必ずしも同条の禁止するところではないと解するのが、相当である。

もっとも、原判決も、教育の内容及び方法に対する教育行政機関の介入が一切排除されていると解しているわけではなく、前述のように、権力的介入としては教育機関の種類等に応じた大綱的基準の設定を超えることができないとするにとどまっている。原判決が右にいう大綱的基準としてどのようなものを考えているかは必ずしも明らかでないが、これを国の教育行政機関についていえば、原判決において、前述のような教師の自由な教育活動の要請と現行教育法体制における教育の地方自治の原則に照らして設定されるべき基準は全国的観点からする大綱的なものに限定されるべきことを指摘し、かつ、後述する文部大臣の定めた中学校学習指導要領を右の大綱的基準の限度を超えたものと断じているところからみれば、原判決のいう大綱的基準とは、弁護人の主張するように、教育課程の構成要素、教科名、授業時数等のほか、教科内容、教育方法については、性質上全国的画一性を要する度合が強く、指導助言行政その他国家立法以外の手段ではまかないきれない、ごく大綱的な事項を指しているもののように考えられる。

思うに、国の教育行政機関が法律の授権に基づいて義務教育に属する普通教育の内容及び方法について遵守すべき基準を設定する場合には、教師の創意工夫の尊重等教基法一〇条に関してさきに述べたところのほか、後述する教育に関する地方自治の原則をも考慮し、右教育における機会均等の確保と全国的な一定の水準の維持という目的のために必要かつ合理的と認められる大綱的なそれにとどめられるべきものと解しなければならないけれども、右の大綱的基準の範囲に関する原判決の見解は、狭きに失し、これを採用することはできないと考える。これを前記学習指導要領についていえば、文部大臣は、学校教育法三八条、一〇六条による中学校の教科に関する事項を定める権限に基づき、普通教育に属する中学校における教育の内容及び方法につき、上述のような教育の機会均等の確保等の目的のために必要かつ合理的な基準を設定することができるものと解すべきところ、本件当時の中学校学習指導要領の内容を通覧するのに、おおむね、中学校において地域差、学校差を超えて全国的に共通なものとして教授されることが必要な最小限度の基準と考えても必ずしも不合理とはいえない事項が、その根幹をなしていると認められるのであり、その中には、ある程度細目にわたり、かつ、詳細に過ぎ、また、必ずしも法的拘束力をもって地方公共団体を制約し、又は教師を強制するのに適切でなく、また、はたしてそのように制約し、ないしは強制する趣旨であるかどうか疑わしいものが幾分含まれているとしても、右指導要領の下における教師により創造的かつ弾力的な教育の余地や、地方ごとの特殊性を反映した個別化の余地が十分に残されており、全体としてはなお全国的な大綱的基準としての性格をもつものと認められるし、また、その内容においても、教師に対し一方的な一定の理論ないしは観念を生徒に教え込むことを強制するような点は全く含まれていないのである。それ故、上記指導要領は、全体としてみた場合、教育政策上の当否はともかくとして、少なくとも法的見地からは、上記目的のために必要かつ合理的な基準の設定として是認することができるものと解するのが相当である。

4　本件学力調査と教基法一〇条

そこで、以上の解釈に基づき、本件学力調査が教基法一〇条一項にいう教育に対する「不当な支配」として右規定に違反するかどうかを検討する。

本件学力調査が教育行政機関である文部大臣において企画、立案し、その要求に応じて実施された行政調査たる性格をもつものであることはさきに述べたとおりであるところ、それが行政調査として教基法一〇条との関係において適法とされうるかどうかを判断するについては、さきに述べたとおり、その調査目的において文部大臣の所掌とされている事項と合理的関連性を有するか、右の目的のために本件のような調査を行う必要性を肯定することができるか、本件の調査方法に教育に対する不当な支配とみられる要素はないか等の問題を検討しなければならない。

㈠　まず、本件学力調査の目的についてみるのに、右調査の実施要綱には、前記二の1の⑴で述べたように、調査目的として四つの項目が挙げられている。このうち、文部大臣及び教育委員会において、調査の結果を、㈵の教育課程に関する諸施策の樹立及び学習指導の改善に役立たせる資料とすること、㈧の学習の改善に役立つ教育条件を整備する資料とすること、㈡の育英、特殊教育施設などの拡充強化に役立てる等今後の教育施策を行うための資料とすること等は、文部大臣についていえば、文部大臣が学校教育等の振興及び普及を図ることを任務とし、これらの事項に関する国の行政事務を一体的に遂行する責任を負う行政機関（文部省設置法四条）として、全国中学校における教育の機会均等の確保、教育水準の維持、向上に努め、教育施設の整備、充実をはかる責務と権限を有することに照らし、これらの権限と合理的関連性を有するものと認めることができるし、右目的に付随して、地教委をしてそれぞれの所掌する事項に調査結果を利用させようとすることも、文部大臣の地教委に対する指導、助言的性格のものとして不当ということはできない。また、右四項目中㈺の、中学校において、本件学力調査の結果により、自校の学習の到達度を全国的な水準との比較においてみることにより、その長短を知り、生徒の学習の指導とその向上に役立たせる資料とするという項目は、それが文部大臣固有の行政権限に直接関係せず、中学校における教育実施上の目的に資するためのものである点において、調査目的として正当性を有するかどうか問題であるけれども、右は、本件学力調査全体の趣旨、目的からいえば、単に副次的な意義をもつものでしかないと認めるのが相当であるのみならず、調査結果を教育活動上利用すべきことを強制するものではなく、指導、助言的性格のものにすぎず、これをいかに利用するかは教師の良識ある判断にまかされるべきものと考えられるから、右の(ロ)が調査目的の一つに挙げられているからといって、調査全体の目的を違法不当のものとすることはできないというべきである。

(二)　次に、本件学力調査は、原判決の認定するところによれば、文部省が当時の中学校学習指導要領によって試験問題を作成し、二の１で述べたように、全国の中学校の全部において一せいに右問題による試験を行い、各地教委にその結果を集計、報告させる等の方法によって行われたものであって、このような方法による調査が前記の調査目的のために必要と認めることができるかどうか、及び教育に対する不当な支配の要素をもつものでないかどうかは、慎重な検討を要する問題である。

まず、必要性の有無について考えるのに、全国の中学校における生徒の学力の程度がどの程度のものであり、そこにどのような不足ないし欠陥があるかを知ることは、上記の(イ)、(ハ)、(ニ)に掲げる諸施策のための資料として必要かつ有用であることは明らかであり、また、このような学力調査の方法としては、結局試験によってその結果をみるよりほかにはないのであるから、文部大臣が全国の中学校の生徒の学力をできるだけ正確かつ客観的に把握するためには、全国の中学校の生徒に対し同一試験問題によって同一調査日に同一時間割で一せいに試験を行うことが必要であると考えたとしても、決して不合理とはいえない。それ故、本件学力調査は、その必要性の点において欠けるところはないというべきである。

(三)　問題となるのは、上記のような方法による調査が、その一面において文部大臣が直接教育そのものに介入するという要素を含み、また、右に述べたような調査の必要性によっては正当化することができないほどに教育に対して大きな影響力を及ぼし、これらの点において文部大臣の教育に対する「不当な支配」となるものではないか、ということである。

これにつき原判決は、右のような方法による本件学力調査は教基法一〇条にいう教育に対する「不当な支配」にあたるとし、その理由として、(1)　右調査の実施のためには、各中学校において授業計画の変更を必要とするが、これは実質上各学校の教育内容の一部を強制的に変更させる意味をもつものであること、また、(2)　右調査は、生徒を対象としてその学習の到達度と学校の教育効果を知るという性質のものである点において、教師が生徒に対する学習指導の結果を試験によって把握するのと異なるところがなく、教育的価値判断にかかわる教育活動としての実質をもっていること、更に、(3)　前記の方法による調査を全国の中学校のすべての生徒を対象として実施することは、これらの学校における日常の教育活動を試験問題作成者である文部省の定めた学習指導要領に盛られている方針ないしは意向に沿って行わせる傾向をもたらし、教師の自由な創意と工夫による教育活動を妨げる一般的危険性をもつものであり、現に一部においてそれが現実化しているという現象がみられること、を挙げている。

そこでまず、右(1)及び(2)の点について考えるのに、本件学力調査における生徒に対する試験という方法が、あくまでも生徒の一般的な学力の程度を把握するためのものであって、個々の生徒の成績評価を目的とするものではなく、教育活動そのものとは性格を異にするものであることは、さきに述べたとおりである。もっとも、試験という形態をとる以上、前者の目的でされたものが後者の目的に利用される可能性はあり、現に本件学力調査においても、試験の結果を生徒指導要録に記録させることとしている点からみれば、両者の間における一定の結びつきの存在を否定することはできないけれども、この点は、せっかく実施した試験の結果を生徒に対する学習指導にも利用させようとする指導、助言的性格のものにすぎないとみるべきであるから、以上の点をもって、文部省自身が教育活動を行ったものであるとすることができないのはもちろん、教師に対して一定の成績評価を強制し、教育に対する実質的な介入をしたものとすることも、相当ではない。また、試験実施のために試験当日限り各中学校における授業計画の変更を余儀なくされることになるとしても、右変更が年間の授業計画全体に与える影響についてみるとき、それは、実質上各学校の教育内容の一部を強制的に変更させる意味をもつほどのものではなく、前記のような本件学力調査の必要性によって正当化することができないものではないのである。

次に、(3)の点について考えるのに、原判決は、本件学力調査の結果として、全国の中学校及びその教師の間に、学習指導要領の指示するところに従った教育を行う風潮を生じさせ、教師の教育の自由が阻害される危険性があることをいうが、もともと右学習指導要領自体が全体としてみて中学校の教育課程に関する基準の設定として適法なものであり、これによって必ずしも教師の教育の自由を不当に拘束するものとは認められないことはさきに述べたとおりであるのみならず、本件学力調査は、生徒の一般的な学力の実態調査のために行われたもので、学校及び教師による右指導要領の遵守状況を調査し、その結果を教師の勤務評定にも反映させる等して、間接にその遵守を強制ないしは促進するために行われたものではなく、右指導要領は、単に調査のための試験問題作成上の基準として用いられたにとどまっているのである。もっとも、右調査の実施によって、原判決の指摘するように、中学校内の各クラス間、各中学校間、更には市町村又は都道府県間における試験成績の比較が行われ、それがはねかえってこれらのものの間の成績競争の風潮を生み、教育上必ずしも好ましくない状況をもたらし、また、教師の真に自由で創造的な教育活動を畏縮させるおそれが絶無であるとはいえず、教育政策上はたして適当な措置であるかどうかについて問題がありうべく、更に、前記のように、試験の結果を生徒指導要録の標準調査の欄に記録させることとしている点については、特にその妥当性に批判の余地があるとしても、本件学力調査実施要綱によれば、同調査においては、試験問題の程度は全体として平易なものとし、特別の準備を要しないものとすることとされ、また、個々の学校、生徒、市町村、都道府県についての調査結果は公表しないこととされる等一応の配慮が加えられていたことや、原判決の指摘する危険性も、教師自身を含めた教育関係者、父母、その他社会一般の良識を前提とする限り、それが全国的に現実化し、教育の自由が阻害されることとなる可能性がそれほど強いとは考えられないこと（原判決の挙げている一部の県における事例は、むしろ例外的現象とみるべきである。）等を考慮するときは、法的見地からは、本件学力調査を目して、前記目的のための必要性をもってしては正当化することのできないほどの教育に対する強い影響力、支配力をもち、教基法一〇条にいう教育に対する「不当な支配」にあたるものとすることは、相当ではなく、結局、本件学力調査は、その調査の方法において違法であるということはできない。

㈣　以上説示のとおりであって、本件学力調査には、教育そのものに対する「不当な支配」として教基法一〇条に違反する違法があるとすることはできない。

５　本件学力調査と教育の地方自治

なお、原判決は、文部大臣が地教委をして本件のような調査を実施させたことは、現行教育法制における教育の地方自治の原則に反するものを含むとして、この点からも本件学力調査の適法性を問題としているので、最後にこの点について判断を加える。

㈠　思うに、現行法制上、学校等の教育に関する施設の設置、管理及びその他教育に関する事務は、普通地方公共団体の事務とされ（地方自治法二条三項五号）、公立学校における教育に関する権限は、当該地方公共団体の教育委員会に属するとされる（地教行法二三条、三二条、四三条等）等、教育に関する地方自治の原則が採用されているが、これは、戦前における国の強い統制の下における全国的な画一的教育を排して、それぞれの地方の住民に直結した形で、各地方の実情に適応した教育を行わせるのが教育の目的及び本質に適合するとの観念に基づくものであって、このような地方自治の原則が現行教育法制における重要な基本原理の一つをなすものであることは、疑いをいれない。そして、右の教育に関する地方自治の原則からすれば、地教委の有する教育に関する固有の権限に対する国の行政機関である文部大臣の介入、監督の権限に一定の制約が存することも、原判決の説くとおりである。このような制限は、さまざまの関係において問題となりうべく、前記中学校学習指導要領の法的効力に関する問題もその一つであるが、この点については、すでに触れたので、以下においては、本件学力調査において、文部大臣が地教行法五四条二項によっては地教委にその調査の実施を要求することができないにもかかわらずこれを要求し、地教委をしてその実施に至らせたことが、教育に関する地方自治の原則に反するものとして実質的違法性を生じさせるものであるかどうかを、検討する。

㈡　文部大臣は、地教行法五四条二項によっては地教委に対し本件学力調査の実施をその義務として要求することができないことは、さきに三において述べたとおりであり、このような要求をすることが教育に関する地方自治の原則に反することは、これを否定することができない。しかしながら、文部大臣の右要求行為が法律の根拠に基づかないものであるとしても、そのために右要求に応じて地教委がした実施行為が地方自治の原則に違反する行為として違法となるかどうかは、おのずから別個の問題である。思うに、文部大臣が地教行法五四条二項によって地教委に対し本件学力調査の実施を要求することができるとの見解を示して、地教委にその義務の履行を求めたとしても、地教委は必ずしも文部大臣の右見解に拘束されるものではなく、文部大臣の右要求に対し、これに従うべき法律上の義務があるかどうか、また、法律上の義務はないとしても、右要求を一種の協力要請と解し、これに応ずるのを妥当とするかどうかを、独自の立場で判断し、決定する自由を有するものである。それ故、地教委が文部大臣の要求に応じてその要求にかかる事項を実施した場合には、それは、地教委がその独自の判断に基づきこれに応ずべきものと決定して実行に踏み切ったことに帰着し、したがって、たとえ右要求が法律上の根拠をもたず、当該地教委においてこれに従う義務がない場合であったとしても、地教委が当該地方公共団体の内部において批判を受けることは格別、窮極的にはみずからの判断と意見に基づき、その有する権限の行使としてした実施行為がそのために実質上違法となるべき理はないというべきである。それ故、本件学力調査における調査の実施には、教育における地方自治の原則に反する違法があるとすることはできない。

五　結び

以上の次第であって、本件学力調査には、手続上も実質上も違法はない。

そうすると、斎藤校長の本件学力調査の実施は適法な公務の執行であって、同校長がこのような職務を執行するにあたりこれに対して暴行を加えた本件行為は公務執行妨害罪を構成すると解するのが、相当である。これと異なる見地に立ち、被告人松橋、同浜埜、同外崎の斎藤校長に対する暴行につき公務執行妨害罪の成立を認めず、共同暴行罪の成立のみを認めた第一審判決及びこれを維持した原判決は、地教行法五四条二項、二三条一七号、教基法一〇条の解釈を誤り、ひいては刑法九五条一項の適用を誤ったものであって、その誤りは判決に影響を及ぼし、かつ、原判決及び第一審判決を破棄しなければ著しく正義に反するものと認める。

（結　論）

よって、検察官の上告趣意中のその余の所論に対する判断を省略し、刑訴法四一四条、三九六条により被告人佐藤の本件上告を棄却し、同法四一一条一号により原判決及び第一審判決中被告人松橋、同浜埜、同外崎に関する部分を破棄し、なお、直ちに判決をすることができるものと認めて、同法四一三条但書により被告人松橋、同浜埜、同外崎に対する各被告事件について更に判決する。

第一審判決の証拠の標目掲記の各証拠によると、被告人松橋、同浜埜、同外崎は、いずれも、昭和三六年一〇月二六日旭川市永山町所在の旭川市立永山中学校において実施予定の全国中学校一せい学力調査を阻止するための説得活動をする目的をもって、当日、同校に赴いた者であるところ、⑴　被告人松橋は、右説得活動をするために集まった約七〇名の者と互いにその意見を通じて共謀のうえ、同日午前八時過ぎころ、右の者らとともに、同校正面玄関から、同校校長斎藤吉春の制止にもかかわらず、同校長が管理する永山中学校校舎内各所に立ち入り、もって故なく建造物に侵入し、被告人浜埜は、同日午前九時ころ、前記のとおりすでに故なく校舎内に侵入していた者らと意思を通じて、同校正面玄関から右校舎内各所に立ち入り、もって故なく建造物に侵入し、また、⑵　同校長が同日午前一一時四〇分ころから同校二階の二年Ａ、Ｂ、Ｃ、Ｄ各組の教室において学力調査を実施し始めたところ、㈠被告人外崎は、同日午後零時過ぎころ、二年各組の教室前の廊下において、職務として学力調査実施中の各教室を見回りつつあった同校長に対し、同校長が教室への出入りを妨げられたためやむなく二年四組教室の外側窓から同Ｃ組教室の外側窓に足をかけて渡った事実をとらえて、「最高責任者である校長が窓渡りをするとはあまりに非常識じゃないか。」等と激しく非難抗議をするに際し、手拳をもって同校長の胸部付近を突いて暴行を加え、もってその公務の執行を妨害し、更に、㈡被告人松橋、同浜埜、同外崎は、そのころ、同校二階において、職務として学力調査実施中の各教室を見回りつつあった同校長を階下校長室に連れて行こうとして、同校長の周辺に集まっていた約一四、五名の者と互いに意思を通じて共謀のうえ、被告人松橋においては同校長の右腕をかかえて二、三歩引っぱり、被告人浜埜、同外崎においては右の者らとともに同校長の身近かにほぼ馬てい形にこれをとり囲み、これらの者は口々に「テストを中止したらどうか。」とか「下へ行って話をしよう。」などと抗議し、あるいは促し、また、同校長の体に手をかけたり、同校長が教室内にはいろうとするのを出入口に立って妨げる等して、同校長をとり囲んだままの状態で、同校長をして、その意思に反して正面玄関側階段方向へ二年Ａ組教室前付近まで移動するのやむなきに至らせて同校長の行動の自由を束縛する等の暴行を加え、もってその公務の執行を妨害したものであることが、認められる。

右事実に法令を適用すると、被告人松橋、同浜埜の所為中建造物侵入の点は、行為時においては刑法六〇条、一三〇条前段、昭和四七年法律第六一号による改正前の罰金等臨時措置法三条一項一号に、裁判時においては刑法六〇条、一三〇条前段、昭和四七年法律第六一号による改正後の罰金等臨時措置法三条一項一号に該当するが、犯罪後の法律により刑の変更があったときにあたるから、刑法六条、一〇条により軽い行為時法の刑によることとし、斎藤校長の職務の執行に対し暴行を加えた点は、同法六〇条、九五条一項に該当し、被告人外崎の同校長の職務の執行に対し暴行を加えた所為は、包括して同法六〇条、九五条一項に該当するところ、被告人松橋、同浜埜の建造物侵入と公務執行妨害との間には手段結果の関係があるので、同法五四条一項後段、一〇条により一罪として重い後者の罪につき定めた懲役刑で処断し、被告人外崎の罪につき所定刑中懲役刑を選択することとし、各刑期の範囲内において、被告人松橋を懲役三月に、被告人浜埜を懲役一月に、被告人外崎を懲役二月に処し、同法二五条一項を適用して、被告人松橋、同浜埜、同外崎に対し、この裁判確定の日から一年間その刑の執行を猶予し、また、公訴事実第二の㈡の被告人浜埜の横倉勝雄に対する暴行については、その証明がないとする第一審判決の判断はこれを維持すべきであるが、同被告人に対する判示建造物侵入の罪と牽連犯の関係にあるとして起訴されたものであるから、主文において特に無罪の言渡をしないこととし、なお、第一審及び原審における訴訟費用の負担については、刑訴法一八一条一項本文、一八二条により、主文第四項記載のとおり定めることとし、主文のとおり判決する。

この判決は、裁判官全員一致の意見によるものである。

検察官長島敦、同蒲原大輔、同伊蔵栄樹、同臼井滋夫、同安田道夫公判出席

昭和五一年五月二一日

最高裁判所大法廷

裁判長裁判官　村　上　朝　一
裁判官　藤　林　益　三
裁判官　岡　原　昌　男
裁判官　下　田　武　三
裁判官　岸　　　盛　一
裁判官　天　野　武　一
裁判官　岸　上　康　夫
裁判官　江里口　清　雄
裁判官　大　塚　喜一郎
裁判官　高　辻　正　己
裁判官　吉　田　　　豊
裁判官　団　藤　重　光
裁判官　本　林　　　譲

裁判官　服　部　高　顕

裁判官坂本吉勝は、退官のため署名押印することができない。

裁判長裁判官　村　上　朝　一

(2)　岩教組事件最高裁判決

（昭和四四年(あ)第一二七五号
昭和五一・五・二一　最高裁大法廷判決）

事件の概要

岩手県教組の役員七名が、学力調査の実施阻止を目的として、組合員に対し学力調査の実施事務を拒否するよう煽動したことが、争議行為のあおり、そそのかしの罪に問われた事件である。

判　決

本籍　岩手県和賀郡東和町
住居　同　盛岡市
団体役員（元教員）
小　川　仁　一
大正七年二月一日生

本籍・住居　岩手県胆沢郡金ケ崎町
労働金庫役員（元教員）
千　葉　樹　寿
大正一二年二月一一日生

本籍　岩手県陸前高田市
住居　同　陸前高田市
団体役員（元教員）
千　葉　直
大正一二年六月一日生

本籍　岩手県一関市
住居　同　盛岡市
県議会議員（元教員）
佐　藤　啓　二
大正一二年九月一六日生

本籍　岩手県盛岡市
住居　同　盛岡市
団体役員（教員休職中）
熊　谷　晟
昭和七年一月四日生

本籍・住居　岩手県東磐井郡千厩町
団体役員（教員休職中）
岩　淵　臧
大正一一年一月二〇日生

本籍　岩手県盛岡市
住居　同　盛岡市
団体役員（元教員）
柏　朔　司
昭和六年一月四日生

右小川仁一、千葉樹寿、千葉直、佐藤啓二、熊谷晟、岩淵臧に対する地方公務員法違反、柏朔司に対する同法違反、道路交通法違反各被告事件について、昭和四四年二月一九日仙台高等裁判所が言い渡した判決に対し、検察官から上告の申立があったので、当裁判所は、次のとおり判決する。

主　文

原判決を破棄する。
被告人らの本件各控訴を棄却する。
原審における訴訟費用は被告人らの連帯負担とする。

理　由

検察官の上告趣意について

（本件の経過）

被告人らに対する本件公訴事実の要旨は、

被告人小川仁一は、岩手県内学校教職員をもって組織する岩手県教員組合（以下「岩教組」という。）の中央執行委員長、同千葉樹寿は同組合書記長、同千葉直、同佐藤啓二、同熊谷晟、同岩淵臧、同柏朔司は、いずれも同組合中央執行委員であるところ、

第一　岩手県下の各市町村教育委員会（以下「市町村教委」という。）がその管理する各市町村立中学校第二、三学年生徒に対する昭和三六年度全国中学校一せい学力調査を実施するにあたり、これが実施に反対し、同組合傘下組合員である市町村立中学校教員をして、これが実施を阻止する争議行為を行わせるため、

一　被告人ら七名は、他の同組合本部役員らと共謀のうえ、被告人らにおいて、昭和三六年一〇月一三日ころより同月二〇日ころまでの間に、同組合西磐井支部長増井嘉一ら各支部長あて、岩教組中央闘争委員長小川仁一名義の、「一〇月二六日学力調査を行う場合は、全組織力を傾注して阻止せよ。テスト責任者、補助員任命は完全に返上せよ。当日全組合員休暇届を提出し、午前八時三〇分より中学校区単位の措置要求大会に参加せよ。九時五〇分から一〇時の間に学校に到着して授業を行え。」等、全組合員相結束して右調査の実施に関する職務の遂行を拒否しその調査の実施を阻止すべき旨を記載した指令書（指令第六号）及び「テスト責任者、テスト補助員等の任命を絶対に返上せよ。当日全組合員午前七時中学校区単位に集結し、教育委員会の行動に対応できる体制を確立されたい。早

朝テスト実施の任務をもって来校し、テストに入ろうとする者がある場合には中学校の担任は直ちに生徒を掌握し、授業の体制にうつり教室を防衛する。外来人が教室に入ることを断乎阻止せよ。特に生徒の扱いについては、テストが事実上不可能な状態におくこと。休暇届は一括分会長保管とする。」等と記載した右指令の内容を敷衍強調する指示書（指示第七号）を発出し、右各支部、支会、分会の役員らを介し、そのころ岩手県一関市ほか同県各市町村において、傘下組合員である小野寺明治外岩手県下の市町村立中学校教職員約四三〇〇名に対し、右指令、指示の趣旨を伝達してその趣旨の実行方を慫慂し、もって地方公務員である教職員に対し争議行為の遂行をあおり、

二　被告人千葉直は、㈠　同年一〇月一九日ころ、花巻市東宮野目第一地割七四番地の二、宮野目中学校において、前記組合員である同中学校長沢田利衛に対し、「校長も組合員の一人であるから、組合の方針に従ってテストを実施しないことに協力してくれ。テスト責任者を命ぜられてもこれを返上するようにしてくれ。」等と説得強調して右指令の趣旨の実行方を慫慂し、もって地方公務員である教職員に対し争議行為の遂行をそそのかし、㈡　同月二四日ころ、同市駅前通三七五番地稗貫教育会館において、前記組合員である安藤寛外約四〇名の小、中学校長に対し、「校長も組合員だから、組織の決定に従ってテスト責任者を返上し、テスト拒否にふみ切って貰いたい。」等と力説強調して右指令の趣旨の実行方を慫慂し、もって地方公務員である教職員に対し争議行為の遂行をあおり、㈢　同月二六日、同市高松第五地割四二番地の一、矢沢中学校において、前記組合員である同中学校長宮沢吉太郎に対し、「テストは反対である。テストはやめるように。」等と説得強調して右指令の趣旨の実行方を慫慂し、もって地方公務員である教職員に対し争議行為の遂行をそそのかし、

三　被告人熊谷は、㈠　同年一〇月二五日、久慈市栄町第三七地割一二〇番地の一二、九戸教育会館において、前記組合員である成田忠夫外約五〇名の小、中学校長に対し、「組合の方針はあくまでテストを阻止するので、校長はテスト責任者を返上して貰いたい。」等と力説強調して右指令の趣旨の実行方を慫慂し、もって地方公務員である教職員に対し争議行為の遂行をあおり、㈡　同月二六日午後二時ころ、同市夏井町字早坂第三地割二〇番地夏井中学校において、前記組合員である同中学校長田中市郎に対し、「テストはこのままやめて貰いたい。」等と説得強調して右指令の趣旨の実行方を慫慂し、もって地方公務員である教職員

に対し争議行為の遂行をそそのかし、

四　被告人岩渕は、同年一〇月一六日ころ、前記九戸教育会館において、前記組合員である高橋祐平外約五〇名の小、中学校長に対し、「今後の学力テスト阻止闘争は指令六号によってやって貰いたい。テスト責任者を返上しテスト補助員を任命するな。」等と力説強調して右指令の趣旨の実行方を慫慂し、もって地方公務員である教職員に対し争議行為の遂行をあおり、

第二　被告人柏は、大槌中学校に赴くテスト立会人斎藤金之助、テスト補充員伊藤里見ら一〇数名の来校を阻止しようと企て、同年一〇月二六日午前八時ころより午後二時半ころまでの間、上閉伊郡大槌町大槌中学校約三〇〇米手前の通称源水橋上の道路において、前記組合員柳田光悦ら約五〇名と共謀のうえ、相ともに人垣を作って右道路に立ち塞がり、もって交通の妨害となるような方法で立ちどまっていた。

というのであって、右第一の各事実は、いずれも地方公務員法(以下「地公法」という。)六一条四号、三七条一項(なお、第一の一につき刑法六〇条)に、第二の事実は、道路交通法(以下「道公法」という。)一二〇条一項九号、七六条四項二号、刑法六〇条に各該当するとして、起訴されたものである。

第一審判決は、右の各事実は関係証拠によりすべて認めることができるとして、ほぼ右公訴事実に沿う事実関係を詳細に認定したうえ、前記各法条等を適用して被告人ら全員を有罪とした。

原判決は、被告人らの各控訴を容れ、第一審判決を破棄し、本件公訴事実につき全員を無罪とした。その理由の骨子は、次のとおりである。すなわち、まず地公法違反の事実については、いわゆる全逓中郵事件判決(最高裁昭和三九年(あ)第二九六号同四一年一〇月二六日大法廷判決・刑集二〇巻八号九〇一頁)に示されたところに従い、憲法上地方公務員の争議行為に対して刑事制裁を科すのは必要やむをえない場合に限られ、かつ、反社会性の強いもののみを処罰の対象とすべきものであるとの基本的立場に立つとともに、他方、地公法六一条四号が地方公務員の争議行為そのものを処罰の対象とせず、争議の遂行を「共謀し、そそのかし、若しくはあおり又はこれらの行為を企てた」者のみを処罰すべきものとしていることに照らし、右規定にいう共謀、そそのかし又はあおり等の行為の意義につき、争議行為に必要不可欠か又はこれに通常随伴する行為であって、その手段、態様において正当性の限界を超えないもの、換言すれば、単なる争議行為と同等の評価を受ける行為はこれに含まれず、右の限界を逸脱し、もはや法律上の保護に値せず、刑事制裁を科するのもやむをえないと認められる程度に強度の違法性を帯びる場合に限り、これを処罰すべきものと解すべきであるとし、本件争議行為は、その目的、手段、態様に照らし、許容される限度を逸脱し、刑事制裁を科さなければなら

ないほど強度の違法性があるものとは認められず、また、このような争議行為を単に指令、指示し、その遂行を慫慂したにとどまる被告人らの各行為は、争議行為に通常随伴する行為として、争議行為の遂行と同等に評価するのが相当で、可罰的違法性がなく、地公法六一条四号所定の罪は成立せず、この点において第一審判決は法令の解釈適用を誤ったものである。また、道交法違反の事実については、被告人柏の行為は、道交法七六条四項二号に該当するが、労働組合法（以下「労組法」という。）一条二項の正当行為として違法性を阻却されるものと解すべきであるから、これを有罪とした点においても第一審判決には法令の解釈適用を誤った違法がある、というのである。

検察官の上告趣意は、原判決の右判断につき、憲法二八条、一八条、一五条二項違反、高等裁判所の判例違反、法令の解釈適用の誤りを主張するものである。

〔当裁判所の見解〕

一　地公法違反の各事実について

当裁判所は、さきに、昭和四三年（あ）第二七八〇号同四八年四月二五日大法廷判決・刑集二七巻四号五四七頁において、国家公務員法（昭和四〇年法律第六九号による改正前のもの。以下「国公法」という。）九八条五項、一一〇条一項一七号の合憲性について判断をし、その際、非現業国家公務員の労働基本権、特に争議権の制限に関する憲法解釈についての基本的見解を示したが、右の見解は、今日においても変更の要を認めない。そして、右の見解における法理は、非現業地方公務員の労働基本権、特に争議権の制限についても妥当するものであり、これによるときは、地公法三七条一項、六一条四号の各規定は、あえて原判決のいうような限定解釈を施さなくてもその合憲性を肯定することができるものと考える。その理由を若干敷衍して説明すれば、次のとおりである。

1　地公法三七条一項の争議行為等禁止の合憲性

地方公務員も憲法二八条の勤労者として同条による労働基本権の保障を受けるが、地方公共団体の住民全体の奉仕者として、実質的にはこれに対して労務提供義務を負うという特殊な地位を有し、かつ、その労務の内容は、公務の遂行すなわち直接公共の利益のための活動の一環をなすという公共的性質を有するものであって、地方公務員が争議行為に及ぶことは、右のようなその地位の特殊性と職務の公共性と相容れず、また、そのために公務の停廃を生じ、地方住民全体ないしは国民全体の共同利益に重大な影響を及ぼすか、又はそのおそれがある点において、国家公務員の場合と選ぶところはない。そして、地方公務員の勤務条件が、法律及び地方公共団体の議会の制定する条例によって定められ、また、その給与が地方公共団体の税収等の財源によってまかなわれるところから、専ら当該地方公共団体における政治的、財政的、社会的その他諸般の合理的な配慮によって決定されるべきものである点においても、地方公務員は国家公務員と同様の立場に置かれており、したがってこの場合には、私企業における労働者の場合のように団体交渉による労働条件の決定という方式が当然には妥当せず、争議権も、団体交渉の裏づけとしての本来の機能を発揮する余地に乏しく、かえって議会における民主的な手続によってされるべき勤務条件の決定に対して不当な圧力を加え、これをゆがめるおそれがあることも、前記大法廷判決が国家公務員の場合について指摘するとおりである。それ故、地方公務員の労働基本権は、地方公務員を含む地方住民全体ないしは国民全体の共同利益のために、これと調和するように制限されることも、やむをえないところといわなければならない。

ところで、他方、右大法廷判決は、国家公務員の労働基本権が国民全体の共同利益のために制約を受ける場合においても、その間に均衡が保たれる必要があり、したがって右制約に見合う代償措置が講じられなければならないとして、国家公務員の勤務関係における法制上の具体的措置を検討し、国家公務員につき、その身分、任免、服務、給与その他に関する勤務条件についてその利益を保障するような定めがされていること、及び公務員による公正かつ妥当な勤務条件の享受を保障する手段としての人事院の存在とその職務権限を指摘し、これを労働基本権制限の合憲性を肯定する一理由としているので、この点を地方公務員の場合についてみると、地公法上、地方公務員にもまた国家公務員の場合とほぼ同様な勤務条件に関する利益を保障する定めがされている（殊に給与については、地公法二四条ないし二六条など）ほか、人事院制度に対応するものとして、これと類似の性格をもち、かつ、これと同様の、又はこれに近い職務権限を有する人事委員会又は公平委員会の制度（同法七条ないし一二条）が設けられているのである。もっとも、詳細に両者を比較検討すると、人事委員会又は公平委員会、特に後者は、その構成及び職務権限上、公務員の勤務条件に関する利益の保護のための機構として、必ずしも常に人事院の場合ほど効果的な機能を実際に発揮しうるものと認められるかどうかにつき問題がないではないけれども、なお中立的な第三者的立場から公務員の勤務条件に関する利益を保障するための機構としての基本的構造をもち、かつ、必要な職務権限を与えられている（同法二六条、四七条、五〇条）点においては、人事院制度と本質的に異なるところはなく、その点において、制度上、地方公務員の労働基本権の制約に見合う代償措置としての一般的要件を満たしているものと認めることができるのである。

右の次第であるから、地公法三七条一項前段において地方公務員の争議行為を禁止し、かつ、同項後段が何人を問わずそれらの行為の遂行を共謀し、そそのかし、あおる等の行為をすることを禁止したとしても、地方住民全体ないしは国民全体の共同利益のためのやむをえない措置として、それ自体としては憲法二八条に違反するものではないといわなければならない。

2　地公法六一条四号の罰則の合憲性

次に、地公法六一条四号の罰則の合憲性についてみるのに、ここでも、国公法一一〇条一項一七号の罰則の合憲性について前記大法廷判決が述べているところが、そのまま妥当する。

原判決は、地公法の右規定が同三七条一項の争議行為の遂行それ自体を処罰の対象とせず、その共謀、そそのかし、あおり等の行為のみを処罰すべきものとしているのは、憲法上労働基本権に対して刑罰の制裁を伴う制約を課することは原則として許されないことを考慮した結果とみるべきものであるとの見地から、右の共謀等の行為の意義を限定的に解釈すべきものと論じているのであるが、しかし、公務員の争議行為が国民全体又は地方住民全体の共同利益のために制約されるのは、それが業務の正常な運営を阻害する集団的かつ組織的な労務不提供等の行為として反公共性をもつからであるところ、このような集団的かつ組織的な行為としての争議行為を成り立たせるものは、まさにその行為の遂行を共謀したり、そそのかしたり、あおったりする行為であって、これら共謀等の行為は、争議行為の原動力をなすもの、換言すれば、全体としての争議行為の中でもそれなくしては右の争議行為が成立しえないという意味においていわばその中核的地位を占めるものであり、このことは、争議行為がその都度集団行為として組織され、遂行される場合ばかりでなく、すでに組織体として存在する労働組合の内部においてあらかじめ定められた団体意思決定の過程を経て決定され、遂行される場合においても異なるところはないのである。それ故、法が、共謀、そそのかし、あおり等の行為のもつ右のような性格に着目してこれを社会的に責任の重いものと評価し、当該組合に所属する者であると否とを問わず、このような行為をした者に対して違法な争議行為の防止のために特に処罰の必要性を認め、罰則を設けることには十分合理性があり、これをもって憲法一八条、二八条に違反するものとすることができないことは、前記大法廷判決の判示するとおりであるといわなければならない。

また、原判決は、労働組合が行う争議行為は、組合幹部による闘争方針の企画、立案に始まり、民主的な組織内における自由な討議、討論を経て決定され、次いで上部機関から下部機関ないしは各組合員に対する指令、指示の発出、伝達となり、その間組合機関や組合員相互間のさまざまな行為が集積した結果として遂行されるのが通常であり、争議遂行過程におけるこれらの一連の行為は、集団的行為としての争議行為に不可欠か又は通常随伴する行為であるところ、これらの行為は多くは争議行為の遂行を共謀し、そそのかし、又はあおる行為等に該当することとなるから、これらの行為者を罰することは、実質的には刑罰をもって争議行為を全面的かつ一律に禁止することとなって不当であると論じているが、国公法や地公法の上記各規定にいう争議行為の遂行の共謀、そそのかし、あおり等の行為は、将来における抽象的、不確定的な争議行為についてのそれではなく、具体的、現実的な争議行為に直接結びつき、このような争議行為の具体的危険性を生ぜしめるそれを指すのであって、このような共謀、そそのかし、あおり等の行為こそが一般的に法の禁止する争議行為の遂行を現実化させる直接の働きをするものなのであるから、これを刑罰の制裁をもって阻止することには、なんら原判決のいうような不当はないのである。

原判決は、更に、組合の執行役員等が、組合大会の決議等に従って指令を発するような行為は、組合規約上の義務の遂行としてされるものにすぎず、争議行為に不可欠か又は通常随伴するものとして一般組合員の争議参加行為とその可罰的評価を異にすべきものではないとも論じているが、組合の内部規約上の義務の履行としてされているかどうかは、当然にはそそのかし、あおり等の行為者の刑事責任の有無に影響すべきものではなく、右の議論は、ひっきょう、労働組合という組織体における通常の意思決定手続に基づいて決定、遂行される違法な争議行為については、実際上、当該組合の何人に対しても個人的な責任を問うことができないということに帰着するのであって、とうてい容認することのできないところといわなければならない。

したがって、地公法六一条四号の規定の解釈につき、争議行為に違法性の強いものと弱いものとを区別して、前者のみが同条同号にいう争議行為にあたるものとし、更にまた、右争議行為の遂行を共謀し、そそのかし、又はあおる等の行為についても、いわゆる争議行為に通常随伴する行為は単なる争議参加行為と同じく可罰性を有しないものとして右規定の適用外に置かれるべきであると解しなければならない理由はなく、このような解釈を是認することはできないのである。いわゆる都教組事件についての当裁判所の判決（昭和四一年（あ）第四〇一号同四四年四月二日大法廷判決・刑集二三巻五号三〇五頁）は、上記判示と抵触する限度において、変更すべきものである。そうすると、原判決の上記見解は、憲法一八条、二八条及び地公法六一条四号の解釈を誤ったものといわなければならない。

３　本件地公法違反罪の成否

地公法六一条四号にいう「そそのかし」とは、同法三七条一項前段に定める違法行為を実行させる目的をもって、他人に対し、その行為を実行する決意を新たに生じさせるに足りる慫慂行為をすること（最高裁昭和四一年あ第一一二九号同四四年四月二日大法廷判決・刑集二三巻五号六八五頁参照）をいい、また、「あおり」とは、右の目的をもって、他人に対し、その行為を実行する決意を生じさせるような、又はすでに生じている決意を助長させるような勢いのある刺激を与えること（最高裁昭和三三年（あ）第一四一三号同三七年二月二一日大法廷判決・刑集一六巻二号一〇七頁、同昭和四三年あ第二七八〇号同四八年四月二五日大法廷判決・刑集二七巻四号五四七頁参照）をいうと解されるところ、右の「そそのかし」又は「あおり」に該当する行為のうち、更に原判決の説くような限定を付したもののみが、前記規定違反の罪として成立するものと解すべき理由のないことは、上に述べたとおりである。

ところで、原判決の確定した事実によれば、本件学力調査は、文部大臣において企画立案し、地方教育行政の組織及び運営に関する法律五四条二項に基づき、岩手県教育委員会に対し、所定の調査実施要綱による調査及びその結果に関する資料、報告の提出を求めたものであって、これを受けた同教育委員会は、県下各市町村教委に対して同旨の調査及びその結果に関する資料、報告の提出を求め、これを受けた各市町村教委は、その監督権に基づき、管下の各中学校長を当該学校のテスト責任者に任命し、実施日である昭和三六年一〇月二六日の教育指導計画を変更のうえ、校務として学力調査を実施すべき旨の職務命令を発し、各中学校長は、これに従って右実施日の教育指導計画を変更のうえ、当該学校の職員らに対しテスト補助員として調査実施の補助作業を行うべき旨の職務命令を発すべきものとされた。そこで、岩教組は、岩手県下各市町村教委の本件学力調査の実施に反対し、その実施を阻止する目的をもって、傘下組合員である公立中学校職員をして右実施阻止の争議行為を行わせる闘争方針案を企画して、機関決定を経てきたものであるが、同年一〇月一一日開催の拡大闘争委員会において、中央執行委員長の被告人小川、書記長の同千葉樹寿、中央執行委員であるその余の被告人ら五名（当時、いずれも公立の中学校又は高等学校の教諭で、組合業務に専従。）は、他の中央執行委員及び県下各支部書記長（一名の副支部長を含む。）と討議した結果、本件公訴事実第一の一記載のごとき内容をもつ指令第六号及び指示第七号を承認して、適宜発出することとし、併せて中央闘争委員（中央執行委員が兼ねる。）をオルグとして各支部に派遣することをも決定したうえ、そのころ順次右指令、指示を発出し、各支部、支会、分会の役員らを介し、県下各市町村において、傘下組合員である市町村立中学校教職員約四三〇〇名に対し、右指令、指示の趣旨を伝達してその実行方を慫慂し、更に被告人千葉直、同熊谷、同岩淵は、前記決定に基づくオルグ活動として、公訴事実第一の二ないし四記載の各日時場所において、各記載のように岩教組組合員である各中学校長らに対し、口頭をもって前記指令、指示の趣旨の実行方を慫慂した、というのである。

そこで、前記の解釈に立って、右の事実関係をみるのに、原判決において被告人らがその実行方を慫慂したという行為の内容は、岩教組の組合員である校長や教員らにおいて市町村教委又は校長から命ぜられた本件学力調査実施当日におけるテスト責任者又は補助者としての職務の遂行を拒否すること、及びテストが実施されようとする場合には、担当教師において生徒を掌握し、平常授業の体制をとって教室を占拠し、テスト実施を阻止することであるところ、右学力調査及びその一環としてされた市町村教委等の職務命令が適法であることは、当裁判所昭和四三年（あ）第一六一四号昭和五一年五月二一日大法廷判決の示すところであるから、右の慫慂にかかる行為は、校長や教員らによる地公法三七条一項の禁止する同盟罷業又はその他の争議行為の遂行にあたるものといわなければならない。この点につき、原判決は、右行為が争議行為にあたることを肯定しながらも、その目的が単なる政治的目的にすぎないものとはいえず、その手段、態様も、職場放棄というよりはむしろ教師本来の職務である平常授業を行い、ただ本件学力調査のためのテストを実施しないという消極的な不作為にとどまるものであるとして、そそのかし、あおり行為が違法性を有しないものと認めるべき理由の一つとしているが、それが地公法三七条一項の禁止する争議行為である以上、そそのかし、あおり行為が違法性を欠くものとすることができないことはさきに述べたとおりである。のみならず、前記争議行為は、その目的が文部大臣の文教政策に対する反対という政治的性格のものであり、また、市町村教委の管理運営に関する事項に属する学力調査の実施に対する反対の主張の貫徹をはかるためのものである点において、あるいはまた、その手段、態様が、市町村教委の管理意思を排除して、テスト実施場所である教室を占拠し、テスト対象者である生徒を掌握して、テストの実施を事実上不可能ならしめるという積極的な防害を行うものである点において、それ自体としても、正当な争議権の行使として憲法上保障される限りではなく、たとえ右行動が主観的には被告人らをはじめとする組合員の教育をまもるという信念から発したものであるとしても、その故に原判決のいうように被告人らの行為が法的に正当化されるものではない。この点に関する原判決の上記見解は、不当というほかはない。そして、前記認定事実によれば、被告人らが前記第一の一の指令、指示を発出伝達してその趣旨の実行方を慫慂した行為は、地公法三七条一項違反の争議行為を実行させる目的をもって、多数の職員に対し、その行為を実行する決意を生じさせるような、又はすでに生じている決意を助長させるような勢いのある刺激を与えたものであって、地公法六一条四号にいう「あおり」行為に該当するものというべく、この点において、被告人らは、その余の前記中央執行委員らとともに共同正犯として同条同号による罪責を免れず、また、被告人千葉直、同熊谷、同岩淵が、オルグとして組合員である各中学校長に対し前記指令、指示の実行方を慫慂した各行為は、公訴事実記載のごとき区別に従い、前同様「あおり」行為に、又は違法な争議行為を実行する決意を新たに生じさせるに足りるような慫慂行為をしたものとして同条同号の「そそのかし」行為に、それぞれ該当するものといわなければならない。

4　結び

以上の次第であるから、原判決は、憲法一八条、二八条の解釈を誤り、ひいては地公法六一条四号の解釈適用を誤ったものであって、それが判決に影響を及ぼすことは明らかであり、原判決は、破棄を免れない。論旨は、理由がある。

二　道交法違反の事実について

所論は、憲法二八条、一五条二項違反をいうが、原判示に沿わない違憲の主張であって、その前提を欠き、刑訴法四〇五条の上告理由にあたらない。

しかし、所論にかんがみ職権で調査すると、原判決は、その認定する事実関係に照らして被告人柏らの行為が道交法七六条四項二号にいう「道路において、交通の妨害となるような方法で立ちどまっていること」に該当することを認めながら、右行為の実態は、管理者である大槌町教育委員会を相手とした本件学力調査のためのテスト実施をめぐる団体交渉であり、これを実施しようとする町教育委員会側に対してその中止を求めるためにする平和的説得行為の域を超えるものではないから、労組法一条二項の正当行為として違法性が阻却され、したがってこれを無罪とすべきものとしているのである。労組法の右規定は、地公法五八条により地方公務員についてはその適用を排除されているから、原判決が右労組法の規定を適用すべきものとしたのは明らかに誤りであるといわなければならないが、原判決は、被告人柏らの上記所為が憲法上の団体行動権の正当な行使にあたるものとしてその違法性が阻却されると判断した趣旨とも解されないではないので、同判決が適用すべからざる労組法の規定を適用したその一事をもって直ちに破棄事由となる法令違反があるとすることは妥当ではない。

しかしながら、被告人柏らの前記所為は、それが行われた時機、場所、態様等諸般の状況に照らし、大槌町教育委員会に対する学力調査実施についての団体交渉とみるべきではなく、右実施を阻止するための行為として、争議行為の一種であるピケッティングとみるべきものと考えられるところ、地方公務員については地公法三七条一項により争議行為が禁止され、かつ、同法六一条四号によりその遂行の共謀、そそのかし、あおり等の行為につき刑事上の制裁が定められており、これらの規定がいずれも憲法に違反するものではないと解されることは、上に述べたとおりであるから、被告人柏らの前記所為が、憲法二八条の争議権の正当な行使として違法性が阻却される理由はない。のみならず、前記のように、本件岩教組の学力調査実施反対の行動は、政治的目的ないしは市町村教委の管理運営事項についての要求貫徹のためのものである点において、憲法二八条の保障する団体行動権の範囲に属するものではないと考えられることに加えて、原判決の認定したところによっても、被告人柏らは、本件学力調査実施の当日、テスト立会人である大槌町教育委員会教育長及びテスト補充員の同町役場吏員ら一四名の一行がその職務遂行のため大槌中学校に赴くのを阻止すべく、同校校舎に通ずる道路のうちの狭隘な橋上部分（幅員四・三メートル、長さ四メートル）を扼して、右の一行を待ち受け、一行が同所に差しかかるや、被告人柏を含む約五〇名の者がその前面に集合し、人垣をつくって進路を遮断し、この人垣を背景として調査実施の中止を要求し、そのためやむをえずいったん通行を中止した上記テスト立会人らが改めて通行を試みようとすると、再び前同様の行動に出で、このようにしてテスト開始時刻前の午前八時ころから終了予定時刻に近い午後二時ころまでの約六時間の長きにわたり、前後約五回、一回につき約一〇分ずつ断続的に執拗に右行為を反復し、結局同人らをして右中学校に赴くことを断念するに至らしめたことが認められるのであるから、その間暴力等の有形力の行使がなかったとはいえ、その手段、態様において道路上における正当なピケッティングとして是認しうる程度を超えるものがあったといわざるをえないことを考えると、被告人柏らの前記所為に正当な団体行動権の行使として刑法上の違法性を阻却すべき事由があるとすることはできない。また、右所為を団体行動権の行使の観点からでなく、憲法二一条の意見の表明の観点からみても、前記のようなその手段、態様に照らすときは、同条の保障する意見表明活動として正当化される限度を超えているといわざるをえないのである。

そうすると、被告人柏に対する道交法違反罪の成立を否定した原判決には、法令の解釈適用を誤った違法があり、その違法が判決に影響を及ぼし、かつ、これを破棄しなければ著しく正義に反するものと認める。

（結論）

よって、検察官の上告趣意中のその余の所論に対する判断を省略し、刑訴法四一〇条一項本文、四一一条一号により原判決を全部破棄し、なお第一審判決は、以上の当裁判所の判断とその結論において一致し、これを維持すべきものであって、被告人らの各控訴が理由がないことは、原判決がその排斥した控訴趣意に対する判断において説示したところ及び当裁判所の上記説示に照らして明らかであるから、同法四一三条但書、三九六条により直ちに右各控訴を棄却する旨の判決をすることとし、原審における訴訟費用の負担につき同法一八一条一項本文、一八二条を適用して、主文のとおり判決する。

この判決は、裁判官岸盛一、同天野武一の補足意見、裁判官坂本吉勝の意見、裁判官団藤重光の補足意見及び反対意見があるほか、裁判官全員一致の意見によるものである。

裁判官岸盛一、同天野武一の補足意見は、次のとおりである。

われわれが、さきにいわゆる全農林事件判決（最高裁昭和四三年（あ）第二七八〇号同四八年四月二五日大法廷判決）において、非現業の国家公務員の争議行為を禁止することが違法とされないためには、適切な代償措置が設けられ、かつ、それが本来の機能を果たすものと認められるべきことに関して、多数意見に対する追加補足意見として言及したところは、本件のような地方公務員の場合にも同じく当てはまることでなければならないと考える。よって、われわれの右意見をここに引用し、本件の多数意見を補足する。

裁判官坂本吉勝の意見は、次のとおりである。

私は、多数意見の結論に同調するものであるが、地公法六一条四号の規定は、解釈上これに特別の限定を加えなくても憲法二八条、一八条に反するものではないとする多数意見の見解には、賛成することができない。その理由は、全農林事件判決（昭和四三年（あ）第二七八〇号同四八年四月二五日大法廷判決・刑集二七巻四号五四七頁）の中で述べた私の意見のとおりであって、本件に関してもこれを変更することを要せず、そこで示した国公法一一〇条一項一七号の規定の合憲性に関する見解は、そのまま地公法の前記規定の合憲判断にもあてはまるものと考える。

しかし、本件は、昭和三六年度全国中学校一せい学力調査反対闘争という争議行為をあおり、そそのかした各行為が、地公法の前記規定違反の罪にあたるとして起訴された事件であるところ、私は、このような争議行為が憲法二八条による争議権保障の範囲に含まれないものであると考えるものである。けだし、右争議行為における学力調査の阻止という目的は、勤労者である教師の経済的な勤務条件の維持改善と直接関係のない、文部省の文教政策に対する反対という政治的なものと考えられるばかりでなく、市町村教育委員会が本件学力調査を実施するかどうかは、その性質上もともと交渉の対象とはなり得ない当局の管理運営に関する事項（昭和四〇年法律第七一号による改正後の地公法五五条三項参照）に属するものであって、このような事項について職員組合が自己の主張を貫徹するためにする争議行為は、憲法二八条によって保障される正当な争議権の行使とはいえないからである。しかも、本件において指令、指示され、又はその趣旨の実行を慫慂された争議行為の手段態様は、単なる労務の不提供にとどまらず、教育委員会の管理意思を積極的に排除し、調査実施場所である教室においてあえて平常授業を行うことにより、教室を占拠し、かつ、生徒を掌握して、事実上学力調査の実施を不可能ならしめることをも含むものであって、このような方法による争議行為は、その許容し得る限度を逸脱したものと認めざるを得ず、到底正当なものということはできない。

そうだとすると、私の見解による基準に照らしても、本件争議行為は、上述のように憲法の保障を受けるものではなく、これを禁止し、それをあおる等の行為を処罰するべきものとしても憲法違反の問題を生ずるとはいい得ないものであり、また、原判決の確定した本件の具体的事実関係のもとにおいては、被告人らの各所為は、それぞれ地公法六一条四号にいわゆる争議行為のあおり又はそそのかしに該当するものであって、可罰性を有するものと認める外はないものであるから、同条同号違反の罪責を免れないものといわなければならない。

裁判官団藤重光の補足意見及び反対意見は、次のとおりである。

一　まず、地方公務員の争議行為の禁止の問題に関して、補足意見を述べる。公務員も勤労者として憲法二八条によって労働基本権を保障される者であり、したがって本来は労働争議権をも認められるべきはずである。ただ、多数意見の詳細するような理由によって、争議行為を制限・禁止することもやむをえないものと解するほかないが、公務員も本来は労働争議権を有するはずのものであることを考えると、その制限・禁止が違憲とされないためには、かような制限・禁止に見合うだけの適切な代償措置が設けられ、しかも、それが本来の機能を果たしていることが要求されるものと解しなければならない。この意味において、わたくしは、岸・天野両裁判官の補足意見に同調する。

二　次に、道交法違反の点に関する反対意見を述べる。

本件学力調査については、別件に関する大法廷判決（昭和四三年（あ）第一六一四号昭和五一年五月二一日）が詳細に説示するとおり、結論として、その合法性を肯定するのが相当であるが、しかし、その合法性はかならずしも一義的に明白なものではなく、多くの重要かつ困難な論点を含んでいる。また、その合法性を前提としても、それが文部省の教育行政上の措置として妥当なものであったかどうかは、教育の本質の理解の仕方と深いかかわりをもつ大きな問題である。かようにして、本件学力調査の合法性および妥当性をめぐって、とくに教育関係者のあいだで、はげしい論争がおこったのは当然であり、この問題は表現の自由がもっとも強く保障されてしかるべき性質のものであったのである。

表現の自由の中には戸外における平和的な説得行為が含まれることは、いうまでもない。したがって、その行為が「道路において、交通の妨害となるような方法で、立ちどまっていた」ことになり、形式的には道交法違反（同法七六条四項二号、一二〇条一項九号）の構成要件に該当することになったとしても、それだけで当然に違法性を認められるものではなく、むしろ原則的には、憲法二一条によって保障される表現の自由の行使として、刑法三五条によって違法性が阻却されるものといわなければならない。

被告人柏ら（以下単に「被告人ら」という。）は、もっぱら教育長らを対象として説得行為を繰り返しただけで、一般人は自由に通行することができたのであるから、はたして道交法違反の構成要件該当性があるといえるかどうかについても議論の余地がないではないとおもわれるが、教育長らに対する説得行為が同人らの通行を阻止することになった点において構成要件該当性が認められるとしても、右に述べた見地からみて、違法性の阻却が問題とされなければならない。そうして、原判決は「何ら暴力等の有形力を行使しなかった事実を認めるに十分である」といっているのであるから、すくなくともこの点だけに着眼するかぎりは、原判決が被告人らの行為を「平和的説得行為」と判断して違法性の阻却を認めたのは、正当であったというべきである（ただし、原判決が労組法一条二項を援用しているのは、多数意見の説示するとおり、誤りである）。

わたくしは、なお、この関連で、道交法の運用の問題にも言及しておく必要を感じる。被告人らは、教育長らが本件学力調査実施の職務を行うため大槌中学校へ赴く途中、学校の近くの橋上において本件行為に及んだというのであって、もともと公務執行妨害罪的な様相を帯びた行為であった。だから、もし被告人らに「暴行」や「脅迫」があったとすれば、「職務を執行するに当り」の要件について問題があるとはいえ、公務執行妨害罪に問われる可能性があったであろう。ところが、被告人らは「暴行」や「脅迫」の行為に出ることは控えたのであるから、公務執行妨害罪の適用の余地はなく、そこで公務執行妨害罪のかわりに道交法が持ち出されたものと思われる。かようなことが道交法の本来の運用として是認されうるものであろうか。まして、本件は表現の自由の問題を含んでいる。表現の自由を道交法によって制限する結果となるような事態を生じさせることは、同法の運用として、極力慎まなければならないところである。

ただ、本件事案では、被告人ら約五〇名の者が橋上に人垣を作って教育長らの進路を遮断し、長期間にわたり説得行為を反復して、同人らをして中学校に赴くことを断念するにいたらせたというのであるから、「その間暴力等の有形力の行使がなかったとはいえ、その手段、態様において道路上における正当なピケッティングとして是認しうる程度を超えるものがあったといわざるをえない」という多数意見の見解にも、理由があるというべきであろう。しかし、わたくしは、上述のような諸点を考えあわせるとき、原判決に多数意見が指摘するような法令の解釈・適用の誤りがあるとしても、原判決を破棄しなければ著しく正義に反するものとは認めることができず、この点において多数意見に反対せざるをえないのである。

検察官長島敦、同蒲原大輔、同伊藤栄樹、同臼井滋夫、同安田道夫、公判出席

昭和五一年五月二一日

最高裁判所大法廷

裁判長裁判官　村上朝一
裁判官　藤林益三
裁判官　岡原昌男
裁判官　下田武三
裁判官　岸　盛一
裁判官　天野武一
裁判官　岸上康夫
裁判官　江里口清雄
裁判官　大塚喜一郎
裁判官　高辻正己
裁判官　吉田　豊
裁判官　団藤重光
裁判官　本林　譲
裁判官　服部高顕

裁判官坂本吉勝は、退官のため署名押印することができない。

裁判長裁判官　村上朝一

二　全農林労組警職法事件最高裁判決

（昭和四三年(あ)第二七八〇号
昭和四八・四・二五　最高裁大法廷判決）

事件の概要

昭和三十三年十月、内閣が警職法改正案を衆議院に提出した際、この法案に反対する第四次統一行動の一環として、全農林労組の幹部が同年十一月五日の職場大会の実施につき、所属長の承認がなくても正午出勤の行動に入れという電報指令や文書指令を発し、また同日午前十時頃から同十一時四十分頃までの間、農林省職員による職場大会において約二千五百名の職員に対し、強力に争議行為をあおったとして、国公法百十条一項十七号により起訴された事件である。原審の東京高裁において、被告人らはいずれも有罪（罰金刑）とされていた。

判　決

本籍　鹿児島県川辺郡知覧町
住居　東京都杉並区
参議院議員
（当時全農林労働組合中央執行委員長）
鶴　園　哲　夫
大正四年五月二八日生

本籍　熊本県宇土市
住居　東京都日野市
農林省職員
（当時全農林労働組合副中央執行委員長）
江　田　虎　臣
大正一五年七月一一日生

本籍　愛媛県大洲市
住居　栃木県那須郡西那須野町
無　職
（当時全農林労働組合副中央執行委員長）
中　野　優
大正一五年五月八日生

本籍および住居　愛媛県東宇和郡宇和町
無　職
（当時全農林労働組合書記長）
西　川　恵　夫
大正一四年九月二〇日生

本籍　宮城県仙台市

住居　同　仙台市

農林省職員

（当時全農林労働組合中央執行委員）

国　井　　　豪

昭和六年一二月五日生

右の者らに対する国家公務員法違反各被告事件について、昭和四三年九月三〇日東京高等裁判所が言い渡した判決に対し、各被告人から上告の申立があったので、当裁判所は、次のとおり判決する。

主　文

本件各上告を棄却する。

理　由

弁護人佐藤義弥ほか三名連名の上告趣意第一点、第三点、第五点について。

所論は、原判決が国家公務員法（昭和四〇年法律第六九号による改正前のもの。以下、国公法という。）九八条五項および一一〇条一項一七号の各規定を憲法二八条に違反しないものと判断し、また、国公法一一〇条一項一七号を憲法二一条、一八条に違反しないものとして、これを適用したのは、憲法の右各条項に違反する旨を主張する。

一　よって考えるに、憲法二八条は、「勤労者の団結する権利及び団体交渉その他の団体行動をする権利」、すなわちいわゆる労働基本権を保障している。この労働基本権の保障は、憲法二五条のいわゆる生存権の保障を基本理念とし、憲法二七条の勤労の権利および勤労条件に関する基準の法定の保障と相まって勤労者の経済的地位の向上を目的とするものである。このような労働基本権の根本精神に即して考えると、公務員は、私企業の労働者とは異なり、使用者との合意によって賃金その他の労働条件が決定される立場にないとはいえ、勤労者として、自己の労務を提供することにより生活の資を得ているものである点において一般の勤労者と異なるところはないから、憲法二八条の労働基本権の保障は公務員に対しても及ぶものと解すべきである。ただ、この労働基本権は、右のように、勤労者の経済的地位の向上のための手段として認められたものであって、それ自体が目的とされる絶対的なものではないから、おのずから勤労者を含めた国民全体の共同利益の見地からする制約を免れないものであり、このことは、憲法一三条の規定の趣旨に徴しても疑いのないところである（この場合、憲法一三条にいう「公共の福祉」とは、勤労者たる地位にあるすべての者を包摂した国民全体の共同利益を指すものということができよう。）。以下、この理を、さしあたり、本件において問題となっている非現業の国家公務員（非現業の国家公務員を以下単に公務員という。）について詳述すれば、次のとおりである。

㈠　公務員は、私企業の労働者と異なり、国民の信託に基づいて国政を担当する政府により任命されるものであるが、憲法一五条の示すとおり、実質的には、その使用者は国民全体であり公務員の労務提供義務は国民全体に対して負うものである。もとよりこのことだけの理由から公務員に対して団結権をはじめその他一切の労働基本権を否定することは許されないのであるが、公務員の地位の特殊性と職務の公共性にかんがみるときはこれを根拠として公務員の労働基本権に対し必要やむをえない限度の制限を加えることは、十分合理的な理由があるというべきである。けだし、公務員は、公共の利益のために勤務するものであり、公務の円滑な運営のためには、その担当する職務内容の別なく、それぞれの職場においてその職責を果すことが必要不可缺であって、公務員が争議行為に及ぶことは、その地位の特殊性および職務の公共性と相容れないばかりでなく、多かれ少なかれ公務の停廃をもたらし、その停廃は勤労者を含めた国民全体の共同利益に重大な影響を及ぼすか、またはその虞れがあるからである。

次に公務員の勤務条件の決定については、私企業における勤労者と異なるものがあることを看過することはできない。すなわち、利潤追求が原則として自由とされる私企業においては、労働者側の利潤の分配要求の自由も当然に是認せられ、団体を結成して使用者と対等の立場において団体交渉をなし、賃金その他の労働条件を集団的に決定して協約を結び、もし交渉が妥結しないときは同盟罷業等を行なって解決を図るという憲法二八条の保障する労働基本権の行使が何らの制約なく許されるのを原則としている。これに反し、公務員の場合は、その給与の財源は国の財政とも関連して主として税収によって賄われ、私企業における労働者の利潤の分配要求のごときものとは全く異なり、その勤務条件はすべて政治的、財政的、社会的その他諸般の合理的な配慮により適当に決定されなければならず、しかもその決定は民主国家のルールに従い、立法府において論議のうえなされるべきもので、同盟罷業等争議行為の圧力による強制を容認する余地は全く存在しないのである。これを法制に即して見るに、公務員については、憲法自体がその七三条四号において「法律の定める基準に従ひ、官吏に関する事務を掌理すること」は内閣の事務であると定め、その給与は法律により定められる給与準則に基づいてなされることを要し、これに基づかずにはいかなる金銭または有価物も支給することはできないとされており（国公法六三条一項参照）、このように公務員の給与をはじめ、その他の勤務条件は、私企業の場合のごとく労使間の自由な交渉に基づく合意によって定められるものではなく、原則として、国民の代表者により構成される国会の制定した法律、予算によって定められることになっているのである。その場合、使用者としての政府にいかなる範囲の決定権を委任するかは、まさに国会みずからが立法をもって定めるべき労働政策の問題である。したがって、これら公務員の勤務条件の決定に関し、政府が国会から適法な委任を受けていない事項について、公務員が政府に対し争議行為を行なうことは、的はずれであって正常なものとはいいがたく、もしこのような制度上の制約にもかかわらず公務員による争議行為が行なわれるならば使用者としての政府によっては解決できない立法問題に逢着せざるをえないこととなり、ひいては民主的に行なわれるべき公務員の勤務条件決定の手続過程を歪曲することともなって憲法の基本原則である議会制民主主義（憲法四一条、八三条等参照）に背馳し、国会の議決権を侵す虞れすらなしとしないのである。

さらに、私企業の場合と対比すると、私企業においては、極めて公益性の強い特殊のものを除き、一般に使用者にはいわゆる作業所閉鎖（ロックアウト）をもって争議行為に対抗する手段があるばかりでなく、労働者の過大な要求を容れることは、企業の経営を悪化させ、企業そのものの存立を危殆ならしめ、ひいては労働者自身の失業を招くという重大な結果をもたらすことともなるのであるから、労働者の要求はおのずからその面よりの制約を免れず、ここにも私企業の労働者の争議行為と公務員のそれとを一律同様に考えることのできない理由の一が存するのである。また、一般の私企業においては、その提供する製品または役務に対する需給につき、市場からの圧力を受けざるをえない関係上、争議行為に対しても、いわゆる市場の抑制力が働くことを必然とするのに反し、公務員の場合には、そのような市場の機能が作用する余地がないため、公務員の争議行為は場合によっては一方的に強力な圧力となり、この面からも公務員の勤務条件決定の手続をゆがめることとなるのである。

なお付言するに、労働関係における公務員の地位の特殊性は国際的にも一般に是認されているところであって、現に、わが国もすでに批准している国際労働機構（ＩＬＯ）の「団結権及び団体交渉権についての原則の適用に関する条約」（いわゆるＩＬＯ九八号条約）六条は、「この条約は、公務員の地位を取り扱うものではなく、また、その権利又は分限に影響を及ぼすものと解してはならない。」と規定して、公務員の地位の特殊性を認めており、またストライキの禁止に関する幾多の案件を審議した、同機構の結社の自由委員会は、国家公務員について「大多数の国において法定の勤務条件を享有する公務員は、その雇用を規制する立法の通常の条件として、ストライキ権を禁止されており、この問題についてさらに審査する理由がない。」とし（たとえば六〇号事件）、わが国を含む多数の国の労働団体から提訴された案件について、この原則を確認しているのである。

以上のように、公務員の争議行為は、公務員の地位の特殊性と勤労者を含めた国民全体の共同利益の保障という見地から、一般私企業におけるとは異なる制約に服すべきものとなしうることは当然であり、また、このことは、国際的視野に立っても肯定されているところなのである。

㈡　しかしながら、前述のように、公務員についても憲法によってその労働基本権が保障される以上、この保障と国民全体の共同利益の擁護との間に均衡が保たれることを必要とすることは、憲法の趣旨であると解されるのであるから、その労働基本権を制限するにあたっては、これに代わる相応の措置が講じられなければならない。そこで、わが法制上の公務員の勤務関係における具体的措置が果して憲法の要請に添うものかどうかについて検討を加えてみるに、

㈠　公務員たる職員は、後記のように法定の勤務条件を享受しかつ、法律等による身分保障を受けながらも、特殊の公務員を除き、一般に、その勤務条件の維持改善を図ることを目的として職員団体を結成すること、結成された職員団体に加入し、または加入しないことの自由を保有し（国公法九八条二項、前記改正後の国家公務員法（以下、単に改正国公法という。）一〇八条の二第三項）、さらに、当局は、登録された職員団体から職員の給与、勤務時間その他の勤務条件に関し、およびこれに付帯して一定の事項に関し、交渉の申入れを受けた場合には、これに応ずべき地位に立つ（国公法九八条二項、改正国公法一〇八条の五第一項）ものとされているのであるから、私企業におけるような団体協約を締結する権利は認められないとはいえ、原則的にはいわゆる交渉権が認められており、しかも職員は、右のように、職員団体の構成員であること、これを結成しようとしたこと、もしくはこれに加入しようとしたことはもとより、その職員団体における正当な行為をしたことのために当局から不利益な取扱いを受けることがなく（国公法九八条三項、改正国公法一〇八条の七）、また、職員は、職員団体に属していないという理由で、交渉事項に関して不満を表明し、あるいは、意見を申し出る自由を否定されないこととされている（国公法九八条二項、改正国公法一〇八条の五第九項）。ただ、職員は、前記のように、その地位の特殊性と職務の公共性とにかんがみ、国公法九八条五項（改正国公法九八条二項）により、政府が代表する使用者としての公衆に対して同盟罷業、怠業その他の争議行為または政府の活動能率を低下させる怠業的行為をすることを禁止され、また、何人たるを問わず、かかる違法な行為を企て、その遂行を共謀し、そそのかし、もしくはあおってはならないとされている。そしてこの禁止規定に違反した職員は、国に対し国公法その他に基づいて保有する任命または雇用上の権利を主張できないなど行政上の不利益を受けるのを免れない（国公法九八条六項、改正国公法九八条三項）。しかし、その中でも、単にかかる争議行為に参加したにすぎない職員については罰則はなく、争議行為の遂行を共謀し、そそのかし、もしくはあおり、またはこれらの行為を企てた者についてだけ罰則が設けられているのにとどまるのである（国公法、改正国公法各一一〇条一項一七号）。

以上の関係法規から見ると、労働基本権につき前記のよう

な当然の制約を受ける公務員に対しても、法は、国民全体の共同利益を維持増進することとの均衡を考慮しつつ、その労働基本権を尊重し、これに対する制約、とくに罰則を設けることを、最少限度にとどめようとしている態度をとっているものと解することができる。そして、この趣旨は、いわゆる全逓中郵事件判決の多数意見においても指摘されたところである（昭和三九年(あ)第二九六号同四一年一〇月二六日大法廷判決・刑集二〇巻八号九一二頁参照）。

(ロ)　このように、その争議行為等が、勤労者をも含めた国民全体の共同利益の保障という見地から制約を受ける公務員に対しても、その生存権保障の趣旨から、法は、これらの制約に見合う代償措置として身分、任免、服務、給与その他に関する勤務条件についての周到詳密な規定を設け、さらに中央人事行政機関として準司法機関的性格をもつ人事院を設けている。ことに公務員は、法律によって定められる給与準則に基づいて給与を受け、その給与準則には俸給表のほか法定の事項が規定される等いわゆる法定された勤務条件を享有しているのであって、人事院は、公務員の給与、勤務時間その他の勤務条件について、いわゆる情勢適応の原則により、国会および内閣に対し勧告または報告を義務づけられている。そして、公務員たる職員は、個別的にまたは職員団体を通じて俸給、給料その他の勤務条件に関し、人事院に対しいわゆる行政措置要求をし、あるいはまたもし不利益な処分を受けたときは、人事院に対し審査請求をする途も開かれているのである。このように、公務員は、労働基本権に対する制限の代償として、制度上整備された生存権擁護のための関連措置による保障を受けているのである。

(ハ)　以上に説明したとおり、公務員の従事する職務には公共性がある一方、法律によりその主要な勤務条件が定められ、身分が保障されているほか、適切な代償措置が講じられているのであるから、国公法九八条五項がかかる公務員の争議行為およびそのあおり行為等を禁止するのは、勤労者をも含めた国民全体の共同利益の見地からするやむをえない制約というべきであって、憲法二八条に違反するものではないといわなければならない。

二　次に、国公法一一〇条一項一七号は、公務員の争議行為による業務の停廃が広く国民全体の共同利益に重大な障害をもたらす虞れがあることを考慮し、公務員たると否とを問わず、何人であってもかかる違法な争議行為の原動力または支柱としての役割を演じた場合については、そのことを理由として罰則を規定しているのである。すなわち、前述のように、公務員の争議行為の禁止は、憲法に違反することはないのであるから、何人であっても、この禁止を侵す違法な争議行為をあおる等の行為をする者は、違法な争議行為に対する原動力を与える者として単なる争議参加者にくらべて社会的責任が重いのであり、また争議行為の開始ないしはその遂行の原因を作るものであるからかかるあおり等の行為者の責任を問い、かつ、違法な争議行為防遏を図るため、その者に対しとくに処罰の必要性を認めて罰則を設けることは、十分に合理性があるものということができる。したがって、国公法一一〇条一項一七号は、憲法一八条、憲法二八条に違反するものとはとうてい考えることができない。

三　さらに、憲法二一条との関係を見るに、原判決が罪となるべき事実として確定したところによれば、被告人らは、いずれも農林省職員をもって組織する全農林労働組合の役員であったところ、昭和三三年一〇月八日内閣が警察官職務執行法（以下警職法という）の一部を改正する法律案を衆議院に提出するやこれに反対する第四次統一行動の一環として、原判示第一の所為のほか、同第二のとおり、同年一一月五日午前九時ころから同一一時四〇分ころまでの間、農林省の職員に対し、同省正面玄関前の「警職法改悪反対」職場大会に参加するよう説得、慫慂したというのであるから、被告人らの所為ならびにそのあおった争議行為すなわち農林省職員の職場離脱による右職場大会は、警職法改正反対という政治的目的のためになされたものというべきである。

ところで、憲法二一条の保障する表現の自由といえども、もともと国民の無制約な恣意のままに許されるものではなく、公共の福祉に反する場合には合理的な制限を加えうるものと解すべきところ（昭和二三年(れ)第一三八〇号同二四年五月一八日大法廷判決・刑集三巻六号八三九頁、昭和二四年(れ)第四九八号同二七年一月九日大法廷判決・刑集六巻一号四頁、昭和二六年(あ)第三八七五号同三〇年一一月三〇日大法廷判決・刑集九巻一二号二五四五頁、昭和三七年(あ)第八九九号同三九年一一月一八日大法廷判決・刑集一八巻九号五六一頁、昭和三九年(あ)第三〇五号同四四年一〇月一五日大法廷判決・刑集二三巻一〇号一二三九頁、昭和四二年(あ)第一六二六号同四五年六月一七日大法廷判決・刑集二四巻六号二八〇頁参照）、とくに勤労者なるがゆえに、本来経済的地位向上のための手段として認められた争議行為をその政治的主張貫徹のための手段として使用しうる特権をもつものとはいえないから、かかる争議行為が表現の自由として特別に保障されるということは、本来ありえないものというべきである。そして、前記のように、公務員は、もともと合憲である法律によって争議行為をすること自体が禁止されているのであるから、勤労者たる公務員は、かかる政治的目的のために争議行為をすることは、二重の意味で許されないものといわなければならない。してみると、このような禁止された公務員の違法な争議行為をあおる等の行為をあえてすることは、それ自体がたとえ思想の表現たるの一面をもつとしても、公共の利益のため勤務する公務員の重大な義務の懈怠を慫慂するにほかならないのであって、結局、国民全体の共同利益に重大な障害をもたらす虞れがあるものであり、憲法の保障する言論の自由の限界を逸脱するものというべきである。したがって、あおり等の行為を処罰すべきものとしている国公法一一〇条一項一七号は、憲法二一条に違反するものということができない。

以上要するに、これらの国公法の各規定自体が違憲であるとする所論は、その理由がなく、したがって、原判決が国公法の右各規定を本件に適用したことを非難する論旨も、採用することができない。

同第二点について。

所論は、憲法二八条、三一条違反をいうが、原判決に対する具体的論難をなすものではなく、適法な上告理由にあたらない。

同第四点について。

所論は、要するに、国公法一一〇条一項一七号は、その規定する構成要件、とくにあおり行為等の概念が不明確であり、かつ、争議行為の実行が不処罰であるのに、その前段階的行為であるあおり行為等のみを処罰の対象としているのは不合理であるから、憲法三一条に違反し、これを適用した原判決も違法であるというのである。

しかしながら、違法な争議行為に対する原動力または支柱となるものとして罰則の対象とされる国公法一一〇条一項一七号所定の各行為のうち、本件において問題となっている「あおり」および「企て」について考えるに、ここに「あおり」とは、国公法九八条五項前段に定める違法行為を実行させる目的をもって、他人に対し、その行為を実行する決意を生じさせるような、またはすでに生じている決意を助長させるような勢いのある刺激を与えること（昭和三三年(あ)第一四一三号同三七年二月二一日大法廷判決・刑集一六巻二号一〇七頁参照）をいい、また、「企て」とは、右のごとき違法行為の共謀、そそのかし、またはあおり行為の遂行を計画準備することであって、違法行為発生の危険性が具体的に生じたと認めうる状態に達したものをいうと解するのが相当である（いずれの場合にせよ、単なる機械的労務を提供したにすぎない者、またはこれに類する者は含まれない。）。してみると、国公法一一〇条一項一七号に規定する犯罪構成要件は、所論のように、内容が漠然としているものとはいいがたく、また違法な行為につき、その前段階的行為であるあおり行為等のみを独立犯として処罰することは、前述のとおりこれらの行為が違法行為に原因を与える行為として単なる争議への参加にくらべ社会的責任が重いと見られる以上、決して不合理とはいいがたいから、所論違憲の主張は理由がない。

原判決の確定した罪となるべき事実によれば、被告人らは、前記警職法改正に反対する第四次統一行動の一環として全農林労働組合会計長ほか同組合中央執行委員多数と共謀のうえ、(一)昭和三三年一〇月三〇日の深夜から同年一一月二日にかけ、同組合総務部長をして、同組合各県（大阪府および北海道を含む。）本部宛てに、「組合員は警職法改悪反対のため所属長の承認がなくても、一一月五日は正午出勤の行動に入れ、（ただし、一部特殊職場は勤務時間内一時間以上の職場大会を実施せよ。）」なる趣旨の全農林名義の電報指令第六号並びに各県本部（大阪府および北海道のほか東京を含む。）、支部、分会各委員長宛てに、同趣旨の全農林労働組合中央闘争委員長鶴園哲夫名義の文書指令第六号を発信または速達便をもって発送させ、(二)同月五日午前九時ころから同一一時四〇分ころまでの間、農林省において、庁舎入口に人垣を築いてピケットを張り、ことに正面玄関の扉を旗竿等をもって縛りつけ、また裏玄関の内部に机、椅子等を積み重ねるなどした状況のもとに、同省職員約二五〇〇名を入庁させないようにしむけたうえ、同職員らに対し、同省正面玄関前の「警職法改悪反対」職場大会に直ちに参加するように反覆して申し向けて説得し、勤務時間内二時間を目標として開催される右職場大会（実際の開催時間は午前一〇時ころから同一一時四〇分ころまで、正規の出勤時間は同九時二〇分。参加人員は二〇〇〇名余。）に参加方を慫慂したというのであるから、右(一)の各指令の発出行為は、全国の傘下組合員である国家公務員たる農林省職員に対し、争議行為の遂行方をあおることを客観点に計画準備したものにほかならず、また、右(二)の状況下における反覆説得は、国公法九八条五項前段に定める違法行為を実行させる目的をもって多数の右職員に対し、その行為を実行する決意を生じさせるような、またはすでに生じている決意を助長させるような勢いのある刺激を与えたものというべく、原判決が右(一)につき争議行為の遂行をあおることを企てたとし、(二)につき争議行為の遂行をあおった行為にあたるとしたのは、正当である。

同第六点について。

所論は、原判決は国公法九八条五項、一一〇条一項一七号の解釈、適用を誤り、所論引用の各高等裁判所の判例と相反する判断をしたものであるというのである。

よって考えるに、原判決が「同法一一〇条一項一七号の『あおる』行為等の指導的行為は争議行為の原動力、支柱となるものであって、その反社会性、反規範性等において争議の実行行為そのものより違法性が強いと解し得るのであるから、憲法違反となる結果を回避するため、とくに『あおる』行為等の概念を縮小解釈しなければならない必然性はなく、またその証拠も不十分である」としたうえ、同条項一七号所定の「指導的行為の違法性は、その目的、規模、手段方法（態様）、その他一切の付随的事情に照らし、刑罰法規一般の予定する違法性、すなわち可罰的違法性の程度に達しているものでなければならず、また、これらの指導的行為は、刑罰を科するに足る程度の反社会性、反規範性を具有するものに限る」旨判示し、何らいわゆる限定解釈をすることなく、被告人らの本件行為に対し国公法の右規定を適用していることは、所論のとおりである。これに対し、所論引用の大阪高等裁判所昭和四三年三月二九日判決、福岡高等裁判所昭和四二年一二月一八日各判決、同裁判所昭和四三年四月一八日判決は、右国公法一一〇条一項一七号または地方公務員法六一条四号については、あおり行為あるいはその対象となる争議行為またはその双方につき、限定的に解釈すべきものであるとの見解をとっており、そして、これらの判決は原判決に先だって言い渡されたものであるから、原判決は、右各高等裁判所の判例と相反する判断をしたこととなり、その言渡当時においては、刑訴法四〇五条三号後段に規定する、最高裁判所の判例がない場合に、控訴裁判所たる高等裁判所の判例に相反する判断をしたことになるといわなければならない。

しかしながら、国公法九八条五項、一一〇条一項一七号の解釈に関して、公務員の争議行為等禁止の措置が違憲ではなく、また、争議行為をあおる等の行為に高度の反社会性があるとして罰則を設けることの合理性を肯認できることは前述のとおりであるから、公務員の行なう争議行為のうち、同法によって違法とされるものとそうでないものとの区別を認め、さらに違法とされる争議行為にも違法性の強いものと弱いものとの区別を立て、あおり行為等の罪として刑事制裁を科されるのはそのうち違法性の強い争議行為に対するものに限るとし、あるいはまた、あおり行為等につき、争議行為の企画、共謀、説得、慫慂、指令等を争議行為にいわゆる通常随伴するものとして、国公法上不処罰とされる争議行為自体と同一視し、かかるあおり等の行為自体の違法性の強弱または社会的許容性の有無を論ずることは、いずれも、とうてい是認することができない。けだし、いま、もし、国公法一一〇条一項一七号が、違法性の強い争議行為を違法性の強いまたは社会的許容性のない行為によりあおる等した場合に限ってこれに刑事制裁を科すべき趣旨であると解するときは、いうところの違法性の強弱の区別が元来はなはだ曖昧であるから刑事制裁を科しうる場合と科しえない場合との限界がすこぶる明確性を欠くこととなり、また同条項が争議行為に「通常随伴」し、これと同一視できる一体不可分のあおり等の行為を処罰の対象としていない趣旨と解することは、一般に争議行為が争議指導者の指令により開始され、打ち切られる現実を無視するばかりでなく、何ら労働基本権の保障を受けない第三者がした、このようなあおり等の行為までが処罰の対象から除外される結果となり、さらに、もしかかる第三者のしたあおり等の行為は、争議行為に「通常随伴」するものでないとしてその態様のいかんを問わずこれを処罰の対象とするものと解するときは、同一形態のあおり等をしながら公務員のしたものと第三者のしたものとの間に処罰上の差別を認めることとなって、ただに法文の「何人たるを問わず」と規定するところに反するばかりでなく、衡平を失するものといわざるをえないからである。いずれにしても、このように不明確な限定解釈はかえって犯罪構成要件の保障的機能を失わせることとなり、その明確性を要請する憲法三一条に違反する疑いすら存するものといわなければならない。

なお、公務員の団体行動とされるもののなかでも、その態様からして、実質が単なる規律違反としての評価を受けるにすぎないものについては、その煽動等の行為が国公法一一〇条一項一七号所定の罰則の構成要件に該当しないことはもちろんであり、また、右罰則の構成要件に該当する行為であっても、具体的事情のいかんによっては法秩序全体の精神に照らし許容されるものと認められるときは、刑法上違法性が阻却されることもありうることはいうまでもない。もし公務員中職種と職務内容の公共性の程度が弱く、その争議行為が国民全体の共同利益にさほどの障害を与えないものについて、争議行為を禁止し、あるいはそのあおり等の行為を処罰することの当を得ないものがあるとすれば、それらの行為に対する措置は、公務員たる地位を保有させることの可否とともに立法機関において慎重に考慮すべき立法問題であると考えられるのである。

いわゆる全司法仙台事件についての当裁判所の判決（昭和四一年(あ)第一一二九号同四四年四月二日大法廷判決・刑集二三巻五号六八五頁）は、本判決において判示したところに抵触する限度で、変更を免れないものである。

そうであるとすれば、原判決が被告人らの前示行為につき国公法九八条五項、一一〇条一項一七号を適用したことは結局正当であって、これと異なる見解のもとに原判決に法令違反があるとする所論は採用することができず、また、この点に関する原審の判断と抵触する前記各高等裁判所の判例は、これを変更すべきものであって、所論は、原判決破棄の理由とならない。

同第七点、第八点、第九点について。

所論は、いずれも事実誤認、単なる法令違反の主張であって、適法な上告理由にあたらない。

同第一〇点について。

所論は、要するに、公務員の政治的目的に出た争議行為も憲法二八条によって保障されることを前提とし、原判決が、いわゆる「政治スト」は憲法二八条に保障された争議行為としての正当性の限界を逸脱するものとして刑事制裁を免れないと判断したのは、憲法二一条、二八条、三一条の解釈を誤ったものである旨主張する。

しかしながら、公務員については、経済目的に出たものであると、はたまた、政治目的に出たものであるとを問わず、国公法上許容された争議行為なるものが存在することは、とうていこれを是認することができないのであって、かく解釈しても憲法に違反するものではないから、所論違憲の主張は、その前提を欠き、適法な上告理由にあたらない（なお、私企業の労働者たると、公務員を含むその他の勤労者たるとを問わず、使用者に対する経済的地位の向上の要請とは直接関係があるとはいえない警職法の改正に対する反対のような政治目的のために争議行為を行なうがごときは、もともと憲法二八条の保障とは無関係なものというべきである。現に国際労働機構（ＩＬＯ）の「結社の自由委員会」は、警職法に関する申立について、「委員会は改正法案は、それが成立するときは、労働組合権を侵害することとなることを立証するに十分な証拠を申立人は提出していないと考えるので、日本政府の明確な説明を考慮して、これらの申立については、これ以上審議する必要がないと決定するよう理事会に勧告する。」としている（一七九事件第五四次報告一八七項）。国際労働機構の「日本における公共部門に雇用される者に関する結社の自由調査調停委員会報告」（いわゆるドライヤー報告）も、「労働組合権に関する申立の審査において国際労働機関によってとられている一般原則によれば、政治的起源をもつ事態が適当な手続による国際労働機関の調査が要請されうる社会的側面（問題）を有している場合であっても、国際労働機関が国際的安全保障に直接関係ある政治問題を討議することは、その伝統に反し、かつ、国際労働機関自体の領域における有用性をもそこなうため不適当である。」（二一三〇項）という一般的見解を表明しているのである。）。

弁護人小林直人の上告趣意第一一点中、第一ないし第三について。

所論は、原判決が国公法一一〇条一項一七号について、何んら限定解釈をすることなく、社会的に相当行為たる被告人らの本件行為にこれを適用したのは、憲法三一条、二八条、一八条、二一条に違反するというのである。

しかし、国公法の右規定について、これを限定的に解釈しなくても、右憲法の各規定に違反するものでないことは、すでに弁護人佐藤義弥ほか三名の上告趣意第一点、第三点、第五点について説示したところおよび同第六点において説明した趣旨に照らし明らかであるから、所論は理由がない。

同第四について。

所論は、本件争議行為が、いわゆる政治的抗議ストであるから社会的相当性を有し、構成要件該当性を欠くとの単なる法令違反の主張であって、適法な上告理由にあたらない。

同第五について。

所論は、本件抗議ストは、憲法二一条の保障する「表現の自由」権の行使として、社会的相当性を具有しているものであるから、国公法一一〇条一項一七号の罰則規定は、被告人らの本件行為に適用される限度において、憲法三一条、二一条に違反し、無効であるというのである。

しかしながら、国公法の右規定が憲法三一条、二一条に違反しないことは、所論の第一ないし第三について示したところにより明らかであるから、その趣旨に徴し、所論は理由がない。

被告人ら各本人の上告趣意について。

所論は、いずれも事実誤認、単なる法令違反の主張であって、適法な上告理由にあたらない。

よって、刑訴法四一四条、三九六条に則り、本件各上告を棄却することとし、主文のとおり、判決する。

この判決は、裁判官石田和外、同村上朝一、同藤林益三、同岡原昌男、同下田武三、同岸盛一、同天野武一の各補足意見、裁判官岩田誠、同田中二郎、同大隅健一郎、同関根小郷、同小川信雄、同坂本吉勝の各意見、裁判官色川幸太郎の反対意見があるほか、裁判官全員一致の意見によるものである。


裁判官石田和外、同村上朝一、同藤林益三、同岡原昌男、同下田武三、同岸盛一、同天野武一の補足意見（裁判官岸盛一、同天野武一については、本補足意見のほか、後記のような追加補足意見がある。）は、次のとおりである。

われわれは、多数意見に同調するものであるが、裁判官田中二郎、同大隅健一郎、同関根小郷、同小川信雄、同坂本吉勝の意見（以下、五裁判官の意見という。）は、多数意見の真意を理解せず、いたずらに誇大な表現を用いて、これを論難するものであって、読む者をしてわれわれの意見について甚だしい誤解を抱かせるものがあると思われるので、あえて若干の意見を補足したい。
一　五裁判官の意見は、多数意見が、公務員を国民全体の奉仕者であるとする憲法一五条二項をあたかも唯一の根拠として公務員（非現業の国家公務員をいう。以下同じ。）の争議行為禁止の合憲性を肯定するものであるかのごとく、また公務員の勤務条件の決定過程の特殊性だけを理由としてその争議行為の禁止を根拠づけようとするものであるかのごとく、さらには代償措置の制度さえ設けておけばその争議行為を禁止しても憲法に違反するものではないとの安易な見解に立っているものであるかのごとく誤解し、多数意見を論難している。しかし、多数意見は、公務員も原則として憲法二八条の労働基本権の保障を受ける勤労者に含まれるものであることを肯定しながらも、私企業の労働者とは異なる公務員の職務の公共性とその地位の特殊性を考慮にいれ、その労働基本権と公務員をも含めた国民全体の共同利益との均衡調和を図るべきであるという基本的観点に立ち、その説示するような諸般の理由を総合して国家公務員法（以下、国公法という。）の規定する公務員の労働関係についての規制をもって、いまだ違憲と見ることはできないとしているものなのである。さらに、五裁判官の意見は、多数意見をもって、憲法一五条二項を公務員の労働基本権に対する「否定原理」としているものであるとまで極論したうえ、「使用者である国民全体、ないしは国民全体を代表しまたはそのために行動する政府諸機関に対する絶対的服従義務を公務員に課したものという解釈をする」とか「このような解釈は、国民全体と公務員との関係をあたかも封建性のもとにおける君主と家臣とのそれのような全人格的な服従と保護の関係と同視するに近い考え方である」とか、さらには憲法二八条の労働基本権を「一種の忠誠義務違反としてそれ自体を不当視する観念」であって、「すべての国民に基本的人権を認めようとする憲法の基本原理と相容れない」ものであるとか、極端に激しい表現を用いて非難しているのであるが、多数意見のどこにそのような時代錯誤的な考えが潜んでいるというのであろうか。いうまでもなく、多数意見は、五裁判官の意見が指摘するような国家の事務が軍事、治安、財政などにかぎられていた時代における前近代的観点から「抽象的、観念的基準によって一律に割り切って」いるものでもなく、また抽象的形式的な公共福祉論、公僕論を拠りどころとしているものでもないことは、多数意見を冷静かつ率直に読むならば容易に理解できることであろう。

二　五裁判官の意見は、公務員の職務内容の公共性がその争議行為制限の実質的理由とされていることはなにびとにも争いのないところであること、また公務員の勤務条件の決定過程において争議行為を無制限に許した場合に民主的政治過程をゆがめる面があることも否定できないことを承認しながらそのいずれの理由からも一切の争議行為を禁止することの正当性を認めることはできないとして、公務員の「団体交渉以外の団体行動によって、立法による勤労条件の基準決定などに対して影響力を行使すること」を是認すべきであるといい、また代償措置はあくまで代償措置にすぎないものであるから、「政府または国会に右（人事院の）勧告に応ずる措置をとらせるためには、法的強制以外の政治的または社会的活動を必要とし、このような活動は、究極的には世論の支持、協力を要するものであり、世論喚起のための唯一の効果的手段としての公務員による団体行動の必要を全く否定することはできず、」といって、およそ争議行為を禁止させている公務員の利益を保障するために設けられた国家的制度としての代償措置の存在をことさらに軽視し、公務員による立法機関または世論に対する直接的な政治的効果を目的とする団体行動の必要性を強調しているのである。ところで、五裁判官の意見がここで指摘している「団体行動」とは、何を意味するかは必ずしも明らかではないが、その前後の論調からすると、単なる表現活動としての団体行動を指しているものとは認められず、明らかに憲法二八条にいわゆる団体行動を考えているものとしか思われない。しかもその団体行動は、「刑罰の対象から除外されてしかるべきものである」と断定していることからすると、罰則規定のある公務員の争議行為を念頭においているものと解さざるをえない。はたしてそうであるとすれば、五裁判官の意見は、立法府または社会一般に対する示威的行動としての公務員の争議行為の必要性を強調するものといわざるをえないのである。もとより、五裁判官の意見は、純然たる政治的目的の実現のための争議行為の必要性を説くものではない。しかしながら、およそ勤労者の団体が行なう争議行為の目的が使用者において事実的にも法律的にも解決しえない事項に関するものであるときは、その争議行為は、憲法二八条による保障を受ける余地のないものであるから、五裁判官の意見がいうところの公務員の団体行動としての争議行為なるものは、その実質において、いわゆる「政治スト」と汎称されるものとなんら異なるところはないのである。ことに、五裁判官の意見が法的強制以外の「政治的活動」の必要性を説くことは、まさに団体行動としての表現活動のほかに、「政治スト」を憲法上正当な争議行為として公務員に認めよということにほかならないのであって、そのことは五裁判官の意見が本件について政治目的に出た争議行為であるとの理由から憲法二八条の保障の範囲に含まれないとしていることと明らかに矛盾するものであるといわねばならない。なお、付言するに、五裁判官の意見が右のように争議行為としての法的強制以外の「政治的活動」を強調していることについては、いわゆるドライヤー報告書が「日本の労働者の中央組織によって行なわれてきた政治的活動の性格は、真に労使関係を混乱させている一つの主要な要素である。」（二一二七項）と戒めていることをこの際指摘せざるをえないのである。

三　五裁判官の意見は、本件の処理にあたり、多数意見が何ゆえことさらいわゆる全司法仙台事件大法廷判決の多数意見（昭和四一年(あ)第一一二九号同四四年四月二日大法廷判決・刑集二三巻五号六八五頁、以下、単に全司法仙台事件判決という。）の解釈と異なる憲法判断を展開しなければならないのか、その必要性と納得のゆく理由を発見することができないと論難している。しかし弁護人らの上告趣意には、多岐にわたる違憲の主張が含まれており、また、まさに本判決の多数意見と五裁判官の意見との分岐点をなす中心問題について互に相反する高等裁判所の判決が指摘されて判例違反の主張がなされたのであるから、当裁判所としては、これらに対し判断をするにあたり、当然右全司法仙台事件判決の当否について検討せざるをえないばかりでなく、五裁判官の意見も、本件上告を棄却するについては、結論的には同意見であるから、上告趣意の総てについて逐一判断を示すべきものである。五裁判官の意見のような、この際全司法仙台事件判決に触れるべきではないとする考えは、本件の処理上、基本的問題の判断を避けて一時を糊塗すべきであるというにひとしく、とうていわれわれの承服しがたいところである。いま、多数意見がこれに論及せざるをえなかったその他の理由の二、三をもあわせて指摘し、さらに同判決の判例としての評価について言及することとする。

㈠　まず、第一に、右全司法仙台事件判決は、憲法解釈にあたり看過できない誤りを犯したということである。すなわち、同判決とその基本的立場を共通にする、いわゆる都教組事件大法廷判決の多数意見（昭和四一年㈠第四〇一号同四四年四月二日大法廷判決・刑集二三巻五号三〇五頁、以下、単に都教組事件判決という。）は、公務員の職務は一般的に公共性が強いものであることを認めながら、なお一部の職種や職務には私企業のそれに類似したものが存在するから公務員の争議行為を一律に禁止することは許されないと説くが、その論ずるところは、公務員の争議行為が行なわれる場合、一般に単なる機械的労務に従事する職務の者ばかりでなく、その職務内容が公共性の強い職員の大多数の者の参加によって行なわれる集団的組織的団体行動であるという現実を無視した議論であり、しかも、職種、職務内容の別なく公務員に対して一律に保障された、生存権擁護の趣旨をもつ代償措置の現存することについての考慮を払うことなく、また、その判断の結果がはたして実際的に妥当するものであるかについて洞察することもなく、ただただ抽象的に理論を推しすすめるものである。すなわち、同判決は、抽象的、観念的思惟に基づいて、公務員による争議行為を制限禁止した関係公務員法の当該規定は違憲の疑いがあると容易に断定しているのであって、全司法仙台事件判決もその論法において軌を一にしているのである。そのような憲法判断の手法は、労働基本権に絶対的な優位を認めようとするに傾きやすく、現実の社会的、経済的基盤の上に立って国家と国民および国民相互の相反する憲法上の諸利益を調整すべきものであるという憲法解釈の要諦を忘れたものといわなければならない。なお、五裁判官の意見は「一律全面的」な争議行為の禁止は不当であるとして多数意見を論難するのであるが、職種と職務内容の公共性の程度が弱く、その争議行為が国民全体の共同利益にさほどの障害を与えないものについては、労働政策の問題として立法上慎重に考慮されるべきものであることについては、多数意見が指摘しているところである。ちなみに、西ドイツにおいては、公勤務従事者のうち、官吏についてはストライキを禁止されているが、その代り終身任用制度および一種の昇進制度が勤務条件法定主義のもとに行なわれているのに対し、雇員、単純労務職員については、特定の職務内容を限定してストライキを認めており、また、カナダ連邦、アメリカのペンシルバニヤ州やハワイ州では重要でない職務に従事する公務員についてストライキを認めているが、職務の重要性の判定は第三者機関が行なうたてまえとなっているのであって、全司法仙台事件判決が示す「国民生活に重大な支障」を及ぼすことの有無というような漠然とした基準によって公務員の争議行為の正当性を画する立法例は他国には見あたらないのである。なお、カナダ連邦の場合は、仲裁手続とストライキとの選択のもとに、かりにストライキを選択したときでも厳格な調停手続を経ることが条件となっているのであり、この手続を経ないストライキは禁止されているのである。そして、アメリカでストライキの認められている前示二州でも、ほぼこれに似た制度をとっているのであるが、その国情による相違があるとはいえ、重要でない職務の公務員のストライキを認めるについて、無制限にこれを認めることなく、厳格な制約のもとに置かれていることに特に留意すべきである。

第二に、全司法仙台事件判決の示した限定解釈には重大な疑義があるということである。すなわち、同判決と基本的に共通の見解に立っている前記都教組事件判決がいうところは、公務員の職務の公共性には強弱があるから、その労働基本権についても、その職務の公共性に対応する制約を当然内包しているという理論的立場を強調しながら、限定解釈をするにあたっては、一転して職務の公共性をなんら問題とすることなく、「ひとしく争議行為といっても、種々の態様のものがある」として、争議行為の態様の問題へと転移し、争議行為における違法性の強弱という曖昧な基準を設定したのである（五裁判官の意見は、多数意見が公務員の争議行為につきその「主体」のいかんを問わず全面的禁止を是認することを非難しているのであるから、当然「主体」による区別をいかに考えるべきかについての明確な基準を示して然るべきものなのである。しかるに、その明示がなされていないことは、現在の公務員制度のもとにおける職員組合の組織と争議行為の現況にかんがみ、そのような区別をたてることは抽象論としてはともかく、実際上はほとんど不可能であることを物語るものであろうか。）。ことに、同判決は、争議行為に関する罰則については、争議行為そのものの違法性が強いことと、あおり等の行為の違法性が強いことを要するばかりでなく、争議行為に「通常随伴して行なわれる行為」は処罰の対象とはならないと解すべきものであるとしている。ところで、いわゆる全逓中郵事件判決の多数意見（昭和三九年(あ)第二九六号同四一年一〇月二六日大法廷判決・刑集二〇巻八号九〇二頁、以下単に全逓中郵事件判決という。）では、争議行為の正当性を画する基準として、「政治的目的のために行なわれたような場合」、「暴力を伴う場合」、「社会の通念に照らして不当に長期に及ぶときのように国民生活に重大な障害をもたらす場合」をあげ、これらの場合でなければ、その争議行為は、憲法上保障された正当な争議行為にあたると説示されているが、全司法仙台事件判決では、争議行為の違法性が強い場合の基準として、そのまま右と同様のものが転用されているのである。すなわち、あおり行為等を処罰するための要件として、「争議行為そのものが、職員団体の本来の目的を逸脱してなされるとか、暴力その他これに類する不当な圧力を伴うとか、社会通念に反して不当に長期に及ぶなど、国民生活に重大な支障を及ぼすとか」ということをあげている。争議行為が正当であるか否かは、違法性の有無に関する問題であり、違法性が強いか弱いかは違法性のあること、すなわち正当性のないことを前提としたものである。そして、ここにいう正当性の有無は、単に「刑法の次元」における判断ではなく、まさに憲法二八条の保障を受けるかどうかの憲法の次元における問題なのであるから、その保障を受けうるものであるかぎり、民事上、刑事上一切の制裁の対象となることはないのである。しかるに、全司法仙台事件判決は、全逓中郵事件判決が憲法上の保障を受けるかどうかの観点から違憲判断を回避するために示した正当性を画する基準と同一のものを、違法性の強弱判定の基準としているのであって、そこに法的思惟の混迷があると思われるのであるが、それはともかくとして、このような基準の設定は、刑罰法規の構成要件としてもすこぶる不明確であり、そのゆえに、むしろ違憲の疑いを生むのであり、さらに右のような基準確立が判例の集積になじまないものであることについては、岸裁判官、天野裁判官の追加補足意見の指摘するところである。この点について、五裁判官の意見は、公務員の争議行為をあおる等の行為が全司法仙台事件判決の判示する基準に照らして処罰の対象となるかどうかは事案ごとに具体的事実関係により判断されなければならないとして、これらの行為が国公法上罰則の対象となりうることを肯定しながら、公務員法違反の場合と公共企業体職員または私企業労働者の争議行為の場合とを対比し、一つは構成要件充足の問題であり、他は違法性阻却の問題であるといい、さらに転じて「刑法の次元における違法性阻却の理論によって処理することは相当でなく、」と至極当然のことにわざわざ言及し、あたかも多数意見がその誤りを犯しているかのごとき論難を加えているが、そのいわんとする真意が那辺にあるか理解に苦しむところである。

第三に、全司法仙台事件判決に見られる憲法解釈の疑点もさることながら、それが惹起している労働・行政または裁判実務上の混乱も、また無視できないということである。すなわち、例えば、都教組事件判決は、「違法な争議行為を想定して、あおり行為等をした場合には、かりに予定の違法な争議行為が実行されなかったからといって、あおり行為等の刑責は免れない。」旨判示する。しかし国公法一一〇条一項一七号の罰則は、あおり行為等に対して結果責任を問うものではないのであるから、行為者が、かりに違法性の弱い争議行為を想定して、あおり行為等をしたが、予期に反し、争議行為が「社会通念に反して不当に長期に及び国民生活に重大な支障」を与えた場合には、全司法仙台事件判決の見解に従うかぎり、なんらこれに対し刑事責任を問うことができないこととなるであろう。また、争議行為の実態に即して考えて見ても、争議行為は通常、争議指導者の指令のままに動くものであるから、あおり等の行為自体の違法性が強い場合などはおよそありえないであろう。このことは、同判決の右のような解釈のもとでは、国公法の右規定が現実的には、ほとんど有効に機能しないことを示すものであって、結局公務員の争議行為が野放しのままに放置される結果ともなりかねないのである。さらにまた、同判決が判示する前記の基準も、それ自体が客観性を欠きこれを捕捉するに極めて困難であり、五裁判官の意見のいうように、右の判決が一般国民の間に定着しているものとはとうてい考えられない。右の基準が曖昧で判断者の主観による恣意がはいりこむ虞れがあるという批判は、本件の弁論において弁護人からも強く指摘されたばかりでなく、すでに、いわゆる全逓中郵事件判決を支持する論者、これに反対の立場にある論者の双方から強い批判を受けているところである。全司法仙台事件判決も公務員の争議行為に対するあおり等の行為が罰則の適用を受ける場合のあることを肯定する以上は、その明確な基準を示すべきであったのである。

さらに第四に、全司法仙台事件判決ならびにこれと同一の基盤をもつ都教組事件判決が全逓中郵事件判決と相まって公務員の争議行為に関する罰則の適用について一般に誤った評価を植えつけるにいたったということである。すなわち、都教組事件判決は、全逓中郵事件判決が勤労者の労働基本権に対する、いわゆる内在的制約を考慮する際「一般的にいって、刑事制裁をもってこれに臨むべき筋合ではない。」（同判決の、いわゆる四条件中、⑶最高裁刑集二〇巻八号九〇七頁参照。）と判示したことをそのまま踏襲しているのであるが、さらに都教組事件判決の趣旨を受けついだ全司法仙台事件判決は、国公法一一〇条一項一七号についてこれを限定的に解釈しないかぎり憲法一八条、二八条に違反する疑いがあるといって、一般に対し「公務員労働者の」「争議行為を刑事罰から解放」したものであるかのごとき誤った理解を植えつけることとなったのである。これは、ひっきょう、同判決の不明確な限定解釈と誤った法解釈の態度とにその原因をもつものといわねばならないのである。（現に五裁判官の意見も公務員の争議行為に対するあおり等の行為が罰則の適用を受ける場合のあることを肯定していながら、しかも、なおかつ、あたかも多数意見のみが、公務員の争議行為に関し仮借のない刑事制裁を是認しているもののような論難をしているのである。）なお、付言するに、ＩＬＯ第一〇五号条約（わが国は批准していない。）に関する第五二回ＩＬＯ総会に提出された条約勧告適用専門家委員会の報告書は、「一定の事情の下においては違法な同盟罷業に参加したことに対して刑罰を科することができるということ、」「この刑罰には通常の刑務所労働が含まれることがあるということ」その他について合意が成立した旨の、同条約を審議した総会委員会の報告書を引用して「同盟罷業に関する各種の国内立法を評価するに当たり、本委員会は、総会の意図に関する前述したところを十分に考慮することが適当であると考える。」と述べているのである（九四頁。なお九五頁参照。）。

㈡　つぎに、全司法仙台事件判決には、真の意味の多数意見なるものがはたして存在するといえるであろうか。同判決において多数と見られる八名の裁判官の意見が一致しているのは、ただ国公法の規定を「限定的に解釈するかぎり」違憲でないと判示する点にかぎられているのである。そして、そのいわゆる限定解釈の内容について見るに、右八名の裁判官のうち、六名の裁判官は、違法性強弱論およびあおり行為等の通常随伴性論の立場をとっているが、他の二名の裁判官は、違法性強弱論には否定的な意見を示しており、しかも、その二名の裁判官の間でも、「通常随伴性」についての考え方が一致していないのである。このように限定解釈をすべきであるという点では同意見であっても、それだけでは全く内容のないものであり、そのいうところの限定解釈についての内容が区々にわかれていて、過半数の意見の裁判官による一致した意見は存在しないのである。前記のように、行政上および裁判上の混乱を招いたのも、ひっきょう、同判決ならびにその基盤を共通にする全逓中郵事件判決および都教組事件判決のもつ内容の流動性、曖昧性に基因するところが大きく、判例としての指導性にも欠けるところがあったといわねばならないのである。そして、現在においては、本判決の多数意見は、前記判示のとおり、憲法および国公法の解釈につき一致した見解を示しているものであるのに対し、多数意見に同調する裁判官以外の裁判官の意見は、単に形式上少数であるばかりでなく、内容的にも国公法の解釈について意見が分立しており、ことに五裁判官の意見が本件につき上告棄却の意見であるならば、全司法仙台事件判決にいう、いわゆる通常随伴性論を今日維持することは背理というほかなく、また通常随伴性論をとるとすれば、結論は、むしろ反対となるべき筋合いであろう。この一点をみても、右五裁判官ら自身、意識すると、しないとにかかわらず、前記の判例の見解を変更しているものにほかならない。したがって、全司法仙台事件判決は、今日、もはやいかなる意味においても「判例」として機能しえないものであり、これが変更されるべきことは、自然の成行きといわなければならないのである。五裁判官の意見は、「僅少差の多数によってさきの憲法解釈を変更することは、最高裁判所の憲法判断の安定に疑念を抱かせ、ひいてはその権威と指導性を低からしめる虞れがある云々」と述べているが、多数意見に対するいわれのない批判にすぎず強く反論せざるをえない次第である。

裁判官岸盛一、同天野武一の追加補足意見は、つぎのとおりである。

㈠　まず、多数意見は、憲法二八条の勤労者のうちには、公務員（非現業の国家公務員をいう。以下同じ。）も含まれるとの見解にたちながらも、公務員の地位の特殊性とその職務の公共性とを考慮にいれるとき、公務員の勤労関係を規律する現行法制のもとでは、公務員の勤務条件が法定されており、その身分が保障されているほか、適切な代償措置が講じられている以上は、国家公務員法（昭和四〇年法律第六九号による改正前のもの。以下国公法という。）九八条五項の規定は、いまだ、憲法二八条に違反するものと断ずることはできないとするものである。

ところで、一般的に勤労者の争議行為を禁止するについて、その代償措置が設けられることが極めて重要な意義をもつものであることは、いわゆるドライヤー報告やI・L・O結社の自由委員会でもたびたび強調されているところであり、その事例を枚挙するにいとまなしといっても過言ではないのであるが、公務員に関してもその争議行為を禁止するについては、適切な代償措置が必要であることが指摘されているのである（結社の自由委員会第七六次報告第二九四号事件二八四項、第七八次報告第三六四号事件七九項等）。ところが、わが国で、公務員の争議行為の禁止について論議されるとき、代償措置の存在がとかく軽視されがちであると思われるのであるが、この代償措置こそは、争議行為を禁止されている公務員の利益を国家的に保障しようとする現実的な制度であり、公務員の争議行為の禁止が違憲とされないための強力な支柱なのであるから、それが十分にその保障機能を発揮しうるものでなければならず、また、そのような運用がはかられなければならないのである。したがって、当局側においては、この制度が存在するからといって、安易に公務員の争議行為の禁止という制約に安住すべきでないことは、いうまでもなく、もし仮りにその代償措置が迅速公平にその本来の機能をはたさず実際上画餅にひとしいとみられる事態が生じた場合には、公務員がこの制度の正常な運用を要求して相当と認められる範囲を逸脱しない手段態様で争議行為にでたとしても、それは、憲法上保障された争議行為であるというべきであるから、そのような争議行為をしたことだけの理由からは、いかなる制裁、不利益をうける筋合いのものではなく、また、そのような争議行為をあおる等の行為をしたからといって、その行為者に国公法一一〇条一項一七号を適用してこれを処罰することは、憲法二八条に違反するものといわなければならない。

もっとも、この代償措置についても、すべての国家的制度と同様、その機能が十分に発揮されるか否かは、その運用に関与するすべての当事者の真摯な努力にかかっているのであるから、当局側が誠実に法律上および事実上可能なかぎりのことをつくしたと認められるときは、要求されたところのものをそのままうけ容れなかったとしても、この制度が本来の機能をはたしていないと速断すべきでないことはいうまでもない。

以上のことは、多数意見においてとくに言及されていないが、その立場からは当然の理論的帰結であると考える。

㈡　つぎに、多数意見は、国公法一一〇条一項一七号について、福岡高等裁判所判決（昭和四一年㈤第七二八号同四三年四月一八日判決）が示した限定解釈は犯罪構成要件の明確性を害するもので憲法三一条違反の疑いがあるというが、われわれは、右の限定解釈は明らかに憲法三一条に違反するばかりでなく、本来許さるべき限定解釈の限度を超えるものであるとすら考えるものである。すなわち、同判決は、国公法の右規定を限定的に解釈して、争議行為が政治目的のために行なわれるとか、暴力を伴うとか、または、国民生活に重大な障害をもたらす具体的危険が明白であるなど違法性の強い争議行為を違法性の強い行為によってあおるなどした場合に限り刑罰の対象となるというのであって、いわゆる全司法仙台事件についての当裁判所大法廷判決の多数意見がさきに示した見解とほぼ同趣旨の見解を示しているのである。

ところで、憲法判断にさいして用いられる、いわゆる限定解釈は、憲法上の権利に対する法の規制が広汎にすぎて違憲の疑いがある場合に、もし、それが立法目的に反することなくして可能ならば、法の規定に限定を加えて解釈することによって、当該法規の合憲性を認めるための手法として用いられるものである。そして、その解釈により法文の一部に変更が加えられることとなっても、法の合理的解釈の範囲にとどまる限りは許されるのであるが、法文をすっかり書き改めてしまうような結果となることは、立法権を侵害するものであって許されるべきではないのである。さらにまた、その解釈の結果、犯罪構成要件が曖昧なものとなるときは、いかなる行為が犯罪とされ、それにいかなる刑罰が科せられるものであるかを予め国民に告知することによって、国民の行為の準則を明らかにするとともに、国家権力の専断的な刑罰権の行使から国民の人権を擁護することを趣意とする、かのマグナカルタに由来する罪刑法定主義にもとるものであり、ただに憲法三一条に違反するばかりでなく、国家権力を法の支配下におくとともに国民の遵法心に期待して法の支配する社会を実現しようとする民主国家の理念にも反することとなるのである。このことは、大陸法的な犯罪構成要件の理論をもたない英米においても、つとに普通法上の厳格解釈の原理によって、裁判所は、個々の事件について、法文の不明確を理由に法令の適用を拒否する手段を用いて、実質上法令の無効を宣言するのとひとしい実をあげてきたといわれているのであるが、とくに米国では、一世紀も前から法文の不明確を理由としてこれを無効とする理論が芽ばえ、一九〇〇年代にはいってからは、国民の行為の準則に関する法令は、予め国民に公正に告知されることが必要で、そのためには、法文は明確に規定されなければならないとして、憲法修正五条、六条、一四条等の適正条項違反を理由に不明確な法文の無効を宣言する、いわゆる明確性の理論が判例法として確立され今日に及んでいるのである。

この法文の明確性は、憲法上の権利の行使に対する規制や刑罰法規のような国民の基本的権利・自由に関する法律については、とくに強く要請されなければならないことは当然である。

ところで、前記福岡高等裁判所判決は、あおり行為の対象となる争議行為の違法性の強弱を判定する基準の一つとして、「国民生活に対する重大障害」ということをあげている。同様に全司法仙台事件判決の多数意見は、「社会の通念に反して不当に長期に及ぶなど国民生活に重大な支障」といっている。しかし、国民生活に重大な障害とか支障とかいう基準はすこぶる漠然とした抽象的なものであって、はたしてどの程度の障害、支障が重大とされるのか、これを判定する者の主観的な、時としては恣意的な判断に委ねられるものであって、そのような弾力性に富む伸縮自在な基準は、刑罰法規の構成要件の輪郭内容を極めて曖昧ならしめるものといわざるをえない。また、全司法仙台事件判決の多数意見のように「社会の通念に反し不当に長期に及ぶなど」という例示が示されているとしても、どの程度の時間的継続が不当とされるのか、これまた甚だ不明確な要件といわざるをえないばかりでなく、そのうえ「社会の通念に照らし」という一般条項を構成要件のなかにとりこんでいることは、却てその不明確性を増すばかりである。したがって、かような基準を示された国民は、自己の行為が限界線を越えるものではないとして許されるかどうかを予測することができず、法律専門家である弁護士、検察官、裁判官ですら客観的な判定基準を発見することに当惑し（いわゆる中郵事件の差戻し後の東京高裁昭和四一年(う)第二六五号同四二年九月六日判決・刑集二〇巻五二六頁参照）、罰則適用の限界を画することができないばかりでなく、民事上、行政上の制裁との限界もまた不明確であって、法の安定性・確実性が著しくそこなわれることとなる。現に全国の事実審裁判所の判決においても、「国民生活に重大な障害」に関する判断が区々にわかれて統一性を欠いているのが今日の実情なのである。さらにまた、右のような限定解釈は、罰則の適用される場合を制限したかのようにみえるのであるが、それに示されているような抽象的基準では、前記判決が志向したところとはおよそ逆の方向にも作用することがないとも限らない。けだし、法文の不明確は法の恣意的解釈への道をひらく危険があるからである。

もっとも、右の基準の明確な確立は、今後の判例の集積にまてばよいとの反論もあろう。最近の、カナダの連邦公務員関係法、アメリカのペンシルバニア州の公務員労使関係法およびハワイ州公法は、重要職務に従事する公務員についてのみ争議行為を禁止しているのであるが、それらの立法に対する、職務の重要性・非重要性を区別することは困難であるとの批判に対して、裁判所の判例の集積による解決が最も妥当であるとの反論もみられる。しかし、右の諸立法においては、別に第三者機関による重要職務の指定判定の制度があって、それによって重要公務の範囲が一応は形式的に明確にされる建前なのであるから、その指定判定に争いがあるとき裁判所の判断をまつということのようである。すなわち、それは、重要職務に従事する公務員の範囲を主体の面から限定するものであって、行為の態様による限定ではないのである。「国民生活に重大な障害」の有無というような行為の態様の基準の明確な確立は、むしろ、判例の集積による方法にはなじまないというべきであろう。

およそ国民の行為の準則は、裁判時においてではなく、行為の時点においてすでに明確にされていなければならない。また、終局判決をまたなければ明確にならないような基準は基準なきにひとしく、国民を長く不安定な状態におくこととなる。国民は各自それぞれの判断にしたがって行動するほかなく、かくては法秩序の混乱はとうてい免れないであろう。

憲法問題を含む法令の解釈にさいしては、いたずらに既成の法概念・法技術にとらわれて、とざされた視野のなかでの形式的な憲法理解におちいってはならないことはいうまでもないことであり、また、絶えず進展する社会の流動性と複雑化とに対処しうるためには、犯罪構成要件がつねに客観的・記述的な概念にとどまることはできず、価値的要素を含んだ規範的なものへと深化されることも必要である。さらに、正義衡平、信義誠実、公序良俗、社会通念等々の、もともとは私法の領域で発達した一般条項の概念が、法解釈の補充的原理として具体的事件に妥当する法の発見に寄与するところがあることも否定できない。しかしながら、あまりにも抽象的・概括的な構成要件の設定は、法の行為規範、裁判規範としての機能を失なわしめるものであり、いわんや、安易簡便な一般条項を犯罪構成要件のなかにとりこむことは極力これを避けなければならない。第二次大戦前のドイツ法学界において、一般条項がいともたやすく遊戯のように労働法を征服したとか、一般条項は個々の犯罪構成要件をのりこえてしまう傾向をもつとかと、強く指摘した警告的な主張がなされたことが思いあわされるのである。

法の規定が、その文面からは一義的にしか解釈することができず、しかも憲法上許される必要最小限度を越えた規制がなされていると判断せざるをえないならば、たとえ立法目的が合憲であるとしても、その法は違憲とされなければならない。しかるに、国公法一一〇条一項一七号についての前記のような限定解釈は、それを避けようとして詳密な理論を展開したのであるが、惜しむらくは、その理論の実際的適用について前述のような重大な疑義を包蔵するうえに、その限定解釈の結果もたらされた同条の構成要件の不明確性は、憲法三一条に違反するものであり、また、立法目的に反して法の規定をほとんど空洞化するにいたらしめたことは、法文をすっかり書き改めたも同然で、限定解釈の限度を逸脱するものといわざるをえないのである。

裁判官岩田誠の意見は、次のとおりである。

国家公務員法（昭和四〇年法律第六九号による改正前のもの。以下、国公法という。）一一〇条一項一七号の規定の合憲性に関する私の意見は、当裁判所昭和四一年(あ)第一一二九号同四四年四月二日大法廷判決（刑集二三巻五号六八五頁）における私の意見のとおりである。

したがって、公務員の行なう争議行為の違法性の強弱、あおり行為等の違法性の強弱により国公法一一〇条一項一七号の適用の有無を決すべきでないことは、前記大法廷判決における私の意見のとおりであるけれども、同条法の規定は、これになんら限定解釈を加えなくても、憲法二八条に違反しないとする意見には賛同することができない。

これを本件について見るに、原判決が罪となるべき事実として確定したところによれば、被告人らは、それぞれ原判示のような農林省の職員をもって組織する全農林労働組合（以下、全農林労組という。）の役員であるところ、昭和三三年一〇月八日内閣が警察官職務執行法の一部を改正する法律案（以下、警職法改正案という。）を衆議院に提出するやこれに反対する第四次統一行動の一環として、原判示第一、第二の所為に及んだというのであって、被告人らの右所為は、全農林労組の団体行動としてなされたものとしても、右は警職法改正に対する反対闘争という政治目的に出たものであって、全農林労組組合員の給与その他の勤務条件の改善、向上を図るためのものではないから、憲法二八条の保障する労働基本権の行使ということはできないものである。したがって、被告人らの所為は、争議行為にいわゆる通常随伴するものであるか否かにかかわらず、それぞれ国公法一一〇条一項一七号にいう争議行為をあおることを企て、または、争議行為をあおったものとして同条項違反の罪責を免れないものといわなければならない。

所論は、また、被告人らの所為を国公法一一〇条一項一七号により処罰した原判決および国公法の右規定は、憲法二一条に違反すると主張する。しかし、警職法改正案に反対する意見を表明すること自体は、何人にも許され憲法二一条の保障するところであるが、その意見を表明するには、争議行為に訴えなくても、他にいくらでも適法な表明手段が存するのであって、憲法二八条の保障の範囲を逸脱した本件のような争議行為によることを要するものではない。したがって、前示のように憲法二八条の保障の範囲を逸脱した争議行為のあおり行為等を処罰する旨を定めた国公法一一〇条一項一七号の規定は、憲法二一条に違反するものではなく、被告人らの前記所為を処罰した原判決もまた憲法二一条に違反するものではない。

そうすると、被告人らの前示所為は国公法一一〇条一項一七号にあたるとして有罪の言渡をした原判決は結局正当であって、被告人らの本件上告はいずれもこれを棄却すべきものである。

裁判官田中二郎、同大隅健一郎、同関根小郷、同小川信雄、同坂本吉勝の意見は、次のとおりである。

本件上告を棄却すべきものとする点においては多数意見と同じであるが、その理由は次のとおりであるほか、岩田裁判官の意見と同じであり、多数意見の説く理由には賛成することができない。

第一　多数意見は、国家公務員法（昭和四〇年法律第六九号による改正前のもの。以下、国公法という。）九八条五項および一一〇条一項一七号の各規定が憲法二八条に違反する旨の上告論旨を排斥するにあたり、右国公法の規定は、解釈上これに特別の限定を加えなくても憲法の右規定に反するものではないとし、この点につきさきに憲法違反の疑いを避けるために限定解釈を施すべきものとしたいわゆる全司法仙台事件の当裁判所判決（昭和四一年(あ)第一一二九号同四四年四月二日大法廷判決・刑集二三巻五号六八五頁）と相反する見解を示している。この多数意見の説くところは、基本的には右判決における少数意見を若干ふえんし、かつ詳述したにとどまるものと考えられるが、これを要約すると、

(1)　公務員は全体の奉仕者であり、その職務内容は公共性をもっているから、公務員の争議行為は、その地位の特殊性と職務の公共性に反し、かつ、その結果多かれ少なかれ公務の停廃をもたらし、国民全体の利益に重大な影響を及ぼすか、またはその虞れがある。

(2)　公務員の勤労条件の決定は、私企業の場合と異なり、労使間の自由な取引に基づく合意によってではなく国会の制定する法律と予算によって定められるという特殊性をもっているが、公務員が争議行為の圧力によってこれに影響を及ぼすことは右の決定についての正常かつ民主的な過程をゆがめる虞れがある。

(3)　公務員の争議行為の禁止については、これに対応する

有効な代償措置制度が設けられている。

ということに尽きる。しかし、右の理由は、いずれも公務員の争議行為を一律全面的に禁止し、これをあおる等のすべての行為に対して刑事制裁を科することの合憲性を肯定するに十分な理由とすることはできない。すなわち、

一、憲法一五条二項の、公務員が国民全体の奉仕者である旨の規定は、主として、公務員が特定の政党、階級など国民の一部の利益に奉仕すべきものではないとする点に意義を有するものであって、使用者である国民全体、ないしは国民全体を代表しまたはそのために行動する政府諸機関に対する絶対的服従義務を公務員に課したものという解釈をすることはできない。このような解釈は、国民全体と公務員との関係をあたかも封建制のもとにおける君主と家臣とのそれのような全人格的な服従と保護の関係と同視するに近い考え方であって、公務員と国との関係を対等な権利主体間の法律的関係として把握しようという憲法の基本原理と相容れないものである。のみならず、公務員の地位の特殊性を強調する右の考え方は、勤労条件の決定に関する公務員の労働基本権、とくにその争議権に対する制約原理としてよりも、むしろ、その否定原理としてはたらく性質のものであって、公務員についても基本的には憲法二八条の労働基本権が認められるとする多数意見自体の説くところと矛盾する契機をすらもつものである。すなわち、このような考え方のもとでは、たとえば、公務員の争議行為のごときは、一種の忠誠義務違反として、それ自体を不当視する観念を生じがちであり、この観念を公務員一般におし及ぼすことは、原則として、すべての国民に基本的人権を認めようとする憲法の基本原理と相容れず、とくに憲法二八条の趣旨とは正面から衝突する可能性を有するものである。それゆえ、公務員の争議権を制限する根拠を国民全体の奉仕者たる地位の特殊性に求めるべきではないというべきである。

次に、公務員の職務内容が原則として公共の利益に奉仕するものであり、公務員の職務懈怠が公務の円滑な運営に支障をもたらし公共の利益を害する可能性を有することは、多数意見のいうとおりであり、これが公務員の争議行為を制限する実質的理由とされていることは、なにびとも争わないところである。しかし、このことから直ちに、およそ公務員の争議行為一切を一律に禁止し、これをあおる等のすべての行為に刑事制裁を科することが正当化されるとの結論を導くことは、明らかに論理の飛躍がある。すなわち、公務の円滑な運営の阻害による公益侵害をもって争議権制限の実質的理由とするかぎり、このような侵害の内容と程度は争議行為制限の態様、程度と相関関係にたつべきものであって、たとえば、形式的には一時的な公務の停廃はあっても、実質的には公務の運営を阻害する虞れがあ

るといいえない争議行為までも一律に禁止し、これをあおる等の行為に対して刑事制裁を科することが正当とされるいわれはないといわなければならない。国の事務が国の存続自体を支える固有の統治活動、すなわち、軍事、治安、財政などにかぎられていた時代においては、これに従事する者も限定されていた反面、それらの者による公務の懈怠が直ちに国家社会の安全に響く虞れがあり、したがって、そのような理由からこれらの者の争議行為を全面的に禁止することにも合理性があることを否定できなかったとしても、近代における福祉国家の発展に伴い、国や地方公共団体の行なう事務が著しく拡大し、その大部分が一般福祉行政や公共的性質を有する経済活動となり、これに従事する者も飛躍的に増加して、全公務員の相当部分を占め、しかも、これらの公務員が全勤労者の中でも相当大きな役割を形成するに至った今日においては、公務の内容、性質もきわめて多岐多様であるとともに、その運営の阻害が公共の利益に及ぼす影響もまた千差万別であって、そのうちには、公益性質を有する私企業の業務の停廃による影響とその内容、性質においてほとんど区別がなく、むしろ、後者の方がその程度いかんによっては、国民生活に対してより重大な支障をもたらす虞れのある場合すら存するのである。したがって、これらをすべて公益侵害なる抽象的、観念的基準によって一律に割り切り、公務員の争議行為を、その主体、内容、態様または程度などのいかんにかかわらず全面的に禁止し、これをあおる等のすべての行為に刑事制裁を科するようなことは、とうてい、合理性をもつ立法として憲法上これを正当化することはできないといわなければならない。

二、公務員に対する給与は、国または地方公共団体の財源使用の一内容であるから、公務員の勤務条件のいかんは、国などの財政、ことに予算の編成と密接な関連を有し、したがって、その決定につき、国会または地方公共団体の議会の監視または承認を経由する必要があることは、多数意見の説くとおりである。しかし、このことから、右の勤労条件の基準がすべて立法によって決定されることを要し、その間に労使間の団体交渉に基づく協定による決定なるものをいれる余地がないとする結論は、当然に導かれないし、憲法上それが予定されていると解すべき根拠もない。憲法七三条四号は、内閣が法律の定める基準に従い官吏に関する事務を掌理すべき旨を規定しているが、それは、国家公務員に関する事務が内閣の所管に属することと、内閣がこの事務を処理する場合の基準の設定が立法事項であって政令事項ではないことを明らかにしたにとどまり、公務員の給与など勤労条件に関する基準が逐一法律によって決定されるべきことを憲法上の要件として定めたものではなく、法律で大綱的基準を定め、その実施面における具体化につき一定の制限のもとに内閣に広い裁量権を与え、かつ、公務員の代表者との団体交渉によってこれを決定する制度を設けることも憲法上は不可能ではない。したがって、公務員の勤労条件が、その性質上団体交渉による決定になじまず、団体交渉の裏づけとしての団体行動を正当とする余地がないとすることはできないのである。もっとも、公務員の勤労条件の抽象的基準をすべて法律によって定めることは、憲法上可能であり、わが国においては現にこのような立法政策がとられ、国家公務員や公務員給与関係諸法律などによって、公務員の勤労条件の基準に関し詳細な規定が設けられ、しかも、公務員団体に対し団体交渉権が認められているとはいえ、団体協約締結権は否定され、団体交渉により勤労条件が決定される余地や範囲はきわめて狭く、したがって、公務員の争議権は、団体交渉権の裏づけとしての意味に乏しく、この点において私企業労働者の場合に比し大きな相違が存することは、これを認めなければならない。

しかしながら、公務員の争議権が、その実質的効果の点において大きな制約を受けざるをえないからといって、団体行動による影響力の行使を全く認める余地がないとか、これを全面的に禁止し、これをあおる等のすべての行為に対して刑罰を科しても差しつかえないとの結論が当然に導かれるわけではない。公務員がその勤務条件に関する正当な利益を主張し、かつ、これを守るために団結して意思表示をし、団体交渉以外の団体行動によって、立法による勤労条件の基準決定などに対して影響力を行使することは、その方法が相当であり、かつ、一定の限界内にとどまるかぎり、刑罰の対象から除外されてしかるべきものである。勤労者にとって団体行動は、このような影響力行使の唯一ともいうべき手段であり、公務員の場合といえどもことは同様である。多数意見は、このような目的のもとにされる公務員の争議行為が、立法や予算の決定などについての民主的政治過程を不当にゆがめる危険があることを指摘するが、この議論は、公務員の争議行為を無制限に許した場合の弊害については妥当するとしても、およそ一切の争議行為を禁止し、これをあおる等の行為に対して刑罰を科することを正当とする理由となるものではない。換言すれば、公務員が自己の要求を貫徹するために、国民生活に重大な影響を及ぼす虞れのあるような争議行為を遂行し、かつ、これを継続するような場合には、多数意見の危惧する弊害が生ずるかも知れないが、その程度に至らないものについては、そのような弊害が生ずる虞れはなく、要は、その方法および程度の問題にすぎないのである。更に、多数意見は、政府にいわゆる作業所閉鎖（ロックアウト）による対抗手段がないことを挙げるが、このような対抗手段は、特殊の強力な争議行為に対するそれとしてのみ意味を有するにすぎず、ロックアウトが利用できないことは、勤労者側におけるすべての争議行為を不当とする理由となるものではない。そればかりでなく、立法や予算とは直接関係のない問題、とくに団体交渉の認められる事柄について団体行動による影響力を行使する必要がある場合も想定されないわけではないのである。このようにみてくると、多数意見の前記(2)の理由も、公務員の争議行為を全面的に禁止し、これをあおる等のすべての行為に対して刑罰を科することを正当づける理由となるものではないというほかない。

三、現行法上、公務員の勤労条件については、人事院が内閣から独立した機関として設けられ、勧告その他の活動により比較的公正な立場から公務員の正当な利益を守る、いわゆる代償措置に関する制度が設けられていることは、多数意見の指摘するとおりである。しかし、このような代償措置制度の存在は、国民生活全体の利益の保障という見地から、最少限度公務員の労働基本権を制限する場合において、文字どおりその代償として必要とされるものにすぎず、代償措置制度を設けさえすれば労働基本権を制限することができるというわけのものではない。しかも、実際上、人事院の存在およびその活動が、労働基本権の行使と同じ程度に、公務員の勤労条件に関する正当な利益を保護する機能を常に果すものとはいいがたく、とくに、人事院勧告は、政府または国会に対してなんら応諾義務を課するものではないから、政府または国会に右勧告に応ずる措置をとらせるためには、法的強制以外の政治的または社会的活動を必要とし、このような活動は、究極的には世論の支持、協力を要するものであり、世論喚起のための唯一の効果的手段としての公務員による団体行動の必要を全く否定することはできず、また、人事院の勧告の成立過程においても、勧告の内容に対する公務員の要求を表示するために同様の方法をとる場合のありうることも否定できないのである。要するに、代償措置はあくまでも代償措置にすぎず、しかも現代の代償措置制度の運用については、状況に応じた公務員の団体行動による監視、批判、要求、圧力などを必要とする場合もありうべく、単なる代償措置制度の存在を理由として公務員の争議行為を全面的に禁止し、これをあおる等の行為に対して刑罰を科することを正当化することは、とうてい、不可能であるといわざるをえない。

四、なお、多数意見は、その理由中において、前記大法廷の判決が公務員の争議行為禁止およびこれをあおる等の行為の処罰規定について施した限定解釈に対し、それが法律上の明文を無視し、立法の趣旨にも反するものであり、また、限定の基準が不明確であって刑罰法規における犯罪の構成要件の明確化による保障機能を失わせ、憲法三一条に違反する疑いがあると論難している。

ところで、右の大法廷判決における国公法の規定の限定解釈に関する見解のうち、争議行為およびこれをあおる等の行為中、処罰の対象となるものとそうでないものとの区別の基準について、いわゆる違法性の強弱という表現を用いた部分が、犯罪の構成要件としてその内容、範囲につき明確を欠くという批判を受けたことは否定することができない。しかし、右の見解は、憲法二八条が労働基本権を保障していることにかんがみ、勤労者である公務員の争議行為とこれをあおる等の行為のうち、刑罰の対象とならないものを認めるべきであるとの基本的観点にたち、その基準として、争議行為については、職員団体の本来の目的を達成するために、暴力なども伴わず、不当に長期にわたる等国民生活に重大な支障を及ぼす虞れのないものにかぎっているのであって、いわゆる違法性の強弱という表現は、以上の趣旨で用いられたものと解されるのである。また、これをあおる等の行為についても組合員の共同意思に基づく争議行為に関しその発案、計画、遂行の過程において、単にその一環として行なわれるにすぎないいわゆる通常随伴行為にかぎり、いずれも処罰の対象から除外すべきものとするにあり、したがって、争議行為をあおる等の行為が異常な態様で行なわれた場合および組合員以外の第三者または組合員と第三者との共謀によって行なわれた場合は、通常随伴行為にあたらないものとしているのである。

それゆえ、公務員の争議行為をあおる等の行為が右の基準に照らして処罰の対象となるかどうかは、事案ごとに具体的な事実関係に照らして判断されなければならないこととなるが、このことは、公共企業体職員または私企業労働者の争議行為が、たまたまそれ自体争議行為の禁止を内容としていない他の刑罰法規の構成要件事実に該当する場合、たとえば、いわゆる全逓中郵事件（最高裁昭和三九年㈲第二九六号同四一年一〇月二六日大法廷判決・刑集二〇巻八号九〇一頁）のような場合に、憲法二八条ないしは労働組合法一条二項の規定との関係から、労働組合の本来の目的を達成するためにした正当な行為であるかどうかにつき、事案ごとに具体的な事実関係に照らして判断されなければならないのと同様である。ただ、後者の関係では違法性阻却の問題であり、前者の関係では構成要件充足の問題であるという相違が生ずるにすぎない。

およそ、ある法律における行為の制限、禁止規定がその文言上制限、禁止の内容において広範に過ぎ、それ自体憲法上保障された個人の基本的人権を不当に侵害する要素を含んでいる場合には、右基本的人権の保障は憲法の次元において処理すべきものであって、刑法の次元における違法性阻却の理論によって処理することは相当でなく、また、右基本的人権を侵害するような広範に過ぎる制限、禁止の法律といっても、常にその規定を全面的に憲法違反として無効としなければならないわけではなく、公務員の争議行為の禁止のように、右の基本的人権の侵害にあたる場合がむしろ例外で、原則としては、その大部分が合憲的な制限、禁止の範囲に属するようなものである場合には、当該規定自体を全面的に無効とすることなく、できるかぎり解釈によって規定内容を合憲の範囲にとどめる方法（合憲的制限解釈）またはこれが困難な場合には、具体的な場合における当該法規の適用を憲法に違反するものとして拒否する方法（適用違憲）によってことを処理するのが妥当な処置というべきであり、この場合、立法による修正がされないかぎり、当該規定の適用が排除される範囲は判例の累積にまつこととなるわけであり、ことに後者の方法を採った場合には、これに期待せざるをえない場合も少なくないと考えられるのである。

以上の点に思いをいたすときは、前記のいわゆる全司法仙台事件の判決が国公法一一〇条一項一七号の規定について前記のような趣旨で構成要件の限定解釈をしたからといって、憲法三一条に違反する疑いがあるとしてこれを排斥するのは相当でなく、いわんや、この点を理由として、右国公法の規定が解釈上これになんらの限定を加えなくても憲法二八条に違反せず全面的に合憲であるとするようなことは、とうてい、許されるべきではない。

第二　以上、公務員の争議権に関する多数意見の見解の不当であるゆえんを述べたが、ひるがえって考えるに、本件の処理にあたり、多数意見が、何ゆえ、ことさらにいわゆる全司法仙台事件大法廷判決の解釈と異なる憲法判断を展開しなければならないのか、その必要と納得のゆく理由を発見することができない。

本件は、全農林労働組合による警職法改正反対闘争という政治目的に出た争議行為をあおることを企て、また、これをあおった行為が国公法の前記規定違反の罪にあたるとして起訴された事件であり、このような争議行為が憲法二八条による争議権の保障の範囲に含まれないことは、岩田裁判官の意見のとおりである。それゆえ、この点につき判断を加えれば、本件の処理としては十分であり、あえて勤労条件の改善、向上を図るための争議行為禁止の可能性の問題にまで立ち入った判断を加え、しかも、従前の最高裁判所の判例ないしは見解に変更を加える必要はなく、また、変更を加えるべきではないのである。

憲法の解釈は、憲法によって司法裁判所に与えられた重大な権限であり、その行使にはきわめて慎重であるべく、事案の処理上必要やむをえない場合に、しかも、必要の範囲にかぎってその判断を示すという建前を堅持しなければならないことは、改めていうまでもないところである。ことに、最高裁判所が最終審としてさきに示した憲法解釈と異なる見解をとり、右の先例を変更して新しい解釈を示すにあたっては、その必要性および相当性について特段の吟味、検討と配慮が施されなければならない。けだし、憲法解釈の変更は、実質的には憲法自体の改正にも匹敵するものであるばかりでなく最高裁判所の示す憲法解釈は、その性質上、その理由づけ自体がもつ説得力を通じて他の国家機関や国民一般の支持と承認を獲得することにより、はじめて権威ある判断としての拘束力と実効性をもちうるものであり、このような権威を保持し、憲法秩序の安定をはかるためには、憲法判例の変更は軽々にこれを行なうべきものではなく、その時機および方法について慎重を期し、その内容において真に説得力ある理由と根拠とを示す用意を必要とするからである。もとより、法の解釈は、解釈者によって見解がわかれうる性質のものであり、憲法解釈においてはとくにしかりであって、このような場合終極的決定は多数者の見解によることとならざるをえない。しかし、いったん公権的解釈として示されたものの変更については、最高裁判所のあり方としては、その前に変更の要否ないし適否について特段の吟味、検討を施すべきものであり、ことに、僅少差の多数によってこのような変更を行なうことは、運用上極力避けるべきである。最高裁判所において、かつて、大法廷の判例を変更するについては特別多数決による旨の規則改正案を一般規則制定諮問委員会に諮問したところ、裁判官の英知と良識による運用に委ねるのが適当である、との多数委員の意見により、改正の実現をみるに至らなかったことがあることは、当裁判所に顕著な事実であるが、この経緯は、右に述べたことを裏づける一資料というべきである。

ところで、いわゆる全司法仙台事件の当裁判所大法廷判決中の、憲法二八条が労働基本権を保障していることにかんがみ公務員の争議行為とこれをあおる等の行為のうち正当なものは刑事制裁の対象とならないものである、という基本的見解は、いわゆる全逓中郵事件の当裁判所判決およびいわゆる東京都教組事件の当裁判所判決（昭和四一年(あ)第四〇一号同四四年四月二日大法廷判決・刑集二三巻五号三〇五頁）の線にそい、十分な審議を尽くし熟慮を重ねたうえでされたものであることは、右判決を通読すれば明らかなところであり、その見解は、その後その大綱において下級裁判所も従うところとなり、一般国民の間にも漸次定着しつつあるものと認められるのである。ところが、本件において、多数意見は、さきに指摘したように、事案の処理自体の関係では右見解の当否に触れるべきでなく、かつ、その必要もないにもかかわらず、あえてこれを変更しているのである。しかも、多数意見の理由については、さきの大法廷判決における少数意見の理論に格別つけ加えるもののないことは前記のとおりであり、また、右判決の見解を変更する真にやむをえないゆえんに至っては、なんら合理的な説明が示されておらず、また、客観的にもこれを発見するに苦しまざるをえないのである。以上の経過に加えて、本件のように、僅少差の多数によってさきの憲法解釈を変更することは、最高裁判所の憲法判断の安定に疑念を抱かせ、ひいてはその権威と指導性を低からしめる虞れがあるという批判を受けるに至ることも考慮しなければならないのである。

以上、ことは、憲法の解釈、判断の変更について最高裁判所のとるべき態度ないしあり方の根本問題に触れるものであるから、とくに指摘せざるをえない。

裁判官色川幸太郎の反対意見は、次のとおりである。

第一　争議行為の禁止と刑罰

一、多数意見は、要するに、非現業国家公務員（以下公務員という。）については一切の争議行為が禁止されるのであり、これをあおる等の行為をする者は、何人であっても、刑事制裁を科せられるものであるとし、その旨を規定した国家公務員法（昭和四〇年法律第六九号による改正前のもの、以下国公法という。）一一〇条一項一七号は、これに何らの限定解釈を施さなくとも合憲であるというのであるが、私はこれに決定的に反対である。その理由としては、当裁判所大法廷の都教組事件判決（昭和四一年(あ)第四〇一号同四四年四月二日大法廷判決・刑集二三巻五号三〇五頁）及び仙台全司法事件判決（昭和四一年(あ)第一一二九号同四四年四月二日大法廷判決・刑集二三巻五号六八五頁）（但しこれに付した私の少数意見と抵触する部分を除く。）にあらわれた基本的な見解を引用しこれをもって私の意見とする。なお、多数意見に含まれる若干の論点について、私のいだいた疑問を開陳し、反対理由の補足としたい。

二、多数意見は、公務員の争議行為が何故に禁止されなければならないか、という理由については、縷縷、言葉をつくして説示しているのであるが（私もその所説については必ずしも全面的に反対するわけではない。）、要は、公務員には争議権を認めるべきではないということだけを力説しているにすぎない。しかるに多数意見は、一転だたちに、科罰の是認へと飛躍し、見るべき論拠をほとんど示すことなく、およそ、争議行為の禁止に違反した場合、これに懲役刑を含む刑罰をもって臨むことを、争議権制限に伴う当然の帰結とするもののごとくであって、私としては到底納得できないのである。

思うに、争議行為を制限しまたは禁止する立法例は数多く存在する。ひとり公務員の場合だけではない。しかし、禁止違反に対し、ただちに、懲役を含む刑罰を加えるべきことが規定されているのは、他に例を見ないところである。公労法一七条は、公共企業体の職員や郵政その他国営企業の現業公務員及びそれらの組合の争議行為を禁止し、このような禁止された行為を共謀し、そそのかし若しくはあおる等の行為は、してはならないと定めており、その点で国公法九八条と趣旨を同じくしているのであるが、その違反者は、解雇処分を受けることがあるにすぎず、禁止の裏付けとなる罰則は全く存在しないのであるから刑罰に処せられることがない（電電公社その他各企業体にはそれぞれの事業法があり、そのなかには不当に業務を停廃したことに対する処罰規定もおかれているが、これは個別的な秩序違反行為を対象としたものであって争議行為に適用されるものではないと解する。）。公共企業体の職員や国営企業の現業公務員に対して争議行為を禁止するのは国民の福祉を擁護するためであるから、国公法が公務員に対し争議行為を禁止する趣旨との間に、格段の径庭があるわけではない。それであるから、公務員の争議権が制約されなければならない理由を単に積み重ねただけでは、科罰の合理性を論証したことにはなりえないであろう。

三、もっとも多数意見がその点に全くふれていないわけでもない。いま、多数意見のいうところから理由づけと見るべきものを求めると⑴公務員の争議行為は広く国民全体の共同利益に重大な障害をもたらす虞れがあること、そして⑵あおり等の行為をした者はかかる違法な争議行為の原動力または支柱であること、の二点であろうか。しかし、いずれを取りあげても、科罰の合理性につき人をして首肯せしめるには、ほど遠いもののあることを感ぜざるをえない。

刑罰を必要とする第一の、というよりはむしろ唯一の、理由は、争議行為が国民全体の共同利益に重大な障碍をもたらす虞れがあるから、というところに帰着する。しかし、一口に公務員といっても、国策の策定や遂行に任ずる者もあれば上司の指揮下で補助的な作業にあたったり、あるいは単純な労務に従事するにすぎない者もあり、その業務内容や職種は千差万別である。のみならず、争議行為のために多かれ少なかれ公務の停廃を見るとしても、争議行為の規模や態様には幾多の段階やニュアンスの差異があるのであって、国民全体の生活に重大な障碍をもたらすか、またはその虞れがあるような争議行為は、過去の実績に徴しても極めて異例であるといって差支えない。国民生活上何らエッセンシァル（これについては後にふれる。）でない公務が、ごく小範囲の職場において、しかも長からざる期間、争議行為によって停廃を見たとしても（公務員労働関係における大半の紛争状態はまさにこれである。）、国民は多少の不便不利益を蒙るだけである。もともと、労働組合の争議行為は使用者に打撃を加えて己れの主張を貫徹しようとするものであるが、企業は社会から孤立した存在ではないから、そこにおける業務の阻害は第三者にも影響を与えないわけにはいかない。その企業が運輸とか医療とかの公益事業であると、業務の停廃による直接の被害者はむしろ一般公衆である。かくのごとく、第三者も争議行為によって迷惑を蒙ることを免れないが、それが故に争議行為を全く禁止し、または争議行為によって第三者の受けた損害を当該労働組合などにすべて負担せしめては憲法二八条の趣旨は全うされないことになるであろう。その意味で第三者はある程度の受忍を余儀なくされるのであり、公務員の場合でも本質的には変るところがないというべきである。

多数意見の立論の基礎は、国民全体の共同生活に対する重大な障碍を与えるという点にあるのであるから、前述のごとき、国民に対し多少の不便をかけるにすぎない軽微な争議行為については、これに刑罰をもって臨まないとするのが、論理上当然の筋合ではないかと思うのであるが、何故に多数意見は、事の軽重や、国民生活に対する影響の深浅などをすべて捨象度外視して、公務員による一切の争議行為に対し、刑罰を科することを無条件に是認しようとするのであろうか。限定解釈をしてはじめて憲法上科罰が許されると考えている私の到底同調できないところである。

四、つぎに多数意見は、「公務員の争議行為の禁止は、憲法に違反することはないのであるから、」「この禁止を侵す違法な争議行為をあおる等の行為をする者」は、原動力を与える者としての重い責任が問われて然るべきであり、「違法な争議行為の防遏」のためにその者に刑事制裁を科することには、「十分の合理性がある」とする。しかしながら争議行為の禁止が違憲でないからといって、禁止違反に対し刑罰をもって臨むことまでも、憲法上、当然無条件に認められるということにはならない。憲法は争議権の保障を大原則として宣言しており、公務員もその大部分はかつてその保障下にあったのである。その後にいたり、国民の福祉との権衡上、やむをえざる例外として制約されるにいたったものであると解せられるから（多数意見もこの点は同じ見解をとるものであろう。）、禁止違反に対して科せられるべき不利益の限度なり形態なりは、憲法二八条の原点にもう一度立ち帰り、慎重の上には慎重に策定されなければならないのである。争議行為禁止が違憲でないが故に禁止違反にはいかなる刑罰を科しても差支えない、という説をとるとすれば、これは論理的にも無理というものではあるまいか。多数意見の立論は、公務員の争議行為を禁止することこそ憲法の要請であり、至上命令だというような途方もない前提（多数意見は憲法一五条を論じて公務員の地位の特殊性を説くが、さすがにかかる議論にまでは発展していない。）でもとらないかぎり、破綻せざるをえまい。

五、さらに、多数意見は、あおり等の行為を罰することに十分の合理性があるという。しかし、いうところの合理性とは「争議行為の防遏を図るため」の合理性、すなわち、最少の労力をもって最大の効果をえようとする経済原則としての合理性に近似したもののように見受けられる。いいかえれば、憲法二八条の原則に対する真にやむをえない科罰が、いかなる合理的な根拠に基づいて容認されるか、という意味での合理性ではなく、それとは全く縁もゆかりもない刑事政策ないしは治安対策上の合理性をいうもののごとくである。

わが国にはかつて、争議行為の誘惑、煽動を取り締る治安警察法一七条という規定があり、これを活用した警察が、明治、大正にわたり、あらゆる争議行為の防遏に美事に功を奏したことがある。当時と異なり争議権の保障のある今日、よもや立法者がその故智先蹤にならったわけではあるまいが、禁止に背いた違法な争議行為に対処するにあたり、参加者全員を検挙し断罪するのは煩に堪えないばかりでなく、単なる参加者よりも社会的責任の重いいわば巨悪を罰すれば、付和随行の者どもは手を加えるにいたらずして争議行為を断念するであろうという計算があったのかも知れない。もしそうだとすれば、争議対策としてはなるほど合理的ではあろう。しかしこの考え方は、憲法の次元を離れた、憲法的視野の外にある、便宜的、政策的なもので、もとより採ることは許されない。

六、多数意見は、あおり等の行為に出た者は、争議行為の原動力をなす者であるから、「単なる争議行為参加者にくらべて社会的責任が重く」、したがってその責任を問われても当然だという。これを裏返していえば、単なる争議行為参加者にも、刑事責任追及の根拠となる社会的責任がないわけではない。ただ原動力を与えた者に比べると軽いだけである、とする主張が底流をなしている。多数意見も、別の個所で、違法な「争議行為に参加したにすぎない職員は刑罰を科せられることなく」と述べてはいるが、それは現行法のあり方を説明したにとどまり、憲法上そうでなければいけないのだという趣旨はどこからも窺うことができない。いましも現行法が改正されて、単なる争議行為参加者をもことごとく処罰するということになったと仮定した場合、多数意見の立場からは、これをどう受けとめるであろうか。恐らくは、かくのごとき改正も国会みずからが自由にきめうるところであるとし、その規定を適用することに何の躊躇をも示さないことになるのではあるまいか。

七、上述のように、単なる争議行為参加者は処罰されることがないのであるが、これは区区たる立法政策に出たものと解すべきではない。もしそれをしても処罰するとなれば、ただちに違憲の問題を生ずるであろう。いわゆる争議行為参加者不処罰の原則は憲法二八条との関連において確立されているのである。あおり等の行為の意義も、右の基本的な立場に立脚してはじめて正しく理解することができると考える。

これに対し多数意見はもとより見解を異にするわけであ

るが、それにしても、単なる争議行為参加者を処罰するものでないことは、多数意見の容認するところである。しかし、あおり等に関する多数意見の解釈はあまりにも広く（多数意見のように、憲法二八条に立脚せず、それとの関係を無視ないし閑却するかぎり、恣意的な解釈で満足するのであれば格別厳密な態度での合理的な限定解釈を施すことはできる筈がないのである。）、もしそれによるとすれば、後に述べるように、単なる争議行為参加者も処罰の脅威を感ぜざるをえなくなるのであって、多数意見の立論の根拠たる原動力論、すなわち違法な争議行為の原動力をなす者だけを処罰するのだという理論も実は看板だけにしかすぎないことになりおわるのである（多数意見は、わざわざカッコ書きにおいて、単なる機械的労務を提供したにすぎない者、またはこれに類する者はあおりその他の行為者には含まれないとことわっているのであるが、これは争議行為が組合員自身によって形成され遂行されるものであるという現実を無視した空論なのである。およそ争議行為は、組合員すべてが自己の判断に基づきそれぞれが主体的な立場に立って参加し行動するのが通例であって、例えば、末端組合員が普通担当することになるであろうビラの配布、貼布、指令の伝達などにしても、選挙運動の際の日雇労務者などに見られる単なる機械的な労務の提供とはその質を異にする。）。

国公法一一〇条一項一七号によって罪となる行為には、以上の他に、「そそのかし」と「共謀」とがあるが、これらの行為類型のどれひとつ取りあげても、もし多数意見にならって文字通りに解釈するとすれば、自由意思に基づいて争議行為に参加し、共闘するところのあった組合員は、たとえ平組合員であろうとも刑事責任を追及されかねないことになる。なぜならば、平組合員と雖も、いわゆる総けっ起大会に出席し、執行部のスト提案に熱烈な声援を送って組合員の闘志を鼓舞したとすれば「あおり」にちがいないし、スト宣言文書やアジビラを積極的に職場その他に貼ったり、撒いたりしたときは「そそのかし」に該当しないとはいいきれない。そればかりではない。組合の争議行為意思の形成に進んで参加しまた、争議手段についての討議に加わる（これは組合による闘争の場合必ず通過する過程である。）ことが果して、「共謀」でないといいうるかどうかさえ疑問になりはしないか。

もしかかる設例が必ずしも想定できないわけでないとすれば（争議の実情に鑑みると決してありえないことではない。）指導的立場において原動力たる役割を演じた組合の中枢部だけでなく、ある程度積極的ではあれ、結局は単なる争議参加者にしかすぎなかった者を、徹底的に検挙することすら易易たる業となるのである。もし仮にそういう事態が生じたとすれば、これは原動力理論を主張する論者にとってさえ、恐らく不本意ではあるにちがいない。多数意見も「法は公務員の労働基本権を尊重しこれに対する制約、とくに刑罰の対象とすることを最少限度にとどめようとしている」と説いているのであるから。

もちろん、普通の紛争に見られる程度の事情においては、かかる不合理な結果を来たすような処理はなされないであろうが、法律による何の歯止めもなく、あげてそのことを捜査機関の良識ある裁量に俟つのみとあっては、多数意見の強調する原動力理論も宙に浮く結果となるであろう。

八、多数意見は、ＩＬＯ九八号条約をひいて、それが公務員に適用されないことをあげ、また、ＩＬＯ結社の自由委員会の報告中に、「大多数の国において」公務員がストライキを禁止されている旨の記述があるとして、当該個所を引用し、公務員の争議行為に対する制約は、国際的にも是認されるものだと主張する。

なるほど九八号条約の第六条には、多数意見の引用にかかるような定めのあることは事実であるが、一九七一年に発足したＩＬＯの公務員合同委員会（これは日本を含む一六の政府及びそれぞれの国の労働者側からなる二者構成の公的な専門委員会である。）の第一回会議（同年三月二二日ないし四月二日開催）におけるジェンクスＩＬＯ事務局長の開会演説は「現在多くの国において、公務員の労働関係に変化が生じており、勤務条件は労使の話合いを通じて決定される傾向がある」ことを指摘しており、また、右委員会における討議の結果採決された決議第一号は

「一九四九年の団結権及び団体交渉権についての原則の適用に関する条約（第九八号）が、「公務員の地位を取り扱うものではない」と規定しているにもかかわらず、すでに若干の国においては、公務員は同条の規定の全部又は一部の恩恵を受けているということを認識し

公務員は、九八号条約の定めるところに従い、労働組合活動の自由を侵害するいかなる行為に対しても適切に保護されるべきであることを考慮し」

と述べているのである（なお同条約第六条の英文テキストには、アドミニストレーションに従事するパブリックサーバンツとある。これは日本訳にいう「公務員」よりもはるかに狭いものがありはしないか。現にＩＬＯの条約勧告専門委員会は、一九六七年に、公務員の概念は各国の法律制度の相違に応じてある程度異なるにしても、公権力の機関として行動しない公務員を含まないとの趣旨の報告を提出している。本件では直接この点を問題にするわけではないが、多数意見のいうところが拡張して解釈される虞れもあるので指摘しておく次第である。）。

さらに、公務員のストライキを禁止している国が、果して世界の大多数を占めているかどうか、またそうだとして

も、そのことの示す意味については問題があると考える。なるほど、数だけからいえば、いまだ少なからざる国が公務員のスト禁止法を存しているが、しかし、その大部分は開発途上国か、そうでなくとも農業国なのである。先進工業国としては僅かにわが国のほか、アメリカ、オランダ、スイスをあげうるにすぎない。しかも、以前から公務員に対するしめ付けのきわめて厳しいアメリカにおいてさえ、近時いくつかの州において禁止を解く立法がつぎつぎに制定されつつあるのである。

もっとも問題の核心は、実は、その点にあるわけではない。本件においてわれわれが特に関心をもたざるをえないのは、禁止違反に対する刑罰規定の有無なのである。この種の規定が、殊に先進国において、果してどれだけあるのか、多数意見は何らふれるところがない。いうところは、単に禁止立法が多くの国に存在しているとしているだけである。本件はいやしくも国際的視野に立って検討するのであれば、刑罰を裏付けとする公務員のスト禁止立法の状況にこそ目をくばるべきであろう。

九、わが国はいまだ批准していないけれども、人も知るとおりＩＬＯ一〇五号条約は、同盟罷業に参加したことに対する制裁としての強制労働を、何らの留保をも加えることなく、一般的に禁止している。もっとも、ＩＬＯ五二回総会（一九六八年）に提出された専門委員会の報告は、「右条約案を審議した総会委員会において、一定の事情の下ならば違法な同盟罷業に参加したことに対して刑務所労働を含む刑罰を科することができるという合意ができたという事実を考慮することが適当」だと述べているのであるが、この見解には概ね異論がないらしい。それ故、仮に右条約を批准しても（わが国の政府が批准を躊躇しているのはその点を懸念するためでもあろうか。）、国公法一一〇条一項一七号なども右条約には抵触しないとする見解もあるようである。しかし、前示専門委員会が刑罰を容認するのは、「エッセンシャル」すなわち「必要不可欠な役務」についてのみなのである。そして、「必要不可欠」とは、同委員会によれば、「その中断が住民の全部又は一部の存在又は福祉を危うくするような」場合をさしていることを忘れてはならない。

のみならず、結社の自由委員会は、一二一号事件において、アルゼンチンでの、スト禁止違反に対する刑事制裁規定につき、

「委員会は、公安にかんする（アルゼンチンの）法規に含まれている、ストライキにたいし、これらの規定を適用する必要性をこれまで見出せなかった旨の（アルゼンチンの）政府陳述に留意するとともに、これらの規定を、職業上の利益を増進擁護するため、労働組合の指導者が自己の通常の任務を遂行した場合に、これに対しては適用するこ

とはできないような態様で、上記諸規定を改正することが望ましい旨、（アルゼンチン）政府の注意を喚起するよう、理事会に勧告する。」と述べている。さらに、五五号事件において（これはギリシャに刑法上のストライキ処罰規定があることを問題にした申立事件である。）、労働者側の申立を却下はしているのであるが、その理由は、右の刑法の規定が今まで実際には適用されたことがなかったことに「留意」したからであって、スト禁止違反に対し刑罰を科することをたやすくは是認しないという態度を示しているのである。

要するにＩＬＯの一般的傾向としては、公務員のスト禁止違反に対し刑罰特に懲役を科することには甚だ消極的なのである。

翻って、各先進国の現行法制を見ると、アメリカにおいてこそ、連邦公務員のスト禁止違反に対し一〇〇〇ドル以下の罰金又は一年と一日以下の拘禁もしくはこれを併科するという罰則があるけれども、イギリス、ドイツ及びフランスでは、警察官などについては格別、普通の公務員については、ストライキを禁止する規定がそもそもないのであるから、もとより刑罰の脅威が存在するわけではない。

以上を通観するならば、世界的な潮流は、多数意見の説くところとおよそ方向を異にするものということができるであろう。多数意見は、自らが「国際的視野」に立っているというのであるが、そうであるとしても、わずかに楯の一面を見たにすぎないのではあるまいか。

第二、本件の団体行動は「争議行為」ではない

一、原判決の認定するところによると、被告人らは、昭和三三年一〇月、内閣が警察官職務執行法の一部を改正する法律案を衆議院に提出したとき、これに反対するために㈠時間内職場大会を開催すべき旨の指令を全国の支部、分会に発出したほか㈡農林省庁舎前において勤務時間内二時間の職場集会を計画、同省職員に参加方を慫慂し、かくして争議行為をあおったというのである。そうである以上、この行動は、国会に労働組合の意思を反映せしめ、立法過程において前記改正の動きを阻止しようとしたのであるから、政治的目的に出たものというべく、そして、集会実施中は、時間は長くないにしても、管理者の意思を排除し、一斉に勤務を放棄するというのであるから、世にいう、政治ストにあたるわけである。

しかし、政治ストというのは俗称にすぎず、純然たる政治的目的のための労働組合の統一行動は、たとえそのために業務の阻害を来たしても、労働法上の争議行為たるストライキとは異質なものなのである。例えば、診療報酬の改訂を要求するための医師会のスト（一斉休診）や、入浴料金据置反対のための浴場業者のストなどは、いかなる意味でも争議行為ではないのであるが、いわゆる政治ストも本

質的にはこれらと同様であり、法律改正阻止のための、すなわち国会の審議に影響を及ぼし、かつ政府（この場合は統治機関たる政府であって、使用者たる政府ではない。）に反省を促すための「スト」は、労働法上の争議行為ではないのである。したがって、労働組合の行動ではあるが、争議権の行使ではなく、憲法二八条の関知せざるところというべきである。

もとより、憲法二八条の保障を受けないからといって、それだけの理由で、右の「スト」がただちに違法になるものではない。このことは、あえて憲法二八条を引合に出すまでもなく、明らかであろう。大体、労働組合には政治行動をなすについて労働組合なるが故の特別の保障がないだけであって一般に組合に対し政治行動が禁止されているとと解すべき何らの理由もないからである。

もっとも、国家公務員については、私企業の労働者の場合と異なり、政治的行為制限の規定（国公法一〇二条）があるが、それをうけて政治的行為の細かい内容を定めた人事院規則には憲法上疑義なしとしないのであって、右の規定だけに依拠して一切の政治行動が禁圧されているとするのは相当ではない。それにまた、公務員労働組合の法律改正反対運動が議会制民主主義に反するときめつけることにも問題がある。（多数意見は、公務員の勤務条件は国会の制定した法律、予算によって定められるのであるから、勤務条件について公務員が争議行為を行なうことは議会制民主主義に反するという。医師の団体や農業団体が、立法の促進や法律の改正の反対などを目的として、国会や政府に強力な圧力をかけていることは日常われわれが見聞するところである。歓迎すべき風潮ではないとしても、当事者としては生活権擁護上やむにやまれずとしてとる行動であるかも知れず、また一方、これを禁止する法規があるわけではないから、いうまでもなく合法的行為なのである。労働組合としても別異ではない。労働組合は、本来、使用者との間において、労働条件の維持改善を図ることを主たる目的として結成され、発達してきたのであるが、今日の高速経済成長の時代においては、使用者との角逐に全力をそそぐ必要が次第に少なくなり、さらに広い視野に立っての物心両面における生活の向上に努力する傾向が顕著となった。労働組合のこの機能の変化は、労働者の生活と意識変化の反映であり、アメリカ型のビジネスユニオンにおいてさえ、単なる賃上げ組合の域にとどまることはできないのである。したがって、労働組合が、企業の内部にのみ局せきすることなく、進んで、行政や立法に自らの意思を反映せしめようとするのはまさに時代の要請であり、まことに当然のことなのである。労働組合が国会の審議に影響力を及ぼそうとすること自体は、越軌な行動に出るものでないかぎり、国会の機能に直接、何の障碍をも与えるものではないから、非難に値するわけではあるまい。むしろ考えようによれば、国の最高機関として民衆と隔絶した高きにある国会に、民意のあるところを知らしめることは、議会制をして真の民主主義に近づかしめる方途でもあろう。）労働組合の政治的行動を一概に否定し排撃することは、労働組合が現に営んでいる社会的役割ないし活動を無視するものというべきである。

もとよりそれだからといって、公務員労働組合の政治的行動がすべて適法だというつもりはない。この点は別個に考察されなければならない。公務員労働組合によってなされた本件におけるような態様の政治的行動がいかなる法律的評価を受けるものであるかは、憲法一五条及び二一条と国家公務員法との比較考量によってきめられるべきことである。しかし国家公務員に対する政治活動の規制とは全く関係のない訴因、罰条をもって起訴されている本件においては、これ以上、立入った考察をする必要はないと考える。

二、いわゆる政治ストが労働法上の争議行為ではないというためには、労働法上、争議行為とは何かということを解明することが必要であるし、国公法九八条五項で禁止されている争議行為（五項前段は全体として争議行為を禁止しているものと解する。「政府の活動能率を低下させる怠業的行為」も、広義における争議行為の一部である。これを争議行為と別異なものであるとする説もあるけれど、条文上かくのごときまぎらわしい表現になっているのは、占領下における立法過程に通有の、占領軍が作成し日本政府に押しつけた粗雑なドラフトに屈従した結果と見るべく、要するに立法上のミスであって、後述する判決中で私が詳述した沿革に徴するときは、上述したところ以外の合理的解釈は考えられないのである。）が、労働法上争議行為とよばれるものと同じであることを論証しなければならないのであるが、この問題については、私がかつて詳しく論じたところ（仙台全司法事件大法廷判決中の私の意見刑集二三巻五号七一五頁以下）であるので、これを引用する。

結局、原判決には、法律の解釈を誤った違法があり破棄を免れないというのが私の結論である。

第三、判例変更の問題について

最後に、一言付加したいことがある。多数意見は、仙台全司法事件についての当裁判所の判例は変更すべきものであるとしたのであるが、法律上の見解の当否はしばらく措き、何よりもまず、憲法判例の変更についての基本的な姿勢において、私は、多数意見に、甚だあきたらざるものあるを感ずるのである。この点に関しては、本判決に、裁判官田中二郎、同大隅健一郎、同関根小郷、同小川信雄、同坂本吉勝の剴切な意見が付せられており、その所説には私もことごとく賛成であるので、その意見に同調し、私自身の見解の表明に代えることにする。

検察官富田正典、同山室章、同蒲原大輔公判出席

昭和四八年四月二五日

最高裁判所大法廷

裁判長裁判官　石　田　和　外

裁判官　大　隅　健一郎

裁判官　村　上　朝　一

裁判官　関　根　小　郷

裁判官　藤　林　益　三

裁判官　岡　原　昌　男

裁判官　小　川　信　雄

裁判官　下　田　武　三

裁判官　岸　　　盛　一

裁判官　天　野　武　一

裁判官　坂　本　吉　勝

裁判官田中二郎、同岩田誠、同下村三郎、同色川幸太郎は、退官のため署名押印することができない。

裁判長裁判官　石　田　和　外

三　都教組事件（行政）最高裁判決（理由要旨）

（昭和五一年（行ツ）第一〇五号
昭和五二・一二・二三　最高裁判決）

地方公務員法三七条一項が憲法二八条に違反するものでないことは、当裁判所の判例（昭和五一年五月二一日大法廷判決）とするところである。原判決に所論の違法はない。

〔参考〕

都教組事件（行政）（判決要旨）

（東京高裁昭五一・七・三判決）

〔判決要旨〕

地方公務員法三七条一項その他公務員の争議行為等を禁止する法律が勤労者の労働基本権を保障した憲法二八条に違反するかどうかは、久しく天下国論を二分して争われて来た。さきに最高裁判所はいわゆる全逓中郵事件、都教組事件、全司法事件等の判決を通じて公務員の争議行為を禁止する法律はいわゆる限定的解釈をほどこすことによってのみ憲法二八条に違反しないとすることができるとの基準を設定した。しかるに昭和四八年四月二五日、いわゆる全農林事件大法廷判決は、一転してそのような限定的解釈による基準を設けないでも国家公務員の争議行為を禁止する法律は、それ自体憲法に違反しないとし、さらに昭和五一年五月二一日いわゆる岩教組事件大法廷判決は、右全農林事件判決の論理を地方公務員に延長して、地公法三七条は憲法二八条に違反するものではないとし、この問題に終止符を打った。もとより説をなすのは自由であり、この判例自体を批判することも許されるであろう。しかし、最高裁判所のもつ判例統一の機能及び国家生活における法的安定の要請を思うとき、この最高裁判所大法廷判例の到達した結果は、今日実務上最大限の尊重を受けるべきことは肯定しなければならない。当裁判所もまた基本的にこれと同一に判断するものである。

もともと労働基本権は、経済的に不平等の立場にある労働者と使用者をあえて対等に扱い、その自由の契約にまかせると勤労者の一方に過酷な結果になるのを避けるため、勤労者が団結して団体交渉をし、それを有利にする手段として争議行為をすることを許容し、保障するのが本旨であるから、本来の自由権の如く絶対的なものでなく、本質的に手段的なものである。従ってそれは一方において、勤労条件が自由な契約によって定められる場合に最もよく妥当し、契約自由のないところには当然には働く余地がないこととなり、これが労働基本権に内在する制約である。他方において、この基本権、特に、争議権は、その行使が必然的に憲法上保障されるべき他の法益ないし価値を害し、その程度がいちじるしいところでは、その行使が拘束されることも是認されなければならず、これがいわば外在的な制約である。わが国の今日の制度上、公務員の勤務条件はすべて法定され、契約自由にまかされるところがないところに公務員の地位の特殊性があり、その争議行為により常に必然的に公務の停廃をもたらし、勤労者を含む国民ないし地域住民全体の共同利益に影響を及ぼす意味において、その職務の公共性がある。そしてこの公務員の地位の特殊性と職務の公共性から、本来勤労条件維持確保の手段たる労働基本権が制約される限度において、その間の均衡を保ち、一般私企業の労働者との間に実質的公平を保障するため、いわゆる代償制度を存置する必要があるのである。すなわち地方公務員も憲法二八条の勤労者として同条による労働基本権の保障を受けるが、地方公共団体の住民全体の奉仕者として、実質的にはこれに対し、労務提供義務を負うものであり、その勤務条件が法律・条例により定められ、団体交渉による決定方式すなわち契約自由が当然には妥当しない点で国家公務員と同様の地位の特殊性があり、その労務の内容は公務の遂行で、直接公共の利益のための活動の一環をなし、争議行為により直ちにこの公務の停廃を生じ、地方住民ないし国民全体の共同利益に重大な影響を及ぼす点で国家公務員と同様の職務の公共性がある。それ故地方公務員の労働基本権は地方公務員を含む地方住民ないし国民全体の共同利益のため、これと調和するよう制限されることもやむをえない。そしてそのための代償措置もほぼ国家公務員の場合と同様である。従って地公法三七条一項は憲法二八条に違反するものではない。

教育公務員の公立学校における授業放棄という形でされる争議行為が教員の地位の特殊性と職務の公共性と相容れないことはいうまでもなく、地公法三七条の禁止する争議行為に当らないとする合理的な理由はなく、本件争議行為も右禁止にかかる争議行為である。

本件争議行為の目的は勤務評定規則の制定実施に反対するにあるが、勤評規則は問題点はあるが、それ自体としては適法有効であるから、これを阻止するとの目的はこの争議行為を正当ならしめるものでなく、その他本件争議行為の規模、影響にかんがみれば被控訴人らの受けた懲戒処分はやむをえないものというべく、懲戒権の濫用であるものとはいえない。

すなわち、原判決を取消し、請求を棄却し、死亡の二人については訴訟は当然終了したものとし、その旨の宣言をする。

四　神戸税関事件最高裁判決（理由要旨）

（昭和四七年（行ツ）第五二号
昭和五二・一二・二〇　最高裁判決）

公務員に対する懲戒処分は、当該公務員に職務上の義務違反、その他、単なる労使関係の見地においてではなく、国民全体の奉仕者として公共の利益のために勤務することをその本質的な内容とする勤務関係の見地において、公務員としてふさわしくない非行がある場合に、その責任を確認し、公務員関係の秩序を維持するため、科される制裁である。ところで、国公法は、同法所定の懲戒事由がある場合に、懲戒権者が、懲戒処分をすべきかどうか、また、懲戒処分をするときにいかなる処分を選択すべきかを決するについては、公正であるべきこと（七四条一項）を定め、平等取扱いの原則（二七条）及び不利益取扱いの禁止（九八条三項）に違反してはならないことを定めている以外に、具体的な基準を設けていない。したがって、懲戒権者は、懲戒事由に該当すると認められる行為の原因、動機、性質、態様、結果、影響等のほか、当該公務員の右行為の前後における態度、懲戒処分等の処分歴、選択する処分が他の公務員及び社会に与える影響等、諸般の事情を考慮して、懲戒処分をすべきかどうか、また、懲戒処分をする場合にいかなる処分を選択すべきか、を決定することができるものと考えられるのであるが、その判断は、右のような広範な事情を総合的に考慮してされるものである以上、平素から庁内の事情に通暁し、部下職員の指揮監督の衝にあたる者の裁量に任せるのでなければ、とうてい適切な結果を期待することができないものといわなければならない。それ故、公務員につき、国公法に定められた懲戒事由がある場合に、懲戒処分を行うかどうか、懲戒処分を行うときにいかなる処分を選ぶかは、懲戒権者の裁量に任されているものと解すべきである。もとより、右の裁量は、恣意にわたることを得ないものであることは当然であるが、懲戒権者が右の裁量権の行使としてした懲戒処分は、それが社会観念上著しく妥当を欠いて裁量権を付与した目的を逸脱し、これを濫用したと認められる場合でない限り、その裁量権の範囲内にあるものとして、違法とならないものというべきである。したがって、裁判所が右の処分の適否を審査するにあたっては、懲戒権者と同一の立場に立って懲戒処分をすべきであったかどうか又はいかなる処分を選択すべきであったかについて判断し、その結果と懲戒処分とを比較してその軽重を論ずべきものではなく、懲戒権者の裁量権の行使に基づく処分が社会観念上著しく妥当を欠き、裁量権を濫用したと認められる場合に限り違法であると判断すべきものである。

なお、国家公務員の争議行為及びそのあおり行為等を禁止する国公法九八条五項の規定が憲法二八条に違反するものではなく、また、公務員の行う争議行為に同法によって違法とされるものとそうでないものとの区別を認めるべきでないことは、当裁判所の判例（昭和四三年(あ)第二七八〇号同四八年四月二五日大法廷判決・刑集二七巻四号五四七頁）とするところであるから、国公法八二条の適用にあたっても、同法九八条五項により禁止される争議行為とそうでないものとの区別を設け、更に右規定に違反し違法とされる争議行為に違法性の強いものと弱いものとの区別を立てて、右規定違反として同法八二条により懲戒処分をすることができるのはそのうち違法性の強い争議行為に限るものと解すべきでないことは、当然である。したがって、被上告人らに対する本件懲戒処分が裁量権の範囲を超えるかどうかの判断に際して、原判決のように、禁止される争議行為と許される争議行為との限界の判決がむずかしいこと、特に時間内にくい込んだ職場集会の許されるか否かの判断はむずかしいことを考慮に入れるべきでないことは、いうまでもないところである。本件処分が社会観念上著しく妥当を欠くものとまではいえず、他にこれを認めるに足る事情も見当たらない以上、本件処分が懲戒権者に任された裁量権の範囲を超えこれを濫用したものと判断することはできないものといわなければならない。

五　都教組事件最高裁判決（理由要旨）

（昭和四一年(あ)第四〇一号
昭和四四・四・二　最高裁大法廷判決）

（公務員に対する労働基本権の保障）

一、憲法二八条の勤労者の団結権、団体交渉権、争議権等の保障は、国家公務員や地方公務員も原則的には受けるべきものである。

（公務員の労働基本権の制限）

二、公務員の職務には公共性が認められるから、その見地から公務員の労働基本権についてもその職務の公共性に対応する何らかの制約を当然の内在的制約として内包している。そして、どのような具体的制約が許されるかは、全逓中郵事件判決で示した各要素を考慮し慎重に決定する必要がある。（後掲全逓中郵判決理由要旨　二　参照）

（地公法三七条、六一条四号の合憲性）

三、地方公務員の争議行為を一般的に禁止し、あおり行為等を一律的に処罰すべきものと定めている地公法三七条、六一条四号の規定も、労働基本権を尊重し保障している憲法の趣旨と調和しうるよう合理的に解釈することができるから、直ちにこれらの規定を違憲無効の規定ということはできない。

○　地公法三七条の合理的限定解釈とは、同条を、公務の公共性の強弱と争議行為の態様等とを比較衡量し総合的に解釈すること。

○　地公法六一条四号の合理的限定解釈とは、違法性の強い争議行為を通常随伴しない行為など違法性の強い方法であおり等の行為を行った場合にのみ同条同号の適用があると解釈すること。

（注）　全司法労組事件最高裁判決（昭和四四・四・二　最高裁大法廷判決）も同様の考え方をとっているが、この事件は、全司法仙台支部が昭和三五年六月安保条約改正に反対して一時間勤務時間にくいこんで職場大会を開いたもので、このような政治的目的のためになされる争議行為は職員団体の本来の目的を逸脱してなされたもので違法性の強いものとされ、また、被告人らは通常随伴する行為をこえた違法性の強い行為であおり等の行為を行ったとして有罪とされた。

六　全逓中央郵便局事件最高裁判決（理由要旨）

（昭和三九年(あ)第二九六号　昭和四一・一〇・二六　最高裁大法廷判決）

（公務員に対する労働基本権の保障）

一、憲法二八条による勤労者の団決権、団体交渉権、争議権等の保障は、同二五条の生存権の保障を基本理念とするもので、民間企業の労働者はいうまでもなく公共企業体の職員はもとより、国家公務員や地方公務員も、原則的にはその保障を受けるべきものである。

（公務員の労働基本権の制限）

二、労働基本権は、国民生活全体の利益の保障という見地からの制約を当然の内在的制約として内包している。

しかし、その制約は、次のような条件を考慮に入れ、慎重に決定されなければならない。

(1)　合理性の認められる必要最小限度のものにとどめること。

(2)　職務または業務の公共的性質が強く、その停廃が国民生活に重大な障害をもたらすおそれを避けるために必要やむをえない場合であること。

(3)　制限違反に対して課せられる不利益が必要な限度をこえないこと。とくに同盟罷業、怠業のような単純な不作為を刑罰の対象とするについては、特別に慎重でなければならないこと。

(4)　制限に見合う代償措置が講ぜられること。

右の基準に照らし、公労法一七条一項（公共企業体の職員に対する争議行為の禁止）は合憲である。

（争議行為をした者に対する刑事制裁）

三、現行の公労法は争議行為違反に対し特別の罰則を設けていないし、また、同法は刑事免責に関する労組法一条二項の適用を排除していない。これは、その争議行為に対しては民事責任を負わせるだけで足り、刑事制裁をもって臨むべきでないとの基本的態度を示したものと解される。それゆえ、その争議行為には労組法一条二項の適用があり、

(1)　政治目的のために行なわれる場合

(2)　暴力を伴う場合

(3)　社会通念に照らして不当に長期に及び国民生活に重大な障害をもたらす場合

などの不当性を伴わない場合には、刑事制裁の対象とはならない。

（本件についての判断）

四、本件の行為について、労組法一条二項にいう正当なものであるかどうかを判断する必要があるのに、これに同条項が適用されないものとして、正当性の限界いかんを論ずる余地がないものとした原判決の判断は、法令の解釈適用を誤ったものので、原判決は破棄を免れない。

（反対意見の要旨）

五、公務員法が公共の福祉の要請に基づいて争議行為を全面的に禁止し、違法としている以上、それは刑事法上も当然違法だと解すべきであって、このように争議権の認められていない者の争議行為については、刑事法上適法、正当なものとして労組法一条二項による違法性阻却を認める余地はない。この解釈は、公労法制定当時の立法者の意思にも合致する。

七　猿払事件最高裁判決（理由要旨）

（昭和四四年(あ)第一五〇一号
昭和四九・一一・六　最高裁大法廷判決）

憲法二一条の保障する表現の自由は、民主主義国家の政治的基盤をなし、国民の基本的人権のうちでもとりわけ重要なものであり、法律によってもみだりに制限することができないものである。そして、およそ政治的行為は、行動としての面をもつほかに、政治的意見の表明としての面をも有するものであるから、その限りにおいて、憲法二一条による保障を受けるものであることも明らかである。

国公法一〇二条一項及び人事院規則による政治的行為の禁止は、もとより国民一般に対して向けられているものではなく、公務員のみに対して向けられているものである。ところで、国民の信託による国政が国民全体への奉仕を旨として行われなければならないことは当然の理であるが、「すべて公務員は、全体の奉仕者であって、一部の奉仕者ではない。」とする憲法一五条二項の規定からもまた、公務が国民の一部に対する奉仕としてではなく、その全体に対する奉仕として運営されるべきものであることを理解することができる。公務のうちでも行政の分野におけるそれは、憲法の定める統治組織の構造に照らし、議会制民主主義に基づく政治過程を経て決定された政策の忠実な遂行を期し、もっぱら国民全体に対する奉仕を旨とし、政治的偏向を排して運営されなければならないものと解されるのであって、そのためには、個々の公務員が、政治的に、一党一派に偏することなく、厳に中立の立場を堅持して、その職務の遂行にあたることが必要となるのである。すなわち、行政の中立的運営が確保され、これに対する国民の信頼が維持されることは、憲法の要請にかなうものであり、公務員の政治的中立性が維持されることは、国民全体の重要な利益にほかならないというべきである。したがって、公務員の政治的中立性を損うおそれのある公務員の政治的行為を禁止することは、それが合理的で必要やむをえない限度にとどまるものである限り、憲法の許容するところであるといわなければならない。

禁止の目的及びこの目的と禁止される行為との関連性について考えると、もし公務員の政治的行為のすべてが自由に放任されるときは、おのずから公務員の政治的中立性が損われ、ためにその職務の遂行をひいてはその属する行政機関の公務の運営に党派的偏向を招くおそれがあり、行政の中立的運営に対する国民の信頼が損われることを免れない。また、公務員の右のような党派的偏向は、逆に政治的党派の行政への不当な介入を容易にし、行政の中立的運営が歪められる可能性が一層増大するばかりでなく、そのような傾向が拡大すれば、本来政治的中立を保ちつつ一体となって国民全体に奉仕すべき責務を負う行政組織の内部に深刻な政治的対立を醸成し、そのため行政の能率的で安定した運営は阻害され、ひいては議会制民主主義の政治過程を経て決定された国の政策の忠実な遂行にも重大な支障をきたすおそれがあり、このようなおそれは行政組織の規模の大きさに比例して拡大すべく、かくては、もはや組織の内部規律のみによってはその弊害を防止することができない事態に立ち至るのである。したがって、このような弊害の発生を防止し、行政の中立的運営とこれに対する国民の信頼を確保するため、公務員の政治的中立性を損うおそれのある政治的行為を禁止することは、まさしく憲法の要請に応え、公務員を含む国民全体の共同利益を擁護するための措置にほかならないのであって、その目的は正当なものというべきである。また、右のような弊害の発生を防止するため、公務員の政治的中立性を損うおそれがあると認められる政治的行為を禁止することは、禁止目的との間に合理的な関連性があるものと認められるのであって、たとえその禁止が、公務員の職種、職務権限、勤務時間の内外、国の施設の利用の有無等を区別することなく、あるいは行政の中立的運営を直接、具体的に損う行為のみに限定されていないとしても、右の合理的な関連性が失われるものではない。

本件で問題とされている規則五項三号、六項一三号の政治的行為をみると、その行為は、特定の政党を支持する政治的目的を有する文書を掲示し又は配布する行為であって、政治的偏向の強い行動類型に属するものにほかならず、政治的行為の中でも、公務員の政治的中立性の維持を損うおそれが強いと認められるものであり、政治的行為の禁止目的との間には合理的な関連性をもつものであることは明白である。また、その行為の禁止は、もとよりそれに内包される意見表明そのものの制約をねらいとしたものではなく、行動のもたらす弊害の防止をねらいとしたものであって、国民全体の共同利益を擁護するためのものであるから、その禁止により得られる利益とこれにより失われる利益との間に均衡を失するところがあるものとは認められない。したがって、国公法一〇二条一項及び規則五項三号、六項一三号は、合理的で必要やむをえない限度を超えるものとは認められず、憲法二一条に違反するものということはできない。

第一審判決は、その違憲判断の根拠として、被告人の本件行為が、非管理職である現業公務員でその職務内容が機械的労務の提供にとどまるものにより、勤務時間外に、国の施設を利用することなく、かつ職務を利用せず又はその公正を害する意図なく、労働組合活動の一環として行われたものであることをあげ、原判決もこれを是認している。しかしながら、本件行為のような政治的行為が公務員によってされる場合には、当該公務員の管理職、非管理職の別、現業・非現業の別、裁量権の範囲の広狭などは、公務員の政治的中立性を維持することにより行政の中立的運営とこれに対する国民の信頼を確保しようとする法の目的を阻害する点に、差異をもたらすものではない。右各判決が、個々の公務員の担当する職務を問題とし、本件被告人の職務内容が裁量の余地のない機械的業務であることを理由として、禁止違反による弊害が小さいものであるとしている点も、有機的統一体として機能している行政組織における公務の全体の中立性が問題とされるべきものである以上、失当である。郵便や郵便貯金のような業務は、もともと、あまねく公平に、役務を提供し、利用させることを目的としているのであるから（郵便法一条、郵便貯金法一条参照）、国民全体への公平な奉仕を旨として運営されなければならないのであって、原判決の指摘するように、その業務の性質上、機械的労務が重い比重を占めるからといって、そのことゆえに、その種の業務に従事する現業公務員を公務員の政治的中立性について例外視する理由はない。また、前述のような公務員の政治的行為の禁止の趣旨からすれば、勤務時間の内外、国の施設の利用の有無、職務利用の有無などは、その政治的行為の禁止の合憲性を判断するうえにおいては、必ずしも重要な意味をもつものではない。さらに、政治的行為が労働組合活動の一環としてなされたとしても、そのことが組合員である個々の公務員の政治的行為を正当化する理由となるものではなく、また、個々の公務員に対して禁止されている政治的行為が組合活動として行われるときは、組合員に対して統制力をもつ労働組合の組織を通じて計画的に広汎に行われ、その弊害は一層増大することとなるのであって、その禁止が解除されるべきいわれは少しもないのである。

国公法一〇二条一項及び規則による公務員の政治的行為の禁止は、上述したとおり、公務員の政治的中立性を維持することにより、行政の中立的運営とこれに対する国民の信頼を確保するという国民全体の重要な共同利益を擁護するためのものである。したがって、右の禁止に違反して国民全体の共同利益を損う行為に出る公務員に対する制裁として刑罰をもって臨むことを必要とするか否かは、右の国民全体の共同利益を擁護する見地からの立法政策の問題であって、右の禁止が表現の自由に対する合理的で必要やむをえない制限であると解され、かつ、刑罰を違憲とする特別の事情がない限り、立法機関の裁量により決定されたところのものは、尊重されなければならない。

国公法が右の罰則を設けたことについて、政策的見地からする批判のあることはさておき、その保護法益の重要性にかんがみるときは、罰則制定の要否及び法定刑についての立法機関の決定がその裁量の範囲を著しく逸脱しているものであるとは認められない。特に、本件において問題とされる規則五項三号、六項一三号の政治的行為は、特定の政党を支持する政治的目的を有する文書の掲示又は配布であって、前述したとおり、政治的行為の中でも党派的偏向の強い行動類型に属するものであり、公務員の政治的中立性を損うおそれが大きく、このような違法性の強い行為に対して国公法の定める程度の刑罰を法定したとしても、決して不合理とはいえず、したがって、右の罰則が憲法三一条に違反するものということはできない。

八　電電公社プレート闘争事件最高裁判決（理由要旨）

（昭和四七年(オ)第七七七号
昭和五二・一二・一三　最高裁判決）

一般私企業においては、元来、職場は業務遂行のための場であって政治活動その他従業員の私的活動のための場所ではないから、従業員は職場内において当然には政治活動をする権利を有するというわけのものでないばかりでなく、職場内における従業員の政治活動は、従業員相互間の政治的対立ないし抗争を生じさせるおそれがあり、また、それが使用者の管理する企業施設を利用して行われるものである以上その管理を妨げるおそれがあり、しかも、それを就業時間中に行う従業員がある場合にはその労務提供義務に違反するにとどまらず他の従業員の業務遂行をも妨げるおそれがあり、また、就業時間外であっても休憩時間中に行われる場合には他の従業員の休憩時間の自由利用を妨げ、ひいてはその後における作業能率を低下させるおそれのあることがあるなど、企業秩序の維持に支障をきたすおそれが強いものといわなければならない。したがって、一般私企業の使用者が、企業秩序維持の見地から、就業規則により職場内における政治活動を禁止することは、合理的な定めとして許されるべきであり、特に、合理的かつ能率的な経営を要請される公社においては、同様の見地から、就業規則において右のような規定を設けることは当然許されることであって、公社就業規則五条七項の規定も、本質的には、右のような趣旨のもとに定められていると解され、右規定にいう「政治活動」の意義も、一般私企業における就業規則が禁止の対象としている政治活動、すなわち、社会通念上政治的と認められる活動をいうものと解するのが、相当である。

公社法三四条二項は「職員は、全力を挙げてその職務の遂行に専念しなければならない」旨を規定しているのであるが、これは職員がその勤務時間及び職務上の注意力のすべてをその職務遂行のために用い職務のみ従事しなければならないことを意味するものであり、右規定の違反が成立するためには現実に職務の遂行が阻害されるなど実害の発生を必ずしも要件とするものではないと解すべきである。本件についてこれをみれば、被上告人の勤務時間中における本件プレート着用行為は、前記のように職場の同僚に対する訴えかけという性質をもち、それ自体、公社職員としての職務の遂行に直接関係のない行動を勤務時間中に行ったものであって、身体活動の面だけからみれば作業の遂行に特段の支障が生じなかったとしても、精神的活動の面からみれば注意力のすべてが職務の遂行に向けられなかったものと解されるから、職務上の注意力のすべてを職務遂行のために用い職務にのみ従事すべき義務に違反し、職務に専念すべき局所内の規律秩序を乱すものであったといわなければならない。同時にまた、勤務時間中に本件プレートを着用し同僚に訴えかけるという被上告人の行動は、他の職員の注意力を散漫にし、あるいは職場内に特殊な雰囲気をかもし出し、よって他の職員がその注意力を職務に集中することを妨げるおそれのあるものであるから、この面からも局所内の秩序維持に反するものであったというべきである。

すなわち、被上告人の本件プレート着用行為は、実質的にみても、局所内の秩序を乱すものであり、公社就業規則五条七項に違反し五九条一八号所定の懲戒事由に該当する。

一般に、雇用契約に基づき使用者の指揮命令、監督のもとに労務を提供する従業員は、休憩時間中は、労基法三四条三項により、使用者の指揮命令権の拘束を離れ、この時間を自由に利用することができ、もとよりこの時間をビラ配り等のために利用することも自由であって、使用者が従業員の休憩時間の自由利用を妨げれば労基法三四条三項違反の問題を生じ、休憩時間の自由利用として許される行為をとらえて懲戒処分をすることも許されないことは、当然である。しかしながら、休憩時間の自由利用といってもそれは時間を自由に利用することが認められたものにすぎず、その時間の自由な利用が企業施設内において行われる場合には、使用者の企業施設に対する管理権の合理的な行使として是認される範囲内の適法な規制による制約を免れることはできない。また、従業員は労働契約上企業秩序を維持するための規律に従うべき義務があり、休憩中は労務提供とそれに直接附随する職場規律に基づく制約は受けないが、右以外の企業秩序維持の要請に基づく規律による制約は免れない。しかも、公社就業規則五条六項の規定は休憩時間中における行為についても適用されるものと解されるが、局所内において演説、集会、貼紙、掲示、ビラ配布等を行うことは、休憩時間中であっても、局所内の施設の管理を妨げるおそれがあり、更に、他の職員の休憩時間の自由利用を妨げ、ひいてはその後の作業能率を低下させるおそれがあって、その内容いかんによっては企業の運営に支障をきたし企業秩序を乱すおそれがあるのであるから、これを局所管理者の許可にかからせることは、前記のような観点に照らし、合理的な制約ということができる。本件ビラの配布は、その態様において直接施設の管理に支障を及ぼすものでなかったとしても、前記のように、その目的及びビラの内容において上司の適法な命令に対し抗議をするものであり、また、違法な行為をあおり、そそのかすようなものであった以上、休憩時間中であっても、企業の運営に支障を及ぼし企業秩序を乱すおそれがあり、許可を得ないでその配布をすることは公社就業規則五条六項に反し許されるべきものではないから、これをとらえて懲戒処分の対象としても、労基法三四条三項に違反するものではない。

　公共企業体においても、懲戒事由に該当する事実があると認められる場合に懲戒権者がいかなる処分を選択すべきかについては裁量が認められ、当該行為との対比において甚しく均衡を失する等社会通念に照らし合理性を欠くものでないかぎり、懲戒権者の裁量の範囲内にあるものとしてその効力を否定することはできないのである（最高裁昭和四五年(オ)第一一九六号同四九年二月二八日第一小法廷判決・民集二八巻一号六六頁参照）。本件についてこれをみると、懲戒事由にあたる被上告人の行為は、プレートの着用あるいはビラ配りだけの単独の行為ではなく、違法なプレート着用行為を行い、その取りはずしを命じた上司の命令に従わず、更に、右取りはずし命令に抗議し違法なプレート着用、政治活動等をあおり、そそのかすようなビラ配りをしたという一連の行動であるところ、これらの行為に対して選択された懲戒処分は最も軽い戒告であって、これを甚しく均衡を失するものということはできず、また、他に社会通念に照らし合理性を欠く事情も認められないのであるから、本件処分をもって裁量権の濫用と断ずることはできないものといわなければならない。

九　伝習館高校事件最高裁判決

（昭和五九年(行ツ)第四五号・四六号
平成二・一・一六　最高裁判決）

昭和五九年(行ツ)第四五号

上告人　茅嶋洋一

被上告人　福岡県教育委員会

右当事者間の福岡高等裁判所昭和五三年(行コ)第二六号行政処分取消請求事件について、同裁判所が昭和五八年一二月二四日言い渡した判決に対し、上告人から全部破棄を求める旨の上告の申立があり、被上告人は上告棄却の判決を求めた。よって、当裁判所は次のとおり判決する。

主　文

本件上告を棄却する。

上告費用は上告人の負担とする。

理　由

上告代理人有馬毅、同崎間昌一郎、同高森浩、同美奈川成章の上告理由第一について

高等学校学習指導要領（昭和三五年文部省告示第九四号）は法規としての性質を有するとした原審の判断は、正当として是認することができ、右学習指導要領の性質をそのように解することが憲法二三条、二六条に違反するものでないことは、最高裁昭和四三年(あ)第一六一四号同五一年五月二一日大法廷判決（刑集三〇巻五号六一五頁）の趣旨とするところである。原判決に所論の違法はなく、論旨は採用することができない。

同第二について

学校教育法五一条により高等学校に準用される同法二一条が高等学校における教科書使用義務を定めたものであるとした原審の判断は、正当として是認することができ、右規定をそのように解することが憲法二六条、教育基本法一〇条に違反するものでないことは、前記最高裁判決の趣旨に徴して明らかである。また、原審の適法に確定した事実関係の下において、上告人は昭和四三年度及び同四四年度の倫理社会の授業において右の教科書使用義務に違反したとの原審の判断は、正当として是認することができる。原判決に所論の違法はなく、論旨は採用することができない。

同第三ないし第五について

所論の点に関する原審の認定判断は、原判決挙示の証拠関係

に照らし、正当として是認することができ、その過程に所論の違法はない。論旨は、採用することができない。

よって、行政事件訴訟法七条、民訴法三九六条、三八四条、九五条、八九条に従い、裁判官全員一致の意見で、主文のとおり判決する。

最高裁判所第一小法廷

裁判長裁判官　大堀誠一

裁判官　角田禮次郎

裁判官　大内恒夫

裁判官　佐藤哲郎

裁判官　四ッ谷巖

昭和五九年(行ツ)第四六号

上告人　福岡県教育委員会

被上告人　半田隆夫

山口重人

右当事者間の福岡高等裁判所昭和五三年(行コ)第二七号行政処分取消請求事件について、同裁判所が昭和五八年一二月二四日言い渡した判決に対し、上告人から全部破棄を求める旨の上告の申立があり、被上告人らは上告棄却の判決を求めた。よって、当裁判所は次のとおり判決する。

主文

原判決を破棄し、第一審判決を取り消す。

被上告人らの請求をいずれも棄却する。

訴訟の総費用は被上告人らの負担とする。

理由

上告代理人俵正市の上告理由第二、上告代理人秋山昭八の上告理由第二及び上告代理人植田夏樹、同堀家嘉郎の上告理由第一点について

論旨は、要するに、被上告人らに対する本件各懲戒免職処分は懲戒権者の裁量権の範囲を逸脱したものであるとした原審の判断は、法令の解釈適用を誤ったものである、というのである。

一　本件各懲戒免職処分に至るまでの経緯等について原審が適法に確定したところは、次のとおりである。

㈠　福岡県立伝習館高等学校（以下「伝習館高校」という。）は、福岡県でも古い歴史をもつ高等学校の一つであり、名門校あるいは受験校として実績を有していた。被上告人半田隆夫（以下「被上告人半田」という。）は、昭和四一年四月から同校教諭として勤務し、社会科の日本史及び地理を担当しており、被上告人山口重人（以下「被上告人山口」という。）は、昭和四四年四月から同校教諭として勤務し、社会科の倫理社会及び

政治経済を担当していた。

㈡　大部分の福岡県の県立高等学校においては、伝習館高校を含めて、昭和四二年ころまで、事実上職員会議を最高決定機関とする校務運営がなされ、また、新任の校長については、ほとんどが福岡県高等学校教職員組合（以下「県高教組」という。）の推薦又は承認する者を任命するということが行われていた。ところが、上告人が、昭和四三年四月、大部分の新任校長を県高教組の推薦のない者から任命したため、県高教組はこれら新任校長の着任拒否闘争を行った。更に、同年一〇月及び昭和四四年一一月には県高教組は人事院勧告完全実施等を要求する休暇闘争を行った。被上告人半田は、昭和四三年一二月一四日にストライキ参加により戒告、昭和四五年一月一四日にストライキ参加により減給一月の各懲戒処分を受け、また、被上告人山口も、昭和四五年一月一四日にストライキ参加により減給一月の懲戒処分を受けている。

㈢　昭和四三年四月、内田康男が伝習館高校校長に任命されたが、当時同校は、個々の教諭との話合いも県高教組の役員を通じてしなければならないなど、校長としての十分な指導監督ができない状態にあった。

㈣　内田校長は、昭和四四年一学期末ころ、被上告人ら教諭の一部が教科書を離れた授業を行い、また、被上告人山口らが生徒の成績について一律評価をしていることを聞き、授業については、教科書を基本にして行うべきである旨職員会議の席上注意を促し、一律評価については、教務部長等に各本人に注意するよう依頼した。また、同年一一月中旬ころ及び二学期末ころの職員会議では、自習が多いこと及び右一律評価について注意した。

㈤　上告人の事務局である福岡県教育庁（以下「県教育庁」という。）は、同年一一月ころ、被上告人らほかの教諭の授業に自習時間が多いこと等を訴える匿名の投書及び電話を受けたことから、同年一二月七日、伝習館高校において同校教職員の服務の実態を調査した。

㈥　同月二四日の二学期の終業式の際、内田校長は、生徒から県教育庁の右調査についての所見等を求められ、来る一月八日の始業式の際に見解を表明することを約束した。昭和四五年一月七日の職員会議では、県教育庁の右調査は不当な介入であるとの決議がなされ、内田校長は、翌日の始業式において全生徒に対し右決議の趣旨を述べた。また、その後開催された職員会議で、内田校長は一月一六日に再度生徒に対する説明会等を行うことを約束した。右始業式における内田校長の発言及び説明会の件を知った県教育庁は、内田校長に対し始業式における発言の取消しと説明会の中止等を説得したが、説明会は予定どおり行われた。

㈦　その後同年二月中旬ころ、「柳川伝習館高校を守る会」準備委員会在東京委員会名義の二月アピールと題する文書が県教育庁関係者、伝習館高校の教諭、父兄、同窓生らに対して多数郵送され、その中には、同校の茅嶋洋一教諭（以下「茅嶋教諭」という。）はいわゆる三派系造反教諭であり、同人を先頭に被上告人らほか二名の各教諭を中心に勢力を拡張しつつあるとして、同人らの学校内外での具体的言動なるものが列挙されていた。右二月アピールに対抗して、同窓会有志名義で「伝習館を支持する会」なるものも結成され、右五教諭を擁護するビラを配布し、以後双方から数多くの文書が配布された。右二月アピールを契機として、伝習館高校内は動揺した。

(八)　伝習館高校は同年三月一日卒業式を迎えたが、福岡県教育委員会教育長（以下「県教育長」という。）代理が告辞の朗読を始めるや、一部の生徒が「拒否」と書いた横幕を掲げ、やじを飛ばし、校歌斉唱の際労働歌を歌うなどして、式場は騒然となった。

(九)　同年三月の福岡県議会において、伝習館高校の諸問題について質問があり、同校の一部教師が生徒に対して偏向した政治的教育を行っているとの指摘がされ、県教育長は、前記二月アピールの真相、卒業式の混乱等については調査結果を待って必要な措置をとり、学校の管理運営及び生徒指導の適正化についても必要な措置をとる旨等を回答した。

(一〇)　西日本新聞の同年五月一八日付夕刊は、「引きさかれた教育」と題して、伝習館高校における被上告人らの授業を変わった授業として報じた。

(一一)　その後県教育庁は、伝習館高校の関係諸帳簿の分析、生徒及び卒業生からの事情聴取等の調査を行い、その結果を県教育長に報告し、県教育長はこれらの調査結果等に基づいて上告人に対し、被上告人ら及び茅嶋教諭の懲戒免職処分の提案をし、上告人は、同年六月六日右三名を懲戒免職処分にした。同処分の処分説明書記載の処分理由は、被上告人半田については、「被処分者は、昭和四四年度の担当科目の授業において、所定の教科書を使用せず、かつ高等学校学習指導要領に定められた当該科目の目標及び内容を逸脱した指導を行った。また、同年度における授業に際し、在校しながら出席しない生徒に対し何ら注意を与えないまま、しばしば生徒を放任するなど生徒に対する指導監督を怠った。これらの行為は職務上の義務に違反し、職務を怠ったものである。」というのであり、また、被上告人山口については、「被処分者は、昭和四四年度の担当科目の授業において、所定の教科書を使用せず、かつ高等学校学習指導要領に定められた当該科目の目標及び内容を逸脱した指導を行った。また、同年度における生徒の成績評価に関して、所定の考査を実施せず、一律の評価を行った。これらの行為は、職務上の義務に違反し、職務を怠ったものである。」というのであって、根拠法規として、右はいずれも地方公務員法（以下「地公法」という。）二九条一項に当たるとしている。

なお、これより先の同月一日、上告人は、内田校長を所属職員に対する指導監督を怠ったとして減給処分にし、同校長は翌二日退職した。

二　原審が適法に確定した被上告人らの行為は、次のとおりである。

1　被上告人半田について

㈠　昭和四四年度に三年生の四つの組で各組週四時間担当した日本史については、まず、株式会社山川出版社発行の教科書「詳説日本史」及びその教師用指導参考書を通読し、その他の参考書等をも利用して講義用ノートを作成して授業の準備をしたうえ、その授業においては、右教科書、九州各県の高等学校教諭による研究会の編集になる日本史資料集及び自己作成のプリントを教材とすることとした。右資料集は、日本史の史料そのものを掲載し、これに関して解説するというもので、教科書のように通史的記述とはなっていない。また、右プリントは、被上告人半田が教科書、教師用指導参考書その他の参考書を利用して作成したものである。そして、四月中旬ころまでに五、六時間かけて、特に教科書を用いることなく、歴史観及び時代区分について授業したが、その内容は、各種の時代区分論について話し、その中で唯物史観による時代区分についても話し、更に、唯物史観による時代区分論争の盛んなソヴィエト連邦、中国の成立以来の思想、政治、経済やいわゆる中ソ論争について話し、また、唯物史観上階級闘争がないとされている社会主義社会になお存する階級闘争の話に及んだ。次いで、四月下旬ころから六月中旬ころまでは、前記の教科書及び資料集を用いて原始、古代について授業したが、六月中旬ころから七月上旬ころまでは、七、八時間かけて日本奴隷経済史と題する自己作成のプリントを用いて授業した。その後は、二学期に週二時間生徒による日本史に関するグループ研究の発表をさせたほか、前記の教科書、資料集及びプリントを用いてその後の通史等について授業したが、教科書より資料集及びプリントを使うことのほうが多かった。以上の授業は、学年末において、通史的に江戸末期ころまでを終了したにとどまった。

㈡　右㈠のとおり昭和四四年度に三年生の四つの組で担当した日本史の一学期の中間考査において、「社会主義社会における階級闘争について述べよ。」、「次の二題（テーマ）のうち一題を選び論述せよ。Ａ　スターリン思想とその批判、Ｂ　毛沢東思想とその批判」の各問題を出題し、考査の前にこれに応ずる授業を行った。

㈢　右㈠の日本史の授業において、前記のように時代区分について話した際に、マルクス、毛沢東に関する授業を行った。

㈣　昭和四三年度に一年生の三つの組で各組週三時間又は四時間担当した地理Ｂの三学期の期末考査において、選択的出題の一部として、「資本主義社会と社会主義社会における階級とその闘争について」の問題を出題し、右考査の前にこれに応ずる授業を行った。

㈤　昭和四四年度に一年生の一つの組で週二時間担当した地理Ｂの一学期の中間考査において、選択的出題の一部として、「社会主義社会における階級闘争」、「スターリン思想とその批判」、「毛沢東思想」の各問題を出題し、右考査の前にこれに応ずる授業を行った。

2　被上告人山口について

㈠　昭和四四年度に三年生の五つの組で各組週二時間又は三時間担当した政治経済の授業において、最初に一橋出版株式会社発行の教科書「政治経済」の目次によってその構成を説明したが、右教科書は内容が自分の考えと違うとして、その最初の数頁くらいを使用したのみで、その後は、九州各県の高等学校教諭による研究会の編集になる政治経済資料集を使用して主として政治、経済問題について授業し、時に国際関係等の時事問題について新聞の切抜を使用して授業した。

㈡　昭和四四年度の二年生の三つの組の倫理社会を各組週二時間、三年生の五つの組の政治経済を右㈠のとおり担当したが、右各科目について、一学期には期末考査を実施せず、これに代えて三問中から一問を選択させてレポートを提出させ、提出した者は一律六〇点、提出しなかった者は一律五〇点と評価し、また、右二年生の倫理社会について三学期に考査を実施しなかった。

三　以上の事実関係の下において、原審は、被上告人半田の前記二1㈠の日本史の授業における教科書使用状況は、それを使っての通史的授業が相当簡略になったものと認められるところから、学校教育法五一条、二一条に違反し、同㈡の日本史の考査問題の出題及びこれに応ずる授業並びに同㈢の日本史の授業は、高等学校学習指導要領（昭和三五年文部省告示第九四号。以下「本件学習指導要領」という。）第一章第二節第六款並びに第二章第二節第二款第三日本史目標及び内容に違反し、同㈣及び同㈤の各行為のうち地理Bの各考査問題の出題は、本件学習指導要領第一章第二節第六款並びに第二章第二節第二款第七地理B目標及び内容に違反し、いずれも地公法三二条に違反して同法二九条一項一、二号の懲戒事由に該当し、また、被上告人山口の前記二2㈠の政治経済の授業はほとんどが教科書でない前記資料集を使用して行われたものであるところから、このような教科書使用状況は学校教育法五一条、二一条に違反し、同㈡の考査不実施及び成績の一律評価は、学校教育法施行規則六五条一項、二七条、福岡県立高等学校学則八条、伝習館高校校内規定に違反し、いずれも地公法三二条に違反して同法二九条一項一、二号の懲戒事由に該当するが、本件各懲戒免職処分は、特に次の点について考慮すると、社会観念上著しく妥当を欠き、上告人の裁量権の範囲を逸脱したものというべきであると判断した。

㈠　懲戒事由に該当する被上告人らの各行為の多くは、法規違反の程度が著しいものとはいえない。もっとも、被上告人山口の考査不実施及び成績の一律評価の点は、違反の程度としては高いものといえるが、注意を受けたのちの二学期以降一律評価はやめている。

㈡　上告人が本件各懲戒免職処分の理由とした被上告人らの

各行為のうち、懲戒事由に該当すると認められるものはその一部にすぎず、その余のものは懲戒事由に該当しない。

㈢　当時の福岡県下の高等学校の生徒の政治活動及び伝習館高校の生徒の異常な行動を被上告人らが授業その他において助長したことを認めるに足る証拠はない。

四　しかしながら、原審の右判断のうち、被上告人らの右各行為が懲戒事由に該当するとした判断は是認することができるが、本件各懲戒免職処分は社会観念上著しく妥当を欠き、上告人の裁量権の範囲を逸脱したものであるとした判断は、是認することができない。その理由は、次のとおりである。

地方公務員につき地公法所定の懲戒事由がある場合に、懲戒処分を行うかどうか、懲戒処分を行うときにいかなる処分を選ぶかは、平素から庁内の事情に通暁し、職員の指揮監督の衝に当たる懲戒権者の裁量に任されているものというべきである。すなわち、懲戒権者は、懲戒事由に該当すると認められる行為の原因、動機、性質、態様、結果、影響等のほか、当該公務員の右行為の前後における態度、懲戒処分等の処分歴、選択する処分が他の公務員及び社会に与える影響等、諸般の事情を総合的に考慮して、懲戒処分をすべきかどうか、また、懲戒処分をする場合にいかなる処分を選択すべきかを、その裁量的判断によって決定することができるものと解すべきである。したがって、裁判所が右の処分の適否を審査するに当たっては、懲戒権者と同一の立場に立って懲戒処分をすべきであったかどうか又はいかなる処分を選択すべきであったかについて判断し、その結果と懲戒処分とを比較してその軽重を論ずべきものではなく、懲戒権者の裁量権の行使に基づく処分が社会観念上著しく妥当を欠き、裁量権の範囲を逸脱しこれを濫用したと認められる場合に限り、違法であると判断すべきものである（最高裁昭和四七年(行ツ)第五二号同五二年一二月二〇日第三小法廷判決・民集三一巻七号一一〇一頁参照）。右の見地から、原審の確定した事実関係の下において本件各懲戒免職処分が上告人の裁量権の範囲を逸脱したものというべきかどうかについて検討する。

思うに、高等学校の教育は、高等普通教育及び専門教育を施すことを目的とするものではあるが、中学校の教育の基礎の上に立って、所定の修業年限の間にその目的を達成しなければならず（学校教育法四一条、四六条参照）、また、高等学校においても、教師が依然生徒に対し相当な影響力、支配力を有しており、生徒の側には、いまだ教師の教育内容を批判する十分な能力は備わっておらず、教師を選択する余地も大きくないのである。これらの点からして、国が、教育の一定水準を維持しつつ、高等学校教育の目的達成に資するために、高等学校教育の内容及び方法について遵守すべき基準を定立する必要があり、特に法規によってそのような基準が定立されている事柄については、教育の具体的内容及び方法につき高等学校の教師に認められるべき裁量にもおのずから制約が存するのである。

本件における前記事実関係によれば、懲戒事由に該当する被上告人らの前記各行為は、高等学校における教育活動の中で枢要な部分を占める日常の教科の授業、考査ないし生徒の成績評価に関して行われたものであるところ、教育の具体的内容及び方法につき高等学校の教師に認められるべき裁量を前提としてもなお、明らかにその範囲を逸脱して、日常の教育のあり方を律する学校教育法の規定や学習指導要領の定め等に明白に違反するものである。しかも、被上告人らの右各行為のうち、各教科書使用義務違反の点は、いずれも年間を通じて継続的に行われたものであって、特に被上告人山口の教科書不使用は、所定の教科書は内容が自分の考えと違うとの立場から使用しなかったものであること、被上告人半田の日本史の考査の出題及び授業、地理Bの考査の出題の点は、その内容自体からみて、当該各科目の目標及び内容からの逸脱が著しいとみられるものであること等をも考慮するときは、被上告人らの右各行為の法規違反の程度は決して軽いものではないというべきである。そして、懲戒事由に該当する被上告人らの各行為は、上告人が本件各懲戒免職処分の理由としたもののうちの主要なものである。

更に、当時の伝習館高校の内外における前記のような背景の下で、同校の校内秩序が極端に乱れた状態にあったことは明らかであり、そのような状況の下において被上告人らが行った前記のような特異な教育活動が、同校の混乱した状態を助長するおそれの強いものであり、また、生徒の父兄に強い不安と不満を抱かせ、ひいては地域社会に衝撃を与えるようなものであったことは否定できないところであって、この意味における被上告人らの責任を軽視することはできない。そのほか、本件各懲戒免職処分の前約一年半の間に、被上告人半田は二回にわたってストライキ参加により戒告及び減給一月の各懲戒処分を受け、また、被上告人山口はストライキ参加により減給一月の懲戒処分を受けていることも、被上告人らの法秩序軽視の態度を示す事情として考慮されなければならないのである。

以上によれば、上告人が、所管に属する福岡県下の県立高等学校等の教諭等職員の任免その他の人事に関する事務を管理執行する立場において、懲戒事由に該当する被上告人らの前記各行為の性質、態様、結果、影響等のほか、右各行為の前後における被上告人らの態度、懲戒処分歴等の諸事情を考慮のうえ決定した本件各懲戒免職処分を、社会観念上著しく妥当を欠くものとまではいい難く、その裁量権の範囲を逸脱したものと判断することはできない。これと異なる原審の判断は、ひっきょう、懲戒権者の裁量権に関する法令の解釈適用を誤ったものといわざるをえず、右の違法は原判決の結論に影響を及ぼすことが明らかであるから、論旨は理由があり、原判決は、その余の論旨について判断するまでもなく破棄を免れない。そこで、被上告人らの本訴請求について判断するに、被上告人らの右各行為は、地公法二九条一項一、二号の懲戒事由に該当するところ、原審の適法に確定した事実関係の下において、本件各懲戒免職処分に被上告人ら主張の手続的違法は認められず、また、それが懲戒権者の裁量権の範囲を逸脱したものということができないことは右に述べたとおりであるから、その取消しを求める被上告人らの本訴請求は理由がない。したがって、これと判断を異にする第一審判決を取り消し、被上告人らの請求をいずれも棄却することとする。

よって、行政事件訴訟法七条、民訴法四〇八条、三九六条、三八六条、九六条、八九条、九三条に従い、裁判官全員一致の意見で、主文のとおり判決する。

最高裁判所第一小法廷

裁判長裁判官　大　堀　誠　一

裁判官　角　田　禮次郎

裁判官　大　内　恒　夫

裁判官　佐　藤　哲　郎

裁判官　四ッ谷　　　巖

（参考）伝習館高校事件控訴審判決（理由要旨）

（昭和五三年（行コ）第二六号・二七号　昭和五八・一二・二四　福岡高裁判決）

第一　わが国の教育法制と本件学習指導要領の効力及び教育の政治的中立

本件学習指導要領は、学教法四三条、一〇六条一項、同法施行規則五七条の二の委任に基づいて、文部大臣が、告示として、普通教育である高等学校の教育の内容及び方法についての基準を定めたもので、法規としての性質を有するものということができる。

本件学習指導要領は、おおよそ別紙六（略）記載の目次のような構成になっており、その本件に関係のある部分は別紙六（略）記載のとおりであるところ、その授権規定である右学教法四三条、一〇六条一項は、「高等学校の学科及び教科に関する事項は、前二条（高等学校の目的及び目標）に従い、監督庁（文部大臣）が、これを定める。」と規定しているが、この規定から明らかなように、その委任したものは、高等学校における教育の機会均等と一定水準の維持の目的のための基準であり、本件学習指導要領を定めるについて教育の政治的中立の観点を考慮してなされたものであることは認められるものの、本件学習指導要領は、教育の政治的中立の規制の基準をも定めたものとは解されない。そして、これについては、現行法上教基法八条、教育公務員特例法二一条の三、国家公務員法一〇二条、人事院規則一四―七によって判断すべきものと解される。

本件学習指導要領の効力について考えるに、その内容を通覧すると、高等学校教育における機会均等と一定水準の維持の目的のための教育の内容及び方法についての必要かつ合理的な大綱的基準を定めたものと認められ、法的拘束力を有するものということができるが、その適用に当たっては、それが「要領」という名称であること、「大綱的基準」であるとされること、その項目の目標、内容、留意事項等の記載の仕方等から明らかなように、その項目を文理解釈して適用すべきものではなく、いわゆる学校制度的基準部分も含めて、その項目及びこれに関連する項目の趣旨に明白に違反するか否かをみるべきものと解するのが相当である。

次に、教育の政治的中立についてみるに、前記のとおり議会制民主主義の憲法を持つわが国において政治的教養教育が極めて重要なものであり、このことは戦前の政治教育が国家主義的なものに限られていたことへの反省にも基づくものでもある。そして、政治的教養とは、民主主義社会における主権者としての国民のそれであり、民主政治上の諸制度の知識、現実政治の理解力、公正な批判力、政治道徳、政治的信念等であるとされる。したがって、国は勿論、学校又は教師が教育において政治的目的をもって政治的行為をしてはならないことは、その生徒に対する影響力を考えると当然のことである。しかしながら、学校又は教師のする民主主義政治の教育にあたって左右両翼の各種の政治思想、制度、国家等に及ぶことのあることは考えられるところであるから、教師ごとに本件の如き社会科の教師の授業が左右両翼の政治思想等に及んだからといって、政治的目的で政治的行為に出たものでない限り政治的中立に違反したものとすることのないように慎重に対処すべきである。

第二　教科書使用義務

学教法二一条は、一項において、「小学校においては、文部大臣の検定を経た教科用図書又は文部大臣が著作の名義を有する教科用図書を使用しなければならない。」と定め、二項において、「前項の教科用図書以外の図書その他の教材で、有益適切なものは、これを使用することができる。」と定め、この規定は同法五一条により高等学校に準用されている。

右にいう教科書（文部大臣の検定又は著作した教科用図書）とは、教科用図書検定規則、教科用図書検定基準、教科書の発行に関する臨時措置法二条一項のいうように教科課程の構成に応じて組織排列された教科の教材として教授用に供せられる生徒用図書をいうものと解してよいが、その内容は、右規則及び基準によれば、本件学習指導要領の目標及び内容によって編成されている。

ところで、普通教育においてはその機会均等の確保と一定水準の維持という目的があり、この観点から普通教育である高等学校教育の内容として本件学習指導要領が定められていることは、既に述べたとおりであるところ、右のとおり教科書は本件学習指導要領の目標及び内容によって編成されているのであるから、これを使用することは、右目的に対して有効なものというべきであり、更に、教授技術上も教科書を使用して授業をすることは、教師及び生徒の双方にとって極めて有効である。

したがって、前記学教法二一条一項、五一条は、その文理解釈からもそうであるように、高等学校教育において教師は教科書を使用する義務があることを定めたものと解するのが相当である。

如何なる場合に教科書を使用したということができるかという教科書の使用形態についてみるに、当事者双方はそれぞれその使用形態を挙げて主張するが、教科書使用義務を認めるのは、前記のように教育の一定水準の維持等という目的と教授技術上の有効性にあるのであるから、教科書のあるべき使用形態としては、授業に教科書を持参させ、原則としてその内容の全部について教科書に対応して授業することをいうものと解するのが相当である。なお、被控訴人は前記教科書の発行に関する臨時措置法二条一項の規定から教科書が主たる教材として使用されることを要すると主張するところ、同規定は同法の教科書の定義を定めたものに過ぎないので、右規定を教科書の使用義務の内容として採用するのは相当でないが、通常の教科書の内容と本件学習指導要領に定められた授業時間を見ると、右教科書を使用しての授業でその教科、科目の授業時間の大半を要するものと認められるので、教科書の使用形態を前記のとおり解する限り、教科書を主たる教材として使用する義務があることになる。

　そして、右教科書を使用しての授業において、教科書の棒読みの如きは教授技術上相当でないことは勿論であり、教師においてその方法に創意工夫の求められることはいうまでもない。

　このように、教科書を使用するとは、原則としてその内容の全部について授業することをいうものであるが、このことをなした上、その間に、教師において、適宜、本件学習指導要領の教科、科目の目標及び内容に従って、教科書を直接使用することなく、学問的見地に立った反対説や他の教材を用いての授業をすることも許されると解するのが相当である。このことは、学教法二一条二項がいわゆる補助教材の使用を認め、本件学習指導要領が社会の各科目の指導計画作成および指導上の留意事項において適宜他の教材の利用、読書、社会調査、見学、討議の学習活動の活用が望まれるとしていることからも明らかである。

　教科書使用義務を以上のように解すれば、戦前の国定教科書中心主義に対する反省からの学習活動の多様化も図ることができ、教科書使用義務を認めても、教師の自主性をそこなうことなく、教育に対する不当な支配であるということはなく、教師に教授方法の創意工夫の余地が充分存するものということができる。

一〇　内申抜き処分訴訟最高裁判決（理由要旨）

（昭和五七年(行ツ)第七八号　昭和六一・三・一三　最高裁判決）

一　地方教育行政の組織及び運営に関する法律（以下「地教行法」という。）によると、市町村学校職員給与負担法一条及び二条に規定する職員（以下「県費負担教職員」という。）の任命権は都道府県教育委員会（以下「都道府県教委」という。）に属するものとされ（三七条一項）、同委員会は、市町村教育委員会（以下「市町村教委」という。）の内申をまって、その任免その他の進退を行うものとされている（三八条一項）。これは、県費負担教職員について、都道府県教委にその任命権を行使させることにより都道府県単位における人事の適正配置と人事交流の円滑化等を図る一方、これらの教職員は、市町村が設置する学校に勤務し市町村教委の監督の下にその勤務に服する（四三条一項）者であることから、都道府県教委がその任命権を行使するにあたっては、服務監督者である市町村教委の意見をこれに反映させることとし、両者の協力関係により県費負担教職員に関する人事の適正、円滑を期する趣旨に出たものと解される。かかる趣旨からすれば、地教行法三八条一項所定の市町村教委の内申は、県費負担教職員について任命権を行使するための手続要件をなすものというべきであり、したがって、都道府県教委が県費負担教職員に対し、その非違行為を理由に懲戒処分をするためには、当該教職員に関する市町村教委の処分内申が必要であり、その内申なしに処分を行うことは許されないのが原則であるといわなければならない。しかし、この内申制度は、県費負担教職員の服務を監督する権限を有する者が市町村教委であることから、教職員の身近にいてその服務状態を熟知している市町村教委の意見を都道府県教委の任命権の行使に反映させることにより、市町村教委にその服務監督の実質を保持させることとした趣旨であるから、市町村教委が、教職員の非違などに関し右内申をしないことが、服務監督者としてとるべき措置を怠るものであり、人事管理上著しく適正を欠くと認められる場合にまで、右原則どおり市町村教委の内申がない限り任命権を行使しえないことには合理性があるとはいえない。けだし、地教行法上、市町村教委は、県費負担教職員の服務上の監督者として、その人事行政につき責任の一部を分担するものであり、服務監督権の行使の一環として法律上認められた内申の権限を適正に行使すべき責務を負うものというべきであって、右の場合のように、市町村教委がその責務に反して内申をしないために、都道府県教委による適正な任命権の行使が不可能となることを、地教行法が容認していると解することはできないからである。したがって、かかる場合には、都道府県教委としては、県費負担教職員に関する人事行政上の目的を達成するためのやむをえない措置として、例外的に、市町村教委の内申がなくてもその任命権を行使することができると解するのが相当である。

二　そこで、右のような見地に立って本件についてみるに、原審の確定したところによると、(1)　昭和三三年のいわゆる勤評反対一斉休暇闘争以来、数多くの争議行為を行い、懲戒処分を受けた多数の組合員をかかえてきた福岡県教職員組合（以下「福教組」という。）は、その処分対策の有力な手段の一つとして、昭和四三年闘争の頃から、校長、市町村教委に対し報告や処分内申をさせない要求闘争を行い、報告や内申をしたところに対しては、校長に対する「無言闘争」、「校長招集会議拒否」等や市町村教委に対する「内申の無効宣言要求」等を行い、内申の年内提出延期など一定の成功をみてきた、(2)　その間、福教組と決定的な対立関係に立つことを望まない県下市町村教委は、教師による違法争議を看過しえないとする被上告人の処分内申要請との間に板ばさみとなり、県下の相当数の市町村教委で動揺と混乱が続き、本件のストライキに関しても、内申書を提出した市町村教委の一部で組合側の激しい抗議、責任追及などによる混乱を生じた、(3)　本件ストライキは、昭和四七年五月一九日始業時から一時間、同四八年四月二七日午前半日、同年七月一九日始業時から三〇分間、それぞれ実施されたものであるが（上告人らは福教組の支部役員として右各ストライキを指導しかつこれに参加した。）、被上告人は、右各ストライキについて、行橋市、田川市及び大牟田市の各教育委員会（大牟田市については内申済みの昭和四七年五月一九日のストライキ分を除く。）に対し、あらかじめ県下各市町村教委の教育長と協議した結果を踏まえて決定した統一的な処分の方針・基準を内示して、ストライキに参加した組合員及びこれを指導した組合幹部に関し、文書により処分内申の指示をし、更に内申を得るための口頭及び文書で度重なる督促をした、(4)　これに対し、右各市教育委員会は、いずれも本件各ストライキの違法性を否定するわけではなく、基本的には内申意思を有していたものの、㈠　大牟田市教育委員会は、市財政赤字解消対策として市と市職労等との間に締結され高齢者退職協定の破棄につながるおそれのある行為を避けたいとの市長局部の意向を考慮し、また、市教育長が組合に差し入れていた「労働基本権回復に向けて教育長として努力する」旨の確認書との関係から、内申したときに予想される熾烈な抗議行動、教育現場の混乱をおそれて、結局処分内申をしなかった。㈡　行橋市教育委員会は、基本的には処分内申をする意向を有しながら、予想される処分の重さに対する服務監督者としての批判もあり、また、組合との事前協議の慣行を無視して内申した場合の教育現場の混乱をおそれる気持もあって、内申に踏み切れなかった、㈢　田川市教育委員会は、生活保護家庭問題、非行生徒の指導問題、同和教育関係などの課題をかかえる教職員の立場や組合の反発等を考慮し、県下全市町村が内申書を提出した段階で提出することを条件に、教育庁田川出張所長に封印した内申書を預けたが、内申書を提出しない教育委員会もあったため、結局、処分内申があったものとして取り扱われなかった、⑸　そこで、被上告人は、年度末をひかえ、人事異動を円滑にするためにも、右三市教育委員会管下で本件各ストライキに参加した上告人ら教職員に対し、市教育委員会の内申抜きで本件懲戒処分に及んだ、というのであり、原審の右事実認定は、原判決挙示の証拠関係に照らし、是認することができる。

右事実関係によれば、本件のような県下一斉に行われた教職員の争議行為に関する懲戒事案にあっては、県下全体において非違の程度に応じた適正、公平な処分が行われるべく、各市町村間で不公平を生じないようにすることが人事管理の適正を期するうえで肝要であり、県単位における統一的な処理が必要であることはいうまでもないところ、本件三市教育委員会は、被上告人から統一的な処分の方針・基準を示され、また、いずれも教職員のストライキは違法であり本来懲戒処分の対象となるものであることを認識しながら、組合の反発や抗議行動とかそれに伴う教育現場の混乱などといった各教職員の服務監督上の問題とは直接関係のない事情に対する配慮又は予想される被上告人の処分の選択・量定に対する一般的な批判から、本件各ストライキの参加者については一切処分内申をしないというのであって、このような本件三市教育委員会の対応は、服務監督者としてとるべき措置を怠り、人事管理上著しく適正を欠くものといわざるをえない。したがって、かかる場合においては、前示のとおり、任命権者たる被上告人としては、本件三市教育委員会の内申がなくても上告人らに対し懲戒処分を行うことが許されると解するのが相当である。

三　以上のとおりであり、被上告人が本件三市教育委員会の内申をまたずにした本件懲戒処分は適法であるとした原審の判断は、結局において正当として是認することができる。原判決に所論の違法はなく、論旨は採用することができない。

一一　中野富士見中いじめ自殺事件判決（抄）

（平成六・五・二〇　東京高裁判決）

理　由

第三　本件グループの生徒らの加害行為と一郎の自殺との因果関係について

二　そこで、以上のところに基づいて本件いじめと一郎の自殺との間に因果関係があるか否かについて検討する。

前年のとおり、一郎は、昭和六〇年九月の第二学年第二学期以降、秋夫及び春夫らを中心とする本件グループの他の生徒らからのいじめが次第に激しくなり、一〇月、一一月頃からは急激に悪質化するようになるにつれ、いじめに耐えかねて次第に本件グループから離反、離脱する意思を固めるようになり、同年一二月には本件グループから離反、離脱しようとする態度を示すようになったが、それを理由に更に暴行を受けるなどし、控訴人ら又は教師らに助けを求めても効果がないのみか、かえってそのことを理由に暴行を加えられるという悪循環の状況となり、本件グループの他の生徒らのいじめから逃れるため欠席を繰り返すようになった。そして、登校しても学校内には安心していられる場がないため校内で隠れているという状態となり、第三学期が始まった昭和六一年一月八日以降も同月三〇日まで更に状況が悪化し、集団的暴行やいじめを反復され、教師らからも、控訴人らからも実効のある助けの手が得られないという状況の下で絶望感を抱いて家出をし、結局、このような閉塞状況から逃避する方法として自殺の道を選ぶに至ったものというべきである。

もとより一郎の自殺の動機を直接知ることはできないが、右のような経過及び一郎の残した前記のような本件遺書の内容からすれば、本件いじめが一郎の自殺の原因であることは明らかというべきであり、一郎が自殺に至ったについては学校側の対応の不十分、家庭環境の不安定、控訴人らの保護能力の薄弱等の問題点も指摘できるにせよ、少なくとも本件いじめが一郎の自殺の主たる原因であることは疑いを入れないというべきである。

第四　被控訴人中野区及び同東京都の責任について

一　控訴人らの被控訴人中野区に対する責務不履行に基づく請求と国家賠償法一条に基づく請求とは選択的併合と解されるので、まず後者の請求について判断する。

二　公立中学校の教員には学校における教育活動及びこれに

密接に関連する生活関係における生徒の安全の確保に配慮すべき義務があり、特に、他の生徒の行為により生徒の生命、身体、精神、財産等に大きな悪影響ないし危害が及ぶおそれが現にあるようなときには、そのような悪影響ないし危害の発生を未然に防止するため、その事態に応じた適切な措置を講ずる義務があるといわなければならない。

三　そこで、まず、本件いじめによる一郎の被害を防止するについて被控訴人中野区の公権力の行使に当たる公務員である中野富士見中学校の教員らに過失があったか否かについて検討することとする。

前記第二認定のとおり、乙山担任は、既に昭和六〇年七月初めまでの時点において、一郎が本件グループの生徒らと行動を共にして授業の抜け出し、怠学、授業妨害等の問題行動に出るようになったことを認識しており、さらに、控訴人太郎あての前記の手紙から明らかなとおり、本件グループ内では一郎は子分的な立場にあり、早晩気の弱い一郎が他のメンバーらからいじめの対象とされるおそれのあることを予見していたのである。そして、その後も昭和六一年一月三〇日までの間、乙山担任、戊田校長、丙林教頭らを含む中野富士見中学校の教師らは、本件グループ内において一郎が授業中にすら使い走りをさせられ、あるいは、秋夫、春夫らから暴行の行使を含むいじめを受けていることを繰り返しそれぞれ目撃し、他の教師から連絡を受けるなどして認識していたばかりでなく、昭和六〇年一二月以降一郎が欠席を続け、登校しても隠れていたりすることも承知していたのである。

一方、第二学年第一学期以降時を追うに従って秋夫、春夫らの問題行動は次第に悪質化し暴力的色彩をますます強めて、そのため、同校内は異常事態となっていたが、中野富士見中学校の教師らは、一郎の使い走りやいじめの被害を知ってもその実情を究明しようともせず、加害者である生徒らに対しても場当たり的な注意をするにとどめ、その保護者らに対しても遠慮がちな連絡、注意をする程度で終始していた。

そして、昭和六一年一月三〇日には、校内で傍若無人に一郎を探し回る本件グループの生徒らに対して教師らは制止することもできず、毅然とした対応を示さなかったばかりか、本件グループの生徒らの仕打ちに対する恐怖を訴え、グループから離脱したいと述べる一郎に対し、乙山担任は「本件グループから抜けるのは、やくざの足抜けと同じように大変だ。」とか「転校という方法もある。」などと述べるに止まったのである。

当時、生徒間のいじめの問題は公立小中学校における緊急課題とされてあらゆる機会にその重要性が強調されており、中野富士見中学校についても、いじめ問題の理解といじめに対する指導の在り方等に関する各種資料が繰り返し多数配布され、いじめの問題を主題とした教師研修会にも校長、教頭、教師らが繰り返し参加する等していたが、本件いじめにおいて一郎の置かれていた状況はこれらの資料等で取り扱われていたいじめと同質のものであり、しかも、中野富士見中学校の教師らは右のように早い時期から本件いじめの実態を認識し得る手掛かりを豊富に得ていたのであるから、右各種の資料等で強調されているとおり、適切な問題意識を持って事態に対処していれば、早期に本件いじめの実態を認識し得たものというべきである。そして、本件いじめは昭和六〇年一〇月頃以降急激に悪質化しており、当時の状況は既に一郎の心身に対し大きな悪影響の生ずるおそれが存したというべきであるから、中野富士見中学校の教師らが適切な対処をしていれば、その当時においてそのような実態を認識し得たはずであるというべきであるが、結局、同教師らは適切な問題意識をもって対処することを怠ったため、最後まで本件いじめの実態を正しく把握し、教師全体が一体となって適切な指導を行い、保護者、関係機関との連携、協力の下に本件いじめの防止のため適切な措置を講ずるということができず、かえって、葬式ごっこにおいては、一部の教師らは一郎にはいじめ側に加担していると受け取られるような行為に加わり、また、一郎からの助けを求める訴えに対しても、教師の側としては一郎の絶望感を軽減させるに足りるような対応を全くしなかったといってよい状況であって、その結果、一郎が昭和六〇年一〇月以降も悪質化した本件いじめに長期間にわたってさらされ続け、深刻な肉体的、精神的苦痛を被ることを防止することができなかったものであるから、中野富士見中学校の教員らには過失があるというべきである。

四　右のとおり、中野富士見中学校の教員らには、昭和六〇年一〇月頃以降における本件いじめを防止し得なかった点につき過失があるから、被控訴人中野区は国家賠償法一条により本件いじめにより一郎の被った損害を賠償する責任がある。

そして、本件いじめと一郎の自殺との間に因果関係があることは前記のとおりであるが、被控訴人中野区に一郎の自殺についても損害賠償責任があるとするには、中野富士見中学校の教員らにおいて、一郎が本件いじめにより自殺するに至るということについて、その当時予見し、又は予見することを得べかりし状況があることを要するというべきである（最高裁昭和五二年一〇月二五日第三小法廷判決・判例タイムズ三五五号二六〇頁参照）。自殺の予見可能性について右と異なる控訴人らの主張は採用できない。

しかし、一郎の家出直前の昭和六一年一月三〇日までの時点において、本件いじめによって一郎が深刻な肉体的、精神的苦痛を受けていたことも、中野富士見中学校の教師らが適切な対応をしていればそのことを認識し得たと考えられることも前記のとおりであるが、本件いじめの内容を前提としても、いじめを受けた者がそのために自殺するということが通常の事であるとはいい難いところであるし、乙山担任においてのみならず、控訴人らにおいても右一月三〇日の一郎の言動や素振りからは自殺の可能性をうかがわせるような特段の印象を受けておらず、同日夜控訴人らと話しあった際も一郎は「おれには何もこわいものなんかない。明日から頑張るから心配いらないよ。」と述べており、控訴人らは同月三一日一郎が家出した後も、最後まで一郎が自殺することを予想していなかったのである。一郎が同年一月三一日朝に家出をして翌二月一日夜自殺するまでの約三七時間の行動は全く不明であり、一郎がいつ自殺を決意したのかも不明であるが、右のような一郎の言動等からすると、同年一月三〇日の段階では一郎自身自殺を決意していなかった可能性もあるというべきであり、また、他に中野富士見中学校の教師らに同月三〇日までの時点で一郎の自殺についての予見可能性があったと認めるに足りる証拠はない。

したがって、被控訴人中野区は、本件いじめにより、一郎の被った被害のうち、昭和六〇年一〇月以降六一年一月三〇日までの間のいじめを防止し得なかったため一郎の受けた肉体的、精神的苦痛に対する損害賠償責任を負うものであるが、一郎が本件いじめの結果自殺するに至ったことについての損害賠償の責任は負担しないというべきである。

また、本件いじめの程度、内容等からすると、控訴人らは、被控訴人中野区に対し、一郎が右の期間中本件いじめを受けたことに基づく控訴人らの固有の精神的損害については賠償を求め得ないというべきである。

五　被控訴人東京都は中野富士見中学校の教員らの俸給、給与その他の費用を負担している者として、国家賠償法三条一項の規定により被控訴人中野区と同様の損害の賠償をすべき責任がある。

第五　被控訴人丙川ら及び同丁原らの責任について

一　前記第二、第三のとおりであるから、秋夫及び春夫が一郎に対して行った本件いじめのうち、遅くとも昭和六〇年一〇月頃以降のものは、一郎に対する不法行為と目すべきものというべきである。

二　秋夫は昭和六〇年九月に、春夫は同年八月にそれぞれ一四歳となっており、同年一〇月頃から昭和六一年一月までの本件いじめ当時既に責任能力を有したものというべきである。

しかし、被控訴人丙川らは秋夫の親権者であり、被控訴人丁原らは春夫の親権者であるから、秋夫又は春夫が不法行為をすることのないよう監督すべき義務を負っていたものである。そして、前記認定のとおり、被控訴人丙川ら及び被控訴人丁原らは、秋夫又は春夫が昭和六〇年四月の第二学年第一学期早々から問題行動を反復していたことについて、その当時から乙山担任その他の中野富士見中学校の教諭から再三知らされて指導を求められており、さらに、被控訴人丙川らにおいては秋夫が警察の補導を受けた際にも警察から注意を受けていたのである。したがって、同被控訴人らは、秋夫又は春夫の行状について実態を把握するための適切な努力をしていれば、遅くとも昭和六〇年一〇月頃には本件いじめの実態が深刻であり、一郎の心身に大きな悪影響が生ずるおそれのある状況であることを認識し得たはずであるにもかかわらず、そのような努力をすることなく、秋夫又は春夫に対し適切な指導監督をすることを怠り、秋夫又は春夫をほとんど放任していたものであり、そのため、秋夫及び春夫に一郎に対する本件いじめ行為を反復させる結果を招いたものである。したがって、同被控訴人らには秋夫又は春夫に対する監督義務を怠った過失があるというべきであるから、同被控訴人らには、民法七〇九条、七一九条一項により、秋夫及び春夫らの右不法行為により一郎の被った損害を賠償すべき責任がある。

しかし、右不法行為によって一郎が自殺するに至ることを被控訴人丙川ら及び同丁原らにおいて予見することが可能であったと認めるに足りる証拠はないから、被控訴人東京都及び同中野区の場合と同様、被控訴人丙川ら及び同丁原らが賠償責任を負うのは一郎が自殺したことによる損害を除いた肉体的、精神的苦痛による損害についてであるというべきである。

第六　損害賠償

一　以上のことからすれば、一郎が昭和六〇年一〇月頃から昭和六一年一月三〇日までの間継続的に本件いじめを受けたことにより被った肉体的、精神的苦痛は誠に深刻かつ甚大なものであったというべきであり、前記のような本件いじめの内容、右いじめに対する一郎の対応、被控訴人丙川ら、同丁原ら及び中野富士見中学校の教師ら並びに控訴人らの対応その他諸般の事情を考慮すると、一郎の右苦痛を慰謝するには一〇〇〇万円が相当というべきである。

被控訴人らは右損害賠償額の算定に当たっては一郎及び控訴人らの過失を斟酌すべきである旨主張するが、前記のような本件いじめの内容及びそれをめぐる経過等からすれば、一郎及び控訴人らに関する事情を慰謝料額の算定に当たって考慮すべき事情の一つとすることは当然として、一郎及び控訴人らにはいまだ右損害賠償額の算定について過失相殺をすることを相当とするほどの過失があるとは認められないから、被控訴人の右過失相殺の主張は失当である。

二　本件事案の内容、本件訴訟の経過及び内容その他の事情に照らし、本件訴訟の提起、追行を被控訴人ら訴訟代理人弁護士に委任したことによって生ずる弁護士費用のうち控訴人らに賠償を求め得る相当因果関係のある損害は一五〇万円と認めるのが相当である。

三　一郎の相続人の父母である控訴人らは、一郎の取得した被控訴人らに対する右合計金一一五〇万円の損害賠償請求権を各二分の一の割合で相続したものというべきである。

四　そして、被控訴人らの一郎に対する右各損害賠償義務は相互に不真正連帯債務の関係にあるというべきであるから、結局、被控訴人らは連帯して控訴人ら各自に対してそれぞれ五七五万円及びこれに対する不法行為の後である昭和六一年二月二日から完済まで民法所定の年五分の割合による遅延損害金を支払うべきである。

（人名は仮名である）

一二　東久留米市小学校指導要録公開請求事件判決（抄）

（平成六・一〇・一三　東京高裁判決）

控訴人は、右の認定に反し、指導要録を全面公開することにより、かえって、その公正な記載の助けとなり、父兄の教師に対する不信感を払拭し、信頼関係を形成することが可能になるから、東久留米市教育委員会の事務執行に支障を生じるおそれはない旨主張する。しかしながら、指導要録の開示がその公正な記載の助けになることは少なく、むしろその弊害こそが大きいものというべきである。すなわち、教師による児童の全体的評価は、その評価の基礎となる事実（以下「基礎事実」という。）の認識と右事実に基づく評価・判断作用からなるものというべきところ、右の基礎事実については教育の現場において教師が直接認識しうるところであり、その過程に誤りがないように注意し、必要があれば時期を失せず本人や関係者に確認するなどして正確な事実関係を把握することが可能であり、これを開示して事後的に児童本人の言い分を聞くことは、かえって無用の混乱を生じさせるものというべきである（教師の認識と児童の言い分が違った場合の解決は困難であり、教師が自分の事実認識を曲げて児童の言い分を入れることはもとより相当ではない。）。したがって、指導要録の本人への開示は、基礎事実の正確な認識に資するところは少ないものというべきである。また、基礎事実に基づく評価・判断作用は教師がその責任を自覚し専門的知識、訓練等に基づき、全人格的判断によって誠実に行うべきものであって、児童本人や父兄の議論によって常に正しい評価・判断に到達しうるという性質のものではない。個人が自分のマイナス面の評価を冷静かつ率直に受け止めることができるようになるには、それ相当の内面的成熟と自己洞察力を必要とし、児童本人にこれを期待することができないことはもとよりのこと、父兄についても我が子のマイナス面の評価について冷静かつ率直に受け止めることは必ずしも容易なことではないから、児童本人や父兄との議論は、かえって、正しい判断の支障になることが考えられる。前記のとおり、児童が家庭と学校で現す様子は必ずしも同じものではなく、また、本人に公開されることを前提として全体的な教育評価を客観的、公正に行うことが困難であることは容易に推認できるところである。そうしてみると、指導要録の開示によってその公正な記載に資する場合があるとすれば、教師が故意あるいは悪意により不公正な記述をするおそれがある場合において、指導要録の開示が心理規制となりこれを抑止する場合であろう。しかしながら、そのような事例はほとんど考えられないから、そのような希有な事例がありうることを理由にして前記の弊害を軽視するとすれば、本末転倒の議論というべきである。よって、指導要録の公開はその公正な記載の助けになるものではなく、かえって、前記の弊害のほか、教師が児童本人や保護者の感情等を慮ってマイナス面の記載等を躊躇し、継続的指導の資料として児童のプラス面及びマイナス面を問わずありのまま記載することが要請されている指導要録の本来の姿に反する結果を招来することも予想される。もっとも、教育評価は児童本人やその保護者に開示されることにより、本人の人間的成長とその指導に役立つことも考えられる。しかしながら、問題はその開示方法にあり、児童やその父兄に教育評価を知らせる場合には、前記の諸事情に照らし、児童の個性、成長段階その他の諸事情を考慮し教育的な配慮を施した上でこれを行うのが適当であり（現行の通信簿がこれに該当する。）、公開を前提とした制度的整備が十分ではない現行制度のもとで指導要録の公開によってこれを行うことは相当ではないから、右の点も、本件非公開部分を開示すべきことの理由になるものではない。

一三　東京都日野市立小学校教員戒告処分取消請求事件最高裁判決（抄）

（平一九・二・二七　最高裁判決）

事件概要

校長から入学式の際に国歌斉唱のピアノ伴奏をするようにとの職務命令に従わなかったことに対してなされた戒告処分の取消請求がなされた事案。

【判決要旨】

学校の儀式的行事において「君が代」のピアノ伴奏をすべきでないとして本件入学式の国歌斉唱の際のピアノ伴奏を拒否することは、上告人にとっては、上記の歴史観ないし世界観に基づく一つの選択ではあろうが、一般的には、これと不可分に結び付くものということはできず、上告人に対して本件入学式の国歌斉唱の際にピアノ伴奏を求めることを内容とする本件職務命令が、直ちに上告人の有する上記の歴史観ないし世界観それ自体を否定するものと認めることはできないというべきである。

本件職務命令は、上記のように、公立小学校における儀式的行事において広く行われ、南平小学校でも従前から入学式等において行われていた国歌斉唱に際し、音楽専科の教諭にそのピアノ伴奏を命ずるものであって、上告人に対して、特定の思想を持つことを強制したり、あるいはこれを禁止するものではなく、特定の思想の有無について告白することを強要するものでもなく、児童に対して一方的な思想や理念を教え込むことを強制するものとみることもできない。

入学式等において音楽専科の教諭によるピアノ伴奏で国歌斉唱を行うことは、これらの規定の趣旨にかなうものであり、南平小学校では従来から入学式等において音楽専科の教諭によるピアノ伴奏で「君が代」の斉唱が行われてきたことに照らしても、本件職務命令は、その目的及び内容において不合理であるということはできないというべきである。

本件職務命令は、上告人の思想及び良心の自由を侵すものとして憲法一九条に反するとはいえないと解するのが相当である。

一四　東京都再雇用拒否損害賠償請求事件最高裁判決（抄）

（平二三・六・六　最高裁判決）

事件概要

都立高等学校の教職員であった原告らが、卒業式等に際し、各校長から発令された、国歌斉唱時に国旗に向かって起立し、国歌を斉唱することを命ずる職務命令は、原告らの思想及び良心の自由を侵害する違憲、違法なものであり、東京都公立学校再雇用職員の採用選考において、都教委が、原告らがこの職務命令に違反していたことを理由として不合格としたのは、不法行為を構成する旨主張し、都に対し損害賠償等の支払いを求めたもの。

［判決要旨］

本件各職務命令の発出当時、公立高等学校における卒業式等の式典において、国旗としての「日の丸」の掲揚及び国歌としての「君が代」の斉唱が広く行われていたことは周知の事実であって、学校の儀式的行事である卒業式等の式典における国歌斉唱の際の起立斉唱行為は、一般的、客観的に見て、これらの式典における慣例上の儀礼的な所作としての性質を有するものであり、かつ、そのような所作として外部からも認識されるものというべきである。したがって、上記国歌斉唱の際の起立斉唱行為は、その性質の点から見て、上告人らの有する歴史観ないし世界観を否定することと不可分に結び付くものとはいえず、上告人らに対して上記国歌斉唱の際の起立斉唱行為を求めることを内容とする本件各職務命令は、上記の歴史観ないし世界観それ自体を否定するものということはできない。また、上記国歌斉唱の際の起立斉唱行為は、その外部からの認識という点から見ても、特定の思想又はこれに反対する思想の表明として外部から認識されるものと評価することは困難であり、職務上の命令に従ってこのような行為が行われる場合には、上記のように評価することは一層困難であるといえるのであって、本件各職務命令は、特定の思想を持つことを強制したり、これに反対する思想を持つことを禁止したりするものではなく、特定の思想の有無について告白することを強要するものということもできない。そうすると、本件各職務命令は、これらの観点において、個人の思想及び良心の自由を直ちに制約するものと認めることはできないというべきである。

もっとも、上記国歌斉唱の際の起立斉唱行為は、一般的、客観的に見ても、国旗及び国歌に対する敬意の表明の要素を含む行為であるということができる。そうすると、自らの歴史観ないし世界観との関係で否定的な評価の対象となる「日の丸」や「君が代」に対して敬意を表明することには応じ難いと考える者が、これらに対する敬意の表明の要素を含む行為を求められることは、その行為が個人の歴史観ないし世界観に反する特定の思想の表明に係る行為そのものではないとはいえ、個人の歴史観ないし世界観に由来する行動（敬意の表明の拒否）と異なる外部的行動（敬意の表明の要素を含む行為）を求められることとなる限りにおいて、その者の思想及び良心の自由についての間接的な制約となる面があることは否定し難い。

そこで、このような間接的な制約について検討するに、個人の歴史観ないし世界観には多種多様なものがあり得るのであり、それが内心にとどまらず、それに由来する行動の実行又は拒否という外部的行動として現れ、社会一般の規範等と抵触する場面において、当該外部的行動に対する制限が必要かつ合理的なものである場合には、その制限によってもたらされる上記の間接的な制約も許容され得るものというべきである。そして、職務命令においてある行為を求められることが、個人の歴史観ないし世界観に由来する行動と異なる外部的行動を求められることとなる限りにおいて、当該職務命令が個人の思想及び良心の自由についての間接的な制約となる面があると判断される場合にも、職務命令の目的及び内容には種々のものが想定され、また、これによってもたらされる上記の制約の態様等も、職務命令の対象となる行為の内容及び性質並びにこれが個人の内心に及ぼす影響その他の諸事情に応じて様々であるといえる。したがって、このような間接的な制約が許容されるか否かは、職務命令の目的及び内容並びにこれによってもたらされる上記の制約の態様等を総合的に較量して、当該職務命令に上記の制約を許容し得る程度の必要性及び合理性が認められるか否かという観点から判断するのが相当である。

これを本件についてみるに、本件各職務命令に係る国歌斉唱の際の起立斉唱行為は、前記のとおり、上告人らの歴史観ないし世界観との関係で否定的な評価の対象となるものに対する敬意の表明の要素を含むことから、そのような敬意の表明には応じ難いと考える上告人らにとって、その歴史観ないし世界観に由来する行動（敬意の表明の拒否）と異なる外部的行動となるものである。この点に照らすと、本件各職務命令は、一般的、客観的な見地からは式典における慣例上の儀礼的な所作とされる行為を求めるものであり、それが結果として上記の要素との関係においてその歴史観ないし世界観に由来する行動との相違を生じさせることとなるという点で、その限りで上告人らの思想及び良心の自由についての間接的な制約となる面があるものということができる。

他方、学校の卒業式や入学式等という教育上の特に重要な節目となる儀式的行事においては、生徒等への配慮を含め、教育上の行事にふさわしい秩序を確保して式典の円滑な進行を図ることが必要であるといえる。法令等においても、学校教育法は、高等学校教育の目標として国家の現状と伝統についての正しい理解と国際協調の精神の涵養を掲げ（同法四二条一号、三六条一号、一八条二号）、同法四三条及び学校教育法施行規則五七条の二の規定に基づき高等学校教育の内容及び方法に関する全国的な大綱的基準として定められた高等学校学習指導要領も、学校の儀式的行事の意義を踏まえて国旗国歌条項を定めているところであり、また、国旗及び国歌に関する法律は、従来の慣習を法文化して、国旗は日章旗（「日の丸」）とし、国歌は「君が代」とする旨を定めている。そして、住民全体の奉仕者として法令等及び上司の職務上の命令に従って職務を遂行すべきこととされる地方公務員の地位の性質及びその職務の公共性（憲法一五条二項、地方公務員法三〇条、三二条）に鑑み、公立高等学校の教職員である上告人らは、法令等及び職務上の命令に従わなければならない立場にあり、地方公務員法に基づき、高等学校学習指導要領に沿った式典の実施の指針を示した本件通達を踏まえて、その勤務する当該学校の各校長から学校行事である卒業式等の式典に関して本件各職務命令を受けたものである。これらの点に照らすと、公立高等学校の教職員である上告人らに対して当該学校の卒業式や創立記念式典という式典における慣例上の儀礼的な所作として国歌斉唱の際の起立斉唱行為を求めることを内容とする本件各職務命令は、高等学校教育の目標や卒業式等の儀式的行事の意義、在り方等を定めた関係法令等の諸規定の趣旨に沿って、地方公務員の地位の性質及びその職務の公共性を踏まえ、生徒等への配慮を含め、教育上の行事にふさわしい秩序の確保とともに当該式典の円滑な進行を図るものであるということができる。

以上の諸事情を踏まえると、本件各職務命令については、前記のように上告人らの思想及び良心の自由についての間接的な制約となる面はあるものの、職務命令の目的及び内容並びにこれによってもたらされる上記の制約の態様等を総合的に較量すれば、上記の制約を許容し得る程度の必要性及び合理性が認められるものというべきである。

以上の諸点に鑑みると、本件各職務命令は、上告人らの思想及び良心の自由を侵すものとして憲法一九条に違反するとはいえないと解するのが相当である。

※　判決文中の「上告人」は処分を受けた原告教員を指す。

（参考：高裁判決概要　H二一・一・二八東京高裁）

都教委は、一定の基準の下に再雇用の希望者を選考した上で再雇用職員として任命する権限を有しているものであって、再雇用の希望者を全員採用しなければならない義務を負うものではなく、この採用許否の判断につき、広範な裁量権を有していると解される。

再雇用を希望する者に対する不採用に当たり、上記の裁量権について著しい濫用ないし逸脱があった場合に、それが不法行為を構成する余地のあり得ることはいうまでもない。しかし、再雇用は新たに公務員として任用する行為であって、懲戒免職のような処分とは異なるものである。

選考の結果、不合格とされるのは例外的な場合であったと考えられるが、再雇用を希望する者が採用されることについて抱く期待というものは事実上のものであって、これが法的保護を受ける期待権に当たると解することは困難である。

公務員の身分を有している者についてその身分を失わせる処分とは異なり、いったん退職した者について新たに採用、不採用を決定する場合には、採用権者としては広範な裁量権を有していると解するほかはなく、多種多様な考慮要素のうちどの点を重視するかについても、その時々の人事政策をめぐる諸条件の変容に応じて変わり得るものであるといわざるを得ない。本件不合格は、勤務成績の評価において本件職務命令違反の事実を重くみたことによるものであることは明らかであるが、そのことをもって、本件不合格が不法行為を構成するとまで解することは困難である。したがって、一審原告らの請求はいずれも棄却すべきである。

一五　東京都各停職処分取消等請求上告事件最高裁判決（抄）

（平二四・一・一六　最高裁判決）

事件概要

・平成一七年度の卒業式及び周年式典の国歌斉唱の際、起立して斉唱するよう職務命令を受けたにもかかわらず、国歌斉唱時に起立しなかったことから、東京都教育委員会は職務命令違反及び信用失墜行為により停職処分（Aに対して一月、Bに対して三月）を行った。
・このため上告人らは停職処分の取消し及び精神的苦痛を受けたことによる慰謝料等を請求し提起したもの。

〔判決要旨〕

○本件職務命令が憲法一九条に違反するものでないことは、最高裁判決の趣旨に徴して明らかである。

○懲戒権者は、諸般の事情を考慮して、懲戒処分をすべきかどうか、また、懲戒処分をする場合にいかなる処分を選択すべきかを決定する裁量権を有しており、その判断は、それが社会観念上著しく妥当を欠いて裁量権の範囲を逸脱し、又はこれを濫用したと認められる場合に、違法となるものと解される。

○本件職務命令の違反に対し、学校の規律や秩序の保持等の見地から重きに失しない範囲で懲戒処分をすることは、基本的に懲戒権者の裁量権の範囲内に属する事柄ということができると解される。

○他方、不起立行為に対する懲戒において戒告を超えてより重い減給以上の処分を選択することについては、本件事案の性質等を踏まえた慎重な考慮が必要となるものといえる。
　不起立行為に対する懲戒において戒告、減給を超えて停職の処分を選択することが許容されるのは、過去の非違行為による懲戒処分等の処分歴や不起立行為の前後における態度等に鑑み、学校の規律や秩序の保持等の必要性と処分による不利益の内容との権衡の観点から当該処分を選択することの相当性を基礎付ける具体的な事情が認められる場合であることを要すると解すべきである。

○上告人Aについては、過去二年度の三回の卒業式等における不起立行為による懲戒処分を受けていることのみを理由に懲戒処分として停職処分を選択した都教委の判断は、停職期間の長短にかかわらず、処分の選択が重きに失するものとして社会観念上著しく妥当を欠き、停職処分は懲戒権者としての裁量権の範囲を超えるものとして違法の評価を免れないと解するのが相当である。

○　上告人Ｂについては、過去に、不起立行為以外の非違行為による三回の懲戒処分及び不起立行為による二回の懲戒処分を受け、前者のうち二回は卒業式における国旗の掲揚の妨害と引き降ろし及び服務事故再発防止研修における国旗や国歌の問題に係るゼッケン着用をめぐる抗議による進行の妨害といった積極的に式典や研修の進行を妨害する行為に係るものである上、更に国旗や国歌に係る対応につき校長を批判する内容の文書の生徒への配布等により二回の文書訓告を受けており、このような過去の処分歴に係る一連の非違行為の内容や頻度等に鑑みると、懲戒処分において停職処分を選択した都教委の判断は、停職期間（三月）の点を含め、処分の選択が重きに失するものとして社会観念上著しく妥当を欠くものとはいえず、停職処分は懲戒権者としての裁量権の範囲を超え又はこれを濫用したものとして違法であるとはいえないと解するのが相当である。

※　判決文中の「上告人」は処分を受けた原告教員を指す。

一六　国歌斉唱義務不存在確認等請求事件最高裁判決（抄）

（平二四・二・九　最高裁判決）

事件概要

都立高等学校等の教諭（教諭だった者を含む。）が、都教委が平成一五年に発出した通達（都立高校等の入学式、卒業式等において、会場の指定された席で国旗に向かって起立し、国歌を斉唱する内容が規定された国旗掲揚及び国歌斉唱の実施に関する通達（以下「本件通達」という。））が憲法一九条等に違反し無効であるとして、①国歌斉唱の際に国旗に向かって起立して斉唱する義務がないこと及びピアノ伴奏をする義務のないことの確認（公的義務不存在確認の訴え）、②国歌斉唱の際に国旗に向かって起立しないこと若しくは斉唱しないこと又はピアノ伴奏をしないことを理由とする懲戒処分の差止めを求める（差止めの訴え）とともに、国賠法に基づく慰謝料等の損害賠償を求めた事案である。

〔判決要旨〕

○本件職務命令が憲法一九条に違反するものではなく、本件通達も教職員との関係で同条違反の問題を生ずるものではないことは、最高裁判決の趣旨に徴して明らかである。

○差止めの訴えについて

・差止めの訴えの要件については、当該処分がされることにより「重大な損害を生ずるおそれ」があることが必要であり（行訴法三七条の四第一項）、その有無の判断に当たっては、損害の回復の困難の程度を考慮するものとし、損害の性質及び程度並びに処分の内容及び性質をも勘案するものとされている（同条二項）。

・本件通達を踏まえた本件職務命令の違反を理由として一連の累次の懲戒処分がされることにより生ずる損害（本件通達を踏まえ、毎年度二回以上、都立学校の卒業式や入学式等の式典に際し多数の教職員に対し本件職務命令が繰り返し発せられ、その違反に対する懲戒処分が累積し加重され、おおむね四回で停職処分に至る。懲戒処分が反復継続的かつ累積加重的にされる危険が現に存在する状況の下では、取消訴訟等の判決確定に至るまでに相応の期間を要している間に、毎年度二回以上の各式典を契機として上記のように懲戒処分が反復継続的かつ累積加重的にされていくと事後的な損害の回復が著しく困難）は、処分がされた後に取消訴訟等を提起して執行停止の決定を受けることなどにより容易に救済を受けることができるものであるとはいえず、処分がされる前に差止めを命ずる方法によるのでなければ救済を受けることが困難なものであるということができ、その回復の困難の程度等に鑑み、本件差止めの訴えについては「重大な損害を生ずるおそれ」があると認められるというべきである。

・また、差止めの訴えの要件について、裁量処分に関しては、行政庁がその処分をすることがその裁量権の範囲を超え又はその濫用となると認められることが要件とされており（行訴法三七条の四第五項）、これは、個々の事案ごとの具体的な事実関係の下で、当該処分をすることが当該行政庁の裁量権の範囲を超え又はその濫用となると認められることをいうものと解される。

・これを本件についてみるに、まず、本件職務命令の違反を理由とする戒告処分が懲戒権者としての裁量権の範囲を超え又はこれを濫用するものとして違法となるとは解し難いことは、最高裁が既に判示したところであり、当該差止請求のうち戒告処分の差止めを求める請求は上記の要件を満たしているとはいえない。また、本件職務命令の違反を理由とする減給処分又は停職処分が懲戒権者としての裁量権の範囲を超え又はこれを濫用するものとして違法となるか否かが、個々の事案ごとの当該各処分の時点における当該教職員に係る個別具体的な事情のいかんによるものであることは、最高裁が既に判示したところであるが、本件においては個々の上告人について個別具体的な事情の特定及び主張立証はされていないから、当該差止請求のうち減給処分及び停職処分の差止めを求める請求も上記の要件を満たしているとはいえない。

○公的義務不存在確認の訴えについて

・公法上の当事者訴訟としての被上告人東京都に対する本件確認の訴えに係る請求の当否について検討するに、その確認請求の対象は本件職務命令に基づく公的義務の存否であるところ、本件職務命令が違憲無効であってこれに基づく公的義務が不存在であるとはいえないから、上記訴えに係る請求は理由がない。

※　判決文中の「上告人」は処分を受けた原告教員を指す。

（参考：高裁判決概要　H二三・一・二八東京高裁）

1　都教委の本件通達は、被控訴人らの教育の自由を侵害して憲法二六条、二三条に違反するかについて

本件通達は、現行学習指導要領に基づき発出されたものであり、現行学習指導要領の国旗・国歌条項は、これからの国際社会に生きていく国民として、我が国の国旗・国歌はもとより諸外国の国旗・国歌に対する正しい認識とそれらを尊重

する態度を育てることが重要であるとの考え方に基づき設定されたものであることからすると、本件通達が誤った知識や一方的な観念を子どもに植えつけ、子どもの自由かつ独立した人格形成を妨げるような内容の教育を施すことを強制するものとは認められず、憲法二六条に違反するものとはいえない。また、入学式、卒業式等は、高等学校及び盲・ろう・養護学校における教育課程の一部である特別活動として実施されるものであるものの、教科等における授業と異なり、学年及び学級の区別なく全校をあげて実施されるもので、全卒業生、全入学生等の参加が予想されるほか、保護者や種々の学校関係者の協力を得て行う儀式であって、事柄の性質上、本来的に教職員において個別に又は独自にこれを行うことが困難かつ不適当な性格のものであることにかんがみると、本件通達が被控訴人らの学問研究の自由の結果としての教授する自由であるところの教育の自由を侵害するということはできない。

2　都教委の本件通達は、旧教基法一〇条一項、新教基法一六条一項の禁止する「不当な支配」に当たるかについて

平成元年に新学習指導要領が改訂され、「入学式や卒業式などにおいては、その意義を踏まえ、国旗を掲揚するとともに、国歌を斉唱するよう指導するものとする。」との国旗・国歌条項が定められ、都教委は、都立学校の校長に対して入学式、卒業式等が新学習指導要領に即して行われるように求めていたが、実施率が低く、東京都教育庁の指導部長は、平成一〇年一一月二〇日付けで入学式、卒業式等の実施指針を示す通知を発した。この実施指針では、式典会場の正面に国旗を掲揚すること、式次第に「国歌斉唱」と記載すること、式典の司会者が「国歌斉唱」と発声することなどが定められていた。その後、平成一一年に国旗及び国歌に関する法律が制定、施行され、都教委は、新学習指導要領の国旗・国歌条項と変わらない現行学習指導要領の国旗・国歌条項に基づく卒業式等の実施をするように更に指導に取り組んだ結果、平成一二年度卒業式以降、都立高校（全日制）での国旗掲揚、国歌斉唱の実施率は一〇〇％となっていたものの、人目に付かない場所に国旗を掲揚したり、国歌斉唱を式次第に明記しないなどの学校がみられたので、都教委は、このような課題を解決するために、国旗掲揚及び国歌斉唱の実施について、より一層の改善、充実を図る必要があるとしてより詳細な本件実施指針を示して本件通達を発出したのである。すると、現行学習指導要領に基づく入学式、卒業式等を実施するよう改善、充実を図るという目的で、これを実現するため、入学式、卒業式等における国旗掲揚、国歌斉唱の本件実施指針を定めて本件通達を発出すべき必要性と合理性が認められるのである。以上によれば、本件通達は、旧教基法一〇条一項にいう「不当な支配」に該当するとは認められない。また、以上の理は、新教基法一六条一項においても変わりがない。

3　都教委の本件通達が、被控訴人らの信教の自由を害し、憲法二〇条に違反するかについて

国旗及び国歌に関する法律では、国旗を日章旗、国歌を君が代とすることが明確に定められており、現時点での一般的な社会通念に照らせば、国旗である日の丸及び国歌である君が代が国家神道と不可分ないし密接な関係にあると認識されているとは認められないので、都立学校における入学式、卒業式等が宗教上の行為等に当たるとは認められず、都立学校における入学式、卒業式等において起立して国旗掲揚・国歌斉唱することが聖書にいうキリスト以外の神を拝む行為や賛美歌（キリスト教における宗教歌）に該当すると認めることはできないから、被控訴人らのうちのキリスト教徒の信仰上の教義に直接反するものともいえない。

参考　入学式、卒業式等における国旗掲揚及び国歌斉唱の実施について（平成一五年一〇月二三日一五教指企第五六九号）

都立高等学校長、都立盲・ろう・養護学校長あて

東京都教育委員会は、児童・生徒に国旗及び国歌に対して一層正しい認識をもたせ、それらを尊重する態度を育てるために、学習指導要領に基づき入学式及び卒業式を適正に実施するよう各学校を指導してきた。

これにより、平成一二年度卒業式から、すべての都立高等学校及び都立盲・ろう・養護学校で国旗掲揚及び国歌斉唱が実施されているが、その実施態様には様々な課題がある。このため、各学校は、国旗掲揚及び国歌斉唱の実施について、より一層の改善・充実を図る必要がある。

ついては、下記により、各学校が入学式、卒業式等における国旗掲揚及び国歌斉唱を適正に実施するよう通達する。

なお、「入学式及び卒業式における国旗掲揚及び国歌斉唱の指導について」（平成一一年一〇月一九日付一一教指高第二〇三号、平成一一年一〇月一九日付一一教指心第六三号）並びに「入学式及び卒業式などにおける国旗掲揚及び国歌斉唱の指導の徹底について」（平成一〇年一一月二〇日付一〇教指高第一六一号）は、平成一五年一〇月二三日限り廃止する。

記

1　学習指導要領に基づき、入学式、卒業式等を適正に実施すること。

2　入学式、卒業式等の実施に当たっては、別紙「入学式、卒業式等における国旗掲揚及び国歌斉唱に関する実施指針」のとおり行うものとすること。

3　国旗掲揚及び国歌斉唱の実施に当たり、教職員が本通達に基づく校長の職務命令に従わない場合は、服務上の責任を問われることを、教職員に周知すること。

別紙

入学式、卒業式等における国旗掲揚及び国歌斉唱に関する実施指針

1　国旗の掲揚について

入学式、卒業式等における国旗の取扱いは、次のとおりとする。

(1) 国旗は、式典会場の舞台壇上正面に掲揚する。

(2) 国旗とともに都旗を併せて掲揚する。この場合、国旗にあっては舞台壇上正面に向かって左、都旗にあっては右に掲揚する。

(3) 屋外における国旗の掲揚については、掲揚塔、校門、玄関等、国旗の掲揚状況が児童・生徒、保護者その他来校者が十分認知できる場所に掲揚する。

(4) 国旗を掲揚する時間は、式典当日の児童・生徒の始業時刻から終業時刻とする。

2　国歌の斉唱について

入学式、卒業式等における国歌の取扱いは、次のとおりとする。

(1) 式次第には、「国歌斉唱」と記載する。

(2) 国歌斉唱に当たっては、式典の司会者が、「国歌斉唱」と発声し、起立を促す。

(3) 式典会場において、教職員は、会場の指定された席で国旗に向かって起立し、国歌を斉唱する。

(4) 国歌斉唱は、ピアノ伴奏等により行う。

3　会場設営等について

入学式、卒業式等における会場設営等は、次のとおりとする。

(1) 卒業式を体育館で実施する場合には、舞台壇上に演台を置き、卒業証書を授与する。

(2) 卒業式をその他の会場で行う場合には、会場の正面に演台を置き、卒業証書を授与する。

(3) 入学式、卒業式等における式典会場は、児童・生徒が正面を向いて着席するように設営する。

(4) 入学式、卒業式等における教職員の服装は、厳粛かつ清新な雰囲気の中で行われる式典にふさわしいものとする。

一七　公務外認定処分取消請求上告事件（抄）

（平二七・二・二六　最高裁上告不受理）

事件概要

中学校の教員であった原告が学校祭において実施したユニホック競技の模範試合出場後に脳出血により倒れ、高次脳機能障害等の後遺症を負ったことにつき、公務の加重性が原因であったとして、地方公務員災害補償基金愛知県支部長に対し公務災害認定の請求をしたところ、本件脳出血には公務起因性が認められないとして、公務外認定処分を受けたことから、その取消しを求めた事案。

第一審において、原告の請求は理由があるとして、公務外認定処分が取り消された。これを不服として地方公務員災害補償基金が控訴したところ、控訴が棄却されたため、さらに上告したもの。

［判決要旨］

脳・心臓疾患の業務起因性に関する行政上の判断基準については、専門医師で構成された専門家会議によって検討され、厚生労働省労働基準局長が行政通達の形で明示した「脳血管疾患及び虚血性心疾患等（負傷に起因するものを除く。）の認定基準について」（平成一三年一二月一二日付け基発第一〇六三号。以下「新認定基準」という。）が存在する。新認定基準は、行政機関が公務災害の認定において準拠すべき内部通達であって、司法上の判断にあたっては必ずしもこれに拘束されるものではないが、同基準は、司法上の判断にあたっても一定程度の有用性を有するものであり、新認定基準に示された公務の過重性が認められる場合には、脳・心臓疾患の公務起因性が推定されるというべきである。

同基準によると、脳・心臓疾患の発症前六か月間の時間外労働を見て、発症前一か月間におおむね一〇〇時間又は発症前二か月間ないし六か月間にわたって一か月当たりおおむね八〇時間を超える時間外労働が認められる場合は、当該疾患と業務との関連性は強いとされている。

原告は、前記のとおり長期間にわたって多忙な公務に従事していたところ、三月から四月にかけての春休みの前後のころには、進路指導主事の業務がピークであったことに加え、時間割表作成業務などが加わり、春休み期間中でありながら、労働時間が長くなっていたばかりでなく、精神的負荷が強い状態が継続し、新年度になってからは、担任する学級が新一年生に変わり、生徒指導主事など校務分掌の変化も加わって、新学期の始まりとともに、夏休み前まで、教科指導、学級事務、学校事務のいずれとも繁忙期を迎え、時間外労働時間が非常に多くなり、一か月の時間外労働時間が一〇〇時間を超える月が二か月（一か月の時間外労働時間が八〇時間を超える月は三か月）続き、肉体的にも精神的にも多大な疲労が蓄積していたと推認され、さらに、夏休みを迎え、本来であれば職務が比較的閑散になり、教材研究等にも時間をかけられる時期であるはずが、陸上部の部活指導及び地域クラブ活動がピークを迎え、夏の暑い時期に長い休みも取ることができないまま、連日にわたって練習の指導にあたったほか、指導者として生徒を引率して多くの大会に参加させ、周囲の期待に応えるべく精力的に取り組んでいたものであり、また、夏休みの後半ころからは部活動終了後、学校祭の準備にもあたっていたものであり、結局、夏休みの時期においても一か月九〇時間を超える時間外労働をしていたものであって、九月になってからは、新学期に入り、多忙な日々の中、二日間にわたって開催される学校祭の準備の仕上げに入り、その前日には学校に泊まり込んで夜警に従事し、良質な睡眠がとれない状態でありながら、学校祭の一日目には、ユニホック競技の模範試合に選手として参加したものであった。そして、公立中学校の教育職員の職務は、職務の遂行において自主性、自発性、創造性の発揮が求められており、裁量的性格が強いとはいえ、そのことは労働の質や量を軽くするものではなく、生徒の指導育成に対する社会的使命の重さから、かえって精神的負荷を高める要素が非常に強いといえる上、教科指導以外に、多種多様な学校事務等を担当することで、ただでさえ執務時間内にすべての職務を遂行することが困難な中、更に勤務時間外にわたる部活指導をも担当することで、労働時間は不可避的に長時間に及ぶことにならざるを得ない面があり、とりわけ夏休みには部活指導は大会への参加の時期となることから指導者にかかる肉体的・精神的負荷は高まり、夏休みであっても精神的緊張が解けない日々が続くものであり、原告のように部活指導（とりわけ三年連続の全国大会への出場が期待されるような有力校にあってはなおさらというべきである。）を担う教育職員にとっては夏休みだからといって職務が閑散になるようなことはなかったものである。このような一連の経過からすれば、原告は、少なくとも本件脳出血前六か月間の長時間労働の公務による負荷が長期間にわたって生体に加わることによって疲労の蓄積が生じ、既に原告の高血圧等による脳血管の病変をその自然的経過を超えて増悪させていたところに、ユニホック競技による急激な負荷が直接の引き金となって、本件脳出血を発症させたものと認められるというべきである。そして、原告の前記勤務状況に鑑みると、本件脳出血は、通常の勤務に耐え得る程度の基礎疾病を有する平均的労働者を基準にしても、原告の従事していた公務に内在し随伴する危険が現実化したものと認めることができ、本件脳出血と原告の従事した公務との間の相当因果関係は十分に肯定し得るものである（本件脳出血前六か月間の労働時間が殊更異常であったわけではないと考えられることからすると、原告は、所属校において恒常的に公務による長時間労働に従事していたと推認されるが、本件脳出血前六か月間の労働からのみでも、本件脳出血の発症に関し相当因果関係を認めるに十分である。）。

もっとも、原告は、高血圧等の基礎疾患（以下「本件リスクファクター」という。）を有していたところ、新認定基準によると、本件脳出血の発症当時、本件リスクファクターを有する原告に脳出血が起こる可能性は中等程度とされており、このことからすると、これらの疾患が本件脳出血の発症に一定程度寄与していた可能性を否定することはできない。しかしながら、本件脳出血発症前の原告の長時間労働の実態などからすると、基礎疾患を有しない健常人においても脳・心臓疾患を発症する蓋然性が極めて高いといえる程度の肉体的・精神的負荷を過重な公務によって受けていたことが明らかである一方、原告は、本件リスクファクターを有していたとはいえ、通常の勤務には耐えられるだけの心身の状態にあったと推認され、それらの基礎疾患の自然的経過により脳出血を発症する寸前にまで増悪化していたとは考えがたいことからすれば、過重な公務により原告が有していた本件リスクファクターが自然的経過を超えて増悪化され、本件脳出血の発症に至ったものと推認されるというべきである。

以上によれば、本件脳出血に公務起因性が認められるから、これを公務外の災害と認定した本件処分は違法であり、取消しを免れない。

(二)　参考通達・通知・行政実例等

一　国立及び公立の義務教育諸学校等の教育職員の給与等に関する特別措置法の施行について（抄）

（昭和四六・七・九　文初財第三七七号
附属学校を置く各国立大学長、各国立高等学校長、
各都道府県教育委員会あて　文部事務次官通達）

第一

3　国立および公立の義務教育諸学校等の教育職員の正規の勤務時間をこえる勤務等

(1)　国立の義務教育諸学校等の教育職員について正規の勤務時間をこえて勤務させる場合は、文部大臣が人事院と協議して定める場合に限るものとしたこと。文部大臣が定める場合においては、教育職員の健康と福祉を害することとならないよう勤務の実情についてじゅうぶんな配慮がされなければならないこととされたこと。また、休日等（給与法第十七条第二項の規定により休日給が一般の職員に対して支給される日をいう。第二の1および2において同じ。）において正規の勤務時間中に勤務させる場合についても同様としたこと。（法第七条）

なお、文部大臣が定める場合については、第二を参照のこと。

(2)　公立の義務教育諸学校等の教育職員については、公務のため臨時の必要がある場合においては健康および福祉を害しないように考慮しつつ労働基準法第三十二条の勤務時間を延長し、または同法第三十五条の休日に労働させることができることとしたこと。（法第十条）

(3)　公立の義務教育諸学校等の教育職員（管理職手当を受ける者を除く。第二の5において同じ。）については、正規の勤務時間をこえて勤務を命ずる場合または休日等（給与法第十七条第二項の規定に相当する条例の規定により休日勤務手当が一般の職員に対して支給される日をいう。）において正規の勤務時間中に勤務を命ずる場合

は、国立の義務教育諸学校等の教育職員について定められた例（訓令）を基準として条例（県費負担教職員にあつては、地方教育行政の組織及び運営に関する法律（昭和三十一年法律第一六二号）第四十二条の規定により、都道府県の条例）で定める場合に限るものとしたこと。
（法第十一条）

第二

2　時間外勤務に関する基本的態度

教育職員については、正規の勤務時間の割振りを適正に行ない、原則として時間外勤務は命じないものとすることとしたこと。（訓令第三条）

なお、実施にあたつては、次の諸点に留意すること。

(1)　教育職員については長時間の時間外勤務をさせないようにすること。やむを得ず長時間の時間外勤務をさせた場合は、適切な配慮をするようにすること。

(2)　教育職員について、日曜日または休日等に勤務させる必要がある場合は代休措置を講じて週一日の休日の確保に努めるようにすること。

(3)　教育職員に対し時間外勤務を命ずる場合は、学校の運営が円滑に行なわれるよう関係教育職員の繁忙の度合い、健康状況等を勘案し、その意向を十分尊重して行なうようにすること。

また、教育職員の勤務時間の管理については、教育が特に教育職員の自発性、創造性に基づく勤務に期待する面が大きいことおよび夏休みのように長期の学校休業期間があること等を考慮し、正規の勤務時間内であつても、業務の種類・性質によつては、承認の下に、学校外における勤務により処理しうるよう運用上配慮を加えるよう、また、いわゆる夏休み等の学校休業期間については教育公務員特例法（昭和二十四年法律第一号）第十九条（研修）および第二十条（研修の機会）の規定の趣旨に沿った活用を図るように留意すること。

3　時間外勤務を命ずる場合

教育職員に対し時間外勤務を命ずる場合は、次に掲げる業務に従事する場合で臨時または緊急にやむを得ない必要があるときに限るものとすることとしたこと。（訓令第四条）

(1)　生徒の実習に関する業務
(2)　学校行事に関する業務
(3)　学生の教育実習の指導に関する業務
(4)　教職員会議に関する業務
(5)　非常災害等やむを得ない場合に必要な業務

なお、これらの業務の具体的内容は次のとおりであること。

(1)　実習とは、校外の工場、施設（養殖場を含む。）、船舶を利用した実習および農林、畜産に関する臨時の実習を指すものであること。

(2)　学校行事とは、学芸的行事、体育的行事および修学旅行的行事を指すものであること。この場合における学校種別ごとの学校行事とは、それぞれの学習指導要領に定める上記学校行事に相当するものであることに留意すること。

(3)　学生の教育実習の指導とは、附属学校における学生の教育実習の指導を指すものであること。

(4)　非常災害等やむを得ない場合に必要な業務とは、非常災害の場合に必要な業務のほか、児童・生徒の負傷疾病等人命にかかわる場合における必要な業務および非行防止に関する児童・生徒の指導に関し緊急の措置を必要とする業務を指すものであること。

4　宿日直勤務

宿日直勤務については従前の例によることとしたこと。

(訓令第五条)

5　公立の義務教育諸学校等の教育職員についての留意事項

公立の義務教育諸学校等の教育職員にかかる法第十一条の規定に基づく条例の定めについても2から4までの趣旨により運用するように留意すること。

なお、勤務時間の割振りを適正に行なうためには、労働基準法第三十二条第二項の規定の活用について考慮すること。

二　学校教育施設開放事業の推進について（通知）

（昭和五一・六・二六　文体体第一四六号
各都道府県教育委員会あて　文部事務次官　木田　宏）

国民が日常生活の中でスポーツ活動に親しむことができるように、文部省では従来から学校施設を学校教育に支障のない範囲において地域住民のスポーツ活動に供する事業（以下「学校体育施設開放事業」という。）を奨励援助してきたところであります。

最近におけるスポーツ活動に関する国民の要望を考慮し、学校体育施設開放事業を一層促進するため、文部省においては昭和五一年度から学校体育施設開放事業に関する予算措置等を更に充実しました。もとより、この事業につきましては各地方公共団体における創意と工夫が要請されるところでありますが、貴教育委員会におかれては、下記事項の趣旨に沿って学校体育施設開放事業を促進されるとともに、管内市町村の教育委員会その他関係方面に周知徹底を図り、適切に指導されるようお願いします。

記

1　趣　旨

国民が健康で文化的な生活を営むためには、日常生活におけるスポーツ活動を活発にする必要があるが、近年、生活水準の向上や自由時間の増大等によりスポーツ活動に対する国民の欲求は急激に高まりつつある。このような地域住民の要請に応えるためには、公共のスポーツ施設を計画的に整備していくとともに、学校教育に支障のない限り、学校の体育施設の効率的な利用を推進する必要がある。そのため学校体育施設開放事業を推進するものとすること。

2　学校体育施設開放事業の実施主体
学校体育施設開放事業は、教育委員会が行うものとすること。

3　学校体育施設開放事業の対象となる施設
学校体育施設開放事業の対象となる施設は、公立の小学校、中学校及び高等学校の運動場、体育館、プール等の体育施設とすること。

4　施設管理

(1)　教育委員会は、学校体育施設開放事業に必要な事項を定め、学校体育施設開放を実施する場合及び時間帯を明示し、この場合において学校体育施設開放に伴う管理責任は、教育委員会にあることを明確にすること。

(2)　学校体育施設開放事業は、学校体育施設を地域住民の利用に供するものであることから、学校体育施設開放時における施設の管理責任者を指定するものとすること。

(3)　学校体育施設開放事業を実施する学校ごとに施設の管理、利用者の安全確保及び指導に当たる管理指導員を置くものとすること。

(4)　学校体育施設開放事業に関する利用者心得、施設設備の破損等に伴う弁償責任、事故発生時の措置等を定めること。

5　学校体育施設開放事業の運営

(1)　学校体育施設開放事業の運営は教育委員会が行うものとし、学校の体育施設を教育委員会に登録した団体の利用に供する形態が望ましいこと。

(2)　教育委員会は、学校体育施設開放事業を契機として、その施設を基盤とするグループが育成されるよう努めること。

(3)　教育委員会は、スポーツ関係団体と連絡を密にし、学校体育施設開放における管理指導員の選定等について協力を求め、効果的な事業の遂行を図ること。

(4)　事故防止に留意するとともに、保険制度を利用して事故発生に備えるようにすること。

6　学校体育施設開放事業に要する施設設備及び経費

(1)　学校施設について、学校体育施設開放に使用される部分とそれ以外の部分と分離できるよう必要に応じ棚等を設けるとともに、便所、更衣室等を独立して使用できるように配慮すること。また、屋外運動場の夜間照明設備もなるべく設置するよう努めること。

(2)　新しく学校の施設を計画する場合には、施設計画上支障のない限り利用者の便を考慮した位置に学校体育施設開放のための施設を配置すること。

(3)　学校体育施設開放事業に要する施設設備の補修費、光熱水費等の経費を予算措置上措置すること。なお、必要に応じ施設設備の利用、参加についても適正な料金を利用者から徴収することを考慮すること。

7　その他

上記のほか、地域及び学校の実態に即し、地域住民の要請に応え、実施方法に工夫を加えて学校体育施設開放事業の効果があがるようなものとすること。

三　児童生徒の学校外学習活動の適正化について

（昭和五二・三・一八　文初中第一八四号
各都道府県教育委員会教育長、各都道府県知事、附属学校を置く各国立大学長あて　文部省初等中等教育局長通達）

このたび「児童生徒の学校外学習活動に関する実態調査」の結果が公表されましたが、その内容には、現在の学校教育における教育内容や学習指導の在り方等についても種々考え直すべき点が含まれていると思われます。

文部省においては、かねてから教育課程審議会の答申を受けて、学習指導要領を改訂し、教育内容を基礎的・基本的事項に精選・集約するようその改善を進めているところであります。

ついては、貴職におかれても今後下記事項に留意の上、各学校における実情等を把握し、関係者の意見を十分聴取して、地域や学校の実態に応じ適切な措置が講じられるよう御配慮願います。

なお、都道府県教育委員会におかれては、管下の各市町村教育委員会に対して、都道府県知事におかれては、所管の各私立学校に対して、この趣旨を周知徹底されるようお願いします。

記

1　学校においては、教育活動が児童生徒の能力・適性、進路等に応じ、一層適切に行われるよう指導方法その他に改善工夫をこらし、個々の児童生徒が充実した学習活動を行えるよう努めること。

2　学習塾に通う目的や理由は、上級学校の入学試験の準備と深い関連があるとみられるが、中学校や高等学校の入学試験の在り方やその問題内容等については、児童生徒の学習負担や小・中学校教育への影響を十分考慮して適切なものとするよう関係者が一層努力すること。

3　学校の教員が学習塾の講師となっている場合もみられるが、学校の教員は、自己の使命を自覚し、その職責の遂行に努めて父母の信頼を得るようにしなければならないものであること。特に、教育公務員にあっては、その職務と責任について十分自覚を促し、服務の適正を図るよう措置すること。

四　主任制度及び手当支給の趣旨の徹底について（通知）

（昭和五八・一・一九　文初地第一〇二号
各都道府県・指定都市教育委員会教育長あて
文部省初等中等教育局長　鈴木　勲）

各都道府県及び市町村の教育委員会においては、これまで、主任等の制度化及び教育業務連絡指導手当（いわゆる主任手当）の支給について格段の努力を払われ、主任等の役割の充実に尽力されてきたところであります。その結果、昨年沖縄県においても主任等の設置及び主任手当の支給が行われたことより、主任制度は全国的に実施をみました。

しかしながら、主任等の一部に、主任制度に反対することを目的とする主任手当の拠出運動に応じて手当を拠出する事例が依然としてみられることは、誠に遺憾であります。

主任制度の制度化は、主任等が積極的に学校運営に協力し、教育活動が円滑かつ効果的に展開されることを期待したものであり、主任手当の支給は、主任等の職務の重要性にかんがみ、これを給与上評価し、教員給与についての優遇措置の一環として行ったものであります。主任等が手当を拠出することはこのような主任制度及び手当支給の趣旨に反するものであり、仮にこのような行為が今後とも継続して行われるならば、国民の教員に対する不信を招き、教員給与についての優遇措置を定めた学校教育の水準の維持向上のための義務教育諸学校の教育職員の人材確保に関する特別措置法制定の趣旨を損うことにもなりかねないものであります。

貴職におかれては、これまでも主任制度及び手当支給の趣旨の徹底について各般の措置を講じられてきたことと思いますが、今後更に、主任等に対し適切な研修を実施するなど主任等の職責感を高め、職務能力の一層の向上を図るための方策を講じられるよう願います。また、あわせて、すべての教職員に対して主任等の意義及び役割について理解を深めさせるとともに、手当を拠出することは主任制度及び手当支給の趣旨に反するものであることを周知させ、手当支給の趣旨が生かされるよう、一層指導の徹底を図られるよう願います。

五　「児童の権利に関する条約」について（通知）

（平成六・五・二〇　文初高第一四九号
各都道府県教育委員会、各都道府県知事、各国立学校長、各大学共同利用機関長、大学入試センター所長、学位授与機構長、国立学校財務センター所長、各公私立大学長、放送大学長、各公私立高等専門学校長、各文部大臣所轄学校法人理事長、文部省各施設等機関長、日本ユネスコ国内委員会長、日本学士院長、文化庁各施設等機関長、日本芸術院長、各文部省関係特殊法人の長、公立学校共済組合理事長あて　文部事務次官　坂元弘直）

このたび、「児童の権利に関する条約」（以下「本条約」という。）が平成六年五月一六日条約第二号をもって公布され、平成六年五月二二日に効力を生ずることとなりました。本条約の概要及び全文等は別添のとおりです。

本条約は、世界の多くの児童（本条約の適用上は、児童は一八歳未満のすべての者と定義されている。）が、今日なお貧困、飢餓などの困難な状況に置かれていることにかんがみ、世界的な視野から児童の人権の尊重、保護の促進を目指したものであります。

本条約は、基本的人権の尊重を基本理念に掲げる日本国憲法、教育基本法（昭和二二年三月三一日法律第二五号）並びに我が国が締約国となっている「経済的、社会的及び文化的権利に関する国際規約（昭和五四年八月四日条約第六号）」及び「市民的及び政治的権利に関する国際規約（昭和五四年八月四日条約第七号）」等と軌を一にするものであります。したがって、本条約の発効により、教育関係について特に法令等の改正の必要はないところでありますが、もとより、児童の人権に十分配慮し、一人一人を大切にした教育が行われなければならないことは極めて重要なことであり、本条約の発効を契機として、更に一層、教育の充実が図られていくことが肝要であります。このことについては、初等中等教育関係者のみならず、広く周知し、理解いただくことが大切であります。

また、教育に関する主な留意事項は下記のとおりでありますので、貴職におかれましては、十分なご配慮をお願いします。

なお、各都道府県教育委員会にあっては管下の各市町村教育委員会及び関係機関に対して、また、各都道府県知事にあっては所管の私立学校及び学校法人等に対して、国立大学長にあっては管下の学校に対して、趣旨の徹底を図るようお願いします。

記

1　学校教育及び社会教育を通じ、広く国民の基本的人権尊重の精神が高められるようにするとともに、本条約の趣旨にかんがみ、児童が人格を持った一人の人間として尊重されなければならないことについて広く国民の理解が深められるよう、一層の努力が必要である。

この点、学校（小学校、中学校、高等学校、高等専門学校、盲学校、聾学校、養護学校及び幼稚園をいう。以下同じ。）においては、本条約の趣旨を踏まえ、日本国憲法及び教育基本法の精神にのっとり、教育活動全体を通じて基本的人権尊重の精神の徹底を一層図っていくことが大切であること。

また、もとより、学校において児童生徒等に権利及び義務をともに正しく理解をさせることは極めて重要であり、この点に関しても日本国憲法や教育基本法の精神にのっとり、教育活動全体を通じて指導すること。

2　学校におけるいじめや校内暴力は児童生徒等の心身に重大な影響を及ぼす深刻な問題であり、本条約の趣旨を踏まえ、学校は、家庭や地域社会との緊密な連携の下に、真剣な取組の推進に努めること。

また、学校においては、登校拒否及び高等学校中途退学の問題について十分な認識を持ち、一人一人の児童生徒等に対する理解を深め、その個性を尊重し、適切な指導が行えるよう一層の取組を行うこと。

3　体罰は、学校教育法第十一条により厳に禁止されているものであり、体罰禁止の徹底に一層努める必要があること。

4　本条約第十二条から第十六条までの規定において、意見を表明する権利、表現の自由についての権利等の権利について定められているが、もとより学校においては、その教育目的を達成するために必要な合理的範囲内で児童生徒等に対し、指導や指示を行い、また校則を定めることができるものであること。

校則は、児童生徒等が健全な学校生活を営みよりよく成長発達していくための一定のきまりであり、これは学校の責任と判断において決定されるべきものであること。

なお、校則は、日々の教育指導に関わるものであり、児童生徒等の実態、保護者の考え方、地域の実情等を踏まえ、より適切なものとなるよう引き続き配慮すること。

５　本条約第十二条一の意見を表明する権利については、表明された児童の意見がその年齢や成熟の度合いによって相応に考慮されるべきという理念を一般的に定めたものであり、必ず反映されるということまでをも求めているものではないこと。

なお、学校においては、児童生徒等の発達段階に応じ、児童生徒等の実態を十分把握し、一層きめ細かな適切な教育指導に留意すること。

６　学校における退学、停学及び訓告の懲戒処分は真に教育的配慮をもって慎重かつ的確に行われなければならず、その際には、当該児童生徒等から事情や意見をよく聴く機会を持つなど児童生徒等の個々の状況に十分留意し、その措置が単なる制裁にとどまることなく真に教育的効果を持つものとなるよう配慮すること。

また、学校教育法第二十六条の出席停止の措置を適用する際には、当該児童生徒や保護者の意見をよく聴く機会を持つことに配慮すること。

７　学校における国旗・国歌の指導は、児童生徒等が自国の国旗・国歌の意義を理解し、それを尊重する心情と態度を育てるとともに、すべての国の国旗・国歌に対して等しく敬意を表する態度を育てるためのものであること。その指導は、児童生徒等が国民として必要とされる基礎的・基本的な内容を身につけるために行うものであり、もとより児童生徒等の思想・良心を制約しようというものではないこと。今後とも国旗・国歌に関する指導の充実を図ること。

８　本条約についての教育指導に当たっては、「児童」のみならず「子ども」という語を適宜使用することも考えられること。

六　児童の権利に関する条約（正訳）

（平成六・五・一六　外条約第二号
外務大臣署名）

前文

この条約の締約国は、

国際連合憲章において宣明された原則によれば、人類社会のすべての構成員の固有の尊厳及び平等のかつ奪い得ない権利を認めることが世界における自由、正義及び平和の基礎を成すものであることを考慮し、

国際連合加盟国の国民が、国際連合憲章において、基本的人権並びに人間の尊厳及び価値に関する信念を改めて確認し、かつ、一層大きな自由の中で社会的進歩及び生活水準の向上を促進することを決意したことに留意し、

国際連合が、世界人権宣言及び人権に関する国際規約において、すべての人は人権、皮膚の色、性、言語、宗教、政治的意見その他の意見、国民的若しくは社会的出身、財産、出生又は他の地位等によるいかなる差別もなしに同宣言及び同規約に掲げるすべての権利及び自由を享有することができることを宣明し及び合意したことを認め、

国際連合が、世界人権宣言において、児童は特別な保護及び援助についての権利を享有することができることを宣明したことを想起し、

家族が、社会の基礎的な集団として、並びに家族のすべての構成員特に児童の成長及び福祉のための自然な環境として、社会においてその責任を十分に引き受けることができるよう必要な保護及び援助を与えられるべきであることを確信し、

児童が、その人格の完全なかつ調和のとれた発達のため、家庭環境の下で幸福、愛情及び理解のある雰囲気の中で成長すべきであることを認め、

児童が、社会において個人として生活するため十分な準備が整えられるべきであり、かつ、国際連合憲章において宣明された理想の精神並びに特に平和、尊厳、寛容、自由、平等及び連帯の精神に従って育てられるべきであることを考慮し、

児童に対して特別な保護を与えることの必要性が、千九百二十四年の児童の権利に関するジュネーヴ宣言及び千九百五十九年十一月二十日に国際連合総会で採択された児童の権利に関する宣言において述べられており、また、世界人権宣言、市民的及び政治的権利に関する国際規約（特に第二十三条及び第二十四条）、経済的、社会的及び文化的権利に関する国際規約（特

に第十条）並びに児童の福祉に関係する専門機関及び国際機関の規程及び関係文書において認められていることに留意し、

児童の権利に関する宣言において示されているとおり「児童は、身体的及び精神的に未熟であるため、その出生の前後において、適当な法的保護を含む特別な保護及び世話を必要とする。」ことに留意し、

国内の又は国際的な里親委託及び養子縁組を特に考慮した児童の保護及び福祉についての社会的及び法的な原則に関する宣言、少年司法の運用のための国際連合最低基準規則（北京規則）及び緊急事態及び武力紛争における女子及び児童の保護に関する宣言の規定を想起し、

極めて困難な条件の下で生活している児童が世界のすべての国に存在すること、また、このような児童が特別の配慮を必要としていることを認め、

児童の保護及び調和のとれた発達のために各人民の伝統及び文化的価値が有する重要性を十分に考慮し、

あらゆる国特に開発途上国における児童の生活条件を改善するために国際協力が重要であることを認めて、

次のとおり協定した。

第一部

第一条

この条約の適用上、児童とは、十八歳未満のすべての者をいう。ただし、当該児童で、その者に適用される法律によりより早く成年に達したものを除く。

第二条

1　締約国は、その管轄の下にある児童に対し、児童又はその父母若しくは法定保護者の人種、皮膚の色、性、言語、宗教、政治的意見その他の意見、国民的、種族的若しくは社会的出身、財産、心身障害、出生又は他の地位にかかわらず、いかなる差別もなしにこの条約に定める権利を尊重し、及び確保する。

2　締約国は、児童がその父母、法定保護者又は家族の構成員の地位、活動、表明した意見又は信念によるあらゆる形態の差別又は処罰から保護されることを確保するためのすべての適当な措置をとる。

第三条

1　児童に関するすべての措置をとるに当たっては、公的若しくは私的な社会福祉施設、裁判所、行政当局又は立法機関のいずれによって行われるものであっても、児童の最善の利益が主として考慮されるものとする。

2　締約国は、児童の父母、法定保護者又は児童について法的に責任を有する他の者の権利及び義務を考慮に入れて、児童の福祉に必要な保護及び養護を確保することを約束し、このため、すべての適当な立法上及び行政上の措置をとる。

3　締約国は、児童の養護又は保護のための施設、役務の提供

及び設備が、特に安全及び健康の分野に関し並びにこれらの職員の数及び適格性並びに適正な監督に関し権限のある当局の設定した基準に適合することを確保する。

第四条

締約国は、この条約において認められる権利の実現のため、すべての適当な立法措置、行政措置その他の措置を講ずる。締約国は、経済的、社会的及び文化的権利に関しては、自国における利用可能な手段の最大限の範囲内で、また、必要な場合には国際協力の枠内で、これらの措置を講ずる。

第五条

締約国は、児童がこの条約において認められる権利を行使するに当たり、父母若しくは場合により地方の慣習により定められている大家族若しくは共同体の構成員、法定保護者又は児童について法的に責任を有する他の者がその児童の発達しつつある能力に適合する方法で適当な指示及び指導を与える責任、権利及び義務を尊重する。

第六条

1　締約国は、すべての児童が生命に対する固有の権利を有することを認める。

2　締約国は、児童の生存及び発達を可能な最大限の範囲において確保する。

第七条

1　児童は、出生の後直ちに登録される。児童は、出生の時から氏名を有する権利及び国籍を取得する権利を有するものとし、また、できる限りその父母を知りかつその父母によって養育される権利を有する。

2　締約国は、特に児童が無国籍となる場合を含めて、国内法及びこの分野における関連する国際文書に基づく自国の義務に従い、1の権利の実現を確保する。

第八条

1　締約国は、児童が法律によって認められた国籍、氏名及び家族関係を含むその身元関係事項について不法に干渉されることなく保持する権利を尊重することを約束する。

2　締約国は、児童がその身元関係事項の一部又は全部を不法に奪われた場合には、その身元関係事項を速やかに回復するため、適当な援助及び保護を与える。

第九条

1　締約国は、児童がその父母の意思に反してその父母から分離されないことを確保する。ただし、権限のある当局が司法の審査に従うことを条件として適用のある法律及び手続に従いその分離が児童の最善の利益のために必要であると決定する場合は、この限りでない。このような決定は、父母が児童を虐待し若しくは放置する場合又は父母が別居しており児童の居住地を決定しなければならない場合のような特定の場合において必要となることがある。

2　すべての関係当事者は、1の規定に基づくいかなる手続においても、その手続に参加しかつ自己の意見を述べる機会を有する。

3　締約国は、児童の最善の利益に反する場合を除くほか、父母の一方又は双方から分離されている児童が定期的に父母のいずれとも人的な関係及び直接の接触を維持する権利を尊重する。

4　3の分離が、締約国がとった父母の一方若しくは双方又は児童の抑留、拘禁、追放、退去強制、死亡（その者が当該締約国により身体を拘束されている間に何らかの理由により生じた死亡を含む。）等のいずれかの措置に基づく場合には、当該締約国は、要請に応じ、父母、児童又は適当な場合には家族の他の構成員に対し、家族のうち不在となっている者の所在に関する重要な情報を提供する。ただし、その情報の提供が児童の福祉を害する場合は、この限りでない。締約国は、更に、その要請の提出自体が関係者に悪影響を及ぼさないことを確保する。

第十条

1　前条1の規定に基づく締約国の義務に従い、家族の再統合を目的とする児童又はその父母による締約国への入国又は締約国からの出国の申請については、締約国が積極的、人道的かつ迅速な方法で取り扱う。締約国は、更に、その申請の提出が申請者及びその家族の構成員に悪影響を及ぼさないことを確保する。

2　父母と異なる国に居住する児童は、例外的な事情がある場合を除くほか定期的に父母との人的な関係及び直接の接触を維持する権利を有する。このため、前条1の規定に基づく締約国の義務に従い、締約国は、児童及びその父母がいずれの国（自国を含む。）からも出国し、かつ、自国に入国する権利を尊重する。出国する権利は、法律で定められ、国の安全、公の秩序、公衆の健康若しくは道徳又は他の者の権利及び自由を保護するために必要であり、かつ、この条約において認められる他の権利と両立する制限にのみ従う。

第十一条

1　締約国は、児童が不法に国外へ移送されることを防止し及び国外から帰還することができない事態を除去するための措置を講ずる。

2　このため、締約国は、二国間若しくは多数国間の協定の締結又は現行の協定への加入を促進する。

第十二条

1　締約国は、自己の意見を形成する能力のある児童がその児童に影響を及ぼすすべての事項について自由に自己の意見を表明する権利を確保する。この場合において、児童の意見は、その児童の年齢及び成熟度に従って相応に考慮されるものとする。

2　このため、児童は、特に、自己に影響を及ぼすあらゆる司法上及び行政上の手続において、国内法の手続規則に合致する方法により直接に又は代理人若しくは適当な団体を通じて聴取される機会を与えられる。

第十三条

1　児童は、表現の自由についての権利を有する。この権利には、口頭、手書き若しくは印刷、芸術の形態又は自ら選択する他の方法により、国境とのかかわりなく、あらゆる種類の情報及び考えを求め、受け及び伝える自由を含む。

2　1の権利の行使については、一定の制限を課することができる。ただし、その制限は、法律によって定められ、かつ、次の目的のために必要とされるものに限る。

(a)　他の者の権利又は信用の尊重

(b)　国の安全、公の秩序又は公衆の健康若しくは道徳の保護

第十四条

1　締約国は、思想、良心及び宗教の自由についての児童の権利を尊重する。

2　締約国は、児童が1の権利を行使するに当たり、父母及び場合により法定保護者が児童に対しその発達しつつある能力に適合する方法で指示を与える権利及び義務を尊重する。

3　宗教又は信念を表明する自由については、法律で定める制限であって公共の安全、公の秩序、公衆の健康若しくは道徳又は他の者の基本的な権利及び自由を保護するために必要なもののみを課することができる。

第十五条

1　締約国は、結社の自由及び平和的な集会の自由についての児童の権利を認める。

2　1の権利の行使については、法律で定める制限であって国の安全若しくは公共の安全、公の秩序、公衆の健康若しくは道徳の保護又は他の者の権利及び自由の保護のため民主的社会において必要なもの以外のいかなる制限も課することができない。

第十六条

1　いかなる児童も、その私生活、家族、住居若しくは通信に対して恣意的に若しくは不法に干渉され又は名誉及び信用を不法に攻撃されない。

2　児童は、1の干渉又は攻撃に対する法律の保護を受ける権利を有する。

第十七条

締約国は、大衆媒体（マス・メディア）の果たす重要な機能を認め、児童が国の内外の多様な情報源からの情報及び資料、特に児童の社会面、精神面及び道徳面の福祉並びに心身の健康の促進を目的とした情報及び資料を利用することができることを確保する。このため、締約国は、

(a)　児童にとって社会面及び文化面において有益であり、かつ、第二十九条の精神に沿う情報及び資料を大衆媒体（マス・メディア）が普及させるよう奨励する。

(b)　国の内外の多様な情報源（文化的にも多様な情報源を含

む。）からの情報及び資料の作成、交換及び普及における国際協力を奨励する。

(c)　児童用書籍の作成及び普及を奨励する。

(d)　少数集団に属し又は原住民である児童の言語上の必要性について大衆媒体（マス・メディア）が特に考慮するよう奨励する。

(e)　第十三条及び次条の規定に留意して、児童の福祉に有害な情報及び資料から児童を保護するための適当な指針を発展させることを奨励する。

第十八条

1　締約国は、児童の養育及び発達について父母が共同の責任を有するという原則についての認識を確保するために最善の努力を払う。父母又は場合により法定保護者は、児童の養育及び発達についての第一義的な責任を有する。児童の最善の利益は、これらの者の基本的な関心事項となるものとする。

2　締約国は、この条約に定める権利を保障し及び促進するため、父母及び法定保護者が児童の養育についての責任を遂行するに当たりこれらの者に対して適当な援助を与えるものとし、また、児童の養護のための施設、設備及び役務の提供の発展を確保する。

3　締約国は、父母が働いている児童が利用する資格を有する児童の養護のための役務の提供及び設備からその児童が便益を受ける権利を有することを確保するためのすべての適当な措置をとる。

第十九条

1　締約国は、児童が父母、法定保護者又は児童を監護する他の者による監護を受けている間において、あらゆる形態の身体的若しくは精神的な暴力、傷害若しくは虐待、放置若しくは怠慢な取扱い、不当な取扱い又は搾取（性的虐待を含む。）からその児童を保護するためすべての適当な立法上、行政上、社会上及び教育上の措置をとる。

2　1の保護措置には、適当な場合には、児童及び児童を監護する者のために必要な援助を与える社会的計画の作成その他の形態による防止のための効果的な手続並びに1に定める児童の不当な取扱いの事件の発見、報告、付託、調査、処置及び事後措置並びに適当な場合には司法の関与に関する効果的な手続を含むものとする。

第二十条

1　一時的若しくは恒久的にその家庭環境を奪われた児童又は児童自身の最善の利益にかんがみその家庭環境にとどまることが認められない児童は、国が与える特別の保護及び援助を受ける権利を有する。

2　締約国は、自国の国内法に従い、1の児童のための代替的な監護を確保する。

3　2の監護には、特に、里親委託、イスラム法のカファーラ、養子縁組又は必要な場合には児童の監護のための適当な施設への収容を含むことができる。解決策の検討に当たっては、児童の養育において継続性が望ましいこと並びに児童の種族的、宗教的、文化的及び言語的な背景について、十分な考慮を払うものとする。

第二十一条

養子縁組の制度を認め又は許容している締約国は、児童の最善の利益について最大の考慮が払われることを確保するものとし、また、

(a)　児童の養子縁組が権限のある当局によってのみ認められることを確保する。この場合において、当該権限のある当局は、適用のある法律及び手続に従い、かつ、信頼し得るすべての関連情報に基づき、養子縁組が父母、親族及び法定保護者に関する児童の状況にかんがみ許容されること並びに必要な場合には、関係者が所要のカウンセリングに基づき養子縁組について事情を知らされた上での同意を与えていることを認定する。

(b)　児童がその出身国内において里親若しくは養家に託され又は適切な方法で監護を受けることができない場合には、これに代わる児童の監護の手段として国際的な養子縁組を考慮することができることを認める。

(c)　国際的な養子縁組が行われる児童が国内における養子縁組の場合における保護及び基準と同等のものを享受することを確保する。

(d)　国際的な養子縁組において当該養子縁組が関係者に不当な金銭上の利得をもたらすことがないことを確保するためのすべての適当な措置をとる。

(e)　適当な場合には、二国間又は多数国間の取極又は協定を締結することによりこの条の目的を促進し、及びこの枠組みの範囲内で他国における児童の養子縁組が権限のある当局又は機関によって行われることを確保するよう努める。

第二十二条

1　締約国は、難民の地位を求めている児童又は適用のある国際法及び国際的な手続若しくは国内法及び国内的な手続に基づき難民と認められている児童が、父母又は他の者に付き添われているかいないかを問わず、この条約及び自国が締約国となっている人権又は人道に関する他の国際文書に定める権利であって適用のあるものの享受に当たり、適当な保護及び人道的援助を受けることを確保するための適当な措置をとる。

2　このため、締約国は、適当と認める場合には、1の児童を保護し及び援助するため、並びに難民の児童の家族との再統合に必要な情報を得ることを目的としてその難民の児童の父母又は家族の他の構成員を捜すため、国際連合及びこれと協力する他の権限のある政府間機関又は関係非政府機関による努力に協力する。その難民の児童は、父母又は家族の他の構成員が発見されない場合には、何らかの理由により恒久的又

は一時的にその家庭環境を奪われた他の児童と同様にこの条約に定める保護が与えられる。

第二十三条

1　締約国は、精神的又は身体的な障害を有する児童が、その尊厳を確保し、自立を促進し及び社会への積極的な参加を容易にする条件の下で十分かつ相応な生活を享受すべきであることを認める。

2　締約国は、障害を有する児童が特別の養護についての権利を有することを認めるものとし、利用可能な手段の下で、申込みに応じた、かつ、当該児童の状況及び父母又は当該児童を養護している他の者の事情に適した援助を、これを受ける資格を有する児童及びこのような児童の養護について責任を有する者に与えることを奨励し、かつ、確保する。

3　障害を有する児童の特別な必要を認めて、2の規定に従って与えられる援助は、父母又は当該児童を養護している他の者の資力を考慮して可能な限り無償で与えられるものとし、かつ、障害を有する児童が可能な限り社会への統合及び個人の発達（文化的及び精神的な発達を含む。）を達成することに資する方法で当該児童が教育、訓練、保健サービス、リハビリテーション・サービス、雇用のための準備及びレクリエーションの機会を実質的に利用し及び享受することができるように行われるものとする。

4　締約国は、国際協力の精神により、予防的な保健並びに障害を有する児童の医学的、心理学的及び機能的治療の分野における適当な情報の交換（リハビリテーション、教育及び職業サービスの方法に関する情報の普及及び利用を含む。）であってこれらの分野における自国の能力及び技術を向上させ並びに自国の経験を広げることができるようにすることを目的とするものを促進する。これに関しては、特に、開発途上国の必要を考慮する。

第二十四条

1　締約国は、到達可能な最高水準の健康を享受すること並びに病気の治療及び健康の回復のための便宜を与えられることについての児童の権利を認める。締約国は、いかなる児童もこのような保健サービスを利用する権利が奪われないことを確保するために努力する。

2　締約国は、1の権利の完全な実現を追求するものとし、特に、次のことのための適当な措置をとる。

(a)　幼児及び児童の死亡率を低下させること。

(b)　基礎的な保健の発展に重点を置いて必要な医療及び保健をすべての児童に提供することを確保すること。

(c)　環境汚染の危険を考慮に入れて、基礎的な保健の枠組みの範囲内で行われることを含めて、特に容易に利用可能な技術の適用により並びに十分に栄養のある食物及び清潔な飲料水の供給を通じて、疾病及び栄養不良と戦うこと。

(d)　母親のための産前産後の適当な保健を確保すること。

(e)　社会のすべての構成員特に父母及び児童が、児童の健康及び栄養、母乳による育児の利点、衛生（環境衛生を含む。）並びに事故の防止についての基礎的な知識に関して、情報を提供され、教育を受ける機会を有し及びその知識の使用について支援されることを確保すること。

(f)　予防的な保健、父母のための指導並びに家族計画に関する教育及びサービスを発展させること。

3　締約国は、児童の健康を害するような伝統的な慣行を廃止するため、効果的かつ適当なすべての措置をとる。

4　締約国は、この条において認められる権利の完全な実現を漸進的に達成するため、国際協力を促進し及び奨励することを約束する。これに関しては、特に、開発途上国の必要を考慮する。

第二十五条

締約国は、児童の身体又は精神の養護、保護又は治療を目的として権限のある当局によって収容された児童に対する処遇及びその収容に関連する他のすべての状況に関する定期的な審査が行われることについての児童の権利を認める。

第二十六条

1　締約国は、すべての児童が社会保険その他の社会保障からの給付を受ける権利を認めるものとし、自国の国内法に従い、この権利の完全な実現を達成するための必要な措置をとる。

2　1の給付は、適当な場合には、児童及びその扶養について責任を有する者の資力及び事情並びに児童によって又は児童に代わって行われる給付の申請に関する他のすべての事項を考慮して、与えられるものとする。

第二十七条

1　締約国は、児童の身体的、精神的、道徳的及び社会的な発達のための相当な生活水準についてのすべての児童の権利を認める。

2　父母又は児童について責任を有する他の者は、自己の能力及び資力の範囲内で、児童の発達に必要な生活条件を確保することについての第一義的な責任を有する。

3　締約国は、国内事情に従い、かつ、その能力の範囲内で、1の権利の実現のため、父母及び児童について責任を有する他の者を援助するための適当な措置をとるものとし、また、必要な場合には、特に栄養、衣類及び住居に関して、物的援助及び支援計画を提供する。

4　締約国は、父母又は児童について金銭上の責任を有する他の者から、児童の扶養料を自国内で及び外国から、回収することを確保するためのすべての適当な措置をとる。特に、児童について金銭上の責任を有する者が児童と異なる国に居住している場合には、締約国は、国際協定への加入又は国際協定の締結及び他の適当な取決めの作成を促進する。

第二十八条

1　締約国は、教育についての児童の権利を認めるものとし、この権利を漸進的にかつ機会の平等を基礎として達成するため、特に、

(a)　初等教育を義務的なものとし、すべての者に対して無償のものとする。

(b)　種々の形態の中等教育（一般教育及び職業教育を含む。）の発展を奨励し、すべての児童に対し、これらの中等教育が利用可能であり、かつ、これらを利用する機会が与えられるものとし、例えば、無償教育の導入、必要な場合における財政的援助の提供のような適当な措置をとる。

(c)　すべての適当な方法により、能力に応じ、すべての者に対して高等教育を利用する機会が与えられるものとする。

(d)　すべての児童に対し、教育及び職業に関する情報及び指導が利用可能であり、かつ、これらを利用する機会が与えられるものとする。

(e)　定期的な登校及び中途退学率の減少を奨励するための措置をとる。

2　締約国は、学校の規律が児童の人間の尊厳に適合する方法で及びこの条約に従って運用されることを確保するためのすべての適当な措置をとる。

3　締約国は、特に全世界における無知及び非識字の廃絶に寄与し並びに科学上及び技術上の知識並びに最新の教育方法の利用を容易にするため、教育に関する事項についての国際協力を促進し、及び奨励する。これに関しては、特に、開発途上国の必要を考慮する。

第二十九条

1　締約国は、児童の教育が次のことを指向すべきことに同意する。

(a)　児童の人格、才能並びに精神的及び身体的な能力をその可能な最大限度まで発達させること。

(b)　人権及び基本的自由並びに国際連合憲章にうたう原則の尊重を育成すること。

(c)　児童の父母、児童の文化的同一性、言語及び価値観、児童の居住国及び出身国の国民的価値観並びに自己の文明と異なる文明に対する尊重を育成すること。

(d)　すべての人民の間の、種族的、国民的及び宗教的集団の間の並びに原住民である者の間の理解、平和、寛容、両性の平等及び友好の精神に従い、自由な社会における責任ある生活のために児童に準備させること。

(e)　自然環境の尊重を育成すること。

2　この条又は前条のいかなる規定も、個人及び団体が教育機関を設置し及び管理する自由を妨げるものと解してはならない。ただし、常に、1に定める原則が遵守されること及び当該教育機関において行われる教育が国によって定められる最低限度の基準に適合することを条件とする。

第三十条

種族的、宗教的若しくは言語的少数民族又は原住民である者が存在する国において、当該少数民族に属し又は原住民である児童は、その集団の他の構成員とともに自己の文化を享有し、自己の宗教を信仰しかつ実践し又は自己の言語を使用する権利を否定されない。

第三十一条

1　締約国は、休息及び余暇についての児童の権利並びに児童がその年齢に適した遊び及びレクリエーションの活動を行い並びに文化的な生活及び芸術に自由に参加する権利を認める。

2　締約国は、児童が文化的及び芸術的な生活に十分に参加する権利を尊重しかつ促進するものとし、文化的及び芸術的な活動並びにレクリエーション及び余暇の活動のための適当かつ平等な機会の提供を奨励する。

第三十二条

1　締約国は、児童が経済的な搾取から保護され及び危険となり若しくは児童の教育の妨げとなり又は児童の健康若しくは身体的、精神的、道徳的若しくは社会的な発達に有害となるおそれのある労働への従事から保護される権利を認める。

2　締約国は、この条の規定の実施を確保するための立法上、行政上、社会上及び教育上の措置をとる。このため、締約国は、他の国際文書の関連規定を考慮して、特に、

(a)　雇用が認められるための一又は二以上の最低年齢を定めること。

(b)　労働時間及び労働条件についての適当な規則を定めること。

(c)　この条の規定の効果的な実施を確保するための適当な罰則その他の制裁を定めること。

第三十三条

締約国は、関連する国際条約に定義された麻薬及び向精神薬の不正な使用から児童を保護し並びにこれらの物質の不正な生産及び取引における児童の使用を防止するための立法上、行政上、社会上及び教育上の措置を含むすべての適当な措置をとる。

第三十四条

締約国は、あらゆる形態の性的搾取及び性的虐待から児童を保護することを約束する。このため、締約国は、特に、次のことを防止するためのすべての適当な国内、二国間及び多数国間の措置をとる。

(a)　不法な性的な行為を行うことを児童に対して勧誘し又は強制すること。

(b)　売春又は他の不法な性的な業務において児童を搾取的に使用すること。

(c)　わいせつな演技及び物において児童を搾取的に使用すること。

第三十五条

締約国は、あらゆる目的のための又はあらゆる形態の児童の

誘拐、売買又は取引を防止するためのすべての適当な国内、二国間及び多数国間の措置をとる。

第三十六条

締約国は、いずれかの面において児童の福祉を害する他のすべての形態の搾取から児童を保護する。

第三十七条

締約国は、次のことを確保する。

(a)　いかなる児童も、拷問又は他の残虐な、非人道的な若しくは品位を傷つける取扱い若しくは刑罰を受けないこと。死刑又は釈放の可能性がない終身刑は、十八歳未満の者が行った犯罪について科さないこと。

(b)　いかなる児童も、不法に又は恣意的にその自由を奪われないこと。児童の逮捕、抑留又は拘禁は、法律に従って行うものとし、最後の解決手段として最も短い適当な期間のみ用いること。

(c)　自由を奪われたすべての児童は、人道的に、人間の固有の尊厳を尊重して、かつ、その年齢の者の必要を考慮した方法で取り扱われること。特に、自由を奪われたすべての児童は、成人とは分離されないことがその最善の利益であると認められない限り成人とは分離されるものとし、例外的な事情がある場合を除くほか、通信及び訪問を通じてその家族との接触を維持する権利を有すること。

(d)　自由を奪われたすべての児童は、弁護人その他適当な援助を行う者と速やかに接触する権利を有し、裁判所その他の権限のある、独立の、かつ、公平な当局においてその自由の剥《はく》奪の合法性を争い並びにこれについての決定を速やかに受ける権利を有すること。

第三十八条

1　締約国は、武力紛争において自国に適用される国際人道法の規定で児童に関係を有するものを尊重し及びこれらの規定の尊重を確保することを約束する。

2　締約国は、十五歳未満の者が敵対行為に直接参加しないことを確保するためのすべての実行可能な措置をとる。

3　締約国は、十五歳未満の者を自国の軍隊に採用することを差し控えるものとし、また、十五歳以上十八歳未満の者の中から採用するに当たっては、最年長者を優先させるよう努める。

4　締約国は、武力紛争において文民を保護するための国際人道法に基づく自国の義務に従い、武力紛争の影響を受ける児童の保護及び養護を確保するためのすべての実行可能な措置をとる。

第三十九条

締約国は、あらゆる形態の放置、搾取若しくは虐待、拷問若しくは他のあらゆる形態の残虐な、非人道的な若しくは品位を傷つける取扱い若しくは刑罰又は武力紛争による被害者である児童の身体的及び心理的な回復及び社会復帰を促進するためのすべての適当な措置をとる。このような回復及び復帰は、児童の健康、自尊心及び尊厳を育成する環境において行われる。

第四十条

1　締約国は、刑法を犯したと申し立てられ、訴追され又は認定されたすべての児童が尊厳及び価値についての当該児童の意識を促進させるような方法であって、当該児童が他の者の人権及び基本的自由を尊重することを強化し、かつ、当該児童の年齢を考慮し、更に、当該児童が社会に復帰し及び社会において建設的な役割を担うことがなるべく促進されることを配慮した方法により取り扱われる権利を認める。

2　このため、締約国は、国際文書の関連する規定を考慮して、特に次のことを確保する。

(a)　いかなる児童も、実行の時に国内法又は国際法により禁じられていなかった作為又は不作為を理由として刑法を犯したと申し立てられ、訴追され又は認定されないこと。

(b)　刑法を犯したと申し立てられ又は訴追されたすべての児童は、少なくとも次の保障を受けること。

(i)　法律に基づいて有罪とされるまでは無罪と推定されること。

(ii)　速やかにかつ直接に、また、適当な場合には当該児童の父母又は法定保護者を通じてその罪を告げられること並びに防御の準備及び申立てにおいて弁護人その他適当な援助を行う者を持つこと。

(iii)　事案が権限のある、独立の、かつ、公平な当局又は司法機関により法律に基づく公正な審理において、弁護人その他適当な援助を行う者の立会い及び、特に当該児童の年齢又は境遇を考慮して児童の最善の利益にならないと認められる場合を除くほか、当該児童の父母又は法定保護者の立会いの下に遅滞なく決定されること。

(iv)　供述又は有罪の自白を強要されないこと。不利な証人を尋問し又はこれに対し尋問させること並びに対等の条件で自己のための証人の出席及びこれに対する尋問を求めること。

(v)　刑法を犯したと認められた場合には、その認定及びその結果科せられた措置について、法律に基づき、上級の、権限のある、独立の、かつ、公平な当局又は司法機関によって再審理されること。

(vi)　使用される言語を理解すること又は話すことができない場合には、無料で通訳の援助を受けること。

(vii)　手続のすべての段階において当該児童の私生活が十分に尊重されること。

3　締約国は、刑法を犯したと申し立てられ、訴追され又は認定された児童に特別に適用される法律及び手続の制定並びに当局及び施設の設置を促進するよう努めるものとし、特に、次のことを行う。

(a)　その年齢未満の児童は刑法を犯す能力を有しないと推定

される最低年齢を設定すること。

(b)　適当なかつ望ましい場合には、人権及び法的保護が十分に尊重されていることを条件として、司法上の手続に訴えることなく当該児童を取り扱う措置をとること。

4　児童がその福祉に適合し、かつ、その事情及び犯罪の双方に応じた方法で取り扱われることを確保するため、保護、指導及び監督命令、カウンセリング、保護観察、里親委託、教育及び職業訓練計画、施設における養護に代わる他の措置等の種々の処置が利用し得るものとする。

第四十一条

この条約のいかなる規定も、次のものに含まれる規定であって児童の権利の実現に一層貢献するものに影響を及ぼすものではない。

(a)　締約国の法律

(b)　締約国について効力を有する国際法

第二部

第四十二条

締約国は、適当かつ積極的な方法でこの条約の原則及び規定を成人及び児童のいずれにも広く知らせることを約束する。

第四十三条

1　この条約において負う義務の履行の達成に関する締約国による進捗の状況を審査するため、児童の権利に関する委員会（以下「委員会」という。）を設置する。委員会は、この部に定める任務を行う。

2　委員会は、徳望が高く、かつ、この条約が対象とする分野において能力を認められた十人の専門家で構成する。委員会の委員は、締約国の国民の中から締約国により選出されるものとし、個人の資格で職務を遂行する。その選出に当たっては、衡平な地理的配分及び主要な法体系を考慮に入れる。

3　委員会の委員は、締約国により指名された者の名簿の中から秘密投票により選出される。各締約国は、自国民の中から一人を指名することができる。

4　委員会の委員の最初の選挙は、この条約の効力発生の日の後六箇月以内に行うものとし、その後の選挙は、二年ごとに行う。国際連合事務総長は、委員会の委員の選挙の日の遅くとも四箇月前までに、締約国に対し、自国が指名する者の氏名を二箇月以内に提出するよう書簡で要請する。その後、同事務総長は、指名された者のアルファベット順による名簿（これらの者を指名した締約国名を表示した名簿とする。）を作成し、この条約の締約国に送付する。

5　委員会の委員の選挙は、国際連合事務総長により国際連合本部に招集される締約国の会合において行う。これらの会合は、締約国の三分の二をもって定足数とする。これらの会合においては、出席しかつ投票する締約国の代表によって投じられた票の最多数で、かつ、過半数の票を得た者をもって委員会に選出された委員とする。

6　委員会の委員は、四年の任期で選出される。委員は、再指名された場合には、再選される資格を有する。最初の選挙において選出された委員のうち五人の委員の任期は、二年で終了するものとし、これらの五人の委員は、最初の選挙の後直ちに、最初の選挙が行われた締約国の会合の議長によりくじ引で選ばれる。

7　委員会の委員が死亡し、辞任し又は他の理由のため委員会の職務を遂行することができなくなったことを宣言した場合には、当該委員を指名した締約国は、委員会の承認を条件として自国民の中から残余の期間職務を遂行する他の専門家を任命する。

8　委員会は、手続規則を定める。

9　委員会は、役員を二年の任期で選出する。

10　委員会の会合は、原則として、国際連合本部又は委員会が決定する他の適当な場所において開催する。委員会は、原則として毎年一回会合する。委員会の会合の期間は、国際連合総会の承認を条件としてこの条約の締約国の会合において決定し、必要な場合には、再検討する。

11　国際連合事務総長は、委員会がこの条約に定める任務を効果的に遂行するために必要な職員及び便益を提供する。

12　この条約に基づいて設置する委員会の委員は、国際連合総会が決定する条件に従い、同総会の承認を得て、国際連合の財源から報酬を受ける。

第四十四条

1　締約国は、(a)当該締約国についてこの条約が効力を生ずる時から二年以内に、(b)その後は五年ごとに、この条約において認められる権利の実現のためにとった措置及びこれらの権利の享受についてもたらされた進歩に関する報告を国際連合事務総長を通じて委員会に提出することを約束する。

2　この条の規定により行われる報告には、この条約に基づく義務の履行の程度に影響を及ぼす要因及び障害が存在する場合には、これらの要因及び障害を記載する。当該報告には、また、委員会が当該国における条約の実施について包括的に理解するために十分な情報を含める。

3　委員会に対して包括的な最初の報告を提出した締約国は、1(b)の規定に従って提出するその後の報告においては、既に提供した基本的な情報を繰り返す必要はない。

4　委員会は、この条約の実施に関連する追加の情報を締約国に要請することができる。

5　委員会は、その活動に関する報告を経済社会理事会を通じて二年ごとに国際連合総会に提出する。

6　締約国は、1の報告を自国において公衆が広く利用できるようにする。

第四十五条

この条約の効果的な実施を促進し及びこの条約が対象とする

分野における国際協力を奨励するため、

(a)　専門機関及び国際連合児童基金その他の国際連合の機関は、その任務の範囲内にある事項に関するこの条約の規定の実施についての検討に際し、代表を出す権利を有する。委員会は、適当と認める場合には、専門機関及び国際連合児童基金その他の権限のある機関に対し、これらの機関の任務の範囲内にある事項に関するこの条約の実施について専門家の助言を提供するよう要請することができる。委員会は、専門機関及び国際連合児童基金その他の国際連合の機関に対し、これらの機関の任務の範囲内にある事項に関するこの条約の実施について報告を提出するよう要請することができる。

(b)　委員会は、適当と認める場合には、技術的な助言若しくは援助の要請を含んでおり又はこれらの必要性を記載している締約国からのすべての報告を、これらの要請又は必要性の記載に関する委員会の見解及び提案がある場合は当該見解及び提案とともに、専門機関及び国際連合児童基金その他の権限のある機関に送付する。

(c)　委員会は、国際連合総会に対し、国際連合事務総長が委員会のために児童の権利に関連する特定の事項に関する研究を行うよう同事務総長に要請することを勧告することができる。

(d)　委員会は、前条及びこの条の規定により得た情報に基づく提案及び一般的な性格を有する勧告を行うことができる。これらの提案及び一般的な性格を有する勧告は、関係締約国に送付し、締約国から意見がある場合にはその意見とともに国際連合総会に報告する。

第三部

第四十六条

この条約は、すべての国による署名のために開放しておく。

第四十七条

この条約は、批准されなければならない。批准書は、国際連合事務総長に寄託する。

第四十八条

この条約は、すべての国による加入のために開放しておく。加入書は、国際連合事務総長に寄託する。

第四十九条

1　この条約は、二十番目の批准書又は加入書が国際連合事務総長に寄託された日の後三十日目の日に効力を生ずる。

2　この条約は、二十番目の批准書又は加入書が寄託された後に批准し又は加入する国については、その批准書又は加入書が寄託された日の後三十日目の日に効力を生ずる。

第五十条

1　いずれの締約国も、改正を提案し及び改正案を国際連合事務総長に提出することができる。同事務総長は、直ちに、締約国に対し、その改正案を送付するものとし、締約国による改正案の審議及び投票のための締約国の会議の開催についての賛否を示すよう要請する。その送付の日から四箇月以内に締約国の三分の一以上が会議の開催に賛成する場合には、同事務総長は、国際連合の主催の下に会議を招集する。会議において出席しかつ投票する締約国の過半数によって採択された改正案は、承認のため、国際連合総会に提出する。

2　1の規定により採択された改正は、国際連合総会が承認し、かつ、締約国の三分の二以上の多数が受諾した時に、効力を生ずる。

3　改正は、効力を生じたときは、改正を受諾した締約国を拘束するものとし、他の締約国は、改正前のこの条約の規定（受諾した従前の改正を含む。）により引き続き拘束される。

第五十一条

1　国際連合事務総長は、批准又は加入の際に行われた留保の書面を受領し、かつ、すべての国に送付する。

2　この条約の趣旨及び目的と両立しない留保は、認められない。

3　留保は、国際連合事務総長にあてた通告によりいつでも撤回することができるものとし、同事務総長は、その撤回をすべての国に通報する。このようにして通報された通告は、同事務総長により受領された日に効力を生ずる。

第五十二条

締約国は、国際連合事務総長に対して書面による通告を行うことにより、この条約を廃棄することができる。廃棄は、同事務総長がその通告を受領した日の後一年で効力を生ずる。

第五十三条

国際連合事務総長は、この条約の寄託者として指名される。

第五十四条

アラビア語、中国語、英語、フランス語、ロシア語及びスペイン語をひとしく正文とするこの条約の原本は、国際連合事務総長に寄託する。

以上の証拠として、下名の全権委員は、各自の政府から正当に委任を受けてこの条約に署名した。

七　いじめの問題への取組の徹底について（通知）

（平成一八・一〇・一九
一八文科初第七一一号
各都道府県教育委員会教育長・各指定都市教育
委員会教育長・各都道府県知事・附属学校を置
く各国立大学法人学長あて　文部科学省初等中
等教育局長　銭谷　眞美）

いじめにより児童生徒が自らその命を絶つという痛ましい事件が相次いで発生していることは、極めて遺憾であります。児童生徒が自らの命を絶つということは、理由の如何を問わずあってはならず、深刻に受け止めているところであります。

これらの事件では、子どもを守るべき学校・教職員の認識や対応に問題がある例や、自殺という最悪の事態に至った後の教育委員会の対応が不適切であった例が見られ、保護者をはじめ国民の信頼を著しく損なっています。

いじめは、決して許されないことであり、また、どの子どもにも、どの学校でも起こり得るものでもあります。現にいま、いじめに苦しんでいる子どもたちのため、また、今回のような事件を二度と繰り返さないためにも、学校教育に携わるすべての関係者一人ひとりが、改めてこの問題の重大性を認識し、いじめの兆候をいち早く把握して、迅速に対応する必要があります。また、いじめの問題が生じたときは、その問題を隠さず、学校・教育委員会と家庭・地域が連携して、対処していくべきものと考えます。

ついては、各学校及び教育委員会におかれては、別添「いじめの問題への取組についてのチェックポイント」等も参考としつつ、いま一度総点検を実施するとともに、下記の事項に特にご留意の上、いじめへの取組について、更なる徹底を図るようお願いいたします。

なお、都道府県・指定都市教育委員会にあっては所管の学校及び域内の市区町村教育委員会等に対して、都道府県知事にあっては所轄の私立学校に対して、この趣旨について周知を図るとともに、適切な対応がなされるよう御指導をお願いいたします。

記

1　いじめの早期発見・早期対応について

(1)　いじめは、「どの学校でも、どの子にも起こり得る」問題であることを十分認識すること。

日頃から、児童生徒等が発する危険信号を見逃さないようにして、いじめの早期発見に努めること。

スクールカウンセラーの活用などにより、学校等における相談機能を充実し、児童生徒の悩みを積極的に受け止めることができるような体制を整備すること。

(2) いじめが生じた際には、学級担任等の特定の教員が抱え込むことなく、学校全体で組織的に対応することが重要であること。学校内においては、校長のリーダーシップの下、教職員間の緊密な情報交換や共通理解を図り、一致協力して対応する体制で臨むこと。

(3) 事実関係の究明に当たっては、当事者だけでなく、保護者や友人関係等からの情報収集等を通じ、事実関係の把握を正確かつ迅速に行う必要があること。なお、把握した児童生徒等の個人情報については、その取扱いに十分留意すること。

(4) いじめの問題については、学校のみで解決することに固執してはならないこと。学校においていじめを把握した場合には、速やかに保護者及び教育委員会に報告し、適切な連携を図ること。保護者等からの訴えを受けた場合には、まず謙虚に耳を傾け、その上で、関係者全員で取組む姿勢が重要であること。

(5) 学校におけるいじめへの対処方針、指導計画等の情報については、日頃より、家庭や地域へ積極的に公表し、保護者や地域住民の理解を得るよう努めること。

実際にいじめが生じた際には、個人情報の取扱いに留意しつつ、正確な情報提供を行うことにより、保護者や地域住民の信頼を確保することが重要であり、事実を隠蔽するような対応は許されないこと。

2　いじめを許さない学校づくりについて

(1) 「いじめは人間として絶対に許されない」との意識を、学校教育全体を通じて、児童生徒一人一人に徹底すること。特に、いじめる児童生徒に対しては、出席停止等の措置も含め、毅然とした指導が必要であること。

また、いじめられている児童生徒については、学校が徹底して守り通すという姿勢を日頃から示すことが重要であること。

(2) いじめを許さない学校づくり、学級（ホームルーム）づくりを進める上では、児童生徒一人一人を大切にする教職員の意識や、日常的な態度が重要であること。

特に、教職員の言動が児童生徒に大きな影響力を持つことを十分認識し、いやしくも、教職員自身が児童生徒を傷つけたり、他の児童生徒によるいじめを助長したりすることがないようにすること。

(3) いじめが解決したと見られる場合でも、教職員の気づかないところで陰湿ないじめが続いていることも少なくないことを認識し、そのときの指導により解決したと即断することなく、継続して十分な注意を払い、折に触れて必要な指導を行うこと。

３　教育委員会による支援について

教育委員会において、日頃から、学校の実情把握に努め、当該学校や保護者からいじめの訴えがあった場合には、当該学校への支援や当該保護者への対応に万全を期すこと。

別　添

「いじめの問題への取組についてのチェックポイント」

〈趣旨〉

このチェックポイントは、いじめの問題に関する学校及び教育委員会の取組の充実のために、具体的に点検すべき項目を参考例として示したものである。

各学校・教育委員会においては、このチェックポイントを参照しつつ、それぞれの実情に応じて適切な点検項目を作成して、点検・評価を行うことが望ましい。

なお、「いじめ」の定義については、一般的には、「自分より弱いものに対して一方的に、身体的・心理的な攻撃を継続的に加え、相手が深刻な苦痛を感じているもの」とされているが、個々の行為がいじめに当たるか否かの判断は、表面的・形式的に行うことなく、いじめられた児童生徒の立場に立って行うことに留意する必要がある。

〈チェックポイント〉

Ｉ　学校

（指導体制）

(1)　いじめの問題の重大性を全教職員が認識し、校長を中心に一致協力体制を確立して実践に当たっているか。

(2)　いじめの態様や特質、原因・背景、具体的な指導上の留意点などについて職員会議などの場で取り上げ、教職員間の共通理解を図っているか。

(3)　いじめの問題について、特定の教員が抱え込んだり、事実を隠したりすることなく、学校全体で対応する体制が確立しているか。

（教育指導）

(4)　お互いを思いやり、尊重し、生命や人権を大切にする指導等の充実に努めているか。特に、「いじめは人間として許されない」との強い認識に立って指導に当たっているか。

(5)　学校全体として、校長をはじめ各教師がそれぞれの指導場面においていじめの問題に関する指導の機会を設け、積極的に指導を行うよう努めているか。

(6)　道徳や学級（ホームルーム）活動の時間にいじめにかかわる問題を取り上げ、指導が行われているか。

(7)　学級活動や児童生徒会活動などにおいて、いじめの問題とのかかわりで適切な指導助言が行われているか。

(8)　児童生徒に幅広い生活体験を積ませたり、社会性のかん養や豊かな情操を培う活動の積極的な推進を図っているか。
(9) 教職員の言動が、児童生徒を傷つけたり、他の児童生徒によるいじめを助長したりすることのないよう、細心の注意を払っているか。
(10) いじめを行う児童生徒に対しては、特別の指導計画による指導のほか、さらに出席停止や警察との連携による措置も含め、毅然とした対応を行うこととしているか。
(11) いじめられる児童生徒に対し、心のケアやさまざまな弾力的措置など、いじめから守り通すための対応を行っているか。
(12) いじめが解決したと見られる場合でも、継続して十分な注意を払い、折に触れ必要な指導を行っているか。
(早期発見・早期対応)
(13) 教師は、日常の教育活動を通じ、教師と児童生徒、児童生徒間の好ましい人間関係の醸成に努めているか。
(14) 児童生徒の生活実態について、たとえば聞取り調査や質問紙調査を行うなど、きめ細かく把握に努めているか。
(15) いじめの把握に当たっては、スクールカウンセラーや養護教諭など学校内の専門家との連携に努めているか。
(16) 児童生徒が発する危険信号を見逃さず、その一つ一つに的確に対応しているか。
(17) いじめについて訴えなどがあったときは、問題を軽視することなく、保護者や友人関係等からの情報収集等を通じて事実関係の把握を正確かつ迅速に行い、事実を隠蔽することなく、的確に対応しているか。
(18) いじめの問題解決のため、教育委員会との連絡を密にするとともに、必要に応じ、教育センター、児童相談所、警察等の地域の関係機関と連携協力を行っているか。
(19) 校内に児童生徒の悩みや要望を積極的に受け止めることができるような教育相談の体制が整備されているか。また、それは、適切に機能しているか。
(20) 学校における教育相談について、保護者にも十分理解され、保護者の悩みに応えることができる体制になっているか。
(21) 教育相談の実施に当たっては、必要に応じて教育センターなどの専門機関との連携が図られているか。教育センター、人権相談所、児童相談所等学校以外の相談窓口について、周知や広報の徹底が行われているか。
(22) 児童生徒等の個人情報の取扱いについて、ガイドライン等に基づき適切に取り扱われているか。
(家庭・地域社会との連携)
(23) 学校におけるいじめへの対処方針や指導計画等を公表し、保護者や地域住民の理解を得るよう努めているか。
(24) 家庭や地域に対して、いじめの問題の重要性の認識を広めるとともに、家庭訪問や学校通信などを通じて、家庭との緊密な連携協力を図っているか。

(25)　いじめが起きた場合、学校として、家庭との連携を密にし、一致協力してその解決に当たっているか。いじめの問題について、学校のみで解決することに固執しているような状況はないか。

(26)　ＰＴＡや地域の関係団体等とともに、いじめの問題について協議する機会を設け、いじめの根絶に向けて地域ぐるみの対策を進めているか。

Ⅱ　教育委員会

（学校の取組の支援等・点検）

(1)　管下の学校等に対し、いじめの問題に関する教育委員会の指導の方針などを明らかにし、積極的な指導を行っているか。

(2)　管下の学校におけるいじめの問題の状況について、学校訪問や調査の実施などを通じて実態の的確な把握に努めているか。

(3)　学校や保護者等からいじめの報告があったときは、その実情の把握を迅速に行うとともに、事実を隠蔽することなく、学校への支援や保護者等への対応を適切に行っているか。

(4)　各学校のニーズに応じ、研修講師やスクールカウンセラー等の派遣など、適切な支援を行っているか。

(5)　いじめの問題について指導上困難な課題を抱える学校に対して、指導主事や教育センターの専門家の派遣などによる重点的な指導、助言、援助を行っているか。

(6)　深刻ないじめを行う児童生徒に対しては、出席停止を命ずることもできるよう、必要な体制の整備が図られているか。

(7)　いじめられる児童生徒については、必要があれば、就学校の指定の変更や区域外就学など弾力的な措置を講じることとしているか。

(8)　関連の通知などの資料がどう活用されたか、その趣旨がどう周知・徹底されたのかなど、学校の取組状況を点検し、必要な指導、助言を行っているか。

（教員研修）

(9)　教育委員会として、いじめの問題に留意した教員の研修を積極的に実施しているか。

(10)　研修内容・方法について、様々な分野から講師を招いたり、講義形式のみに偏らないようにするなどの工夫を行っているか。

(11)　いじめの問題に関する指導の充実のための教師用手引書などを作成・配付しているか。

（組織体制・教育相談）

(12)　教育委員会に、学校からの相談はもとより、保護者からの相談も直接受けとめることのできるような教育相談体制が整備されているか。また、それは、利用しやすいものとするため、相談担当者に適切な人材を配置するなど運用に配慮がなされ、適切に機能しているか。

⒀　教育相談の利用について関係者に広く周知を図っているか。また、教育センター、人権相談所、児童相談所等学校以外の相談窓口について、児童生徒、保護者、教師に対し周知徹底が図られているか。

⒁　教育相談の内容に応じ、学校とも連絡・協力して指導に当たるなど、継続的な事後指導を適切に行っているか。

⒂　教育相談の実施に当たっては、必要に応じて、医療機関などの専門機関との連携が図られているか。

（家庭・地域との連携）

⒃　学校とＰＴＡ、地域の関係団体等がいじめの問題について協議する機会を設け、いじめの根絶に向けて地域ぐるみの対策を推進しているか。

⒄　いじめの問題への取組の重要性の認識を広め、家庭や地域の取組を推進するための啓発・広報活動を積極的に行っているか。

⒅　教育委員会は、いじめの問題の解決のために、関係部局・機関と適切な連携協力を図っているか。

八　問題行動を起こす児童生徒に対する指導について（通知）

（平成一九・二・五
一八文科初第一〇一九号
各都道府県教育委員会教育長・各指定都市教育委員会教育長・各都道府県知事・附属学校を置く各国立大学法人学長あて　文部科学省初等中等教育局長　銭谷　眞美）

いじめ、校内暴力をはじめとした児童生徒の問題行動は、依然として極めて深刻な状況にあります。

いじめにより児童生徒が自らの命を絶つという痛ましい事件が相次いでおり、児童生徒の安心・安全について国民間に不安が広がっています。また、学校での懸命な種々の取組にもかかわらず、対教師あるいは生徒間の暴力行為や施設・設備の毀損・破壊行為等は依然として多数にのぼり、一部の児童生徒による授業妨害等も見られます。

問題行動への対応については、まず第一に未然防止と早期発見・早期対応の取組が重要です。学校は問題を隠すことなく、教職員一体となって対応し、教育委員会は学校が適切に対応できるようサポートする体制を整備することが重要です。また、家庭、特に保護者、地域社会や地方自治体・議会を始め、その他関係機関の理解と協力を得て、地域ぐるみで取り組めるような体制を進めていくことが必要です。

昨年成立した改正教育基本法では、教育の目標の一つとして「生命を尊ぶ」こと、教育の目標を達成するため、学校においては「教育を受ける者が学校生活を営む上で必要な規律を重んずる」ことが明記されました。

いじめの問題への対応では、いじめられる子どもを最後まで守り通すことは、児童生徒の生命・身体の安全を預かる学校としては当然の責務です。同時に、いじめる子どもに対しては、毅然とした対応と粘り強い指導により、いじめは絶対に許されない行為であること、卑怯で恥ずべき行為であることを認識させる必要があります。

さらに、学校の秩序を破壊し、他の児童生徒の学習を妨げる暴力行為に対しては、児童生徒が安心して学べる環境を確保するため、適切な措置を講じることが必要です。

このため、教育委員会及び学校は、問題行動が実際に起こったときには、十分な教育的配慮のもと、現行法制度下において採り得る措置である出席停止や懲戒等の措置も含め、毅然とした対応をとり、教育現場を安心できるものとしていただきたいと考えます。

この目的を達成するため、各教育委員会及び学校は、下記事項に留意の上、問題行動を起こす児童生徒に対し、毅然とした指導を行うようお願いします。

なお、都道府県・指定都市教育委員会にあっては所管の学校及び域内の市区町村教育委員会等に対して、都道府県知事にあっては所轄の私立学校に対して、この趣旨について周知を図るとともに、適切な対応がなされるよう御指導願います。

記

1　生徒指導の充実について

(1)　学校においては、日常的な指導の中で、児童生徒一人一人を把握し、性向等についての理解を深め、教師と児童生徒との信頼関係を築き、すべての教育活動を通じてきめ細かな指導を行う。また、全教職員が一体となって、児童生徒の様々な悩みを受け止め、積極的に教育相談やカウンセリングを行う。

(2)　児童生徒の規範意識の醸成のため、各学校は、いじめや暴力行為等に関するきまりや対応の基準を明確化したものを保護者や地域住民等に公表し、理解と協力を得るよう努め、全教職員がこれに基づき一致協力し、一貫した指導を粘り強く行う。

(3)　問題行動の中でも、特に校内での傷害事件をはじめ、犯罪行為の可能性がある場合には、学校だけで抱え込むことなく、直ちに警察に通報し、その協力を得て対応する。

2　出席停止制度の活用について

(1)　出席停止は、懲戒行為ではなく、学校の秩序を維持し、他の児童生徒の教育を受ける権利を保障するために採られる措置であり、各市町村教育委員会及び学校は、このような制度の趣旨を十分理解し、日頃から規範意識を育む指導やきめ細かな教育相談等を粘り強く行う。

(2)　学校がこのような指導を継続してもなお改善が見られず、いじめや暴力行為など問題行動を繰り返す児童生徒に対し、正常な教育環境を回復するため必要と認める場合には、市町村教育委員会は、出席停止制度の措置を採ることをためらわずに検討する。

(3)　この制度の運用に当たっては、教師や学校が孤立することがないように、校長をはじめ教職員、教育委員会や地域のサポートにより必要な支援がなされるよう十分配慮する。

学校は、当該児童生徒が学校へ円滑に復帰できるよう学習を補完したり、学級担任等が計画的かつ臨機に家庭への訪問を行い、読書等の課題をさせる。

市町村教育委員会は、当該児童生徒に対し出席停止期間中必要な支援がなされるように個別の指導計画を策定するなど、必要な教育的措置を講じる。

都道府県教育委員会は、状況に応じ、指導主事やスクールカウンセラーの派遣、教職員の追加的措置、当該児童生徒を受け入れる機関との連携の促進など、市町村教育委員会や学校をバックアップする。

地域では、警察、児童相談所、保護司、民生・児童委員等の関係機関の協力を得たサポートチームを組織することも有効である。

(4)　その他出席停止制度の運用等については、「出席停止制度の運用の在り方について」（平成13年11月6日付け文部科学省初等中等教育局長通知）による。

3　懲戒・体罰について

(1)　校長及び教員（以下「教員等」という。）は、教育上必要があると認めるときは、児童生徒に懲戒を加えることができ、懲戒を通じて児童生徒の自己教育力や規範意識の育成を期待することができる。しかし、一時の感情に支配されて、安易な判断のもとで懲戒が行われることがないように留意し、家庭との十分な連携を通じて、日頃から教員等、児童生徒、保護者間での信頼関係を築いておくことが大切である。

(2)　体罰がどのような行為なのか、児童生徒への懲戒がどの程度まで認められるかについては、機械的に判定することが困難である。また、このことが、ややもすると教員等が自らの指導に自信を持てない状況を生み、実際の指導において過度の萎縮を招いているとの指摘もなされている。ただし、教員等は、児童生徒への指導に当たり、いかなる場合においても、身体に対する侵害（殴る、蹴る等）、肉体的苦痛を与える懲戒（正座・直立等特定の姿勢を長時間保持させる等）である体罰を行ってはならない。体罰による指導により正常な倫理観を養うことはできず、むしろ児童生徒に力による解決への志向を助長させ、いじめや暴力行為などの土壌を生む恐れがあるからである。

(3)　懲戒権の限界及び体罰の禁止については、これまで「児童懲戒権の限界について」（昭和23年12月22日付け法務庁法務調査意見長官回答）等が過去に示されており、教育委員会や学校でも、これらを参考として指導を行ってきた。しかし、児童生徒の問題行動は学校のみならず社会問題となっており、学校がこうした問題行動に適切に対応し、生徒指導の一層の充実を図ることができるよう、文部科学省としては、懲戒及び体罰に関する裁判例の動向等も踏まえ、今般、「学校教育法第11条に規定する児童生徒の懲戒・体罰に関する考え方」（別紙）を取りまとめた。懲戒・体罰に関する解釈・運用については、今後、この「考え方」によることとする。

（別紙）

学校教育法第11条に規定する児童生徒の懲戒・体罰に関する考え方

1　体罰について

(1)　児童生徒への指導に当たり、学校教育法第11条ただし書にいう体罰は、いかなる場合においても行ってはならない。教員等が児童生徒に対して行った懲戒の行為が体罰に当たるかどうかは、当該児童生徒の年齢、健康、心身の発達状況、当該行為が行われた場所的及び時間的環境、懲戒の態様等の諸条件を総合的に考え、個々の事案ごとに判断する必要がある。

(2)　(1)により、その懲戒の内容が身体的性質のもの、すなわち、身体に対する侵害を内容とする懲戒（殴る、蹴る等）、被罰者に肉体的苦痛を与えるような懲戒（正座・直立等特定の姿勢を長時間にわたって保持させる等）に当たると判断された場合は、体罰に該当する。

(3)　個々の懲戒が体罰に当たるか否かは、単に、懲戒を受けた児童生徒や保護者の主観的な言動により判断されるのではなく、上記(1)の諸条件を客観的に考慮して判断されるべきであり、特に児童生徒一人一人の状況に配慮を尽くした行為であったかどうか等の観点が重要である。

(4)　児童生徒に対する有形力（目に見える物理的な力）の行使により行われた懲戒は、その一切が体罰として許されないというものではなく、裁判例においても、「いやしくも有形力の行使と見られる外形をもった行為は学校教育法上の懲戒行為としては一切許容されないとすることは、本来学校教育法の予想するところではない」としたもの（昭和56年4月1日東京高裁判決）、「生徒の心身の発達に応じて慎重な教育上の配慮のもとに行うべきであり、このような配慮のもとに行われる限りにおいては、状況に応じ一定の限度内で懲戒のための有形力の行使が許容される」としたもの（昭和60年2月22日浦和地裁判決）などがある。

(5)　有形力の行使以外の方法により行われた懲戒については、例えば、以下のような行為は、児童生徒に肉体的苦痛を与えるものでない限り、通常体罰には当たらない。

○　放課後等に教室に残留させる（用便のためにも室外に出ることを許さない、又は食事時間を過ぎても長く留め置く等肉体的苦痛を与えるものは体罰に当たる）。

○　授業中、教室内に起立させる。

○　学習課題や清掃活動を課す。

○　学校当番を多く割り当てる。

○　立ち歩きの多い児童生徒を叱って席につかせる。

(6)　なお、児童生徒から教員等に対する暴力行為に対して、教員等が防衛のためにやむを得ずした有形力の行使は、もとより教育上の措置たる懲戒行為として行われたものではなく、これにより身体への侵害又は肉体的苦痛を与えた場合は体罰には該当しない。また、他の児童生徒に被害を及ぼすような暴力行為に対して、これを制止したり、目前の危険を回避するためにやむを得ずした有形力の行使についても、同様に体罰に当たらない。これらの行為については、正当防衛、正当行為等として刑事上又は民事上の責めを免れうる。

2　児童生徒を教室外に退去させる等の措置について

(1)　単に授業に遅刻したこと、授業中学習を怠けたこと等を理由として、児童生徒を教室に入れず又は教室から退去させ、指導を行わないままに放置することは、義務教育における懲戒の手段としては許されない。

(2)　他方、授業中、児童生徒を教室内に入れず又は教室から退去させる場合であっても、当該授業の間、その児童生徒のために当該授業に代わる指導が別途行われるのであれば、懲戒の手段としてこれを行うことは差し支えない。

(3)　また、児童生徒が学習を怠り、喧騒その他の行為により他の児童生徒の学習を妨げるような場合には、他の児童生徒の学習上の妨害を排除し教室内の秩序を維持するため、必要な間、やむを得ず教室外に退去させることは懲戒に当たらず、教育上必要な措置として差し支えない。

(4)　さらに、近年児童生徒の間に急速に普及している携帯電話を児童生徒が学校に持ち込み、授業中にメール等を行い、学校の教育活動全体に悪影響を及ぼすような場合、保護者等と連携を図り、一時的にこれを預かり置くことは、教育上必要な措置として差し支えない。

九　教職員等の選挙運動の禁止等について（通知）

（平成二九・九・二九　文科初第九一四号
各都道府県知事・各都道府県教育委員会教育長・各指定都市・中核
市市長・各指定都市教育委員会教育長あて　文部科学事務次官）

衆議院の解散に伴い、衆議院議員の総選挙が近く行われることになりました。

公務員は、全体の奉仕者であって一部の奉仕者ではなく、公共の利益のために勤務すべき職責があり、その政治的中立性を確保するとともに、行政の公正な運営の確保を図る必要があることは言うまでもありません。

特に、教育公務員については、教育基本法（平成一八年法律第一二〇号）等における教育の政治的中立性の原則に基づき、特定の政党の支持又は反対のために政治的活動等をすることは禁止されています。さらに、教育公務員の職務と責任の特殊性により、教育公務員特例法（昭和二四年法律第一号）において、公立学校の教育公務員の政治的行為の制限は、国家公務員の例によることとされ、人事院規則で定められた政治的行為が禁止されています。また、公職選挙法（昭和二五年法律第一〇〇号）においても、選挙運動等について特別の定めがなされているところです。

なお、学校の内外を問わずその地位を利用して特定の政治的立場に立って児童生徒等に接することなどにより、その職の信用を傷つけ、学校教育に対する国民の信頼を損なうこととなる場合は、地方公務員法（昭和二五年法律第二六一号）に基づき、信用失墜行為の禁止に抵触する可能性があります。

この度の選挙に当たっては、下記の事項に留意の上、教育公務員が個人としての立場で行うか職員団体等の活動として行うかを問わず、これらの規定に違反する行為や教育の政治的中立性を疑わしめる行為により、学校教育に対する国民の信頼を損なうことのないよう、その服務規律の確保について徹底をお願いします。

また、公立学校の教育公務員以外の職員及び教育委員会事務局職員等については、地方公務員法及び公職選挙法により政治的行為が制限されているところであり、公務員の政治的中立性を疑わしめる行為により、教育行政に対する国民の信頼を損なうことのないよう、その服務規律の確保について徹底をお願いします。

もとより、上記の制限に違反することは許されず、このような法令の遵守の徹底は任命権者及び服務監督権者の責務であり、本通知の趣旨をすべての教職員等に周知するとともに、非違行為を行った者には、厳正な措置をとられるようお願いします。

さらに、教育委員会の教育長及び委員についても、地方教育行政の組織及び運営に関する法律（昭和三一年法律第一六二号）及び公職選挙法において、積極的に政治運動をすること及びその地位を利用して選挙運動をすることは禁止されています。

以上の趣旨を貴部局・貴委員会内、所管の学校及び教職員に周知徹底くださいますようお願いします。また、都道府県・都道府県教育委員会におかれては、域内の市町村・市町村教育委員会に対し、以上の趣旨をそれぞれの委員会内、所管の学校及び教職員に周知徹底し、服務規律を確保するよう御指導方よろしくお願いします。

記

1　地方公務員法及び教育公務員特例法関係

(1)　地方公務員は、地方公務員法第三六条により、一定の政治的行為の制限がなされていること。

(2)　公立学校の教育公務員（公立学校の校長、副校長、教頭、主幹教諭、指導教諭、教諭、助教諭、養護教諭、養護助教諭、栄養教諭、主幹保育教諭、指導保育教諭、保育教諭、助保育教諭、講師、実習助手及び寄宿舎指導員）の政治的行為の制限については、教育が国民全体に直接責任を負って行われるべきものであり、一地方限りの利害にとどまらないという教育公務員の職務と責任の特殊性から、教育公務員特例法第一八条により、国家公務員の例によるものとされていること。これにより、国家公務員法第一〇二条及び同法に基づく人事院規則一四－七（昭和二四年人事院規則一四－七）に規定されている政治的行為の制限が適用されるものであること。

(3)　したがって、公立学校の教育公務員について制限されている政治的行為は、公立学校の教育公務員以外の地方公務員について制限されている政治的行為とは異なるものであり、かつ、その制限の地域的範囲は勤務地域の内外を問わずに全国に及ぶものであること。

(4)　本制限は、公務員としての身分を有する限り、勤務時間内外を問わず適用されるものであり（人事院規則一四－七第六項第一六号については勤務時間内に限られる。）、休暇、休職（いわゆる在籍専従も含む。）、育児休業、停職等により現実に職務に従事しない者にあっても異なる取扱いを受けるものではないこと。

(5)　本制限に該当しない場合であっても、学校の内外を問わずその地位を利用して特定の政治的立場に立って児童生徒等に接することなどにより、その職の信用を傷つけ、学校教育に対する国民の信頼を損なうこととなる場合は、地方公務員法第三三条に抵触する可能性があること。

2　公職選挙法関係

(1)　公務員がその地位を利用して選挙運動をすることは全面的に禁止され、また、その地位を利用して候補者の推薦、後援団体の結成に参画するような選挙運動とみなされる行為をすることも禁止されていること。（公職選挙法第一三六条の二）

(2)　学校教育法等に規定する学校の長及び教員（以下「教員等」という。）は、学校の児童生徒等に対する教育上の地位を利用して選挙運動をすることができないこと。（公職選挙法第一三七条）

(3)　(1)については公務員としての身分を有する限り、(2)については教員等である限り、勤務時間の内外を問わず適用されるものであり、休暇、休職（いわゆる在籍専従も含む。）、育児休業、停職等により現実に職務に従事しない者にあっても異なる取扱いを受けるものではないこと。

(4)　公職選挙法等の一部を改正する法律（平成二七年法律第四三号）により、選挙権を有する者の年齢が年齢満一八年以上となっており、高等学校、中等教育学校及び高等部を置く特別支援学校（以下「高等学校等」という。）にも選挙権を有する生徒が在籍していることを踏まえ、平成二七年一〇月二九日付け文科初第九三三号「高等学校等における政治的教養の教育と高等学校等の生徒による政治的活動等について」に基づき、引き続き、高等学校等の生徒の政治的活動等について適切に対応するとともに、政治的教養の教育に当たっては、学校の政治的中立性の確保に留意すること。

3　その他

(1)　選挙運動等の禁止制限規定に違反する行為は、公務員の服務義務違反として懲戒処分の対象となるばかりでなく、上記2の場合にあっては、処罰（二年若しくは一年以下の禁錮又は三〇万円以下の罰金、選挙権及び被選挙権の停止）の対象となるものであること。（公職選挙法第二三九条第一項第一号及び第二三九条の二第二項並びに第二五二条第一項及び第二項）

(2)　具体的事例について判断するに当たっては、適宜関係法令や関係判例を参照すること。

(3)　ウェブサイト等を利用する方法による選挙運動用文書図画の頒布は公職選挙法においては可能とされているが（公職選挙法第一四二条の三第一項）、政治的目的をもってなされる行為であって人事院規則一四―七第六項各号に掲げる政治的行為に該当するものは国家公務員法において禁止されていること。

（参考）

教育公務員の違反行為の具体例　※「法」とは「公職選挙法」を、「規則」とは「人事院規則一四―七」を指す。

教育公務員の選挙運動等に関する公職選挙法、人事院規則等による違反行為の例	関係法令
1　候補者の推薦等	
(1)　特定の候補者の当選を図るため、ＰＴＡ等の会合の席で、その候補者の推薦を決定させること。	法一三六条の二、一三七条、規則六項一号、八号、一一号
(2)　教員等の地位を利用して、投票の周旋勧誘（いわゆる票の割り当て等）を行うとか、あるいは、演説会の開催その他の選挙運動の企画に関与したりすること。	法一三六条の二、一三七条、規則六項一号、八号
(3)　特定の候補者を支持するため、教員等の地位を利用して、その候補者の後援団体を結成したり、その団体の構成員となることを勧誘すること。	法一三六条の二、一三七条、規則六項一号、五号、六号
2　投票の依頼又は勧誘	
(1)　ＰＴＡ等の会合の席上で特定の候補者へ投票するよう依頼すること。	法一三六条の二、一三七条、規則六項一号、八号、一一号
(2)　学校における児童生徒及び保護者に対する面接指導の際、自分の支持する政党や候補者の名を挙げること。	法一三六条の二、一三七条、規則六項一号
(3)　家庭訪問の際に、特定の政党や候補者に投票するよう勧誘すること。	法一三六条の二、一三七条、規則六項一号、八号
(4)　選挙運動員として、候補者の自動車などに乗り、投票を呼びかけること。	規則六項八号
(5)　教員等としての地位を利用して電話で投票を依頼すること。	法一三六条の二、一三七条、規則六項一号、八号
3　署名運動	
(1)　特定の政党や候補者の名を挙げて、賛成又は反対の署名運動をすること。	法一三八条の二、規則六項九号
(2)　(1)の署名運動に協力するよう勧誘すること。	規則六項九号
4　デモ行進	
(1)　特定の政党又は候補者などを支持し又は反対するためのデモ行進のような示威運動を企て、指導し、又は援助すること。	規則六項一〇号
(2)　選挙運動のために、自動車を連ねたり、隊伍を組んで歩くなど気勢をはること。	法一四〇条
5　新聞、雑誌、ビラ等	
(1)　特定の政党や候補者などを支持し又は反対するために書かれた新聞、雑誌、ビラ等に関して、①発行すること、②回覧に供すること、③掲示し又は配布すること、④多数の人に朗読して聞かせること、⑤①～④いずれかの用に供するために著作し又は編集すること。	法一四二条、一四三条、一四六条、一四八条、規則六項一三号
(2)　特定の政党の機関紙や刊行物	規則六項七号

の発行、編集、配布又はこれらの行為の援助を行うこと。	
6　広告、ポスター、あいさつ状等	
(1)　選挙用ポスターを貼ってまわること。	規則六項一三号
(2)　受持ちの児童生徒に選挙用ポスターを貼らせること。	法一三六条の二、一三七条、一三七条の二、規則六項一号
(3)　特定の政党や候補者を推薦する保護者あての文書を児童生徒に持ち帰らせること。	法一三六条の二、一三七条、一四二条、規則六項一号、一三号
(4)　選挙運動期間中、政党、候補者あるいはその家族、選挙運動員などの名を記載した年賀状、暑中見舞状などのあいさつ状を配ったり、掲示したりすること。	法一四二条、一四三条、一四六条、規則六項一三号
(5)　「○○候補者の当選を期す」というようなポスターなどを職員室の壁に貼ること。	法一四三条、一四五条、規則六項一三号
(6)　選挙期間中、文書などについての配布又は掲示の禁止の規制を免れる行為として、いかなる名義をもってするを問わず、政党や候補者の名を記載した文書（推薦お札のポスターなど）を配ったり、掲示したりすること。	法一四六条、規則六項一三号
(7)　選挙運動用のポスターや葉書に推薦人として肩書を付して名前を連ねること。	法一三六条の二、一三七条、規則六項一号
7　演説等	
(1)　選挙運動のため、個人演説会	規則六項八号、一一号

又は街頭で演説すること。	
(2)　不特定多数の人に対し、特定の政党や候補者を支持し又は反対する意見を述べること。	規則六項一一号
(3)　選挙運動のための個人演説会などで、ピケを張ったり、必要以上にやじったりして妨害すること（集団で行えば更に重い罰則がある。）。	法二二五条、二三〇条
8　資金カンパ	
特定の政党、候補者などを支持し若しくは反対するために資金カンパを求め、又はそのような資金カンパの計画立案に参与し、又はその集金を援助すること。	規則六項三号
9　その他	
(1)　選挙運動のために放送設備（例えば校内放送設備）を使用すること。	法一五一条の五、規則六項一一号
(2)　受持ちの児童生徒の保護者が候補者、選挙運動員又は有権者であるとき、担当教員である地位を利用して、これらの者を威迫すること。	法二二五条、一三六条の二、一三七条、規則六項一号
(3)　勤務時間中において、いわゆる紹介者カードの記入・作成等の職務と関係ない行為を行うこと。	地方公務員法第三五条（職務専念義務）
(4)　勤務時間の内外を問わず、選挙運動等のために、公の設備である学校の電話、FAX、パソコン、コピー機等を用いること。	地方公務員法第三三条（信用失墜行為）

一〇　労働時間の適正な把握のために使用者が講ずべき措置に関するガイドラインについて

（平二九・二・一〇
各都道府県教育委員会担当課長・各指定都市教育委員会担当課長あて
文部科学省初等中等教育局初等中等教育企画課事務連絡）

今般、「労働時間の適正な把握のために使用者が講ずべき措置に関するガイドライン」（以下「ガイドライン」という。）が厚生労働省において定められました。

本ガイドラインについては、別添のとおり、平成二九年二月八日付で、総務省自治行政局公務員課長から各都道府県総務部長等に対して、通知されました。各教育委員会におかれましても、本ガイドラインに基づき、適切に対応されるようお願いいたします。

なお、本ガイドラインの通達をもって、平成一三年四月六日付基発第三三九号「労働時間の適正な把握のために使用者が講ずべき措置に関する基準について」は廃止されました。本基準は、平成一八年四月三日付ス学健第一号「労働安全衛生法等の一部を改正する法律等の施行について」において、勤務時間の適正な把握の具体的な方法等を示すものとして引用されておりますが、今後、当該引用部分は、本ガイドラインに読み替えていただくようお願いいたします。

各教育委員会におかれては、所管の学校に対し、本件について周知していただくようお願いいたします。また、各都道府県教育委員会におかれては、域内の市町村教育委員会に対し、本件について周知していただくようお願いいたします。

（略）労働時間の適正な把握のために使用者が講ずべき措置に関するガイドラインについて（通知）

（別添）

労働時間の適正な把握のために使用者が講ずべき措置に関するガイドラインについて

（平二九・一・二〇　基発〇一二〇第三号
都道府県労働局長あて
厚生労働省労働基準局長通知）

今般、標記について、別添のとおり、「労働時間の適正な把握のために使用者が講ずべき措置に関するガイドライン」（以下「ガイドライン」という。）を定めたところである。

ついては、本ガイドラインの趣旨、遵守のための指導及び周知等については、下記のとおりであるので、この取扱いに遺漏なきを期されたい。

なお、本通達をもって、平成一三年四月六日付基発第三三九号「労働時間の適正な把握のために使用者が講ずべき措置に関する基準について」については廃止することとする。

記

1　ガイドラインの趣旨、内容

(1)　趣旨について

ア　使用者（使用者から労働時間を管理する権限の委譲を受けた者を含む。以下同じ。）に労働時間を管理する責務があることを改めて明らかにするとともに、労働時間の適正な把握のために使用者が講ずべき措置等を明示したところであること。

イ　労働基準法上、使用者には、労働時間の管理を適切に行う責務があるが、一部の事業場において、自己申告制（労働者が自己の労働時間を自主的に申告することにより労働時間を把握するもの。以下同じ。）の不適正な運用等により、労働時間の把握が曖昧となり、その結果、過重な長時間労働や割増賃金の未払いといった問題が生じている。このため、これらの問題の解消を図る目的で、使用者に労働時間を適正に把握する責務があることを改めて明らかにするとともに、本ガイドラインにおいて労働時間の適正な把握のために使用者が講ずべき具体的措置等を明らかにしたものであり、使用者はガイドラインを遵守すべきものであること。

(2)　労働時間の考え方について

労働時間を適正に把握する前提として、労働時間の考え方について明らかにしたものであること。

労働時間とは、使用者の指揮命令下にある時間のことをいい、使用者の明示又は黙示の指示により労働者が業務に従事する時間は労働時間に当たること。

なお、労働時間に該当するか否かは、労働契約、就業規則、労働協約等の定めのいかんによらず、労働者の行為が使用者の指揮命令下に置かれたものと評価することができるか否かにより客観的に定まるものであること。また、客観的に見て使用者の指揮命令下に置かれていると評価されるかどうかは、労働者の行為が使用者から義務づけられ、又はこれを余儀なくされていた等の状況の有無等から、個別具体的に判断されるものであることを示したものであること。

(3)　ガイドラインの4(1)について

労働時間の把握の現状をみると、労働日ごとの労働時間数の把握のみをもって足りるとしているものがみられるが、労働時間の適正な把握を行うためには、労働日ごとに始業・終業時刻を使用者が確認し、これを記録する必要があることを示したものであること。

⑷　ガイドラインの４⑵について

ア　始業・終業時刻を確認するための具体的な方法としては、ア又はイによるべきであることを明らかにしたものであること。また、始業・終業時刻を確認する方法としては、使用者自らがすべての労働時間を現認する場合を除き、タイムカード、ICカード、パソコンの使用時間の記録等（以下「タイムカード等」という。）の客観的な記録をその根拠とすること、又は根拠の一部とすべきであることを示したものであること。

イ　ガイドラインの４⑵アにおいて、「自ら現認する」とは、使用者が、使用者の責任において始業・終業時刻を直接的に確認することであるが、もとより適切な運用が図られるべきであることから、該当労働者からも併せて確認することがより望ましいものであること。

ウ　ガイドラインの４⑵イについては、タイムカード等の客観的な記録を基本情報とし、必要に応じ、これら以外の使用者の残業命令書及びこれに対する報告書等、使用者が労働者の労働時間を算出するために有している記録とを突合することにより確認し、記録するものであること。

なお、タイムカード等の客観的な記録に基づくことを原則としつつ、自己申告制を併用して労働時間を把握している場合には、ガイドラインの４⑶に準じた措置をとる必要があること。

⑸　ガイドラインの４⑶について

ア　ガイドラインの４⑶アについては、自己申告制の対象となる労働者に説明すべき事項としては、ガイドラインを踏まえた労働時間の考え方、自己申告制の具体的内容、適正な自己申告を行ったことにより不利益な取扱いが行われることがないこと等があること。

イ　ガイドラインの４⑶イについては、労働時間の適正な自己申告を担保するには、実際に労働時間を管理する者が本ガイドラインに従い講ずべき措置を理解する必要があることから設けたものであること。

実際に労働時間を管理する者に対しては、自己申告制の適正な運用のみならず、ガイドラインの３で示した労働時間の考え方等についても説明する等して、本ガイドラインを踏まえた説明とすることを示したものであること。

ウ　ガイドラインの４⑶ウについては、自己申告による労働時間の把握は、曖昧な労働時間管理となりがちであることから、使用者は、労働時間が適正に把握されているか否かについて定期的に実態調査を行うことが望ましいものであること。

また、労働者からの自己申告により把握した労働時間と入退館記録やパソコンの使用時間の記録等のデータで分かった事業場内にいた時間との間に著しい乖離が生じている場合や、自己申告制が適用されている労働者や労働組合等から労働時間の把握が適正に行われていない旨の指摘がなされた場合等には、当該実態調査を行う必要があることを示したものであること。

エ　ガイドラインの4(3)エについては、自己申告による労働時間の把握とタイムカード等を併用している場合に、自己申告した労働時間とタイムカード等に記録された事業場内にいる時間に乖離が生じているとき、その理由を報告させること自体は問題のある取組ではないが、その報告が適正に行われないことによって、結果的に労働時間の適正な把握がなされないことにつながり得るため、報告の内容が適正であるか否かについても確認する必要があることを示したものであること。

オ　ガイドラインの4(3)オについては、労働時間の適正な把握を阻害する措置としては、ガイドラインで示したもののほか、例えば、職場単位毎の割増賃金に係る予算枠や時間外労働の目安時間が設定されている場合において、当該時間を超える時間外労働を行った際に賞与を減額する等不利益な取扱いをしているものがあること。

また、実際には労働基準法の定める法定労働時間や時間外労働に関する労使協定（いわゆる三六協定）により延長する時間を超えて労働しているにもかかわらず、記録上これを守っているようにすることが、実際に労働時間を管理する者や労働者等において慣習的に行われていないかについても確認することを示したものであること。

(6)　ガイドラインの4(4)について

労働基準法第一〇八条においては、賃金台帳の調製に係る義務を使用者に課し、この賃金台帳の記入事項については労働基準法施行規則第五四条並びに第五五条に規定する様式第二〇号及び第二一号に、労働日数、労働時間数、休日労働時間数、時間外労働時間数、深夜労働時間数が掲げられていることを改めて示したものであること。

また、賃金台帳にこれらの事項を記入していない場合や、故意に虚偽の労働時間数を記入した場合は、同法第一二〇条に基づき、三〇万円以下の罰金に処されることを示したものであること。

(7)　ガイドラインの4(5)について

労働基準法第一〇九条において、「その他労働関係に関する重要な書類」について使用者に保存義務を課しており、始業・終業時刻等労働時間の記録に関する書類も同条にいう「その他労働関係に関する重要な書類」に該当するものであること。これに該当する労働時間に関係する書類としては、労働者名簿、賃金台帳のみならず、出勤簿、使用者が自ら始業・終業時刻を記録したもの、タイムカード等の労働時間の記録、残業命令書及びその報告書並びに労働者が自ら労働時間を記録した報告書等があること。

なお、保存期間である三年の起算点は、それらの書類毎に最後の記載がなされた日であること。

(8)　ガイドラインの４(6)について

人事労務担当役員、人事労務担当部長等労務管理を行う部署の責任者は、労働時間が適正に把握されているか、過重な長時間労働が行われていないか、労働時間管理上の問題点があればどのような措置を講ずべきか等について、把握、検討すべきであることを明らかにしたものであること。

(9)　ガイドラインの４(7)について

ガイドラインの４(7)に基づく措置を講ずる必要がある場合としては、次のような状況が認められる場合があること。

ア　自己申告制により労働時間の管理が行われている場合

イ　一の事業場において複数の労働時間制度を採用しており、これに対応した労働時間の把握方法がそれぞれ定められている場合

また、労働時間等設定改善委員会、安全・衛生委員会等の労使協議組織がない場合には、新たに労使協議組織を設置することも検討すべきであること。

２　ガイドラインの遵守のための指導等

(1)　監督指導において、使用者がガイドラインの遵守状況について点検確認を行い、使用者がガイドラインに定める措置を講じていない場合には、所要の指導を行うこと。

(2)　自己申告制の不適正な運用等により労働時間の適正な把握が行われていないと認められる事業場に対しては、適切な監督指導を実施すること。また、使用者がガイドラインを遵守しておらず、労働基準法第三二条違反又は第三七条違反が認められ、かつ重大悪質な事案については、司法処分を含め厳正に対処すること。

３　ガイドラインの周知

本ガイドラインについては、労働相談、集団指導、監督指導等あらゆる機会を通じて、使用者、労働者等に幅広く周知を図ることとし、本通達発出後、集中的な周知活動を行うこと。

(1)　窓口における周知

労働基準監督署の窓口において、就業規則届、時間外労働・休日労働に関する協定届等各種届出、申告・相談等がなされた際に、別途配付するリーフレットを活用し、本ガイドラインの周知を図ること。

(2)　集団指導時等における周知

労働時間に係る集団指導、他の目的のための集団指導、説明会等の場を通じて積極的に本ガイドラインの周知を図ること。

特に、自己申告制により労働時間の把握を行っている事業場等については、これを集団的にとらえ、本ガイドラインの周知を図ること。

4　その他

平成一三年四月六日付基発第三三九号「労働時間の適正な把握のために使用者が講ずべき措置に関する基準について」又は「労働時間の適正な把握のために使用者が講ずべき措置に関する基準」を引用している通達等において、平成一三年四月六日付基発第三三九号「労働時間の適正な把握のために使用者が講ずべき措置に関する基準について」又は「労働時間の適正な把握のために使用者が講ずべき措置に関する基準」とあるのは、それぞれ、平成二九年一月二〇日付基発〇一二〇第三号「労働時間の適正な把握のために使用者が講ずべき措置に関するガイドラインについて」又は「労働時間の適正な把握のために使用者が講ずべき措置に関するガイドライン」と読み替えるものとすること。

別添

労働時間の適正な把握のために使用者が講ずべき措置に関するガイドライン

1　趣旨

労働基準法においては、労働時間、休日、深夜業等について規定を設けていることから、使用者は、労働時間を適正に把握するなど労働時間を適切に管理する責務を有している。

しかしながら、現状をみると、労働時間の把握に係る自己申告制（労働者が自己の労働時間を自主的に申告することにより労働時間を把握するもの。以下同じ。）の不適正な運用等に伴い、同法に違反する過重な長時間労働や割増賃金の未払いといった問題が生じているなど、使用者が労働時間を適切に管理していない状況もみられるところである。

このため、本ガイドラインでは、労働時間の適正な把握のために使用者が講ずべき措置を具体的に明らかにする。

2　適用の範囲

本ガイドラインの対象事業場は、労働基準法のうち労働時間に係る規定が適用される全ての事業場であること。

また、本ガイドラインに基づき使用者（使用者から労働時間を管理する権限の委譲を受けた者を含む。以下同じ。）が労働時間の適正な把握を行うべき対象労働者は、労働基準法第四一条に定める者及びみなし労働時間制が適用される労働者（事業場外労働を行う者にあっては、みなし労働時間制が適用される時間に限る。）を除く全ての者であること。

なお、本ガイドラインが適用されない労働者についても、健康確保を図る必要があることから、使用者において適正な労働時間管理を行う責務があること。

3　労働時間の考え方

労働時間とは、使用者の指揮命令下に置かれている時間のことをいい、使用者の明示又は黙示の指示により労働者が業務に従事する時間は労働時間に当たる。そのため、次のアからウのような時間は、労働時間として扱わなければならないこと。

ただし、これら以外の時間についても、使用者の指揮命令下に置かれていると評価される時間については労働時間として取り扱うこと。

なお、労働時間に該当するか否かは、労働契約、就業規則、労働協約等の定めのいかんによらず、労働者の行為が使用者の指揮命令下に置かれたものと評価することができるか否かにより客観的に定まるものであること。また、客観的に見て使用者の指揮命令下に置かれていると評価されるかどうかは、労働者の行為が使用者から義務づけられ、又はこれを余儀なくされていた等の状況の有無等から、個別具体的に判断されるものであること。

ア　使用者の指示により、就業を命じられた業務に必要な準備行為（着用を義務付けられた所定の服装への着替え等）や業務終了後の業務に関連した後始末（清掃等）を事業場内において行った時間

イ　使用者の指示があった場合には即時に業務に従事することを求められており、労働から離れることが保障されていない状態で待機等している時間（いわゆる「手待時間」）

ウ　参加することが業務上義務づけられている研修・教育訓練の受講や、使用者の指示により業務に必要な学習等を行っていた時間

4　労働時間の適正な把握のために使用者が講ずべき措置

(1)　始業・終業時刻の確認及び記録

使用者は、労働時間を適正に把握するため、労働者の労働日ごとの始業・終業時刻を確認し、これを記録すること。

(2)　始業・終業時刻の確認及び記録の原則的な方法

使用者が始業・終業時刻を確認し、記録する方法としては、原則として次のいずれかの方法によること。

ア　使用者が、自ら現認することにより確認し、適正に記録すること。

イ　タイムカード、ICカード、パソコンの使用時間の記録等の客観的な記録を基礎として確認し、適正に記録すること。

(3)　自己申告制により始業・終業時刻の確認及び記録を行う場合の措置

上記(2)の方法によることなく、自己申告制によりこれを行わざるを得ない場合、使用者は次の措置を講ずること。

ア　自己申告制の対象となる労働者に対して、本ガイドラ

インを踏まえ、労働時間の実態を正しく記録し、適正に自己申告を行うことなどについて十分な説明を行うこと。

イ　実際に労働時間を管理する者に対して、自己申告制の適正な運用を含め、本ガイドラインに従い講ずべき措置について十分な説明を行うこと。

ウ　自己申告により把握した労働時間が実際の労働時間と合致しているか否かについて、必要に応じて実態調査を実施し、所要の労働時間の補正をすること。

特に、入退場記録やパソコンの使用時間の記録など、事業場内にいた時間の分かるデータを有している場合に、労働者からの自己申告により把握した労働時間と当該データで分かった事業場内にいた時間との間に著しい乖離が生じているときには、実態調査を実施し、所要の労働時間の補正をすること。

エ　自己申告した労働時間を超えて事業場内にいる時間について、その理由等を労働者に報告させる場合には、当該報告が適正に行われているかについて確認すること。

その際、休憩や自主的な研修、教育訓練、学習等であるため労働時間ではないと報告されていても、実際には、使用者の指示により業務に従事しているなど使用者の指揮命令下に置かれていたと認められる時間については、労働時間として扱わなければならないこと。

オ　自己申告制は、労働者による適正な申告を前提として成り立つものである。このため、使用者は、労働者が自己申告できる時間外労働の時間数に上限を設け、上限を超える申告を認めない等、労働者による労働時間の適正な申告を阻害する措置を講じてはならないこと。

また、時間外労働時間の削減のための社内通達や時間外労働手当の定額払等労働時間に係る事業場の措置が、労働者の労働時間の適正な申告を阻害する要因となっていないかについて確認するとともに、当該要因となっている場合においては、改善のための措置を講ずること。

さらに、労働基準法の定める法定労働時間や時間外労働に関する労使協定（いわゆる三六協定）により延長することができる時間数を遵守することは当然であるが、実際には延長することができる時間数を超えて労働しているにもかかわらず、記録上これを守っているようにすることが、実際に労働時間を管理する者や労働者等において、慣習的に行われていないかについても確認すること。

(4)　賃金台帳の適正な調製

使用者は、労働基準法第一〇八条及び同法施行規則第五四条により、労働者ごとに、労働日数、労働時間数、休日労働時間数、時間外労働時間数、深夜労働時間数といった事項を適正に記入しなければならないこと。

また、賃金台帳にこれらの事項を記入していない場合や、故意に賃金台帳に虚偽の労働時間数を記入した場合は、同法第一二〇条に基づき、三〇万円以下の罰金に処されること。

(5)　労働時間の記録に関する書類の保存

使用者は、労働者名簿、賃金台帳のみならず、出勤簿やタイムカード等の労働時間の記録に関する書類について、労働基準法第一〇九条に基づき、三年間保存しなければならないこと。

(6)　労働時間を管理する者の職務

事業場において労務管理を行う部署の責任者は、当該事業場内における労働時間の適正な把握等労働時間管理の適正化に関する事項を管理し、労働時間管理上の問題点の把握及びその解消を図ること。

(7)　労働時間等設定改善委員会等の活用

使用者は、事業場の労働時間管理の状況を踏まえ、必要に応じ労働時間等設定改善委員会等の労使協議組織を活用し、労働時間管理の現状を把握の上、労働時間管理上の問題点及びその解消策等の検討を行うこと。

一一　学校における働き方改革に関する緊急対策の策定並びに学校における業務改善及び勤務時間管理等に係る取組の徹底について（通知）

（平三〇・二・九　二九文科初第一四三七号
各都道府県教育委員会教育長・各指定都市教育委員会教育長あて
文部科学事務次官）

文部科学省では、平成二九年六月二二日に、新しい時代の教育に向けた持続可能な学校指導・運営体制の構築のための学校における働き方改革に関する総合的な方策について中央教育審議会に諮問を行い、同年一二月二二日、中央教育審議会において「新しい時代の教育に向けた持続可能な学校指導・運営体制の構築のための学校における働き方改革に関する総合的な方策について（中間まとめ）」（以下、「中間まとめ」という。）が取りまとめられました。これを踏まえ、文部科学省として、同月二六日に「学校における働き方改革に関する緊急対策」（以下、「緊急対策」という。）を別添の通り取りまとめましたので、お知らせします。文部科学省としては、緊急対策において、業務の役割分担・適正化を着実に実行するための方策や、学校が作成する計画等や組織運営に関する見直し、勤務時間に関する意識改革と時間外勤務の抑制のための必要な措置を講ずることとしているほか、これらの方策の実施に必要な環境整備を行うこととしており、今後も、「学校における働き方改革」を進めるに当たり、関係者への情報提供や必要な予算の確保に努めるなどの取組を進めてまいります。

各都道府県教育委員会及び各指定都市教育委員会におかれては、学校におけるこれまでの働き方を見直し、限られた時間の中で、教師の専門性を生かしつつ、授業やその準備に集中できる時間、教師自らの専門性を高めるための研修の時間や、児童生徒と向き合うための時間を十分確保し、教師が日々の生活の質や教職人生を豊かにすることで、自らの人間性を高め、児童生徒に対して効果的な教育活動を行うことができるよう、下記の点に留意しながら、高等学校や特別支援学校等の学校種の違いにも配慮しつつ、必要な取組の徹底をお願いします。その際、学校種による業務の性質の違いについても十分に考慮されるようお願いします。

学校における業務改善については、「教育委員会における学校の業務改善のための取組状況調査の結果（速報値）及び学校現場における業務改善に係る取組の徹底について（通知）」（平成二九年六月二二日付け二九文科初第五〇九号）等により、取組の徹底をお願いしているところですが、今般、中間まとめにおいて学校・教師が担う業務の明確化を通じた役割分担と業務の適正化、学校が作成する計画等の見直し等の観点から、取り組むべき具体的な方策が示されたところであり、今後の対応に当たっては、本通知に基づき、適切に対応されるようお願いします。

また、勤務時間管理については、上記通知等により、厚生労働省において平成二九年一月二〇日に定められた「労働時間の適正な把握のために使用者が講ずべき措置に関するガイドライン」（以下、「厚生労働省のガイドライン」という。）に基づき適切に対応されるよう周知しているところですが、今後とも、本通知及び厚生労働省のガイドラインに基づき、適切に対応されるようお願いします。

このほか、学校における業務改善及び勤務時間管理等に係る今後の対応に当たっては、中間まとめ及び緊急対策を参考とされるようお願いします。

文部科学省としても、各教育委員会における学校の業務改善のための取組状況について定期的にフォローアップしてまいります。

各都道府県教育委員会におかれては、所管の学校及び域内の市（指定都市を除く。以下同じ。）町村教育委員会に対して、各指定都市教育委員会におかれては、所管の学校に対して、本件について周知を図るとともに、十分な指導・助言に努めていただくようお願いします。

また、各都道府県教育委員会におかれては、本件について域内の市町村教育委員会が設置する学校に対して周知が図られるよう配慮をお願いします。

記

教育委員会において取り組むべき方策としては、以下の事項が挙げられる。各教育委員会においては、これらの取組について、学校や地域、教職員や児童生徒の実情に応じて、順次適切に取組を進めること。

1．学校における業務改善について

(1)　業務の役割分担・適正化を着実に実行するために教育委員会が取り組むべき方策について

①業務改善方針・計画の策定及びフォローアップ
②事務職員の校務運営への参画の推進
③専門スタッフとの役割分担の明確化及び支援
④学校が教育活動に専念するための支援体制の構築
⑤業務の管理・調整を図る体制の構築
⑥関係機関との連携・協力体制の構築
⑦学校・家庭・地域の連携の促進
⑧統合型校務支援システム等のＩＣＴの活用推進
⑨研修の適正化
⑩各種研究事業等の適正化

⑪教育委員会事務局の体制整備
⑫授業時数の設定等における配慮
⑬各学校における業務改善の取組の促進

(2)　中間まとめにおいて示された業務の在り方に関する考え方を踏まえて教育委員会が特に留意して取り組むべき個別業務の役割分担及び適正化について

【基本的には学校以外が担うべき業務】
①登下校に関する対応
②放課後から夜間などにおける見回り、児童生徒が補導されたときの対応
③学校徴収金の徴収・管理
④地域ボランティアとの連絡調整

【学校の業務だが、必ずしも教師が担う必要のない業務】
⑤調査・統計等への回答等
⑥児童生徒の休み時間における対応
⑦校内清掃
⑧部活動

【教師の業務だが、負担軽減が可能な業務】
⑨給食時の対応
⑩授業準備
⑪学習評価や成績処理
⑫学校行事等の準備・運営
⑬進路指導
⑭支援が必要な児童生徒・家庭への対応

(3)　学校が作成する計画等及び学校の組織運営に関する見直しについて
2.　勤務時間管理の徹底及び適正な勤務時間の設定について
3.　教職員全体の働き方に関する意識改革について

1.　学校における業務改善について

中間まとめにおいて、これまで学校・教師が担ってきた業務の中には、半ば慣習的に行われてきたが一定の教育的効果が指摘される業務もある一方、限られた時間の中で、教師一人一人の授業準備や自己研鑽《さん》等の時間を確保するとともに、意欲と高い専門性をもって、今まで以上に一人一人の児童生徒に丁寧に関わりながら、質の高い授業や個に応じた学習指導を実現するためには、学校が担うべき業務、教師が担うべき業務を改めて整理した上で、教師の専門性を踏まえ、各学校や地域の実情に応じて、役割分担・適正化を図っていくことが必要であるとされたことに留意し、以下の方策に取り組むこと。

(1)　業務の役割分担・適正化を着実に実行するために教育委員会が取り組むべき方策について
①業務改善方針・計画の策定及びフォローアップ
所管の学校の業務改善に関して、時間外勤務の短縮に向けた業務改善方針・計画を策定すること。その際、調

査・依頼事項を含め、教育委員会が課している業務の内容を精査した上で業務量の削減に関する数値目標（ＫＰＩ）を決めるなど明確な業務改善目標を定め、業務改善の取組を促進し、フォローアップすることで、業務改善のＰＤＣＡサイクルを構築すること。また、各学校でデータ・資料の取扱いや様式をはじめとした業務実施に当たる統一的な方針を示すこと。

②事務職員の校務運営への参画の推進

学校におけるマネジメント機能を十分に発揮できるようにするため、事務職員がより主体的・積極的に、業務改善をはじめとする校務運営に参画するとともに、採用から研修等を通じて、事務職員の資質・能力、意欲の向上のための取組を進めること。また、勤務の実情を踏まえつつ、事務職員に過度に業務が集中することにならないよう、法制化された共同学校事務室の活用や、庶務事務システムの導入等により、事務処理の効率化等を図りつつ、教師の事務負担の軽減や事務職員の学校運営への支援・参画の拡大等を積極的に進めること。

③専門スタッフとの役割分担の明確化及び支援

「チームとしての学校」として、事務職員や専門的な知見をもち、児童生徒により効果的な指導・助言が行えるスクールカウンセラー、スクールソーシャルワーカー、部活指導員等の専門スタッフとの役割分担を明確にし、専門スタッフが学校に対して理解を深め、必要な資質・能力を備えることができるような研修等を実施するとともに、人員が確保できるよう学校に対して必要な支援を行うよう努めること。

④学校が教育活動に専念するための支援体制の構築

これまで学校が担ってきた業務について、域内で統一的に実施できるものについては、できる限り地方公共団体や教育委員会が担っていくとともに、各学校が組織的・継続的に業務改善に取り組めるよう、児童生徒を取り巻く問題について法的アドバイスを受けることや、学校と保護者・地域住民の間でのトラブル等の課題に直面した際の解決に向けた学校に対する支援を教育委員会が積極的に進めるなど、学校が教育活動に専念することができるような支援体制を構築するよう努めること。

⑤業務の管理・調整を図る体制の構築

文部科学省の取組を参考に、給与負担者である教育委員会において、正規の勤務時間や人的配置等を踏まえ、教職員の業務量について俯瞰（ふかん）し、学校に対して新たな業務を付加する場合には積極的に調整を図る体制を構築すること。

⑥関係機関との連携・協力体制の構築

各学校が関係機関や地域・保護者との連携を一層強化するために必要な支援や体制を構築すべきであり、特に、学校が直面してきた課題に関係があると思われる福祉部局・警察等関係機関との連携を促進するために教育委員会が主導して連携・協力体制を構築すること。

⑦学校・家庭・地域の連携の促進

地域・保護者との連携については各学校における取組を踏まえつつ、教育委員会としても、所管する学校への学校運営協議会の設置が努力義務化されていることを踏まえ、コミュニティ・スクール（学校運営協議会制度を導入した学校をいう。）の導入に取り組むとともに、法制化された地域学校協働活動推進員の委嘱等により、地域学校協働活動を推進すること。また、地域や保護者に教育委員会の考えを直接示す機会を設けるなど、学校の取組が理解されるような取組を積極的に行うこと。

⑧統合型校務支援システム等のＩＣＴの活用推進

統合型校務支援システムの導入により、指導要録への記載など学習評価をはじめとした業務の電子化による効率化などを図るとともに、ＩＣＴを活用し、教材の共有化を積極的に進めること。その際、都道府県と域内の市町村との連携により、都道府県単位での統合型校務支援システムの共同調達・運用に向けた取組を進めること。

⑨研修の適正化

教師の研修については、教師の資質能力の向上を図る上で大変重要であるが、都道府県と市町村の教育委員会間等で重複した内容の研修の整理・精選を行うとともに、研修報告書等についても、過度な負担とならないよう研修内容に応じて簡素化を図ること。また、実施時期の調整など工夫をすることにより、教職員がまとまった休暇を取りやすい環境にも配慮すること。

⑩各種研究事業等の適正化

教育委員会の学校指定による先導的な研究や、各種研究会により事実上割り当てられたようなものなどの学校における研究事業については、研究テーマの精選や、報告書の形式を含めた成果発表の在り方など、教師の負担面にも配慮すること。

⑪教育委員会事務局の体制整備

教育委員会においても、所属職員の業務の適正化が図られるよう、体制整備の実現に期するべく、組織内でも業務の精選等を積極的に実施するとともに、総合教育会議等を通じて、首長や首長部局等と共通理解を深めること。

⑫授業時数の設定等における配慮

警報発令や感染症による休校や学級閉鎖等も想定した必要な授業時数の確保や、指導内容の確実な定着を図る観点から、標準を上回る適切な指導時間を設定することは想定されるが、標準授業時数を大きく上回った授業時数を計画している場合には、指導体制の整備状況を踏まえて精査し、教師の時間外勤務の増加につながらないよう、各学校における教育課程の編成・実施に当たっては、教師の「働き方改革」に十分配慮すること。

⑬各学校における業務改善の取組の促進

各学校に対して以下の点を踏まえた業務改善の取組を促し、必要な支援を行うこと。

・業務を洗い出し、可視化し、見直していくこと。

・各学校においては、校長をはじめとした管理職は学校の重点目標や経営方針を明確化し、その目標達成のために真に必要な業務に注力できるようにすること。

・管理職は教職員の組織管理や時間管理、健康安全管理をはじめとしたマネジメントを着実に行うこと。

・教職員一人一人が、自らの業務一つ一つについて、より効果的に行うことができないか、適正化の観点から見直すこと。

・学校の重点目標や経営方針において、教職員の働き方に関する視点も盛り込み、学校全体で取り組むこと。

・教職員間で業務の在り方、見直しについて話し合う機会を設け、その話合いも参考にしながら、管理職は校内の業務の在り方の適正化を図ることができるような学校現場の雰囲気づくりに取り組むこと。

・地域・保護者や福祉部局・警察等関係機関との情報共有を緊密に行いつつ、適切な役割分担を図るよう努めること。

・保護者や地域住民との学校経営方針の共有を図るとともに、地域・保護者との連携については、保護者や地域住民が一定の権限と責任を持って学校運営に参画する仕組みである学校運営協議会制度の活用や、地域学校協働活動を推進すること。

(2)　中間まとめにおいて示された業務の在り方に関する考え方を踏まえて教育委員会が特に留意して取り組むべき個別業務の役割分担及び適正化について

中間まとめにおいて、これまで学校・教師が担ってきた代表的な業務の在り方に関する考え方が示されたところである。それを踏まえ、下記の点に留意しつつ、下記個別業務の役割分担及び適正化を図ること。

下記個別業務の他、各学校や地域の置かれた状況、各学校の教育目標・教育課程に応じて発生する業務については、服務監督権者である教育委員会において、下記個別業務についての整理を踏まえた上で、教師が専門性を発揮できる業務であるか否か、児童生徒の生命・安全に関わる業務であるか否かといった観点から、その受皿の整備・確保を進めつつ、中心となる担い手を学校・教師以外の者に積極的に移行していくという視点に立って検討を行うこと。

【基本的には学校以外が担うべき業務】

①登下校に関する対応

11　学校における働き方改革に関する緊急対策の策定並びに学校における業務改善及び勤務時間管理等に係る取組の徹底について

通学路における安全確保を効果的に行うために、各地方公共団体等が中心となって、学校・関係機関・地域の連携を一層強化する体制を構築すること。

②放課後から夜間などにおける見回り、児童生徒が補導されたときの対応

学校・警察等関係機関・地域の連携を一層強化する体制を構築すること。

③学校徴収金の徴収・管理

学校徴収金は、銀行振り込み・口座引き落としによる徴収を基本とし、その徴収・管理を学校ではなく、教育委員会事務局や首長部局が担っていくこと。仮に、学校が担わざるを得ない場合であっても、地域や学校の実情に応じて事務職員等に業務移譲しながら、教師の業務としないようにすること。

④地域ボランティアとの連絡調整

地域ボランティアとの連絡調整を行う地域学校協働活動推進員等と学校の連絡調整の際の学校側の窓口としては、主幹教諭や事務職員を地域連携担当と校務分掌上位置付けて、その役割を積極的に担うことが考えられる。これを推進するため、地域連携担当教職員について、学校における地域連携の窓口として、校務分掌上位置付けるよう促進し、学校管理規則や標準職務例に規定すること。

【学校の業務だが、必ずしも教師が担う必要のない業務】

⑤調査・統計等への回答等

教育委員会による学校への調査・照会について、調査の対象（悉皆（しっかい）／抽出）・頻度・時期・内容・様式等（選択式、ＷＥＢフォーム等）の精査や、調査項目の工夫による複数の調査の一元化を行うこと。また、首長部局において学校を対象とした調査を行う場合についても、調査項目の重複排除等、報告者負担の軽減に向けた不断の見直しを行うよう配慮を働きかけること。このような精査をした上で、必要な調査・統計等への回答は、例えば、教育課程の編成・実施や生徒指導など教師の専門性に深く関わるもの以外の調査については、事務職員等が中心となって回答するなど、可能な限り、教師や教頭・副校長等の負担を軽減するとともに、調査結果が調査対象校に共有されるよう取組を進めること。

研究指定校やモデル事業については、教育課題の変化を踏まえて、その必要性について精査・精選するとともに、申請のために必要となる計画書等の書類の簡素化等を図るとともに、各教育委員会で実施している研究事業についても、研究テーマの精選や、報告書の形式を含めた成果発表の在り方など、教師の負担面にも配慮した事業となるよう、見直しを行うこと。

作文・絵画コンクール等への出展依頼や、子供の体験活動を始め民間団体等からの家庭向けの配布依頼について、当該団体等に対して、教育委員会経由での連絡や学校によらない子供たちへの周知方法の検討などの協力を要請すること。また、民間団体等からの依頼について、教育委員会から学校に連絡する際は、例えば、教育委員会が後援名義を出しているもの、所管団体が主催しているもの、学校教育の一環として教育課程との関連が図られるものであるなど、真に効果的で必要なものに精選すること。

⑥児童生徒の休み時間における対応

全ての教師が毎日、児童生徒の休み時間の対応をするのではなく、例えば、地域人材等の参画・協力も得ながら、責任体制の明確化・十分な情報共有を図った上で、輪番等によってその負担を軽減する等の取組を行うこと。

⑦校内清掃

各学校において合理的に回数や範囲等を設定し、地域人材等の参画・協力を得たり、民間委託等を検討したりするほか、清掃指導については、輪番等によって教師の負担を軽減する等の取組を行うこと。

⑧部活動

各学校において、教師の負担の度合いや専門性の有無を踏まえ、学校の教育方針を共有した上で、学校職員として部活動の実技指導等を行う部活動指導員をはじめとした外部人材の積極的な参画を進めること。

少子化等により規模が縮小している学校においては、学校に設置する部活動の数について、生徒や教師の数、部活動指導員の参画状況を考慮して適正化するとともに、生徒がスポーツ・文化活動等を行う機会が失われることのないよう複数の学校による合同部活動や民間団体も含めた地域のクラブ等との連携等を積極的に進めること。

教師の勤務負担軽減や教科指導等とのバランスという観点だけでなく、部活動により生徒が学校以外の様々な活動について参加しづらいなどの課題や生徒のバランスの取れた健全な成長の確保の観点からも、部活動の適切な活動時間や休養日について明確に基準を設定すること。

一部の保護者による部活動への過度の期待が見られることも踏まえ、入試における部活動に対する評価の在り方の見直し等に取り組むこと。

部活動に過度に注力してしまう教師も存在するところであり、教師の側の意識改革を行うために、採用や人事配置等の段階において、教師における部活動の指導力を過度に評価しないよう留意すること。

【教師の業務だが、負担軽減が可能な業務】

⑨給食時の対応

栄養教諭等の配置状況も踏まえながら、学級担任と栄養教諭等との連携により、食物アレルギーを有する児童生徒に対する毎日の給食時の各学級での対応も含めてより効果的な指導を行うこと。

ランチルームなどで複数学年が一斉に給食をとったり、地域人材等の参画・協力を得たりすることにより、教師一人一人の負担を軽減するために運営上の工夫を図ること。

アレルギー対応については、学校においては、文部科学省が平成二七年三月に策定した「学校給食における食物アレルギー対応指針」に示すとおり、安全性の確保のため、施設設備や人員等を鑑み、過度で複雑な対応は行わないこと。

⑩授業準備

授業で使用する教材等の印刷や物品等の準備のような補助的業務や理科の授業における実験や観察等について、授業中の支援に加え、実験の準備・片付けや教材開発の支援は、教師との連携の上で、サポートスタッフや理科の観察実験補助員の積極的な参画を図ること。

作業を効率的に行うためのICT設備やOA機器の導入・更新やICTを活用した教材や指導案の共有化とともに、都道府県教育委員会の教育センター等における教材や指導案の共有化に取り組むこと。

⑪学習評価や成績処理

学習評価や成績処理に関する業務のうち、定期テストやレポート課題といった評価資料の作成・収集や通知表・調査書・指導要録の作成等の教師が行うべき業務との分担を明確にした上で、宿題等の提出状況の確認、簡単な漢字・計算ドリルの丸付けなどの補助的業務は、教師との連携の下で、法令上の守秘義務が課される地方公務員（非常勤職員等）としての任用等により適切な業務を遂行できるサポートスタッフ等の積極的な参画を図ること。

教育委員会において、学習評価や成績処理に係る事務作業の負担軽減のため、ICTを活用する環境の整備を図ること。

⑫学校行事等の準備・運営

学校行事に関する業務のうち、学校行事に必要な物品の準備、講演会の講師や職場体験活動受入れ企業との日程調整、修学旅行の運営等は、教師との連携の上で、事務職員の参画や民間委託等による外部人材等の参画を図ること。

学校行事の精選や内容の見直し、準備の簡素化を進めるとともに、地域や学校等の実情に応じて、地域が主催する行事と学校行事を合同開催するなど効果的・効率的な実施を検討すること。加えて、理科の野外観察や社会科の見学や観察といった調査活動など、本来、教科等の学習に相当する内容の一部が学校行事として行われている状況があることを踏まえて、カリキュラム・マネジメントの観点から学校行事と教科等の関連性を見直し、従来学校行事とされてきた活動のうち、教科等の指導と位置づけることが適切なものについては、積極的に当該教科等の授業時数に含めることも検討すること。

周年行事等、教育活動としての要素よりも地域の記念行事としての要素が大きい行事の準備は、簡素化した上で、教育委員会や保護者・ＰＴＡ、地域等が中心となって行うことを積極的に検討すること。

⑬進路指導

高等学校における進路指導に関わる事務のうち、企業等の就職先の情報収集等について、事務職員あるいは民間企業経験者などの外部人材等の参画・協力を進めること。

進路指導に付随する業務である検定試験や模擬試験の実施における監督等については、可能な限り民間委託等を進めていくこと。

教師が進路指導を担う際には、進学や就職の際に作成する書類について、校務支援システムの導入や様式の簡素化、都道府県や市町村における様式の統一化のほか、学校における集中処理期間の設定等、作業をより効果的に進めること。

⑭支援が必要な児童生徒・家庭への対応

支援が必要な児童生徒・家庭への対応については、教師について児童生徒の特性に応じた研修の機会を確保するとともに、教師と異なる高度な専門性も必要となることから、教師との連携の上で、スクールカウンセラーやスクールソーシャルワーカー、特別支援教育の支援ができる専門的な人材、日本語指導ができる支援員や母語が分かる支援員等の専門的な人材等の積極的な参画を図ること。

また、家庭との対応の関係で保護者等からの過剰な苦情や不当な要求等への対応が求められる場合や、児童生徒を取り巻く問題に関して法的側面からのアドバイスが必要な場合については、教師が一人で抱え込むのではなく、学校が組織として対応できるよう、教育委員会において支援体制を構築するほか、法的相談を受けるスクールロイヤー等の専門家の配置を進めること。

(3)　学校が作成する計画等及び学校の組織運営に関する見直しについて

①　学校単位で作成される計画については、業務の適正化の観点や、計画の機能性を高め、カリキュラム・マネジ

メントの充実を図る観点から、計画の統合も含め、計画の内容や学校の実情に応じて真に効果的な計画を作成することを推進すること。

② 各教科等の指導計画や、支援が必要な児童生徒のための個別の指導計画・教育支援計画等の有効な活用を図るためにも、計画の内容や学校の実情に応じて複数の教師が協力して作成し共有化するなどの取組を推進すること。

③ 教育委員会において、教育委員会として学校に作成を求めている計画等を網羅的に把握した上で、「スクラップ＆ビルド」の視点に立ち、その計画の必要性を含め、整理・合理化をしていくとともに、教育委員会において計画等のひな形を提示する際には、過度に複雑なものとせず、ＰＤＣＡサイクルの中で活用されやすいものになるよう取り組むこと。

④ 各学校に対し、新たな課題に対応した計画の作成を求める場合には、まずは既存の各種計画の見直しの範囲内で対応することを基本とすること。

⑤ 学校に設置されている様々な委員会等について、類似の内容を扱う委員会等については、委員会等の合同設置や構成員の統一など、業務の適正化に向けた運用を行うよう徹底すること。

2．勤務時間管理の徹底及び適正な勤務時間の設定について

① 勤務時間管理については、厚生労働省のガイドラインにおいて、「使用者は、労働者の労働日ごとの始業・終業時刻を確認し、適正に記録すること」とされており、勤務時間管理は労働法制上、校長や服務監督権者である教育委員会に求められている責務であることを踏まえ、本通知及び厚生労働省のガイドラインに基づき、教師の勤務時間管理を徹底すること。勤務時間管理に当たっては、極力、管理職や教師に事務負担がかからないよう、服務監督権者である教育委員会は、自己申告方式ではなく、ＩＣＴの活用やタイムカードなどにより勤務時間を客観的に把握し、集計するシステムを直ちに構築するよう努めること。

② 登下校時刻の設定や、部活動、学校の諸会議等については、教職員が適正な時間に休憩時間を確保できるようにすることを含め、教職員の勤務時間を考慮した時間設定を行うこと。

③ 部活動や放課後から夜間などにおける見回り等、「超勤4項目」以外の業務については、校長は、時間外勤務を命ずることはできないことを踏まえ、早朝や夜間等、通常の勤務時間以外の時間帯にこうした業務を命ずる場合、服務監督権者は、正規の勤務時間の割り振りを適正に行うなどの措置を講ずるよう徹底すること。

④ 保護者や外部からの問合せ等に備えた対応を理由に時

間外勤務をすることのないよう、緊急時の連絡に支障がないよう教育委員会事務局等への連絡方法を確保した上で、留守番電話の設置やメールによる連絡対応等の体制整備に向けた方策を講ずること。

⑤　長期休業期間において年次有給休暇を確保できるように一定期間の学校閉庁日の設定を行うこと。

⑥　適正な勤務時間の設定に係る取組について、各学校においては学校運営協議会の場等を活用しながら、保護者や地域の理解を得られるよう、各教育委員会も、ＰＴＡ等の協力も得るため、必要な要請を行うこと。

3．教職員全体の働き方に関する意識改革について

①　学校における業務改善を図っていくためには、校長をはじめとした管理職のマネジメント能力は必要不可欠であり、都道府県教育委員会等の研修でも、教職員の組織管理や時間管理、健康安全管理等をはじめとしたマネジメント能力を養成する観点を盛り込むこと。また、管理職登用の際にそのようなマネジメント能力を適正に評価すること。

②　管理職だけでなく、学校の教職員全体に対しても勤務時間を意識した働き方を浸透させるために、各教育委員会において、働き方に関する必要な研修を実施すること。

③　校長が学校の重点目標や経営方針に教職員の働き方に関する視点を盛り込み、管理職がその目標・方針に沿って学校経営を行う意識を持つとともに、教職員一人一人が業務改善の意識をもって進めるため、各教職員が実施した担当業務の適正化の取組を積極的に評価するなど、人事評価の活用を推進すること。

④　学校運営の組織的・継続的な改善を図りつつ、各学校が保護者や地域住民等に対し、適切に説明責任を果たし、その理解と協力を得るためにも、学校評価において重点的な評価項目の一つとして、業務改善や教職員の働き方に関する項目を明確に位置付け、自己評価はもとより、学校関係者評価についても積極的に実施していくこと。また、学校の実情等を踏まえ、第三者評価についても積極的に検討していくこと。

⑤　教育委員会は、学校評価と連動した業務改善の点検・評価の取組を推進するとともに、教育委員会が策定する業務改善方針・計画や、実施する業務改善の取組について、毎年度実施する教育委員会の自己点検・評価の中で取り上げること。

【別添資料】学校における働き方改革に関する緊急対策（平成二九年一二月二六日　文部科学大臣決定）（略）

一二　法制局見解

（昭和二六・七・二〇　法意一発第四十四号
東京都教育委員会教育長あて
法務府法制意見第一局長事務代理回答）

1　問　題

任命権者が公立学校（公立大学を除く。以下同じ。）の校長又は教員をその意に反して転任させることは、地方公務員法にいう「不利益処分」には該当しないと解して差し支えないか。

2　意　見

お示しの転任をもって一律に地方公務員法にいう「不利益処分」に該当しないと断定することはできない。

3　理　由

いうまでもなく、公立学校の校長および教員の任用、分限その他の身分に関する事項は、地方公務員法及び教育公務員特例法の定めるところであるが、公立学校の校長及び教員の転任については、これらの法律はなんらの規定をも設けていない。このことは、大学の学長、教員及び部局長のその意に反する転任について教育公務員特例法第五条が特に大学管理機関の審査の結果によるべきことを命じているのと対比しても明らかなように、法は公立学校の校長及び教員のその意に反する転任については、それ自体としては、これを保障する趣旨ではないことを示すものである。従って、公立学校の校長及び教員については、任命権者は、本人の意思のいかんにかかわらず、これを転任させる権限を有することはきわめて明白である。（地方公務員法第六条、第十七条参照）

しかしながら、このように任命権者に転任を命ずる権限のあることを根拠として、公立学校の校長及び教員をその意に反して転任させることがいかなる場合にも地方公務員法第三章第八節第四款にいう「不利益処分」に該当しないと速断することはできない。ただし、地方公務員法第四十九条及び第五十条〔現行は第四十九条から第五十条まで〕は、その意に反して不利益な処分を受けたと認める職員からその処分の審査の請求を受けた人事委員会又は公平委員会は、事案を審査の上、その処分を不利益処分に該当すると認めるときは、当該処分を修正又は取り消し得る旨規定し、これによって、職員を任命権者の恣意による処分から保護している。従って、その意に反する転任で、降任又は降給（地方公務員法第二十七条及び第二十八条）を伴うものはもちろん、それ以外ののもので不利益処分に該当するもののあることは否定できないのである。然らば、降任又は降給を伴わない転任のうち、いかなるものが不利益な処分にあたるかというに、これを一義的に示すのは困難であり、結局個々の転任について具体的に決定するの外ないであろう。公立学校の校長及び教員の転任についていえば、例えば職員の職務の性質、当該学校の営造物としての規模及び当該学校に対する社会的評価の程度は、転任が不利益な処分にあたるか否かを判定するについての一要素たるを失わないものと思われる。

以上によって明らかなように、公立学校の校長及び教員をその意に反して転任させることが一律に地方公務員法第四十九条第一項及び第二項にいう「不利益な処分」にあたらないと解するのは正当でないと同時に、その意に反する転任が不利益な処分にあたるか否かは、個々の処分について、具体的に判断する外はないのである。

一三　教員の地位に関する勧告（正訳）

（一九六六・一〇・五
教師の地位に関する特別政府間会議採択）

教員の地位に関する特別政府間会議は、

教育を受ける権利が基本的人権であることを想起し、

世界人権宣言第二十六条、児童の権利に関する宣言第五、第七及び第十の原則並びに諸国民間の平和、相互の尊重及び理解の理想を青少年の間に促進することに関する国際連合の宣言を遂行して、すべての者に適切な教育を与えることに対する国の責任を自覚し、

不断の道徳的及び文化的進歩並びに経済的及び社会的発展に貢献する上に欠くことのできないものとして、あらゆる才能及び知性を完全に利用するために一層広範な一般教育、技術教育及び職業教育が必要であることを認め、

教育の発展における教員の本質的役割並びに人類及び近代社会の発展に対する教員の貢献の重要性を認識し、

教員がこの役割にふさわしい地位を享受することを確保することに関心を有し、

諸国における教育の制度及び組織を決定づける法令及び慣習に大きな相違があることを考慮し、

諸国において、教育職員に適用される措置が、特に公共の役務に関する規則が教育職員に適用されるかどうかに従って相違があることをも考慮し、

これらの相違にもかかわらず教員の地位に関してすべての国で類似の問題が生じており、また、これらの問題が一連の共通の基準及び措置（これらを明らかにすることがこの勧告の目的である。）の適用を必要としていることを確信し、

教員に適用される現行の国際諸条約、特に、国際労働機関の総会が採択した千九百四十八年の結社の自由及び団結権保護条約、千九百四十九年の団結権及び団体交渉権条約、千九百五十一年の同一報酬条約、千九百五十八年の差別待遇（雇用及び職業）条約、国際連合教育科学文化機関の総会が採択した千九百六十年の教育における差別待遇の防止に関する条約等の基本的人権に関する文書の諸規定に注目し、

国際連合教育科学文化機関と国際教育局とが共同で招集した国際公教育会議が採択した初等学校及び中等学校の教員の養成及び地位に関する諸問題についての勧告並びに国際連合教育科学文化機関の総会が採択した千九百六十二年の技術教育及び職業教育に関する勧告にも注目し、

教員に特に関係のある問題に関する諸規定によって現行の基準を補足するとともに、教員の不足の問題を解決することを希望して、

この勧告を採択した。

Ⅰ　定　義

1　この勧告の適用上、

a　「教員」とは、学校において生徒の教育に責任を有するすべての者をいう。

b　教員に関して用いられる「地位」とは、教員の任務の重要性及びその任務を遂行する教員の能力の評価の程度に応じて社会において教員に認められる地位又は敬意並びに他の専門職と比較して教員に与えられる勤務条件、報酬その他の物質的利益の双方をいう。

Ⅱ　適用範囲

2　この勧告は、保育所、幼稚園、初等学校、中間学校又は中等学校（技術教育、職業教育又は美術教育を行なう学校を含む。）のいずれを問わず、中等教育段階の修了までの公私の学校のすべての教員に適用する。

Ⅲ　指導原則

3　教育は、最低学年から、人格の円満な発達並びに共同社会の精神的、道徳的、社会的、文化的及び経済的進歩を目ざすとともに、人権及び基本的自由に対する深い尊敬の念を植えつけるものとする。これらの価値のわく内で、教育が平和並びにすべての国家間及び人種的又は宗教的集団間の理解、寛容及び友好に貢献することを最も重視するものとする。

4　教育の進歩が教育職員一般の資格及び能力並びに個々の教員の人間的、教育的及び技術的資質に負うところが大きいことを認識するものとする。

5　教員の地位は、教育の目的及び目標に照らして評価される教育の必要性に相応したものとする。教育の適切な地位及び教職に対する公衆の正当な尊敬が教育の目的及び目標の完全な実現にとって大きな重要性を有することを認識するものとする。

6　教職は、専門職と認められるものとする。教職は、きびしい不断の研究により得られ、かつ、維持される専門的な知識及び技能を教員に要求する公共の役務の一形態であり、また、教員が受け持つ生徒の教育及び福祉について各個人の及び共同の責任感を要求するものである。

7　教員の養成及び雇用のすべての面において、人種、皮膚の

色、性、宗教、政治上の意見、国民的若しくは社会的出身又は経済的条件を理由とするいかなる形式の差別もなされないものとする。

8　教員の勤務条件は、効果的な学習を最大限に促進し、かつ、教員がその職務に専念しうるようなものとする。

9　教員団体は、教育の発展に大いに貢献することができ、したがって、教育政策の策定に参加させられるべき一つの力として認められるものとする。

Ⅳ　教育の目標及び政策

10　人的その他のあらゆる資源を利用して、前記の指導原則に即した総合的教育政策の樹立に必要な範囲で適切な措置が各国において執られるものとする。この場合において、権限のある当局は、次の原則及び目標が教員に及ぼす影響を考慮に入れるものとする。

a　最大限の教育の機会が与えられることは、すべての児童の基本的権利である。特別の教育上の扱いを必要とする児童には、正当な配慮が払われるものとする。

b　すべての者が性、人種、皮膚の色、宗教、政治上の意見、国民的若しくは社会的出身又は経済的条件の理由で差別されることなく教育を受ける権利を享受することができるように、すべての便宜が平等に与えられるものとする。

c　教育は、公共の利益にとって基本的重要性を有する事業であるので、国の責任として認められるものとし、国は、十分な学校網、これらの学校における無償の教育及び貧しい生徒に対する物質的援助を提供するものとする。もっとも、この規定は、父母及び場合により法定保護者が児童のために国立の学校以外の学校を選択する自由又は個人及び団体が国によって設定され若しくは承認された最小限の教育基準に従って教育施設を設置し及び管理する自由に干渉するものと解されないものとする。

d　教育は経済成長に不可欠な要因であるので、教育計画は、生活条件を改善するための経済的及び社会的計画全体の不可分の一部をなすものとする。

e　教育は継続的過程であるので、教育活動の諸部門は、すべての生徒のための教育の質を改善するとともに教員の地位を高めるように調整されるものとする。

f　児童がいずれの種類の教育のいずれの段階にも進学することができる機会を制限しないように、相互に適切に関連づけられた学校の弾力性のある制度を自由に利用することができるようにするものとする。

g　いずれの国も、教育の目標として、量のみに満足することなく、質の向上にも努めるものとする。

h　教育には、長期及び短期の双方の計画が必要である。すなわち、今日の生徒が社会に効果的に受け入れられるかどうかは、現在の必要よりむしろ将来の要請にかかっている。

i　すべての教育計画は、計画の各段階において、当該国の国民の生活に精通しており、かつ、母国語で教えることができるその国の十分に有能なかつ資格のある十分な数の教員の養成及び研修を必要に応じて行なうための措置を含むものとする。

j　教員養成及び現職教育の分野における調整された体系的及び継続的な研究及び実践（国際的な共同研究計画及び研究成果の交換を含む。）は、欠くことができないものである。

k　教育政策及びその明確な目標を定めるため、権限のある当局、教員団体、使用者団体、労働者団体、父母の団体、文化団体及び学術研究機関の間で密接な協力を行なうものとする。

l　教育の目的及び目標の達成は教育のために利用することができる資金に大いに依存するので、すべての国において、国家予算の範囲内で、教育の発展のために国民所得の適当な割合が優先的に確保されるものとする。

V　教員養成

選　抜

11　教員養成課程への入学に関する政策は、必要な道徳的、知的及び身体的素質を有し、かつ、必要な専門的知識及び技能を有する十分な数の教員を社会に提供することの必要性を基礎として定めるものとする。

12　前記の必要性に即応するため、教育当局は、教員養成を十分に魅力のあるものにするとともに、適当な養成機関に十分な定員を設けるものとする。

13　適当な教員養成機関において所定の課程を修了することが、教職につくすべての者に要求されるものとする。

14　教員養成課程への入学が認められるためには、適当な中等教育の課程を修了しており、かつ、教職にたずさわるのにふさわしい人格的資質を有することが証明されることを要するものとする。

15　教員養成課程への入学が認められるための一般的基準を維持するものとするが、一方において、入学に必要な正式の学歴資格の若干を欠いてはいるが貴重な経験、特に技術的及び職業的分野の経験を有する者には、入学を認めることができるものとする。

16　教員養成課程の学生に対しては、学業を続け、かつ、相応な生活を維持することができるように、十分な奨学金又は財政的援助を与えるものとする。権限のある当局は、できる限り、無償の教員養成制度を設けるよう努力するものとする。

17　教員養成のための機会及び奨学金又は財政的援助に関する

情報は、教員を志望する学生その他の者に容易に知らされるようにするものとする。

18(1)　他国で教員養成課程を修了した者については、教職につく権利の全部又は一部を確定する際に、その教員養成課程の価値に公平な考慮を払うものとする。

(2)　国際的に合意された基準により教職の資格を与える教員免許状を国際的に承認するための措置を執るものとする。

教員養成課程

19　教員養成課程の目的は、一般的知識及び教養、他人を教育する能力、国内的及び国際的によい人間関係の基礎をなす諸原理の理解並びに教授及び垂範によって社会的、文化的及び経済的な進歩に貢献すべき責任感を各学生に育成することとする。

20　教員養成課程は、基本的に、次のものを含むものとする。

a　一般教養科目

b　教育に応用される哲学、心理学及び社会学の概論、教育の理論及び歴史、比較教育、実験教育学、学校管理並びに各教科の教科教育法の研究

c　学生の将来の指導分野に関する科目

d　十分に資格のある教員の指導の下における教育実習及び課外活動の実習

21(1)　すべての教員は、大学若しくは大学相当の養成機関又は教員養成のための特別な機関において、一般教養科目、専門教育科目及び教職科目を履修するものとする。

(2)　教員養成課程の内容には、特殊教育施設、技術学校、職業学校等各種の学校で要求される職務に応じて適宜変化をもたせることができる。技術学校及び職業学校の場合には、その課程には、工業、商業又は農業に必要なある種の実習を含めることが望ましい。

22　教員養成課程には、学問的若しくは専門的教育又は技能修得の課程と同時に、又はその後に、教職専門課程を置くことができる。

23　教員養成教育は、通常、フル・タイム制とするものとする。ただし、比較的年齢の高い教職志望者及び他の例外的な種類に属する者については、課程の一部又は全部をパート・タイム制で行なうため特別の措置を執ることができる。この場合において、その課程の内容及び到達水準は、フル・タイム制のものと同様のものであることを条件とする。

24　初等教育、中等教育、技術教育、専門教育又は職業教育のいずれの教員であるかを問わず、異なる種類の教員を相互に有機的に連係のとれた養成機関又は地理的に隣接する養成機関において教育することが望ましいことを考慮するものとする。

教員養成機関

25　教員養成機関の教員は、自己の担当教科について高等教育と同水準で教授する資格を有するものとする。教職専門科目

の教員は、学校で実際に教えた経験を有するものとし、この経験は、可能な場合にはいつでも、学校で授業を行なうことによって定期的に更新されるものとする。

26　教育及び特定の教科教育に関する研究及び実験は、教員養成機関における研究上の便宜の供与並びに教員及び学生の研究作業を通じて促進されるものとする。教員養成にたずさわるすべての教員は、その関係分野における研究成果を知り、これを学生に伝達するよう努めるものとする。

27　教員と同様に学生は、教員養成機関における生活、活動及び規律に関する措置について意見を表明する機会を与えられるものとする。

28　教員養成機関は、教育の発展の中心となるものとし、学校が研究成果及び教育法の進歩に遅れないようにするとともに、学校及び教員の経験をその仕事に反映させるものとする。

29　教員養成機関は、個々に又は共同して、及び他の高等教育機関又は権限のある教育当局と協力して又は協力しないで、学生が満足に課程を修了したことを証明する責任を有するものとする。

30　学校教育当局は、教員養成機関と協力して、新卒教員をその受けた教員養成教育並びに個人的な志望及び事情に応じて雇用するための適切な措置を執るものとする。

Ⅵ　教員の継続教育

31　当局及び教員は、教育の質及び内容並びに教育技術の体系的改善を確保するための現職教育の重要性を認識するものとする。

32　当局は、教員団体と協議の上、すべての教員が無償で利用しうる広範な現職教育制度の確立を促進するものとする。このような制度には、多様な課程等を設けるものとし、教員養成機関、科学的及び文化的機関並びに教員団体をその制度に参加させるものとする。特に、いったん教職を離れた後に教職に復帰する教員のために、再教育課程を設けるものとする。

33　(1)　継続教育の課程その他の適当な便宜は、教員が資格を改善し、その職務の範囲を変更し、若しくは拡大し、又は昇進を求め、並びに教員の専門の教育分野における内容及び方法の双方について時代遅れとならないようにすることができるように計画されるものとする。

(2)　教員の一般教養及び教員としての資格を改善するため、書籍その他の参考資料を教員の利用に供するための措置を執るものとする。

34　教員は、継続教育の課程に参加し、及びその便宜を享受する機会及び誘因を与えられ、また、これを十分に利用するものとする。

35　学校教育当局は、学校が教科内容及び教授方法についての関係のある研究成果を採用しうるように、あらゆる努力を払うものとする。

36　当局は、教員の継続教育のため、教員が団体で又は個々に、自国及び他国を旅行することを奨励し、及びできる限り援助するものとする。

37　教員の養成及び継続教育のための措置は、国際的又は地域的規模による財政的及び技術的協力によって発展させ、及び補充することが望ましい。

Ⅶ　雇用及び分限

教職への採用

38　教員の採用に関する政策が教員団体と協力の上妥当な水準で明確に定められ、また、教員の権利及び義務を定める規則が制定されるものとする。

39　教員及び使用者は、教職につくための試験的任用期間が、新採用者を励まし、及びその者に有益な手ほどきをし、また、その教員自身の実際の教育能力を向上させるとともに教職本来の基準を確立し及び維持するための機会であることを認識するものとする。通常の試験的任用期間は、あらかじめ知らされるものとし、これを満足に修了するための条件は、専門的能力に厳密に関連づけられるものとする。教員は、その試験的任用期間を満足に修了することができなかった場合には、その理由を知らされるものとし、また、申立てをする権利を有するものとする。

昇進及び昇格

40　教員は、必要な資格を有することを条件として、教育職の範囲内でいずれかの種類又は段階の学校から他の種類又は段階の学校へ異動することができるものとする。

41　教育の組織及び機構（個々の学校の組織及び機構を含む。）は、個々の教員が附加的責務を遂行するための十分な機会を与え、かつ、その附加的責務を認めるものとする。ただし、これらの附加的責務は、教員の教授活動の質又は秩序をそこなわないことを条件とする。

42　十分な大きさの学校では、種々の責務が各教員により分担される結果生徒及び教員が利益を受けるという利点があることを考慮するものとする。

43　視学官、教育行政官、教育管理者その他の特別の責任を負う職等の教育上の責任のある職は、できる限り、経験のある教員に与えられるものとする。

44　昇格は、教員団体と協議の上定められた厳密に専門的な判定基準を参考にして、新しい地位に対する教員の資格の客観的な評価にもとづいて行なうものとする。

身分保障

45　教職における雇用の安定及び身分の保障は、教育及び教員の利益に欠くことができないものであり、学制又は学校内の組織の変更があった場合にも保護されるものとする。

46　教員は、教員としての地位又は分限に影響を及ぼす恣《し》意的処分から十分に保護されるものとする。

職務上の非行に関する懲戒手続

47　教職上の非行のあった教員に適用される懲戒のための措置は、明確に定められるものとする。その審査及び結果は、教職の禁止を伴う場合又は生徒の保護若しくは福祉のために必要がある場合を除き、当該教員の要請がある場合にのみ公開されるものとする。

48　懲罰を提起し又は適用する権限を有する当局又は機関は、明確に指定されるものとする。

49　懲戒事案を取り扱う機関を設置する場合には、教員団体と協議するものとする。

50　すべての教員は、懲戒手続の各段階において公正な保護を受けるものとし、特に次の権利を享受するものとする。

a　懲戒処分に関する事項及びその理由について文書で通知を受ける権利

b　事案の証拠を十分に知る権利

c　弁護の準備のために十分な時間を与えられて、自己を弁護し及び自己の選んだ代理人によって弁護を受ける権利

d　決定及びその理由を文書で知らされる権利

e　明確に指定された権限のある当局又は機関に不服を申し立てる権利

51　当局は、教員が同僚の参加の下に審査される場合には懲戒及び懲戒の保障の効果が著しく高められるということを認識するものとする。

52　47から51までの規定は、刑法上処罰される行為に対して国内法令に従って通常適用される手続になんらの影響をも及ぼすものではない。

健康診断

53　教員は、無償で提供される定期的健康診断を受けることを要求されるものとする。

家庭責任を有する女子教員

54　結婚は、女子教員の採用又は継続雇用の障害とみなされないものとし、また、報酬その他の勤務条件に影響を及ぼさないものとする。

55　使用者は、妊娠及び出産休暇を理由として雇用契約を終了させることを禁止されるものとする。

56　家庭責任を有する教員の子の世話をするため、望ましい場合には、託児所、保育所等の施設を考慮するものとする。

57　家庭責任を有する女子教員が家庭のある地域で教職を得ることができ、また、夫婦がともに教員である場合にその夫婦が同一地区内又は同一の学校で勤務することができるような措置を執るものとする。

58　退職年齢前に教職を離れた家庭責任を有する女子教員は、適当な事情のある場合には、教職に復帰するよう奨励されるものとする。

パート・タイム制の勤務

59　当局及び学校は、なんらかの理由でフル・タイム制で勤務することができない有資格教員が必要な際に行なうパート・タイム制の勤務の価値を認識するものとする。

60　正式にパート・タイム制で雇用された教員は、
　a　フル・タイム制で雇用された教員と時間的に比例した報酬を受け、かつ、同一の基本的な勤務条件を享受するものとし、
　b　有給休暇、病気休暇及び出産休暇に関して、フル・タイム制で雇用された教員の権利に相当する権利を、同一の規則に従うことを条件として、認められるものとし、
　c　使用者による年金計画を含めた十分かつ適切な社会保障の保護を受ける資格があるものとする。

Ⅷ　教員の権利及び責務

職業上の自由

61　教員は、職責の遂行にあたって学問の自由を享受するものとする。教員は、生徒に最も適した教具及び教授法を判断する資格を特に有しているので、教材の選択及び使用、教科書の選択並びに教育方法の適用にあたって、承認された計画のわく内で、かつ、教育当局の援助を得て、主要な役割が与えられるものとする。

62　教員及び教員団体は、新しい課程、教科書及び教具の開発に参加するものとする。

63　いかなる指導監督制度も、教員の職務の遂行に際して教員を鼓舞し、かつ、援助するように計画されるものとし、また、教員の自由、創意及び責任を減殺しないようなものとする。

64(1)　教員の勤務についてなんらかの直接評定が必要とされる場合には、このような勤務評定は客観的なものとし、当該教員に知らされるものとする。

(2)　教員は、不当と考える勤務評定に対して不服を申し立てる権利を有するものとする。

65　教員は、生徒の進歩の評価に役だつと思われる成績評定技術を利用する自由を有するものとするが、個々の生徒に不公平が生じないことを確保するものとする。

66　当局は、諸種の課程及び上級教育に対する個々の生徒の適性に関する教員の勧告を十分に尊重するものとする。

67　生徒の利益に関して教員と父母との間の緊密な協力を増進するためにあらゆる努力がなされるものとするが、教員は、本質的に教員の職務上の責任である問題についての父母の不当な干渉から守られるものとする。

68(1)　学校又は教員に対して苦情を有する父母は、最初に、校長及び当該教員との話合いの機会を与えられるものとする。その後上級の機関に苦情を訴える場合には、文書で行なうものとし、その写しを当該教員に交付するものとする。

(2)　苦情について審査を行なう場合には、教員は、自己を弁護するための公平な機会を与えられるものとし、その経過は、公開されないものとする。

69　教員は、生徒の事故を避けるために最大の注意を払うものとするが、教員の使用者は、校内において又は校外の学校活動において生ずる生徒の事故に際して、教員が損害賠償を負担させられるおそれがないように教員を保護するものとする。

教員の責務

70　すべての教員は、その専門職としての地位が相当程度教員自身に依存していることを認識して、そのすべての職務においてできる限り高度の水準に達するよう努めるものとする。

71　教員の職務遂行に関する職業上の基準は、教育団体の参加の下に、定められ、かつ、維持されるものとする。

72　教員及び教員団体は、生徒、教育活動及び社会一般の利益のために当局と十分に協力するよう努めるものとする。

73　倫理綱領又は行動の準則は、教職の権威を保ち、及び承認された諸原則に従った職責の遂行を確保するために大いに寄与するものであるので、教員団体が制定するものとする。

74　教員は、生徒及び成人のための課外活動に参加するよう心がけるものとする。

教員と教育活動全般との関係

75　教員がその職責を遂行することができるように、当局は、教育政策、学校組織、教育活動の新しい発展等の事項について教員団体と協議するための承認された手段を設け、かつ、定期的に利用するものとする。

76　当局及び教員は、教員が教育活動の質の改善のための措置、教育研究並びに改良された新しい方法の開発及び普及に、教員団体を通じて又はその他の方法により参加することの重要性を認識するものとする。

77　当局は、一学校内又は一層広い範囲で、同一教科の教員の協力を促進するための研究グループの設置を容易にし、かつ、その活動を助長するものとし、このような研究グループの意見及び提案に対して妥当な考慮を払うものとする。

78　教育活動の諸種の面について責任を有する行政官その他の職員は、教員とのよい関係を確立するよう努めるものとし、また、教員も、このような態度をとるものとする。

教員の権利

79　教員の社会生活及び公共生活への参加は、教員自身の向上、教育活動及び社会全体のために助長されるものとする。

80　教員は、市民が一般に享受している市民としてのすべての権利を行使する自由を有し、また、公職につく資格を有するものとする。

81　教員は、公職につくために教職を離れなければならない場合には、先任権及び年金に関する限り、教職にとどめられるものとし、また、公職の任期終了後は、従前の地位又はこれと同等の地位に復帰することができるものとする。

82　教員の給与及び勤務条件は、教員団体と教員の使用者との間の交渉の過程を経て決定されるものとする。

83　教員が教員団体を通じて公の又は民間の使用者と交渉する権利を保障する法定の又は任意の機構が設置されるものとする。

84　勤務条件から生じた教員と使用者との間の紛争を処理するため、適切な合同機構が設けられるものとする。この目的のために設けられた手段及び手続が尽くされた場合又は当事者間の交渉が決裂した場合には、教員団体は、正当な利益を守るために通常他の団体に開かれているような他の手段を執る権利を有するものとする。

Ⅸ　効果的な教授及び学習の条件

85　教員は価値のある専門家であるので、その仕事は、時間及び労力を浪費することがないように組織され、かつ、援助されるものとする。

学級の規模

86　学級の規模は、教員が個々の生徒に注意を向けることができる程度のものとする。矯正《きょう》的教育等の目的で行なう少人数のグループ又は個人の教育のため、及び必要に応じて視聴覚教具の利用による多人数のグループの教育のため、随時措置を執ることができるものとする。

補助職員

87　教員がその職務に専念することができるようにするため、学校には、教育以外の仕事をする補助職員を置くものとする。

教　具

88(1)　当局は、教員及び生徒に近代的な教具を提供するものとする。このような教具は、教員に代わるものとはみなされず、教育の質を向上させ、かつ、一層多くの生徒に教育の恩恵を及ぼす手段とみなされるものとする。

(2)　当局は、このような教具の活用のための研究を促進し、また、教員がこのような研究に積極的に参加するよう奨励するものとする。

勤務時間

89　教員の一日及び一週あたりの勤務時間は、教員団体と協議の上定めるものとする。

90　授業時間を定めるにあたっては、次に掲げる教員の勤務量に関するすべての要素を考慮に入れるものとする。

a　教員が教えなければならない一日及び一週あたりの生徒数
b　授業の適切な計画及び準備並びに成績評価に必要な時間
c　毎日の担当授業科目数
d　教員が研究、課外活動並びに生徒の監督及びカウンセリングに参加するために必要な時間
e　教員が生徒の発達について父母に報告し、及び父母と相談するために必要な時間

91　教員は、現職教育への参加に必要な時間を与えられるものとする。

92　教員の課外活動への参加は、過度の負担とならないものとし、教員の主たる職務遂行を妨げないものとする。

93　授業のほかに特別の教育上の責務を課された教員は、これに応じて正規の授業時間を軽減されるものとする。

年次有給休暇

94　すべての教員は、給与の全額を支給される十分な年次休暇を与えられる権利を享受するものとする。

研修休暇

95
(1)　教員は、給与の全額又は一部を支給される研修休暇を間隔を置いて与えられるものとする。
(2)　研修休暇の期間は、先任権及び年金のための在職期間に通算されるものとする。
(3)　人口集中地から離れた地域で行政当局がそのような地域と認定したものの教員は、一層多くの回数の研修休暇を与えられるものとする。

特別休暇

96　二国間及び多数国間の文化交流のわく内で与えられる休暇は、勤務期間とみなされるものとする。

97　技術援助計画の実施に参加している教員は、休暇を与えられるものとし、また、本国における先任権、昇格の資格及び年金権を保障されるものとする。さらに、当該教員の特別の出費を償うために特別の措置がとられるものとする。

98　外国の客員教員も、同様に、その本国により休暇を与えられるものとし、また、先任権及び年金権を保障されるものとする。

99
(1)　教員は、教員団体の活動に参加することができるように、給与の全額を支給される臨時の休暇を与えられるものとする。
(2)　教員は、教員団体の役職につく権利を有するものとし、この場合において、当該教員の諸権利は、公職にある教員の諸権利と同様のものとする。

100　教員は、雇用前に行なった取決めに従い、正当な個人的理由があるときは、給与の全額を支給される休暇を与えられるものとする。

病気休暇及び出産休暇

101
(1)　教員は、有給の病気休暇を与えられる権利を有するもの

とする。
(2) 給与の全額又は一部を支給する休暇期間を決定するにあたっては、教員を生徒から長期間隔離する必要がある場合を考慮するものとする。
102 国際労働機関が定めた母性保護の分野における基準、特に、千九百十九年の母性保護条約及び千九百五十二年の母性保護条約（改正）並びにこの勧告126に掲げる基準を実施するものとする。
103 子のある女子職員は、失職することなく、かつ、雇用に基づくすべての権利を十分に保護されて産後一年以内の無給の追加休暇を要請によりとることができるような措置によって、教職にとどまることを奨励されるものとする。

教員の交流

104 当局は、教員の各国間の職業的及び文化的交流並びに教員の外国旅行の教育活動及び教員自身に対する価値を認識するものとし、また、この種の機会を拡大するよう努め、及び個個の教員が外国で得た経験を考慮に入れるものとする。
105 このような交流のための候補者の選抜は、なんらの差別なしに行なわれるものとし、選抜された者は、特定の政治的見解を代表する者とみなされないものとする。
106 外国で研究し及び勤務するために旅行する教員は、そのための十分な便宜並びにその職及び地位の適切な保障を与えられるものとする。
107 教員は、外国で得た教育経験を同僚とわかち合うことを奨励されるものとする。

学校の建物

108 学校の建物は、安全であり、全体のデザインが魅力的であり、かつ、設計が機能的であるものとする。学校の建物は、効果的な教育に役だち、課外活動に使用することができ、特に農村地域では地域社会のセンターとして使用することができるものとする。学校の建物は、また、定められた衛生基準に従うとともに、耐久性、適応性及び容易なかつ経済的な維持を考慮して、建築されるものとする。
109 当局は、生徒及び教員の健康及び安全にいかなる危険も及ぼさないように学校施設を適切に維持することを確保するものとする。
110 新設学校の建築を計画するにあたっては、教員の代表的な意見を徴するものとする。既設学校の施設の新築又は増築にあたっては、当該学校の教職員と協議するものとする。

農村地域又はへき地の教員に対する特例

111 (1) 人口集中地から離れた地域で行政当局がそのような地域と認定したものの教員及びその家族に対しては、適当な住宅が、可能な場合には、無償で又は家賃を補助して提供されるものとする。
(2) 教員が通常の職務のほかに地域社会活動を促進し及び助長することを期待されている国においては、開発計画には、教員のための適当な住居の提供を含めるものとする。

112 (1)　教員は、へき地の学校への任用又は転任にあたっては、自己及び家族のための旅費及び移転料を支給されるものとする。

(2)　へき地の教員は、職業上の基準を維持することができるように、必要な場合には、特別の旅行の便宜を与えられるものとする。

(3)　へき地の学校へ転任する職員は、誘因として、休暇で帰省するときは年に一回勤務地から郷里までの旅費を支給されるものとする。

113　教員は、特に困難な生活条件の下に置かれる場合には、特別困難手当の支給によって補償されるものとし、この手当は、年金の計算上所得に含まれるものとする。

Ｘ　教員の給与

114　給与は、教員の地位に影響を及ぼす諸種の要素中特に重視されるものとする。現在の世界の情勢では、教員に認められる地位又は敬意、その任務の重要性についての評価の程度等の給与以外の要素が、他の類似の専門的職業の場合と同様に、教員の置かれる経済的地位に依存するところが大きいからである。

115　教員の給与は、

a　社会に対する教育の重要性、したがって、教員の重要性及び教員が教職についた時から負うすべての種類の責任を反映するものとし、

b　類似の又は同等の資格を必要とする他の職業に支給される給与に比して有利なものとし、

c　教員が自己及び家族の合理的な生活水準を確保し、並びにさらに研修をつみ、及び文化活動に参加して、教員としての資質を高める手段を提供するものとし、

d　教員の地位のうちには、一層高度の資格及び経験を要し、並びに一層大きな責任を伴うものがあることを考慮に入れるものとする。

116　教員は、教員団体との合意によって定められた給与表に基づいて給与を支給されるものとする。いかなる事情の下にあっても、有資格教員は、試験的任用期間においても又は臨時的任用の場合においても、正式に任用された教員に適用される給与表より低い給与表に基づいて給与を支給されることがないものとする。

117　給与体系は、教員の異なる集団の間で摩擦を起こさせるような不公平又は変則を生じないように計画されるものとする。

118　教員は、授業時間の最大限が定められている場合においてその正規の担当授業時間が通常の授業時間の最大限をこえるときは、承認された算定表に基づく追加報酬を受けるものと

する。

119　給与の間差は、資格水準、経験年数、責任の程度等の客観的基準によるものとする。もっとも、最低給与と最高給与との間の関係は、合理的なものとする。

120　学位をもたない職業科又は技術科の教員の給与を基本給与表に格付けする場合には、その実務上の訓練及び経験の価値について考慮を払うものとする。

121　教員の給与は、一年単位で算定されるものとする。

122(1)　同一等級内で定期的に（一年に一回であることが望ましい。）昇給を行なうものとする。

(2)　基本給与表の最低から最高に達する期間は、十年から十五年までの期間をこえないものとする。

(3)　教員は、試験的又は臨時的任用期間に遂行した勤務について昇給を認められるものとする。

123(1)　教員の給与表は、生計費の上昇、国内における生産性の向上による生活水準の向上、賃金又は給与水準の一般的上昇等の要素を考慮するため、定期的に検討されるものとする。

(2)　生計費指数に従って自動的に給与改訂が行なわれる制度が採用されている場合には、生計費指数の選択は、教員団体の参加の下に決定されるものとし、いかなる生計費手当も、年金の計算上所得の一部とみなされるものとする。

124　給与の決定を目的とする能率評定制度は、関係教員団体と事前に協議し、かつ、その受諾を得ない限り、採用され、又は適用されないものとする。

XI　社会保障

一般規定

125　すべての教員は、勤務する学校の種類のいかんを問わず、同一の又は類似の社会保障制度の保護を受けるものとする。この保護は、試験的任用期間及び教員として正式に任用されている者の研修期間にも適用されるものとする。

126(1)　教員は、国際労働機関の千九百五十二年の社会保障（最低基準）条約に掲げられているすべての事故についての社会保障措置、すなわち、医療、疾病給付、失業給付、老齢給付、業務災害給付、家族給付、母性給付、廃疾給付及び遺族給付の保護を受けるものとする。

(2)　教員に与えられる社会保障の基準は、国際労働機関の関係文書、特に千九百五十二年の社会保障（最低基準）条約に定められているものと少なくとも同程度に有利なものとする。

(3)　教員のための社会保障上の諸給付は、権利として与えられるものとする。

127　教員に対する社会保障上の保護は、128から140に掲げるところに従い、教員の特殊な勤務条件を考慮に入れるものとする。

医　療

128　医療施設の少ない地域においては、教員は、適当な医療を受けるために必要な交通費を支給されるものとする。

疾病給付

129 (1)　疾病給付は、所得の停止を伴う勤務不能の全期間にわたって支給するものとする。

(2)　疾病給付は、所得の停止のつどその第一日から支給するものとする。

(3)　疾病給付の支給期間が所定の期間に限定されている場合において生徒から教員を隔離する必要があるときは、疾病給付の支給期間の延長のための措置を執るものとする。

業務災害給付

130　教員は、学校内での授業中に受ける災害の結果のほかに、校外での学校活動に従事している間に受ける災害の結果についても、保護されるものとする。

131　児童の間で流行するある種の伝染病に生徒との接触によってさらされた教員が感染した場合には、その伝染病は、職業病とみなされるものとする。

老齢給付

132　教員が国内のいずれかの教育当局の下で得た年金の計算上の資格は、教員が国内の他のいずれの教育当局の下へ移った場合にも、通算されるものとする。

133　教員の不足が真に認められる場合において年金の受給資格を取得した後も引き続き勤務する教員は、国内法令を考慮して、その後の勤務年数を年金の計算上加算され、又は適当な機関を通じて追加年金を受けることができるものとする。

134　老齢給付は、教員が引き続き相応な生活水準を維持することができるように、最終の所得を考慮して定めるものとする。

廃疾給付

135　廃疾給付は、身体上又は精神上の障害のため教職を離れなければならない教員に支給されるものとする。事故が疾病給付の期間の延長その他の方法によって補償されない場合には、年金を支給する措置を執るものとする。

136　教員は、障害が一部的なものにすぎず、パート・タイム制で教えることができる場合には、一部的廃疾給付を支給されるものとする。

137 (1)　廃疾給付は、教員が引き続き相応の生活水準を維持することができるように、最終の所得を考慮して定めるものとする。

(2)　障害のある教員の健康を回復するため、又はそれが不可能なときはその健康を改善するため、医療及びこれに類する給付を支給する措置を執るとともに、障害のある教員ができる限り従前の活動に再び従事することができるようにするため、社会復帰施設を設ける措置を執るものとする。

遺族給付

138　遺族給付の受給条件及び給付額は、遺族が相応の生活水準を維持し、かつ、遺児の福祉及び教育を確保することができる程度のものとする。

教員に社会保障を与える方法

139(1)　教員の社会保障上の保護は、公共部門又は民間部門に雇用される者にそれぞれ適用される一般的制度によってできる限り確保されるものとする。

(2)　一般的制度がいずれかの事故について補償していない場合には、法令により又は法令によらないで、特別の制度を設けるものとする。

(3)　一般的制度による給付の程度は、この勧告で定める程度より低い場合には、補完的な制度によって勧告の基準まで引き上げられるものとする。

140　特別の制度及び補完的な制度の運営（資金の運用を含む。）に教員団体の代表者を参加させる可能性を考慮するものとする。

XII　**教員の不足**

141(1)　深刻な教員供給問題に対処するためには、次のような措置によることを指導原則とするものとする。すなわち、その措置は、例外的なものと認められるものであり、すでに確立されており、又は将来確立される教員の職業上の基準を低下させ、又はそこなわないものであり、かつ、生徒の教育上の損失を最小限度にとどめるものである。

(2)　権限のある当局は、過大学級、教員の担当授業時間数の不当な延長等の教員の不足に対処する便宜的措置が教育の目的及び目標と両立しないものであり、かつ、生徒に有害であることを認識して、緊急にこれらの便宜的措置を不必要なものにし、かつ、廃止するための措置を執るものとする。

142　教員の供給事情にかんがみて教員の短期の集約的な臨時養成課程を設ける必要がある開発途上にある国においては、教員としての教育を受け、かつ、教育事業を指導監督する資格を有する教員の一団を養成するため、十分に専門的かつ広範な課程を設けるものとする。

143(1)　短期の臨時養成課程に入学する学生は、その後全課程の必要科目の修得を確保することができるように、通常の専門的養成課程又は一層高度の課程への入学許可に適用される基準によって選抜されるものとする。

(2)　これらの学生は、現職中に教員の資格を完全に取得することができるように、給与の全額を支給される特別研修休暇を含めて、特別の便宜を与えられるものとする。

144(1)　資格のない者は、できる限り、教員としての資格のある教員の直接の指導監督の下で勤務することを要求されるものとする。

(2)　これらの者は、雇用継続の条件として、その資格を完全に取得することを要求されるものとする。

145　当局は、教員の社会的及び経済的地位、生活及び労働の条件、勤務条件並びに教員としての将来性を改善することが、有能なかつ経験のある教員の不足の現状を打開し、及び多数の十分な資格のある人材を教職に引きつけ、かつ、引きとどめておくための最善の方法であることを認識するものとする。

XIII　最終規定

146　教員がある事項についてこの勧告で定める地位より有利な地位を享受している場合には、この勧告の規定は、すでに教員に与えられている地位を低下させるために援用されないものとする。

以上は、パリにおいて開催されて千九百六十六年十月五日に閉会を宣された教員の地位に関する特別政府間会議が正当に採択した勧告の真正な本文である。

以上の証拠として、われわれは、千九百六十六年十月五日に署名した。

教員の地位に関する特別政府間会議議長

ジャン・トマ

国際連合教育科学文化機関事務局長

ルネ・マウ

第四章　教育関係法令用語の解説

▼ＩＬＯ（国際労働機関）　ＩＬＯ（国際労働機関）とは、一九一九年ベルサイユ条約に基づいて設けられた社会正義の向上と労働条件の改善を目的とした国際間の組織であり、本部はジュネーブに置かれている。当初は国際連盟機構の一部であったが、一九四六年から国際連合の専門機関となった。わが国は設立当初から加盟しており、戦時中一時脱退したが戦後再び復帰し、一九五四年からは常任理事国となっている。

その機関としては、総会・理事会・事務局の三つが置かれており、各加盟国は総会に各四名（政府代表二名、労使の代表各一名）の代表を出すことができる。総会は年一回定期総会を開催するが、その主要な任務は条約と勧告の採択である。

理事会は政府代表二八名、労使の代表各一四名で構成され、その主要な任務は総会会議事項の決定、事務局の監督、国際労働条約の実施の監督等であり、下部機関として結社の自由委員会、実情調査調停委員会、条約・勧告適用委員会、専門家委員会等が設けられている。

事務局は理事会の下に置かれ、国際労働問題に関する情報の収集・配布、総会会議事項の準備等の任務を担当する。

ＩＬＯで採択された条約のうち、わが国が批准した条約は法令と同様の効力を有するが、それ以外のものは法的拘束力はない。

▼あおり・そそのかし　地公法は、職員が同盟罷業、怠業その他の争議行為を行うこと、又は地方公共団体の機関の活動能率を低下させる怠業的行為を行うことを禁止するとともに（同法三七①前段）、このような違法な行為の遂行のそそのかし、あおり等を行う者に罰則を科している（同法六一Ⅳ）。

「そそのかし」とは、このような違法行為を実行させる目的をもって、他人に対し、その行為を実行する決意を新たに生じさせるに足りる慫慂行為をすること、「あおり」とは、右の目的をもって、他人に対し、この行為を実行する決意を生じさせるような、又はすでに生じている決意を助長させるような勢いのある刺激を与えること、と解されている。

▼充てる　充てるとは、一定の職にある職員をして、①他の職を占めさせること、あるいは、②他の職務に従事させることをいう。①の意味で用いられる場合は、任用行為であって、兼職の一種である。②の意味で用いられる場合は、職務命令である。

①の意味での充てるは、更に、一定の職にある職員が法令・規則により当然に他の職を占める場合（充て職）とそうでない場合がある。前者の例としては、例えば体育館運営規則で保健体育課長を体育館長に充てると定めている場合等であり、後者の例としては充て指導主事などがある。

②の意味での用例としては、主任等に教諭を充てること、司書教諭に教諭を充てること等がある。

法令や規則中に充てると定められている場合、それが①又は②のいずれの意味で用いられているかは、通常必ずしも明らかでなく、充てられる対象が職として取り扱われているか否かにより判断することになる。

▼依願休職　本人の意思に基づく休職をいう。国公法や地公法では職員の意に反する休職についてその事由を定めているが（国公法七九、地公法二七②、二八②）、依願休職については規定していないので、それが認められるかどうかが問題となる。

これについては見解が分かれており、判例は、依願休職は本来地公法の予定するところではないが、それにもかかわらず、当該公務員が休職を希望し、任命権者が休職処分の必要を認めて依願休職処分をした場合に、あえてこれを無効としなければならないものでないとしている（昭三五・七・二六　最高裁）。

これに対し、分限休職処分とは処分事由のある場合に、本人の意に反して行われるものであることをその本質とすることに鑑み、地公法上は依願休職処分は認められないとした行政実例がある（昭三八・一〇・二九　自治丁公発二九八号）。

▼育児休業　職員が三歳未満の子を養育するため、職を保有したまま育児に専念することができる制度である。

平成三年に「国家公務員の育児休業等に関する法律」及び「地方公務員の育児休業等に関する法律」が成立し、平成四年四月一日から施行され、男女の区別なく、一般職の公務員すべてについて育児休業制度が設けられた。

育児休業をすることができるのは、特別職非常勤職員や臨時的任用職員等を除くすべての職員であり、休業期間については、子が三歳に達する日までの期間を限度として、職員が育児休業の承認を請求する際に明示することとされている。

育児休業をしている職員は、育児休業期間中その職を保有するが、職務に従事せず、その期間中は無給とされている。ただし、従来から育児休業が認められていた女性教育職員等については、従来と同様、共済組合掛金相当額の育児休業給が支給される。また、給料の復職調整割合及び退職手当の勤続期間通算の割合は二分の一とされている。育児休業期間中、職員の配置換え等によってその職員の業務を処理することが困難であると認めるときは、任命権者は代替職員の臨時的任用を行うこととされている。

なお、私立学校の教職員については、民間の労働者を対象とした「育児休業、介護休業等育児又は家族介護を行う労働者の福祉に関する法律」（平成四年四月一日施行）により、育児休業が認められる。

▼育児時間　生後満一年に達しない生児を育てる女性勤労者は、休憩時間のほかに、一日二回各々少なくとも三十分、その生児を育てるための時間を使用者に請求することができる。こ

の時間を育児時間という（労基法六七①）。

女性職員から育児時間を請求されたときは、これを与えなければならない（同法六七②）が、その時間の給与を支給することは義務付けられてはいない。各地方公共団体の条例、規則をみると、国の例にならって特別休暇などとし、有給扱いとしている。

なお、この育児時間は、一日の勤務時間を八時間とする通常の勤務態様を予想して、一日二回の付与を義務付けているものであるから、一日の勤務時間が四時間以内であるような場合は、一日一回与えれば足りると解されている。また、一回三十分の中には、生児のところまで往復する時間なども含まれる。

▼**慰藉料**　民法は不法行為（「不法行為」の項参照）について、財産的損害（治療費・交通費・収入減少等）のほかに精神的損害の賠償を認めている（民法七一〇）。これは、精神的打撃・痛手を金銭的に見積もって、それを慰藉するために支払われる金額である。

慰藉料額の算定は両当事者（加害者側と被害者側）の社会的地位、職業、資産、家族の状況、加害者の故意・過失の程度、加害者の行為の倫理的非難の程度等のすべての事情を考慮して決定される。

慰藉料は、被害者本人のほか、被害者が死亡した場合又は死亡したにも等しい重大な被害を受けた場合には、被害者の父母、配偶者、子等からの請求も認められる（民法七一一）。

慰藉料請求権の相続性の問題については、その一身専属性を強調し、被害者の意思表示のあったときにのみその相続が可能であるとする説、被害者が権利不行使の意思を表明する等特別の事情のないかぎり相続されるとする説等がある。

▼**一斉休暇闘争**　職員組合がその主張貫徹のために、組合員に年次有給休暇を請求させ、業務の正常な運営を妨げようとすることをいう。

年次休暇は労働者の権利として認められているものであるから、その利用目的は原則として自由であり、業務の正常な運営が妨げられる場合に、そのことを理由として使用者が時季変更を行わないかぎり、労働者が休暇の時季指定を行えば年休が成立すると考えられている（労基法三九⑤、昭四八・三・二　最高裁判決）。しかし、そもそも年次休暇は、労働力の再生産に資することを目的として設けられている制度であるので、一斉休暇闘争のような業務の正常な運営を阻害することを目的とする休暇の請求は、制度の趣旨に反し権利の濫用となるだけでなく、争議行為たる同盟罷業に当たり違法である。最高裁判例でも、「その実質は、年次休暇に名をかりた同盟罷業にほかならない。したがってその形式いかんにかかわらず本来の年次休暇権の行使ではないのであるから、これに対する使用者の時季変更権の行使もありえず、一斉休暇の名の下に同盟罷業に入った労働者の全部について、賃金請求権が発生しないことになるのである」としている（昭四八・三・二　前記最高裁判決）。

▼営造物　営造物とは、学問上の概念としては、国又は地方公共団体等の行政主体により特定の公の目的に供される人的・物的手段つまりハードとソフトの総合体をさす意味に普通用いられている。その例としては、組織体としての国公立の学校、病院、図書館や、水道事業、あるいは国道、県道等の道路が考えられる。昭和三十八年改正以前の地自法でも同様の意味で「営造物」という用語が用いられていたが、営造物の内容が一般に理解しがたく必ずしも明確でないこともあって、現在では「公の施設」という概念を使用している。

国家賠償法第二条は、「道路、河川その他の公の営造物」の設置、管理の瑕疵《かし》に基づく損害賠償責任について規定しているが、ここにいう「営造物」は施設を総合体としてとらえているのではなく、その一部である物的施設（ハード面）だけをさすものと考えられている。学校に関していえば、校舎や体育館、プール等の学校施設・設備がこれに当たる。教職員や、そこで行われる教育サービスは学問上の営造物概念には含まれるが、国家賠償法上の「営造物」には当たらないことになる。

なお、営造物の中には例えば、沖縄振興開発公庫のように法人格を有するもの（独立営造物という）もあるが、学校は法人格を有せず、国や地方公共団体の内部組織の一部となっている（非独立営造物という）。

▼栄養教諭と学校栄養職員　栄養教諭とは、義務教育諸学校に置くことができる児童の栄養の指導及び管理をつかさどる教員であり、食に関する指導と学校給食の管理を一体のものとしてその職務とする（学教法三七⑬等）。

栄養教諭は教育職員免許状（専修、一種、二種）を有することが必要であり、教職に関する専門性とともに栄養に関する専門性を制度的に担保するため、標準とされる一種免許状にあっては基礎資格として管理栄養士を求める等している（免許法二、四等）。

栄養教諭の具体的な職務としては、児童生徒に対する栄養に関する個別的な相談指導、学級担任や教科担当等と連携して関連教科や特別活動等における食に関する指導及び食に関する指導に係る全体的な計画の策定への参画、並びに学校給食における栄養管理や衛生管理等があげられる。

学校栄養職員もまた学校給食の管理を担う職員であり、その資格等については、栄養士の免許及び学校給食の実施に必要な知識若しくは経験を有することが求められる（学校給食法七）。

▼公の施設　公の施設とは、住民の福祉を増進する目的をもって、住民の利用に供するために、普通地方公共団体が設ける施設をいう（地自法二四四①）。例えば、学校、公民館、図書館、

博物館などをいう。

公の目的のために設けられた施設であっても、住民の利用に供することを目的としない庁舎、試験研究所は公の施設ではない。また、競輪場、留置場等のように、住民の利用に供する施設ではあっても、直接住民の福祉を増進するためのものでないものは、公の施設ではない。以上のように、公の施設は、講学上の営造物という概念よりも多少せまい範囲のものをさしている。地自法でも、かつては営造物という用語を使っていたが、昭和三十八年以降、公の施設という用語に改められた。

▼会計年度任用職員　平成二十九年五月に公布された改正地方公務員法（二〇二〇年四月一日施行）により新たに導入される、一般職の非常勤職員の類型（改正地公法二二の二）。職務の内容や責任の程度の観点から常時勤務を要する業務ではない業務を担い、パートタイムの者（改正地公法二二の二①Ⅰ）とフルタイムの者（改正地公法二二の二①Ⅱ）が存在する。任期は、採用の日から同日の属する会計年度の末日までの期間の範囲内で任命権者が定め、最長で一年間となる。会計年度任用職員の採用は全て条件付となるが、その期間は一か月である（改正地公法二二の二⑦）。フルタイムの者については、営利企業への従事等の制限の対象となる一方、パートタイムの者については、営利企業への従事等の制限が適用されない（改正地公法三八①）。フルタイムの者については給料、手当及び旅費の支給対象であり、パートタイムの者については報酬及び費用弁償の支給対象である（改正地自法二〇三の二、二〇四）。

いわゆる非常勤講師については、改正前においては一般的には特別職（地公法三③Ⅲ）と扱われていたが、改正後においては原則として会計年度任用職員に移行することとなる。その他教育委員会関係で会計年度任用職員に移行する主なものとしては、スクールカウンセラー、スクールソーシャルワーカー、部活動指導員、ＡＬＴ、特別支援教育支援員等が挙げられる。

▼介護休業　育児休業、介護休業等育児又は家族介護を行う労働者の福祉に関する法律において、介護休業に関する地方公務員の最低基準が定められている。

本法第六十一条第六項において、地方公務員は、任命権者に申し出ることによって、要介護状態（負傷、疾病または身体上もしくは精神上の障害により、二週間以上の期間にわたって常時介護を必要とする状態）にある家族を介護するために休業することができるとされ、対象となる家族は、配偶者（事実婚の場合も含む。以下同じ。）、父母および子、配偶者の父母、同居かつ扶養している祖父母・兄弟姉妹・孫である。また、介護休業の期間は九十三日間とされ、期間を定めて任用されている職員のうち介護休業の申出ができる者は、①引き続き在職した期間が一年以上で、かつ、九十三日経過日から六か月を経過するまでに、任期（再度の任用がなされる場合は、その任期）が満了することが明らかでない者とされている。

また、平成二十八年改正により、介護休業取得可能期間を三つの期間に分割して取得できることとされた。

▼戒　告　公務員に対する懲戒処分の一種で最も軽い処分である（地公法二九、国公法八二）。戒告処分を行うことができるのは、職員が法律に定める事由に該当する行為を行った場合に限られる。

戒告は、具体的な身分変動や職員の権利に直接効果をもたらすものではないが、当該職員が懲戒事由に当たる非違行為を行ったこと及びこれに対して制裁を加えたことを公式に明らかにするという法的効果をもつ行政庁の行為である。したがって戒告は職員の身分取扱いに関するものに含まれ、任命権者が行う。また、戒告処分を受けた職員は、不服申立て及び抗告訴訟を提起することができる。

この点で、職務上の上司による単なる注意にすぎない文書訓告、厳重注意等とは性格を異にするものである。

また、戒告に伴って昇給時期が延伸されるのが一般であるが、これは戒告処分自体の効果ではなく、戒告によって徴憑される勤務成績の評価を給与上反映したにすぎない。

▼解雇予告・解雇制限　(1)　労基法第二十条により、使用者は労働者（日日雇用される者、二か月以内の臨時的任用者等を除く）を解雇しようとする場合においては、少なくとも三十日前に予告をしなければならない。ただし、予告をしない場合であっても三十日分以上の平均賃金を支払えば解雇できる。ここで解雇とは、使用者の何らかの意思表示によって労働者がその地位を失うことをいい、公立学校の教職員にあっては分限免職、懲戒免職、依願退職がこれに当たる。

これに対して、期限の到来、条件の成就によって自動的に地位を失う場合、例えば欠格条項に該当したことによる失職、臨時的任用の期間満了、定年による退職等の場合は解雇には当たらず、解雇の予告は必要ない。

また、労働者の責に帰すべき事由に基づいて解雇する場合であって行政官庁（人事委員会、市町村長）の認定を受けたときには予告は不要とされており、懲戒免職等の場合に該当することがあるものと考えられる。

(2)　労基法第十九条により、使用者は労働者が業務上負傷し、疾病にかかり療養のため休業する期間、労基法が定める産前産後の休業期間、及びそれぞれ、その後の三十日間は解雇してはならないこととされている。この場合の解雇の意味は、(1)の場合と同様である。ただし地方公務員が公務災害によって療養している場合については、療養開始後三年を経過した日において傷病補償年金を受けている場合又はそれを受けるに至った場合には免職することができる（地公災法二八の三）。

▼学習指導要領　文部科学大臣は、各学校において教育課程を編成するに当たってその基準とすべきものとして、学校種別ごとに学習指導要領（幼稚園にあっては幼稚園教育要領）を定め公示するものとされている（学教法施行規則三八、五二、七四、七九の六、八四、一〇八、一一四、一二九）。

学習指導要領を設ける趣旨は、各教科等の目標、内容等について大綱的な基準を定め、法律の定める教育の目的の実現を図り、学校教育の水準を維持することにある。

学習指導要領は、学校教育法の委任によって定められるもので、法律を補充するものとして法的拘束力を有する。したがって学習指導要領に反する教育を行うことは許されないが、学習指導要領自体が、地域の実情等に応じて弾力的な運用ができる内容を含んでいる。

▼学　則　学校の内部組織、内部規律、児童・生徒・学生の在学関係等学校の管理運営の内部的事項について定める規則である。学則を定めるのは、原則として学校の設置者であるが、例えば公立高等学校の学則を教育委員会規則で定めるなどのように、学校の管理機関が定めることもある。

学則を定めることは義務付けられてはいないが、学校の設置の認可の申請、届出には、必ず一定事項を記載した学則を提出しなければならないので当然学則の制定が必要となる。ただし、市町村立の小・中学校及び義務教育学校の場合には学則の提出は必要とされていない（学教法施行規則三）。

学則には、少なくとも次の事項を記載しなければならないとされている（学教法施行規則四）。⑴修業年限、学年、学期及び休業日に関する事項、⑵部科及び課程の組織に関する事項、⑶教育課程及び授業日時数に関する事項、⑷学習の評価及び課程修了の認定に関する事項、⑸収容定員及び職員組織に関する事項、⑹入学、退学、転学、休学及び卒業に関する事項、⑺授業料、入学料その他の費用徴収に関する事項、⑻賞罰に関する事項、⑼寄宿舎に関する事項。私立学校の収容定員に関する学則の変更等一定の学則変更は認可事項とされており、それ以外の学則変更についても届出事項とされている。

なお、地教行法第三十三条により学校の管理運営の基本的事項について教育委員会規則（学校管理規則）を定めるべきことが規定されている。学則も教育委員会規則として定められる以上は、学校管理規則の中に含まれると考えられる。

▼学年と学期　学年とは、学校教育の全課程を修業年限の年数に応じて区分する一年の期間をいう。この学年は、学校教育活動の単位期間となるものであり、学教法施行規則第五十九条では「小学校の学年は、四月一日に始まり、翌年三月三十一日に終わる。」と規定している。この規定は、幼稚園から大学に至るまで、すべての学校に準用されているので、上級学校への進学は、時間的にむだなく行われている。わが国の学年は、国と

地方公共団体の歳入歳出のくぎりをつける会計年度と一致しているが、国によっては、必ずしもこれが一致しているわけではない。例えば、イギリスでは学年は八月一日から翌年の七月三十一日であり、会計年度は四月一日から翌年の三月三十一日である。

学期は、学年をさらに数個に区分した期間をいう。わが国の多くの学校では夏季休業、年末年始の休業、学年末休業等を考え合わせて、三学期制が採用されているが、一部二学期制を採用している学校もある。大学を除く公立学校の学期は、教育委員会が定めるものとされている（学教法施行令二九）。

▼学問の自由　憲法第二十三条は「学問の自由は、これを保障する」と規定している。学問の自由の内容としては、学問的研究の自由とその研究結果の発表の自由を含むものと解され、広く国民に対しそれらの自由を保障するとともに、特に大学におけるそれらの自由を保障することを趣旨とするものであると解されている。また、学問の自由は、その結果を教授する自由をも含むと解され、特に大学については、前記の学問の自由の趣旨及び大学が学術の中心として深く専門の学芸を教授研究する場であることに鑑み、大学における教授の自由は保障されていると解されている。

これに対し、初等中等教育においては、①児童生徒に、教育内容を批判する能力がなく、教師が児童生徒に強い影響力・支配力を有すること、②教育の機会均等を図る上からも全国的に一定の水準を確保すべき強い要請があること等から、初等中等教育における教師に完全な教授の自由を認めることはとうてい許されず、おのずから抑制が加わると解されている（昭三八・五・二二　東大ポポロ座事件最高裁判決、昭五一・五・二一　永山中学校事件最高裁判決参照）。

▼学齢・学齢簿　学齢とは、保護者が義務教育諸学校に就学させなければならない子の年齢をいう。保護者は、子が満六歳に達した日の翌日以後における最初の学年の初めから満十二歳に達した日の属する学年の終わりまでの六年間を小学校、義務教育学校の前期課程又は特別支援学校の小学部に就学させる義務を負う。また、子が小学校、義務教育学校の前期課程又は特別支援学校の小学部の課程を修了した日の翌日以後における最初の学年の初めから満十五歳に達した日の属する学年の終わりまでの三年間を中学校、中等教育学校の前期課程又は特別支援学校の中学部に就学させる義務を負う（学教法一六、一七①②）。この計九年間が学齢期である。学齢にある子のうち、前者の六年間にある子を学齢児童、後者の三年間にある子を学齢生徒という。

なお、学齢児童・生徒については、学齢簿が編製される。

学齢簿は、十月一日現在でその市町村に在住する翌年度の初めまでに満六歳に達する者（つまり、小学校への翌年度の入学予定者）及びそれ以降に転入してきた学齢児童・生徒について編製が行われるものである。この学齢簿に基づいて就学義務の発生及び履行状況の把握、義務教育の機会の確保の行政的な担保が行われる。

▼**瑕疵《かし》**　行政処分、事実行為、物などに何らかの欠陥、傷があることを表す用語。例えば、「瑕疵ある意思表示」とは、他人の詐欺又は強迫によってした意思表示をいい、「瑕疵ある行政行為」とは、その主体、手続き、対象などにおいて法令に違背する行政行為をいい、その場合、当該行政行為は違法又は無効な行政行為となる。

　民法第七百十七条は「土地の工作物の設置又は保存に瑕疵があることによって」生じた損害について占有者又は所有者の賠償責任を定め、国家賠償法第二条は「道路、河川その他の公の営造物の設置又は管理に瑕疵があったために」生じた損害について国又は公共団体の賠償責任を定めている。ここにいう「瑕疵」とは、当該工作物又は営造物が本来備えているべき性質や設備を欠いていることをいう。それは、その物の通常の利用者の判断能力や行動能力、設置された場所の環境等を具体的に考慮して、客観的に判定すべきものであって、設置又は管理（保存）に当たる者の故意・過失によることを要しない。瑕疵が最初からある場合は設置の瑕疵、後で生じた場合は管理（保存）の瑕疵である。

▼**過　失**　一定の結果が発生することを知るべきであるのに、不注意により知り得ないで行為をすること（又はそのような心理状態又は態度）と定義される。判例上、不法行為の要件としての過失（民法七〇九）を認定するに当たっては、損害発生を回避するための注意義務違反を過失と説明することが多い。過失は故意に対する語であるが、私法上は故意を含むと解される場合もある（民法四一〇②、四一八等）。

　過失は、その不注意又は注意義務違反の程度によって、重過失と軽過失とに分けられる。重過失とは、はなはだしい不注意又は注意義務違反をいい、軽過失とは、これに至らない程度のものをいう。法文上単に「過失」という場合は、当然に軽過失も含まれ、特に重過失のみをさす場合は「重大な過失」という。

　刑法上、過失は故意と同様、責任を問うに足る要件の一つであるが、過失犯の処罰は例外的であって、法律上過失犯について処罰する旨の特別の規定がある場合に限られる。

▼**学級編制**　学級編制については、小学校設置基準、中学校設置基準、高等学校設置基準、公立義務教育諸学校の学級編制及び教職員定数の標準に関する法律（義務教育標準法）、公立高等学校の適正配置及び教職員定数の標準等に関する法律（高校標準法）等に一定の基準が定められている。

　その第一は、同学年の児童生徒で編制するという原則である。ただし、特別の事情がある場合等には、数学年の児童生徒をもって編制することが認められている（小学校設置基準五、中学校設置基準五、義務教育標準法三①）。

基準の第二は、学級規模すなわち一学級の児童生徒数についてのものである。小・中学校については単式学級の場合四十人以下としている（小学校設置基準四、中学校設置基準四）。また、公立小・中学校の場合は四十人を標準として、都道府県教育委員会が基準を定めることとなっている（義務教育標準法三②）。その他、複式学級、特別支援学級、特別支援学校、高等学校、中等教育学校についても前述の法令中に一定の基準が定められている。

この基準に従って学級編制を行うのは公立学校の場合当該学校を設置する地方公共団体の教育委員会である。例えば、公立小・中学校の学級編制は、都道府県教育委員会が定めた基準に従い、当該学校を設置する地方公共団体の教育委員会が行うこととなる（義務教育標準法四）。

▼学　校　学校とは、学校教育を行う教育施設をいい、通常、学教法第一条に規定する幼稚園、小学校、中学校、義務教育学校、高等学校、中等教育学校、特別支援学校、大学、高等専門学校をさすのであるが、学教法以前の規定による学校（旧国民学校令による国民学校、旧専門学校令による専門学校など）や専修学校、各種学校を含めて「学校」という場合もある。

学校の設置主体は、国（国立大学法人及び独立行政法人国立高等専門学校機構を含む）、地方公共団体（公立大学法人を含む）及び学校法人の三者に限られ、これらの設置した学校を、それぞれ国立学校、公立学校及び私立学校という。

学校以外の教育施設（専修学校、各種学校を含む）は、学教法第一条に掲げる学校の名称を用いてはならない（学教法一三五）が、例えば、〇〇高等学院などのように、一般に「学校」と区別できる場合には、その名称中に「学校」に相当する文字をはさんで使用することはさしつかえない。

▼学校運営協議会　平成十六年の地教行法の改正により、各教育委員会の判断により、地域住民や保護者等が一定の権限をもって学校運営に参画する合議制の機関として学校運営協議会を設置することができるものとされている。

具体的には、教育委員会は、教育委員会規則で定めるところにより、その所管する学校ごとに当該学校の運営に関して協議する機関として学校運営協議会を置くことができ、その委員を任命するものとされている（地教行法四七の六）。

学校運営協議会の主な機能として、校長が作成する学校運営に関する基本的な方針を承認すること、学校運営について教育委員会又は校長に意見を述べることができること、当該学校の教職員の任用に関して任命権者に意見を述べることができ、任命権者はその意見を尊重することが定められている。

すべての公立学校で学校運営協議会の設置を目指し、平成二十九年三月に地教行法が改正され、学校運営協議会の設置が努力義務化されるとともに、学校運営協議会の設置をさらに促進するための制度の見直しが行われた（同年四月に施行）。

▼学校管理規則　教育委員会は、法令又は条例に違反しない限度において、その所管に属する学校の施設、設備、組織編制、教育課程、教材の取扱いその他学校の管理運営の基本的事項について、教育委員会規則を定めることとされている（地教行法三三）。この規則を特に学校管理規則と呼ぶならわしである。学校管理規則は教育委員会が定める点において、校長がその権限の範囲内で定める校則その他の校内規程と異なる。学校管理規則は、地方公共団体の教育行政の内部統制のための行政規則であって法規命令ではない。一般的包括的な形で示された訓令（職務命令）たる性格をもつ。

▼学校行事　学校行事は、各教科、総合的な学習の時間及び道徳とともに教育課程を構成する領域の一つである「特別活動」の内容の一つに位置付けられている重要な教育活動である。

特別活動は、例えば小学校では、学習指導要領にその内容として、学級活動、児童会活動、クラブ活動、学校行事の四つが位置付けられている。

学校行事は、日常の学校生活の繰り返しとは異なる形態で展開され、全校又は学年あるいはそれに準ずる集団など、さまざまな集団を単位として実施されることから、児童生徒の全人的な人間形成に寄与するところの大きな教育活動である。

学校行事の内容は、①儀式的行事、②文化的行事、③健康安全・体育的行事、④遠足（旅行）・集団宿泊的行事、⑤勤労生産・奉仕的行事の五種類から成っているが、これらの行事はいずれも、わが国の学校において伝統的に実践されてきているものが多い。各学校においては、学校行事の見直しや精選を図り、児童生徒が楽しく、豊かで充実した学校生活を体験できるよう創意工夫を加えた指導計画を作成することが肝要である。

▼学校事故　「学校事故」という用語は法令等により規定されたものではないことから、その意味するところが必ずしも明確ではないが、通常、「学校が自らの責任において実施する教育活動中に、教員等当該教育活動の実施について責任を有する者の故意又は過失により発生した事故又は学校の施設設備の設置管理に瑕疵があり、それが原因で発生した事故」ということができよう。

この場合「教育活動中」とは、各教科の授業時間はもとより、放課後の部活動や学校が計画して実施する臨海学校等、学校が自らの責任において計画実施する教育活動の時間も含まれると考えられる。

また、「教員等の故意又は過失」とは、教員等が故意又は当然尽くさなければならない注意義務を怠ることをいうものであるが、故意の場合はともかく過失の場合については、教員等の注意義務がどの程度要求されるかが問題となる。これを判例の傾向などから考えると、対象となる児童生徒の発達の段階に応じた注意義務が要求され、例えばある事柄を禁止する場合（「この階段を昇ってはいけない」など）でも、高校生であれば一般的な注意を与えておけば足りるところであっても、小学生であれば一般的な注意だけでは足りず、物理的な措置（階段を昇れないような措置をしておくなど）まで要求されるのが通例であろう。

ところで、学校事故を右のように定義したとき、学校事故が発生した場合の損害賠償が問題となる。学校事故も故意、過失あるいは瑕疵により他人に損害を与えたものであることから、民法の不法行為に関する規定の該当条項に従って加害者、使用者、占有者等は当該事故により損害を被った者に対してその損害を賠償する立場に立つことになる。

また、公立学校において発生した学校事故については、国家賠償法によることもできることとされている。なおこの場合、学校における教育活動が同法第一条第一項にいう「公権力の行使」に該当するか否かについてはいくつかの学説があるが、近時の判例等からすれば、学校の教育活動もここにいう公権力の行使に該当すると考えるのが適当である。

次に、学校事故もその態様によっては刑事事件としての処理が行われる場合もある。体罰によって児童生徒にけがをさせたとき、加害教師が傷害罪や暴行罪に問われたり、過失により児童生徒を死に至らしめたとき、過失致死罪に問われたりすることである。

更に、学校事故の発生について校長や教員に故意、過失が認められる場合には当該校長や教員に対して懲戒処分等が行われることがある。

いずれにしても学校事故は、その発生を未然にくい止めるべきものであり、このためには日ごろから各学校において安全教育を徹底するとともに、万が一事故が発生した場合の具体的な処理の方法等について、学校全体の共通理解を図っておく必要がある。

▼学校施設の目的外使用　校舎、体育館、プール、運動場等の学校施設を学校教育以外の目的のために使用することである。

学校施設は、本来、学校教育の目的に使用する場合を除くほか、使用してはならない（地自法二三八の四、学校施設の確保に関する政令三）。しかし、学校の管理者は、学校教育上支障のないかぎり、学校教育以外の目的のための使用を許可することができ（学教法一三七、地自法二三八の四⑦）、また、社会教育又はスポーツのための利用に供するように努めなければならないとされている（社教法四四、スポーツ基本法一三）。学校教育上支障がない場合とは、単に教室に余裕がないなど物理的に支障がないだけでなく、教育的な配慮から精神的な支障のないことも含まれる。

その他法律等の規定に基づいて目的外に使用する場合がある。公職の選挙に当たり公営の立会演説会場又は個人演説会場として使用されたり（公職選挙法一六一）、非常災害の場合学校施設が使用されることがある（消防法二九、災害対策基本法六二）。

▼学校図書館と司書教諭、学校司書　学校図書館は、児童生徒の読書活動や児童生徒への読書指導の場である「読書センター」としての機能と、児童生徒の学習活動を支援したり、授業の内容を豊かにしてその理解を深めたりする「学習センター」としての機能とともに、児童生徒や教職員の情報ニーズに対応したり、児童生徒の情報の収集・選択・活用能力を育成したりする「情報センター」としての機能を有していることから、学校教育の中核的な役割を担うことが期待されており、学校教育において欠くことのできない基礎的な設備として、学校図書館法（昭和二八年法律第一八五号）で、小学校（義務教育学校の前期課程及び特別支援学校の小学部を含む）、中学校（義務教育学校の後期課程、中等教育学校の前期課程及び特別支援学校の中学部を含む）及び高等学校（中等教育学校の後期課程及び特別支援学校の高等部を含む）に、その設置を義務付けられている。

また、学校図書館法では、学校図書館の目的とその運営について、図書、視覚聴覚教育の資料その他学校教育に必要な資料を収集、整理、保存し、これを児童生徒及び教員の利用に供することによって、学校の教育課程の展開に寄与するとともに、児童生徒の健全な教養を育成することを目的として設けられる学校の設備であり、次のような方法によって児童生徒及び教員の利用に供するものと規定している。①図書館資料を収集し、児童又は生徒及び教員の利用に供すること。②図書館資料の分類排列を適切にし、及びその目録を整備すること。③読書会、研究会、鑑賞会、映写会、資料展示会等を行うこと。④図書館資料の利用その他学校図書館の利用に関し、児童又は生徒に対し指導を行うこと。⑤他の学校の学校図書館、図書館、博物館、公民館等と緊密に連絡し、及び協力すること。

司書教諭は、学校図書館資料の選択・収集・提供や子供の読書活動に対する指導等を行うなど、学校図書館の運営・活用について中心的な役割を担うものであり、学校図書館法の規定により、学校には、学校図書館の専門的職務をつかさどらせるため、司書教諭を置かなければならないとされている。また、司書教諭は主幹教諭、指導教諭又は教諭をもって充てることとされ、文部科学大臣の委嘱を受けた大学その他の教育機関が行う司書教諭の講習を修了した者でなければならない。なお、学校図書館法及び附則の規定により、平成十五年四月以降は十二学級以上の学校には司書教諭を必ず置かなければならないこととされた。

また、平成二十六年に学校図書館法の一部を改正する法律（平成二十六年法律第九三号。以下「改正法」という。）が成立し、専ら学校図書館の職務に従事する職員として学校司書の法制化がなされるとともに、学校司書への研修等の実施について規定された。加えて、改正法附則第二項において「国は、学校司書の職務の内容が専門的知識及び技能を必要とするものであることに鑑み、…（略）…学校司書としての資格の在り方、その養成の在り方等について検討を行い、その結果に基づいて必要な措置を講ずるものとする。」と規定された。これを踏まえ、文部科学省に設置された「学校図書館の整備充実に関する調査研究協力者会議」において、学校図書館の運営に係る基本的な視点や学校司書の資格・養成等の在り方について検討が行われ、平成二十八年十月に「これからの学校図書館の整備充実について（報告）」が取りまとめられた。これを受け、文部科学省において、学校図書館の整備充実を図るため、学校図書館の運営上の重要な事項について、教育委員会や学校等にとって参考となるよう、その望ましい在り方を示す「学校図書館ガイドライン」及び学校司書に求められる知識・技能を整理した上で、それらの専門的知識・技能を習得できる望ましい科目・単位数等を示す「学校司書のモデルカリキュラム」を作成した。

▼学校評価　平成十九年の学校教育法改正に伴い、学校は、文部科学大臣の定めるところにより当該学校の教育活動その他の学校運営の状況について評価を行い、その結果に基づき学校運営の改善を図るため必要な措置を講ずることとされた。

これにより、学校は、当該小学校の教育活動その他の学校運営の状況について、その実情に応じ、適切な項目を設定し、自ら評価を行い、その結果を公表することとしている。また、学校は、自己評価の結果を踏まえた当該学校の児童の保護者その他の当該学校の関係者（当該学校の職員を除く。）による評価（以下「学校関係者評価」という。）を行い、その結果を公表するよう努めるものとしている。併せて、自己評価の結果及び学校関係者評価を行った場合はその結果を、当該学校の設置者に報告することとされている。

▼学校評議員　学校評議員制度は、平成十二年の学教法施行規則の改正により設けられたものである。

これは、開かれた学校づくりをいっそう推進していくため、保護者や地域住民等の意向を把握、反映し、その協力を得るとともに、学校運営の状況等を周知するなど学校としての説明責任を果たしていく観点から、学校や地域の実情等に応じて、設置者の判断により、学校に学校評議員を置くことができるようにしたものである。

具体的には、学校に、設置者の定めるところにより、学校評議員を置くことができることとされている（学教法施行規則四九①等）。また、学校評議員は、校長の求めに応じ、学校運営に関し意見を述べることができ（同②）、当該学校の職員以外の者で教育に関する理解及び識見を有するもののうちから、校長の推薦により、当該学校の設置者が委嘱する（同③）とされている。

▼学校分会　学校分会とは、都道府県又は市町村単位の教職員団体の学校単位の下部組織をいう。学校分会は、通常、団体としての規模、目的、規約の具備等からみて地公法上の職員団体には該当しないと考えられる。また、学校分会が教職員団体の下部組織であるからといって、通常は分会自体として職員団体たる実体をもつものではない。

学校分会が、地公法第五十三条の規定に基づいて登録された職員団体でもなく、また、登録された職員団体から適法な委任を受けるものでもないかぎり、校長は、地公法上交渉の申入れに応ずべき地位に立つことはない。

しかし、当該分会が、職員がその勤務条件の維持改善を図ることを目的として組織する団体であると認められるなど、地公法第五十二条に規定された所定の要件を満たす場合には、地公法第五十五条の規定から、校長を含む交渉事項について適法に管理し、又は決定することのできる地方公共団体の当局と適法な交渉を行うことはできる。

▼勧　告　法令に基づいて、ある事項について相手方にある処置をとるようすすめることをいう。

通常の用語例の場合、指揮命令関係にない機関相互において、相互の自主性を尊重しつつ専門的立場にある機関の判断又は意見を相手機関に申し出ることによって、その機関の事務処理の円滑、適正を図るために行われるものである。したがって、勧告がなされた場合、相手方はその趣旨を尊重しなければならないが、法的に拘束されるものではない（国公法二八②、地公法二六、三九④、四七等、なお、特に法的拘束力を認めたものとして消防法三五②等がある）。

▼監査委員　監査委員は、地方公共団体の財務に関する事務の執行及び地方公共団体の経営に係る事業の管理を監査するほか、必要があると認めるときは、一般行政事務についても監査する権限を有する地方公共団体の必置機関である（地自法一九五〜二〇二）。議員及び行政運営に関し優れた識見を有する者の中から、議会の同意を得て、地方公共団体の長が任命する。各委員は、原則として、監査の執行について独立的な権限を有し、一定の場合にのみ合議が必要とされる。職務権限としては、監査のほかに、出納検査、決算・請願・職員の賠償責任の免除等に関する審査、国の監査の代行又は協力などがある。監査には、職権により行う一般監査と、主務大臣・都道府県知事・当該地方公共団体の長・議会・住民等の請求に基づき行う

特別監査（同法一九九⑤、二四三の二③、九八②、二四二、七五）とがある。監査の結果に関する報告は、議会、長及び関係機関等に提出し、公表されるが、この報告には意見を添えることができる。なお、住民監査請求は、地方公共団体の長、委員会、委員又は職員の違法又は不当な財務に関する行為（不行為を含む）についてなされるもので、監査委員は、請求に理由があると認めるときは、議会、長その他関係機関又は職員に対し、必要な措置を講ずべきことを勧告しなければならない。

▼監視、断続的労働　監視又は断続的労働に従事する者で、行政官庁（都道府県立学校にあっては人事委員会、市町村立学校にあっては市町村長）の許可を受けた者は、労働時間、休憩時間、休日などに関する労基法の規定が適用されない（同法四一Ⅲ）。

監視に従事する者とは「原則として、一定部署にあって監視するものを本来の業務とし、常態として身体の疲労又は精神的緊張の少ないもの」をいい、断続的労働に従事する者とは、「休憩時間は少ないが手持ち時間の多い者」をいい、この場合、手持ち時間と勤務時間とが折半程度であることを要し、さらに実勤務時間が八時間を超える場合は許可しないものとされている。守衛、学校用務員などがこれらの労働に従事する者と解される。なお、宿日直勤務も、通常の労働の継続でないかぎり、これらの労働に従事するものとして、労基法の労働時間等に関する規定が適用除外される。

▼勧奨退職　退職の勧めを受けて退職すること。勧奨の原因には、①当該職員の非違による場合と②そうでない場合がある。いずれの場合であっても退職を勧めることは事実上の行為であって法律上の行為ではない。また、これを受けての退職はあくまでも本人の意思による退職であって、その法的性質は依願退職にほかならない。

通常、勧奨退職といわれるのは、②の場合であって、人事の新陳代謝を促進するため長期勤続者が一定年齢に達したことにより勧奨を受けて退職することである。この場合には退職手当が通常の依願退職の場合に比べて割り増しされることとされている。しかし、昭和六十年三月三十一日から定年制が実施されたので、組織的、集団的、計画的な退職勧奨は行わないことになっている。しかし、個別的な退職勧奨はあり得る。

なお、退職勧奨自体は事実行為であり、任命権者等において自由になし得るものではあるが、あまりに多数回、長期にわたって勧奨を行い、被勧奨者の自由な意思形成を妨げることは許されない。

▼管　理　ある対象について一般的な公の支配権をもつ者が、その支配権に基づいて、対象となるものの存立を維持したり、その本来の目的をできるだけ完全に実現するようあらゆる行為

をすることを「管理」という。管理の作用を学校についてみれば、教職員の任免、職務の監督、懲戒等の人事上の管理、施設、設備の維持等の物的管理、学校の組織編制、教育課程、学習指導等の運営に関する管理の三つの領域がある。

また「管理」は、監督、所轄などとともに行政機関相互の指揮監督関係の濃淡を表すために使われている例もある（警察法五）が、この場合は管理がもっとも濃く監督がこれにつぐ。なお、「管理し、及び執行する」というように行政機関の職務を表示する例もあるが（地教行法二三）、この場合は、「……を処理する」という意味に解されている。

▼管理運営事項　地方公共団体の事務の管理及び運営に関する事項は、職員の勤務条件の維持改善を目的とする職員団体が交渉の対象とすることはできない（地公法五五③）。

「管理及び運営に関する事項」とは、地方公共団体の機関が、その職務権限として行う地方公共団体の事務の処理に関する事項である。例えば、地方公共団体の組織に関する事項、行政の企画・立案及び執行に関する事項、職員定数及びその配置に関する事項、予算の編成に関する事項等はこれに当たる。

したがって、人事評価、学力調査の実施の問題等はもとより、事務量の増減に伴う課や係の増減の問題、生徒急増にともなっていかなる急増対策を講ずるかなどの問題、職員定数を何人とし、それを各学校にどのように配置するかなどの問題、任用、分限、懲戒などに関する個別の問題等は、地方公共団体の執行機関の判断と責任において管理執行すべき事項であって、職員団体の交渉事項にはなり得ない。

▼管理主事　教育委員会の事務局に置かれる職員の職のうち、主として教職員の人事管理に関する事務に従事する者を、一般に、管理主事といっている例が多い。

管理主事は、教育委員会の事務局の事務職員であり、教育長の推薦により、教育委員会が任命する。指導主事のように教員をもって充てることができるという法律上の規定がないので、教員の身分のまま管理主事の職務に従事することはできない。

管理主事については、法律に特段の定めがないので、その職の設置については、教育委員会規則で定められる。すなわち、管理主事は、教育委員会規則に設置根拠を置く職である。したがって、教育委員会によっては、管理主事という職の設置やその名称、職務に違いがある。

▼管理職員等　公務員のうち、管理若しくは監督の地位にある職員又は機密の事務を取り扱う職員をさす用語である。管理職員等と一般職員とは、労使関係における立場が異質であるから、管理職員等と一般職員とが混在する団体は、職員の利益を適正に代表するものとしては、健全な基礎を欠くものである。そこで、公務員における労使関係の近代化を図るために、管理

職員等と一般職員とは、同一の職員団体を組織し得ないこととされている（地公法五二③）。

公立学校職員にかかる管理職員等は、人事委員会規則又は公平委員会規則で定められるわけであるが、具体的には、高等学校以下の学校の職員にかかる管理職員等として校長（園長）、副校長、教頭、特別支援学校の部主事と事務長、高等学校の事務長等が考えられる。

▼寄宿舎指導員　寄宿舎指導員とは、特別支援学校に設置されている寄宿舎における幼児、児童生徒の日常生活上の世話及び生活指導に従事する者である（学教法七九）。寄宿舎指導員が行う職務の内容は、児童等が寄宿舎において起床し、就寝するまでの間の食事、洗濯、掃除をはじめとする日常生活の世話や生活指導、学習指導等にわたっている。

このような寄宿舎指導員の職務の内容にかんがみ、寄宿舎指導員については、法令上教員に準じた取扱いがなされている。具体的には、教員の任用、研修等に係る教特法の規定は、寄宿舎指導員についても準用されている（教特法施行令九②）とともに、給与面においても、①教員に準じた取扱いがされており、②平成十六年度から国立大学が法人化したことに伴い国立学校準拠制が廃止され、地域ごとの実態を踏まえ給料や諸手当の額を教育委員会が主体的に定めることができるようになっている。

公立の特別支援学校の寄宿舎に勤務する寄宿舎指導員の定数は、寄宿舎に入舎する児童生徒の障害の重度化に対応して、肢体不自由者である児童生徒については三人につき一人、また肢体不自由以外の他の障害を有する児童生徒については五人につき一人とされている。なお、一校当たりの寄宿舎指導員定数については最低十二人の保障がなされている（義務教育標準法一三）。

また、寄宿舎指導員の採用については、教育職員免許などの資格を有することを特に要件とはしていないが、多くの場合、教育職員免許状を有する者、保育士資格を有する者等が任用されている。

▼起訴休職　地公法第二十八条第二項第二号は、職員を意に反して休職させることができる事由として、刑事事件に関し起訴された場合を掲げ、分限処分としての起訴休職を定めている。

これは、職員が刑事事件に関して起訴された場合には裁判所による勾留、召喚が行われ、職務の遂行に支障を及ぼす場合があり、また、被疑者を引き続き職務に従事させることが住民の公務に対する信頼を失わせるような場合もあることを考慮して定められたものである。

刑事事件に関し起訴された職員を休職にするか否かは、任命権者の自由裁量であり（昭三五・一一・二六　東京高裁判決）、休職の期間は裁判が確定するまでの間である。また、それぞれの条例により休職中の給与については、通例給与の六割が支給されることとなっており、退職手当算出の基礎となる勤続期間には、通例休職期間の二分の一に相当する月数を除外することになっている。更に、判決の確定前に職員が退職した場合には、禁錮刑以上の刑に処せられなかったときを除き、退職手当の支給は行われないこととなっている。

▼期末・勤勉手当　期末・勤勉手当は、国家公務員の場合、六月一日及び十二月一日にそれぞれ在職する職員に対し、その者の勤務成績に応じて支給するものである。期末手当の額は、俸給の月額、調整手当及び扶養手当の月額の合計額に在職期間に応じた支給割合を乗じて算定する。

勤勉手当の額は、俸給の月額と調整手当の月額の合計額に期間率と成績率を乗じて算定する。

期間率は、職員の勤務時間による割合であり、例えば、十二月の場合、六月二日から十二月一日までの期間に無断欠勤で給与の減額を受けたことがある場合には、その率が低くなる（勤務期間五月十五日以上六月未満の場合百分の九十五など）。

成績率は、職員の勤務成績による場合で、百分の四十から百分の九十の幅がある。従来、この成績率を一律にしてきたきらいがあるが、勤勉手当は、職員の勤務成績に応ずるものでなければならないという性格に鑑み、合理的な範囲で、これに差を設けるようにすべきであろう。

▼義務教育等教員特別手当　公立の小学校、中学校、義務教育学校、中等教育学校の前期課程又は特別支援学校の小学部、若しくは中学部に勤務する校長及び教員が支給対象とされており、その内容は、各都道府県の条例等で定められている。また、公立の高等学校、中等教育学校の後期課程、特別支援学校の高等部若しくは幼稚部又は幼稚園に勤務する校長及び教員に対しても均衡上必要があると認められる場合は支給される。

▼義務免・職専免　法令上、職務専念義務の免除というのは、年次休暇、特別休暇、休職、育児休業、年末年始休暇等の期間、あるいは「職務専念義務の特例に関する条例」による場合を広く含めていうのであり、その本来の意味は単に無断欠勤扱いしない、欠勤についての非は問わないということであるから、必ずしも有給である必要はなく、無給とすることもできる。しかし、学校等で用いられる義務免又は職専免とは、このような職務専念義務の免除一般をさすのではなく、「職務専念義務の特例に関する条例」による場合であって、しかも給与を減額されない取扱いをさして用いられている例が多いようである。

なお、県費負担教職員については、広義の職務専念義務の免除である特別休暇、年次休暇等は勤務条件に該当するものとして都道府県の条例で定められるのに対し、いわゆる義務免・職専免は服務に関することとして市町村の条例で定められている。

▼却下・棄却　この用語は、行政不服審査法・民事訴訟法で使われている場合と刑事訴訟法で使われている場合とでは、その意味するところが異なる。ここでは行政不服審査法の用例に従い、記載することとする。

却下とは、申立てが法令上許されない事項についてされたとか、あるいは法廷の期間経過後にされたなど審査請求の要件を満たしていないなど適法でない場合、実体的な内容に触れず、いわゆる門前払いをすることをいう。

棄却とは、手続は適法であるが審査請求に理由がない場合（行政庁の処分に違法または不当な点がない場合）のことをいう。

▼休　暇　休暇とは、条例及びこれに基づく規則に基づいて、職員が、その所属機関の長の承認を受けて、一定の期間その職務を遂行しないで職務以外の事柄に勤務期間を利用することが認められた勤務時間管理上の制度である。

労基法上は、公民権行使（七条）、年次有給休暇（三九条）、産前産後の休暇（六五条）、育児時間（六七条）、生理中の就業が著しく困難な場合の措置（六八条）が規定されているが、公立学校の教職員については条例・規則の定めにより、これを上回る休暇制度が設けられている。

休暇の種類及び範囲は条例・規則の定めによるが、通例、有給休暇と無給休暇に分けられ、有給休暇として年次有給休暇、病気休暇及び特別休暇が、無給休暇として介護休暇及び組合休暇が定められている。

休暇の効果としては、勤務時間中でありながら職務専念義務を免除されるとともに、有給休暇については、勤務しないにもかかわらずその間の給料が保障される。

▼休　学　休学とは、学校に在籍する児童、生徒、学生又は幼児が、病気その他の理由により、校長の許可を得て、一定の期間学校施設の利用関係を休止することをいう。

休学は、児童生徒等の側からの発意に対し、校長の許可という合意のもとに行われるものであるから、学校側の一方的な意思に基づいて行う出席停止や懲戒として行われる停学とは異なる。合意により学校の利用関係を休止するものであるから、休学の期間中は授業料の納入を必要としないのが通例である。

休学の期間については、休学事由の消滅するまでであるが、具体的には、学則の定めるところによる（学教法施行規則四①）。

なお、義務教育諸学校の児童生徒の場合、休学の期間が相当長期にわたり、その学年の課程の修了を認めることができない程度にまで至れば、就学義務を履行しているとはいいがたいので、学教法第十八条の規定により就学義務の猶予又は免除を受けるべきである。

▼**休業日**　休業日とは、学校において児童生徒に対する授業が行われない日のことである。すなわち、教科、道徳、特別活動及び総合的な学習の時間によって編成された教育課程を実施しない日のことである。

休業日は、原則として、公立学校では国民の祝日、日曜日、土曜日、夏季、冬季、学年末等で学校を設置する地方公共団体の教育委員会が定めた日とされている（学教法施行令二九、同法施行規則六一）が、各教育委員会では学校管理規則等で休業日を変更する権限を校長に委ねているのが通例である。また、学教法施行規則第六十三条は、校長は、非常変災等の場合は、臨時に授業を行わないことができることとし、事後に教育委員会に報告しなければならないと規定している。

なお、休業日は、授業を行わない日のことであって、教職員の勤務時間と直接関係するものではない。したがって、いわゆる夏休み、冬休み等であっても、教職員は、所定の手続きを経て年次有給休暇の承認、職務専念義務の免除等を校長から認められない限り、勤務は免除されない。

▼**休憩時間**　労働者の労働時間が六時間を超える場合は少なくとも四十五分、八時間を超える場合は少なくとも一時間の休憩時間を労働時間の途中に与えなければならない（労基法三四①）こととされている。

これは、ある程度労働時間が継続した場合に、蓄積された労働者の心身の疲労を回復させるために労働者が職務から離れることを保障しようとするものである。

休憩時間は労働者が自由に使用できる（労基法三四③）ものであるが、事業場の規律保持上必要な制限をすること、又は外出につき許可を受けさせることはさしつかえないと解されている。

また、休憩時間は原則としていっせいに与えなければならないが、地方公務員については条例の定めにより、交代で与えることができる（労基法三四②、地公法五八④）。なお、分割して与えること、例えば、昼二十分、放課後二十五分と二回に分けて与えることは、法律上別段の規制はされていない。

▼**休日給**　休日給（休日勤務手当）は、国民の祝日に関する法律に規定する休日（国民の祝日又は祝日が日曜日に当たるときはその翌日をいう）における正規の勤務時間中に勤務した場合に支給されるものであり、その額は国家公務員の場合、勤務一時間につき、勤務一時間当たりの給与額の百分の百二十五から百五十までの範囲内で人事院規則で定める割合である。年末年始等で人事院（人事委員会）規則で定める日において勤務した場合にも支給される（一般職の職員の給与に関する法律一七、地公法二五③参照）。

休日は勤務を要しない日ではなく、正規の勤務日であるから、その日の正規の勤務時間に勤務しても超過勤務手当（時間外勤務手当）は支給されないが、正規の勤務日が休日に当たっても正規の給与が支給されるので、休日に勤務を命ぜられない者との均衡を考慮して休日給を支給することとしているのである。

公立の義務教育諸学校等の教職員についてはいわゆる給与特別措置法により教職調整額が支給されることとされていることに伴い、超過勤務手当及び休日給は支給されないこととされている（同法三②）。

▼休　職　職員を、懲戒処分としての停職や派遣、育児休業の場合を除いて、一定の事由がある場合に、その職を保有したまま職務に従事させないことである。

公立学校の教職員に適用のある地公法は、職員の意に反して休職できる場合として①心身の故障のため、長期の休養を要する場合、②刑事事件に関し起訴された場合をあげ（同法二八②）、その手続き及び効果は、法律に特別の定めがある場合を除くほか、条例で定めなければならないものとしている（同法二八③）。

条例では、休職の期間は①については三年の範囲内で任命権者が定め、②については当該刑事事件が裁判所に係属する間とし、また、休職期間中は、休職事由に応じて一定割合の休職給を支給することとしているのが普通である。なお、校長、教員の結核性疾患のため長期の休養を要する場合の休職については、その期間中（満二年、予算の範囲内で満三年まで延長可能）、給与の全額を支給する旨の特例がある（教特法一四）。

▼給　与　公務員に支給される給与は、原則として公務員が国又は地方公共団体に対して提供した勤務に対する反対給付である。具体的には、俸給又は給料及び諸手当等である。

給与は、公務員の職務と責任に応じて法律又はこれに基づく人事院規則若しくは条例で定められ、それに基づかずにはいかなる給与も支給されない。特に給与のうち中心的な俸給及び給料については、俸給表及び給料表が定められる（国公法六二、一般職の職員の給与に関する法律（給与法）三、地公法二四、二五）。

給与は、法令又は条例により特に認められた場合を除き、通貨で、直接公務員に、その全額を支払わなければならない（給与法三、人事院規則九－七第一条の二、地公法二五）。給与を受ける公務員としては、給与受給権を放棄することは公益を害するおそれがあるから一般には許されない。

また、公務員の給与が社会一般の情勢に適応するように、人事院は、俸給表が適当であるかどうかについて国会及び内閣に対して毎年少なくとも一回報告し、必要と認められる場合適当な勧告をしなければならない（国公法二八）。人事委員会も地方公共団体の議会及び長に対し同様の権限を有する（地公法二六）。

なお、県費負担教職員の給与は都道府県が負担し、また、教育公務員の給与は、学校教育の水準の維持向上のための義務教育諸学校の教育職員の人材確保に関する特別措置法（いわゆる人材確保法）により一般の公務員の給与水準に比較して優遇措置が講ぜられることとされている。

▼給与の減額　現行の給与の観念は、職員が勤務時間中は職務に専念する義務を負い（地公法三五）、その勤務に対する反対給付として給与が支給されるという考え方に立っている。このような給与の性格にかんがみ、各都道府県の給与条例は、「職員が承認なくして勤務しないときは、給与を減額する」という趣旨の規定を置いている。これが給与の減額といわれるものである。

給与の減額は、ノーワーク・ノーペイの原則によるもので、公務員の義務違反に対する制裁としての減給（地公法二九）とは、本質的に異なる性格のものであって、懲罰的な意味はない。

条例又はそれに基づく規則等に、給与の減額を減額理由の生じた日以降の給与から行うことができる旨の規定の有無にかかわりなく、給与の減額は、過払い給与の精算調整の意味をもつにすぎず、過払い給与の精算調整の実を失わない程度に合理的に密着した時期になされるのであれば、給与全額払いの原則（地公法二五②）に反しないと解されている。

▼教育委員　教育委員は合議制の執行機関である教育委員会の構成員であり、都道府県・市町村及び地方公共団体の組合のいずれの教育委員会においても四人の委員（条例で定めるところにより、都道府県及び市（それらの加入する組合を含む）は五人以上、町村（町村のみが加入する組合を含む）は二人以上とすることができる）によって組織することとされている（地教行法三）。

教育委員は、当該地方公共団体の長の被選挙権を有する者で、人格が高潔で教育、学術及び文化に関し識見を有するもののうちから、地方公共団体の長が議会の同意を得て任命することになっている。その際、委員の年齢、性別、職業等に著しい偏りが生じないよう配慮するとともに、保護者が含まれるようにしなければならない（地教行法四⑤）。

教育委員は非常勤であり（地教行法一二②）、特別職の地方公務員である。また、委員の任期は四年（補欠の委員の任期は前任者の残任期間）であり、再任されることができる（地教行法五）。

地方教育行政の政治的中立性を確保するため、委員の半数以上が同一政党に所属することとなってはならないとされており（地教行法四④）、また、委員は積極的な政治活動をすることができないとされている（地教行法一一⑥、一二①）。

▼教育委員会　都道府県、市（特別区を含む）町村及び地方公共団体の組合には教育委員会を置かなければならない（地教行法二）。

教育委員会は、地方公共団体の教育行政をつかさどる合議制の執行機関であり、その目的は地方自治の尊重、教育の政治的中立性の確保、及び専門的教育行政の安定的な実施にある。

(1)　組織――教育委員会は教育長及び四人の教育委員（条例で定めるところにより、都道府県若しくは市又は地方公共団体の組合のうち都道府県若しくは市が加入するものの教育委員会は五人以上、町村又は地方公共団体の組合のうち町村のみが加入するものの教育委員会は二人以上も可）で構成される（地教行法三）。

教育委員会は合議制の機関であり、その事務のすべてを自ら処理することは適当でないことから、教育委員会に教育長及び事務局が置かれ、教育長は会務を総理する（地教行法一三、一七）。事務局には、事務職員及び技術職員のほか、専門的教育職員として指導主事及び社会教育主事が置かれることとされている（地教行法一八、社教法九の二）。

(2)　権限――教育委員会は、当該地方公共団体の教育に関する事務を処理する。具体的には、(ア)学校その他の教育機関の設置、管理、(イ)教育財産の管理、(ウ)学校その他教育機関の職員の任免その他人事、(エ)児童生徒の入退学等、(オ)学校の組織編制、教育課程、学習指導、生徒指導等、(カ)教科書その他の教材の取扱い、(キ)教育機関職員の研修、(ク)社会教育、体育などに関することを管理し、執行することとされている（地教行法二一）。

これらの職務権限の中心となるものは、学校管理（施設管理、教職員人事管理、教育課程その他教育活動管理、児童生徒の在学管理）である。教育委員会は、学校における教育事業の法的主体たる地方公共団体に置かれる執行機関として、学校で行われる一切の教育活動及びそれに付随する諸活動に関して判断し、決定する権限と責任を有している。教育委員会の学校管理権限は、通常、学校管理規則などにより、又は校長に対する職務命令を通して、校長に委ね、専決させ、又は処理させているが、必要がある場合には直接教育課程の編成について具体的な命令を発することができる（昭五一・五・二一　永山中学校事件最高裁判決）。

教育委員会はその権限に属する事務を処理させるため、事務局及び学校、図書館、公民館、教育センターなどの教育機関を設置している。

なお、大学及び私立学校、予算の執行、教育財産の取得、処分などに関する事項は知事又は市町村長が行う（地教行法二二）。

(3)　教育委員会相互の関係、文部科学大臣と教育委員会の関係――文部科学大臣は都道府県及び市町村教育委員会に対し、都道府県教育委員会は市町村教育委員会に対して、指導、助言、援助を行うことができる（地教行法四八）。

▼教育委員会規則　教育委員会規則は、地自法第百三十八条の四第二項に定める委員会の規則であり、その制定には法律の根拠があることを必要とする。すなわち、教育委員会は、地教行法第十五条第一項に基づき、法令又は条例に違反しない限りにおいて、その権限に属する事務に関し、教育委員会規則を制定することができる。

教育委員会規則で定め得る事項を実質的内容によって区分すると、教育委員会事務局や教育機関の内部組織及び事務執行の方法等の内部管理に関する事務を規律する行政規則の性格を有するもの、教育機関を利用する人の行為を規律する営造物規則の性格を有するもの、住民の権利義務に関する事項を規律する法規命令の性格を有するものがある。

しかし、これらの事項のすべてを教育委員会規則で定める必要はなく、法令において教育委員会規則で定めるべきものとされた事項、住民の権利義務に関する事項以外の事項については、訓令、告示等の形式で定めてもさしつかえないものである。

▼教育課程　教育課程の意義については、学問的立場の違い等により諸説があるが、現行の法制に即して定義すれば、「学校教育の目的や目標を達成するために、教育の内容を児童生徒の心身の発達に応じ、授業時数との関連において、総合的に組織した各学校の教育計画である」ということができよう（『学習指導要領解説総則編』）。

幼、小、中、高等学校等の教育課程については、教基法及び学教法に示された学校教育の目的、目標に従って、文部科学大臣がその基準を定めるものとされており（学教法二五、三三、四八、四九の七、五二、六八、七七）、学教法施行規則で教科の種類、授業時数の標準等が定められているほか、教育課程の基準として各学校種別ごとに学習指導要領（幼稚園にあっては幼稚園教育要領）が公示されている。

学校においては、この文部科学大臣が定める基準及び公立学校については、教育委員会が定める基準（地教行法三三）等に従って、地域や学校の実態及び児童生徒の心身の発達段階と特性を十分考慮して、適切な教育課程を編成することとなる。

▼教育機関　教育、学術及び文化（以下「教育」）に関する事業、又は教育に関する専門的、技術的事項の研究、教育関係職員の研修、保健、福利、厚生等の教育と密接な関連のある事業を行うことを主目的とする機関で、地方公共団体が設置するものをいう（地教行法三〇）。

学校、各種学校等はもとより、図書館、博物館、公民館、少年自然の家等の社会教育施設、体育館等の社会体育施設、民俗資料館等の文化施設、その他教育研究所、教育研修センター、教員保養所等も含まれる。教育機関に該当するか否かは、当該施設の設置目的や事業の内容、人的・物的要素など、目的・内容から総合的に判断されるほか、専属の物的施設及び人的施設を備え、かつ管理者の管理の下に自らの意思をもって継続的に事業を行うものであることが必要であると解されている。また、教育機関は、同時に地自法第二百四十四条にいう公の施設であることもあるが、必ずしもそれを要件としない。

なお、大学以外の教育機関は教育委員会の所管に属するが（地教行法三二）、教育委員会は教育機関の管理運営の基本的事項について必要な教育委員会規則を定めるものとされている（地教行法三三）。

▼教育行政　一般に教育行政とは、教育政策として定立された法のもとに、その法の定めに従って具体的に教育政策を国又は地方公共団体が実現する公権力の作用をいう。

教育行政の作用には、学校の設置・廃止の認可、就学義務を課す等、私人その他の組織の行う教育・文化活動に対する規制作用や、指導、助言、援助、補助等、教育・文化活動に対する助成作用のほか、学校の設置、管理等、国又は地方公共団体が自ら教育、文化活動を実施する作用がある。

なお、国の教育行政機関として文部科学省、地方教育行政機関としては地方公共団体の長及び教育委員会がそれぞれ教育行政を担当している。

▼教育権　「教育権」という語は多義的であり、法令用語として熟したものではない。「教育権」の内容として、主張されているところを整理すれば①教育を受ける権利、②教育をする権利、③教育主権の三つに分類できよう。

「教育主権」としての教育権とは、主権者としての国民全体が有する国権の一部としての教育機能全体である。これを基盤として立法、司法、行政と並びいわゆる四権としての教育権の独立説が主張されるが、実定法上認められたものではない。

「教育を受ける権利」としての教育権は、国民の基本的人権の一つとして憲法第二十六条の保障するところである。

「教育をする権利」としての教育権の主張としては、従来、国の教育内容への関与を否定するいわゆる「国民の教育権」説と、教育内容を含めて国の積極的な教育条件整備の責務と権能を主張する立場が対立していた。昭和五十一年五月二十一日の最高裁判決は、憲法第二十六条の解釈として、子どもの教育は、教育を施す者の支配的権能ではなく、責務としてとらえるべきものとしており、保護者、教師等の一定範囲における教育の自由を認めるとともに、それ以外の領域においては、国は必要かつ相当と認められる範囲において、教育内容について決定する権能を有するとしている。

▼**教育公務員**　教育公務員という特殊な身分が存在するわけではないが、地方公務員たる教育関係職員のうち、その職務と責任の特殊性に基づき、その身分取扱いについて地公法に対する特例を必要とするもので、教特法上別段の定めが設けられているものを、教育公務員と称する。

教特法にいう教育公務員とは、公立学校の学長・校長・園長・教授・准教授・助教・副校長・副園長・教頭・主幹教諭（幼保連携型認定こども園における主幹養護教諭及び主幹栄養教諭も含む）・指導教諭・教諭・助教諭・養護教諭・養護助教諭・栄養教諭・常勤講師（短時間勤務を含む）、公立大学の副学長・学部長・附置研究所長・附属病院長・附属図書館長等、教育委員会の指導主事・社会教育主事をいうのである。

このほかに、同法第三十条及び同法施行令において同法の規定を準用することとされている公立学校の助手・実習助手・寄宿舎指導員、国・公立の専修学校・各種学校の校長・教員は、準教育公務員ともいう。

▼**教育財産**　学校その他の教育機関の用に供する財産のことである（地教行法二一Ⅱ）。それは、現に教育機関の用に供する財産のほか、将来教育機関の用に供するものと決定した財産を含むものと解されている。

教育財産の取得、処分の権限は、地方公共団体の長に属する（地教行法二二Ⅳ）が、取得に当たっては、教育委員会の申出をまってこれを行うこととされ、取得された教育財産はすみやかに教育委員会に引き継がなければならない（同法二八②③）。

教育財産の管理は、地方公共団体の長の総括の下に、教育委員会が行う（地教行法二八①）が、これは地方公共団体の財産の管理は、地方公共団体の長が行う（地自法一四九Ⅵ）こととされていることに対する特例である。

▼**教育職員**　教育職員は、諸法令によってその範囲が異なっているので、その内容は必ずしも明確ではないが、一般的には、教育に従事する職員というほどの意味で用いられ、ほぼ教員という概念に近い。主な法令の規定は次のとおりとなっている。

⑴　義務教育諸学校における教育の政治的確保に関する臨時措置法では、校長、副校長、教頭、主幹教諭、指導教諭、教諭、助教諭及び講師をいう。

⑵　教育職員免許法では、主幹教諭（主幹養護教諭及び主幹栄養教諭を含む。）、指導教諭、教諭、養護教諭、助教諭、養護助教諭、栄養教諭、主幹保育教諭、指導保育教諭、保育教諭、助保育教諭及び講師をいう。

⑶　人材確保法では、校長、副校長、教頭及び右記⑵の職員。

なお、給与特別措置法では、講師について常時勤務者及び短時間勤務者に限定していることを除いて、前記法律と同じである。

以上のとおり、各法令の趣旨、目的によってその定義もまちまちとなっているので、法令の解釈、適用に当たっては、それぞれの法令に従って解さざるを得ない。

なお、教特法では、教育委員会に置かれる指導主事及び社会教育主事を専門的教育職員といっている（同法二⑤）。

▼教育職員免許状　教育職員免許状は、小、中、義務教育学校、高等学校、中等教育学校、特別支援学校又は幼稚園及び幼保連携認定こども園の主幹教諭（主幹養護教諭及び主幹栄養教諭を含む。）、指導教諭、教諭、助教諭、養護教諭、養護助教諭、栄養教諭、主幹保育教諭、指導保育教諭、保育教諭、助保育教諭又は講師（以下「教員」という）となるための資格を公的に示すもので、教員は原則として各相当学校の相当免許状を有していなければならない（免許法二、三）。

免許状には、普通免許状、特別免許状及び臨時免許状の三種類がある。普通免許状は、大学等において所定の基礎資格を取得し一定の単位を修得した者又は都道府県教育委員会が行う教育職員検定に合格した者等に対して都道府県教育委員会により授与され、それはすべての都道府県において効力を有する。特別免許状は、社会的経験に基づく専門的な知識又は技能を有する者で教育職員検定に合格した者に対し都道府県教育委員会により授与され、十年間、当該都道府県内においてのみ効力を有する。臨時免許状は教育職員検定に合格した者に対し都道府県教育委員会により授与され、当該都道府県において三年間効力を有する。

中学校及び高等学校の免許状は各教科について授与されるが、特例として都道府県教育委員会は、中学校、義務教育学校の後期課程、高等学校、中等教育学校、特別支援学校の中等部及び高等部においてある教科の教授を担任すべき教員を採用することができないとき、当該学校の校長及び主幹教諭、指導教諭又は教諭の申請により、一年に限り当該教科についての免許状を有しない主幹教諭等に当該教科の教授を担任させることができる。また、中学校又は高等学校の免許状を有する者は、その免許状に係る教科に相当する教科等の教授を担任する小学校の主幹教諭、指導教諭、教諭又は講師となることができる。

現に教員である者が懲戒免職処分を受けた場合、その者は免許管理者に免許状をすみやかに返納しなければならない。

なお、免許法上、免許主義の例外として、社会的経験を有する者の学校現場への活用の観点から、都道府県教育委員会に届けることにより教科の領域の一部に係る事項の教授等を担当することができる免許状を有しない非常勤講師（いわゆる特別非常勤講師）の制度が設けられている。

▼教育長　教育長は合議制の執行機関である教育委員会の構成員であり、当該地方公共団体の長の被選挙権を有するもので、人格が高潔で、教育行政に関し識見を有するもののうちから、

地方公共団体の長が議会の同意を得て任命することになっている（地教行法三、四）。任期は三年（補欠の教育長の任期は前任者の残任期間）であり、再任されることができる（地教行法五）。

教育長は、常勤の特別職の地方公務員であり、教育委員会の会務を総理し、教育委員会を代表する（地教行法一一④、一三）。「会務を総理」するとは、教育委員会の会議を主宰すること、教育委員会の権限に属するすべての事務をつかさどること、事務局の事務を統括し、所属の職員を指揮監督することを意味し、「代表する」とは、教育長の名で教育委員会の権限に属する法律行為をなし得ることをいう。具体的には、議長として教育委員会の会議の開会や議事進行を行うとともに、教育委員会がその会議を通じて決定した方針、方策等を現実に実施するために事務を処理する。

▼教育長及び教育委員の請負　当事者の一方（請負人）が一定の仕事を完成させることを約し、他方（注文者）が仕事の完成に対して報酬を支払うことを約することによって成立する契約（民法六三二）を請負といい、土木・建築に関する建設工事、運送等がある。

教育長及び教育委員は、自己の身分の属する地方公共団体に対しその職務に関して請負をすることができず、請負をした場合には当然にその職を失う。教育長及び教育委員の行為が請負に該当するかどうかは、委員の選任権者である地方公共団体の長が決定する（地自法一八〇の五⑥⑦）。

例えば、市町村教育委員会の教育委員は、その所管する小学校の建設の請負を禁止される。この場合、教育委員会が予算の執行権を委任されていると否とを問わない。ただし、委員に禁止される請負は民法第六百三十二条に規定する請負より広いものであり、営業として行われる経済的ないし営利的な取引契約はすべて含む。しかし、下請は原則としてこれに含まれず、物資購入契約等の一回の取引で終了するような契約と解される場合も含まれない。

▼教育法規　教育を規制する法令。統一した法典として編纂されているわけではなく、教育に直接間接に関係する憲法・法律・政令・省令・人事院規則・条例・教育委員会規則・人事委員会規則などの成文法と慣習法の不文法の総体をさす概念である。

かつては教育法規は主として勅令などの命令で定められていたが、現在は教育法規は主として法律で定められている。憲法第二十六条（教育を受ける権利、教育の義務）、教育基本法、学校教育法等は典型的なものであるが、わが国の教育が公教育を主体としていることから、憲法第十五条（公務員の地位）、国家公務員法、地方公務員法等の公務員法規、国家行政組織法規も教育法規の一部をなす。教育公務員特例法、文部科学省設置法、地方教育行政の組織及び運営に関する法律、義務教育費国庫負担法等は、この基礎の上につくられている。民法の一部や、労働法規の一部にも教育との関連において教育法規の範疇に入れられるべきものがある。

▼教　員　教員とは、法令上、その意味するところは一律ではないが、一般的に学校の職員のうち教育に従事する職員をさして用いられる。具体の法令上の用例でいえば、学教法第七条及び地教行法第三十四条にいう教員は副校長（副園長）、教頭、主幹教諭、指導教諭、教諭、助教諭、養護教諭、養護助教諭、栄養教諭及び講師をいい、このほか、就学前の子どもに関する教育、保育等の総合的な提供の推進に関する法律においては、幼保連携型認定こども園に置く職員として主幹保育教諭、指導保育教諭、主幹養護教諭、主幹栄養教諭を定めている。免許法ではこれらのうち副校長（副園長）、教頭を除いた職員をいう。

教員は、免許状を有することが必要であり（免許法三）、学教法第九条、免許法第五条に定める欠格条項に該当する者は教員となることはできない。教員の身分は、その所属する学校の設置主体によって、地方公務員又は私人となるが、すべて全体の奉仕者としてその職責遂行に努めなければならない。

▼教科書　教科書とは、一般には、物事を教えるために使われる書物を意味するが、現行法では、「小学校、中学校、義務教育学校、高等学校、中等教育学校及びこれらに準ずる学校において、教育課程の構成に応じて組織排列された教科の主たる教材として、教授の用に供せられる児童又は生徒用図書であつて、文部科学大臣の検定を経たもの又は文部科学省が著作の名義を有するもの」とされている（教科書の発行に関する臨時措置法二①）。

小学校、中学校、義務教育学校、高等学校、中等教育学校、特別支援学校においては、原則として教科書を使用しなければならない（学教法三四、四九、四九の八、六二、七〇、八二）。また、国は憲法第二十六条に掲げる義務教育無償の精神をより広く実現するものとして、国・公・私立の義務教育諸学校（小・中・義務教育学校・中等教育学校の前期課程及び特別支援学校の小・中学部）で使用される教科書については全児童生徒に対して無償で給与している（義務教育諸学校の教科用図書の無償に関する法律一、義務教育諸学校の教科用図書の無償措置に関する法三、五）。

教科書の検定は、著作者又は発行者により申請された図書について、教科用図書検定基準に照らして、教科用図書検定調査審議会の答申に基づき文部科学大臣が行う（教科用図書検定規則三、四、七）。

憲法で禁止されている検閲との関係について、判例は「不合格とされた図書は、右のような特別な取扱いを受けることができず、教科書としての発行の道が閉ざされることになるが、右制約は、普通教育の場において使用義務が課せられている教科書という特殊な形態に限定されるのであって、不合格図書をそのまま一般図書として発行し、教師、児童、生徒を含む国民一般にこれを発表すること、すなわち思想の自由市場に登場させることは何ら妨げられるところはない。……また、一般図書として発行済みの図書をそのまま検定申請することももとより可能である。

憲法二一条二項にいう検閲とは、行政権が主体となって思想内容等の表現物を対象とし、その全部又は一部の発表の禁止を目的とし、対象とされる一定の表現物につき網羅的一般的に、発表前にその内容を審査した上、不適当と認めるものの発表を禁止することを特質として備えるものを指すと解すべきである。本件検定は、前記のとおり、一般図書としての発行を何ら妨げるものではなく、発表禁止目的や発表前の審査などの特質がないから検閲に当たらず、憲法二一条二項前段の規定に違反するものではない。」（平五・三・一六　最高裁）と判示している。

▼教科書の採択　諸学校においては、学教法第三十四条第一項及びその準用規定に基づき、原則として文部科学大臣の検定を経た教科書又は文部科学省において著作の名義を有する教科書を使用しなければならないこととされている。

その各学校において使用すべき教科書を、発行されている教科書のうちから、教育行政上の諸条件、教育内容との関連を考慮しながら、毎年、教科書の種目（教科用図書の教科ごとに分類された単位）ごとに具体的に決定することを教科書の採択という。

現行法上、教科書の採択権は、公立学校の場合は、地教行法第二十一条第六号の規定に基づき所管の教育委員会（市町村立の学校であれば、市町村の教育委員会）に属し、国立及び私立の学校にあっては、それぞれの学校長にあると解されている。

▼教科用図書検定調査審議会　教科用図書検定調査審議会は、昭和二十五年五月文部省に設置され、文部科学大臣の諮問に応じ、検定申請のあった教科用図書を調査審議する機関である。

審議会は、学識経験のある者のうちから文部科学大臣により任命される三十人以内の委員で組織されている。

審議会には、検定申請のあった教科用図書に関する事項を十一の部会で調査審議する。また、検定申請のあった教科用図書について、専門の事項を調査するため必要があるときは、専門委員を置くことができるとされている（文部科学省組織令七五、七七、教科用図書検定調査審議会令）。

▼教　材　教材とは、教育の目的に応じて学習させる必要が認められる教育内容を直接に表している教科書、副読本、学習帳、映像等の教授及び学習の材料をいう。

公立学校における教科書の採択、教材の使用等教科書その他の教材の取扱いに関する事務は、教育委員会の権限とされており、教育委員会は所管の学校において教科書以外の教材を使用することについては、あらかじめ、教育委員会に届け出させ、又は教育委員会の承認を受けさせることとするなど教材の取扱いについて必要な教育委員会規則を制定できるとされている（地教行法二一、三三）。

教科書については、小学校、中学校、義務教育学校、高等学校、中等教育学校、特別支援学校においては、文部科学大臣の検定を経たもの又は文部科学省が著作の名義を有するものを使用しなければならない（学教法三四、四九、四九の八、六二、七〇、八二）。

▼共済組合　一定の資格を有する者——例えば同一の職業や事業に従事する多数の者が、病気、災害、退職等に関して適切な給付を行うため、相互扶助、相互救済を目的として組織する団体である。

地方公務員を組合員として組織する共済組合としては

① 地方職員共済組合……道府県の職員（②③の職員を除く）で組織

② 公立学校共済組合……公立学校の職員、都道府県教育委員会及びその所管に属する公立学校以外の教育機関の職員で組織

③ 警察共済組合……都道府県警察の職員で組織

④ 都職員共済組合……都の職員（特別区の職員を含み、②③の職員を除く）で組織

⑤ 指定都市職員共済組合……指定都市の職員（②を除く）で組織し、指定都市ごとに設置

⑥ 市町村職員共済組合……指定都市以外の市及び町村の職員（②の職員を除く）で組織し、都道府県の区域ごとに設置

等が設けられることとなっている（地方公務員等共済組合法三）。

これらの共済組合は公法人であり（同法四）、役員として理事長、理事若干人及び監事三人が置かれる（同法一一）ほか、組合の種類により運営審議会又は組合会が置かれる（同法六）。

共済組合は、組合員の病気、負傷、出産、休業、災害、退職、障害、死亡又は被扶養者の病気、負傷、出産、死亡、災害に関し、短期・長期の給付を行う。また、保養・宿泊施設等の経営や、組合員の貯金の受入れ、組合員への貸付け等、組合員のための福祉を行うことができることとなっている（同法四二、一一二）。

▼教職員　教職員とは、教育に従事する教育職員と教育に関する事務及び技術等に従事する事務職員及び技術職員等のすべてを総称する用法である。高等学校以下の学校及び幼稚園についていえば、校長（園長）、副校長、教頭、主幹教諭、指導教諭、

教諭、養護教諭、助教諭、養護助教諭、栄養教諭、講師、実習助手、舎監、寄宿舎指導員、事務職員（事務長、事務主任、事務主事、事務補佐員、事務主事補、事務助手など）、技術職員、学校用務員、学校医、学校歯科医、学校薬剤師、学校栄養職員、学校給食調理員などの教職員が置かれている。これらの教職員は、教授職員と非教授職員、法令に規定のある職員とない職員、幼稚園、小学校、中学校、義務教育学校、高等学校、中等教育学校、特別支援学校を通じて置かれている職員と、学校の種類によって特に置かれる職員、常勤職員と非常勤職員等に分けることができる。

法令上は、義務教育標準法、高校標準法、産休補助法等に規定がある。

▼教職調整額 公立の義務教育諸学校等の教育職員（校長、副校長及び教頭を除く）には、その者の給料月額の百分の四に相当する額を基準として、条例で定めるところにより、教職調整額を支給しなければならないとされている（給与特別措置法三①）。

この教職調整額は、教育職員の職務と勤務態様の特殊性を考慮して、教員の勤務について勤務時間の内外を問わず包括的に評価することとし、超過勤務手当及び休日給の制度は適用せず、これに替えて、給料相当の性格を有するものとして支給するものである（給与特別措置法三②）。

さらに、この教職調整額を給料とみなすべきものとして、その内容が定められている（給与特別措置法四）。

▼行政委員会 数人の委員からなる合議制の行政機関で、その職権の行使について一般行政権からある程度独立を保障されているものを一般に行政委員会と呼んでいる。

この制度は、戦後、アメリカの影響により、わが国の行政組織に導入されることとなった。教育関係では教育委員会があり、その他地方行政機関としては人事委員会、公平委員会、選挙管理委員会、公安委員会、地方労働委員会などがある。行政委員会を設ける必要がある行政分野としては、①政治的中立が要請される分野、②技術的専門的知識を必要とする分野、③相対立する利害の調整を必要とする分野などが通常あげられている。教育行政について、地方公共団体の長の所管する一般行政から切り離して、教育委員会制度という行政委員会制度を採用したのは、教育の政治的中立と教育行政の安定性、継続性をより確保するためである。

▼行政行為の瑕疵《かし》 行政行為に欠点のあること。すなわち、法律の予想する状態を欠いている場合のこと。

この瑕疵が重大、かつ、明白であれば、外見的には行政行為として存在しても、権限のある機関の取消しをまたず、初めから当該行政行為の内容に適合する法律効果を生じ得ない無効の行政行為として、何人もこれに拘束されない。瑕疵の程度がそこまで至らないときは、正当の権限ある行政庁又は裁判所による取消しがあるまでは有効な行政行為としての効力を保持する。この取消しは、行政庁の職権により又は相手方その他の利害関係人の争訟の提起によって行政庁又は裁判所によってなされる。いったん取り消された行政行為の効力は、初めにさかのぼって失われる。

▼行政財産　国有財産又は地方公共団体の公有財産（不動産・船舶等とその従物、地上権、特許権、著作権、株券等）のうち、直接特定の行政目的のために供される財産を行政財産といい、それ以外のいわば一般私人と同等の立場で保持するものを普通財産という。

地方公共団体の行政財産は、公用又は公共用に供し、又は供することを決定した財産である（地自法二三八④）。「公用」に供する財産（公用財産）とは、地方公共団体がその事務又は事業を執行するため直接使用することを本来の目的とする公有財産をいい、庁舎、議事堂、試験研究所等がこれに当たる。「公共用」に供する財産（公共用財産）とは、住民の一般的利用に供することをその本来の目的とする公有財産をいい、学校、公民館、図書館、病院、道路、公園等の敷地、建物等が含まれる。

職員宿舎は、へき地にある公署等に勤務する職員や職務上一定の場所に居住しなければならない職員に貸与する場合、宿舎において職務を執行することが通常予想される場合（長の公舎等）等は行政財産と考えてよいが、職員の福利厚生施設としての性質を有する宿舎は普通財産と考えられる。

行政財産は、土地について政令で定める場合を除いては、貸し付け、交換、売り払い、譲与若しくは出資の目的としたり、私権を設定することはできない。しかし、その用途又は目的を妨げない限度で、目的外使用を許可することはできる（地自法二三八の四①〜⑦）。

▼行政事件訴訟　民事訴訟、刑事訴訟に対する概念として、公法上の権利関係に関する訴訟を行政事件訴訟又は行政訴訟という。行政事件訴訟については、行政事件の特殊性に鑑み統一的基本法として行政事件訴訟法が制定されており、訴訟手続については同法に定める手続きによるが、この法律に定めがない事項については民事訴訟の例によるとされている（七条）。訴訟事項については、現行法は概括主義をとっており、行政法規の適用に関する法律上の訴訟に該当するかぎり制限はない。行政訴訟の類型としては、抗告訴訟、当事者訴訟、民衆訴訟及び機関訴訟の四種類が定められているが（二条）、これらの裁判は通常の裁判所の裁判権に属する。

また、一般に行政事件に関する訴訟は、当事者の利益だけでなく、公益に関するところが大であるので、裁判所は必要があると認めるときは、職権で証拠調べをすることができることとされている（二四条）。

▼行政実例　地方公共団体の行政が実際に運営されていく過程で、法令の解釈及び運用について生じた諸種の問題や疑義に対して、その法令所管の行政庁が示した公式解釈が行政実例である。行政実例は、その形式からみると、特定の地方公共団体に対してなされた回答という形をとっているが、他の地方公共団体における同様の事件についても同様に解釈し運用すべきことが予想されているといえよう。

行政実例は、行政庁の公式解釈であり、行政運営の指針として利用されるものである。

▼行政処分　行政処分、処分する、などの語は、違法な行為、反社会的な行為に対する行政庁の処断という印象を与えやすいが、法令上は、行政庁がその目的を達成するために行うすべての行為のうち一定の要件に合致したものをさすのである。すなわち、法規に基づき具体的場合について権利を設定し義務を命じその他法律上の効果を発生させる行政庁の行為のうち、法律的行為（学校建築など事実行為を含まない）、公法的行為（物の売買など私法行為を含まない）、単独行為（契約など双方行為を含まない）のみを示す。法令上、行政処分（古物営業法）、行政庁の処分（行政事件訴訟法三）という場合もあるが、多くは許可、認可、免許、決定、禁止、命令、懲戒などの語を用い、これらを一般的に表現する場合には単に処分という（地公法四九、地教行法五六）。

▼行政処分の執行停止　行政処分は、その処分の取消しの訴えが提起されても、その執行を停止しないのが原則である（行政事件訴訟法二五①）。しかし、この原則を貫くと、相手方に償うことのできない損害を与えるおそれがあるので、例外的にその執行の停止が認められている。すなわち、処分の執行又は手続きの続行により生ずる重大な損害を避けるため緊急の必要があるときは、裁判所は、申立てにより、処分の効力、処分の執行又は手続きの続行の全部又は一部の停止をすることができる。ただし、この執行停止は、公共の福祉に重大な影響を及ぼすおそれがあるとき、又は本案について理由がないとみえるときは、することができない（同条②～④）。執行停止の申立てがあった場合において、内閣総理大臣は、執行停止により公共の福祉に重大な影響を及ぼすおそれがあるときは、裁判所に対し異議の申立てを行うことができ、これがなされたときは、裁判所は執行停止の決定をすることができず、すでにその決定をしているときにはこれを取り消さなければならない（同法二七）。

なお、行政処分の執行停止の制度は、行政事件訴訟の場合と同様の趣旨から、審査請求の場合も認められている（行政不服審査法二四）が、職員の行う不利益処分審査請求の場合には認められない（地公法四九の二②）。

▼行政庁　行政庁とは、一般には、国又は地方公共団体の行政機関であって、国又は地方公共団体の意思を決定しこれを外部に表示する権限をもつものをさす。行政処分をする権限を与えられている機関をさすといってよい。行政不服審査法第一条、行政事件訴訟法第三条など用例は多い。

内閣総理大臣、各省大臣など国家行政組織法第五条でいう行政機関の長や、知事、市町村長、教育委員会、公安委員会など地自法第百三十八条の四でいう執行機関がこれに該当するが、内部部局や出先機関の長であっても、労働基準局長、税務署長、保健所長、警察署長などのように行政庁の立場に立つものもある。また、公立高等学校の校長が生徒を退学処分にするのは行政庁の立場に立って行政処分を行うのであり、処分の取消しの訴えは、校長を被告として提起される。

▼行政罰　行政法上の義務違反に対し一般統治権に基づいて科する制裁。一般統治権に基づいて科する制裁である点で特別権力関係に基づく懲戒罰と区別される。地公法を例にとれば、第二十九条に基づく懲戒処分とは別に、第五章（六〇条以下）で行政罰を定めている。学教法第十三章、教育職員免許法第五章も行政罰の例である。行政罰は、行政上の目的のためにする人民に対する命令・禁止の違反を処罰し、行政法規の実効性を担保することを目的とする。行政罰には、(イ)刑法に刑名の定めのある刑罰を科する場合すなわち行政刑罰、(ロ)過料を科する場合、すなわち行政上の秩序罰、(ハ)地自法上の過料の三種であるが最も多いのは行政刑罰である。罪刑法定主義の原則は、当然行政罰にも適用があるが、地自法第十四条に基づいて、条例においても二年以下の懲役若しくは禁錮、百万円以下の罰金等を規定することができる。

▼競争試験・選考　いずれも、職務遂行能力を有するかどうかを判定する方法である。職員の採用及び昇任は、成績主義の原則の要請から、競争試験又は選考によることとされている（地公法一七）。

競争試験は、受験者を競争関係に置き、試験成績の結果により、その職務遂行能力の優劣を明らかにするものである。これに対して、選考は、選考される者を競争関係に置くのではなく、一定の基準に適合しているかどうかに基づいて職務遂行能力を判定するものである。

教育公務員の採用及び昇任は選考によるものとされている（教特法三、一一、一五）。これは、大学及び高等専門学校の教員については設置基準（文部科学省令で定めている）によりその資格が定められていること、その他の学校の教員については教育職員免許法により相当の免許状を有するものでなければならない旨定められていること等、あらためて競争試験による職務遂行能力の判定を行うことが必ずしも必要とされないからである。

▼教　頭　小学校、中学校、義務教育学校、高等学校、中等教育学校及び特別支援学校には教頭を置くものとされている（学教法三七①及びその準用）。ただし、小学校・中学校・義務教育学校については、副校長を置くときや小規模学校等の特別の事情のあるときは置かないことができる。

教頭の職務は、一般的には校長（副校長を置く学校にあっては、校長及び副校長）を助け校務を整理し、及び必要に応じ児童生徒の教育をつかさどることであるが、校長（副校長を置く学校にあっては、校長及び副校長）に事故ある場合には校長の職務を代理し、欠けたときには校長の職務を行う（学教法三七⑦⑧）こととされている。教頭の資格は、学教法第八条の規定に基づき副校長とならんで学教法施行規則で定められている（二三）。

▼共同学校事務室　平成二十九年三月に地方教育行政の組織及び運営に関する法律が改正され、位置づけられた（地教行法四七の五）。共同学校事務室は、教育委員会規則で定めるところにより、指定する複数の学校の中からいずれかの学校に設置されるが、例えば共同実施を行う指定校のうち拠点となる学校に置かれることが想定され、室員及び職員で構成される。当該室員と職員は共同処理を行う指定された学校の事務職員をもって充てられる。共同学校事務室の室長は、室の職員に対し、執務を行う上での監督を行うことになる。また、指定校を設置する教育委員会が当該事務職員に発令することになる。

現在行われている事務の共同実施の状況を踏まえ、共同学校事務室での執務の一般的なイメージとして、週一回、月三回など、一定期間の中で定期的に集合して、教職員の給与及び旅費の支給に関する事務や教材、教員その他の備品等の共同購入に関する事務などを集中的に行うことを想定している。

▼許　可　法令による一般的禁止（「してはならない」とか、「することができない」という文言が用いられる）には、行政処分によるその解除が全然予想されない場合（例えば公務員の政治的行為の禁止）と、公共の福祉に支障がないと認められる具体的事情があるときは解除が予想される場合（例えば公務員の営利企業従事禁止）とがある。許可とはこの後者の相対的禁止の場合においてその禁止（すなわち不作為義務）を解除することであるが、また、そのための具体的な行政処分をさすこともある。

許可は、申請によってなされるのが通例であり、申請があった場合、一定の要件がそろっていれば必ず許可される場合（羈束裁量による許可）と、許可権者の公益判断によって許可されるか否かが決まる場合（自由裁量による許可）とがある。

▼**勤務時間**　勤務時間とは、職員が上司の管理のもと、その職務に従事する義務を負う時間であり、労基法では労働時間といっている。

地方公務員の勤務時間は、その所属する地方公共団体の条例で定めることとされているが（地公法二四⑤）、県費負担教職員の勤務時間は、都道府県の条例で定めることとなっている（地教行法四二）。

地方公共団体が勤務時間条例を定めるに当たっては、国及び他の地方公共団体の職員との間に権衡を失しないように適当な配慮を払わなければならない（地公法二四④）。

また、地方公務員の勤務時間については労基法が適用されるので、その勤務時間に関する定めは、労基法に定める基準（原則として一週四〇時間、一日八時間以内）の範囲内でなければならない（労基法三二）。この勤務時間を各教職員に対してそれぞれの勤務を要する日ごとに割り振ることによって、各教職員の正規の勤務時間が具体的に決定される。

また、勤務時間には、正規の勤務時間と、時間外勤務又は宿日直を命じられた場合の臨時的な勤務時間とがあるが、教育職員に対し時間外勤務を命ずることができるのは、給与特別措置法により、一定の場合に限られる。

▼**勤務時間の割振り**　勤務時間の割振りとは、恒常的な勤務の時間的規制である。すなわち正規の勤務時間を具体的に決定することであり、この意味で臨時的な勤務の時間的規制である時間外勤務命令や宿日直命令とは異なる。

勤務時間の割振りの権限は、本来、職員の服務監督権者――県立学校にあっては県教育委員会、市町村立学校にあっては市町村教育委員会――にあるが、多くの都道府県では、実際に割り振ることは校長にまかせている。

勤務時間の割振りの内容は、①勤務を要する日を定めること、②勤務を要する日の勤務時間を定めること、③勤務時間の終始時刻を定めること、④休憩時間を定めることである。

勤務時間の割振りは、学校の実情に応じ個々の教員ごとに行うことも可能であるが、通常の場合は休憩時間を除き、学校の全職員に一律に割り振るのが普通である。

▼**勤務条件**　勤務条件とは、給与、勤務時間、休憩時間、休日、休暇、旅費のような、職員が自己の勤務を提供し、またはその提供を継続するかどうかの決心をするに当たり一般的に当然考慮の対象となるべき利害関係事項をいい、各地方公共団体の条例で定めるが（地公法二四⑤）、県費負担教職員については都道府県の条例で定める（地教行法四二）。

勤務条件は、国・他の地方公共団体、民間事業の事情等を考慮して定めなければならないが（地公法二四②④）、特に、教育公務員の給与は、その職務と責任の特殊性に基づいて定められる（教特法一三）。

職員が措置要求をしたり、職員団体が交渉の対象とすることができるのは勤務条件についてであって（地公法四六、五五）教育施策など地方公共団体の事務の管理、運営に関する事項は対象とすることができない。

▼区域外就学　児童生徒等をその住所の存する市町村の設置する小・中学校又は義務教育学校以外の小学校又は中学校に就学させる場合及び児童生徒等のうち視覚障害者等以外の者をその住所の存する市町村の設置する小学校又は中学校（併設型中学校を除く）以外の小学校、中学校、義務教育学校又は中等教育学校に就学させる手続きを区域外就学と呼ぶ（学教法施行令九①、一七）。

保護者は区域外就学をさせようとする小・中学校又は義務教育学校が他の市町村の設置するものであるときは当該市町村の教育委員会の承諾書を、その他のものであるときは当該小・中学校又は義務教育学校における就学を承諾する権限を有する者の承諾書を添えて、住所の存する市町村の教育委員会に届け出なければならない。この場合、市町村の教育委員会が就学の承諾を与えようとする場合には、あらかじめその児童生徒等の住所の存する市町村の教育委員会と協議するものとされている（学校法施行令九②）。

特別支援学校の区域外就学についても保護者は同様に市町村教育委員会を経由して都道府県教育委員会に届け出なければならない。

▼組合休暇　組合休暇とは、登録職員団体の運営のため必要不可欠の業務・活動に要する最小限の時間について与えられる無給の休みであり、条例に根拠規定がある場合にかぎり、職務専念義務を免除するという形で与えられるものである。

組合休暇は、具体的には、登録職員団体の規約で定める中央執行委員会、監査委員会、代議員大会、選挙管理委員会、専門委員会（例えば給与問題対策委員会）などにそのメンバーとして参加する場合、加盟上部団体の同種の機関にそのメンバーとして参加する場合、あるいは遠隔の場所で行われる適法な交渉のために往復する場合について、公務の正常な運営に特段の支障がないことを条件として服務監督権者の裁量により与えられるものである。

組合休暇の認められる事案が存する場合においても、年次有給休暇の申請があるときは、年次有給休暇として承認することは可能であり、むしろ、年次有給休暇の枠内で処理することを奨励すべきであろう。

▼訓　告　児童等に対して行う懲戒処分のうちで、最も程度の軽いものである（学教法施行規則二六）。

公務員の規律違反に対して、正規の懲戒処分（免職、停職、減給、戒告）を行うまでに至らないとき、事実上の行為として、注意をうながし、将来を戒めるものも訓告と呼ばれている。これは懲戒ではなく、服務監督権者による監督権の行使の一態様であり、特別に法令上の根拠規定がなくても認められるものである。したがって、県費負担教職員の場合であれば、この訓告は、懲戒権者である都道府県教委ではなくて、服務監督権者である市町村教委によって行われる。文書によるものを文書訓告、口頭によるものを諭旨訓告などという。

▼刑の執行猶予　刑の言渡しをした場合に、犯罪の情状が比較的軽いと認められる者に対し、一定期間罪を犯さないことを条件として、刑の執行を猶予し、その期間無事経過するときは、刑の言渡しは効力を失うとする制度である（刑法二五、二七）。執行猶予となっても、その期間は、刑の執行を受けないということで、あくまでも刑の言渡しはあったのであるから、公務員が禁錮以上の刑について執行猶予となっても、失職の事由になる（国公法三八Ⅱ、七六、地公法一六Ⅱ、二八④）。なお、執行猶予期間を無事経過すれば、刑の言渡しの効果は将来に向かって消滅するという意味であり、過去にさかのぼらないのであるから、いったん生じた失職の効果までも消滅するというようなことはない。また、将来に向かっては、法律上刑の言渡しを受けなかったと同一に取り扱われるのであるから、学教法第九条第二号の欠格事由（禁錮以上の刑に処せられた者）には抵触しなくなる。

▼結核休職　結核休職とは、病気休職の一種であるが、その性質上長期の休養を要するため、教職員については、教特法等により休職期間、給与の支給について特例が定められている。

病気休職の期間は、条例により三年の範囲内で任命権者が定めることとしているのが通例であるが、結核性疾患のため長期の休養を要する場合の休職においては、一律に満二年とし、特に必要があると認めるときは、予算の範囲内において、満三年まで延長できるものとされている（教特法一四①）。

また、病気休職中の給与は、公務上の負傷、疾病による場合を除き休職の期間が満一年に達するまで給料、扶養手当等の百分の八十であるのが通例であるが、結核休職者には、その休職の期間中、給与の全額が支給される（教特法一四②）。なお、学校事務職員についても、「公立の学校の事務職員の休職の特例に関する法律」により、教特法第十四条の規定が準用されている。

これらの特例は、児童生徒への感染を未然に防ぐために、結核性疾患にかかった教員・学校事務職員に十分な療養を保障しようとする趣旨によるものである。

▼欠格条項　公務員については、全体の奉仕者として職務を遂

行することにかんがみ、一定の状況にある者については、職員たる資格を認めていない。これを欠格条項という。この欠格条項に該当する者は、職員として任用されることができないばかりでなく、職員が後に欠格条項に該当することとなったときは、当然に失職することとなる。なお、欠格条項該当者についてなされた任用行為は、無効である。

地方公務員の欠格条項については、地公法第十六条で、①成年被後見人、被保佐人、②禁錮以上の刑に処せられ、その執行を終わるまでの者又はその執行を受けることがなくなるまでの者、③当該地方公共団体において懲戒免職の処分を受け、当該処分の日から二年を経過しない者などが規定されている。地方公務員たる校長、教員は、この規定の適用を受けるが、更に、校長、教員については、学校法第九条に欠格条項があり、免許状取上げの処分を受け、三年を経過しない者などの規定がある。

▼欠　勤　職員は、勤務時間条例等の定めるところにより、例えば月曜日から金曜日の間週四十時間の範囲内において勤務することとされ、具体の日の勤務時間が割り振られている。このように正規の勤務時間内あるいは時間外勤務が命じられた場合には、職員は職務に専念する義務を負っている（地公法三五）。

このような、職員が勤務を要する日あるいは時間に勤務をしないことを、広義に欠勤と呼ぶ場合がある。これには、勤務をしないことについて法令上の根拠がある場合（例えば、年次有給休暇、職務専念義務免除が認められる特別休暇、病気休職の場合等）と、法令上の根拠がなく、勤務すべきであるにもかかわらず勤務しない場合とがある。

前者については、多くの場合、給与上の扱いとしてはその全部あるいは一部の給与が支払われるのに対し、後者の場合には、ノーワーク・ノーペイの原則により給与は支払われない。

▼建議・答申　建議とは、審議会等の諮問機関が、その属する行政機関に対し、その所掌事務に関して意見を申し出ることをいう（義務教育諸学校の教科用図書の無償措置に関する法律施行令八等）。一般には、諮問機関が自発的に意見を申し出る場合を建議といい、行政機関等の諮問に応じて意見を提出する場合を答申といって区別して用いられているが、法令においては、いずれの場合にも建議が用いられている場合が多い。

旧憲法では、両院が政府に意見を申し出ることを建議といい（四〇条）、陪審法では、十二人の陪審員から成る陪審が犯罪構成事実の有無に関する裁判長からの問いに対して評議の結論を表示することを答申といっていた。なお、建議、答申は、いずれも当然相手方に尊重されることを前提としているが、法令に特別の定めが存しないかぎり、相手方を拘束するものではない。

▼**権　限**　行政機関の権限とは、その機関の行為が、法律上、国又は地方公共団体の行為として効力を生じうる範囲をいう（地自法第二編第六章第二節、第七章第二節第二款等）。職務権限という語を用いて、一定の事務を処理すべき責任（職務）と当該事務を処理しうる能力（権限）の両面から規定する例も多い（地教行法第三章）。行政機関の権限は、法令の根拠なしに変更（委任）することはできない。また、権限なくして行った行為、権限を越えた行為は、原則として無効である。

行政機関の権限は、一般にはその機関の設置、組織を規定した法律で定められ、その他各特別法令で定められる（地教行法二一）。しかし、「権限」が、職員を監督する権限、行政規則を定める権限のように、行政組織の内部において用いられるときは、個々具体的な法令の根拠を必要としない。

▼**権限の委任**　行政庁が自己の権限に属する事務の一部を他の行政庁や所属の機関に委任することをいう。委任を受けたものは、自己の名と責任において委任された事務を処理することとなる。事務の委任は、法令で定める行政庁の権限を変更するのであるから、法令に特別の定めがある場合にかぎり行うことができる（地教行法二五）。委任に似ているものとして権限の代理と内部委任がある。前者はあくまでも行政庁の代理者として権限を行使し、その効果も代理される行政庁自身に帰する点で委任と異なり、後者は専決とも呼ばれ、行政庁の部下職員が命ぜられて行政庁の名において事務を処理するのであり、行政庁内部の権限の変更であって法令の根拠を要しない。

権限に属する事務の一部を他に委任した行政庁は、その事務に関しすべての権限や責任を失うのではなく、委任を受けたものの権限の行使を指揮監督できる。

▼**権限の代理**　国又は地方公共団体の内部において行政機関の権限の全部又は一部を他のものが代わって行使することを「権限の代理」といい、法令上「代理」、「代行」、「職務を行う」の用語が通常使用される。

代理においては、権限を他に移譲する委任と異なり、権限は依然もとの被代理機関に属しているから、代理者は代理として被代理機関の権限を行使する旨を明示することを要し、また、代理者の行為は被代理機関の行為としての効果を生じる。

被代理機関の代理者に対する指揮監督権については、被代理機関の授権によって生じる授権代理（地教行法二五①等）にあってはその権限・責務を有するが、被代理機関の地位を占める者の事故・欠員等一定の事実の発生により法律上当然に生じる法定代理（地教行法一三②、学教法三七⑥等）にあってはその権限・責務を有しないと一般に解されている。

▼**研　修**　研修とは、研究と修養とを一語ずつあわせ呼んだものであり、職員の勤務能率の発揮・増進のための教育訓練で職

責遂行に必要な知識・技能・徳性等の修得を内容とするものをいう。

一般に、職員の研修は任命権者が行うものとされている（地公法三九②）が、県費負担教職員の場合にあっては、任命権者である都道府県及び指定都市の教育委員会のみならず、服務監督者である市町村教育委員会も行うことができることとされており（地教行法四五①）、特例として、中核市の県費負担教職員の研修は、当該中核市教育委員会が行うこととなっている（地教行法五九）。

教育公務員については、その職務と責任の特殊性に基づき、みずから不断の研修に努めなければならない旨の一種の道徳的義務が定められ（教特法二一①）、このことの裏返しとして、教員は授業に支障のないかぎり校長の承認を受けて勤務時間中に勤務場所を離れてみずから研修を行うことが認められている（教特法二二②）。

さらに教員については、任命権者が初任者研修、中堅教諭等資質向上研修及び指導改善研修を実施することとされている（教特法二三、二四、二五）。

▼兼職・兼業　地方公務員の兼職とは、その所属する地方公共団体の他の職員の職を兼ねることである。また兼業とは、地方公務員が自ら営利企業を営んだり、その役員を兼ねたり報酬を得て他の事業又は事務に従事することである。

地方公務員は、兼職する場合にはその兼ねた職に対して支給される給与を受けてはならない（地公法二四③）し、また、任命権者（県費負担教職員の場合は市町村教育委員会。以下同じ）の許可を受けないで次のことを行うことが禁止される（地公法三八）。

① 営利企業を営むことを目的とする会社その他の団体役員その他人事委員会規則で定める地位を兼ねること。
② 自ら営利企業を営むこと。
③ 報酬を得て、何らかの事業又は事務に従事すること。

教育公務員については、その専門的能力を最大限に活用するため、任命権者が本務の遂行に支障がないと認める場合には、教育公務員は給与を受け、又は受けないで、教育に関する他の職を兼ね、又は教育に関する他の事業若しくは事務に従事することができる（教特法一七）。

▼検　定　あるものを一定の基準に従って検査し、それが基準に合致しているかどうかを認定することをいう。何らかの行政目的から特定の分野における人又は物について一定の資質を確保するための行為である。

教育関係では、教科用図書の検定（学教法三四）、教育職員の検定（免許法六）、大学入学資格の検定（昭和二十六年文部省令第一三号）がある。

検定は、検定の基準に基づいてなされるものであり、当然羈《き》束《そく》行為であるが、基準そのものが法令により定められている場合と、行政庁の裁量によって定められる場合とがある。また、検定は、出願者たる特定個人の利益のために、人又は物については対外的資格を付与するものであるから、一定の手数料が徴収されるのが通常である。

▼県費負担教職員　市町村立学校の教職員は市町村の公務員であり、本来その給与は市町村が負担するのが原則であるが、市町村立学校職員給与負担法により、都道府県がその給与を負担する教職員を県費負担教職員という。

県費負担教職員とされる教職員は、市町村立の小学校、中学校、義務教育学校、中等教育学校の前期課程、特別支援学校の校長、副校長、教頭、主幹教諭、指導教諭、教諭、養護教諭、栄養教諭、助教諭、養護助教諭、寄宿舎指導員、常勤講師（短時間勤務を含む）、学校栄養職員（共同調理場の学校栄養職員を含む）及び事務職員並びに市（特別区、指定都市を除く）町村立の高等学校の定時制の課程に関する校務や授業を担当する校長、副校長、教頭、主幹教諭、指導教諭、教諭、助教諭及び常勤講師（短時間勤務を含む）である。

都道府県が負担する給与の内容は、給料、諸手当（夜間勤務手当、休日勤務手当等を除く）、退職年金、退職一時金及び旅費である。

県費負担教職員については、いろいろの特別の取扱いがなされる。例えば、その定数、勤務条件、及び任免、分限又は懲戒に関する事項は、都道府県の条例で定められる。またその任命権（指定都市の設置する学校の県費負担教職員に係るものを除く）は、都道府県教育委員会に属し市町村教育委員会の内申をまってこれを行使する。

▼公開講座　公開講座は、学校がその教職員や施設・設備を利用して、広く一般国民に対して行う教育であり、いわゆる学校開放、学校拡張の代表的なものである。国民の教育を受ける権利の保障（憲法二六）や教育における機会均等の確保（教基法四）の趣旨によるものであり、地域住民に対する生涯学習の機会の提供として重要な役割を果たすことが期待される。

公開講座は、大学（短大を含む）、高等専門学校において開設することができる（学教法一〇七、一二三）。規定には「公開講座の施設を設けることができる」とあるが、これは学校の施設、設備を利用したり、教員が講師をするなど人的、物的機能を編成・活用して公開講座を開設することを意味する。この公開講座に関し必要な事項は文部科学大臣が定めることになっており（同法一〇七②）、それを受けて学教法施行規則で「別に定める」（同法規則一六五）とされているが、その定めは未だなされていない。したがって公開講座の実施方法、内容等については、各大学が自主的に工夫して実施していくこととなる。

公開講座は、同じく社会人に対する学校教育の開放のねらいをもった定時制課程、通信教育のような正規の学校教育ではない。そして受講したことによって単位の認定はされない。ただし、教育職員免許法により、教員の上位の免許状取得等に必要な単位を与えることを目的とする公開講座が認められている（同法第六条別表第三備考第六号、同法施行規則第五章の二）。

▼公権力の行使　公権力の行使とは、一般に、国家統治権に基づく優越的な意思の発動たる権力作用であるとされる。その代表的なものは、法令に基づき優越的な意思の発動として国民に対し権利を設定し義務を課しその他法律上の効果を発生させる行政庁の処分である。

行政庁の処分その他公権力の行使に当たる行為に関しては、原則として不服申立てをすることができ（行政不服審査法一、四）、また処分の取消しの訴えを提起することができる（行政事件訴訟法三、八）。

また、国又は公共団体の公権力の行使に当たる公務員が、その職務を行うについて、故意又は過失によって違法に他人に損害を加えたときは、国又は公共団体がこれを賠償する責を負う（国家賠償法一）。

公立学校における教育活動中教員の不法行為によって児童生徒に損害を与えた場合の国家賠償法の適用に関しては、教員の児童生徒に対する命令的指示は公権力の行使に当たるとする説、教育活動は権力の行使を本質とするものでないから公権力の行使に当たらないとする説及び教育活動は非権力的作用であるが、同法にいう公権力の行使とは、私経済的作用を除いた非権力的作用を含むと解すべきであるから、公権力の行使に当たるとする説等がある。

▼交　渉　地公法上、交渉とは、職員団体が職員の給与、勤務時間等の勤務条件その他これに附帯して社交的・厚生的条件の維持向上を図ることを目的として地方公共団体の当局と話し合うことをいうとされている（地公法五五）。交渉という語は、組合交渉、団体交渉など職員団体と当局との話合いをさすものとして用いられ、話合いの内容が勤務条件又はそれに附帯する事項以外に及ぶ場合、あるいは、当局に対する話合いのすべてを交渉と呼ぶこともあるが、これは事実上の話合いであり、法律上予定されている職員団体と当局の交渉とはいえない。

法律が予定している職員団体と当局の適法な交渉の対象事項、手続き、効果等について、地方公務員の場合に焦点を当ててみると、交渉の一方の当事者たる職員団体については、地公法は、登録された職員団体から適法な申入れがあった場合に当局は、それに応ずべき地位に立つ（地公法五五①）。しかし登録を受けていない職員団体であっても職員団体としての要件を満たすものについては、登録職員団体の場合と原則的には同じように対処すべきである。

第二に、交渉事項としては、①勤務条件及びこれに附帯する社交的・厚生的活動を含む適法な活動に係る事項であること、②人事や予算、行政の方針等の当局がその権限と責任で決定すべき事項いわゆる管理運営事項は交渉の対象とすることができないこと、があげられる。

第三に、交渉当事者については、①当局は交渉事項について適法に管理し又は決定することのできる地方公共団体の当局であること。例えば、県費負担教職員の給与についての当局には、校長はなりえず、都道府県教育委員会が当局ということになる。校長が当局となり得るのは、勤務時間の割振り、休暇の承認、執務環境の整備等その権限に委ねられた事項に限定される。②職員団体にあっては、その役員であることを原則とし、役員以外の者は委任状による証明が必要である。

第四に、手続き上の要件として、必ず予備交渉を行った上で、交渉に入らなければならない。予備交渉においては、交渉に臨む員数、議題、時間、場所その他必要な事項の取り決めを行う。

最後に交渉が、あらかじめ取り決めた条件に適合しなくなったとき、他の職員の職務の妨げとなったとき又は地方公共団体の事務の正常な運営を阻害することとなったときは、これを打ち切ることができる。

交渉の結果、法令等に抵触しないかぎり当局は職員団体と書面による協定を結ぶことができるが、協定の締結は義務的なものではない。この書面協定の性格は、当局及び職員団体が誠実に履行すべき義務を双方負うものであるが、契約として相手方を拘束する性格は与えられていない。なお、法令に反する書面協定は締結してはならないものであるが、万一このような協定があっても法令に反する以上無効である。

▼控　訴　控訴とは、民事訴訟では、地方裁判所が第一審としてなした終局判決を高等裁判所へ、また簡易裁判所が第一審としてなした終局判決を地方裁判所へ、その判決に不服のある訴訟の当事者が申し立て再審査を求めることである（民事訴訟法二八一）。この控訴は判決の送達があった日から二週間以内に提起しなければならない（同法二八五）。控訴の提起があった場合には、原判決は未確定のままの状態となってこれを執行することができず、訴訟事件は第一審裁判所の手を離れて控訴裁判所の手に移ることとなる。控訴審では、第一審の審理手続を続行する形で、しかも事実認定及び法律判断の両面から原判決を審査する。なお、被控訴人も控訴人に附帯して原判決に対する不服の申出をすることができる（同法二九三）。

行政訴訟では、控訴は民事訴訟の例によることとなっている（行政事件訴訟法七）。

刑事訴訟では、簡易裁判所、地方裁判所のいずれについても高等裁判所が控訴裁判所となっており、控訴期間は判決の告知の日から十四日とされている（刑事訴訟法三七二、三七三）。

▼校　長　校長とは、小学校から高等専門学校までの学校の長をいう。幼稚園では園長、大学では学長がこれに当たる。

校長の資格については、学教法施行規則に規定されており、①免許法による教諭の専修免許状又は一種免許状（高等学校及び中等教育学校の校長は専修免許状に限る。ただし、国公立の学校については高等学校及び中等教育学校の校長は一種免許状でもよく、幼稚園の園長は二種免許状でもよい。また、小・中・特別支援学校の校長についても、平成元年四月一日において現に校長又は教員である者については二種免許状でもよいこととされている）を有し、かつ、教育に関する職（学校の副校長、教頭、教諭等の職、地方公共団体において教育を担当する公務員の職等）に五年以上あったこと、②教育に関する職に十年以上あったことが要求されるほか、③学校運営上特に必要がある場合には、①、②と同等の資質を有すると認める者を校長に任用できるとされている。（同施行規則二〇、二二）。

校長の職務及び権限についての一般的規定は、学教法第三十七条に置かれており、「校長は、校務をつかさどり、所属職員を監督する」とされている。

校務とは、学校が法令等に基づいて学校教育にかかわる諸機能を果たす際の一切の事務をいうが、大きく分けて、①学校の施設の管理、②学校の組織編制、教育課程、学習指導等、③児童生徒の入学・卒業・懲戒等、④学校保健、学校安全、学校給食等、⑤教職員の人事管理、⑥学校事務、⑦ＰＴＡ等との渉外活動等がある。校長は、このような校務を責任をもって管理し、処理することになる。また、校長は、副校長、教頭、主幹教諭、指導教諭、教諭、養護教諭、事務職員等の職員を監督する立場にあり、地公法第五十二条の管理職員に当たる。

このほか、校長の職務権限については、法令により規定されている。例えば、児童等について、指導要録の作成（学教法施行規則二四）、出席簿の作成（同二五）、懲戒（同二六）、卒業証書の授与（同五八）等がある。また職員については、県費負担教職員についてその任免等に関する意見を市町村教育委員会に申し出ることができ（地教行法三九）、また、学校管理規則等により、勤務時間の割振り、年休の承認権者とされている。

▼校長の意見具申　地教行法第三十六条は「学校その他の教育機関の長は、……その所属の職員の任免その他の進退に関する意見を任命権者に対して申し出ることができる」旨規定し、また、同法三十九条は「市町村立学校職員給与負担法第一条及び第二条に規定する学校の校長は、所属の県費負担教職員の任免その他の進退に関する意見を市町村委員会に申し出ることができる」と規定している。この校長の意見の申し出のことを、通常、校長の意見具申と称している。この校長の意見具申は、所属職員の「任免その他の進退」つまり職員の身分上の変動をもたらすものに限られている。ここでいう「任免その他の進退」には、任用（採用・昇任・降任・転任）、免職、休職、懲戒処

分などの身分上の異動は、すべて含まれると解されている。校長の意見具申は、教育委員会の任命権又は内申権行使の法律上の要件とはされていないし、また、それを制限するものではないと解されているので、場合によっては、教育委員会は、校長の意見具申をまつことなく、また、その意見具申に拘束されることなく、みずからの判断と責任において、その有する任命権又は内申権を行使することができるが、その意見を十分尊重すべきことは当然である。

しかしながら県費負担教職員について校長の意見具申があったときは、市町村教育委員会は、その意見を付して内申を行わなければならない。

▼口頭審理・書面審理　人事委員会又は公平委員会は、職員から勤務条件に関する措置要求又は不利益処分審査請求が出されたときは、事案について口頭審理、書面審理又は両者を併用する方法により審査を行う（地公法四七、五〇）。特に不利益処分審査請求については、被処分者から請求があった場合には必ず口頭審理を公開して行わなければならない（地公法五〇①）。

口頭審理は、口頭による陳述により、書面審理は書面による陳述により、それぞれの事案の審査を行うものである。一般に、それぞれの長所として、口頭審理の場合は陳述が新鮮であるため強く印象づけられ、また相互の陳述のかみ合わせを通じて真実を把握しやすいのに対し、書面審理の場合は感情論に走らない理論的な陳述が得られやすく、また陳述が書面でなされるため陳述の脱漏の心配はないことがあげられる。

▼校　務　校務とは、学校において行われる学校教育の実施のために必要な仕事のすべてをいい、教育課程に基づく学習指導はもとより、教育課程以外の教育活動も学校が計画して実施するものであれば校務に含まれるとともに、学校の施設設備・教材教具に関するもの、文書作成処理や人事管理事務や会計事務などの学校内部事務に関するもの、教育委員会などの行政機関やＰＴＡなどの教育団体など各種団体との連絡調整の渉外に関するものなども含まれる。

なお、社会教育として行われる教育活動については協力すべきであるが、本来の校務には含まれない。

「校長は、校務をつかさどり、所属職員を監督」（学教法三七④）し、「副校長は、校長を助け、命を受けて校務をつかさど」（同条⑤）り、「教頭は、校長（副校長を置く小学校にあつては、校長及び副校長）を助け、校務を整理」（同条⑦）する。

学教法第三十七条第十一項では、「教諭は、児童の教育をつかさどる」とされているが、これはその主たる職務を規定したものであり、児童生徒の教育以外の職務についても、学校の所属職員として校長の監督の下に校務を分担しなければならない。

▼公務上の災害　地公法では、一般職の地方公務員が公務により死亡し、負傷し、若しくは疾病にかかり、若しくは公務による負傷若しくは疾病により死亡し、若しくは障害の状態となり、又は船員である職員が公務により行方不明となった場合において、その者又はその者の遺族若しくは被扶養者がこれらの原因によって受ける損害を補償しなければならず、この補償の迅速かつ公正な実施を確保するための公務災害補償制度を法律によって定めることを規定している（同法四五）。

この制度を具体化する法律として地方公務員災害補償法が制定されており、この法律によって地方公共団体に代わって公務災害補償を実施するための機関として地方公務員災害補償基金が設けられている。基金の行う補償の対象となる者の受けた災害が公務上の災害であるかどうかの認定は基金が行うが、基金はこの判断を行うための認定基準を定めており、通常の災害についての認定は基金の理事長から各支部長に委任されている。

なお、現在は、通勤による災害も、補償の対象とされることになった。

▼校務分掌　校務は、これをつかさどる校長が最終的な権限をもって処理すべきものであるが、校務の内容は非常に広範であることから、校長がみずから校務のすべてを行うことは不可能であり、校長は学級担任命令等の包括的な職務命令あるいは出張命令や宿日直命令等の個別的な職務命令を発することにより、教職員に校務を分担させ、処理させることとなる。このように校務をどのように教職員に分担させるかということを校務分掌という。

また校務分掌は、「校務分掌を整備する」等として用いられる場合があり、校務を分掌する組織あるいは仕組みの意味で用いられている。

学教法第三十七条第四項は、「校長は、校務をつかさどり、所属職員を監督する」と規定しており、校務をどのように教職員に分担させるかについての権限は、校長にある。校務分掌により、校長からある事務の処理を分担することとされた場合であっても、校長が最終的には権限と責任を有するし、当該教員は校務を補助的に執行するものであり、その事務を処理する権限が校務の分掌を命ぜられた教職員に移るわけではない。

なお、学教法において、教諭は教育をつかさどるとされているが、教諭の職務はこのような児童生徒の教育に限られるわけではなく、学校の職員として当然に、学校における他の業務に従事すべきものである。例えば、教員は、学校運営に必要な物的施設たる校舎等の管理を分担すべき立場にあり、学校施設の管理上、校長から宿日直命令がなされれば、当然、宿日直の勤務に従事しなければならない。

▼国民の祝日　国民こぞって祝い、感謝し、又は記念する日をいい、国民の祝日に関する法律で定められている。同法によれ

ば、元日、成人の日、建国記念の日、春分の日、昭和の日、憲法記念日、みどりの日、こどもの日、海の日、山の日、敬老の日、秋分の日、体育の日、文化の日、勤労感謝の日及び天皇誕生日の十六日が国民の祝日である。

同法第三条は、国民の祝日は休日とすると規定するが、これを受けて公立学校の教職員については、条例で休日とされている。しかし、その日が日曜日又は土曜日と重ならないかぎり、正規の勤務時間が割り振られている。ただ、この日に教員に勤務を命ずることができるのは、教員に時間外勤務を命ずることができる業務に従事させる場合に限られている（給与特別措置法六③）。

▼裁決・決定　裁決とは、行政庁が審査請求又は再審査請求の申請に対して、争訟の形式により判断を与える行為をいう。行政事件訴訟法では、異議申立てその他の不服申立ての決定を含めて裁決と呼んでいる（同法三③）。

決定とは、民事訴訟法及び刑事訴訟法で使われる場合は裁判所のする判決以外の裁判を意味するが、行政不服審査法では異議申立てに対する行政庁の判断の表示を決定と呼んでいる。

地方公務員の不利益処分についての不服申立てに対する人事委員会又は公平委員会の裁決・決定（判定）には、申立てを理由なしとする棄却（処分の承認）、申立てを理由ありとする当該処分の全部又は一部の取消し及び処分の裁量が不当な場合の修正とがある（地公法五〇③）。裁決・決定ともに書面で行い、理由を明らかにしなければならず、その効力は当事者に送達することによって発生し（不利益処分についての不服申立てに関する規則（準則）一二）、当事者を拘束する。

▼最高裁判所大法廷　最高裁判所において全員（十五人）の裁判官によって構成される合議体の審判機関をいう（裁判所法九①②）。大法廷では、九人以上の裁判官が出席すれば、審理及び裁判をすることができ、最高裁判所長官が裁判長となる（最高裁判所裁判事務処理規則七、八）。

最高裁判所においては、事件はまず小法廷で審理される（同規則九①）が、法律、命令、規則又は処分が憲法に適合するか否かの判断を要するとき及び憲法その他の法令の解釈適用について、意見が前に最高裁判所のした裁判に反するときは、大法廷で裁判することとされている（裁判所法一〇）。ただし、法令等の違憲性が問題とされる場合であっても、意見が前にその法令等が合憲であるとした大法廷の裁判と同じであるときは、小法廷で裁判することができる（最高裁判所裁判事務処理規則九⑤）。

▼在籍専従　雇用関係を継続したまま、本来の職務は行わず、職員団体の業務にもっぱら従事すること。

職員が職員団体の業務にもっぱら従事することは原則として

禁止されているが、任命権者の許可を受けて、登録を受けた職員団体の役員としてもっぱら従事する場合には、在籍専従が認められる（地公法五五の二①）。

在籍専従の許可は、任命権者が相当と認める場合に与えるものであり、また、これを与える場合には、任命権者はその許可の有効期間を定めるものとされ、在籍専従の期間は、職員としての在職期間を通じて五年（当分の間、七年以下の範囲内で人事委員会規則又は公平委員会規則で定める期間）までとされている（同法五五の二②③、附則⑳）。

在籍専従者は、休職者とされているが、いかなる給与も支給されず、在籍専従期間は、退職手当の算定の基礎となる勤続期間には算入されない（同法五五の二⑤）。

当該職員団体が登録を受けた職員団体でなくなったときすなわち登録を取り消されたとき、又は当該職員が役員として専従する者でなくなったときには、在籍専従の許可は、取り消される（同法五五の二④）。

▼裁判・和解・調停　裁判所が関与して紛争を解決する形態には裁判、和解及び調停がある。

裁判は訴訟事件の本案又は訴訟に附随・派生することがらについてくだされる裁判所・裁判官の判断であり、訴訟法等に定めるところにより、判決・決定及び命令の形態がある（民事訴訟法、刑事訴訟法参照）。

和解は、紛争当事者が互譲して紛争を止めるものであり、裁判所の関与しない単なる民法上の和解（六九五条、六九六条）のほかに、民事訴訟法による裁判上の和解として裁判所が関与する訴訟上の和解（八九条）及び訴え提起前の和解（二七五条）があり、裁判上の和解の調書は確定判決と同一の効力を有する（二六七条）。

調停は、紛争当事者の互譲によって事件の解決を図るため、第三者（裁判所）を中に立てて、第三者が事件の解決に努力することをいい、民事調停法による調停の調書は裁判上の和解と同一の効力を有する（一六条）。

▼採　用　採用とは、現に職員でない者を職員の職に任命することをいう。公務員法上、任命権者が特定の者を特定の職員の職に任命することを総称して任用というが、採用はこの任用の一方法である。

教員の採用には、学教法第九条及び教育職員免許法第三条に定める教育職員としての資格要件が必要であり、更に、公立学校の教員として採用されるためには、地公法に定める公務員としての資格要件が必要である。

採用の方法については、一般公務員は原則として競争試験によるものとされているが、公立学校の校長及び教員の採用は選考によるものとされ、その選考は、任命権者である教育委員会の教育長が行うこととなっている（教特法一一）。ただし、教特法では教員を校長にすることを含めて採用としているが、これは地公法でいう昇任であって、本来の意味での採用ではない。

▼裁量権の濫用　例えば、公立大学の学長が学生の行為をとらえて懲戒処分をするような場合、その「行為が懲戒に値するものであるかどうか、懲戒処分のうちいずれの処分を選ぶべきかを決するについては、当該行為の軽重のほか、本人の性格および平素の行状、右行為の他の学生に与える影響、懲戒処分の本人および他の学生におよぼす訓戒的効果等の諸般の要素をしんしゃくする必要があり、これらの点の判断は、学内の事情に通ぎょうし直接教育の衝に当るものの裁量に任すのでなければ、到底適切な結果を期待することはできない」（昭二九・七・三〇　最高裁第三小法廷）。このような行政庁の裁量に委ねられている処分については、取消訴訟が提起されても、その処分が全く事実上の根拠に基づかないと認められる場合（裁量権の踰《ゆ》越《えっ》）とか社会通念上著しく妥当を欠くと認められる場合（裁量権の濫用）にかぎり、その処分は違法となり取り消される（行政事件訴訟法三〇）が、それ以外の場合は、当不当の問題は生じても違法の問題を生じないので取り消されない。このことは、公務員の懲戒処分についても同様である。

▼三六《さぶろく》協定　使用者が、正規の勤務時間を超えて、労働者に労働させる場合すなわち超過勤務をさせる場合は、労基法第三十三条第一項に定める場合を除き、その事業場に労働者の過半数で組織する労働組合がある場合にはその労働組合、このような労働組合がない場合においては労働者の過半数を代表する者との書面による協定をし、これを所定の様式（労基法施行規則一七）によって行政官庁に届け出なければならないと労基法第三十六条に規定されている。このように三十六条に規定されているということから、一般にこの規定に基づく書面による協定のことを三六協定と呼んでいる。

三六協定を結ぶ場合は、超過勤務をさせる場合の具体的事由、業務の種類、労働者の数、超過勤務の時間などについて協定し、かつ、協定には、有効期間の定めをしなければならないこととされている（労基法施行規則一六）。

この点、公立学校においては、学校事務職員や学校栄養職員について超過勤務させる場合には、基本的に三六協定を締結する必要はあるが、教員については、三六協定によらず給与特別措置法第六条により超過勤務を命ずる場合は、政令で定める基準に従い条例で定める場合に限られている。

▼産休代替教員　公立の学校に勤務する女子教職員が出産する場合、産前及び産後の休業中を任用の期間として当該学校の教育の正常な実施を確保するため、臨時的に任用するものとされる教育職員のことをいう。

任用の期間は、出産予定日の六週間前の日から産後八週間を経過するまでの期間又は当該女子教育職員が産前の休業を始める日から、当該日から起算して十四週間を経過する日までの間のいずれかの期間（産前産後の休業について条例でこれより長い期間を定めたときは、その期間に応じた期間）である（女子教職員の出産に際しての補助教職員の確保に関する法律三①）。

産休代替教員の臨時的任用については、地方公務員法上、任用期間の制限、任用資格について人事委員会が定める旨の規定等は、適用されない（同法四）。

また、公立以外の学校においても、公立の学校と同様に産休代替教員を任用するよう努めなければならないとされている（同法五）。

▼産前・産後休暇　労基法は、使用者は六週間以内に出産する予定の女性が休業を請求した場合においては、その者を就業させてはならず（同法六五①）、また、使用者は産後八週間を経過しない女性を就業させてはならない（同法六五②）としており、産前、産後の休暇が定められている。

産前休暇を取るかどうかは、妊婦の意思により自由であるということになっているが、産後休暇は強制的であり、産後六週間を経過した女性が、就業したい旨を請求した場合において、医師が支障がないと認めた業務に就かせることのみが認められている（同法六五②）。産後休暇期間八週間の計算の基準となる出産とは、妊娠四か月（一か月は二十八日として計算）以上の分娩をさし、妊娠四か月以上であれば、流産あるいは死産であってもさしつかえないものとされている。

なお、公立の学校に勤務する女子職員が出産する場合には、「女子教職員の出産に際しての補助教職員の確保に関する法律」により、産休代替教職員が確保されることになっている。

▼暫定予算　暫定予算とは、会計年度が開始してもなお予算が成立していない場合に、本来の予算が成立するまでの間、暫定的に実行される予算をいう。

国の会計年度は、毎年四月一日に始まり、翌年三月三十一日に終わる（財政法一一）ものとされており、また、内閣は、毎会計年度の予算を、前年度の一月中に、国会に提出するのを常例とする（財政法二七）とされているが、新会計年度が始まる前に国会の議決を得られない場合もあり、このような場合に備えて、財政法第三十条では内閣は、必要に応じて、一会計年度のうちの一定期間に係る暫定予算を作成し、これを国会に提出することができることとされている。

暫定予算は、当該年度の本予算が成立したときは、当然それに吸収され、暫定予算として執行されたものは、本予算の執行とみなされる。

なお、地方公共団体の予算についても、同じ趣旨で、暫定予算の制度が設けられている。

▼時間外勤務　公立学校教員の時間外勤務については、昭和四十七年一月一日国立及び公立の義務教育諸学校等の教育職員の給与等に関する特別措置法（現行の公立の義務教育諸学校等の教育職員の給与等に関する特別措置法）が施行され、一定の業務について時間外勤務を命ずることができることとされた。しかし、一般の公務員とは異なり時間外勤務手当は支給されず、勤務時間中の勤務と勤務時間外の勤務とを包括的に評価するものとし、俸給月額の百分の四に相当する額の教職調整額が支給されることとなった（同法三）。

時間外勤務を命ずることができる業務については、教員の健康と福祉を害さないようにとの観点から、政令で定められる基準に従い各都道府県の条例で定められる場合に限るものとされている（同法六）。政令では、①校外実習その他生徒の実習に関する業務、②修学旅行その他学校の行事に関する業務、③職員会議に関する業務、④非常災害の場合、児童又は生徒の指導に関し緊急の措置を必要とする場合その他やむを得ない場合に必要な業務であって、臨時又は緊急のやむを得ない必要があるときに限るとされており、各都道府県の条例により、ほぼ同様な定めがなされている。

▼指揮監督　校長は、校務をつかさどり、所属職員を監督する（学教法三七④）という規定を根拠に、校長は、監督はできるが指揮はできない、という議論がある。指揮とは、方針、手続き等を示しこれに従わせることをいい、監督とは義務違反がないよう監視することをいうことばであるが、法令用語としては、指揮は、その前提として当然必要な監督権を含み、監督は、監視の結果として当然必要な指示、命令をする権限を含むのであり、両者はほぼ同じ意味である。実際の用例も、指揮（国公法一四）、監督（地自法一六七）、統督（学教法九二）など実質的には同様な意味に使われている。

なお、行政機関の長、部局や課の長などが事務を統括する（外務省設置法一〇）、掌理する（文部科学省組織令一一）、整理する（学教法三七⑦）という規定は、その所掌事務に関し所属の職員を指揮監督するという意味をもっている。

▼資金前渡　資金前渡とは、特定の経費について、出納長又は収入役が、地方公共団体の職員にあらかじめ資金を交付して現金支払を行わせることをいい、出納員その他の会計職員が現金支払を行うという原則の例外をなす（地自法二三二の五、同法施行令一六一）。資金前渡のできる経費には、遠隔の地又は交通不便の地域において支払をする経費、給与その他の給付、非常災害のため即時支払を必要とする経費などのほか、地方公共団体の規則に定められたものもある。資金前渡を受ける職員については、長が当該地方公共団体の職員に命じるのが原則であるが、特に必要のあるときは、他の地方公共団体の職員に命じることもできる。資金前渡を受けた職員は、資金の保管出納に

とどまらず、交付の目的に従って債務を負担し、その債務の履行のため現金支払を行い、精算残金があれば返納することとされている。

なお、資金前渡職員が、故意又は過失によりその保管に係る現金を亡失し、若しくは、故意又は重大な過失により法令の規定に違反して支払等を行い又は怠ったため、地方公共団体に損害を与えたときは、その損害を賠償すべき公法上の特別責任を負う（地自法二四三の二）。

▼辞　職　辞職とは、職員がその意思に基づき退職することをいう。辞任ともいう。

辞職は職員の退職願に基づいて行われるが、職員は退職願を提出することによって当然に離職するものではなく、任命権者により退職辞令が交付されたときに退職の効力が発生する。

地方公共団体において広く行われている勧奨による退職も、その法律的な性格は、職員の意思に基づく辞職である。

なお、退職願の撤回は、辞令交付前は信義則に反しない限り自由であるという判例がある（昭三四・六・二六　最高裁判決）。

▼執行機関　国や地方公共団体の処理すべき事務のうち法令、条例等によりその権限に属するものとされている事務を、みずからの責任と判断によって、当該公共団体としての意思表示をし、処理していく機関をいう。

地方公共団体の執行機関は、独任制の長と、長からある程度独立した地位と権限を有する行政委員会とからなる。都道府県に置かれる行政委員会は、教育委員会、人事委員会、選挙管理委員会、監査委員、公安委員会、労働委員会、収用委員会、海区漁業調整委員会、内水面漁場管理委員会の九種類、市町村の場合は教育委員会、公平委員会（又は人事委員会）、選挙管理委員会、監査委員、農業委員会、固定資産評価審査委員会の六種類である（地自法一八〇の五①～③）。

このように地方公共団体の執行機関については権力分散等の見地から多元主義が採用されているが、他方、執行機関全体としての一体性の確保も必要であるため、長の所轄の下に、組織の系統化、一体的な機能の発揮を図ることとされている（地自法一三八の三）。具体的には、予算の調整・執行や議案の提出等の権限は長がもっぱら有することとされ（同法一四九、一八〇の六）、組織、予算、公有財産等に関して長に総合調整権限が認められている（同法一八〇の四、二二一、二三八の二等）。

▼執行停止　行政処分を受けた者の利益を保護するために、一定要件を満たしている場合に、その行政処分の執行を停止すること。

これには、処分を行うことを停止することのほか、処分が効力を発することを停止させること、更に、処分が効力を発して具体的な手続きをとることを停止させることも含まれる。行政処分は、処分庁の裁量によってその執行を停止する場合のほかは、争訟が提起されてもその執行を停止しないのが原則であるが（行政事件訴訟法二五①、行政不服審査法二五①）、執行停止はその例外である。

この執行停止は、処分庁の上級行政庁又は審査庁によってなされる場合と裁判所によってなされる場合がある。処分庁の上級行政庁又は審査庁による場合は、審査請求人の申立て、又は、職権によって執行停止することができる（行政不服審査法二五②③）。

裁判所による場合は、処分の執行等により生ずる重大な損害を避けるため緊急の必要があるときに、申立てに基づいて決定をもって処分の執行の停止をすることができる（行政事件訴訟法二五②）。ただし、この場合、執行停止は公共の福祉に重大な影響を及ぼすおそれがあるとき、又は本案について理由がないとみえるときは、することができない（同法二五④）。

▼失　職　職員が、職員になることのできない法令上の条項に該当するに至った場合、当然に、かつ、自動的にその職を失うことをいう。職を失うことは、公務員としての身分を失うことを意味する。

公立学校教職員についていえば、①成年被後見人・被保佐人となった場合、②禁錮以上の刑に処せられた場合、③破壊的政治団体の結成・加入をした場合など（以上、いわゆる〃欠格条項〃に該当した場合）に失職する（地公法二八④、一六）ほか、④教育職員免許状が失効した場合（例えば、臨時免許状の有効期間が満了した場合）にも失職する（免許法三①、九③、一〇①）。

失職の際には、辞令を用いることは必要ではないが、特定日をもって失職する旨又は失職した旨の通知をすることが適当である（通知の日付けは失職日の日付けと同一でなくてもよい）。

▼指定訴訟代理人　国・地方公共団体又は行政庁を当事者とする民事訴訟・行政事件訴訟において、代表者（法務大臣・地方公共団体の長）又は行政庁が、自己に代わって訴訟を行わせるために職員の中から指定する訴訟代理人をいい、民事訴訟法第五十四条第一項（行政事件訴訟法第七条の準用規定参照）の「法令により裁判上の行為をすることができる代理人」である。根拠法令としては、地方公共団体の事務に関する訴訟にあっては、地自法第百五十三条・百八十条の二、地教行法第二十五条、国の利害に関係のある訴訟についての法務大臣の権限等に関する法律第五条～七条などがある。

代理権の範囲については、民事訴訟法第五十五条第四項は同条（訴訟代理権の範囲）の第一項から第三項の規定による制約を受けない旨規定しているほか、国の利害に関係のある訴訟についての法務大臣の権限等に関する法律は、同法第七条第三項による代理人の代理権の範囲については民事訴訟法第五十五条第二項を準用する旨、及び同法の他の条項による代理人の代理権の範囲については代理人の選任以外の一切の裁判上の行為をする権限を有する旨規定している。

▼**指定都市**　指定都市とは、地自法第二百五十二条の十九により、政令で指定された人口五十万以上の市をいう。

札幌・仙台・さいたま・千葉・川崎・横浜・相模原・新潟・静岡・浜松・名古屋・京都・大阪・堺・神戸・岡山・広島・北九州・福岡・熊本の二十（平成二八年現在）市が指定されている。この指定都市は、昭和三十一年の地方自治法の改正により、現行の府県と市町村の関係を維持したまま、大都市行政の合理的かつ能率的運営を確保しうるよう道府県との間において適正な事務配分を行うため設けられた制度である。

指定都市に対しては、児童福祉・生活保護などの社会福祉行政、食品衛生などの保健衛生行政、都市計画行政、建築基準行政など市民生活に直結するような行政事務が政令で定めるところにより、道府県から事務移譲が行われている。

教育行政関係については、市立小・中学校の県費負担教職員の任免、給与の決定等は、道府県の教育委員会ではなく指定都市の教育委員会が行うことになる。

▼**指導改善研修**　指導改善研修とは、任命権者によって児童等への指導が不適切であると認定された公立の小学校等の教諭等に対して、その能力、適性等に応じて、当該指導の改善を図るために実施される研修のことをいう。

教特法において、任命権者は、認定者に対して指導改善研修を実施しなければならず、研修の期間は原則として一年を超えてはならないとされている。ただし、特に必要がある場合は、研修を開始した日から引き続き二年を超えない範囲内で、これを延長することができる（教特法二五①②）。研修終了時には、任命権者が研修受講者の指導の改善の程度に関する認定を行わなければならず（教特法二五④）、指導の改善が不十分で、児童生徒等に対する指導を適切に行うことができないと認定した者に対して、免職その他の必要な措置を講ずるものとされている（教特法二五の二）。

なお、指導が不適切な教員の認定及び研修終了時の認定では、教育や医学の専門家や保護者などの意見を聴くことが求められている（教特法二五⑤）。

▼**指導教諭**　指導教諭とは、学教法において、幼稚園、小学校、中学校、義務教育学校、高等学校、中等教育学校及び特別支援学校に置くことができることとされた職である。

指導教諭の職務は、児童生徒等の教育をつかさどり、並びに教諭その他の職員に対して、教育指導の改善及び充実のために必要な指導及び助言を行うことである（学教法三七⑩）。

指導教諭は、学校の教員として自ら授業を受け持ち、所属する学校の児童生徒等の実態等を踏まえ、他の教員に対して教育指導に関する指導・助言を行う。一方、指導主事は、教育委員会事務局の職員として当該教育委員会が所管する学校全体の状況を踏まえ、各学校の校長や指導教諭も含めた教員を対象として、教育課程、学習指導その他学校教育に関する専門的事項について、指導・助言を行うものである。

▼指導主事　指導主事は、上司の命を受け、学校における教育課程、学習指導その他学校教育に関する専門的事項の指導に関する事務に従事する。都道府県教育委員会の事務局には必ず置くものとされ、市町村の教育委員会の事務局にもこれを置くこととされている（地教行法一八）。

指導主事は、教育に関し識見を有し、かつ、学校における教育課程、学習指導その他学校教育に関する専門的事項について教養と経験がある者でなければならない。かかる性格上、指導主事は、社会教育主事とともに「専門的教育職員」として教育公務員とされる。その採用及び昇任に当たっては、競争試験の方法はとらず、教育長の行う選考によるものとされる。大学以外の公立学校の教員については、教員の身分を保有させたままこれを指導主事に充てる（いわゆる充て指導主事）ことができる。

▼指導・助言　指導・助言は、いわゆる行政指導と呼ばれる行為に属し、命令、強制というような権力的な行為でないところから非権力的行為であるといわれている。教育行政についていえば、地教行法第四十八条第一項で、文部科学大臣が都道府県又は市町村に対し、また、都道府県教育委員会が市町村に対して、地方公共団体の教育事務の適正な処理を図るため、指導・助言・援助を行うことができるとされている。この指導・助言・援助は、それぞれの団体の行う教育に関する事務の処理が適切に行われることを目的として行われるもので、この教育事務処理の適正化という見地からするかぎりにおいて、技術的なものに限られることなく、広く必要な指導・助言・援助を行うことができることを意味すると解されている。指導・助言・援助の具体例は、同法同条第二項に例示されており、学校その他の教育機関の設置・管理・整備に関する指導・助言、学校の組織編制・教育課程・学習指導・生徒指導・職業指導・教科書その他の教材の取扱いその他学校運営に関する指導・助言、学校における保健・安全・学校給食に関する指導・助言等その他が掲げられている。しかし、これらは例示であって、指導・助言・援助がこれらのものに限られないことはもちろんである。

▼児童生徒の懲戒　児童生徒の懲戒は、学校に在学する児童及び生徒に対して、学校における規律ないし秩序を維持するため、又は、本人に対する教育上の必要から、一定の義務違反に対して科される制裁である。

この懲戒は、校長及び教員が行うが（学教法一一）、種類としては、二つある。一つは、しかったり、起立させたりするような事実行為としての懲戒であり、他は退学、停学及び訓告の処分で法的効果を伴う法律上の懲戒である。

事実行為としての懲戒は、児童等の心身の発達に応ずる等教育上必要な配慮をしなければならず、なぐる、けるなどのほか端座、直立のように特定の姿勢を長時間にわたって保持させるような肉体的苦痛を伴うものは、体罰として禁止される（学教法一一）。

法律上の懲戒は、教育上の配慮をしたうえ校長が行うが（学教法施行規則二六）、退学処分については、性行不良で改善の見込みがないと認められる者、学力劣等で成業の見込みがないと認められる者など、その事由が学教法施行規則第二十六条第三項で規定されている。なお、この退学処分は、公立の義務教育諸学校（中等教育学校及び併設型中学校を除く）の学齢児童生徒に対しては行うことができないものとされている。また、国公私立を問わず、学齢児童生徒に対しては停学処分を行うことができないものとされている（同規則二六④）。

▼指導要録　指導要録は、児童又は生徒の学籍並びに指導の過程及び結果の要約を記録し、児童及び生徒の指導や学校外に対しての証明等のために役立たせるための原簿であるが、法令上学校において備えなければならない表簿の一つとされている（学教法施行規則二八①）。校長は、当該学校に在学する児童生徒の指導要録の作成を義務付けられており、児童生徒が進学した場合は、指導要録の抄本又は写しを進学先の校長に送付しなければならない。また、転学した場合は、その写し及び進学の際の抄本又は写しを転学先の校長に送付しなければならない（同規則二四）。指導要録の保存期間については、児童生徒の卒業あるいは転学後、入学、卒業等の学籍に関する記録については二十年間、指導に関する記録については五年間保存しなければならない（同規則二八②③）。

指導要録の様式等は、文部科学省において、指導要録に記載する事項等や参考様式を示し、それに基づいて所管の教育委員会が具体的に様式等を定めている。記載する事項は、学籍に関する記録、指導に関する記録（各教科の学習の記録、特別の教科道徳、外国語活動の記録、総合的な学習の時間の記録、特別活動の記録、行動の記録、総合所見及び指導上参考となる諸事項及び出欠の記録）であるが、学習指導要領が改訂されるとそれにともない、指導要録もこれに即応するように必要な改訂が行われる。

▼事務の委託　事務の委託とは、普通地方公共団体（委託団体）が、その事務の一部を他の普通地方公共団体（受託団体）に委託し、受託団体の長又は教育委員会などに管理し及び執行させることをいう（地自法二五二の一四）。

事務委託は、委託団体と受託団体とが、それぞれ議会の議決を経て、協議による規約を定めて行う。規約には委託事務の範囲及びその管理執行の方法、委託事務に要する経費の支弁方法などが規定される。

受託団体は、委託事務を自己の事務として処理する権限を有することになり、委託団体は委託した事務について処理の権限を失うことになる。

教育関係の事務については、特に、学教法に、市町村は、小・中学校を単独で設置することとか、市町村の組合を設けることを不可能又は不適当と認めるときは児童生徒の就学に関する全部又は一部の事務を他の市町村又は市町村の組合に委託することができると定められている（同法四〇、四九）。

▼諮問機関　行政機関に対して、その諮問に応じて、あるいはみずから進んで意見を述べることを任務とする機関を、一般に諮問機関という。

諮問機関には、多く合議制がとられているが、顧問、参与等独任制のものもある。

国の行政機関に諮問機関を置くには、法律又は政令の定めるところによることが必要であり（国家行政組織法八）、地方公共団体においては、法律又は条例の定めるところにより、その執行機関の附属機関として諮問機関が置かれる（地自法一三八の四③）。文部科学省に置かれている、中央教育審議会等や、都道府県の教育委員会に置かれている地方産業教育審議会等がその例である。

諮問機関の意見を聞いた行政機関は、その意見を尊重すべきであるが、これに拘束されるものではない。法律等により、行政機関が意見を聞くことを義務付けられていることが多いが、この場合についても同様である。

▼社会教育委員　社会教育委員は、社会教育に関し教育委員会に助言するため置かれる非常勤の職であり、委嘱にあたっては文部科学省が定める基準を参酌し、学校教育及び社会教育の関係者、家庭教育の向上に資する活動を行う者、並びに学識経験者のうちから教育委員会が委嘱するものとしている（社教法一五、一八）。

その職務は、教育委員会に助言するため、社会教育に関する諸計画の立案、教育委員会の諮問に対する答申及びこれらの職務を行うために必要な研究調査、となっている（同法一七①）。また、市町村の社会教育委員は、教育委員会から委嘱を受けた青少年教育に関する特定の事項について、関係者に対し助言と指導を与えることができることとなっている（同法一七③）。

教育委員会に対する助言は、教育長を経て行われるが、直接教育委員会の会議に出席して社会教育に関し意見を述べることもできる（同法一七①②）。

なお、社会教育関係団体に対し地方公共団体が補助金を交付しようとするときは、あらかじめ教育委員会が社会教育委員の会議の意見を聞いて行わなければならないとされている（同法一三）。

▼社会教育主事　社会教育主事は、社会教育行政を推進するための指導的職員として、都道府県及び市町村の教育委員会の事務局に置かれる（社教法九の二）が、地方公共団体の規模、財政能力を考慮して、人口一万人未満の町村については、経過措置でその設置が猶予されている。

社会教育主事は、社会教育を行う者に専門的技術的な助言と指導を与えることを職務としており、社会教育についての深い見識と経験のあるものでなければならない。このような職務の性格上、社会教育主事は指導主事とともに、教特法により「専門的教育職員」として教育公務員とされており、その採用、昇任については、競争試験の方法によらず、当該教育委員会の教育長の選考によって行うこととなる（教特法二⑤、一五）。

また、その資格については、学識と経験年数等の要件が定められている（社教法九の四）。

なお、都道府県及び市町村においては、社会教育主事の職務を助けるために社会教育主事補を置くことができる（ただし、町村については必置とはなっていない）。

また、平成三十年省令改正により、学識の要件を満たした者については、その学習成果が社会で認知され、広く社会における教育活動に生かされるよう、「社会教育士」の称号が付与されることとなった（平成三二年四月施行）。社会教育主事及び社会教育士は、ともに人づくりや地域づくりに中核的な役割を担うことが期待されている。

▼就学援助　経済的理由によって、就学困難と認められる学齢児童生徒の保護者に対しては、市町村は、必要な援助を与えなければならない（学教法一九）。

必要な援助の内容は、学用品、その購入費、通学費、修学旅行費、給食費等の支給であるが、具体的には、市町村において条例その他の規程により、支給基準、支給手続等が定められる。

援助対象は、生活保護法に規定する要保護者及び市町村教育委員会が要保護者に準ずる程度に困窮していると認めた者である。

また、特別支援学校への就学は多額の費用を要するので保護者負担の軽減を図るため、都道府県は、保護者の負担能力に応じて、これらの学校への就学に必要な経費を支給する（特別支援学校への就学奨励に関する法律二）。

市町村又は都道府県が就学奨励のため、学用品を支給等した場合の経費については、国が二分の一又は一部を補助等することになっている（就学困難な児童及び生徒に係る就学奨励についての国の援助に関する法律等）。

▼就学義務　学齢児童生徒の保護者がその子を義務教育諸学校（小学校・中学校、義務教育学校、中等教育学校の前期課程、特別支援学校の小学部、中学部）に就学させなければならない義務をいう（学教法一六、一七）。

病弱等の理由により就学困難と認められる学齢児童生徒の保護者に対しては、その申し出により市町村教育委員会はその就学義務を猶予又は免除することができる（同法一八）。

なお、日本国に居住する外国人児童生徒の保護者は就学義務を負わず、また、学齢児童生徒であっても外国に居住する児童生徒の保護者については、学教法において就学義務履行の手続き等が定められていない。

▼週休日　使用者は、労働者に対して、毎週少なくとも一回の休日を与えなければならないこととされている（労基法三五①）。この規定でいう「休日」のことを、各地方公共団体の条例、規則は「週休日」と定めている。週休日とは勤務時間が割り振られていない日すなわち給与支給の対象とならない日のことである。

労基法は労働条件の最低基準を定めるものであるから、これを上回る日数の休日を与えることも可能であり、各地方公共団体の条例、規則では、原則として日曜日及び土曜日を勤務を要しない日と定めている。ただし、学校運営上必要がある場合等には週休日の振替えを行うこともできるとされている。

なお、条例、規則で定められている休日とは、「国民の祝日」の日（年末年始の休日を含む場合もある）のことで、勤務時間が割り振られているが、特別の命令がないかぎり勤務が免除される日であって、労基法上の休日（週休日）とは異なる。

▼週休二日制　国家公務員については、昭和五十六年三月に四週五休制が導入されて以来段階的に実施されてきており、昭和六十三年四月からの四週六休制を経て、平成四年五月からは原則としてすべての土曜日及び日曜日を勤務を要しない日とする完全週休二日制が実施されている。地方公務員の勤務時間等の勤務条件はそれぞれの地方公共団体の条例（県費負担教職員については都道府県の条例）で定められているが、各地方公共団体においても、国家公務員の週休二日制の動きにあわせて条例等の改正を行い、順次週休二日制が実施されてきた。

公務員の完全週休二日制は、原則としてすべての土曜日と日曜日を勤務を要しない日とすることにより実施されているが、これによりがたい場合には、弾力的に運用することができることとされている。

特に、教員の週休二日制については、学校教育のあり方ともかかわることがらであるので、その実施に当たっては学校における教育活動の円滑な実施に対する配慮が必要となる。平成四年九月から学校週五日制が実施され月一回の土曜日が、平成七年四月からは月二回の土曜日が学校の休業日とされたが、その他の土曜日には授業が行われており教員を休みとすることはできなかったことから、教員については日曜日及び毎月の第二ないし第二・第四土曜日を週休日とするとともに、夏季・冬季等の休業日にまとめて休むいわゆる「まとめ取り」を併用することにより、年間を通じて週当たりの勤務時間を四十時間とする方法で完全週休二日制が実施されていた。

しかし、平成十四年四月からは完全学校週五日制が実施され、教員についても、他の公務員と同様の完全週休二日制となっている。

▼住民訴訟　地方公共団体の住民が、当該地方公共団体の長、委員会、委員又は職員について違法若しくは不当な公金の支出等又は違法若しくは不当に公金の徴収等を怠る事実があると認めて住民監査請求を行ったにもかかわらず、①監査委員が六十日以内に監査若しくは勧告を行わないとき又はその監査の結果若しくは勧告に不服があるとき、又は、②監査委員の勧告を受けた機関又は職員が一定期間内に必要な措置を講じないとき又はその措置に不服があるとき、当該住民が監査請求に係る違法な行為又は怠る事実につき法定期間内に次のことを求めて訴える訴訟を住民訴訟という（地自法二四二の二）。①当該執行機関又は職員に対する当該行為の差止め、②行政処分たる当該行為の取消し又は無効確認、③当該執行機関又は職員に対する当該怠る事実の違法確認、④当該地方公共団体に代位して、当該職員に対する損害賠償若しくは不当利得返還の請求又は当該行為若しくは怠る事実に係る相手方に対する法律関係不存在確認又は損害賠償の請求等。

住民訴訟は、地方公共団体の機関又は職員の違法な行為を予防又は是正し住民全体の利益を確保するため、住民が自己の法律上の利益にかかわらなくてもその住民としての資格で提起するもので、民衆訴訟に該当する。したがって原告適格等の規定を除き、抗告訴訟又は当事者訴訟に関する規定が準用される。なお、係属中の事件について他の住民は別訴をもって同一の請求をすることはできないが訴訟参加が許される。

▼修　了　学校その他の教育機関又はこれに相当する施設において所定の教科又は課程の履修を終えることをいう。

用例としては、「大学に入学することのできる者は……十二年の学校教育を修了した者……とする」（学教法九〇）、「教科指導により学校教育法第一条に規定する学校……のうち、いずれかの学校の教育課程に準ずる教育の全部又は一部を修了した在院者は、その修了に係る教育の範囲に応じて当該教育課程の全部又は一部を修了したものとみなす。」（少年院法二七①）などがある。

学校においては、通常、学年ごとに予定されている課程の履修を終えたときに修了といい、学校が予定する全課程の修了の場合は卒業と称する（「校長は、小学校の全課程を修了したと認めた者には、卒業証書を授与しなければならない」（学教法施行規則五八））。

▼主幹教諭　主幹教諭とは、学教法において、幼稚園、小学校、中学校、義務教育学校、高等学校、中等教育学校及び特別支援学校に置くことができることとされた職である。

主幹教諭の職務は、校長（副校長を置く学校にあっては、校長及び副校長）及び教頭を助け、命を受けて校務の一部を整理し、並びに児童生徒等の教育をつかさどることである（学教法三七⑨）。また、学校の実情に照らし必要が認められる場合は、養護教諭又は栄養教諭が主幹教諭になることができる（学教法三七⑲）。

主幹教諭は、命を受けて担当する校務について一定の責任をもって取りまとめ、整理する職であり、他の教諭等の上司に当たり職務命令を出すことができる職である。一方で、主任は教諭等をもって充てるものであり、その職務は、校長の監督を受け、担当する校務に関する事項について連絡調整及び指導・助言に当たるものである。

▼授業日・休業日　学校において授業を行う日が授業日であり、授業とは教育課程の実施のことであるから、授業日は、教育課程を実施する日と定義できる。教育課程は、小・中学校、義務教育学校、中等教育学校（前期課程）では各教科、特別の教科道徳、外国語活動、総合的な学習及び特別活動の時間により編成するとされ（学教法施行規則五〇、七二、七九の六）、高等学校、中等教育学校（後期課程）は各教科に属する科目、総合的な学習の時間及び特別活動によるとされている（同規則八三、一一三）から、これらの教育活動が行われる日が授業日である。土曜における希望参加の補習、夏休み中の希望参加の林間学校、プール指導など教育課程に組み込まれていないものについては、授業を行ったことにはならない。

休業日とは、授業を行わない日のことで、法令（学教法施行令二九、同施行規則六一）によって公立学校については、祝日・日曜日・土曜日及び当該学校を設置する教育委員会が夏季・冬季・学年末などについて定める日とされている（国立、私立学校については、学則の定める日）。

なお、休業日は、児童生徒を対象に授業が行われない日であり、児童生徒は登校する必要のない日であるが、必ずしも教員の休日ないし週休日と一致するものではない。

▼出席停止　公立小・中学校においては、従来から、学教法（同法三五、四九、四九の八）において、性行不良であって他の児童生徒の教育に妨げがあると認める児童生徒があるとき、市町村教育委員会が保護者に対して出席停止を命じることができると規定されてきたが、平成十三年、出席停止制度のいっそう適切な運用を図るため、要件の明確化、手続きに関する規定

の整備、出席停止期間中の学習支援等の措置を講ずることを内容とする法改正が行われた。

学齢児童生徒については、義務教育を受ける権利を保障するという立場から、例えば、懲戒の手段として停学処分を行うことは禁止されているが（学教法施行規則二六④）、悪質な暴力行為を繰り返す等、他の児童生徒の教育に大きな障害を及ぼすと考えられるような場合には、他の児童生徒の義務教育を受ける権利を保障するため、当該児童生徒を学校から一時的に排除することもやむをえない措置であって、懲戒とは異なり、学校という施設の秩序を維持するという観点から認められているといえる。出席停止は、当該児童生徒の義務教育を受ける権利を一時的にしろ奪うものであることから、その行使に当たっての慎重な配慮と出席停止の事由が消滅したと認めるときは、速やかな解除の措置をとることが必要である。また、出席停止措置期間中の当該児童生徒への指導の充実を図ることも重要であり、教育委員会及び学校は、当該児童生徒に対する学習の支援など教育上必要な措置を講じることが求められる。

なお、学校保健安全法第十九条においては、校長は、感染症にかかっており、かかっている疑いがあり、又はかかるおそれのある児童生徒等があるときは、出席を停止させることができるとしているが、これも感染症の予防という広い意味での学校の秩序維持という観点から認められている。

▼出　張　出張とは、職員が公務のため一時その在勤官署を離れて旅行することをいう（国家公務員等の旅費に関する法律（旅費法）二①、職員の旅費に関する条例（準則）二①）。当該旅行は、任命権者（県費負担教職員については服務監督権者である市町村教育委員会）又はその委任を受けた者（旅行命令権者）の発する旅行命令によって行わなければならない（旅費法四①、準則四①）。

旅行命令は職務命令の一種であり、旅行命令を発することは旅行命令権者の自由裁量行為である。ただし、旅行命令権者は、電信・電話・郵便等の通信による連絡手段によっては公務の円滑な遂行を図ることができない場合で、かつ、予算上旅費の支出が可能である場合にかぎり、旅行命令を発することができることとされている（旅費法四②、準則四②）。職員が出張した場合には、当該職員に対し、旅費を支給する（旅費法三①、地自法二〇四①、準則三①）。

出張中の勤務時間は正確に把握しがたいため、あらかじめ別段の指示があった場合を除き、通常の勤務時間を勤務したものとみなされることになっている（労基法三八の二）。

▼主任等　主任等とは、小学校、中学校、義務教育学校、高等学校、中等教育学校及び特別支援学校において調和のとれた学校運営が行われるにふさわしい校務分掌の仕組みを整えるため、校長の監督を受け、学年の教育活動に関する事項、教育計

画の立案その他の教務に関する事項、生徒指導に関する事項又は進路指導に関する事項等について、教職員間の連絡調整及び関係教職員に対する指導・助言に当たる等の職務の分担を命ぜられた教職員の呼称である。

主任等（事務主任又は事務長を除く。以下同じ）は、校長、副校長、教頭、教諭等の独立の職ではなく、教諭が、その主たる職務のほかに、このような職務を付加されたものであるので、主任等は管理職ではなく他の教職員に対して職務命令を発するものではない。また主任等を発令することも任用行為ではなく職務命令であるから、命令権者は職務上の上司である。

主任等は、学校の組織編制に関する基本的事項に該当するものであるから、公立学校については教育委員会規則にそれらの設置及び職務について規定を整備しなければならない（地教行法三三）。

なお、学教法施行規則により、前述の学校には教務主任、学年主任、生徒指導主事、進路指導主事、保健主事、学科主任、農場長、寮務主任、事務主任等を置くものとされており、必要に応じその他の主任等を置くことができるとされている。

▼準　用　ある事項に関する規定を、それと類似するが本質の異なる事項について、必要な若干の修正を加えてあてはめることをいう。

「適用」は、法令の規定するままの事項にあてはめるので、修正を要しない点において「準用」と異なる。

「準用」は、法規の簡潔を期するために立法技術上しばしば用いられるが、この場合においては、当然必要な読替えその他の修正を加えて解釈しなければならない。

学教法上、小学校においては「教諭は、児童の教育をつかさどる」と規定されており（同法三七⑪）、中学校・義務教育学校・高等学校・中等教育学校においては、この規定が準用されている（同法四九、四九の八、六二、七〇）が、この場合には、当然に「児童」を「生徒」と読み替えてあてはめることになる。すなわち、中学校・義務教育学校後期課程・高等学校・中等教育学校の教諭は「生徒の教育をつかさどる」のである。

「準用」の際に念のための読替規定をわざわざ設ける場合も最近は少なくない。

▼常　勤　非常勤と同様に、職員の勤務の態様の一種である。すなわち、その者が、休日その他週休日を除き、一定の勤務計画の下に、毎日所定の勤務時間中、常時その職務に従事しなければならないものとされるときに、これを常勤という。

地公法の適用を受ける一般職の職員の勤務態様は常勤であり、臨時的任用の職員といえどもこの点にかわりはない。地自法では、常勤の職員に給料、旅費及び諸手当を支給するものとし、報酬の支給と費用弁償を受ける非常勤職員と区別している（地自法二〇三の二、二〇四）。また、臨時的な職員を除いて、常勤の職員の定数は条例で定められる（同法一七二③）。常時勤務という言葉が使われることもあり、教特法第二条は、講師については常時勤務の者（と短時間勤務の職を占める者）を同法上の教員としている。

▼**条件付採用期間**　一般職の地方公務員の採用は、すべて条件付のものとし、その職員がその職において六か月を勤務し、その間その職務を良好な成績で遂行したときに初めて正式採用になることとされており（地公法二二①）、この期間を条件付採用期間という。

ただし、小学校、中学校、義務教育学校、高等学校、中等教育学校及び特別支援学校の教諭、助教諭及び常勤講師の条件付採用期間については、教特法第十二条により、一年間とされている（幼稚園の教諭等については、当分の間、六か月）。条件付採用期間中の職員は、一般の職員と違って、降任、免職、休職、降給について身分保障がないし、また、不利益処分の審査を請求することもできないこととなっている（地公法二九の二）。

なお、勤務成績が良好でないと認める場合には、条件付採用期間の終了前に、その職員を免職すべきであるが、もしその期間の終了前に別段の措置をしないかぎり、その終了日の翌日において正式採用になるものと解されている。

また、教育公務員については、地教行法第四十条及び教特法第十二条第二項に特例が定められている。

▼**証　拠**　証拠とは、事実の存否について審理機関に特定の確信を得させるための資料である。刑事及び民事の訴訟においては必要不可欠のものとされる。公務員に関する不利益処分の審査においても、事案に係る事実を明らかにするために不可欠のものである。不利益処分の審査では、当事者は審査が終了するまではいつでも証拠の申出をすることができるが、証拠調べをなし、及びそれを判定に採用するかどうかは、審理機関の職権に属する。

証拠には、人的証拠と物的証拠がある。

人的証拠には、証人、鑑定人、当事者がある。証人は自己の経験によって知り得た事実を尋問に対して供述する者であり、鑑定人は、自己の知り得た経験に基づいて事実に対する判断をくだす者である。

物的証拠には、文書及び検証物がある。文書は、文字その他の記号で一定の思想を表現するものであり、検証物は、直接その形状が証拠となるものである。

▼**上　告**　上告とは、民事訴訟においては、高等裁判所が第二審又は第一審としてなした終局判決に対して最高裁判所に、地方裁判所が第二審としてなした終局判決に対して高等裁判所に上訴することであり（民事訴訟法三一一①）、判決に憲法の解

釈に誤りがあることその他憲法の違反がある場合又は判決に影響を及ぼすことが明らかな法令の違反がある場合にすることができることとされている（同法三一二）。上告期間は、判決送達の日から二週間である（同法三一三、二八五）。

行政事件訴訟においては、民事訴訟の例によることとされている（行政事件訴訟法七）。

刑事訴訟においては、高等裁判所がした第一審又は第二審の判決に対して最高裁判所に上訴することであり、判決に憲法の違反があること、憲法の解釈に誤りがあること、最高裁判所の判例と相反する判断をしたこと等の事由がある場合にすることができる（刑事訴訟法四〇五）。上告の提起期間は、裁判の告知の日から十四日である（同法四一四、三七三、三五八）。

▼承　認　承認は、法令上種々の意味に使用されているが、公法上は、国又は地方公共団体の機関が他の機関又は人の行為に対して与える同意の意味に用いられる。

例えば、教特法第二十二条第二項は、「教員は、授業に支障のない限り、本属長の承認を受けて、勤務場所を離れて研修を行うことができる」と規定している。この場合、承認は事前に得ることが必要であり、承認を得ずに行った研修を、職専免条例等により職専免扱いとすることはできない。

▼条　例　条例は、地方公共団体の議会が法令に違反しないかぎりにおいて当該地方公共団体の事務に関して制定するもので、地方公共団体の自治立法の一つである（地自法一四①、九六）。条例は、その形式的効力において、国の定立する憲法、法律及び政令その他の法令に劣るため、それに反する条例は無効である。

条例によって規定することのできる事項は、法令により条例の制定が排除されている事項及び長その他の執行機関の専属権限とされている事項を除き、地域における事務及びその他の事務で法律又はこれに基づく政令により処理することとされるものに関することである。

条例には、法令に特別の定めがあるものを除くほか、条例に違反した者に対し、二年以下の懲役若しくは禁錮、百万円以下の罰金、拘留、科料若しくは没収の刑又は五万円以下の過料を科する旨の規定を設けることができる。

▼職員会議　職員会議は、学校の組織的な運営を行うために必要な組織として置かれるものであり、学教法施行規則第四十八条において、設置者の定めるところにより、校長の職務の円滑な執行に資するため、置くことができるとされている。実際上、教育委員会の定める学校管理規則等により、ほとんどの学校に設けられている。また、校長の職務の円滑な執行に資するために置かれるものであり、法的には、校長が校務を運営していく上での職務遂行上の補助機関としての性格を有するもので

ある。

職員会議の機能としては、校長が意思決定を行う際に必要に応じ職員の意見を聞いたり、あるいは、校務の運営上必要な事項等について職員へ伝達し、意思疎通を図り連絡調整することなどがあげられる。このため、教員以外の職員も含め、学校の実情に応じて学校のすべての教職員が参加できるような工夫も必要である。

もとより、学校において校務の運営について最終的な責任と権限を有するのは、「校務をつかさどり、所属職員を監督する」（学教法三七④）校長であり、職員会議において教職員の意見を求める場合においても、最終的な判断決定は、当然校長の責任において行われなければならない。したがって、職員会議を校務運営上の最高議決機関とすることは、法的にも何の根拠もないものであり、かえって、学教法施行規則の規定に反するのみならず、学教法に規定する校長の権限を不当に制約する違法なものである。また、職員会議における意見に校長の意思決定が拘束されるものではない。

なお、学校運営に当たって、校長の職務執行を補助する組織としては、副校長や教頭をはじめ、校務分掌としての各種の委員会、主任等があるが、職員会議の運営についても、これらの各組織を適切に活用することにより、議題を整理し、あるいは、議事の方向を明示して意見を聞く等、運営方法の改善を図るとともに、特に、議事の進行に当たっては、副校長や教頭が司会を行うなど、責任ある運営体制が確立されることが必要である。

▼職員団体　職員団体とは、国又は地方公共団体の一般職の職員が、その勤務条件の維持改善を図ることを目的として組織する団体又はその連合体をいう（国公法一〇八の二、地公法五二①）。

公務員は、私企業における労働者と異なり、全体の奉仕者として公共の利益のために勤務し、職務の遂行に専念しなければならないものであるところから、一般の労働組合とは異なる職員団体の制度が設けられたものである。すなわち、一般職の職員には、労働組合法、労働関係調整法の適用がなく（国公法附則一六、地公法五八①）、したがって一般の労働組合を結成することはできないが、警察職員や消防職員等の特殊な職員を除いて、職員団体の結成、加入は自由であり（国公法一〇八の二③、地公法五二③）、その構成等が民主的であるものについては、人事院又は人事委員会（又は公平委員会）に登録して法人になることができる（国公法一〇八の三、地公法五三）。登録された職員団体から適法な交渉の申入れがあった場合には、当局は交渉に応じなければならないが、団体協約を締結することは認められず、また、争議行為も禁止されている（国公法九八、一〇八の五、地公法三七、五五）。

▼職・職制　「職」とは、一人の職員に割り当てられる職務と責任をいうとされ、職員は任用によって特定の職につくことになる。例えば、公務員である教員は、任用によって、○○学校教諭という職につくことになる。

「職制」とは、法令の根拠に基づいて設けられる地方公共団体の内部行政組織を意味するものとされ、例えば、地自法の規定に基づいて知事や市町村長が定める部課等が職制に該当するとされている。

▼職場交渉　学校における、校長、副校長等と教職員組合の学校分会との交渉を、職場交渉とか分会交渉といっている。

このいわゆる職場交渉は、通常、地公法第五十五条に基づく職員団体と地方公共団体の当局との適法な交渉とは異なる性格のものである。すなわち、学校分会は、通常、その一体性、組織、財政等の点で一個の独立した職員団体としての要件に欠け、地公法第五十五条による適法な交渉の主体とはなりえないものであって、いわゆる職場交渉の法的性格は校長・副校長等と学校分会との事実上の話合いにすぎないものと考えられる。

しかし、事実上の話合いであっても、その手続き、内容等について地公法第五十五条に定める交渉の内容や手続きを参考に一定のルールを定めて行うことが大切であるし、適法な交渉ではないのであるから勤務時間中に行うことはできない。

また、校長としては、たとえそれが適法な交渉であっても同様であるが、交渉は労組法上の団体交渉とは異なり、物事を決定する場ではなく、交渉を通して意見は聞くが、決定するのはあくまで校長自身であることを理解し、そのように対処することがとりわけ望まれる。

▼職　務　職員が果たすべき任務、担当する役目のことであり、職員が職務に従事した場合には給与が支払われる。教員の職務としては、児童生徒の教育のほか、宿日直などの種々の校務、あるいは時間外勤務としての非常災害時における業務等がある。

職員は、職務の遂行に当たっては法令及び上司の職務上の命令に従う義務を負い（地公法三二、地教行法四三②）、法律又は条例に特別の定めのある場合を除くほか勤務時間中は職務に専念すべき義務を負う（地公法三五）。

また、職員は職務上知り得た秘密を漏らしてはならず、任命権者の許可を得なければ、法令による証人等としても職務上の秘密を発表することはできない（地公法三四）。

なお、職員の職務を遂行中あるいは職務の遂行に通常伴う行為の際の負傷等については公務上の災害として補償が行われる。

▼職務に専念する義務　職員は、勤務時間のすべてと、職務上の注意力のすべてを、その職責遂行のために用い、自己の公務

員としての身分の属する地方公共団体がなすべき責を有する職務すなわちいわゆる公務にのみ従事しなければならない（地公法三五）。

職務に専念する義務を免除される場合として、法律で定めてある例は、地公法第三十八条、教特法第十七条の兼職・兼業の許可ないし承認を受けた場合、教特法第二十二条第二項によって本属長の承認を受けて研修を行う場合等がある（また、勤務条件に関する条例の中で定められる各種休暇の期間内は職務に専念する義務は免除されている）。そのほか、職員の社会公共生活との調整を考えて、「職務に専念する義務の特例に関する条例」で免除を受けることができる場合を定めている。

▼職務命令　職務命令とは、公務員の職務に関して上司の発する職務上の命令であり、公務員は、忠実に従う義務がある（地公法三二、地教行法四三②）。命令が口頭によると文書によるとを問わず、特定の公務員に対すると不特定の公務員に対することを問わない。

職務命令は、権限ある上司から発せられること、部下の職務に関するものであること、等の要件を必要とし、部下は命令に服従しなければならない。ただ、命令の内容が、客観的に重大かつ明白な瑕疵があるときは、命令は無効であり、従う義務はない。

職務命令に違反することは、公務員としての義務違反であり、懲戒処分の事由となる（地公法二九）。

▼除　斥　職務の執行の公正さを担保するため、具体的な事案の内容あるいは当事者について特別の関係を有する者を、その事案について職務執行から排除することをいう。除斥される事由は法律で定められ、それに該当する場合は、当事者の申立て等の特別の手続きがなくとも当然に職務執行できないこととなる。

教育長及び教育委員についても、地教行法において除斥事由が定められている（同法一四⑥）。すなわち、自己、配偶者若しくは三親等以内の親族の一身上に関する事件（個人的に直接、具体的な利害関係を有する事件）又は自己若しくはこれらの者の従事する業務に直接の利害関係のある事件については、議決権がないばかりでなく、会議に出席することも許されない。ただし、除斥事由に該当しても、教育委員会の同意があるときは、会議に出席して発言することだけはできる（同項ただし書）。

▼初任者研修　教員の研修については、教職生活の全体を通して必要な研修の機会を確保することが必要であるが、とりわけ、新任教員の時期は教員としての資質能力の基礎を培う上で極めて重要な時期である。そこで、昭和六十三年、新任の教諭等に対して、実践的指導力と使命感を養うとともに幅広い知見

を得させることを目的として初任者研修制度が創設された（教特法二三）。初任者研修において、新任の教諭等は、学級、教科を担当しながら、校内において拠点校指導教員及び校内指導教員を中心とする指導・助言による研修（週一〇時間以上・年間三〇〇時間以上が目安）及び校外の教育センター等における研修（月一～二日程度・年間二五日以上が目安）を行うこととされている。このため、新任の教諭等の所属する学校の副校長、教頭、主幹教諭（養護又は栄養の指導及び管理をつかさどる主幹教諭を除く。）、指導教諭、教諭、主幹保育教諭、指導保育教諭、保育教諭又は講師の中から拠点校指導教員や校内指導教員が選任され（教特法二三②）、初任者に対して指導及び助言を行うこととしている（同法二三③）。

また、指導教員による指導や校外研修を円滑に実施するため、拠点校指導教員等を配置するための教員定数が措置されている。

なお、幼稚園等の新任の教諭等については、当分の間、初任者研修は適用除外とし、都道府県・指定都市（幼保連携型認定こども園については都道府県知事）が管内の公立幼稚園等の新任の教諭等に対して、幼稚園等の教諭又は保育教諭の職務の遂行に必要な事項に関する研修（園内における研修一〇日、園外における研修一〇日、計年間二〇日間が目安）を実施している（教特法附則五）。

▼**処分事由説明書**　任命権者が、職員に対し、懲戒その他その意に反する不利益な処分を行う際に交付する処分の事由を記載した説明書である（地公法四九）。

任命権者は、職員に対し、不利益な処分を行う場合においては、その際、処分事由説明書を交付しなければならないが、任命権者が交付しない場合でも、職員が、その意に反して不利益な処分を受けたと思うときは、任命権者に交付を請求することができる。この場合においては、任命権者は、その日から十五日以内に、処分事由説明書を交付しなければならない。

処分事由説明書には、処分の事由のほかに、処分につき、人事委員会又は公平委員会に対して不服申立てをすることができる旨及び不服申立期間を記載しなければならない（地公法四九）。

学校の用務員等の単純労務職員には、人事委員会に対する不服申立権がないので、処分事由説明書を交付する必要もない。

▼**処分の取消しの訴え**　行政事件訴訟には、抗告訴訟、当事者訴訟、民衆訴訟及び機関訴訟の四種類がある（行政事件訴訟法二）が、処分の取消しの訴えは抗告訴訟の一つである。

行政庁の処分その他公権力の行使に当たる行為（審査請求、異議申立てその他の不服申立てに対する裁決、決定等を除く）の取消しを求める訴訟である（行政事件訴訟法三②）。

取消しの対象となるのは、行政庁が法に基づき優越的意思の発動として行う行為（裁決等は除く）であって国民の権利義務に変動を及ぼす行為又はこれに準ずる行為をいうものと解されている。

懲戒処分の取消しを求める訴訟など処分の取消しの訴えはもっとも典型的な行政事件訴訟とされており、行政事件訴訟法においてはこの訴えを中心として手続規定が設けられている。

▼書面協定　協定とは、複数の当事者が一定の事項について合意の上取り決めること又はその取り決めたものをいう。協定は書面によることが多く、その書面によるものを書面協定という。

職員団体は、地方公共団体の当局との間で団体協約を締結する権利は有しないが（地公法五五②）、交渉の結果合意に達した事項について当局と書面協定を結ぶことができることとなっている（五五⑨）。いうまでもなく、合意に達したときは必ず書面協定を結ばなければならないのではなく、結ぶのは任意である。

当局と職員団体の間の書面協定の内容となる事項は、交渉の対象となる事項、すなわち、職員の勤務条件及びこれに附帯する社交的、厚生的事項に限られる。また、その内容は、法令、条例、地方公共団体の規則及び地方公共団体の機関の定める規程に抵触してはならない（五五⑨）、この書面協定は法的な拘束力をもたないが、地方公共団体の当局と職員団体の双方において誠意と責任をもって履行しなければならない（五五⑩）という、道義的な拘束力を生じる。もちろん、この道義上の拘束力を生じるのも法令等の範囲内において当局の裁量によって処理することができる事項に関する適法な内容の協定の場合だけであり、法令等に抵触していれば何らの拘束力も生じない。

▼人材確保法　「学校教育の水準の維持向上のための義務教育諸学校の教育職員の人材確保に関する特別措置法」の略称。

義務教育諸学校の教育職員の給与について特別の措置を定めることにより教育界にすぐれた人材を確保し、学校教育の水準の維持向上を図ることを目的として、昭和四十九年二月二十五日に制定された。

その内容は、①義務教育諸学校の教育職員の給与について一般の公務員に比較して優遇措置を講ずべきこと、②国は、教育職員の給与の優遇措置について、財政上計画的にその実現に努めること、であり、教育界にすぐれた人材を確保するという国の基本方針を宣言したもので、わが国教育制度にとって画期的な意義を有するものである。

同法に基づく教員給与の計画的改善は、昭和四十九年一月から四回にわたって行われたが、その主な内容は次のとおりである。

なお、改善の具体的方式は、国立学校については、法律上義務付けられた人事院の勧告により、公立学校については、各都道府県の人事委員会の勧告によって行われた。

(1)　第一次改善（昭和四九年一月一日適用）　本俸の改善（約九％）

(2)　第二次改善（昭和五〇年一月一日適用）　①本俸の改善（約三％）、②義務教育等教員特別手当（本俸四％相当）の新設、③校長、教頭の格付けの改善（特一等級の新設、二分の一の校長を特一等級に、四分の三の教頭を一等級に格付け）

(3)　第三次改善一回分　①義務教育等教員特別手当の改善（本俸六％相当）（昭和五二年四月一日適用）、②教育業務連絡指導手当（主任手当）の新設（昭和五二年四月一日適用）、③教員特殊業務手当の支給範囲の拡大（部活動手当の新設）（昭和五二年十二月二一日適用）、④校長、教頭の格付けの改善（校長全員を特一等級、教頭全員を一等級に格付け）（昭和五二年四月一日適用）

(4)　第三次改善二回分　①本俸の改善（中堅教員中心）（昭和五三年四月一日適用）、②義務教育等教員特別手当の改善（約二〇％）（昭和五三年四月一日適用）、③教育業務連絡指導手当の支給対象の拡大（二種類追加）（昭和五三年七月一日適用）、④部活動手当支給の時間要件の緩和（昭和五三年一〇月二一日適用）、⑤俸給の特別調整額（管理職手当）の改善（大規模校の校長、教頭につき二％）（昭和五四年一月一日適用）、⑥幼稚園教員に対し義務教育等教員特別手当（二分の一額）の支給（昭和五三年四月一日適用）

これらの改善の結果、教員の給与は、改善前に比べ、平均約三〇％引き上げられ、教育職員の待遇改善と人材確保に著しい成果をあげた。

▼審査請求　行政庁の違法又は不当な処分その他公権力の行使に当たる行為について救済を求める手続で、行政不服審査法に必要な手続が規定されている。

この点、平成二十六年に行政不服審査法が抜本的に改正され、平成二十八年四月一日より施行されている。不服申立て手続については、これまでは処分庁への「異議申立て」と上級行政庁への「審査請求」があったが、審査請求に一元化されている（行政不服審査法二）。また、審査請求を経た後の救済手続として異義のある場合には、例外的に再審査請求ができることとされた（同法六）。不服申立てできる期間については六十日から三か月に延長されている（同法一八）。

また、審理の公正性を高めるために審理において職員のうち処分に関与しない者（審理員）が、審理手続を行うこと（行政不服審査法九）や、裁決の客観性・公正性を高めるため、有識者からなる第三者機関が審査庁の判断をチェックする仕組みが導入された（同法四三）。審査請求人に対しては証拠書類等の閲覧・謄写（同法三八）や口頭意見陳述における処分庁への質問が認められている（同法三一⑤）。

審理の迅速性の確保のために、標準審理期間の設定（行政不服審査法一六）や争点・証拠の事前整理手続（同法三七）の導入されている。

▼審査請求の当事者　審査請求の当事者は、不服申立てを行う者（審査請求人）と処分を行った者（処分者）である。ただし、処分者が当該処分を行った後においてその職を離れた場合には、その職又はこれに相当する職にある者が処分者とみなされる。

公立学校の教職員の任命権（懲戒権を含む）は、教育委員会（県費負担教職員については、都道府県教育委員会）に属するから、処分者も、教育委員会ということになる。

教育長は、任命権が教育長に委任されていないかぎり、処分者となることはできない。ただ、当事者は、必要があるときは、代理人を選任することができることになっているので、教育長は、代理人として、公平審理に出席することができる。教育委員会が教育長を代理人として選任する場合、特別の委任行為をまつまでもなく、補助執行として行わせることもできる。

▼人事委員会　地方公共団体において人事行政について任命権者とともに最終的な権限を有する機関である。

都道府県及び指定都市には条例で必ず置かれるものであり、指定都市以外の人口十五万以上の市及び特別区には公平委員会と選択的必置の機関である（地公法七①②）。なお、それ以外の市町村には、公平委員会が置かれる。

その構成は、人格高潔で、地方自治の本旨及び民主的で能率的な事務の処理に理解があり、かつ、人事行政に関し識見を有する者のうちから、議会の同意を得て、地方公共団体の長が任命する三人の委員からなっている（地公法九の二①②）。

その権限は、人事行政に関する調査、研究、企画、立案、勧告等を行い、職員の競争試験及び選考を実施する等の行政的権限、法律又は条例に基づきその権限に属する事項に関し人事委員会規則を制定する準立法的権限、及び職員の勤務条件に関する措置の要求を審査し、判定し、必要な措置をとり、職員に対する不利益処分についての不服申立てに対する裁決又は決定を行う準司法的権限にわたっている（地公法八）。

▼人事異動　人事異動とは、法令上の用語ではないが、公務員についていえば、一般に、すべての身分上の変動——採用、転任（併任、派遣等を含む）、昇任、退（免）職、休職、降任、復職等を示す。すなわち地教行法第三十五条にいう身分取扱いのうち任免及び分限のことである。

人事異動は、派遣等の特別な場合を除き、その身分の属する地方公共団体の内部で行われるものであるが、県費負担教職員の場合は都道府県教育委員会が人事異動を行い、当該都道府県のすべての市町村にわたって異動を行うことができる（地教行法三七、四〇）。

人事異動を行う際には、通常、辞令、人事異動通知書が交付される。通知書、辞令は人事異動の効力発生の絶対要件ではないが、特に採用については辞令の交付、又はこれに代わる任命権者の明確な意思表示がないかぎりその効力は発生しないとされている（昭五六・六・四　名古屋市水道局事件最高裁判決）。

なお、人事異動のうち本人の意に反する不利益なものについては、処分事由説明書を交付しなければならないこととされている（地公法四九）。

▼人事異動通知書　人事異動通知書とは、職員の身分上の異動内容を文章に書き表したもので、任命権者が人事異動に際して職員に交付する文書であり、辞令書ともいっている。現行の公務員法の下では、採用、昇任、転任、併任、降任、休職、復職、退職及び免職等職員がその職との関係において変動を生ずる場合に交付するものとされている。

国家公務員について定めた人事院規則八―一二（職員の任免）では、職員を降任、休職（又はその期間の更新）及び免職する場合は、通知書を交付して行わなければならないこととされ（同五三）、その通知書が相手方に到達したときに当該処分が効力を発生するものとされている。その他の採用、昇任、転任等の処分についても、通常、通知書を交付するものとされているが（同五三）、これは任命権者の行う人事異動に関する取扱手続を定めたにすぎないものと解され、通知書を交付することが効力発生の絶対の要件とは解されていない。

▼人事院勧告　人事院は、内閣の所轄の下に置かれる国家公務員の人事行政の統一的実施機関であるが、国家公務員の人事行政を適正に行うため、国会、内閣、関係大臣その他の機関の長に対して勧告をする権限が認められている。

人事院の行う勧告の主なものは、勤務条件の変更に関するもの（国公法二八①、八八）、給与に関するもの（国公法二八②、一般職の職員の給与に関する法律）、人事行政改善に関するもの（国公法二二①）、勤務時間、休日及び休暇に関する制度に関するもの（一般職の職員の勤務時間、休暇等に関する法律二I）等がある。

このうち、給与に関する勧告については、「人事院は、毎年、少くとも一回、俸給表が適当であるかどうかについて国会及び内閣に同時に報告しなければならない。給与を決定する諸条件の変化により、俸給表に定める給与を百分の五以上増減する必要が生じたと認められるときは、人事院は、その報告にあわせて、国会及び内閣に適当な勧告をしなければならない」（国公法二八②）と規定されている。

なお、地方公務員については、同様な制度として、人事委員会による勧告の制度が設けられている。

▼人事院規則　国公法第十六条第一項によれば、人事院は、そ

の所掌事務について、法律を実施するため、又は法律の委任に基づいて、人事院規則を制定すると規定されている。人事院は、国家公務員の任免、給与、研修、分限、懲戒等の人事行政の公正の確保及び職員の利益保護等に関する事務をつかさどる（同法三）とされているので、人事行政の広範にわたる規則制定権を有している。

人事院規則は命令の一種であるが、人事院が内閣からの高度の独立性を保障されているところから、規則の制定事項については包括的な委任を受けており、その制定及び改廃は三人の人事官で構成する人事院会議の議決を要し、制定の形式は内容の事項別に系列ごとに分けられているのが特徴である。また、この規則を実施するため人事院指令、施行細則を定めることができる。

なお、人事院規則は、地方公務員に適用されるものではないが、公立学校教員の政治的行為の制限については国家公務員の例による（教特法一八）とされているなど、準用されていることが多い。

▼人事評価　地方分権の一層の進展により地方公共団体の役割が増大するなかで、住民ニーズが高度化・多様化しており、厳しい財政状況や集中改革プランなどにより、職員数は減少している状況の中で、個々の職員に困難な課題を解決する能力と高い業績を挙げることが従来以上に求められている。そのため、能力・実績に基づく人事管理を徹底し、より高い能力を持った公務員を育成するとともに組織全体の士気高揚、公務能率の向上を通じて、住民サービス向上を図る目的で、平成二十六年に地方公務員法が改正され、職員がその職務を遂行するに当たり発揮した能力及び挙げた業績を把握した上で行われる勤務成績を評価する人事評価制度が導入された（平成二十八年四月から施行）。人事評価の根本基準として職員の人事評価は、公正に行われなければならないとされ（地公法二三①）、任命権者は、人事評価の基準及び方法を定め、これを定期的に行う（同法二三の二）。人事評価については、任用、給与、分限その他の人事管理の基礎として活用される（同法二三②）。

これまでの勤務評定では、「評価項目が明示されない」「上司からの一方的な評価で結果を知らされない」「人事管理に十分活用されない」などの問題点が指摘されており、人事評価では能力・業績の両面から評価するとともに、評価基準の明示や自己申告、面談、評価結果の開示などの仕組みにより客観性等を確保し、人材育成にも活用することが期待されている。

国家公務員については、平成二十一年度から人事評価が実施されており、職員の職務上の行動等を通じて顕在化した能力を把握する「能力評価」と職員が果たすべき職務をどの程度達成したかを把握する「業績評価」を行っている。

なお、公立学校の教職員のうち県費負担教職員の任命権者は都道府県教育委員会であるが、人事評価については、都道府県いる（地教行法四四）。

▼**進　退**　進退伺いということばは今でも耳にすることであるが、法令中に「進退」の語が用いられる例は非常に少ない。地教行法の第三十八条などが、その数少ない例である。

地教行法でいう「任免その他の進退」とは、任免（採用、昇任、降任、転任――地公法一七）、分限（休職、降任、免職――地公法二八）、懲戒（地公法二九）をはじめ復職、辞職承認など職員の身分上の異動をさしている。

「任免その他の人事」（地教行法二一Ⅲ）も類似の用語であるが、人事という場合は、身分上の異動に限定されず、もっと広い意味で使われている。

県費負担教職員の任免その他の進退は、市町村教育委員会の内申をまって都道府県教育委員会が行い（地教行法三八）、服務の監督は市町村教育委員会が行うこととされ（同法四三）、人事の円滑、適正な運用には両教育委員会の緊密な協力が必要である。

▼**深夜業**　深夜業とは、午後十時から午前五時（厚生労働大臣が定める地域又は期間について午後一一時から午前六時）までの間の勤務をいう。妊産婦から請求のあった場合、深夜業をさせてはならない（労基法六六）。

深夜業をさせる場合は、通常の勤務時間の賃金の二割五分以上の割増し賃金を支給しなければならず（労基法三七）、深夜業が、正規の勤務時間外に当たる場合すなわち深夜業と時間外勤務とが重なったときは、五割以上の割増し賃金を支給しなければならない（労基法施行規則二〇）が、給与特別措置法適用の教員等については、割増し賃金は支給されない。

▼**信用失墜行為の禁止**　公務員は、その職の信用を傷つけ、又は公務員の職全体の不名誉となるような行為が禁止されている（国公法九九、地公法三三）。公務員は、全体の奉仕者として公共の利益のために勤務すべきものであるから、全体の奉仕者にふさわしくない非行により、公務員に対する国民又は住民の信頼を裏切らないように信用を保つべきであるからである。公務員の服務義務には、職務を遂行するに当たって守るべき義務と職務の遂行の有無を問わず公務員たる身分を有することによって守るべき義務があるが、信用失墜行為を避止する義務は後者に属するものである。

「その職の信用を傷つける行為」と「職全体の不名誉となるような行為」とは、選択的なものではなく、同一の行為が両者に該当することが通例であると考えられている。具体的にどのような行為が信用失墜行為に該当するかは、一般的社会通念によって判断されるが、判例では、禁止に違反して争議行為を行った場合、生徒の作文が外部にもれ、一般に周知されることによってそれが学力調査反対闘争に利用されたという印象を与えた場合、職の不名誉となる事実を公表した場合等がこれに該当するとしている。

▼請　願　損害の救済、公務員の罷免、法律、命令又は規則の制定、改廃その他の事項に関し、国民が国又は地方公共団体の機関に対し希望を開陳することをいう。憲法第十六条は、何人も平穏に請願する権利を有すること、かかる請願をしたためにいかなる差別待遇も受けないことを明定している。国及び地方公共団体の政治のやり方一般について、被治者たる一般人民が個人、団体を問わず特別の資格（例えば、国に対する被使用者たる地位）を要することなく無差別に有する権利である。

法律によって、請願は文書で請願事項を所管する官公署になされれば、当該官公署においてこれを誠実に処理することとなっている（請願法、国会法七九～八二、地自法一二四、一二五）。その前後に、口頭によるいわゆる陳情の機会が当事者（官公署の責任者と請願者）の合意によって設けられることもある。

なお、教員が校長に対して、校長が教育委員会に対してもの申すことは、通常の場合は、部内の意見具申（上申）であって、請願とは性格を異にする。

▼政治的活動　政治的活動、政治活動、政治的行為などの語はニュアンスの差はあるが、政治上の主義、施策を推進あるいはこれに反対したり、選挙における候補者、特定の政党、特定の内閣を推薦、支持あるいは反対するために行われる諸々の行為を総称している。政党の役員になって活動したり、選挙運動をすることなどもこれに当たる。

教基法では、学校が特定の政党を支持し又はこれに反対するための政治教育その他の政治的活動をすることを禁止している（同法一四）。

また、一般職の公務員は、その職務と責任の特殊性から、政治的に中立であることが要求され、一定の政治的行為が制限又は禁止されている（国公法一〇二、地公法三六）。なお、教育委員会の教育長及び教育委員のような特別職の公務員についても、積極的な政治運動を禁止した例が多い（地教行法一一、一二、警察法四二）。

▼政治的行為　公務員は、全体の奉仕者として政治的に中立の立場を維持する必要があり、行政の公正な運営を確保するため、一般職の職員については政治的行為が制限されている（国公法一〇二、地公法三六）。

公立学校の教育公務員の政治的行為の制限については、国公法第百二条の規定が適用され、国家公務員と同じ制限を受けることとされており（教特法一八）、国家公務員が禁止される政治的行為は、①政党又は政治的目的のために、寄附金等を受領する等これらの行為に関与すること、及び人事院規則で定める政治的行為をすること、②公選による公職の候補者となること、③政党その他の政治団体の役員等となることである。

人事院規則一四－七（政治的行為）は国公法第百二条の委任を受けて、禁止される政治的行為を具体的に掲げており、②については公職選挙法に規定されている。

教育公務員を除く地方公務員が禁止される政治的行為は、地公法第三十六条で定められている。

なお、国家公務員が政治的行為の制限に違反した場合は、三年以下の懲役又は百万円以下の罰金に処せられるが、公立学校の教育公務員には罰則は適用されない。

▼責任能力　責任能力とは、違法な行為を行った者が民事上又は刑事上の責任を負担しうる能力である。

民法上は、自己の行為が不法な行為として法律上の責任を生ぜしめることを判断しうる知能をいい、不法行為責任を成立させる要件の一つである。自己の行為の責任を弁識するに足りる知能を備えていない未成年者や精神上の障害がある者は損害賠償責任を負わない（民法七一二、七一三）。ただし、この場合であっても、これら責任無能力者の監督者（親権者、後見人など）又は代理監督者（教員など）は、その監督義務を怠らなかったことを証明しないかぎり、損害賠償責任を負う（民法七一四）。未成年者について、判例はおおむね十二歳前後から責任能力を認めている。

刑法上は、自己の行為の是非善悪を弁別し、その弁別に従って行動する能力と通常解されている。責任能力を欠く場合は責任無能力と呼ばれ、未成年者等がこれに当たり、不可罰とされるが、一部欠く場合は限定責任能力と呼ばれ、心神耗弱者がこれに当たり、減刑される（刑法三九、四一）。なお、少年法は二十歳未満の者を少年と呼び、刑事責任を負わせる場合を制限している。

▼是正の要求・是正の指示・是正の勧告　平成十一年の地方分権一括法は、機関委任事務（「法定受託事務と自治事務」参照）及び包括的一般的な指揮監督権を廃止するなど、国と地方公共団体の関係、都道府県と市町村との関係について、対等・協力を基本として、新しい関係の構築、国等による関与のルールの確立等を図っている。是正の要求、是正の指示、是正の勧告は、この考えの下、事務の処理が法令の規定に違反していると認めるとき、又は著しく適正を欠き明らかに公益を害していると認めるときの関与のあり方として、地方自治法上設けられている規定であり、具体的には以下のとおりである。

⑴　是正の要求（地自法二四五の五）

文部科学大臣は、都道府県の自治事務並びに市町村の自治事務及び第二号法定受託事務について、当該地方公共団体に対し、是正又は改善措置を求めることができる。他方、この求めを受けた地方公共団体は、是正又は改善措置を講じなければならないとされる。

また、法令違反や事務の管理及び執行の怠りにより、児童生徒等の教育を受ける権利が侵害されていることが明らかであるとして是正の要求を行うときは、文部科学大臣は教育委員会が講ずべき措置の内容を示して行うものとなっている（地教行法四九）。
(2) 是正の指示（地自法二四五の七）
第一号法定受託事務についての国の関与、第二号法定受託事務についての都道府県の市町村に対する関与については、是正の指示という形での関与が予定されている。

文部科学大臣は、都道府県の法定受託事務及び市町村の第一号法定受託事務について、都道府県教育委員会は、市町村教育委員会の担任する法定受託事務について、都道府県知事は、市町村長の担任する法定受託事務について、それぞれ是正又は改善措置に関し指示することができる。
(3) 文部科学大臣の指示（地教行法五〇）
公立学校に関する事務は、基本的には自治事務であり、各教育委員会の権限と責任において適切に処理されるべきであり、これらの事務に当たっては、国の関与は、指導、助言、援助（地教行法四八）を中心に行うことが基本である。しかし、児童生徒等の生命又は身体に現に被害が生じ、又はまさに被害が生ずるおそれがあると見込まれ、その被害の拡大又は発生を防止するため、緊急の必要があり、他の措置によっては是正を図ることが困難な時は、文部科学大臣は教育委員会に対して、当該違反の是正又は当該怠る事務の管理及び執行の改善を指示することができる。
(4) 是正の勧告（地自法二四五の六）
残る都道府県による市町村の自治事務への関与については、是正の勧告という形がとられる。すなわち、都道府県教育委員会は、市町村教育委員会の担任する自治事務について、都道府県知事は市町村長の担任する自治事務について、当該市町村に対し、是正又は改善措置を勧告することができる。この是正の勧告には、尊重義務が生じる。

▼選挙運動　選挙運動とは、特定の選挙において、特定の候補者を当選させるために、選挙人に働きかける諸々の行為をいう。特定の選挙には、近い将来特定の選挙が行われることが社会通念上予想される場合も含まれ、また、特定の候補者には、将来立候補することが予想される場合も含まれる。
選挙運動の規制については、公職選挙法に規定されている。特に、公務員については、その地位を利用して選挙運動をすること及び選挙運動とみなされる行為（選挙運動準備行為）をすることは禁止され、また、教員については、学校の児童等に対する教育上の地位を利用して選挙運動することが禁止されている。

また一方では、公務員については、その職務遂行に当たって政治的に中立な立場を維持する必要があるという観点から、選挙運動等の政治的行為の制限がされ、特に、公立学校の教員の政治的行為制限については、国家公務員と同じ取扱いを受けている（教特法一八）。

▼選　考　地方公務員の任用は、能力の実証に基づいて行われなければならない（地公法一五）。この能力の実証の方法として競争試験や選考が行われる（同法一七）。競争試験は、受験者を相互に競争関係において、その間の相対的な職務遂行能力の優劣の順位を確定するものであるのに対し、選考は、そのような競争関係に置くのではなく、一定の基準に適合しているかどうかによって職務遂行能力を判定するものである。

一般の職員の採用等については、人事委員会を置く地方公共団体においては、原則として競争試験によらなければならないが、人事委員会を置かない地方公共団体の場合は競争試験、選考のいずれによってもよく（地公法一七の二①②）、職の性質や職員の数等に鑑み、最も能率的に、最も適格の者が得られる方法を任命権者が決定することとなる。

これに対し、教育公務員（教員、指導主事等）の任用はその職務の特殊性に鑑み選考によることとなっている（教特法三、一一、一五）。選考を行う機関は、高等学校以下の公立学校の教員については任命権者である教育委員会の教育長（したがって県費負担教職員の場合は都道府県教育委員会教育長）（同法一一）、大学の場合は大学管理機関（学長については評議会、学部長については教授会の議に基づき学長、部局長については学長、教員については教授会の議に基づき学長）（同法三）、指導主事及び社会教育主事については当該教育委員会の教育長である（同法一五）。

▼争議行為　争議行為とは、労働関係の当事者が、その主張を貫徹することを目的として行う行為及びこれに対抗する行為であって、業務の正常な運営を阻害するものと一般に解されている。

その態様からみると、同盟罷業（ストライキ）が最も典型的なものであるが、その他にも怠業（サボタージュ）、ピケッティング等がある。

一般の勤労者には争議権が認められているが、国家公務員、地方公務員等については、その目的、態様のいかんを問わず争議行為を行うことが禁止されている（国公法九八、国企労法一七、地公法三七、地公労法一一）。その理由として最高裁判所の判例は、公務員については①実質的に国民全体又は地方公共団体の住民全体に対して労務提供義務を負い、公共の利益のために勤務するという地位の特殊性と職務の公共性が認められること、②その勤務条件の決定は、国会又は議会においてなされるもので公務員の争議行為はそれらの議決権を犯すおそれがあること、③その争議行為には市場の抑制力が働かないこと、④

人事院又は人事委員会若しくは公平委員会が設けられ適切な代償措置が講ぜられていること、などをあげている。

▼**争　訟**　争訟とは、一般には広く争いを意味する言葉として使われるが、学問上の用語として用いられる場合には、法律上の権利又は法律関係について利害相反する当事者がある場合に、その具体的な争い及びこれらの争いを処理するための公の権威による裁断又はその手続きをいう（憲法五五、裁判所法三①、公職選挙法第一五章参照）。

「訴訟」が「争訟」のうち訴訟法に定められた訴訟手続によって裁判所が行うものをさすのに対して、「争訟」はより広い概念であり、行政不服審査法による不服審査、地方公務員法による人事委員会や公平委員会の公平審理等のように特別な法令により行政機関の権限によって行われるものを含む。

「争訟事件」に対しては「非訟事件」という用語がある。非訟事件とは、例えば会社の解散が裁判所の命令によって行われるように、裁判所の非訟事件手続法の定める手続きにより、民法・商法等の法令の規定に基づき、私法上の法律関係の変動に関与する事件をいう。

▼**卒　業**　学校を卒業するということは、その学校の全課程を修了したと認められたことを意味し、入学によって取得されたその学校の児童生徒としての身分を失い、その学校との在学関係は終了する。学教法施行規則によれば、卒業を認定する者は、校長とされ、校長が卒業を認定するに当たっては、児童生徒の平素の成績を評価してこれを定めなければならないとされ、更に校長は、全課程を修了したと認めた者には、卒業証書を授与しなければならないとされている（五七、五八、七九、七九の八、一〇四、一一三、一三五）。卒業の時期については、卒業証書上に全課程の修了の認定を表示している日と解され、義務教育諸学校にあっては、就学義務の関係から、三月末とすべきものと解されている。なお、校長の卒業認定は、担任、教科担任等直接児童生徒の教育を担当した教員の評価に基づき、その個々の評価を総合的に判断した上でなされるのが通常とされている。

▼**損害賠償**　損害賠償とは、他人に与えた損害を塡補して損害のないのと同じ状態にすることをいう。損害賠償義務が生ずる原因としては、違法行為すなわち債務不履行と不法行為の二つが主たるものである。

賠償される損害の範囲は、損害賠償責任を生ずる原因となった事実と相当因果関係のあるものに限られる。損害は、財産的損害に限られず、精神的損害も含まれ、また、積極的損害（既存の財産が積極的に減少すること）に限らず消極的損害（財産が増加するはずであったのが増加しないこと）も含まれる。被害者に過失があるときは、過失相殺によって賠償額が軽減される（民法四一八、七二二②）。

損害賠償の方法としては、金銭賠償が原則であり、例外的に原状回復が認められる（民法四一七、七二二①、七二三）。

なお、損害賠償義務の生ずる一つの事由たる不法行為は、①損害の現実の発生、②行為者に故意、過失のあること、③行為そのものが違法であること、④行為者に責任能力があること、⑤行為と損害の発生との間に相当因果関係があること、の五つがその成立要件である。

▼大学院修学休業制度　幼稚園、幼保連携型認定こども園、小学校、中学校、義務教育学校、高等学校、中等教育学校、特別支援学校の主幹教諭、指導教諭、教諭、養護教諭、栄養教諭、主幹保育教諭、指導保育教諭、保育教諭及び講師が国内外の大学院に在学し、専修免許状を取得する機会を拡充するため、大学院修学休業制度があり、平成十三年度の教特法の改正により設けられた。

この制度により、一種免許状又は特別免許状を所持する主幹教諭等は、任命権者の許可を受けて、専修免許状を取得するため一年を単位とする三年を超えない期間、休業することができる。この休業期間中は教員としての身分を保有するが職務に従事しないものとし（職務専念義務の免除）、ノーワーク・ノーペイの原則により休業期間中は一切の給与は支給されない。

在学する大学院は大学院修学休業を希望する教員自らが選ぶこととなる。免許状授与権者が、入学年次、教授内容、修了年限等を考慮した結果、専修免許状を授与することができると判断する場合には、国内の大学院だけではなく、海外の大学院で修学することも可能である。

休職又は停職の処分を受けた場合には、休業の許可は失効する。また、休業期間中に大学の課程等を退学した場合、専修免許状の取得に向けた真摯な意思があるとは認められない場合には、任命権者は許可を取り消すものとされている。

▼退　職　退職とは、一般的には職員が定年により又は自発的にその職を退くこと（辞職）をいうが、免職、失職を含めて用いられることもある。

辞職は、職員の退職願に基づいて行われるが、退職願の提出によって当然に離職するのではなく、退職辞令が交付されたときに辞職の効力が発生するものである。いわゆる勧奨退職は、法律的には職員の自発的意思に基づいて行われる辞職であり、職員に退職の意思を起こさせるために行われる勧奨は、それ自体法律的効果を持つものではない。免職は、職員をその意に反して退職させることをいい、職員を免職することができるのは、法律に定める事由による場合（分限免職、懲戒免職）に限られる（地公法二七②、二八、二九）。

失職は、職員が一定の事由（欠格条項該当、免許状の失効、任用期間の満了）により、何ら行政処分を待たずに離職することをいい、辞職及び免職が任命権者の行政処分によるものであるのと区別される。

▼体　罰　学校においては、懲戒の方法として、有形力の行使により児童生徒の身体を侵害し、あるいは肉体的苦痛を与える「体罰」は禁止されている（学教法一一）。教育上必要と認められるときには、児童生徒に懲戒を加えることができる（同条本文）が、その種類としては、①校長が行う退学などの法的効果を伴う懲戒（同法施行規則二六）と、②校長及び教員が行う「叱る」などの事実行為としての懲戒とがある。事実行為としての懲戒がどのような場合に「体罰」に該当するかについては、当該児童生徒の年齢、健康、心身の発達状況、当該行為が行われた場所的及び時間的環境、懲戒の態様等の諸条件を総合的に考え、個々の事案ごとに判断する必要がある。この際、単に、懲戒行為をした教員等や、懲戒行為を受けた児童生徒・保護者の主観のみにより判断するのではなく、諸条件を客観的に考慮して判断すべきである。上記の区別により、その懲戒の内容が身体的性質のもの、すなわち、身体に対する侵害を内容とするもの（殴る、蹴る等）、児童生徒に肉体的苦痛を与えるようなもの（正座・直立等特定の姿勢を長時間にわたって保持させる等）に当たると判断された場合は、体罰に該当する。

体罰の根絶のためには、体罰を未然に防止する組織的な取組、徹底した実態把握、体罰が起きた場合の早期対応及び再発防止策など、体罰防止に関する取組の抜本的な強化を図ることが必要である。

▼単位費用　地方交付税法に規定する単位費用とは、道府県又は市町村ごとに、標準的条件を備えた地方公共団体が合理的かつ妥当な水準で地方行政を行う場合又は標準的施設を維持する場合に必要とする経費のうち国庫支出金等の特定財源を除いた額について算定した各測定単位（地方行政の種類ごとに設けられ、かつ、この種類ごとの量を測定する単位で毎年度の普通交付税の交付のために用いられる。例えば、教育費における教職員数、児童生徒数、学級数、学校数）の単位当たり費用で、普通交付税の算定に用いる地方行政の種類ごとの経費の額を決定するために、測定単位の数値に乗ずべきものをいう（同法二Ⅵ）。

▼短時間勤務　短時間勤務の職とは、「当該職を占める職員の一週間当たりの通常の勤務時間が、常時勤務を要する職でその職務が当該短時間勤務の職と同種のものを占める職員の一週間当たりの通常の勤務時間に比し短い時間であるもの」（地公法二八の五①）とされている。

短時間勤務については、平成十三年から導入された高齢者再任用制度において、短時間勤務の職への再任用が認められたことにより、規定されたものである。すなわち、任命権者は、定年退職者等を、一年を超えない範囲内で任期を定め、短時間勤務の職に任用できることとされている（地公法二八の五）。再任用の対象となる短時間勤務の職は、常時勤務を要する職員が担当している事務事業と同等程度の本格的な業務を行う職（職務と責任が同程度である職）であると解されている。

さらに、平成十六年の地方公共団体の一般職の任期付職員の採用に関する法律の改正により、一定の場合に、条例で定めるところにより、任期付きの短時間勤務職員を採用することができることとされている（地公法五）。

具体的には、一定期間内に終了すると見込まれる業務又は一定期間内にかぎり業務量の増加が見込まれる業務について、あるいは、住民に直接提供するサービスの時間延長等の必要がある場合において、これら業務に短時間勤務職員を従事させることが公務の能率的運営の確保のため必要であるときに採用できるものである。なお、その任期は、三年（特に必要がある場合として条例で定める場合は五年）を超えない範囲内で任命権者が定めるものとされている（地公法六）。

▼単純労務職員　特別の技能又は判断を必要としない軽易かつ単純な肉体的・機械的な労務に従事する職員をいう。学校職員のうち、用務員、警備員、給食調理員、寄宿舎の生活指導員などがそれに該当する。

地方公務員である単純労務職員については、原則として地公法の適用があるが、その職務と責任の特殊性に基づいて、その身分取扱い（特に勤務条件）の大幅な特例が設けられている（地公法五七、地公労法附則⑤、地公企法三六、三八、三九）。

例えば、単純労務職員は地公法上の職員団体を結成できるほか、労働組合を結成することができ、その給与・勤務時間その他の勤務条件は労働協約又は就業規則により定められ、労基法上の監督官庁は労働基準監督署長であり、単純労務職員の不利益救済機関は都道府県労働委員会であるなど、一般職員とはかなり異なる面がある。

▼団体協約　団体協約とは、一方又は双方が集団で、その代表者によって締結される集団的な契約であり、特に使用者と労働組合との間に結ばれる労働協約をさすこともある。国公法、地公法等は、これを「団体協約」と呼び、職員団体と当局の交渉は、「団体協約を締結する権利を含まない」旨規定している。

労働協約とは、労働組合又は労働者団体と使用者又は使用者団体との間で、賃金・労働時間などの労働条件その他に関して結ばれた書面による協定である（労組法一四）。労働協約に定める労働条件その他の労働者の待遇に関する基準に違反する労働契約の部分は無効とされる。無効となった部分は基準に従い、また、労働契約に定めのない部分についても基準が妥当するという効力が認められている（同法一六）。一の工場・事業場に常時使用される同種の労働者の四分の三以上の数の労働者が一の労働協約の適用を受けるに至ったときは、残りの労働者にもその適用が及ぶという一般的拘束力も認められている（同法一七）。

また、就業規則は、法令又は労働協約に反してはならず、行政官庁は労働協約に抵触する就業規則の変更を命ずることができる（労基法九二）。

公務員については、その勤務条件等が法律又は条例で定められており、労働協約締結権はなく、労働協約締結を目的とする団体交渉権も認められていない。

地方公営企業の職員及び単純労務職員は、労組法に基づく労働組合を組織し、団体交渉を行い、「団体協約」を締結できるが、これらの職員の勤務条件、身分取扱いなどについても、条例、企業管理規程、規則等で画一的に定められており、「団体協約」が条例、あるいは予算に抵触する場合は、締結後十日以内に必要な条例等の改廃の議案を議会に付議し、その議決を得なければならず、これらがなされないかぎり、抵触する部分の効力は生じない（地公労法八、一〇）。長その他の機関が定めた規則その他の規程との抵触については、「団体協約」に優先的効力が認められ、規則等の改廃が必要とされている（地公労法九）。

▼団体交渉　労働者が、労働条件に関し、その組織を通じて使用者と交渉すること。交渉は、団体の代表者又は委任を受けた者が行うのであって（労組法六）、多数で集団をなして交渉するという意味ではない。法律上は、労働協約の締結ができる場合は「団体交渉」という語を用い（同法一）、協約の締結ができない場合には「交渉」という語を用いている（地公法五五）。教職員が組織する職員団体についてみれば、交渉事項は給与、勤務時間などの勤務条件とこれに附帯する社交的、厚生的活動を含む適法な目的に限定され、教育施策の決定や個々の人事など地方公共団体の管理運営に関する事項については交渉できない。また、交渉の相手は、交渉事項を適法に管理し、決定することができる当該地方公共団体の当局である。

▼地域学校協働活動　地域学校協働活動とは、地域の高齢者、成人、学生、保護者、ＰＴＡ、ＮＰＯ、民間企業、団体・機関等の幅広い地域住民等の参画を得て、地域全体で子供たちの学びや成長を支えるとともに、「学校を核とした地域づくり」を目指して、地域と学校が相互にパートナーとして連携・協働して行う様々な活動である。

「学校支援地域本部」などの従来の地域の学校支援の取組との違いは、地域による学校の「支援」から、地域と学校のパートナーシップに基づく双方向の「連携・協働」へと発展させていくことを目指している点である。地域が学校・子供たちを応援・支援するという一方向の関係だけではなく、子供の成長を軸として、地域と学校がパートナーとして連携・協働し、互いに膝を突き合わせて、意見を出し合い、学び合う中で、地域の将来を担う人材の育成を図るとともに、地域住民のつながりを深めることにより、自立した地域社会の基盤の構築・活性化を図る「学校を核とした地域づくり」を推進し、地域の創生につながっていくことが期待される。

▼地域学校協働活動推進員　地域学校協働活動推進員とは、地域住民等の中から、教育委員会の施策に協力して、地域と学校との情報共有や地域住民等への助言を行う者に対して教育委員会が委嘱することができる者である（社会教育法九の七）。当該推進員は、地域と学校との連絡調整、情報の共有、地域学校協働活動の企画、調整、運営、また地域の方へ学校との協働活動を呼びかけるなど、地域とも学校とも良好な関係を作り、信頼関係を築きながら活動を進める、コーディネーターとしての役割を担う。教育委員会は、当該推進員の役割や望まれる資質・能力を踏まえ、適任者を考え、その役割と責任を明確にすることが重要である。

▼地域学校協働本部　地域学校協働本部とは、従来の学校支援地域本部等の地域と学校の連携体制を基盤として、より多くのより幅広い層の地域住民、団体等が参画し、緩やかなネットワークを形成することにより、地域学校協働活動を推進する体制として、平成二十七年の中央教育審議会の答申で提言されたものである。なお、連携の体制は様々な形態があり得るため、地域学校協働本部について法律上の規定はないが、社会教育法の第五条及び第六条の規定では、教育委員会が地域学校協働活動の機会を提供するに当たって、地域住民等と学校の連携協力体制の整備が求められており、地域学校協働本部の立ち上げ支援もその取組の一つである。

地域学校協働本部の整備に当たっては、従来の学校支援地域本部等を基盤として、地域による学校の「支援」から、地域と学校双方向の「連携・協働」を推進し、「個別」の活動から「総合化・ネットワーク化」へと発展させていくことを前提とした上で、

①コーディネート機能

②多様な活動（より多くの地域住民等の参画による多様な地域学校協働活動の実施）

③継続的な活動（地域学校協働活動の継続的・安定的実施）

の三要素を必須とすることが重要である。

※「学校支援地域本部」は、地域住民等の協力により、授業の補助や部活動支援、学校の環境整備など、学校を支援する体制として、文部科学省が平成二十年度から推進してきたもの。

一方、「地域学校協働本部」は、平成二十七年十二月の中央教育審議会答申において、従来の「学校支援地域本部」等の活動を基盤として、地域による学校の「支援」から、地域と学校双方向の「連携・協働」へ、また、「個別の活動」から、活動の「総合化・ネットワーク化」を目指し、幅広い地域住民等の参画により、地域学校協働活動を推進する新たな体制として提言

されたものである。

▼チェック・オフ　通常、組合費の天引きのことをさす。

給与の支払いについては、①通貨払いの原則、②直接払いの原則、③全額払いの原則の三原則に従うものとされている（労基法二四、国公法三等、地公法二五②）。チェック・オフは、このうち③の原則との関係で問題となる。

給与の「全額払いの原則」とは、給与の一部を控除して支給することを認めない原則である。この原則の例外が認められるのは、法令、条例又は労働協約に特別の定めがある場合に限られる。ただし、公務員については、労働協約に基づくチェック・オフは認められない。

法律に基づく特例としては、所得税、住民税の源泉徴収をはじめ、共済組合の掛金、社会保険の保険料等があり、条例等で認められると考えられるものとしては、公務員宿舎使用料、職員個人による金融機関の貯金等がある。条例等で定める場合にあっては、特例を認めることについての職員の利益、公の会計機関が特定の団体に利便を与えることの適否等を慎重に考慮すべきものである。

条例等で組合費の天引きを認めることについては、労使の相互不介入の原則から許されないものと考えるべきであろう。

法令、条例等に基づかない、単なる合意、事務上の便宜によるチェック・オフは違法行為であり、認められない。学校等において事務職員等が、給料袋から組合費を差し引くいわゆる「袋引き」についても同様である。

▼地方公共団体　国の領土内の一定の地域を基礎とし、その地域内のすべての住民をその構成員として、その地域内における公共事務を処理するための公権力（自治権）を認められた公法人をいう。地方自治体ともいう。

憲法は、第八章を地方自治と題して四箇条の規定を設け、地方自治を制度として保障するとともに、この地方自治制度の中核をなすものとしての地方公共団体についても規定している。すなわち、憲法第九十二条において、「地方公共団体の組織及び運営に関する事項は、地方自治の本旨に基いて、法律でこれを定める」という基本原則を掲げ、更に、第九十三条において地方公共団体の議会の設置及び地方公共団体の議会の議員や長等の直接公選制について定め、第九十四条において地方公共団体の自治権を保障している。憲法第九十二条にいう法律の基本的なものとして地自法が制定されている。地自法は、地方公共団体を普通地方公共団体及び特別地方公共団体とし、都道府県及び市町村が前者に属し、特別区、地方公共団体の組合、財産区及び地方開発事業団が後者に属するとしている（同法一の三）。これらのうち、地方自治の本旨を定めた憲法第九十二条は、すべての地方公共団体が遵守すべき基本原則であるが、第九十三条以下にいう地方公共団体とは、普通地方公共団体だけをさすものと解されている（昭三八・三・二七　最高裁判決）。このほか、地方公共団体に関して定められている法律としては、地方財政法、地方税法、地公法、警察法、消防法、地教行法などがある。

▼地方公共団体の組合　都道府県、市町村及び特別区がその事務を共同ないし広域処理するため設ける団体をいう。特別地方公共団体の一つであり、これを構成する地方公共団体とは別個の法人格を有する。

地方公共団体の組合には、その処理する事務の範囲によって、事務の一部を共同処理する一部事務組合、広域にわたり処理する広域連合、事務の全部を共同処理する全部事務組合及び役場事務を共同処理する役場事務組合の四種類がある。いわゆる学校組合は一部事務組合の一つである。一部事務組合は、都道府県や市町村も設立できるのに対し、全部事務組合及び役場事務組合は、特別の必要がある場合に町村についてのみ認められている。組合を設立するには、関係地方公共団体の協議により規約を定め、都道府県の加入するものは総務大臣、その他のものは都道府県知事の許可を得ることを要する（地自法二八四②③）。

教育事務の全部又は一部を処理する地方公共団体の組合には教育委員会が置かれる（地教行法二）。教育事務の全部を処理する組合を設ける場合は、その構成地方公共団体には教育委員会が置かれず（同法六〇①）、また一部を処理する組合を設ける場合には、組合の教育委員会の委員は、構成地方公共団体の教育委員会の委員と兼ねることができる（六〇⑥）。

▼地方交付税　地方交付税法に基づいて地方公共団体が等しく行うべき事務を自主的に行うことができるようにするため、地方公共団体間の財政調整を図るとともに、地方公共団体の財源を保障し、地方財政の計画的な運営を保障するために国が国税として徴収した税収入の一定割合を交付するものをいう。その総額は、毎年度における国税のうち、所得税及び法人税の収入見込額のそれぞれ百分の三十三・一、酒税の収入見込額の百分の三十四、消費税の収入額の百分の二十九・五並びにたばこ税の収入額の百分の二十五に相当する額であるとされており、これを一定の方式によって算定するところにより、財政需要額が財政収入額を超える地方公共団体に対して、その財源不足額を衡平に補填するため、使途を特定しないで交付されることとされている（同法三、六）。

交付税には、普通交付税と特別交付税の二種類があり、毎年度分として交付すべき普通交付税の総額は、交付税の総額の百分の九十四に相当する額とされ、特別交付税の総額は百分の六に相当する額とされている（同法六の二）。

▼地方公務員災害補償基金　地方公務員災害補償基金とは、地

方公務員災害補償法第三条によって設置された地方共同法人である。地方公共団体に代わって地方公共団体に所属する常勤公務員の公務上の災害（負傷、疾病、障害又は死亡をいう）又は通勤による災害に対する補償を実施し、並びに公務上の災害を受けた常勤公務員の社会復帰の促進、当該職員及びその遺族の援護、公務上の災害防止に関する活動に対する援助その他職員及びその遺族の福祉に必要な事業を行うことをその業務とするものである。主たる事務所（本部）は東京都に、従たる事務所（文部）は、都道府県及び指定都市ごとに置かれる。

基金には、三人の委員からなる代表者委員会が置かれ、また、役員として、理事長、理事若干人及び監事一人が置かれ、理事長と監事は代表者委員会が、理事は理事長が、それぞれ総務大臣の認可を受けて任命する。

更に、基金には、十二人以内の委員をもって組織する運営審議会が置かれる。

▼中央教育審議会　中央教育審議会（以下「審議会」という）は、中央省庁等改革の一環として、昭和二十七年に設置された従前の中央教育審議会を母体としつつ、生涯学習審議会、理科教育及び産業教育審議会、教育課程審議会、教育職員養成審議会、大学審議会、保健体育審議会の機能を整理・統合して、平成十三年一月六日に文部科学省に設置された（文部科学省組織令七五）。

審議会は、文部科学大臣の諮問に応じて教育の振興及び生涯学習の推進を中核とした豊かな人間性を備えた創造的な人材の育成に関する重要事項やスポーツの振興に関する重要事項を調査審議するとともに、これらの事項に関し文部科学大臣に意見を述べること等を所掌事務としている（同令七六）。

審議会の委員については、任期は二年、定員は三十人以内とされており、学識経験のある者のうちから文部科学大臣が任命する。なお、特別の事項を調査審議させるために必要があるときは臨時委員を、専門の事項を調査させるため必要があるときは専門委員を置くことができる（中央教育審議会令一、二、三）。

審議会には、「教育制度分科会」、「生涯学習分科会」、「初等中等教育分科会」及び「大学分科会」の四分科会が設置され、更に必要に応じて審議会及び分科会の下に部会を置くことができるものとされている（同令五、六）。

▼中堅教諭等資質向上研修　教諭等は、一般に初任者段階から中堅教員段階に進んでいく期間において、さまざまな経験を通じることによって、教科指導や生徒指導等に関し、基礎的・基本的資質能力を確保し、向上させるとともに、各人の得意分野づくりや個性の伸長を図りはじめていくものであり、また、それが強く求められている。通常、教諭等は在職期間が十年に達する時期までに複数の学校における勤務経験を積んでおり、①

教諭等としてどの程度の指導力や力量を有しているか、また、今後どの程度の向上が見込まれるか、②どの教科や分野について適性を有するか等、各教諭等の能力や適性が明らかになってくるものと考えられる。このため、この時期に、個々の教諭等の能力、適性等に応じた研修を実施することは、すべての教諭等に、基礎的・基本的な指導力や力量を確保するとともに、得意分野づくりや個性の伸長を図る上で、極めて重要かつ時宜を得たものであることから、平成十五年、教諭等としての在職期間が十年に達した教諭等に対する十年経験者研修制度が創設された。その後、平成二十八年には、十年経験者研修について、それぞれの地域の実情に応じて各任免権者の判断により実施時期を柔軟に設定できるようにするとともに、ミドルリーダーとしての資質の向上を図るための研修としてその性格が改められ、新たに中堅教諭等資質向上研修が設けられた（教特法二四）。

中堅教諭等資質向上研修の実施に当たっては、任命権者は、受講する個々の教諭等の能力、適性等についての評価や、その結果に基づいた個々の教諭等ごとの研修計画書の作成を義務付けられている（教特法二四②）。具体的な評価方法等は各任命権者が定めるものであるが、①各任命権者が、中堅教諭等資質向上研修の内容を踏まえた客観的な評価基準を作成し、それに基づいて校長等が評価を行うこと、②校長だけではなく、例えば指導主事等も中堅教諭等資質向上研修を受講する教諭等の授業等を視察し評価を行うなど、複数の者が評価を行うこと、③校長の評価結果が直ちに最終的な評価結果となるのではなく、各任命権者において主観的要素の是正や他の校長との均衡等の調整が行われること、等を想定している（なお、県費負担教職員については市町村教育委員会が調整することとなるが、都道府県教育委員会も研修実施者として、指導・助言を行うことが期待される）。

また、中堅教諭等資質向上研修において、受講する教員は、長期休業期間中は校外の教育センター等における研修（二〇日程度）、課業期間中は、学校内において、校長、副校長、教頭、指導教諭、教務主任等の指導・助言のもと研究授業等の研修（二〇日程度）を行うことが規定されている。

なお、指定都市以外の市町村の設置する幼稚園等の教諭等については、当分の間、その市町村を包括する都道府県教育委員会（幼保連携型認定こども園については都道府県知事）が実施し（教特法附則六①）、指定都市以外の市町村の教育委員会はそれに協力しなければならないとされている（教特法附則六②）。

▼懲　戒　教育関係では、教職員に対する懲戒、児童生徒に対する懲戒等があるが、教職員に対するものに即していえば、公務員関係内における秩序保持のために一定の義務違反に対してその責任を追及し制裁を科することをいう。

公立学校の教職員に対する懲戒については、地公法で定められている。すなわち、教職員に、①法令違反、②服務義務違反又は職務怠慢、③全体の奉仕者たるにふさわしくない非行があった場合においては、懲戒処分として戒告、減給、停職又は免職の処分をすることができるものとされている（同法二九①）。

しかし、教職員が懲戒事由に該当する場合において、これに対し懲戒処分を行うかどうか、また処分を行う場合にいずれの種類の処分を行うかは懲戒権者たる任命権者の裁量による。

なお、懲戒の手続き及び効果は、法律に特別の定めがある場合を除くほか、条例で定めることとされている（地公法二九④）。

▼懲戒処分の取消し　処分庁が行う懲戒処分の取消しは、行政行為に関する一般法理によるものであって、一般には当該懲戒処分に重大な瑕疵がなければ取り消すことができないと解されている。

すなわち、懲戒処分は、法令の適用を誤ったとき、著しく客観的妥当性を欠き、それが明らかに条理に反する場合及び重大な事実の誤認があって、それが処分後明らかになった場合等特別な事情がある場合を除き、一般的には懲戒権者はみずからこれを取消変更することは許されない（昭三九・四・一七　高知地裁判決）ものである。

▼庁舎管理権　官公署の庁舎は、国又は地方公共団体の事務又は事業の用に供するための施設である。庁舎が庁舎本来の目的に沿うよう管理し、このために必要な庁舎内の秩序を維持する権限が庁舎管理権である。庁舎管理者は、庁舎管理権に基づき、庁舎の環境を適正良好に保持し規律のある業務の運営態勢を確保するため、庁舎を許諾された目的以外に利用してはならない旨を、一般的に規則をもって定め、又は具体的に指示・命令することができる。また、これに違反する行為をする者がある場合には、秩序を乱すものとして、当該行為者に対し、その行為の中止、原状回復等必要な指示・命令を発することができる。

公立学校の場合、庁舎管理権は地教行法第二十一条の規定により教育委員会に属するものであるが、規則等によって校長に委ねられているのが通常である。

組合掲示板について、職員の服務の適正な維持を妨げる掲示物が掲示されるなど、掲示物が本来の役割を逸脱し、あるいは公務秩序に反する場合、校長が当該掲示物の撤去を命ずることができるのは、この庁舎管理権に基づくものである。

▼通学区域　個々の公立の小・中学校等に就学すべき児童生徒は、その住所がどの区域に属するかによって画せられる例が多く、その区域を通学区域という。時に学区ともいわれる。

通学区域に関する法令上の規定としては、小・中学校、義務教育学校に関するものがある。市町村の教育委員会は、当該市町村の区域内に市町村立の小・中学校、義務教育学校が二校以上あるときは、区域内に住所を有する就学予定者又は新たに学齢簿に記載された児童生徒の就学すべき学校を指定しなければならないとされている（学教法施行令五、六）。この場合において、市町村教育委員会は、児童生徒の保護者の申立てにより相当と認めるときはその指定した学校を変更することができる。また近年は、就学すべき学校を指定する際に保護者や児童生徒の意向を確認する、いわゆる「学校選択制」を導入する市町村もある。

▼**つかさどる**　国又は地方公共団体の機関や職員が、一定の仕事を自己の担当として処理するということをあらわす語に「つかさどる（掌る）」がある。学教法第三十七条、地教行法第四十七条の五など用例は多い。

この語は、機関や職員の処理すべき仕事の範囲又は内容をあらわしているのであって、その仕事について独立の権限を認める趣旨でないことはいうまでもない。

総理（憲法七三、国公法一一）、統理（地自法一〇四）、整理（国家行政組織法一八、学教法三七⑦）、処理（地教行法一七）、従事（地教行法一八、学教法三七⑯）など、ほぼ同様の意味の語は多い。

通常、総理、統理、掌理などは上級の、従事は下級の職員に用いられることが多いが、必ずしも厳密に使い分けられているともいえない。

▼**定時制通信教育手当・産業教育手当**　定時制通信教育手当は、公立の高等学校の定時制教育又は通信教育に従事する職員の職務の複雑困難に鑑み、その労苦に報いるとともに、この分野に人材を誘致、確保するという趣旨から、高等学校の定時制教育及び通信教育振興法に基づき支給されるものであり（同法五、六）、産業教育手当は、産業教育振興の立場から、産業教育振興法の趣旨にそって、農業、水産、工業又は商船に係る産業教育に従事する公立の高等学校の教員及び実習助手に対する産業教育手当の支給に関する法律に基づき支給されるもので（同法三）、いずれも給与特別措置法に定める手当とは別の法律に根拠を有している。

これらの手当の支給方法は、各地方公共団体の条例によって定められている。

▼**定　数**　定数とは、組織体に置かれるべき職を占める者の数又は職の数そのものである。実際の職員の数は必ずしも定数に達していなくてもさしつかえないものであり、定数は、その限度を示したものであると解されている。

普通地方公共団体の職員の定数は、知事、収入役、教育長等法律でその定数が定められているもの及び臨時又は非常勤の職のほかは、当該普通地方公共団体（県費負担教職員については都道府県（地教行法四一））の条例でこれを定めることとされている（地自法一七二③、地教行法一九、三一③）。

なお、学校の職員の種類については、学教法に規定があり、学校以外の教育機関の職員の種類については、図書館法、博物館法、社会教育法に規定がある。また、義務教育諸学校及び高等学校の定数を定めるに当たっては、それぞれ義務教育諸学校あるいは高等学校の教職員の定数の標準を定めた法律の定める基準に留意しなければならない。

▼定　年（停年）　一定の年齢の到来によって、自動的に公務員としての身分を失うこと又は労働契約が終了すること、又はその年齢。

公務員については、従来から定年（停年）制を実施してきた裁判官などに加え、一般の職員にも昭和六十年三月三十一日から定年制が実施された。

昭和六十年から実施された地方公務員の定年制の概要は次のとおりである。

(1)　適用対象は、特別職及び臨時的任用職員その他法律により任期を定めて任用される職員（例えば、教育長）を除くすべての一般職の職員である。

(2)　定年年齢は、国の職員につき定められている定年を基準として条例で定める。

具体的には、おおむね六十歳であるが、医師等は六十五歳、警備員、用務員等は六十三歳、その他となる。

(3)　定年による退職は、職員は定年に達したときその日以後における最初の三月三十一日、又はそれまでの間で条例で定める退職日に自動的に退職する（校長、副校長、教頭、教諭等については定年退職日は、三月三一日に限ることが適切である）。この場合、行政庁の退職させるという意思表示すなわち辞令の交付は必要なく、また解雇の予告や制限に関する労基法第十九条、二十条の適用もない。

(4)　定年退職の特例は、職務の特殊性から定年退職によって公務運営に著しい支障が生ずる場合は、一年を超えない範囲で任期を定めて引き続いて勤務させること（勤務延長）（地公法二八の三）、及び定年退職者についてその者の能力及び経験を考慮して公務の能率的運営を確保するため特に必要があるときは一年を超えない範囲で任期を定めて再任用することができる（二八の四）。

▼転入学・編入学　学校の児童、生徒、学生が種類及び程度を同じくする他の学校の同一学年に入学するため、当該学校を退き他の学校に入学することを転学というが、転学先の学校に入学することを特に区別して表すために転入学という用語がある。高等学校において、例えば、全日制の課程から定時制の課程へ、又は定時制の課程から全日制の課程に籍を移すことは、

転籍と呼ばれ、履修した単位に応じて相当の学年に転入されることになる。

　一方、編入学とは帰国児童生徒や外国人児童生徒等、外国において相応の学歴を有する者について、望む学年に相当する年齢に達し、かつ、相応の学力があると認められる者が途中入学する場合をいう。これは転入学とは異なり、むしろ新たなる入学である。

▼転　任　転任とは、採用・昇任・降任以外の方法により、職員の職に任命することをいう（地公法一七）。
　国公法上は、任命権者を異にする他の官職に任命する場合を「転任」、任命権者を同じくする他の官職に任命する場合を「配置換」として人事院規則で使い分けがなされているが、地方公務員法上の「転任」の概念にはこの両者が含まれる。

　一般に、「転任」は、転勤の意味で用いられることが多いが、正確には、職員を同一地方公共団体の他の職員の職に異動させることをいい、したがって、A市立学校職員をB町立学校職員とするのは「転任」ではなく、「免職・採用」である。また、長部局職員を教育委員会事務局職員とするのは、「出向・採用」の形式をとっていても、法律上は「転任」となる。

　なお、一般に、転任は任命権者の自由裁量処分であるとされている。

▼同盟罷業　労働者が、その労働条件の維持改善を図ることを目的として、組織的に労働力の提供を停止すること。通常、ストライキという。争議行為の典型的な類型であるが、争議行為の類型にはストライキのほか、ピケッティング、サボタージュ等がある。
　ストライキ等の争議行為は憲法によって保障された権利ではあるが、これも決して無制約のものではなく、公務員の争議行為は、その目的、態様、それによる業務支障の程度を問わず全面一律的に禁止され、鉄道、電気、ガス等の公益事業従事者の争議行為についても制約がある（労働関係調整法三七）。

　ストライキはその態様によって、時間内職場集会、一斉（三割）休暇闘争、座り込みスト、山猫スト（組織の一分派が組織全体の意に反して行うもの）などがある。いずれの場合にもそのストライキとしての本質は、一斉職場離脱又は職務放棄による当該事業場の業務阻害にあるのであって、職場離脱後の行動は当該離脱行為がストライキであることにいささかも影響を与えるものではない。例えば、公立学校の教職員が一斉に職場を離脱して、議会に請願したりあるいは教宣活動を行うことはストライキにほかならず、その違法性が失われるものではない。

▼特殊勤務手当　特殊勤務手当は、著しく危険、不快、不健康又は困難な勤務その他の著しく特殊な勤務で、給与上特別の考慮を必要とし、かつ、その特殊性を俸給で考慮することが適当

でないと認められるものに従事する職員に対し、その勤務の特殊性に応じて支給される手当である（一般職の職員の給与に関する法律一三①）。

公立学校教員に支給される特殊勤務手当は、各地方公共団体の条例等によって定められている。

▼特別活動　小学校、中学校、義務教育学校、高等学校、中等教育学校及び特別支援学校における教育課程の一領域で、①学級（ホームルーム）活動（学級や学校における諸問題の解決、希望や目標をもって生きる態度の形成、学校図書館の利用、健康で安全な生活態度の形成など）、②児童（生徒）会活動、③クラブ活動、④学校行事（儀式的行事、学芸的行事、健康安全・体育的行事、遠足（旅行）・集団宿泊的行事、勤労生産・奉仕的行事）等から成り、望ましい集団的活動を通して、心身の調和的な発達を図るとともに、個性を伸長し、集団の一員としての自覚を深め、協力してよりよい生活を築こうとする実践的態度を育てることを目標としている（小学校、中学校、高等学校、特別支援学校の各学習指導要領参照）。

▼特別休暇　特別休暇とは、公民権の行使の保障、母性の保護、能率の向上、非常変災による勤務不能、社会慣習上の行事等、社会通念上妥当と思われる場合に与えられる有給の休みであり、地公法第二十四条第五項により、各地方公共団体において条例で定めることとなっている（県費負担教職員については都道府県の条例）。

特別休暇の事由は、それぞれの条例により一様ではないが、国家公務員の場合には人事院規則一五—一四（職員の勤務時間、休日及び休暇）により、次の十七の事由について特別休暇が認められており、各地方公共団体においてもほぼ同様の事由を基本として特別休暇の事由が定められている。⑴選挙権その他公民としての権利の行使、⑵裁判員・証人・鑑定人・参考人等として国会、裁判所、地方公共団体の議会その他の官公署への出頭、⑶骨髄液の提供に必要な行為、⑷ボランティア、⑸結婚、⑹産前、⑺産後、⑻生後一年に達しない生児を育てる場合、⑼妻の出産、⑽妻の出産時等における子の養育、⑾負傷又は疾病の子の看護、⑿要介護者の介護、⒀忌引、⒁父母の追悼、⒂夏季休暇、⒃風水震火災その他の天災地変による職員住居の滅失又は破壊、⒄風水震火災その他の非常災害又は交通機関の事故による交通しゃ断、⒅風水震火災その他の災害時の身体の危険回避。

▼特別職　国家公務員、地方公務員の職は一般の公務員である一般職と、特殊の性質をもち、法律上特別の取扱いを受ける特別職に分かれている。地公法は特別職を列記して、それ以外の一切の地方公務員の職を一般職とし（同法三②）、原則として一般職に属する地方公務員にだけ同法を適用することとしている

（同法四）。特別職の身分取扱いについて統一的に規定する法令はないが、それぞれの職について地自法や地教行法等に個別的に規定されている。

地公法が列記している特別職は次のとおりである。これらは成績主義の原則を適用することが適当でなく、また終身職でないものといえよう。

① 就任について公選又は議会の議決等を要する職
イ　公選による職……議会の議員、地方公共団体の長等
ロ　議会の選挙による職……選挙管理委員会の委員
ハ　議会の同意を要する職……副知事、助役、出納長、収入役、監査委員、教育委員会の委員、人事委員会・公平委員会の委員、公安委員会の委員等
② 地方開発事業団の理事長、理事、監事の職
③ 地方公営企業の管理者及び企業団の企業長の職
④ 法令等により設けられた委員、委員会、審議会等の構成員の職で臨時又は非常勤のもの（例　スポーツ振興審議会の委員、社会教育委員等）
⑤ 都道府県労働委員会の委員の職で常勤のもの
⑥ 臨時又は非常勤の顧問、参与、調査員、嘱託員及びこれらの者に準ずる者の職（専門的な知識経験又は識見を有する者が就く職であって、当該知識経験又は識見に基づき、助言、調査、診断その他総務省令で定める事務を行うものに限る）
⑦ 投票管理者、開票管理者、選挙長、選挙分会長、審査分会長、国民投票分会長、投票立会人、開票立会人、選挙立会人、審査分会立会人、国民投票分会立会人
⑧ 長、議会の議長等の秘書の職で条例で指定するもの
⑨ 非常勤の消防団員及び水防団員の職
⑩ 特定地方独立行政法人の役員

▼特別地方公共団体　地方公共団体のうち、その目的、構成、組織、権能等からみて一般的な性格をもち、普遍的なものを普通地方公共団体といい、都道府県及び市町村がこれに属する。

これに対して、特別地方公共団体とは、自治政策上の見地から、特定の目的のために設けられたもので、その組織、権能等において特殊的なものであり、特別区、地方公共団体の組合、財産区及び地方開発事業団がこれに属する。

特別区とは、東京都の区のことであり、処理すべき教育事務は市と同様となっている。

地方公共団体の組合には、一部事務組合、広域連合、全部事務組合及び役場事務組合がある。

財産区とは、主として市町村の一部で財産又は公の施設の管理処分を行うために設けられるものである。

地方開発事業団は、地域の総合開発計画に基づく一定事業を総合的に実施すべく設けられるものである。

▼取消訴訟　行政事件訴訟のうち、行政庁の公権力の行使に関

する不服の訴訟を抗告訴訟と呼ぶが、この中には「処分の取消しの訴え」と「裁決の取消しの訴え」が含まれており、この二つを合わせて取消訴訟という（行政事件訴訟法三、九）。

両者は併存しているものと考えられいずれによっても訴えを提起できるが、原処分の違法を理由として裁決の取消しの訴えを提起することはできず、原処分の違法はもっぱらその処分に対する取消しの訴えによるべきものとされる。

ただし、例外的ではあるが、特別の規定により、原処分についての出訴を許さず、裁決だけが訴訟の対象とされる場合もある。

また、法律に定めのある場合には、審査請求を経るべきことが出訴の前提要件とされる（地公法五一の二、国公法九二の二など）。

取消訴訟は、当該処分又は裁決の取消しを求めるについて法律上の利益を有する者に限り提起することができ、処分又は裁決を取り消す判決は、当事者である行政庁その他関係行政庁を拘束し、第三者に対しても効力を持つ。

▼内　申　人事に関しては、特定の者が任命権者等にその意見を内々申達することをいう。ほかには、下級学校が上級学校への志願者の学習記録、行動記録等を上級学校長に申告する場合などにも使われる。

県費負担教職員の任免その他の進退は、市町村教育委員会の内申をまって、県費負担教職員の任命権者たる都道府県教育委員会がこれを行い、市町村教育委員会はその内申を教育長の助言により行うこととされている。ただし、県費負担教職員の同一市町村内の転任については、市町村教育委員会の内申に基づき、都道府県教育委員会が行うものとなっており、都道府県内の教職員の適正な配置と円滑な交流の観点から、都道府県教育委員会が定める県費負担教職員の任用に関する基準に従い、一の市町村の県費負担教職員を免職し、引き続いて当該都道府県内の他の市町村の県費負担教職員に採用する必要がある場合のほか、やむを得ない事情により都道府県教育委員会が市町村教育委員会の内申に基づく転任を行うことが困難である場合は、当該内申に基づくことを要しないこととなっている（地教行法三八②）。この内申制度は、任命権と服務監督権とが分離していることの調整を図り、教職員人事の適正、円滑化を期するものである。

▼ながら条例　地公法第五十五条の二第六項に基づき給与を受けながら、職員団体活動を行うことができる場合を定めた条例のことである。給与を受けながらということから「ながら条例」といわれる。職員が給与を受けながら職員団体活動を行える場合として、ながら条例に定められているのは、地公法第五十五条に定める適法な交渉を行う場合と休日、年次休暇、休職の四つの場合であるのが通例である。

▼任命権者　任命権者とは、職員の任命をはじめ、職員の休職・免職・懲戒等の権能を行使する機関をいい、例えば、公立学校のうち、大学の教職員にあっては、当該学校を設置する地方公共団体の長（地公法六、地教行法二二、教特法一〇）が任命権者である。大学以外の公立学校の教職員にあっては、当該学校を設置する地方公共団体の教育委員会が任命権者であるが（地教行法三四）、そのうち、県費負担教職員の場合にあっては、都道府県教育委員会が任命権者である（地教行法三七）。なお、指定都市の設置する学校の県費負担教職員については、指定都市教育委員会に任命権に関する事務が法定委譲されている。

任命権者は、任命権の一部を補助機関たる上級職員に委任することができることとされている（国公法五五②、地公法六②）。県費負担教職員の任免その他の人事に関する事務は教育長に委任することができないこととなっている（地教行法三七②）。

▼任　用　任用とは、公職に職員をつけることである。

任用について地公法の定めるところによれば、任用の方法には採用、昇任、降任及び転任の四つの方法（同法一七①）があるが、職員の任用はその者の受験成績、勤務成績その他の能力の実証に基づいて行われることを要し（同法一五　任用の根本基準）、第十六条（欠格条項）の各号の一に該当する者は当初からこの能力を欠く者として、職員となり、又は競争試験・選考を受けることができないとされる。採用及び昇任の場合の能力の実証は競争試験（原則）・選考によるものとされ（同法一七の二①、二一の四①）、更に採用については原則として条件付とされ、六か月間職務を良好な成績で遂行したときに正式採用になるものとされる（同法二二①）。

校長及び教員あるいは県費負担教職員の任用について、職務と責任の特殊性あるいは県費負担教職員制度の特殊性に基づき、学教法第九条（欠格条項）、教特法第十一条（採用及び昇任の方法―教育長による選考）、第十二条（条件附任用）、地教行法第四十条（県費負担教職員の任用等）、第四十七条（地公法第十六条の適用の特例）で地公法に定める任用の特例が定められている。

▼年次有給休暇　労働者が、六か月間継続勤務し、勤務日の八割以上出勤した場合は、年間十日以上の有給休暇が与えられなければならない（労基法三九）とされており、これを年次有給休暇という。地方公務員については、条例で採用年度を除き、年二十日の年次有給休暇が与えられることになっている。

年次有給休暇請求の法的性質については、判例・学説とも分かれていた。すなわち、請求に対して使用者は事業の正常な運営が妨げられる事由がないかぎり承認を拒否できないという意味で請求権であるとする請求権説（昭三七・一二・二一　福岡地裁判決）と、使用者の承認は必要なく、使用者が正当な時季変更権を行使しないかぎり、請求によって当然に年休が成立するとする形成権説（昭四三・二・二二　京都地裁判決）があった。その後、最高裁は労基法第三十九条の要件が満たされれば当然に年休は成立しており、年休請求は、年休として就業義務を免除されるべき特定日を指定する行為であり、この指定によって使用者の承認の有無にかかわりなく特定日の就業義務は消滅するとする時季指定権説（昭四八・三・二　最高裁判決）をとった。

▼派遣職員　普通地方公共団体の長、委員会又は委員は、事務処理上特別の必要があると認めるときは、他の普通地方公共団体の長、委員会又は委員に対して職員の派遣を求めることができる（地自法二五二の一七①）。この場合、派遣される職員の身分は、派遣した地方公共団体の職員の身分と派遣を受けた地方公共団体の職員の身分とを併せ有するものであり、その給料（報酬を含む）、退職手当を除く諸手当及び旅費は、その職員の派遣を受けた地方公共団体が負担し、退職手当、退職年金及び退職一時金は、その職員を派遣した地方公共団体が負担することとされている（同条②）。その他の身分取扱いについては、その職員を派遣した地方公共団体の職員に関する法令を適用するのが原則であるが、双方の地方公共団体の長、委員会等の協議により、その職員の派遣を受けた地方公共団体の職員に関する法令の規定を適用することとすることもできる（同条④、同法施行令一七四の二五）。

なお、市町村立学校において初任者研修を実施する場合、市町村教育委員会の求めに応じて、初任者研修の実施主体である都道府県から、市町村に非常勤講師を派遣することとされ、その特例が定められている（地教行法四七の四）。つまり、派遣された非常勤講師は、都道府県と市町村の職員の身分を併せ有し、その報酬及び職務を行うために要する費用の弁償は、都道府県が負担する（同条②）。また、非常勤講師の服務の監督は、市町村教育委員会が行う（同条③）が、その他の身分取扱いに関しては、都道府県の非常勤講師に関する規定が適用される（同条④）。

また、昭和六十二年に成立した「外国の地方公共団体の機関等に派遣される一般職の地方公務員の処遇等に関する法律」により、国際協力等の目的で、外国の地方公共団体や外国政府の機関等の業務に従事させるために職員を派遣することができることとなった。派遣職員は、職を保有するが、職務に従事せず、公務災害の適用については、派遣先の機関の業務が公務とみなされる。給与等については、国家公務員の例を基準として条例で定めることとされており、派遣期間中、給料、扶養手当、調整手当、住居手当、期末手当の七割を支給することとされているのが一般的である。

▼判　決　判決とは、具体的な紛争、利害の衝突を解決するために裁判所によってなされる公権的な法的判断の表示であり、民事訴訟においては、裁判所が原則として口頭弁論を経て、法定の方式を具備した書面を作成し、これに基づく言渡しによって成立する（民事訴訟法二五〇）。この判決は、口頭弁論に関与した裁判官が行い（同法二四九①）、当事者が申し立てた事項（請求）についてだけ判決することができる（同法二四六）。裁判官の更迭があった場合には、当事者は従前の口頭弁論の結果を陳述しなければならない（同法二四九②）。

判決の言渡し後、裁判長は判決原本を書記官に交付するが、書記官はその正本を作成して当事者に送達するものとされる（同法二五五）。この送達は判決の成立要件ではなく、上訴期間（二週間）の開始起算点とされる（同法二八五、三一三）。この判決原本には、主文、事実、理由、口頭弁論終結の日、当事者及び法定代理人、裁判所を記載し、判決をした裁判官が押印する（同法二五三）。

刑事訴訟においても、判決は口頭弁論に基づいて行われ（刑事訴訟法四三）、これは公判廷において宣告により告知される（同法三四二）。

▼判　例　通常は、裁判の先例をいい、判決として繰り返されたものをさす。しかし、裁判所で類似の事案、論点に対して同趣旨の判決が反覆されると、そこに抽象的な法則を生ずることとなり、この法則、すなわち裁判・判決によって明らかにされ将来に向かって遵守されるであろう規範をも判例という。更には、ただ一回の判決でもそこに合理性が存在するかぎり将来に向かっての規範としての価値をもつ場合があるので、それも判例ということがある。

判例が重要な意味をもつのは、それが後の裁判を実質的に拘束し、判決のよりどころとなる点にある。英米法系の国々では、判例の拘束力が強く認められているが、わが国は、上級審の判決はその事件についてのみ下級審を拘束するにすぎず（裁判所法四）、最高裁判所の判決も、大法廷の判決によって変更できるから（同法一〇Ⅲ）判例の拘束力は制度的には保障されていない。しかし実際には、最高裁判所は軽々しく判例を変更しないし、下級審では、上級審で破られるような判決は容易にしない。また、一般人も敗訴しないためには判例に従って行動するから、判例の拘束力は、わが国においても事実上極めて大きいといわなければならない。

▼非常勤　常時勤務することを要しないことをいい、そのような職員を非常勤職員という。

一般の公務員（常勤職員）は、休日等を除き原則として毎日、勤務時間（通常一週四〇時間）中は、常時その勤務に服しなければならないが、非常勤職員にあっては、特定の日又は一週のうち一定の日だけ勤務すれば足りる。

ある職員の常勤、非常勤の区別は必ずしも明らかではなく、厳密には、各法律によって異なる。地自法第百七十二条において条例で定数を定めることとされている常勤の職員とは、職務の内容によって決まり、隔日勤務の者であっても常勤と認められる場合もある。また、地方公務員等共済組合法及び地公災法においては、月のうち通常の勤務時間以上勤務する日が十八日以上の状態が十二か月以上継続した者を常勤の職員と同様に扱っている。更に、国家公務員においては、一般の職員の一週間の勤務時間の四分の三を超える者（三〇時間）が常勤の職員であるとされている。

非常勤職員は、その職務態様の特殊性により、法律上若干の身分取扱い上の差異がある。非常勤職員は、定数を条例で定めることを要せず、給与上は、常勤職員には給料が支給されるのに対し、非常勤職員には報酬が支給される（地自法二〇三の二）。

地公法上は、非常勤であるからといって直ちに特別職となるものではなく、非常勤の顧問、参与等が特別職とされるのは、特定の資格を任用の前提とするからであり、このような資格を問わず一般の事務に従事するような場合は、一般職である（地公法三③）。

▼秘密を守る義務　公務員は、在職中はもちろんのこと、退職した後においても、職務上知り得た秘密を漏らすことが禁止されている（国公法一〇〇、地公法三四）。

ここで、「秘密」とは、「一般的には了知されていない事実であって、それを一般に了知せしめることが一定の利益の侵害になると客観的に考えられるもの」と解されている。したがって、それは形式的に秘密扱いの指定をすれば「秘密」になるというものではなく、実質的にみて秘密として保護するに価すると認められるものでなければならない。在学中の成績や素行等は、通常の場合この秘密に属すると考えられるので、本人から請求されるような特別な場合を除き、第三者からの照会に応ずることはできない。

職員又は職員であった者が法令による証人、鑑定人となった場合に、職務上の秘密に属する事項を発表するときは任命権者（職員であった者については、その退職に係る職の任命権者。なお県費負担教職員にあっては市町村教育委員会）の許可を得る必要がある。また地方公共団体の議会の調査権との関係では、職員又は職員であった者が、公務員たる地位において知り得た事実についてそれが職務上の秘密に属するものである旨の申立てを行った場合、議会は、当該官公署の承認がなければ、その事実に関する証言又は記録の提出を請求することができないとされている（地自法一〇〇）。

▼病気休暇　病気休暇とは、公務により又は公務によらないで負傷し、又は疾病にかかり、勤務することができない職員に与

えられる有給休暇をいう。国家公務員の場合には一般職の職員の勤務時間、休暇等に関する法律第十八条及び人事院規則一五—一四（職員の勤務時間、休日及び休暇）等の規定の定めるところによるが、地方公務員の場合には各地方公共団体の条例、規則の定めるところによることとなる。

それによると、一般的にはまず、職員が、引き続き六日を超える休暇の承認を求めるに当たっては、医師の証明書その他勤務しない事由を十分に明らかにする書面の提出が必要とされる。また、引き続き九十日を超えて病気休暇をとる場合には、国家公務員の場合は、九十日を超える期間について給与は半減される取扱いとなっている。

▼部活動　部活動とは、学校において教育課程外に実施される学校教育活動の一つであり、体育クラブ・文化クラブ、各種同好会・課題研究会等の活動などがある。

部活動は、教育課程外に実施される点において、学習指導要領上特別活動の領域で明記され正規の教育課程として実施される「クラブ活動」とは性格が異なる。

部活動の評価は、これが課外活動であることから、学年ごとの課程の修了や卒業の認定にかかわることはない。また、保護者への通知表や、生徒指導要録にその成果を記録するなどにより、よりいっそう生徒理解や生徒指導に役立たせる工夫が必要である。

部活動は、学校管理下における教育活動であり、その安全な実施には十分留意しなければならない。部活動中に発生した児童等の負傷事故については、独立行政法人日本スポーツ振興センターの給付の対象となるし、教員の負傷事故については、公務災害補償の対象となる。

▼部活動指導員　学校における部活動は、長時間勤務が問題となっている教員の平日の勤務時間においても一定の時間を割いており、休日においても部活動に係る時間がとられている。このような状況を踏まえ、学校教育法施行規則に、中学校、高等学校等において、校長の監督を受け、スポーツ、文化、科学等に関する教育活動に係る技術的な指導に従事する職として、新たに規定され（学教法施行規則七八の二、七九の八、一〇四①、一一三①）、平成二十九年四月一日から施行された。

学校の設置者は、部活動指導員に係る規則等について整備を行い、当該規則等には、部活動指導員の身分、任用、職務、勤務形態、報酬や費用弁償、災害補償、服務及び解職に関する事項等必要な事項を定めることとされている。

校長は、部活動指導員に部活動の顧問を命じることができ、部活動指導員の職務として部活動に係るものとして、①実技指導、②安全・障害予防に関する知識・技能の指導、③学校外での活動（大会・練習試合等）の引率、④用具・施設の点検・管理、⑤部活動の管理運営（会計管理等）、⑥保護者等への連絡、

⑦年間・月間指導計画の作成、⑧生徒指導に係る対応、⑨事故が発生した場合の現場対応等が想定されている。

▼副校長　副校長とは、平成二十年四月に施行された改正学校教育法において、幼稚園、小学校、中学校、義務教育学校、高等学校、中等教育学校及び特別支援学校に置くことができることとされた新しい職である（幼稚園においては副園長）。

副校長の職務は、校長を助け、命を受けて校務をつかさどることであるが（学教法三七⑤）、校長に事故があるときはその職務を代理し、欠けたときはその職務を行うこととされている（同法三七⑥）。副校長の資格は、学教法第八条の規定に基づき校長、教頭とならんで学教法施行規則で定められている（同規則二三）。

副校長は、校長から命を受けた範囲で校務の一部を自らの権限で処理することができる。一方で、教頭は、校長を助けることの一環として校務を整理するにとどまる。なお、副校長と教頭を併せて置く学校においては、教頭は校長及び副校長を補佐する立場にある。

▼服　務　服務とは、公務員がその勤務に服する場合のあり方を意味する。憲法第十五条は、すべての公務員は全体の奉仕者であって、一部の奉仕者でないと規定する。この精神に従って、地方公務員については、住民全体の奉仕者として公共の利益のために勤務し、かつ、全力を挙げて職務に専念すべきことが服務の根本基準であり（地公法三〇）、その服務義務は、職務専念の義務（同法三〇、三五）、誠実の義務（同法三一）、法令等及び上司の職務命令に従う義務（同法三二）、信用を保つ義務（同法三三）、秘密を守る義務（同法三四）、政治的行為の制限（同法三六、参照－教特法一八）、争議行為等の禁止（同法三七）、営利企業等の従事制限（同法三八、参照－教特法一七）である。

地方公務員がこのような服務義務を負う根拠は、全体の奉仕者として公共の利益のために勤務すべき公務員として、民間の雇用関係における場合とは異なった規律に服することを受諾して公務員関係にはいった職員自身の意思にあるとされている。

県費負担教職員の任命権は都道府県教育委員会に属している（地教行法三七①）が、その服務の監督は市町村教育委員会が行う（同法四三①）。

服務義務の違反に対しては、任命権者が懲戒処分を科することができる（地公法二九）。

▼附属機関　地方公共団体の附属機関とは、地方行政の複雑化、広範化に伴い専門的技術的検討を行い、又は広く住民の参加を得て民意の反映を図る等の目的のため、長その他の執行機関（公安委員会を除く）に置かれる機関で、原則として、自ら地方公共団体の機関として最終的な意思を決定する権限を有さ

ず、執行機関の要請により行政執行の前提としてその担任する事項について必要な調停、審査、審議又は調査等を行うものである（地自法一三八の四、二〇二の三）。

附属機関は、直接住民の使用に供されるものでない点で学校、病院等の公の施設と性格を異にし、もっぱら執行機関の補助機関としてその指揮監督下にある執行機関の内部部局とも異なる。

附属機関は、法律又は条例により設置することができるもので、それ以外の規則等では設置することができない。附属機関の例としては、都道府県教育委員会に属する教科用図書選定審議会及び都道府県知事に属する私立学校審議会等がある。

なお、附属機関を組織する委員その他の構成員は非常勤とされる。

▼不　当　行為ないし状態が、実質的に妥当を欠くこと、適当でないこと。違法であることを必要としない。ある行政処分が違法ではないが不当であるといわれる場合のように、形式的な「違法」に対する観念として用いられることが多い。

この場合には、その処分や手続きが、法令の規定に違反しているとはいえないけれども、その制度の目的などからみて適当でないということを意味する。個々の場合に、何がこの「不当」に該当するかは、それぞれの場合について、その制度の目的などを考え、社会通念に照らして、具体的に判定されなければならない。

「不当」な行為が必ずしも「違法」な行為でないことから、その行為（行為者の自由裁量が許される範囲内である限り）の法律上の効果は変わらない。不利益処分審査のごとく、法律に特別の救済の手続きが定められていない場合には、「不当な」行為は、行為者の政治責任、行政責任の判断の資料にとどまることになる。

▼不当労働行為　使用者が、労働組合運動に対して妨害的な行為をすることをいい、労組法第七条で禁止されている。労働者が組合に加入したこと等を理由とする差別取扱い、正当な理由のない団体交渉の拒否などがそれで、組合運営費を援助することも含まれる。不当労働行為が行われたときは、申立てにより、労働委員会の調査、審問、救済のための命令、裁判所への出訴等の措置がとられ（労組法二七）、違反者には罰則がある（同法二八、三二）。

教員には、労組法が適用されず、同法による不当労働行為の禁止、救済という制度はないが、使用者が不当労働行為をしてはならないことについては、労組法の精神に則るべきものと解される。

▼部分休業　職員がその小学校就学の始期に達するまでの子を養育するため、一日の勤務時間の一部について勤務しないこと

を認めるもので、平成四年四月一日から施行された「国家公務員の育児休業等に関する法律」及び「地方公務員の育児休業等に関する法律」によって設けられた制度である。部分休業は、子を養育する職員が育児休業をすることなく、職務に従事しながら、育児と仕事の両立を図ることができるようにするものである。

部分休業は、子を養育するための時間を確保するという点では労基法第六十七条の育児時間と同様であるが、育児時間が母性保護の観点から設けられたものであり、女性職員についてのみ認められるものであるのに対し、部分休業は職員の育児と仕事の両立を図るためのものであり、男性職員についても認められる。

部分休業は、勤務時間の始め又は終わりに一日二時間（育児時間を承認されている者については、その時間を減じた時間）以内の範囲で、三十分単位で認められる。なお、部分休業をした時間については給与が減額される。

なお、平成十六年の地公法改正により、地方公務員について、修学部分休業及び高齢者部分休業の制度が設けられている。

修学部分休業は、大学その他の条例で定める教育施設における修学のため、二年を超えない範囲内において条例で定める期間中、一週間の勤務時間の一部について勤務しないことを承認するものである（地公法二六の二）。

高齢者部分休業は、定年退職日から最長五年をさかのぼった日からその定年退職日までの期間中、一週間の勤務時間の一部について勤務しないことを承認するものである（地公法二六の三）。

▼**不法行為**　故意又は過失によって他人の権利・利益を侵害する行為を一般に不法行為という。また、特殊の不法行為と呼ばれるものとして、例えば、土地の工作物等の設置・管理の瑕疵により工作物等の利用者に損害を加える場合がある。学校現場に即していえば、前者は教員の故意・過失により、後者は学校施設等の安全性に不備・欠陥があることにより、児童生徒に、事故が発生したというような場合である。

いずれの場合にも、被害者たる児童生徒あるいはその保護者等から、加害者たる教員や学校の設置者等に対して不法行為を理由として損害賠償の請求がなされることがある。

裁判所が学校の設置者等に賠償責任を負わせるためには、公立学校の場合には、国家賠償法第一条・第二条により、また私立学校の場合には民法第七百九条・第七百十七条により、それぞれ故意・過失又は瑕疵の認定を行うことになる。故意とは、結果の発生を容認して、その行為をあえてすることをいう。また、過失とは不注意のため、結果の発生を認識しないでその行為をするという心理状態をいい、瑕疵とは物が本来備えているべき性質又は設備を欠くことをいう。

▼不利益処分　懲戒処分、分限処分その他当該処分を受ける職員にとって不利益な処分のこと。不利益であるか否かは、当該職員を基準として個々具体的に判断しなければならない。これには、任命権者が不利益と判断する処分のほか当該職員が不利益と判断する処分も含まれる（昭三九・一二・一〇　自治公五号）。この処分が職員の意に反する場合には、人事委員会又は公平委員会に対してのみ行政不服審査法による不服申立てをすることができる（地公法四九の二）。この申立てに対して人事委員会等は必ずこれを受理して審査手続を経た上で判定することを要し、その処分が不利益であるかどうかを審査手続開始前に調査して受理を決することはできない（昭二九・七・二四高知地裁判決）。人事委員会等は受理後直ちにその事案を審査しなければならず（地公法五〇）、審査の結果判定を下すことになるが、判定の内容は「承認」、「修正」及び「取消」のいずれか一つに限られる（昭二七・九・二〇　自行公発五三号）。不服申立ての手続きは人事委員会規則等で定められている。裁判所に対して不利益処分の取消しを求めるには、この不服申立手続を経ていなければならない。

▼不利益取扱い　不利益取扱いとは、職員に対する懲戒処分、分限処分その他職員の身分取扱い上の一切の不利益な措置をいうものと解されている。

地公法において、禁止されている不利益取扱いとして、①平等取扱いの原則に反する身分取扱い（同法一三）、②違法な政治的行為を行わなかったことに対する不利益取扱い（同法三六④）、③正当な職員団体のための活動に対する不利益取扱い（同法五六）がある。法が、不利益処分と規定せず不利益取扱いと規定したのは、処分以外にも職員の身分取扱いにおいて不利益な措置、例えば昇給停止、減給のような措置も考えられるからである。

しかし、不利益取扱いであっても、すべてが禁止されているわけではない。例えば、勤務成績が良好でないための定期昇給の延伸、一定の理由に基づく給与や勤勉手当の減額、公平な人事異動基準に基づく転任などは、職員の身分取扱い上たとえ不利益が生じても、前述の三つの禁止される不利益取扱いの場合に該当しないといえよう。

右記三つの禁止される不利益取扱いが行われた場合の措置については、公平な身分取扱いの原則（地公法一三）に違反した場合として刑事罰の規定（同法六〇）があるのみであるが、地公法が特に右記三つについては適正な身分取扱いを保障している趣旨にかんがみ、地公法第四十九条の二に基づく不利益処分に関する不服申立てを行うことができるものと解されている。

▼分　限　金持ちの状態をさして分限（ぶげん）と呼ぶことがあるが、法令上の用語としての分限（ぶんげん）は身分保障を前提とした職員の身分上の変化という意味である。

公務員は、一定の事由がなければ失職することはないし、また、一定の事由がなければ本人の意に反して降任・免職・休職・降給といった不利益な処分を受けることはないが、これらの取扱いを総称して分限という。

公立学校教職員の分限についていえば、①欠格条項に該当した場合又は教育職員免許状が失効した場合には失職し、②勤務実績が良くない場合、心身に故障がある場合、適格性を欠く場合又は廃職、過員を生じた場合には降任又は免職され、③心身に故障がある場合、刑事起訴された場合又は条例で定める場合には休職され、④条例で定める場合には降給されることになっている（学教法九、地公法一六、二七、二八、免許法三）。

▼分　校　分校という語は、法令では定義することなく用いられている。したがって、明確な定義をすることは難しい。

分校とは、本校から分離した独立の校地、校舎等において、学校の行う教育の一部を分担するものであるといえよう。財政上の措置を講ずる場合には、本校及び分校はそれぞれ一の学校とみなして取り扱われることがあるが、分校は法律上は独立の公の施設ということはできない。あくまでも校長の指揮監督の下にある校内組織であるにすぎない。

▼へき地手当　交通条件及び自然的、経済的、文化的条件に恵まれない山間地、離島その他の地域に所在する公立の小学校、中学校、義務教育学校、中等教育学校の前期課程、学校給食の共同調理場（以下「へき地学校」という）及びこれらに準ずる学校、共同調理場に勤務する教員及び職員に対して支給される手当である（へき地教育振興法二、五の二①）。

へき地手当は、都道府県が支給するものであり、その月額は、給料及び扶養手当の月額の合計額に条例で定められたへき地学校等の級別の割合を乗じて算出する。級別の割合を定める基準は、へき地学校の場合はその所在地のへき地条件の程度に応じて百分の二十五以内とされており、へき地学校に準ずる学校、共同調理場の場合は百分の四以内とされている（同法五の二②、同法施行規則三、八）。

なお、これと同様の手当として、一般職の国家公務員、へき地学校等勤務の教職員以外の常勤の地方公務員については、特地勤務手当がある（一般職の職員の給与に関する法律一三の二、地自法二〇四②）。

▼変形労働時間制　労働者の最高労働時間は、休憩時間を除き一日について八時間、一週間について四十時間を超えてはならないこととされている（労基法三二）。

しかし、就業規則その他により、一か月以内の一定の期間を平均し一週間の労働時間が四十時間を超えない定めをした場合には、特定の日に八時間又は特定の週に四十時間を超えて労働させることができる（労基法三二の二）。これを変形労働時間制という。

この「就業規則その他」の「その他」には、地方公共団体の条例、規則はもとより、校長に勤務時間の割振りがまかされている場合には、校長が定める規程なども含まれると解されている。なお、校長がこのような定めをするのは、条例、規則で許容される範囲内であることはいうまでもない。「特定の日」「特定の週」とは、あらかじめ労働時間が、八時間以上、あるいは四十時間以上であることが具体的に定められている日又は週と解されている。

▼法人格　権利・義務の主体となることができる法律上の資格をいう。法（的）主体、権利能力ともいう。法人格をもつのは、自然人と法人である。自然人は出生と同時に権利能力をもつが（民法三①）、法人は法律の規定によってのみ成立する。法人には、一般社団法人及び一般財団法人に関する法律による一般社団法人及び一般財団法人、公益社団法人及び公益財団法人の認定等に関する法律に基づく公益性の認定を受けた公益社団法人及び公益財団法人がその代表的なものであるが、そのほかに学校法人や労働組合などのようにそれぞれの法律に基づいて法人と認められるものが多数存在する。

国家公務員又は地方公務員が組織する職員団体は、一定の要件を満たした場合には登録を受けることができ、登録を受けた職員団体は、法人となる旨を人事院、人事委員会又は公平委員会に申し出ることにより法人となることができる（国公法一〇八の三、地公法五三）。非登録の職員団体が法人となる途は開かれていなかったが、昭和五十三年に職員団体等に関する法人格の付与に関する法律が制定され、これにより、国家公務員の職員団体又は地方公務員の職員団体の連合団体については、一定の要件を満たした場合、人事院等の承認を受けることによって法人格を取得することが可能になっている。

▼法定受託事務と自治事務　地方公共団体の事務は、自治事務と法定受託事務とに区分される。法定受託事務とは、法律又はこれに基づく政令により都道府県、市町村又は特別区が処理することとされる事務のうち、国又は都道府県が本来果たすべき役割に係るものであって、国又は都道府県においてその適正な処理を特に確保する必要があるものとして法律又はこれに基づく政令に特に定めるものである。他方、自治事務は、この法定受託事務以外のものである（地自法二⑧⑨）。

これは、平成十一年の地方分権一括法による改正によって、国は本来果たすべき役割を重点的に担い、住民の身近な事務はできるかぎり地方公共団体に委ね、その事務・権能を包括的に幅広く認めるべきとの趣旨に基づき、それまで固有事務、団体委任事務、機関委任事務などに細分化されていた事務を国が直轄で行うものと廃止するものを除き、すべて地方公共団体の事務とした上で、大きく二つに区別することにしたものである

（なお、地方分権一括法以前に設けられていた機関委任事務については、その事務を管理、執行する機関は、その事務が本来的に属している国又は地方公共団体の機関としての地位に立つ点で、地方公共団体の事務と異なっていた）。

また、これにあわせ、法定受託事務については、そのすべてを当該事務を定める法令において明記するとともに、地方自治法の別表に列挙するなど、法律上明確化されることとなった。

なお、法定受託事務のうち、本来国が果たすべき役割に係るものを第一号法定受託事務（地自法二⑨Ⅰ）、本来都道府県が果たすべき役割に係るものを第二号法定受託事務（同法二⑨Ⅱ）という。また、法定受託事務については、次のような特徴がある。

① 各大臣は、都道府県知事に対し、違法行為等の是正の指示を行うこと等ができる（地自法二四五の七等。「是正の要求・是正の指示・是正の勧告」参照）。

② 各大臣は、法定受託事務の処理について、都道府県がこの事務を処理するに当たり、拠るべき基準を定めることができる。また、都道府県と市町村の間でも同様の規定が置かれている（同法二四五の九）。

③ 法定受託事務に係る処分、又は不作為については、都道府県の執行機関の処分又は不作為に対する不服は各大臣に対して審査請求をすることができる等の規定が置かれている（同法二五五の二）。

▼補助金 国、地方公共団体から他の公共団体や私人等に対し、特定の事業・研究等の助成等の行政上の目的のために交付される金銭をいう。名称としては、補助金のほか、助成金、奨励金等の語が用いられることがある。

交付の根拠としては、個別の法令に基づく場合（いわゆる法律補助）、予算の範囲内での行政庁の裁量による場合（いわゆる予算補助）等がある。

なお、国が地方公共団体に対して補助金を交付できるのは地方公共団体の自主的な財政運営を阻害しないため、

① 国の施策を行うための特別の必要がある場合

② 地方公共団体の財政上特別の必要がある場合

に限られる（地方財政法一六）。

文教関係の補助金としては、私立学校法第五十九条、私立学校振興助成法に基づく私学助成、社会教育法第三十五条に基づく公民館の施設設備費等の補助、文化財保護法第三十五条に基づく重要文化財の管理・修理費の補助、民間学術研究機関の助成に関する法律に基づく補助、科学研究費補助金等がある。

国の補助金行政の適正化を図るため、「補助金に係る予算の執行の適正化に関する法律」（昭和三〇年法律一七九号）が定められている。同法では、補助金等の交付の申請、決定の手続き、補助事業の義務（事業遂行義務、補助金の他の用途への使用禁止等）、不正使用の場合の交付決定取消等の措置等必要な事項が定められており、他の法律に定めのない場合はこれによ

ることとされている。

▼補助執行　ある行政機関の権限に属する事務を他の行政機関の職員が補助し、執行することである。「委任」と異なり権限の委譲は行われず、また「代理」と異なり対外的に補助執行者の名が表示されない点で内部的な行為といえる。

地自法において、普通地方公共団体の長が当該地方公共団体の委員会等執行機関の事務を補助する職員若しくは執行機関の管理に属する機関の職員に補助執行させること（同法一八〇の二）、普通地方公共団体の委員会又は委員が当該地方公共団体の長の補助機関たる職員若しくはその管理に属する行政機関に属する職員に補助執行させること（同法一八〇の七）が認められている。

補助執行をさせる場合には、権限を有する行政庁は補助執行をする職員に対してその事務の執行上必要な指揮監督をなしうる。しかし、身分上の指揮監督権まで有するものではないので、事務の補助執行に関して義務違反の行為があっても懲戒処分をなすことはできない。

▼本属長　本属長とは、職務上の上司を意味する場合と身分上の上司を意味する場合とがある。いずれをさすかは、具体的規定について、その目的に照らして判断しなければならない。教特法第二十二条第二項は、「教員は、授業に支障のない限り、本属長の承認を受けて、勤務場所を離れて研修を行うことができる」と規定している。この規定は、授業の支障、授業以外の校務の支障、研修の内容の妥当性の判断を行った上で、職務を優先すべきか、職務専念義務の免除による研修を認めるべきかの服務上の調整権を本属長に認めたものである。したがって、この規定における本属長とは、職務上の上司、高等学校以下の学校についてはその学校の校長と解される（なお、分校の場合の本属長は、本校の校長である）。

▼身　分　一般的には、継続的な社会生活上の地位を意味する。日本国憲法第十四条では、「社会的身分」という語が用いられている。

更に、民法や刑法でも「身分」なる語が用いられるが（民法七八九、八〇九、刑法六五）、それぞれ意味する内容及び法律的な効果は異なっている。

公務員の身分という場合は、公務員として占める地位・その地位に伴う権利・義務等をさすものである。「身分保障」というのは、公務員に対して免職、降任等の不利益処分をすることができる場合を法律上制限し、公務員の地位を安定させようとするものであることを表すものである。

▼命　令　国の行政機関によって定められる一般的、抽象的な法規範を総称して命令という。内閣が制定する政令（憲法七

三)、内閣総理大臣、各省大臣の発する内閣府令、各省令(文部科学省令である学教法施行規則など)、外局である委員会及び各庁の長が発する規則(以上国家行政組織法一二、一三)、人事院規則(国公法一六)など。

命令は、法律の委任により、又は法律の実施のため定められるが、罰則を設け、義務を課し、国民の権利を規制する規定を設けるには、法律の委任が必要である。法律と命令をあわせて法令と呼ぶ(地教行法一五)。

なお、命令が、行政機関の、法令を根拠として特定の個人、団体などに一定の行為をすること又はしないことの義務を課する具体的処分をさすことも多い(学教法一四)。

▼免　職　公務員である者を任命権者の行為によってその身分を失わせること。通常は一般職の職員について用い、特別職の職員については解職(副知事、助役)、罷免(教育委員)等の語を用いる。

免職は任命権者の行為を要するものであり、一定の要件の成就(欠格条項、定年)や期限の到来(臨時的任用)によって自動的にその身分を失うこととなる失職とは異なる。

免職は職員の身分を失わせる重大な行為であり、通常、辞令書の交付によって行われる。辞令書の交付がない場合はこれに代わる任命権者の明確な意思表示が必要である。

免職には、①本人の意によって行う場合と②本人の意に反して行う場合がある。

①は依願退職であり、②には懲戒免職と分限免職がある。懲戒免職及び分限免職を行うことができるのは、当該職員が法律に定める事由に該当した場合に限られている。

免職された職員は免職処分の取消し等を求めて不服申立て及び訴訟を提起することができる。

なお、地公労法第十二条は、争議行為を行った職員を解雇できると定めているが、この解雇は懲戒免職と同趣旨の処分である。

▼養護教諭　養護教諭は、保健についての専門的な知識、技能をもって児童生徒の養護をつかさどる教員である。小・中学校等には養護教諭を必ず置かなければならないが、特別の事情があるときは、養護助教諭を代わりに置くことができる(学教法三七⑫⑱、四九、四九の八)。

養護教諭は、養護教諭免許状(専修、一種、二種)を有することが要求され、その取得のためには、大学又は文部科学大臣の指定する養護教諭養成機関において所定の単位を修得しなければならない。養護助教諭は養護助教諭臨時免許状を必要とする。

養護教諭の具体的な職務としては、学校保健計画の企画、立案及び実施に協力し、学校環境衛生の維持、改善を図り、学校医や学校歯科医の指導監督の下に感染症その他の疾病の予防処置に従事するとともに、児童生徒の健康診断・健康管理、保健指導、健康相談、救急処置に当たること等があげられる。

▼用務員　用務員は学校において校舎等学校の施設・設備の清掃、整頓等の環境整備、使送等の用務に従事する職員であり、校務員、業務員等と呼ばれている場合もある。

学校用務員は、学教法第三十七条第二項等によって学校に置かれるその他の「必要な職員」に該当し、その職務については学教法施行規則第六十五条において「学校用務員は、学校の環境の整備その他の用務に従事する」と規定されている。

公立学校に置かれている用務員については、その職務内容が単純なものであることから、地公法第五十七条の「単純な労務に雇用される者」に当たるとされており、これらの職員についての労働関係その他の身分取扱いに関しては、地公労法附則第五項により、いわゆる公営企業に勤務する職員について規定することを目的とした法律である地公労法（一条から一六条の三まで）及び地公企法（三七条から三九条まで）の規定を準用することとされている。

▼予　算　一会計年度における歳入及び歳出の予定的計算をいうが、憲法及び財政法にいう予算は、一定の形式により内閣において作成し、国会の審議を受けその議決によって成立する一種の国法である。憲法では、「内閣は、毎会計年度の予算を作成し、国会に提出して、その審議を受け議決を経なければならない」（八六条）と規定し、国家財政を国会の監督の下に置くことを明らかにしている。また、予算については、衆議院の予算先議権及び議決における優越的地位が認められる（六〇条）。

その内容は、予算総則、歳入歳出予算、継続費、繰越明許費及び国庫債務負担行為より成っているが、その本体はいうまでもなく歳入歳出予算である。予算の効力は、歳入予算と歳出予算とで異なる。歳入予算は、単に歳入の予測ないし見積もりであるにすぎないが、歳出予算は、支出の目的、金額、時期などの点で政府を拘束する効力を有し、政府はこの制限を超える支出をなすことは原則として許されない。

地方公共団体においても、国の予算とほぼ同様の予算の制度が地方自治法及び地方財政法によって認められている。

▼予備交渉　地公法第五十五条による職員団体と地方公共団体の当局との交渉は、団体協約の締結を前提とした労働組合と使用者との交渉と異なり本質的には労使間の話合いであるが、双方ともに平穏に秩序を保って交渉に当たらなければならないことは当然である。そこで同条においては交渉事項の制限等、交渉を行うに際しての原則が定められており、第五項において、交渉を行うについては事前に予備交渉を行わなければならないこととなっている。

予備交渉においては、交渉の議題、時間、場所、その他必要な事項を定めなければならないとされており、職員団体が予備交渉に応ぜず、予備交渉を平穏静粛に行わず、あるいは職員団体側が客観的にみて不当な条件等にこだわり、予備交渉の内容について合意が行われないために交渉ができない場合には、交渉を拒否したことにはならないと解されている。

また、同法第五十五条第八項は適法な交渉は勤務時間内においても行うことができるとされているが、予備交渉については、本条の交渉には含まれないと解されており、勤務時間中に行うことはできない。

▼旅　費　旅行者に対して通常その旅行中の費用を償うための費用弁償として支給される金銭をいう。

国家公務員の場合、職員が出張、又は赴任した場合には旅費が支給される（国家公務員等の旅費に関する法律三）。その旅費の種類としては、鉄道賃、船賃、航空賃、車賃、日当、宿泊料、食卓料、移転料、着後手当、扶養親族移転料、支度料、旅行雑費及び死亡手当がある（同法六）。一律に一定の旅費運賃、定額等によって支給され、厳密な意味での実費弁償となっていないが、標準的な旅行の費用を基に定められたものであるから、その本質は実費弁償であるといってよい。

地方公務員に対しても旅費が支給され、その額、支給方法については、条例で定めることとされている（地自法二〇四）。旅費は役務の対価たる給与ではないが、その他の勤務条件の一つと解されており、したがって県費負担教職員に支給される旅費については都道府県条例で定められることとなる（地教行法四二）。県費負担教職員については、給与だけでなく旅費も都道府県が負担することとなっている（市町村立学校職員給与負担法一）。

▼臨時的任用　地方公共団体が職員を任用する場合、恒久的な職に職員を任用することが原則であるが、例外として職員を臨時的に任用することが認められている（地公法二二②⑤）。職員の臨時的任用を行うことのできる場合は、①緊急の場合、②臨時の職に関する場合、③任用候補者名簿のない場合の三つの場合に限られている（人事委員会を置かない地方公共団体においては①、②の場合に限る）。

臨時的任用は六か月以内の期間に限り行うことができるとされているが、必要な場合においては、さらに六か月以内の期間に限り一回、更新を行うことができる。また、臨時的任用期間が満了した場合には更新が行われない限り当然に失職することとなる。

また、臨時的任用職員は一般職の公務員であり、その身分取扱いについては、分限・不利益処分の不服申立てに関する規定の適用が除外されるほかは、地公法の規定の適用があるとされている。

なお、産前・産後休暇の期間及び育児休業期間について任用される職員については、地公法第二十二条第二項から第五項までに規定されている臨時的任用職員の採用に関する規定の適用はないとされている（女子教職員の出産に際しての補助教職員の確保に関する法律四、地方公務員の育児休業等に関する法律六⑥）。

▼労働委員会　労組法第十九条、第十九条の十二の規定に基づき、都道府県に置かれる合議制の執行機関である（地自法一八〇の五②）。その権限としては、あっせん、調停及び仲裁等の調整的機能と不当労働行為の救済、労働組合の資格審査等の判定的機能がある。

その構成は、労働者、使用者及び公益をそれぞれ代表する各同数の委員からなり、使用者委員は、使用者団体の推薦に基づいて、労働者委員は、労働組合の推薦に基づいて、公益委員は、使用者委員及び労働者委員の同意を経て、それぞれ都道府県知事が任命する。

いわゆる判定的機能による処分については、公益委員のみが参与することとなっている（労組法二四）。

なお、労働委員会は、公立学校職員については、用務員等の単純労務職員の労働組合に関し、その機能を果たすものである。

▼労働慣行　労働慣行とは法令上の用語ではないが、通常労働条件や労働組合活動などについての慣習あるいは慣習法という意味で用いられることが多い。

(1)　慣習は、本来、関係者を拘束する効力をもつものではないが、それが公の秩序や善良な風俗に反しないものであって、法令によって特に認められた場合、又は法令に規定のない事項については法律と同一の効力を有するとされている（法の適用に関する通則法三）。

また民法第九十二条は、公の秩序に関しない規定と異なる慣習があって、当事者が当該慣習に従う意思をもつと認められるときは、当該慣習によることと定めて、法的効力を認めている。

そこで、労働関係においても、労使双方が労働慣行を遵守し又は承認しているような場合は、当該慣習と異なる労働契約や就業規則を変更する法的効力が認められる。

(2)　しかしながら、公務員労働関係においては、勤務条件や職員団体制度を定める法令や条例、規則はすべて公務員と行政主体との関係を律するもの、すなわち公の秩序に関する強行規定であって、民法第九十二条は適用されず、労働慣行が法令や条例に優先することはない。また、公務員の勤務条件についてはかなり詳細に規定されており、法の適用に関する通則法第三条の適用される場合も極めて少ないと考えられる。したがって、勤務条件や職員団体制度あるいは当局の管理運営事項に関する事項について法令と異なる労働慣行があっても、それらはすべて何らの法的拘束力をもつものではない。

例えば、勤務時間中の組合活動は自由という慣行が職場で行われていても、たとえそれが十年以上継続していても、これを事実たる慣習として当事者を拘束するものとみることはできないとした判例がある（昭五五・四・一一　全建労東北事件最高裁判決）。

(3)　また、当局と職員団体との間で覚書・確認書というものが取り交わされることが多い。

この覚書や確認書は、その内容及び手続きにおいて地公法第五十五条に定める書面協定としての要件を満たすものでない限り、法理上、労働慣行の場合とまったく同様に考えられるものであって、法令に抵触したり、管理運営事項にかかわるものは何ら当事者を拘束する効力を持たない。

▼労働基本権　他人に使用されて、これに労務を提供する者（勤労者）にその生存を確保せしめるため認められる基本的人権である。わが国では、憲法第二十八条に勤労者がその労働条件の維持改善のためにする団結権、団体交渉権、争議権が保障されており、これらを一括して一般に労働基本権といっている。

なお憲法は、これらについて公共の福祉による制約を明確に述べていないが、勤労者に生存を確保せしめるためいわばその手段として認められたのがこれらの権利であると考えられるから、社会全体の利益からの制約を受けることは憲法の当然予想するところである。したがって、国民の信託を受けて公務に従事する公務員が、労働基本権の行使についてある程度の制限を受けていることはこの権利の性質からして当然と考えられる。

▼労働協約　労働協約とは、労働組合又は労働者団体と使用者又は使用者団体との間の、賃金・労働時間などの労働条件その他に関する、書面による協定である（労組法一四）。労働協約については、労働協約に定める労働条件その他の労働者の待遇に関する基準に違反する労働契約の部分を無効とし、無効となった部分は基準に従い、また、労働契約に定めのない部分にも基準が妥当する（同法一六）などの効力が認められている。地公法第五十五条に規定する「団体協約」とは労働協約のことであるが、一般の公務員については、勤務条件等が法律又は条例で定められており、右のような効力を有する労働協約を締結する権利はなく、労働協約の締結を目的とする団体交渉権も認められていない。ただし、職員団体は、給与・勤務時間その他の勤務条件とこれに附帯する社交的、厚生的活動を含む適法な活動に係る事項について、適法な交渉を行い、法令、条例、規則、規程に抵触しないかぎりにおいて書面による協定を締結することができ、この書面協定は、当局と職員団体双方が誠意と責任をもって履行しなければならないものとされている。

▼労働組合　労働者が主体となって自主的に労働条件の維持改善その他経済的地位の向上を図ることを主たる目的として組織する団体又はその連合体をいう。使用者の利益を代表する者の参加を許すもの及び使用者の経理上の援助を受けるものはこれから除外される（労組法二）。労働組合は、団体として一定の法定事項をその内容とする組合規約を定めなければならない。労組法は、組合要件及びこの組合規約要件を満たすものに対して、同法に定める手続きに参与する資格及び救済を与えることとして、労働委員会による労働組合の資格審査制度を採用している（同法五）。

労働組合は、使用者又はその団体との間で、団体交渉によって労働条件その他に関して労働協約を締結することができる（労組法一四）。労働契約の内容が、労働協約に定める労働条件その他の労働者の待遇に関する基準に違反する場合、その部分は無効とされ、基準の定めるところによる（規範的効力、同法一六）。これに反して、職員団体は、労働協約を締結することができない（国公法一〇八の五②、地公法五五②）。職員団体との相違の主たるものの一つである。争議行為についても労働組合と職員団体はもちろん異なった取扱いを受ける。このような相違は、私人間の労働関係と異なり、公務員の使用者が究極的には国民全体又は住民全体であるというその地位の特殊性に基づくものである。

▼賄　賂　公務員が、その職務に関し、賄賂を収受・要求・約束したときは、五年以下の懲役に処せられる。請託（職務に関する行為の依頼）を受けた場合は、加重され、七年以下の懲役に処せられる（刑法一九七①）。

賄賂とは、職務に関する行為の対価としての不法の利益である。かならずしも、金品その他の財産的利益に限らない。有形・無形を問わず、人の需要・欲望を満たすいっさいの利益を含む。職務関係行為に対する対価とみられないような社交的贈与は賄賂にならないが一般的には社交的儀礼の範囲とみられる程度の季節の贈答などでも、それが職務行為に対する対価としての意味をもつときは賄賂性を帯びることがあるので注意しなければならない。

なお、収賄者に不法の利益を保有させない趣旨から、収受された賄賂は没収され、その全部又は一部を没収することができないとき（例えば賄賂を費消したとき）はその価額を追徴される（刑法一九七の五）。

サービス・インフォメーション

通話無料

①商品に関するご照会・お申込みのご依頼
TEL 0120(203)694/FAX 0120(302)640
②ご住所・ご名義等各種変更のご連絡
TEL 0120(203)696/FAX 0120(202)974
③請求・お支払いに関するご照会・ご要望
TEL 0120(203)695/FAX 0120(202)973

●フリーダイヤル(TEL)の受付時間は、土・日・祝日を除く 9:00〜17:30です。
●FAXは24時間受け付けておりますので、あわせてご利用ください。

第六次全訂 新学校管理読本

昭和44年6月20日 初版発行
昭和47年5月20日 改訂版発行
昭和61年11月20日 全訂版発行
平成5年6月20日 第二次全訂版発行
平成9年10月15日 第三次全訂発行
平成16年9月15日 第四次全訂発行
平成21年2月15日 第五次全訂発行
平成30年7月25日 第六次全訂発行

編著者 学校管理運営法令研究会

発行者 田中英弥

発行所 第一法規株式会社
〒107-8560 東京都港区南青山2-11-17
ホームページ http://www.daiichihoki.co.jp/

管理六次全訂 ISBN978-4-474-06309-9 C2037 (9)